스펄전 목사님과 함께하는
매일 아침과 저녁
365일 말씀묵상집

(하권)

스펄젼 목사님과 함께하는
매일 아침과 저녁
365일 말씀묵상집(하권)

출판일 · 2022년 7월 1일
지은이 · 찰스 스펄젼
번역자 · 전칠홍, 전혜옥
감수자 · 김은수 박사
펴낸이 · 김현숙
편집인 · 윤효배
펴낸곳 · 도서출판 **말씀**과 **언약**
　　　　서울시 서초구 동산로6길 19, 302호
　　　　T_010-8883-0516
디자인 · Yoon & Lee Design

ISBN : 979-1-19792840-6 (03230)

가격 : 15,000원

*잘못된 책은 교환하여 드립니다.

스펄전 목사님과 함께하는

매일 아침과 저녁

365일 말씀묵상집

(하권)

도서출판 말씀과 언약

이 책은
정채훈 장로님 (동부교회)의 후원으로
출간이 가능하게 되었습니다.

이 땅에 개혁파적인 사상이 가득하게 하기 위해
성경에 충실한 개혁파적인 책들을 출간하도록
귀한 도움을 주시는 것에 대해서 감사드립니다.

이런 후원으로 이 땅에 개혁파적인 사상이 가득하게 되기를 기원합니다.

머리말

　오직 복음에 대한 깊은 열정으로 성공적인 목회를 하시다가 돌연 부름을 받으신 고 전칠홍 목사님께서 번역하신 유고, "스펄젼 365일 말씀묵상집"을 이렇게 아주 새로운 모습으로 다시 출간하게 되었습니다.

　전칠홍 목사님은 평소에 찰스 스펄젼(Charles H. Spurgeon)의 저서를 많이 탐독하시던 중에 "Morning and Evening: Daily Readings"에 심취하셔서 번역에 착수하셨습니다. 그러나 이 책을 출판하려던 뜻이 채 이루어지기도 전에 먼저 하나님의 부름심을 받아 가신 큰 아쉬움을 이 책을 전달함으로써 그 남은 뜻을 마저 이루고자 합니다.

　이 책은 새벽기도회, 가정예배, 매일 성경 공부와 명상 자료로서 성경 강해식 내용의 신학적인 차원에서 논리적으로 전개하고 있어서 그 진가를 높여주고 있다고 생각됩니다.

　이 책은 먼저 1974년에 초판 재판으로 발행되었다가 그동안 중단되어 있었습니다. 막내딸인 제가 아버님의 번역을 교정하면서 원래의 번역에 충실하려고 노력하였고, 이 책이 성도들에게 도움이 되기를 바라며 다시 출판하게 되었습니다.

　끝으로, 이 책을 재번역하는 과정 중에 때때로 단비처럼 내려주신 주님의 크신 은혜에 감사와 영광을 올려드리며, 이 책을 묵상하게 되는 성도들에게 더 놀라우신 은혜가 항상 함께 하시기를 축복합니다.

재 번역자 전혜옥

감수자의 말

스펄젼의 『365일 말씀묵상집』 출간에 부쳐

그가 활동하던 당대에 이미 "설교자들의 황태자"(the Prince of Preachers)라고 칭송받았던 찰스 스펄젼(Charles H. Spurgeon, 1834-1892) 목사님은 그 조상이 홀랜드에서 영국으로 이민을 온 자유교회 소속 독립회중교회의 목회자 가정에서 태어나 어릴 때부터 칼빈주의 신학의 영향과 더불어 청교도 신학자들과 목회자들의 책들을 섭렵하며 그의 신앙과 신학의 기초를 쌓았다. 그의 자서전에 의하면, 그는 1850년 1월 6일에 '이사야 45:22'에 기초한 한 평신도 설교자의 설교를 듣고 회심을 경험하였고, 같은 해 5월 3일에 침례교회에서 세례를 받았으며, 한 친구의 강권으로 16세에 생애 처음으로 캠브리지 근처 테버셤(Tevershame)의 한 농가에 모인 청중을 대상으로 설교를 하였다. 그리고 이듬해인 1851년 10월 캠브리지 인근의 시골교회였던 '워터비치 침례교 채플'(Waterbeach Baptist Chapel)에 설교자로 초빙되어 2년간 사역하며 인상적인 설교로 부흥을 이끌었다. 그 결과 1853년 12월, 19세의 나이에 역사적으로 중요한 런던의 '뉴 파크 스트리트 채플'(New Park Street Chapel)에 초청받아 첫 설교를 하였으며, 20세가 되던 1854년 정식 담임목사로 청빙 받아서 그의 본격적인 목회활동을 전개하기 시작하였다.

그의 열정적인 설교와 목회 사역으로 인하여 밀려드는 청중을 감당하기 어려워 계속하여 더 큰 건물로 옮겨 다니면서 설교하다가, 1861년 3월에 약 6,000명을 수용할 수 있었던 '메트로폴리탄 태버너클'(Metropolitan

Tabernacle) 예배당을 건축하였고, 이곳은 이후 그의 모든 목회 활동과 복음사역의 중심이 되었다. 그는 목회자들과 복음 사역자들을 교육하기 위한 '스펄전 칼리지'(Spurgeon's College)를 세웠고, 문서 사역을 위해 월간지 'The Sword and Trowel'의 출간(1865)과 더불어 '복음주의 문헌 보급을 위한 협회'(Metropolitan Colportage Association, 1866)를 만들었으며, 자선사업을 위해 고아원을 설립하여 운영하였다. 그는 아주 열정적이고 바쁜 설교와 목회 사역을 감당하면서도 1892년 1월 31일, 58세의 나이로 하나님의 부르심을 받기까지 135권의 책을 썼고, 또 다른 28권의 책을 편집하였으며, 이외 수많은 소책자와 앨범을 포함하여 총 200권 이상의 책을 출간하였다.

　스펄전 목사님께서 남기신 주옥같은 설교전집과 다른 많은 문집들, 그리고 그의 놀라운 설교와 목회사역에 대한 책들을 읽는 것도 대단히 많은 유익이 있겠지만, 그 배후의 골방에서 스스로 날마다 아침과 저녁으로 성경말씀을 깊이 묵상하며 기도하면서 그것을 가능하게 한 이 '성경 묵상록'이야말로 그 모든 것의 기초요 정수라고 할 수 있을 것이다. 2000년 기독교 역사에 있어 하나님의 말씀인 성경과 더불어 신학교육과 영적생활의 향상에 도움이 되는 많은 필독서들이 있다. 그 가운데 스펄전 목사님의 이 '성경 묵상록' 또한 우리의 서가 목록에 반드시 한 자리를 차지하고도 남음이 있다고 할 것이다.

　멀고도 험난한 믿음의 나그네 길을 가는 동안에, 우리가 날마다의 일용할 영적 양식을 공급받기 위해서는 스펄전 목사님처럼 우리에게도 가장 먼저 날마다 성경말씀 자체를 읽으며 묵상하는 것이 그 무엇보다 필요하고 가장 좋은 것이다. 그러나 그 성경말씀이 가진 깊이와 넓이와 높이를 제대로 알고 이해하기 위해서는, 그리고 그 참된 맛과 영양분을 제대로 음미하고 섭취하기 위해서는, 그러한 말씀의 묵상과 적용 방법에 대한 쉽고도 좋은 안내자가 있으면 더욱 좋을 것이다. 바로 그러한 견지에서 이 스펄전 목사님의 성경 묵상록은 독자들에게 그 역할을 감당하기에 최적의 것들 가운데 하나라고 할 수 있을 것이다. 따라서 매일 성경읽기와 더불어 이 책도 책상 앞이나 침대 머리맡에 놓아두고 날마다 우리가 걸어갈 말씀 묵상의 여정에 좋은 길동무로 삼으면 더없이 많은 도움이 될 것이다.

이 책의 출간을 위해 번역문에 대한 감수를 맡아 검독을 진행하면서, 영어 원서와 대조하며 번역자가 간혹 빠트린 문장이나 신학적인 용어와 표현 등을 수정 보완하였고, 또한 전체적으로 문장의 표현을 원문에 보다 가깝게, 그러면서도 우리말 표현에 있어 가독성을 높이고 원문이 가진 문학적인 유려함이 나타날 수 있도록 윤문 작업에 나름 최선을 다하였다. 그럼에도 불구하고 미처 발견하지 못하고 여전히 간혹 남아 있을 오류와 실수들에 대하여는 독자들의 깊은 혜량을 부탁드리는 바이다.

마지막으로, 스펄젼 목사님의 이 성경 묵상록을 번역하신 전칠홍 목사님과 전혜옥 전도사님의 많은 노고에 감사드리며, 더불어 이 번역서의 검독을 제의해 주신 안명준 박사님과 출판을 위해 아낌없는 수고를 다해주신 이승구 박사님께도 심심한 감사를 드린다.

김은수(한국개혁신학연구소 소장, 웨스트민스터신학대학원대학교 겸임교수)

추천의 글

나의 설교자 생활에 있어 성경 외에 가장 많이 그리고 깊이 영향을 주고 있는 책 두 권이 있다. 그 가운데 하나는 토마스 아 켐피스(Thomas á Kempis)의 "The Imitation of Christ"이며, 또 다른 하나는 찰스 스펄젼(Charles H. Spurgeon)의 "Morning and Evening"이다.

내가 이 책을 아주 좋아하며, 기쁜 마음으로 추천하는 데에는 다음과 같은 몇 가지 이유가 있다.

1. 경건하고 헌신적인(devotional) 책이기 때문이다.

조용히 말씀을 묵상하며 이 책을 함께 읽을 때 나로 하여금 깊은 영적인 경험의 세계를 산책할 수 있게 한다. 답답한 심령을 상쾌한 세계로 인도하고, 암담한 상태에서 영계의 투명한 영적 경험의 세계로 인도하여 준다. 때로는 목회 직무수행에 피곤을 느끼며 의욕이 저하될 때 나를 격려하고 의욕을 북돋아 준다. 우리 목회자에게 이와 같이 경건하고 헌신적인 책이 없음을 퍽 아쉬워하여 오던 차에, 이번에 이렇게 귀한 책이 번역되어 나오게 되어 이를 애독한다면 우리 목회자에게 끼치는 영향이 크리라 확신한다. 이 책을 애독하는 중에 받은 영향을 많은 동역자들이 함께 받을 수 있게 되기를 원한다.

2. 설교자에게 좋은 자료를 제공해주기 때문이다.

사람은 가끔 비상하게 직관적이고 직감적이며, 또한 창의적이고 영감적인 때가 있다. 설교자에게 가장 중요한 시간은 바로 그러한 때이다. 그런데 나의 경우에 이 책을 읽고 있을 때 가장 많이 나로 하여금 그러한 귀한 기회를 가질 수 있게 해 주었다. 즉, 이 책은 나의 설교 세계의 창문을 높고 밝게 열어준 적이 한 두 번이 아니었다. 무엇을 잡지 못하고 허공을 더듬고 있을 때 이 책을 편다. 묵상과 함께 조용조용 읽어 내려가노라면 주옥같은 설교의 자료들이 쏟아져 나온다. 항상 바쁜 한국의 목회자에게 가장 짧은 시간에 귀중한 말씀의 진수를 포착하고 그것을 중심 삼아 한편의 설교를 준비하려 할 때, 이보다 도움이 되는 책이 흔치 않을 것이라 생각한다. 설교에 대한 구상과 작성에 비상한 도움을 주기 때문이다. 나의 25년간 쌓아 놓은 설교 노트 속에는 직간접으로 이 책의 영향이 적지 않다.

3. 표현력을 키우는데 많은 도움을 주기 때문이다.

설교자에게 가장 필요한 것들 가운데 하나는 표현력이다. 같은 진리라도 표현력에 따라 청중에 끼치는 영향에는 천양지차의 차이가 생긴다. 표현력이 그렇게 중요하다. 나의 설교의 용어나 표현 방법에는 이 책에서 영향을 받은 것이 너무나 많다. 나는 의식적으로 이를 모방하고 인용하고 기억하려 노력하였다. 설교에 있어 표현력이란 문학적 표현과 달라 영험의 뒷받침이 꼭 따라야 한다. 말씀 선포의 사명을 위하여 수고하시는 분들께 꼭 권하고 싶다. 이 책에서 많은 용어와 방법을 본땄었기에 지금도 그 책 그 어느 제목하에서 읽었던 너무나 아름다운 표현들을 생생하게 기억하는 몇 구절이 남아 있다. "백천은 흘러 흘러 한 강으로 모이고 성도에의 만 가지 은혜는 한 분 주 예수님으로부터 발원한다." 또 괴로운 문제에 부딪혀 있는 자에게 주는 말 중 "구태여 낙심 말라. 일 년 열두 달이 누가 내내 겨울이라 하더냐? 하루 24시간이 누가 내내 밤이라 하더냐? 겨울이 무서워도 가고 있고 봄이 따라오고 있지 않으며, 밤이 괴로워도 가고 있고 아침이 따라오고 있지 않느냐?" 정말로 아름답고 부드럽고 청중의 정서를 부드럽게 어루만져 주는 표현법이라고 생각된다. 어느 젊은 동역자가 자신의 표현력 부족을 고민하며 권면을 청하기에 주저하지 않고 몇 권 책을 소개하는 중에 이 책을 권했다.

4. 가정예배와 새벽기도회를 위하여 좋은 책이기 때문이다.

　　이 책은 스펄젼 목사님께서 남긴 수많은 책과 문헌들 가운데서도 가장 많이 읽히는 책이다. 그 이유는 경건한 성도의 가정에서 가정예배서로 애용했기 때문이라고 들었다. 미국의 어느 친구의 가정에서 본 일이다. 아침 식탁에 온 가족이 둘러앉았다. 매일 아침 식구가 차례로 돌아가면서 이 책의 한 제목을 읽는다. 읽은 식구가 또 기도한다. 마지막 어머니나 아버지가 결론적으로 기도하고 가정예배를 마치는 것을 보았다. 그 한 제목을 마음에 담아 하루의 심령의 양식으로 삼는다면 그 가정 식구들은 육적으로 축복받고, 영적으로도 밝고 윤택한 하루가 될 수 있기에 넉넉할 줄 안다. 또 한국교회는 은혜로운 새벽기도회가 교회마다 계속되고 있고 교역자에게는 적지 않은 부담이 되고 있는 줄 안다. 그러나 이 책을 통하여 많은 교역자들이 위에 말한 많은 유익을 얻는 동시에 새벽 기도회 인도 문제도 쉽게 해결되고 성도들을 윤택하게 가르칠 수 있을 줄 확신한다.

　　끝으로 내가 이 책을 얼마나 애용했고 어떻게 활용했는지를 몇 가지 말하고 끝을 맺겠다. 여행할 때도 이 책만은 가지고 다녔다. 읽는 중에 감명 깊은 대목에는 붉은 펜으로 밑줄을 그어가며 읽었다. 매 제목마다 읽고 내 마음에 느껴진 대로 요약해서 하나의 간단한 제목을 붙였다. 그리고 그 제목들은 페이지 차례로 번호를 붙여 다른 노트를 만들어 놓았다. 적당한 설교 제목이 잘 떠오르지 않을 때면 그 제목들을 죽 한번 훑어본다. 마음에 잡히는 것과 부딪힐 때면 그 제목의 페이지를 찾아서 조용히 묵상하며 심사숙고하여 읽는다. 많은 경우 내 설교 세계의 창문이 훤히 열린다. 너무 잔소리를 많이 쓴 것 같으나 하여간 스펄젼의 글에서 많은 감명을 받은 중 이 책에서 받은 바가 가장 컸고 애용하였기에 우리말 번역본이 나오게 됨을 기쁜 마음으로 환영하면서 동역자와 성도의 가정에 주저없이 추천한다.

故 이성헌(총회 신학대학 강사, 대구 서문교회 원로목사)

추천의 글

금번의 이 책은 전칠홍 목사님의 초기 번역에 근거하여 둘째 따님이신 전혜옥 전도사님의 손길을 거쳐 우리 시대의 언어를 통하여 한국교회에 스펄젼 목사님의 매일 매일의 말씀묵상의 보고를 접할 수 있게 되었다.

스펄젼 목사님은 이 책에서 특별히 기도에 대한 성구를 많이 다루고 있다. 실로 그는 기도의 사람이었다. 그는 1월 2일 아침에 "항상 기도에 힘쓰라"(골 4:2)라는 본문을 가지고 기도에 대하여 특별히 강조하고 있다. 기도하지 않는 영혼은 그리스도 없는 영혼이라고 한다. 기도는 영적 전투하는 믿는 자의 부르짖음이요, 예수님 품 안에서 죽어가는 성도의 진혼곡이다. 기도는 그리스도인의 호흡이며 지키는 말이요, 위로와 힘이며 또한 명예이다. 만일 당신이 하나님의 자녀라면 당신은 당신의 아버지이신 하나님의 얼굴을 구하고 또 하나님 아버지의 사랑 안에서 살기를 원할 것이라고 한다.

스펄젼 목사님처럼 첫 번역자이신 전칠홍 목사님께서도 기도하는 눈물의 종이었다. 석광교회 원로목사이신 김재완 목사님은 다음과 같이 전한다. "저에게 숭인동에 있던 숭신교회에서 설교를 한번하라고 하셨습니다. 저는 못한다고 했지만 목사님께서 한번 해보라고 권해서 설교를 하게 된 적이 있었습니다. 그때 전칠홍 목사님께서 사회를 보시는데 길게 기도하신 후에 제가 설교를 하려고 단에 올라가서 감격했던 일이 있었습니다. 목사님께서 기도하시면서 흘리신 눈물이 강대상에 그대로 고여 있는 것을 보고 크게 놀라고 감격했습니다. 그때 우리들은 전칠홍 목사님은 무섭고 강한 목사님으로만 알았는데 그분은 과연 눈물의 종이셨습니다. 기도를 오랜 시간 하시는데 눈물의 기도를 항상 하셨습니다."

또한 이 책 여러 곳에서 스펄젼 목사님은 영적 보고인 성경을 강조했다. 1월 18일 저녁에는 스펄젼은 우리의 교사이신 예수님과 함께 최고의 책인 성경을 배우도록 교훈한다. 예수님의 학교는 하나님의 진리를 배울 수 있는 유일한 장소라고 한다. 또한 본문 해설에서도 성경을 성경으로 해석하는 목회자의 모습을 보여준다. 각 페이지마다 수많은 성구들로 풍성한 은혜를 제공하고 있다.

이 책은 독자들로 하여금 영혼이 하나님께 가까이 가도록 움직여 주며, 참된 지혜자와 은혜자이신 예수 그리스도를 깨닫고 감사하도록 찬양하게 한다.

이 책의 검독을 위하여 큰 수고를 하신 김은수 박사님과 책의 출판을 허락해 주신 합동신학대학원대학교의 조직신학자 이승구 박사님께 진심으로 감사를 드린다.

안명준(평택대학교 명예교수)

스펄젼의 성경 강해와 함께 하루를 시작하고 하루를 마치는 분들을 위하여

신실한 그리스도인들은 늘 성경과 함께 하루를 시작하고 성경과 함께 하루를 마쳐왔습니다. 어느 시대나 신실한 그리스도인들은 그렇게 하였습니다. 요즈음 그리스도인들의 이런 좋은 습관(bene habitus)이 사라지는 것을 안타깝게 여긴 분들이 어떻게 해서든지 이런 습관을 다시 회복하게 하려고 여러 방면에서 애쓰고 있습니다. 「매일 성경」 등의 시도가 그것입니다. 청교도들의 성경 강해를 매일 읽고 시작하도록 한 책도 나와 있습니다(『365 청교도 묵상』). 여기 "설교자들의 황태자"(the Prince of Preachers)라고 불리는 찰스 스펄젼(Charles H. Spurgeon, 1834-1892)의 성경 말씀에 대한 묵상의 기록을 아침 저녁으로 읽고 하루를 시작하며 하루를 마치도록 한 책이 우리에게 선물로 주어졌습니다. 감사한 일이 아닐 수 없습니다.

이 일은 진정한 "거룩한 분들의 교제"(communio sanctorum)의 시도입니다. 일차적으로 삼위일체 하나님과 그에 백성들의 깊은 교제를 위한 것입니다. 그것을 위해 하나님의 말씀인 성경을 묵상하게 하려는 것입니다. 그 수단으로 19세기 영국인들에게 런던의 〈메트로폴리탄 성막〉(Metropolitan Tabernacle)이라고 이름한 예배당에서 38년 동안 영감 넘치는 그야말로 폭포수 같은 설교를 하였던, 그 이후에 전세계인들에게 책으로 그 설교를 전달하여 많은 이들에게 좋은 영향을 미친 찰스 스펄젼의 성경 강해를 통해서 성경과 함께 하는 스펄젼과의 교제를 위한 것입니다. 그리고 이 일이 한국 독자들에게 가능하게 하신 평양신학교 출신의 전칠홍 목사님과 그 따님이신 미국 웨스트민스터신학교 출신의 전혜옥 선생님과 그리고 이를 일일이 점검하시면서 손보신 김은수 교수님과 그리고 이 일이 가능하도록 연결 역할을 하신 안명준 교수님과의 교제이기도 합니다. 그리고 이를 본 여러 성도들 간에 교제도 발생할 수 있기 원합니다. 이런 시간과 공간을 넘은 성도의 교제를 통해 우리들 모두가 매일 아침과 저녁에 스펄젼의 영감 넘치는 강해를 읽으면서 우리 주 되신 삼위일체 하나님과 더 깊이 교제하며 하나님에 대한 사랑이 더해 가기를 바랍니다.

〈도서출판 말씀과 언약〉이 내는 책들은 다 한국교회가 제대로 되도록 하기 위한 책인데, 이 책도 우리 한국교회 성도들이 매일 삼위일체 하나님과 교제하는 일에 더 의미있게 사용되기를 바랍니다. 한국의 모든 그리스도인들이 매년 이 책을 읽어가기를 바라면서 추천의 말을 마칩니다. 영미권에서 이 책은 스펄젼 책 가운데서 가장 많이 팔리는 책으로 알려져 있습니다. 우리 한국 독자들께서도 좋은 반응으로 함께하시기를 기대해 마지 않습니다.

이승구(합동신학대학원대학교 조직신학 교수)

저자 스펄젼에 관하여

찰스 스펄젼은 1834년 6월 19일 영국 에섹스 지방에서 8명의 자녀 중에서 첫 번째 아들로 태어났고, 그의 부모님은 진실한 기독교인으로서 스펄젼의 아버지는 목회자였다. 스펄젼은 그의 나이 15살이 되던 1850년에 회심했고 그 후에 그는 가난하고 손이 필요한 곳에 도움을 주기 시작했으며 "소년 설교가"로 알려졌다. 그는 16살이 되던 해에 설교하기 시작했으며 나이 18살이 되면서 헛간에서 설교하면서 워터비치(Waterbeach) 침례교회의 목사가 되었다. 스펄젼은 그가 20살이 되기 전까지 600번 이상의 설교를 하였으며 1954년 20살때에 런던의 뉴 팍 스트리트(New Park Street) 교회에 초빙되어진다. 1856년 22살에 수잔 톰슨(Susan Thompson)과 결혼하여 쌍둥이 아들을 두었고 나중에 그의 아들은 모두 사역의 길로 들어선다. 스펄젼의 설득력 있는 설교는 살아있고 생동감이 있어서 많은 사람들에게 감명을 주어서 그들을 예수님께 많이 인도하였다. 그 당시에 그의 설교를 들으려는 청중이 너무 많아 교회 바깥의 길거리까지 메우곤 했다고 한다. 나중에 스펄젼은 만 명보다 더 많은 관중들에게 종종 설교를 하곤 하였다. 스펄젼은 당시 3,500개 이상의 설교들이 수록된 설교집을 출판하였고 아주 잘 팔렸다고 한다. 한때 그의 설교문이 실린 저널은 25,000부 이상이 매주 팔렸다. 1870년 유명한 잡지는 그를 "창작력 있고 능력 있는 설교가"로서 정직하고 결단력 있으며 진지하고 살아있고 유머 있는 설교가로 불렀다. 그 당시에 아주 유명한 사람들도 그의 설교를 들으려고 먼 곳에서 오곤 했다. 스펄젼은 그의 생애 동안 총 천만 명 이상의 사람들에게 설교하였다고 한다. 그가 "설교의 왕자"라고 불려지는 것도 그리

놀랍지는 않다. 또한 스펄전은 교육기관과 목사를 양성하는 대학을 포함하여 구제 단체를 창립하고 지지하였고, 지금도 목사를 양성하는 대학은 존속하고 있으며 스펄전 당시 900명의 사역자들을 배출하였다. 스펄전은 그 유명한 스톡웰(Stockwell)이라는 고아원도 설립하였으며, 그는 1892년 58세의 나이로 그가 평소에 그리워하고 기다리던 본향에로 부르심을 받았다.

차 례

머리말 ··7

추천의 글 ··11

저자 스펄젼에 관하여 ··18

7월의 묵상 ··23

8월의 묵상 ··105

9월의 묵상 ··189

10월의 묵상 ··269

11월의 묵상 ··353

12월의 묵상 ··433

SCRIPTURE INDEX ··517

7월의 묵상

7월 1일 아침

365. "그날에 생수가 예루살렘에서 솟아나서 절반은 동해로 절반은 서해로 흐를 것이라. 여름에도 겨울에도 흐를 것이라"(슥 14:8)

예루살렘에서 흘러내리는 생수는 뜨거운 여름의 타는 듯한 열기에도 마르지 않으며 찬바람 부는 겨울에도 어는 일이 없을 것이다. 오, 나의 영혼이여, 기뻐하라. 너는 주님의 신실하심을 증거하도록 허락되어 있다. 계절도 변하고 너 자신도 변하지만, 그러나 주님은 영원히 변치 않으시며 그 사랑의 흐름은 깊고 넓으며 충만해 있다. 사업상의 염려에 대한 압박감과 시련은 주님의 은혜의 강에서의 시원함을 갈망케 한다. 나는 곧 가서 그칠 줄 모르는 샘에 가서 충족하게 마실 수 있을 것이다. 왜냐하면, 그 샘은 여름에도 겨울에도 항상 풍족하게 물이 솟아나기 때문이다. 주님의 이름을 찬송할지어다. 샘의 근원은 결코 끝이 없고 그 하류도 마르지 않는다. 엘리야는 그릿시내가 마르고 있음을 발견하였다. 그러나 여호와께서는 변하지 않는 섭리의 하나님이시다. 욥은 "내 형제들은 시냇물의 변함 같이 속인다"고 말하였다. 그러나 그의 하나님은 넘칠 정도의 위로의 강물인 것을 발견하였다. 나일강은 이집트의 생명줄이지만 그 흐름은 수시로 변한다. 그러나 우리의 주님은 영원히 변하지 않는다. 고레스는 유브라데스강의 흐름을 바꾸게 하여 바벨론의 도시를 함락시켰다. 그러나 어떠한 힘도, 인간의 힘도, 마귀의 힘도 하나님의 은혜의 물줄기를 바꿀 수 없다. 옛날의 강들의 물줄기는 지금 다 마르고 황폐해졌다. 그러나 하나님의 주권과 무한한 사랑의 산에서 흐르는 강은 항상 물이 가득하게 차있다. 시대는 변하지만 은혜의 흐름은 변하지 않는다. 하나님의 강은 다음 시에서 노래하는 강보다도 훨씬 위대한 진리를 노래하고 있는 것이다.

"사람들은 왔다가 사라지지만,
그러나 나는 영원토록 흐른다."

　행복한 나의 영혼이여, 네가 이와 같이 안식의 시냇가로 인도함을 받은 것이 얼마나 복된 것인가! 그러므로 결코 다른 강에 눈을 돌려서는 안 된다. 네가 "너희는 어찌하여 애굽의 진흙같이 흐르는 강에서 마시려고 하는가?"(렘 2:18)라는 주님의 책망의 소리를 듣는 일이 없도록 하라.

7월 1일 저녁

366. "그들이 날이 서늘할 때에 동산에 거니시는 여호와 하나님의 음성을 듣고"(창 3:8)

　나의 영혼이여, 지금 "날이 서늘한 때"가 왔다. 조용한 곳으로 가서 너의 하나님의 음성에 귀를 기울여라. 네가 들을 준비를 하고 있을 때 하나님께서는 언제나 너와 함께 이야기할 준비가 되어 있다. 만약 하나님과의 사귐에 있어서 조금이라도 늦는다면 그 책임은 네 편에 있지 하나님에겐 없다. 왜냐하면, 그분은 언제나 문 앞에서 서서 문을 두드리시며, 만약 그의 백성이 문을 열기만 하면 기쁨으로 들어가시기 때문이다. 그러나 주님의 동산인 나의 마음의 상태는 어떠한가? 잘 손질이 되어 있으며 물이 부어져 있어서 그분을 위해 좋은 열매를 맺기를 간절히 소망하고 있는가? 만약에 그렇지 않다면 그분께서 우리에게 책망하실 이유가 충분하다. 그러나 나는 여전히 그분께서 내 속에 오시기를 기도한다. 의의 태양이 있음으로써 "그의 날개에 치료"(말 4:2)할 것을 가져오는 것처럼 나의 마음을 바른 상태로 두어야 하기 때문이다. 그러므로 주여, 나의 하나님이시여, 오소서! 나의 영혼은 열심으로 주님의 이름을 부르며 간절히 기다립니다. 오, 사랑하는 예수여, 오소서! 그리고 주님의 비할 데 없는 인격에서 온전히 꽃이 피는 것을 보도록 나의 동산에 신선한 꽃들을 심으소서. 오소서! 오 나의 아버지여, 주님은 최고의 농부이십니다. 당신의 온유하심과 세심한 분별로 나를 다루소서. 오, 성령이시여 오소서! 초목이 저녁 이슬에 젖어있는 것 같이 나의 전신을 주의 은혜의 이슬로 윤택하게 하소서. 오 하나님이여, 나에게 말씀하소서! "주여 말씀하소서. 당신님의 종이 듣겠나이다"(삼상 3:9). "오, 당신님께서 언제나 나와 함께 걸으시기를 바라나이다!" 나는 모든 마음을 온전히 그분에게 기울여 그 밖의 다른 생각은 하지 않으려 한다. 나는 오직 그분께서 기뻐하시는 것만을 구할 것이며, 또한 내가 확신하거니와 나는 그분과 더불어 은혜 안에서 사귐을 가질 것이다. 그분께서는 나에게 성령을 주사 영원토록 나와 함께 거하시기 때문이다. 바람 서늘한 황혼은 아름답다. 그때 모든 별은 하늘의 눈과 같이 보이며 서늘한 바람은 하나님의 사랑의 호흡같이 생각된다. 나의 아버지시여, 나의 형제여, 나의 위로자여, 지금 당신님의 자비한 음성을 주소서. "주는 나의 귀를 여시어 나의 마음속에서 주의 음성에 거스르는 생각이 없게 하소서"(사 50:5).

7월 2일 아침

367. "우리 마음이 저를 즐거워함이여"(시 33:21)

그리스도인이 아주 심각한 고난 중에서도 오히려 기뻐할 수 있다는 것은 복된 일이다. 비록 고난이 저들을 에워싸도 저들은 노래를 계속한다. 그뿐 아니라 많은 새들과 같이 저들은 새장 속에 있을 때에도 아주 잘 노래한다. 물결이 저들 위로 덮을지도 모른다. 그러나 저들의 영혼은 곧 표면 위로 떠올라 하나님의 얼굴 빛을 바라본다. 항상 저들은 물 위에 뜰 수 있어서 저들의 머리를 물 위에 들고 풍랑 가운데서 "하나님은 여전히 우리와 함께 계신다"라고 노래하는 것이다. 이 영광을 과연 누구에게 돌릴 것인가? 오, 예수님에게 그리하리로다. 모든 것은 예수님으로 말미암는 것이다. 고난은 믿는 자들에게 당연히 위로를 주지 않지만, 하나님의 아들이 불타는 풀무 가운데서도 그와 함께하시므로 그의 마음을 기쁨으로 채우는 것이다. 그가 병으로 고생 중에 있을 때에도 예수님은 저를 방문하여 저를 위하여 침대 커버를 덮어 주신다. 그가 죽어가고 있을 때에 요단강의 시릴 정도의 찬물은 그의 목에까지 차올라온다. 그러나 예수님께서는 그의 팔을 내밀어 "사랑하는 자여, 죽는 일은 복된 것이다. 죽음의 강물의 근원은 하늘이다. 그곳에는 괴로움이 없고 이슬 같이 달다. 왜냐하면, 그것은 하나님의 보좌에서 흘러나오기 때문이다"라고 말씀해 주신다. 임종을 맞이한 성도가 이 강을 건널 때 물결이 저를 덮으며 그 마음과 몸을 떨리게 할 때에도 같은 소리가 그의 귀에 들린다. "두려워 말라. 나는 너와 함께 있다. 의심하지 말라. 나는 너의 하나님이다"(사 41:10). 저가 알지 못하는 무한의 경계에 접근하여 어두운 영역에 들어가기를 두려워할 때에도 예수님께서는 "두려워 말라. 적은 무리여, 너희 아버지가 그 나라를 너희에게 주시기를 기뻐하신다"(눅 12:32)라고 말씀하신다. 이와 같이 힘을 받으며 위로를 얻음으로 인하여 믿는 자는 죽음을 두려워하지 않는다. 아니 오히려 기쁨으로 떠나려고 한다. 왜냐하면, 저는 예수님을 새벽별 같이 보고 있지만 빛나는 태양과 같이 그분을 눈앞에서 바라보기를 원하기 때문이다. 진실로 예수님의 임재야말로 곧 우리가 소망하는 "하늘"이다. 예수님은 곧 "우리의 빛나는 날들의 영광이요 우리의 밤의 위로"이시다.

7월 2일 저녁

368. "여호와여 내가 주께 부르짖으오니 나의 반석이여 내게 귀를 막지 마소서. 주님께서 내게 잠잠하시면 내가 무덤에 내려가는 자와 같을까 하나이다"(시 28:1)

누군가의 부르짖음은 슬픔의 자연적인 표현이요, 다르게 호소할 모든 것을 잃어버렸을 때에 부합하는 적절한 말이다. 그러나 우리의 부르짖음은 오직 주님께로 향하여 해야 한다. 왜냐하면, 사람들에게 향한 부르짖음은 공중에다 하는 헛된 탄원같이 아무런 소용이 없기 때문이다. 주님께서 우리의 부르짖음을 기뻐 들으시며 우리를 도우실 힘을 갖고 계신다고 생각한다면, 우리는 자신의 모든 호소를 곧 우리의 구원의 하나님께로 향할 충분한 이유를 가진다. 심판 날에 바위를 향하여 "우리 위에 떨어져 우리를 가리우라"(계 6:16)라고 해도 소용이 없다. 그러나 우리의 반석이신 그리스도께서는 우리의 부르짖음을 기다리신다. "내게 귀를 막지 마소서." 다만 형식적으로 하는 기도는 그 응답을 받지 않아도 만족할 수 있을 것이다. 그러나 참된 탄원자는 그렇게 할 수가 없다. 저들은 기도의 결과로써 마음이 가라앉고 의지를 정복하는 것으로 만족하지 않는다. 저들은 더욱 나아가서 하늘로부터 실제의 답을 얻지 않으면 마음을 안정시킬 수가 없다. 저들은 곧 응답받기를 갈망하는 것이다. 저들은 하나님의 잠시 동안의 침묵에도 두려워한다. 하나님의 음성은 때때로 광야를 흔들 만큼이나 두렵다. 그러나 그분의 침묵은 열심히 탄원하는 자에게 있어서는 똑같이 두려운 것이다. 우리는 하나님께서 귀를 닫으셨다고 생각할 때 우리는 자신의 입을 다물어서는 안 된다. 오히려 그럴수록 보다 더 열심으로 부르짖어야 한다. 우리의 소리가 열심과 슬픔으로 떨고 있을 때, 하나님은 결코 우리의 기도를 오랫동안 거절하지 않으신다. 주님께서 우리의 기도에 대하여 영원히 침묵하신다면 그것은 우리에게 있어서 얼마나 끔찍한 일인가? "만일 주님께서 잠잠하시면 나는 무덤에 내려가는 자와 같으리이다." 기도에 응답하시는 하나님께서 안계시다면, 우리는 무덤에 있는 죽은 사람보다 더 불쌍한 상태에 있는 것이며, 지옥에 있는 잃어버린 자와 똑같은 수준으로 곧 잠기게 된다. 우리는 기도의 응답을 받아야 한다. 비록 어떠한 일이 있더라도 기도는 그 응답을 필요로 한다. 주님께서는 동요하는 우리의 마음에 반드시 평안의 말씀을 주실 것이다. 왜냐하면, 주님은 결코 그가 택하신 자의 소멸을 허락하지 않으시기 때문이다.

7월 3일 아침

369. "바로가 꿈을 꾼 즉 그 흉악하고 파리한 소가 그 아름답고 살지 일곱 소를 먹은지라"(창 41:4)

바로의 꿈은 때때로 내가 깨어있을 때에 경험한 것이었다. 나의 날마다의 게으름은 내가 열정을 다해 이뤄놓은 것을 모두 무참하게 파괴한다. 내가 냉담한 때에는 나의 불타는 마음과 열정의 시간의 따뜻한 빛을 모두 얼어버리게 했다. 그리고 세상에서의 속된 생각은 거룩한 생활로 나아가고 있는 나를 뒤로 내던져 버렸다. 나는 파리한 기도와 파리한 찬양과 파리한 의무, 그리고 파리한 경험을 경계할 필요가 있다. 왜냐하면, 이런 것들은 나의 위로와 평안의 양분을 다 먹어치우기 때문이다. 만약 내가 잠시라도 기도에 게으르다면 나는 여태까지 이루었던 영성의 모두를 다 잃는다. 만약 내가 하늘로부터 새로운 은사를 구하지 않으면, 나의 창고에 있는 옛 곡식은 나의 영혼 속에 침투한 기근으로 인하여 곧 잃어버리게 된다. 무관심의 벌레와 세속의 자벌레와 방종의 황충이가 나의 마음을 완전히 황폐시키고 나의 영혼을 쇠잔케 하여, 예전에 은혜 안에서 성장하면서 많은 열매를 맺은 것이 나에게 전혀 소용이 없도록 만든다. 우리는 파리한 날과 불쾌한 때를 갖지 않도록 언제나 조심해야 하지 않겠는가! 만약 나의 바라는 것의 목표를 향하여 매일 여행을 계속한다면 나는 곧 거기에 도착한다. 그러나 후퇴하면 나의 높은 부르심의 상급으로부터 멀어지게 되고, 내가 지금까지 마음을 쏟아 부어 이룬 진보도 곧 빼앗겨버리게 된다. 우리가 "살진 수소"와 같이 되는 유일한 길은 주님의 목장에서 풀을 먹고 주님을 위한 봉사와 사귐, 주님을 경외함으로 그의 길에서 주님과 함께 매일 지내는 일이다. 해마다 우리의 사랑과 유용함, 그리고 기쁨에 있어서 지난해보다 더 풍요로워져야 하지 않겠는가? 나는 "하늘"의 언덕에 가까워지는 것을 경험하고 있다. 나는 더욱더 나의 주님에 대해 경험하고 그분을 닮아가야만 한다. 오 주여, 나를 지켜 나의 영혼이 파리하지 않도록 하소서. 내가 "화 있을진저, 나는 파리하다. 나는 파리하다!"(사 24:16)라고 부르짖는 일이 없도록 하소서. 그러나 내가 주님의 집에 있어서 좋은 양식으로 살쪄서 주의 이름을 찬양하는 자가 되게 하소서.

7월 3일 저녁

370. "참으면 또한 함께 왕 노릇 할 것이요"(딤후 2:12)

만약 우리가 그리스도 안에 있지 않으면서, 우리가 그리스도를 위하여 그리고 그리스도와 함께 고난을 겪는 것으로 생각해서는 안 된다. 사랑하는 자여, 당신은 예수님만을 의지하고 있는가? 그렇지 않으면 당신이 이 땅 위에서 아무리 탄식한다 할지라도, 당신은 그리스도와 함께 고난을 겪는 것이 아니다. 그런 고난에는 하늘에서 그와 함께 왕 노릇할 것이라는 소망이 없는 것이다. 우리는 모든 그리스도인의 고난이 그리스도와 함께 하는 고난이라고 결론지을 수 없다. 그리스도와 함께하는 고난이란 그가 하나님으로 말미암아 고난에 부르심을 받아야만 하는 것이다. 만약 우리가 섭리도 은혜도 미치지 못할 정도의 무모함과 경솔함에 빠져 있다면, 자기가 예수님과 사귐을 갖고 있다기보다는 오히려 스스로 죄를 범하고 있는 것이 아닌가 하고 생각해보지 않으면 안 된다. 만약 우리가 판단력을 사용하지 않고 감정에 맡기며 성경의 권위에 의지하지 않고 자신의 의지로 지배하려고 한다면, 주님의 싸움을 악마의 무기로 싸움을 시도하는 것이다. 만약 싸우다가 다친다 해도 그리 놀랄 일은 아니다. 다시 얘기하지만, 우리가 죄의 결과로 고난을 겪는 것을 그리스도와 함께 고난을 겪는다고 헛된 생각을 하면 안 된다. 미리암이 모세에 대해 험담했을 때 문둥병이 그녀를 더럽게 했고, 그녀는 하나님을 위해 고난을 받은 것이 아니었다. 더욱이 하나님과 함께 받는 고난은 하나님의 영광을 그 목적으로 하여야 한다. 만약 내가 나를 위한 명성과 칭찬을 얻기 위하여 고난을 당한다면, 나는 위선자인 바리새인이 받을 보상을 받게 될 것이다. 더욱 필요한 것은 예수님에 대한 사랑과 그분께서 택한 사람들에 대한 사랑이 항상 우리의 인내의 원동력이 되어야만 한다. 우리는 온유, 부드러움, 그리고 용서에 있어서 그리스도의 영광을 나타내어야 한다. 우리가 진실로 예수님과 함께 고난을 겪고 있는지 스스로의 마음을 살펴보자. 만약 예수님과 함께 참고 있다면, 우리의 "가벼운 환란"(고후 4:17)은 그와 함께 왕 노릇하는 것과 어떻게 비교할 수 있겠는가? 오, 그리스도와 함께 풀무 불 속에 던져지는 것은 복된 일이며 냉대와 비웃음을 당한다면 비할 데 없는 명예이다. 만약 미래에 상급이 없다면, 우리는 현재의 명예로 행복하려고 할지도 모른다. 그러나 우리는 기대하는 것 이상으로 무한히 더 나은 영원한 보상을 받게 된다면, 열심으로 십자가를 지고 기뻐하면서 우리의 길을 나아가야 하지 않겠는가?

7월 4일 아침

371. "저희를 진리로 거룩하게 하옵소서"(요 17:17)

　　성화는 거듭남에서부터 시작한다. 하나님의 영은 사람의 속에 새로운 생활 원칙을 불어 넣으시고, 이것으로 인하여 그는 그리스도 예수 안에서 "새로 지은 자"(고후 5:17)가 된다. 거듭남으로 인하여 시작된 이 성화는 두 가지 방법으로 진행된다. 하나는 금욕을 통하여 육의 욕심을 제어하고 이것을 우리 안에서 내어쫓는 것이요, 다른 하나는 영적 생명을 통한 것인데, 이로 인하여 하나님께서 우리 속에 두신 생명이 "샘이 되어 솟아 나와 영원한 생명"(요 4:14)에까지 이른다. 이것은 날마다 '인내'라고 불리는 것에서 진행되는데, 인내로 인하여 그리스도인은 은혜의 상태에 보존되고 계속되며 하나님을 찬양함으로 하나님의 영광을 나타내며 "모든 선한 일에 넘치게 한다"(고후 9:8). 그리고 이것은 영광 중에 절정에 이르러 완성되는 것이다. 깨끗하게 된 영은 그때에 지극히 높으신 자의 우편에서 거룩한 자와 함께 살기 위하여 들어 올려진다. 그러나 이렇게 하나님의 영이 성화의 인도자이심과 더불어 거기에는 아직 눈에 보이는 중보가 필요하다는 것을 잊어서는 안 된다. 예수님께서는 "저희를 진리로 거룩하게 하옵소서, 아버지의 말씀은 진리니이다"(요 17:17)라고 말씀하셨다. 우리의 성화의 과정을 통하여 성별하는 도구가 하나님의 말씀이라는 것을 증거하는 성경구절은 많이 있다. 하나님의 영은 우리의 마음에 진리의 교훈과 교리를 가르치시며 그것들을 강력하게 적용하신다. 그것을 우리는 귀로 듣고 마음으로 받아들여 우리 안에서 역사할 수 있도록 한다. "하나님의 기뻐하시는 일을 하려는 마음을 일으키며 또한 실행하게 한다"(빌 2:13). 진리는 우리를 거룩하게 하는 것이다. 그리고 만약 우리가 진리에 눈과 귀를 돌리지 않으면 우리는 성화의 과정에서 성장하지 못할 것이다. 우리가 이 일을 깊이 깨달을 때에 비로소 생활에 있어서도 전진할 수 있는 것이다. "주의 말씀은 내 발의 등불이요 나의 길에 빛이니이다"(시 119:105)라는 성경 구절에 대하여 "그것은 단지 의견일 수도 있다"라는 잘못된 생각을 품어서는 안 된다. 우리의 판단이 잘못되면 언젠가는 행위도 잘못된다. 진리를 굳게 잡아라. 진리를 굳게 잡음으로써만 당신은 하나님의 영에 의하여 거룩하게 될 수 있기 때문이다.

7월 4일 저녁

372. "곧 손이 깨끗하며 마음이 청결하며 뜻을 허탄한데 두지 아니하며 거짓 맹세치 아니하는 자로다"(시 24:4)

밖으로 표현되는 실제적인 거룩함은 매우 귀중한 은혜의 증거이다. 그리스도를 고백하는 많은 사람들이 믿음에 의한 칭의의 교리를 잘못 이해하여 선행을 가볍게 여기는 경향이 있는데 그것은 참으로 두려운 일이다. 그런 사람들은 마지막 큰 날에 있어서 영원한 치욕을 받게 될 것이다. 우리의 손은 깨끗하지 않으므로 예수님의 보배로운 보혈로 스스로 씻어서 깨끗한 손을 하나님께로 향하여 들어 올리지 않으려는가? "깨끗한 손"은 "깨끗한 마음"과 연합하지 않으면 충분하지가 않다. 참 종교는 마음의 활동이다. 우리는 컵과 접시의 바깥 면은 우리가 원하는 데로 씻는다. 그러나 그것들의 안이 더럽다면 우리는 하나님의 눈에는 아주 더러운 자이다. 왜냐하면, 우리에게 있어서 참된 자아는 우리의 손보다는 오히려 마음이므로 우리의 생명은 우리의 내면의 성품에 있다. 그러므로 우리에게는 내면적인 정결함이 절대적으로 필요하다. "마음이 청결한 자는 하나님을 볼 것이다"(마 5:8). 그 밖의 사람들은 소경인 박쥐이다. "하늘"를 위하여 난 사람은 "그 뜻을 허탄한 데 두지 않는 자"이다. 모든 사람은 각자의 기쁨을 가지며 그 마음은 그것을 향하여 소망을 건다. 세속적인 사람의 뜻은 공허한 육의 즐거움에 소망을 둔다. 그러나 성도는 한층 가치 있는 것을 사랑한다. 여호사밧과 같이 그는 주님께 소망을 두었다.

돼지가 먹는 쥐엄 열매에 만족하는 자는 돼지와 함께하는 것이다. 이 세상은 당신을 만족하게 하는가? 그러면 당신은 이 생애에서 당신의 보수와 재산을 얻고, 그것을 즐기는 것이 좋다. 당신에게는 그것 이외의 기쁨이 없기 때문이다. "거짓 맹세치 않는 자"로서 그리스도 안에 있는 믿는 자는 명예를 무엇보다도 중요하게 생각하는 사람들이다. 그리스도인의 말은 그의 유일한 맹세이지만 그것은 다른 사람들의 20배에 해당되는 맹세이다. 거짓 맹세는 사람을 "하늘" 밖으로 몰아낸다. 왜냐하면, 거짓말쟁이는 그의 말과 행동이 어떻든지 간에 하나님의 집에 들어갈 수가 없기 때문이다. 독자여, 오늘의 성경구절은 당신을 책망하는가? 아니면 당신에게 "주의 산에 오르기를"(시 24:3) 소망하게 하는가?

7월 5일 아침

373. "부르심을 입은 성도"(롬 1:7)

사도시대의 성도들이 하나님의 다른 자녀와는 달리 아주 특별한 성도들인 것처럼 우리는 생각하기 쉽다. 하나님의 은혜로 부름 받아 성령으로 거룩하여진 자는 모두 성도이다. 그러나 우리는 사도들이 특별한 사람인 것처럼 생각하는 경향이 있어서, 그들은 우리와 같은 연약성을 가지고 유혹에 빠지지 않았을 것이라고 생각한다. 그러나 우리는 그보다 다음과 같은 진리를 잊고 있다. 즉, 사람이 하나님께 가까이 살면 살수록 자기들의 마음의 사악함을 더 통감하며 탄식하게 된다는 것이다. 그리고 그가 주님께 하여야 할 봉사에 대하여 주님께서 명예를 주시면 주신만큼 더 육의 욕심이 밤낮으로 저를 가책한다는 것이다. 만약 우리가 사도 바울을 만난다면, 그가 다른 성도들과 다를 바가 없이 매우 같다는 사실을 알게 될 것이다. 그리고 만약 그와 더불어 대화를 나눈다면, "그의 경험은 우리와 조금도 다를 바가 없다. 그는 우리보다 더욱 충실하고 또 성결하고 더욱 깊이 배운 것이다. 그러나 그는 우리와 아주 동일한 시련을 받고 있다. 아니, 어떤 점에서는 오히려 그가 더욱 심한 시련을 당하고 있다"고 말하게 되리라. 그러므로 옛 성도가 연약성과 죄의 유혹에서 제외되어 있다고 생각해서는 안 된다. 또 옛 성도에게 신비적인 존경으로 인하여 우리에게 거의 우상숭배자가 되어서는 안 된다. 그들의 성결은 우리도 도달할 수 있는 것이다. 그들이 보배로운 부르심을 받은 동일한 음성으로 우리도 성도로서 부르심을 입은 것이다. 성도의 진수로 자신의 길을 가려고 힘쓰는 것은 그리스도인의 의무이다. 그리고 만약 옛 성도들이 그 도달점에 있어서 우리보다 훌륭하다면 - 확실히 그들이 훌륭하지만 - 그들을 따라가야 하지 않을까? 열정과 거룩함에 있어 그들과 힘써 겨루어야 하지 않을까? 그들이 받았던 동일한 빛을 가진 우리는 그들이 가졌던 것과 동일한 은혜를 우리도 가까이할 수 있는 것이다. 그들과 같은 하늘에 속한 풍성에 도달하기까지는 우리가 어떻게 마음 편하게 만족할 수 있겠는가? 그들은 예수님과 함께 살고 예수님을 위하여 살았다. 그러므로 예수님과 같이 성장한 것이다. 우리도 그들과 같이 동일한 성령에 의해 살고 "예수를 우러러"(히 12:2) 본다면 우리의 성도된 삶도 곧 분명하게 될 것이다.

7월 5일 저녁

374. "너희는 여호와를 영원히 의뢰하라 주 여호와는 영원한 반석이심이로다"(사 26:4)

우리는 영원히 신뢰할 하나님을 소유하였기 때문에 우리의 모든 것을 그분에게 맡겨야 하지 않겠는가? 이제 우리는 결단하여 모든 불신앙을 쫓아 버리고 우리의 위로를 아주 방해하는 의심과 두려움을 제거하도록 노력하자. 하나님께서 우리의 신뢰의 기초이므로 두려움을 허용하는 변명은 없다. 사랑에 넘치는 부모는 자기 아이가 그들을 신뢰하지 않으면 매우 슬퍼한다. 우리가 지금까지 결코 우리를 버리지 않으시며, 앞으로도 결코 버리지 않으실 하늘 아버지를 거의 신뢰를 하지 않음은 얼마나 비열하고 인색한 일인가? 만약 하나님의 가족으로부터 의심이 추방된다면 그것은 참으로 좋은 일이다. 그러나 두려운 일은 시편 기자가 "주는 영원토록 우리를 버리지 않으실까? 다시 은혜를 베풀지 않으시지나 않을까?"하고 의문을 가졌을 때와 같이 현재에도 불신앙은 여전히 활발하게 활동하고 있다. 다윗은 거인 골리앗의 큰 창검을 오랫동안 사용한 것은 아니다. 그러나 다윗은 "이 검보다 나은 것은 없었다" (삼상 21:9)라고 말하였다. 그는 젊었을 때 싸움에서 승리했을 때 한번 그것을 시험한 것뿐이다. 그리고 그 검이 좋은 강철인 것을 알았다. 그래서 때때로 다윗은 그것을 칭찬하였다. 마찬가지로, 우리는 하나님에 대하여 이와 같지 않으면 안 된다. 천지에 그와 같으신 분이 없기 때문이다. "너희가 나를 누구에게 비기며 누가 나와 동등이 되겠느냐?"(사 40:25)라고 거룩한 분께서 말씀하신다. 야곱의 반석과 같은 반석은 따로 없다. 우리의 대적은 그것을 잘 알고 있다. 우리는 마음속에 의심이 파고드는 것을 허락하는 대신에, 엘리야가 바알의 선지자들에게 했던 것같이 모든 혐오하는 무리들을 끌고 가서 죽여야 하지 않을까? 우리는 구주의 상처 입은 옆구리에서 흐르는 거룩한 샘에서 그들을 죽여야 하지 않겠는가? 우리는 지금까지 많은 시련을 당하였다. 그러나 우리가 필요로 하는 모든 것을 우리의 하나님 안에서 발견할 수 없었던 장소에 있었던 적은 결코 한 번도 없다. 그러므로 용기를 내자. 당신은 이제 영원토록 주님을 신뢰하여 그분의 영원한 힘이 이제 후로도 우리의 도움이시며 보장이 되심을 확신하지 않으려는가?

7월 6일 아침

375. "오직 나를 듣는 자는 안연히 살며 재앙의 두려움 없이
평안하리라"(잠 1:33)

하나님의 사랑은 심판 때에 가장 빛난다. 흑암의 갈라진 틈으로 비쳐 오는 한 개의 별 빛은 아름다우며, 사막 한가운데 자리 잡은 오아시스는 한층 더 빛나고, 분노 중에 사랑의 아름다움과 빛남은 비할 데가 없다. 이스라엘 사람들이 그들의 계속되는 우상숭배로 지극히 높으신 하나님을 진노케 만들었다. 그때 하나님께서 징벌로써 비와 이슬을 내리지 않으셔서 그들의 땅에 대기근이 일어났다. 그러나 그 가운데에서도 주님의 택한 백성을 안전하게 보호하셨다. 비록 모든 시냇물이 다 말랐어도 엘리야를 위하여 한 시내를 남겨 두었다. 그리고 그것마저 잃었을 때에도 하나님은 여전히 엘리야를 위하여 생명을 유지할 장소를 남겨 두셨다. 아니, 왜 하나님께서는 오직 단 한 사람, '엘리야'를 보호하셨는가? 그러나 하나님께서 보존하신 것은 단지 그뿐만 아니라 은혜의 선택으로 동굴에 숨겨둔 50명의 남은 자들도 있었다. 그리고 온 땅이 기근에 시달려도 이들 50명의 남은 자들은 하나님을 경외하는 충실한 종이었던 오바댜에 의하여 아합의 식탁에서 음식을 받게 하여 먹이셨다. 이와 같이 하나님의 백성은 비록 어떠한 일이 있을지라도 안전하게 지켜진다는 결론을 유추할 수 있지 않은가? 비록 이 대지가 요동할지라도 하늘이 둘로 갈라져도, 파멸되는 세상 중에서도 마치 아무 일 없는 것같이 믿는 자는 안전하게 지켜질 것이다. 만약 하나님께서 하늘 아래서 그의 백성을 구할 수 없다면 하늘 위에서 저들을 구할 것이다. 만약 이 세계가 너무 뜨거워서 저들

이 살 수 없게 될지라도 하늘이 저들을 받아들일 안전한 장소가 될 것이다. 그러므로 당신은 "전쟁과 전쟁의 소문을 들을 지라도"(마 24:6²) 안심하라. 마음에 근심하지 말라. 재난으로 마음을 동요하지 말고 악의 두려움으로부터 고요함을 유지하라. 땅 위에 어떠한 일이 일어날지라도 여호와의 넓은 날개 아래에 덮인 당신은 안전할 것이다. 그분의 약속 위에 굳게 서서 그 신실하심에 안식하여라. 암흑과 같은 미래에 도전을 시도하라. 당신이 두려워할 것은 아무것도 없기 때문이다. 당신의 유일한 관심거리는 지혜의 소리에 귀를 기울이는 것으로부터 오는 축복을 이 세상에 보이는 일인 것이다.

7월 6일 저녁

376. "나의 불법과 죄가 얼마나 많으니이까"(욥 13:23)

일찍이 당신은 하나님의 백성의 죄가 얼마나 큰 것인지를 실제로 측량하며 생각해본 적이 있는가? 당신 자신의 허물이 얼마나 극악한 것인지를 생각해 보라. 그러면 여기저기에 죄가 태산같이 높이 솟아 있음을 발견할 것이다. 옛날 그리스에 나오는 신화의 큰 거인이 여기저기에 산을 겹쳐 쌓아올린 것 같이 당신의 불법도 그렇게 높이 쌓여 있음을 곧바로 깨닫게 될 것이다. 하나님의 자녀 중에서 가장 깨끗하게 된 자의 생애에서도 얼마나 큰 죄가 쌓여있을까! 만약 한 사람의 죄에 "셀 수 없는 큰 무리"(계 7:9)라는 구속된 자의 수를 곱한다면, 당신은 예수님께서 그들을 위하여 피흘린 사람들의 거대한 죄의 크기에 대하여 얼마든지 이해할 수 있을 것이다. 그래서 우리는 그것 때문에 준비된 구원의 위대한 수단을 생각함으로써 죄의 거대함에 대하여 더욱 적절한 개념을 얻을 수 있을 것이다. 그것은 하나님의 사랑하시는 독생자 예수 그리스도의 보혈이다. 천사들은 자기의 면류관을 하나님의 아들 앞에 드린다. 모든 하늘의 합창대의 심포니는 그분의 영광의 보좌를 에워싸고 있다. "만물 위에 계시는 하나님은 영원히 찬송하리로다. 아멘!"(롬 9:5). 그럼에도 불구하고 죄인들을 구원하시기 위하여 그분은 종의 형상을 취하시고 채찍에 맞으며 창으로 찔리시고 상처를 입고 찢기어 마침내 죽으셨다. 왜냐하면, 육신을 입은 하나님의 아들의 보혈 외에는 아무것도 우리의 죄를 속량할 수 없기 때문이다. 어떠한 사람도 이 하나님의 희생의 무한한 가치를 올바로 측량할 수가 없다. 왜냐하면, 하나님의 백성의 죄도 크지만, 그 죄를 사하는 구속의 은혜는 측량할 수 없을 만큼 더욱 크기 때문이다. 그러므로 비록 죄가 검은 홍수같이 밀려와도, 그리고 과거의 기억이 괴로울지라도 믿는 자는 위대하고 거룩하신 하나님의 빛나는 보좌 앞에 서서 "누가 우리를 정죄할 것인가? 그리스도 예수님께서는 죽으셨을 뿐만 아니라 다시 사셨다"(롬 8:34)라고 부르짖는다. 믿는 자의 죄에 대한 생각이 그분을 부끄럽게 하고 슬프게 하지만, 그분께서는 동시에 그것을 하나님의 자비의 비추심을 나타내기 위해 사용한다. 죄의 어둠 속에서 하나님의 사랑의 아름다운 별이 밝게 비치고 있다.

7월 7일 아침

377. "형제들아 우리를 위하여 기도하라"(살전 5:25)

일 년 중에서 오늘 아침에는 특별히 교역자를 위한 기도를 주제로 생각하고 독자들의 인식을 새롭게 하기 위해 준비하였다. 그리고 우리는 모든 그리스도인 가정에서 처음 사도 바울에 의하여 언급되고 이제 우리로 말미암아 반복되고 있는 이 구절의 열정어린 호소에 귀를 기울여 주기를 간청하는 것이다. 형제들이여, 우리의 활동은 더없이 중대하고 수많은 사람들의 안부가 여기에 달려있다. 우리가 말하는 이 말씀은 생명에 이르는 생명의 향기가 되거나, 혹은 죽음에 이르는 죽음의 향기가 되거나 하는 하나님을 위한 영혼들을 다루는 영원한 일에 관한 것이다. 우리에게 부과된 책임은 참으로 중대하다. 그리고 만약 마지막 때에 우리가 모든 사람들의 피에 대하여 책임을 잘 감당하였다면, 그것은 큰 은혜인 것이다. 그리스도의 군대의 장교로서 우리는 사람들과 악마의 증오의 특별한 목표물이다. 저들은 우리의 틈을 엿보며 약점을 잡으려고 노력하고 있다. 성직자들의 맹점은 당신들은 제외되는 어떤 다른 종류의 유혹들이 있다는 것이다. 그중에서도 그것은 우리가 개인적으로 진리를 즐기는 일로부터 종종 멀어지게 하며 교역자 입장에서 그것을 생각하게 한다. 우리는 많은 어려운 문제에 직면하며 할 수 없게 되는 일도 있고, 연약한 믿음의 후퇴자들을 보고 마음이 상하는 경우도 많다. 또한 수많은 사람들이 멸망의 길로 가는 길을 보며 우리의 영혼은 깊이 가라앉는다. 우리는 설교로 말미암아 당신들에게 유익을 주기 원하며, 당신의 자녀들에게 축복이 되기를 소망하며, 또한 성도들에게도 그리고 죄인들에게도 유용하게 되기를 갈망한다. 그러므로 사랑하는 친구여, 하나님과 함께 우리를 위하여 기도해 주길 원한다. 만약 우리가 당신들의 기도를 잃는다면 우리는 정말로 비참해질 것이다. 그러나 당신들의 기도로 우리가 살아갈 수 있다면 우리는 행복할 것이다. 당신들은 영적 축복을 받기 위하여 우리를 보지 않고 주님을 바라본다. 그런데 그 축복이 하나님의 교역자를 통하여 주어지는 일이 많지 않았는가? 그러므로 반복하여 우리가 주님께로부터 받은 복음의 보화를 담은 질그릇이 되도록 기도하여 주기 바란다. 선교사, 목사, 도시 선교사 및 신학생들을 대표하여 예수님의 이름으로 간구하나니, "형제들이면, 우리를 위하여 기도하라"(살전 5:25).

7월 7일 저녁

378. "내가 네 곁으로 지나갈 때에 네가 피투성이가 되어 발짓하는 것을 보고 네게 이르기를 너는 피투성이라도 살라"(겔 16:6)

구원 받은 자여, 이 구절에서 긍휼의 명령을 감사하게 생각하라. 이 하나님의 명령의 장엄성에 주목하라. 우리는 죄 밖에는 아무것도 가진 것이 없으며 하나님의 진노 외에는 아무것도 기대할 것이 없는 그러한 죄인을 본다. 그러나 영원하신 주님께서는 영광 중에 그 곁을 지나시며 죄인을 보시고, 간단하지만 위엄에 가득찬 "살라"는 말씀을 하신다. 하나님 외에 누가 감히 이같이 생명을 다루며 또 단 한마디로 생명을 주시겠는가? 또 이 명령의 의미는 넓다. "살라"고 말씀하실 때 그 말씀은 많은 것을 포함한다. 이것은 사법상의 생명의 의미도 포함된다. 죄인은 비난받을 준비가 되어있다. 그러나 전능자께서는 "살라"고 선고하신다. 그리고 죄인은 용서를 받아 무죄를 판결받고 일어서는 것이다. 그것은 또한 영적인 생명을 말한다. 우리가 예수님을 알기 전에 우리의 눈은 그리스도를 볼 수가 없었고, 귀는 그분의 음성을 들을 수가 없었다. 그러나 여호와께서는 "살라"고 말씀하셨다. 그리고 "죄와 허물로 죽은 우리가 살았다"(엡 2:1). 이에 더하여 그것은 영광의 생명을 포함한다. 그것은 영적인 생명의 완성인 것이다. "나는 네게 '살라'고 말하였다." 이 한 마디는 임종의 때까지 계속 미치며 죽음의 그늘 가운데 있을 때에도 오히려 이 음성이 들려진다. 부활의 아침에 천사장의 똑같은 말이 메아리쳐 올 것인데, 그것은 바로 "살라"는 소리이다. 그리고 거룩한 영혼이 하나님의 영광 중에 영원한 축복을 받기 위하여 하늘에 오를 때에도 "살라"고 하는 이 말씀의 능력 안에서 다시 일어날 것이다. 더군다나 이것은 거절할 수 없는 명령이다. 다메섹으로 가는 사울은 살아있는 하나님의 자녀들을 잡으러 가고 있었다. 그 길 위에서 그는 태양보다 더 빛나는 빛을 보았고 하늘로부터 음성을 들었다. 사울은 "주여, 내게 무엇을 하기를 원하나이까?"(행 9:6)라고 부르짖었다. 이것은 자유로운 은혜의 명령이다. 죄인이 구원될 때 하나님은 오직 영광 받으시기 위하여 그의 자유롭고, 지불되지 않고, 구하지 않은 은혜로 죄인들을 구원하신다. 그리스도인이여, 은혜의 빚진 자로서 당신의 위치를 다시 한번 재인식하라. 하나님께서는 당신에게 오늘도 "살라"고 명령하시니, 그 하나님의 명령과 같이 참으로 감사하는 마음으로 예수님을 닮은 삶을 살라.

7월 8일 아침

379. "당신의 큰 힘이 무엇으로 말미암아 나오는지를 내게 말하라"
(삿 16:6)

믿음의 숨은 힘은 어디에 있는가? 그것은 믿음이 먹고 있는 음식에 있는 것이다. 왜냐하면, 믿음은 약속이 무엇인지를 배운다. 이 약속이란 하나님의 은혜의 발산이며 하나님의 진심이 넘치는 표현이다. 그리고 믿음은 말한다. "하나님이 이 약속을 주심은 사랑과 은혜에 의한 것밖에는 없다. 그러므로 말씀이 성취되는 것은 아주 확실하다"고 말이다. 그리고 믿음은 "이 약속을 주신 분이 누구인가?"를 생각한다. 그것은 스스로의 위대한 것을 생각하지 않고, 오히려 "그것을 창시하신 분이 누구인가?"라고 생각한다. 믿음은 기억하기를, 그분은 속이시지 않는 하나님, 전능하신 하나님, 불변하시는 하나님이시므로 약속은 성취되어야만 하는 것이라고 결론을 내린다. 그리고 이 굳은 신념을 가지고 전진하는 것이다. 믿음은 왜 약속이 주어지는 것인지를 생각하며, 그 답은 하나님의 영광을 위해서이다. 믿음은 하나님의 영광이 안전하다는 것과 그분은 절대로 자신의 이름을 더럽히지 않으신다는 것, 또 자신의 왕관의 영광에 흠을 내지 않는다는 것을 확신한다. 그러므로 그 약속은 유효하지 않으면 안 되는 것이고, 또한 반드시 유효하다고 확실히 믿는다. 믿음은 또 그리스도의 놀라운 사역이 아버지 하나님의 말씀을 성취하기 위한 의도를 분명하게 증거하는 것이라고 생각한다. "자기 아들을 아끼지 아니하시고 모든 것을 우리에게 내어주신 이가 어찌 그 아들과 함께 모든 것을 우리에게 은사로 주지 아니하겠는가?"(롬 8:32). 그리고 믿음은 과거를 돌아본다. 왜냐하면, 과거에 싸움 중에서 자기를 강하게 했으며, 또한 그것에서의 승리는 용기를 주었기 때문이다. 믿음은 하나님께서 자기를 결코 버리지 않는다는 것을 상기한다. 아니 자기뿐만 아니라 그 자녀들 가운데 단 한 사람도 하나님께서는 결코 버리지 않으신 것을 기억한다. 믿음은 커다란 위기가 왔을 때 그것으로부터 구출되었을 때를 떠올린다. 믿음은 힘들었던 시간에 그날을 인내하며 보낼 수 있도록 힘을 주셨던 것을 기억한다. 나는 결코 하나님께서 변하시거나 그의 종을 떠난다는 것을 생각할 수가 없다. "주님께서 여기까지 나를 도우셨다"(삼상 7:12). 그리고 그분께서는 이후로도 도우실 것이다. 약속을 주신 주님과 연관 지어서 그 각각의 약속을 보고 그것 때문에 믿음은 확신을 가지고, "나의 평생토록 은혜와 인자하심이 나와 함께 하시도다"(시 23:6)라고 말하는 것이다.

7월 8일 저녁

380. "주의 진리로 나를 지도하시고 교훈하소서 주는 내 구원의 하나님이시니 내가 종일 주님을 바라나이다"(시 25:5)

확신이 없는 발걸음으로 믿는 자가 주님의 길을 걷기 시작할 때, 그는 마치 아버지의 손에 이끌려 걷는 어린아이같이 아직도 인도되기를 원하며 진리의 손을 아직도 붙들고 있기를 갈망하는 것이다. 시편 25:4-5을 보면, 다윗은 기도의 후렴부에서 실천적인 교훈을 구하고 있다. 다윗은 이미 많은 것을 알고 있었다. 그러나 그는 스스로 무지함을 느껴 더욱 주님의 학교에서 배우기를 원하였다. 이 시편의 4, 5절에서 그는 네 번이나 그는 은혜의 학교에서 배우기를 바라고 있다고 말한다. 만약 믿는 자들이 자기 의지대로 나아가며 자신들을 위한 새로운 길을 만들기를 바라지 않고, 하나님의 진리의 옛길을 찾아 성령께서 저들에게 성별된 이해력과 교훈을 듣기에 합당한 영을 주시기를 갈망한다면 저들은 좋은 상태에 있다고 할 것이다. "참으로 주님께서는 나의 구원이시나이다." 삼위 하나님은 그의 백성의 구원의 인도자시며 또 완성자이시다. 그분께서 진정 당신의 구원의 하나님이심을 고백하는가? 당신은 성부의 선택, 성자의 구속, 성령의 살리시는 역사가 당신의 영원한 소망의 모두이며 기초임을 발견하는가? 만약 그렇다면 보다 깊은 축복을 얻기 위한 발판으로써 이를 사용할 수 있다. 주님께서 당신을 구원하시기로 예정하셨다면, 확실히 그의 길에서 당신을 교훈하는 것을 거절하시지 않을 것이다. 여기에서 다윗이 고백하는 확신을 가지고 우리가 주님께 말씀을 드린다면 그것은 행복한 것이다. 그것은 우리의 기도에 큰 힘을 주며 시험의 때에 우리를 위로한다. "나는 종일 주님을 바라나이다." 인내는 믿음의 아름다운 여종이며 딸이다. 우리가 기다리는 것이 헛된 일이 아니라는 것을 확신할 때 우리는 기쁘게 기다릴 수 있는 것이다. 우리의 생애를 통하여 봉사와 예배, 그리고 기대와 신뢰로 주님을 기다리는 일은 우리의 의무이며 특권이다. 우리의 믿음은 시련을 겪는 믿음이다. 그리고 참 믿음은 계속되는 시험 중에서도 굴복하는 일이 없다. 하나님께서 일찍이 얼마나 큰 은혜로써 우리를 기다려 주셨는지를 생각한다면 우리가 하나님을 기다림에 있어 지치고 권태를 느끼는 일은 결코 없을 것이다.

7월 9일 아침

381. "그 모든 은택을 잊지 말지어다"(시 103:2)

옛 성도들의 생애에서 하나님의 손의 역사를 보고 저들을 구원해 내신 하나님의 선하심을 지켜보는 일과, 또한 저들을 용서하신 그의 자비하심과 저들과의 언약을 지키시는 하나님의 신실하심을 생각하는 일은 기쁘고 또한 유익한 일이다. 그러나 우리 자신의 생활 안에서 하나님의 손의 역사에 주목하는 일은 더 흥미 있고 더욱 유익한 일이 아니겠는가? 우리는 자기 자신을 돌아볼 때 옛 성도의 삶과 같이 하나님의 선하심과 진실하심으로 가득차 있는 과거를 발견하고 거기에 하나님의 신실하심과 진리의 증거를 발견하지 않는가? 하나님께서는 옛 성도들에게 그의 큰 힘과 능력을 보이셨지만, 현재 이 땅 위에 있는 우리에게는 놀랄만한 일이나 "그의 거룩한 팔을 나타내지"(사 52:10) 않는다고 생각하는 것은 아주 잘못된 일이다. 우리 자신의 생활을 돌아보자. 확실히 우리에게 힘을 주시는 하나님의 영광을 찬양할 만한 행복했던 사건들을 발견할 수 있을 것이다. 당신은 한 번도 구원받은 경험이 없었는가? 하나님의 임재에 붙들리어 험난한 강물을 건너본 일은 없었는가? 불길을 통과할 때 상함이 없이 걸어간 적이 없는가? 성령의 나타나심을 경험해 본 적이 없는가? 또 특별한 은혜에 접했던 적이 없는가? 솔로몬에게 그의 마음의 소원을 들어주신 하나님께서 당신에게도 귀를 기울이시며 구하는 것에 응답하신 적이 없는가? 다윗으로 하여금 "주님께서 평생토록 좋은 것으로 배부르게 하시도다"(시 103:5)라고 노래하도록 아끼지 않고 주신 은혜 깊은 하나님께서 기름진 것으로 당신을 결코 배부르게 하신 적이 없는가? 당신을 푸른 풀밭에 눕힌 적이 결코 없었는가? 쉴만한 물가로 인도함을 받은 적이 결코 없었는가? 확실히 하나님의 선하심은 옛 성도들에게 베푸셨던 자비를 우리에게도 똑같이 부어주신다. 그러므로 하나님의 긍휼을 노래해야만 한다. 감사의 순금과 찬송의 보석을 가지고 예수님의 머리에 씌워드릴 왕관을 만들지 않으려는가? 우리의 영혼으로 하여금 다윗의 거문고에서 나오는 감미롭고 기분을 돋우는 음악을 연주하여 영원히 변함이 없으신 주님의 은혜를 찬양하지 않으려는가?

7월 9일 저녁

382. "하나님이 빛과 어두움을 나누사"(창 1:4)

믿는 자의 안에는 항상 두 가지 원칙이 활동하고 있다. 나면서부터 본질적으로 그는 오직 하나의 원칙하에 있었는데, 그것은 어둠이다. 그러나 이제 빛이 들어와서 이 두 원칙은 일치할 수 없게 되었다. 로마서 7장에 있는 사도 바울의 말에 주목하여 보라. "그러므로 내가 한 법을 깨달았노니 곧 선을 행하기 위한 원하는 나에게 악이 함께 있는 것이로다. 내 속사람으로는 하나님의 법을 즐거워하되 내 지체 속에서 한 다른 법이 내 마음의 법과 싸워서 내 지체 속에 있는 죄의 법으로 나를 사로잡는 것을 보는도다"(롬 7:21-23). 어떻게 이런 상태가 일어나게 되었는가? "주님께서 빛과 어두움을 나누셨다." 어두움은 그것 혼자서는 조용하고 아무 일도 일으키지 않는다. 그러나 주님께서 빛을 보내실 때 다툼이 일어난다. 왜냐하면, 그 둘은 서로 상반되기 때문이다. 이 싸움은 믿는 자가 주님 안에서 온전한 빛이 되기까지 결코 멈추지 않는다. 그리스도인 개인의 내부에 이 분리가 있는 것처럼, 외부에도 동일한 분리가 있음이 확실하다. 주님께서 사람에게 빛을 주시는 즉시 그는 주위의 어두움에서 그 자신을 분리하기 시작한다. 그는 외면적인 의식을 중요하게 여기는 이 세상의 종교에서 자신을 분리한다. 그리스도의 복음 이외의 그 어느 것도 이제 그를 만족시킬 수 없기 때문이다. 그리고 그는 이 세상적인 것과 천박한 오락으로부터 멀어지고 성도와의 사귐을 찾는다. 왜냐하면, "우리는 형제를 사랑하고 있으므로 사망에서 생명에 옮긴 것을 알고 있다"(요일 3:14)라고 기록되어 있기 때문이다. 빛은 빛에 모이고 어둠은 어둠에 모인다. 우리는 하나님께서 분리하신 것을 결코 결합시키려 노력해서는 안 된다. 오히려 "그리스도께서 능욕을 받고 영문밖에"(히 13:13) 나아가신 것 같이, 우리도 불신앙의 사람들로부터 떠나서 하나님의 특별한 백성이 되지 않으려는가? 그리스도는 "죄인으로부터 거룩하고 악이 없고 더러움이 없는 성별된 분"(히 7:26)이시다. 우리도 그분과 같이 이 세상을 본받지 말고 모든 죄에서 떠나 다른 사람들보다 뛰어나신 우리의 주님과 같이 되도록 힘써야 한다.

7월 10일 아침

383. "성도들과 동일한 시민이요"(엡 2:19)

우리가 "하늘"의 시민이 된다는 것은 무엇을 의미하는가? 그것은 우리가 하늘의 정부 아래에 있음을 의미한다. "하늘"의 왕이신 그리스도께서는 우리의 마음속에서 통치하신다. 우리가 날마다 하는 기도는 "뜻이 하늘에서 이루어진 것 같이 땅에서도 이루어지이다"(마 6:10)라는 것이다. 영광의 보좌에서 하시는 포고령은 우리에게 자유롭게 받아들여진다. 대왕의 명령에 우리는 기쁘게 순종한다. 우리는 새 예루살렘의 시민으로서 "하늘"의 명예에 참여한다. 세상을 떠난 성도들이 받고 있는 영광은 또한 장차 우리의 것이기도 하다. 왜냐하면, 우리는 이미 하나님의 자녀이고 왕족이여 이미 흠 없는 예수님의 의의 옷을 입고 있기 때문이다. 이미 천사를 우리의 종으로 부리며 성도들은 서로를 벗으로 사귀고 있다. 그리스도는 우리의 맏형이고 하나님은 우리의 아버지이며 썩지 않는 면류관은 우리의 보상이다. 우리는 시민의 명예를 가진다. 왜냐하면, 우리는 하늘에 등록된 맏아들의 교회의 회원이 되었기 때문이다. 또한 우리는 시민으로서 "하늘"의 모든 재산에 대하여 공동의 권리를 갖는다. "하늘"의 진주문과 벽옥의 성벽도 우리의 것이고, 해와 달의 빛도 필요 없는 "하늘" 도시의 하늘빛도 우리의 것이다. 생명수가 흐르는 강물과 강둑 위에 심겨있는 생명나무에 열리는 열두 가지 열매도 우리의 것이다. 천상에 있는 것 가운데 우리의 것이 아닌 것이 없다. "현재의 것이나 장래의 것"(고전 3:22) 모두는 우리의 것이다. 또한, "하늘"의 시민으로서 우리는 "하늘"의 기쁨을 맛본다. "하늘"에 있는 자들은 죄인이 회개하였을 때, 즉 탕자가 돌아올 때 기뻐하는가? 그렇다. 우리도 그것을 기뻐한다. 그들은 승리의 은혜의 영광을 노래하는가? 그렇다. 그와 같이 우리도 노래한다. 그들은 자기의 면류관을 예수님의 발 앞에 드리는가? 우리도 또한 자기의 갖고 있는 모든 명예를 주 앞에 드릴 것이다. 그들은 예수님의 미소에 마음을 빼앗길까? 땅 위에 있는 우리도 예수님의 아름다움을 기뻐한다. 그들은 주의 재림을 소망하는가? 우리도 역시 그러하다. 이와 같이 우리가 "하늘"의 시민이라면 우리의 걸음과 행동도 항상 그 위치에 적합하도록 힘써야 하는 것이다.

7월 10일 저녁

384. "저녁이 되며 아침이 되니 이는 첫째 날이니라"(창 1:5)

저녁은 "어두움"이요, 아침은 "빛"이었다. 그러나 그 가운데 빛만을

"낮"이라는 이름으로 부르고 있다. 이것은 좀 특이할지 모르나 영적 경험에 있어서는 이와 아주 흡사한 것이 있다. 모든 믿는 자에게는 어둠과 빛이 있다. 그러나 비록 그가 죄를 갖고 있다 해도 "죄인"이라고 부르지는 않는다. 어느 정도의 성결함을 지니고 있기에 "성도"라고 부른다. 이것은 자기의 연약성을 탄식하며 "나는 이렇게 많은 어두움을 갖고 있는데 하나님의 자녀가 될 수 있을까?"라고 말하는 사람에게는 아주 위로가 되는 생각이다. 그렇다. 당신은 "낮"과 같이 당신의 이름을 저녁에서 취하지 않고 아침에서 취하면 되는 것이다. 그리고 당신은 하나님의 말씀 가운데서 장차 완전하게 거룩하게 될 것이지만, 심지어 지금 완전히 거룩한 것 같이 불려지게 되는 것이다. 당신 속에는 여전히 어둠이 있지만 당신은 빛의 자녀로 불리운다. 당신은 하나님의 눈에 주권적으로 성화된 본성에 따라 이름이 주어지게 된다. 그리고 이 본성은 언젠가 당신 안에서 유일한 원칙이 될 것이다. 여기에서 저녁이 먼저 온 것에 주목하라. 본래 우리는 시간의 순서로 말하자면, 그 최초의 것은 어둠이었다. 그리고 때때로 음울함이 우리를 슬픔에 잠기도록 몰아치며 깊은 겸비 중에 "하나님, 죄인인 나를 사하여 주소서"(눅 18:13)라고 부르짖는다. 그 다음에야 비로소 빛나는 아침이 온다. 은혜가 우리 안에 있는 본래의 본성을 극복할 때에 밤은 밝아진다. "마지막에 오는 자는 영원히 지속된다"는 존 번연의 귀한 격언이 있다. 최초의 것은 시간이 되면 최후의 것에게 자리를 양보한다. 그러나 최후의 것 뒤에는 아무것도 오지 않는다. 그러므로 당신이 나면서부터의 본성은 어둠이지만 한번 당신이 주 안에서 빛이 되면 그 뒤에 저녁이 오지 않는다. "다시는 네 해가 지지" 않을 것이다(사 60:20). 인생의 첫째 날은 먼저 저녁이 있고, 그리고 그 다음에 아침이 있다. 그러나 둘째 날에는 우리가 영원히 하나님과 함께 있을 때 저녁은 없고 단지 영원히 빛나는 낮만 있을 것이다. 그것은 하나의 거룩하고 보배로운 영원한 낮이 계속될 뿐이다.

7월 11일 아침

385. "잠깐 고난을 받은 너희를 친히 온전하게 하시며 굳건하게 하시며 강하게 하시며 터를 견고하게 하시리라"(벧전 5:10)

광대한 벌판에 걸쳐져 있어 하늘의 문이라고 할 만한 무지개를 당신은 본적이 있을 것이다. 그 빛깔은 영광스럽고 그 색조는 아름답기가 비할 데가 없다. 그러나 그것은 곧 사라지고 자취도 없어진다. 아름다운 빛은 양털 구름으로 변하고 "하늘"의 빛 같았던 하늘은 더 이상 찬란하지는 않다. 그것은 언제 동안이나 남아있는 것이 아니다. 왜 그럴까? 이 빛나는 빛은 변하는 일광과 잠시 동안의 빗방울로 되어 있기 때문이다. 그러므로 어떻게 오랫동안 지속할 수 있겠는가? 그리스도인의 성품의 덕은, 이 무지개와 같이 변하는 아름다움이어서는 안 된다. 그것과는 반대로 확정되고, 고정되고, 영속적이어야 한다. 주 안에 있는 자여, 당신이 가지고 있는 모든 좋은 것들이 영속할 수 있도록 힘쓰라. 당신의 성품이 모래 위에 쓰인 것이 아니고 바위 위에 새겨져야 하지 않겠는가! 당신의 믿음이 기초가 없는 구조로 보여서는 안 된다. 선한 자의 성품은 나무와 풀과 짚을 태우는 맹렬한 불길에도 견딜 수 있는 재료로써 지어져야 하는 것이다. 또한, 당신이 "사랑에 뿌리를 박고 사랑에 터를 놓을 수"(엡 3:17) 있게 되어야 한다. 당신의 확신이 깊고 사랑으로 진실하며 소망이 열렬해야 하는 것이다. 당신의 전 생애가 굳게 터를 정하여 지옥의 뜨거운 바람도 이 땅 위의 폭풍도 당신을 흔들지 못하도록 해야 한다. 그러나 어떻게 해서 "이 믿음에 굳게 서게 되는"(골 2:7) 축복을 얻을 수 있게 되는지 주목하라. 사도의 말씀에 따르면, 그것은 우리의 고통을 통해서 "잠깐 고난을 받은 후에" 비로소 그 힘을 나타낸다고 한다. 강한 폭풍이 우리에게 불지 않으면 우리는 깊이 뿌리를 내릴 소망이 필요 없다. 느티나무의 뿌리 밑에 있는 매듭처럼 이상하게 구부러진 가지들은 모두가 다 수없는 태풍에 부딪친 흔적이여 동시에 어떻게 깊이 뿌리를 내리게 되었는지를 보여주는 것이다. 이와 같이 그리스도인도 모든 인생의 시련의 태풍에 의하여 강하게 되며 깊이 뿌리를 박아야 한다. 그러므로 시험의 격렬한 바람을 겁내지 말고 오히려 이런 엄한 훈련에 의하여 하나님이 당신에 대한 축복을 완성하고 있다는 것을 믿고 위로를 얻어라.

7월 11일 저녁

386. "너희는 이 일을 너희 자녀에게 고하고 너희 자녀는 자기 자녀에게 고하고 그 자녀는 후 시대에 고할 것이니라"(욜 1:3)

하나님의 은혜에 의하여 이 단순한 방법 안에서 진리의 산 증거가 항상 살아서 보존되지 않으면 안 된다. 주님께서 사랑하는 자들은 그들의 복음의 증거와 언약을 그들의 상속자에게 전하고, 전함을 받은 자는 그것을 그 다음 후대에 전해야 할 것이다. 이것은 우리의 첫째되는 의무이다. 그것은 우선 우리의 가족에게서 시작한다. 전도를 가정에서 시작하지 않는 설교자는 좋은 설교자라고 할 수 없다. 모든 수단을 다하여 이교도를 찾아 구하며 "길과 산 울가"(눅 14:23)의 그 어떤 곳에서든지 찾아야 하지만, 그 보다 먼저 가정에서 전도하지 않으면 안 된다. 주님께서 정하신 이 순서를 반대로 하는 자는 화가 있으리로다. 우리가 자기의 자녀를 가르치는 일은 개인적인 의무이다. 우리는 자녀의 교육을 주일학교 교사나 또는 친절한 도움을 주는 자에게 위임할 수는 없다. 그 사람들이 우리를 도와주는 것은 틀림없지만, 우리를 거룩한 의무에서 해방할 수는 없는 일이다. 이 경우에 대리인과 후원자에게 의뢰하는 것은 악한 일이다. 아버지와 어머니는 아브라함과 같이 하나님을 두려워하여 그 가정을 다스리며 지극히 높은 자의 놀랄만한 일들에 관해서 자녀에게 이야기하며 들려주어야 한다. 부모가 자녀를 교훈하는 것은 그들의 당연한 의무이다. 자녀들을 이 세상에 태어나게 한 부모처럼 저들의 안녕을 돌봐주는 자가 또 누가 있겠는가? 자녀를 가르치기에 게으른 자는 어리석은 자보다도 못하다. 참된 종교는 가족을 위하여, 국가를 위하여, 그리고 하나님의 교회를 위하여 필요하다. 불신앙과 잘못된 교리를 막는 가장 효과적인 수단의 하나는 자신의 자녀를 믿음으로 인도하는 일이다. 그러나 오늘날 이것이 거의 무시되고 있는 상황이다. 원하기는, 부모들이 먼저 이 일의 중요성을 깨달아야 한다. 자기의 아들과 딸에게 예수님에 대하여 말하는 것은 즐거운 의무이며, 특히 그것은 하나님께서 기쁘게 받으시는 일이므로 더욱 그렇다. 하나님은 부모의 기도와 훈계를 통하여 자녀들을 구원하신다. 이 책을 읽는 모든 가정에서 주님께서 높이심을 받으며 주님의 기뻐하시는 미소를 받게 되기를 바란다.

7월 12일 아침

387. "하나님 아버지 안에서 사랑을 얻고"(유 1:1)
"그리스도 예수 안에서 거룩하여 지고"(고전 1:2)
"성령의 거룩하게 하심으로"(벧전 1:2)

은혜의 모든 사역에 있어서 삼위일체 하나님께서 함께 활동하고 있음에 주목하라. 예수님께서는 모든 것에 사랑과 은혜의 화신이시고, 반면에 아버지 하나님은 엄한 의의 하나님이시지만 친절함이 결핍되었다고 생각한다면 이 얼마나 사려 깊지 못한 일인가! 또한 성부 하나님의 뜻과 성자 하나님의 구속함만 확대시켜 성령 하나님의 사역을 가볍게 여기는 것도 똑같이 잘못된 생각이다. 은혜를 베푸시는 삼위일체 하나님의 그 어느 한 위격이든지 다른 두 위격을 떠나서 활동하는 일은 없다. 삼위일체 하나님의 세 위격은 그 본질에 있어서 하나이심과 꼭 마찬가지로, 그 사역들에 있어서도 같이 연합되어 있다. 또한 삼위는 선택받은 자를 향한 사랑에서도 하나이다. 그리고 큰 본원에서 흘러나오는 활동에서도 삼위 하나님께서는 여전히 나누어질 수 없는 것이다. 이것은 특히 성화되는 일에 있어서 더욱 그러하다는 것을 염두에 두라. 성화되는 일이 성령님의 활동이라고 우리가 말하는 것은 잘못이 아니지만, 아버지와 아들이 그것에 관여하지 않는다고 생각하지 않도록 주의하라. 성화의 일은 아버지의 활동이요, 아들의 활동이요, 성령의 활동인 것이 맞는 말이다. 주 하나님께서는 지금도 "우리의 형상을 따라 사람을 지으리라"(창 1:26)고 말씀하신다. 그러므로 우리는 "하나님이 만드신 바라 그리스도 예수 안에서 선한 일을 위하여 지으심을 받는 자니 이 일은 하나님이 전에 예비하사 우리로 그 가운데서 행하게 하려 하심이니라"(엡 2:10). 하나님께서 정말로 거룩함을 어떻게 중요시하는지를 보라. 삼위일체의 세 인격은 "티나 주름 잡힌 것이나 이런 것들이 없는"(엡 5:27) 교회를 세우시기 위하여 언제나 서로 함께 협력하시는 것으로 나타난다. 그리하여 믿는 자인 당신도 그리스도를 순종하는 자로서 거룩함을 귀하게 여기며, 순결한 삶과 경건한 말을 하도록 주의하지 않으면 안 된다. 그리스도의 피를 당신의 소망의 기초로 존중히 여겨라. 그리고 "빛 가운데 있는 성도들의 기업에 참여하기에"(골 1:12) 합당하게 하는 성령님의 활동을 결코 가볍게 이야기해서는 안 된다. 오늘 우리는 삼위일체 하나님의 활동을 우리 안에서 온전히 나타나도록 그렇게 살아야 한다.

7월 12일 저녁

388. "그의 '하늘'"(딤후 4:18)

　　위대한 왕의 도성인 "하늘"은 적극적인 봉사의 장소이다. 구속 받은 영혼들은 그의 성전에서 아침저녁으로 왕을 섬기고 있다. 저들은 결코 왕의 뜻을 행하는 것을 그치지 않는다. 염려가 전혀 없다는 점에서 저들은 항상 안식을 얻고 있다. 그러나 태만이나 게으름과 같은 측면에 있어서는 저들은 결코 안식하고 있지 않다. 모든 하나님의 백성들에게 있어서 황금의 예루살렘은 사귐의 장소이다. 우리는 아브라함, 이삭, 야곱과 함께 거기에 앉아서 영원한 사귐을 가진다. 우리는 선택된 고귀한 사람들의 무리 속에서 고귀한 대화를 나누며, 저들의 모두는 주님의 사랑과 강한 팔에 의하여 안전하게 하늘 집에 들어간 사람들이며 주님과 함께 통치한다. 우리는 독창하지 않고 합창으로 우리의 왕을 찬양할 것이다. "하늘"은 승리가 실현된 장소이다. 그리스도인이여, 당신이 자기의 육신의 정욕을 이겼을 때마다, 그러한 심한 싸움 이후 당신이 유혹을 당신의 발아래 죽였을 때마다, 당신은 그 시간에 당신을 기다리는 즐거움의 맛을 미리 맛볼 것이다. 주님께서는 잠시 동안 사탄을 당신의 발아래 짓밟으시고, 당신은 사랑하는 주님을 통하여 당신 자신이 승리자 그 이상이라는 것을 발견할 것이다. "하늘"은 안전한 장소이다. 당신이 "믿음에 의한 충분한 확신"(히 10:22)을 가졌을 때, 하늘의 예루살렘에서 완전한 시민이 되었을 때, 그곳은 당신의 것으로 안전하고도 영광스러운 담보를 가지게 되는 것이다. 아 우리의 즐거운 집 예루살렘이여, 나의 영혼의 행복한 항구여! 감사하리로다. 그곳을 사모하도록 사랑으로 교훈하신 하나님에게 지금도 감사하리로다. 그러나 내가 그것을 소유할 때 나는 더 크게 영원히 감사를 드리겠나이다.

"나의 영혼은 포도의 열매를 맛보았고,
　나의 사랑하는 주님께서 지키시는 그 포도원의

모든 포도송이가 익는 곳에 나는 가기를 원하노라.
나의 주린 영혼은 참 생명의 포도나무에서
하나님께서 베푸시는 향연에 참여하기를 원하며,
그곳에 영원히 초대된 손님이 되기를 바라노라."

7월 13일 아침

389. "하나님이 요나에게 이르시되 네가 이 박넝쿨로 인하여 성냄이 어찌 합당하랴"(욘 4:9)

화를 내는 것이 언제나 반드시 죄가 되는 것은 아니다. 그러나 성내는 것은 거칠게 흐르는 경향이 있으므로 우리가 성낼 때에는 곧 "네가 지금 성냄이 과연 합당한가?"라고 스스로에게 물어보아야 한다. 때로는 우리가 "그렇다"라고 대답할 수도 있다. 성냄은 많은 경우에 미친 사람의 폭탄 같지만, 때로는 하늘로부터 내려 온 엘리야의 불이기도 하다. 죄는 우리의 지극히 선하고 은혜 깊은 하나님에게 해를 주기 때문에 우리가 죄에 대하여 노를 발한다면 그 성냄은 옳다. 또는 우리가 하나님의 많은 교훈을 받으면서 아주 미련하기 때문에 자기에게 화를 내거나, 또는 다른 사람이 악을 행한다는 오직 그 하나의 동기로 인하여 화를 내는 것은 정당하다. 불법에 대하여 노하지 않는 자는 그 공범자가 된다. 죄는 혐오하며 미워해야 되는 것이다. 거듭난 자의 마음은 죄에 대하여 참을 수가 없다. 하나님 자신도 악을 행하는 자에게 날마다 노를 발하신다. 하나님의 말씀인 성경에는 "주를 사랑하는 자들아, 악을 미워하라"(시 97:10)고 기록되어 있다. 그런데 우리의 화는 칭찬할 만하지 못하며 의롭지 못한 경우가 매우 많다. 그러면 우리는 "아니다"라고 대답해야 하는 것이다. 무엇 때문에 우리는 아이들에게 화를 내며, 고용인에게 성내며, 동료들에게 노하는 것인가? 그러한 화가 과연 믿음을 고백하는 그리스도인에게 영예를 높이며, 또한 하나님의 영광을 나타내는 것인가? 그것은 본래의 옛 성품의 악한 마음이 우리를 지배하려고 하는 것이므로 우리는 다시 태어난 성품의 모든 힘을 다하여 그것에 저항해야 하지 않겠는가? 믿음을 고백하는 않은 사람들이 저항할 수 없어 격정에 몸을 맡기지만 진정한 그리스도인은 모든 점에서 승리자가 되어야 한다는 것을 기억하라. 그렇지 않으면 영광의 면류관을 얻을 수 없다. 만약에 우리가 격정을 제거하지 못한다면, 우리에 대한 은혜의 사역은 과연 어디에 있는가? 어떤 사람이 "은혜는 가끔 떫은 감의 줄기에 접붙였다"고 말하자, "그렇다, 그러나 그 열매는 떫은 감이 아닐 것이다"라고 대답하였다. 우리는 우리 자신의 본래적인 연약함을 죄를 짓는 구실로 삼아서는 안 된다. 우리는 지금 즉시 십자가 밑에 달려가 나면서부터의 악한 성품을 십자가에 못 박아야 한다. 그리고 주님의 형상을 본받아 부드럽고 온유함 안에서 우리를 새롭게 해달라고 주님께 기도해야 한다.

7월 13일 저녁

390. "내가 아뢰는 날에 내 원수가 물러가리니 하나님이 나를 도우심인줄 아나이다"(시 56:9)

이 기쁜 구절에서 "하나님이 나의 편이시다"라는 것의 완전한 의미를 사람의 말로 표현하기는 불가능하다. 이 세상이 창조되기 전에 하나님께서는 "우리의 편"이셨다. 그렇지 않았다면 그분께서 그의 사랑하는 독생자를 우리에게 주시지 않았을 것이다. 하나님께서 그의 독생자를 보내셔서 자기의 진노의 모든 무거운 것을 그분의 위에 두셨을 때 그는 "우리의 편"이셨다. 우리가 타락하여 파멸에 빠졌을 때에도 그분께서는 우리를 사랑하셨다. 우리가 그분에 대하여 반항하고 두 주먹을 꽉 쥐고 그에게 도전하였을 때에도 그는 "우리의 편"이셨다. 그분은 우리가 그의 얼굴을 겸손히 구하도록 인도하셨을 때에도 그는 "우리의 편"이셨다. 우리는 많은 위험에 직면하여 안과 밖으로 유혹에 공격당하였다. 그분께서 "우리의 편"이 아니었다면 어떻게 이런 것들을 무사히 통과하여 살아 남아있을 수 있겠는가? 그분은 그 존재의 모든 무한성을 가지고 또 그 사랑의 모든 전능함과 그 지혜의 실수가 전혀 없으심으로 "우리의 편"이 되신다. 저 푸른 하늘이 휘장과 같이 말려지는 때에도 그리고 영원한 미래에도 그는 "우리의 편"이시다. 그분께서 "우리의 편"이 되시기 때문에 우리의 기도에는 항상 그의 도움이 확실하게 필요하다. "내가 아뢰는 날에 내 원수가 물러가나이다." 이것은 불확실한 소망이 아니며, 충분한 근거가 있어 "나는 안다"라고 할 수 있는 확신인 것이다. 나는 기도를 직접 하나님에게 향하고 응답을 위하여 그분을 쳐다보며 응답이 오리라는 것을 확신하며 나의 원수가 물러갈 것을 기다린다. 왜냐하면, "하나님이 우리의 편"이시기 때문이다. 오 믿는 자여, 왕의 왕이신 분을 당신 편으로 가진 것이 얼마나 행복한 일인가! 이와 같은 보호자를 가진 당신은 얼마나 안전하겠는가! 이와 같은 변호자에 의해 변호될 때 당신의 입장은 얼마나 확실한가! "만약 하나님이 당신의 편이라면 누가 당신을 대적할 수 있겠는가?"(롬 8:31).

7월 14일 아침

391. "네가 내게 돌로 단을 쌓거든 다듬은 돌로 쌓지 말라 네가 정으로 그것을 쪼면 부정하게 함이니라"(출 20:25)

하나님의 제단은 다듬지 않은 돌로 쌓아서 사람의 기교나 노동의 흔적이 보이지 않도록 하여 쌓아졌다. 사람의 지혜는 다듬는 것을 기뻐하고 십자가의 교리를 배열하여 좀 더 인공적으로 하여 인간의 타락한 본성에 잘 적합하도록 하는 것이다. 그러나 이것은 복음을 개선하는 대신에 오히려 육의 지혜로 복음을 오염시키며, 전혀 다른 복음이 되게 하여 하나님의 진리와는 거리가 멀게 하는 것이다. 주님 자신의 말씀을 삭제하거나 수정하는 일은 모두 그것을 더럽히고 오염시키는 결과가 된다. 인간의 교만한 마음은 그의 영혼이 하나님 앞에서 의롭게 되기 위하여 무엇이라도 도움이 되려는 생각을 가지고 있다. 그리스도를 위하여 무엇인가 준비하려는 꿈을 꾼다든지, 겸손과 회개를 나타내려 하거나, 또는 선행을 자랑하거나 본래의 능력을 과시하려고 한다. 그리고 어떤 수단을 써서든지 인간의 도구를 하나님의 제단 위에 올려놓으려고 한다. 죄인의 육에 속한 자신감은 구주의 사역을 완성하기는커녕 단지 그것을 더럽히며 부끄럽게 하는 것임을 잘 기억하기 바란다. 구속의 사역에 있어서 주님만이 오직 높임이 되어야 한다. 인간의 끌이나 망치의 자국은 단 하나라도 더해져서는 안된다. 그리스도 예수님께서 그의 죽음의 순간에 "다 이루었다"라고 선언하신 거기에 무엇인가를 더하려고 한다든지, 주 하나님께서 온전하게 만족하신 것을 개선하려고 하는 것은 인간 고유의 독선으로 하나님을 모독하는 것이다. 두려워 떨어야 하는 죄인이여, 너의 도구를 버리고 그 장소에 무릎을 꿇고 겸손히 엎드려 긍휼을 구하라. 그리고 주 예수님을 구속의 제단이 되도록 받아들이고 오직 주 안에서 안식하라. 믿음을 고백하는 많은 자들이 오늘 아침 이 구절에서 저들이 믿고 있는 교리에 대하여 경고를 받을 것이다. 그리스도인 가운데도 계시된 진리를 가감하려는 경향이 매우 강하다. 이와 같은 일은 불경이고 불신앙인 것이다. 이러한 경향에 대하여 우리는 언제나 단호하게 싸워야 하며, 하나님의 말씀의 교리는 다듬지 않은 돌이므로 주님의 제단을 쌓는데 가장 적합한 재료인 것을 기뻐하면서 진리를 그대로 받아들여야 한다.

7월 14일 저녁

392. "미명에 막달라 마리아와 다른 마리아가 무덤을 보려고 왔더니" (마 28:1)

막달라 마리아가 어떻게 주 예수님과 사귐을 가졌는지 그녀에게서 먼저 그녀가 어떻게 그녀는 주님을 찾았는지에 주목하라. 그녀는 이른 아침에 구주를 찾았다. 만약 당신이 그리스도를 기다리며 주님과 사귈 갖는 소망을 뒤로 미룬다면, 당신은 결코 주님과 사귈 수가 없을 것이다. 왜냐하면, 주님과의 사귐을 위하여 준비된 마음은 굶주리고 갈급한 마음이기 때문이다. 막달라 마리아는 매우 담대한 마음으로 그분을 구하였다. 다른 제자들은 무덤에서 도망쳤다. "왜냐하면 그들은 두려워 떨었기 때문이다"(막 16:8). 그러나 마리아는 무덤에 "서서"(요 20:11) 주님을 찾고 있었다고 기록되어 있다. 만약 그리스도와 함께 있기를 원한다면 담대하게 그분을 찾으라. 어떤 것에든지 방해되어서는 안 된다. 천하를 대적하며 다른 사람들이 도망할 때도 돌진하라. 마리아는 그리스도를 신실하게 찾았으며, 그녀는 무덤에 서 있었다. 어떤 사람들은 살아계신 구주의 곁에 서 있는 것조차 힘들어한다. 그러나 그녀는 죽은 사람 곁에 서 있었다. 우리도 이렇게 그리스도를 구해야 한다. 우리는 주님과 관계있는 것이라면 그것이 아주 적은 것이라도 애착을 가지고 다른 모든 사람이 주님을 버리고 도망갈지도 충실하게 머물러 있자. 더욱이 마리아가 아주 열심을 다하여 예수님을 찾았다는 것에 주목하자. 마리아는 "울면서"(요 20:11) 무덤가에 서 있었다고 하였다. 그 눈물이 구주를 붙잡아 주님께서 그녀 앞에 나타나게 만들었다. 만약 당신이 예수님의 임재를 원한다면 그것 때문에 울라! 그분께서 오셔서 "너는 나의 사랑하는 자"라고 말하지 않으면 행복할 수 없다고 말한다면, 당신은 곧 그분의 음성을 듣게 될 것이다. 최후에 마리아는 구주만을 구하였다. 그녀가 천사에게 관심 있었을까? 그녀는 그것들로부터 고개를 돌렸다. 그녀의 관심사는 오직 주님뿐이었다. 만약 그리스도께서 당신의 유일한 사랑의 대상이라면, 그리고 만약 당신의 마음이 다른 것을 모두 내어 쫓는다면 당신은 머지않아 그분의 임재로 위로를 받을 것이다. 막달라 마리아는 "몹시 주님을 사랑"(눅 7:47)하였기 때문에 그렇게 구하였다. 우리도 그녀와 같은 강한 사랑을 갖자. 만약 우리의 마음도 마리아와 같이 그리스도로 채워져 있다면, 우리의 사랑도 그녀와 같이 그리스도 이외에는 아무것으로도 만족할 수 없을 것이다. 주여! 이 저녁에 당신님 자신을 우리에게 나타내소서!

7월 15일 아침

393. "불은 끊이지 않고 단위에 피워 꺼지지 않게 할찌니라"(레 6:13)

개인의 기도가 끊이지 않도록 불을 피우라. 이것은 신앙의 생명이다. 교회의 기도와 가정의 기도도 바로 여기에서 그 불씨를 가져오는 것이므로 이 불을 잘 피워야 한다. 밀실의 기도는 바로 본질이며 산 증거이고 실천적인 믿음의 계량기이다. 당신의 희생의 기름을 여기에 피워라. 당신이 밀실의 기도를 한다면 가능한 규칙적이고 방해가 되지 않도록 하고 자주 기도하라. 열심있는 기도는 언제나 큰 힘이 있다. 당신은 기도할 제목이 없다고 말하고 싶은가? 주님의 몸된 교회, 사역, 당신 자신의 영혼상태, 당신의 자녀들, 친척,

이웃, 국가, 그리고 전 세계에 미치는 하나님의 큰 뜻과 진리의 도에 대하여 기도하여야 한다 이 중요한 문제에 대하여 스스로 살펴보자. 우리는 밀실의 기도에 있어서 뜨뜻미지근하지 않은가? 헌신의 불은 우리의 마음속에서 희미하게 타고 있는가? 수레의 바퀴가 무겁게 박혀 있는가? 그렇다면 그 쇠퇴하는 증세를 그냥 지나쳐서는 안 된다. 우리는 눈물을 흘려 은혜와 기도의 영이 주어지도록 구하여야 한다. 특별한 기도를 위해 특별한 기간을 정하여야 하지 않을까? 왜냐하면, 만약 이 불이 이 세상과의 타협의 잿더미 속에 묻혀 있다면, 그것은 가정의 기도의 불을 꺼뜨리며 교회와 세상에서의 영향력을 감소시키기 때문이다. 이 구절은 또한 마음의 기도에도 적용된다. 이것은 실제로 가장 중요한 곳이다. 하나님은 그의 백성이 주님 자신에 대하여 불 타오르고 있는 것을 보기를 간절히 원하신다. 하나님께 우리의 사랑으로 불타는 마음을 바치며 그 불이 결코 꺼지지 않도록 하나님의 은혜를 구하여야 한다. 왜냐하면, 주님께서 계속 태우지 않으시면 우리 스스로의 힘으로는 계속 불타게 할 수 없기 때문이다. 많은 원수는 그것을 꺼뜨리려고 시도한다. 그러나 만약 보이지 않는 손이 벽의 뒤에서 거룩한 기름을 부으면 그것은 높이 타오를 것이다. 성경 구절을 가지고 우리의 마음의 불을 태우는 연료로 사용하자. 그것은 타고 있는 숯불이다. 설교에도 귀를 기울이자. 그러나 무엇보다도 먼저 예수님과 함께하기 위하여 많은 시간을 보내도록 하자.

7월 15일 저녁

394. "예수님께서 막달라 마리아에게 먼저 보이시니"(막 16:19)

예수님께서는 먼저 "막달라 마리아에게 자신을 나타내셨다." 이것은 그녀가 큰 사랑을 가졌고 끈질기게 예수님을 찾았기 때문일 뿐 아니라, 그녀 자신이 그리스도의 구원의 능력의 특별한 본보기가 되었기 때문이다. 마리아의 경험으로부터 우리는 회심 전의 우리의 죄가 아무리 크다 해도 주님과 최고의 사귐에 들어가면 특별히 은총을 받을 수 있다는 것을 배울 수 있다. 마리아는 계속적으로 구주의 필요한 것을 지키기 위하여 모든 것을 버렸다. 예수님은 그녀에게 가장 우선되고 주된 목적이었다. 그리스도의 곁에 있었던 사람들 중에도 그리스도의 십자가를 지지 않는 사람이 많다. 그러나 그녀는 십자가를 졌다. 그의 결핍을 구하기 위하여 그녀는 자기의 소유를 소모하였다. 그리스도에 대하여 많은 것을 알고자 한다면 그분을 섬기기를 기뻐하자. 그분의 사랑의 깃발 아래 자주 앉아 그분과의 사귐의 잔을 가장 깊게 마시는 자는 누구일까? 그 사람들은 가장 많은 것을 드리며 가장 잘 봉사하고 사랑하는 주님의 보혈이 흐르는 마음 곁에 가장 가까이에 남아있는 사람이라고 나는 확신한다. 그러나 그리스도께서 이 슬퍼하는 여인에게 어떻게 자신을 나타내었는지를 주목해 보라. 그것은 "마리아여!"(요 20:16)라는 한마디였다. 그분의 오직 이 한마디 말씀으로 그녀는 곧 주님을 인식하여 그에게 충성을 맹세하였다. 그녀의 마음은 사랑으로 충만하여 그 이상 아무 말도 나오지 않았다. 이 때 그녀가 대답한 한마디 말은 가장 적당한 것이었으며, 그녀는 주님께 "선생님이여"(요 20:16)이라고 대답하였다. 그것은 복종을 의미한다. 그 충성의 고백이 냉담한 것일 수가 없는 것이다. 당신의 영혼이 하늘의 불길로 최대로 불타고 있을 때, 당신은 "나는 당신의 종이니이다. 당신이 나의 결박을 풀었나이다"(시 116:16)라고 말할 것이다. 만약 당신이 "선생님"이라고 말할 수 있고, 만약 그분의 뜻이 바로 당신의 뜻이라고 느낀다면 당신은 행복하고 거룩한 곳에 서 있는 것이다. 만약 그가 "마리아여"라고 말씀하지 않았다면, 그녀도 "선생님이여"라고 말할 수 없었을 것이다. 우리는 여기서 그리스도께서 자신을 존귀케 하는 자를 어떻게 귀하게 여기시는지를, 또 어떻게 사랑이 우리의 사랑하는 주님을 이끄는지를, 어떻게 그분의 한마디가 울며 슬퍼하는 우리를 기쁨으로 변하게 하고, 그분의 임재가 우리의 마음을 눈부실 만큼 밝게 하는지를 보고 배운다.

7월 16일 아침

395. "아침마다 각기 식량대로 거두었고"(출 16:21)

주님의 뜻에 온전히 신뢰하여 당신의 가장 풍성함을 계속 유지할 수 있도록 힘쓰라. 결코, 옛날 만나를 먹고 지내기를 원한다든지 애굽에 도움을 구하려고 해서는 안 된다. 모든 것은 예수님으로부터 와야 한다. 그렇지 않으면 당신은 영원한 멸망에 처하게 된다. 예전에 기름부음을 받았다고 하여 그것이 당신의 영혼을 오늘도 성별되게 하는 것은 아니다. 성소의 금뿔에서 새롭게 기름이 당신의 머리에 부어지지 않으면 안 된다. 그렇지 않으면 영광을 잃을 것이다. 오늘 당신은 하나님의 산의 꼭대기에 있는지도 모른다. 그러나 당신을 거기에 두신 분이 당신을 지키지 않으면 당신은 생각지도 않는 순간에 밑으로 떨어져 버릴 것이다. 당신의 산은 오직 하나님께서 거기에 계심으로서만 견고하다. 만약 하나님께서 얼굴을 숨기신다면 당신은 곧 두려워 떨게 될 것이다. 만약 구주께서 정당하다고 생각하시면 순식간에 당신이 하늘의 빛을 보는 창을 모두 닫아 버릴 수도 있다. 여호수아는 태양이 정지하도록 명령하였다. 그러나 예수님에게는 태양을 덮어씌울 수 있는 능력도 있다. 그분께서는 당신의 마음의 즐거움, 당신의 눈빛, 그리고 당신의 생명의 힘을 제거할 수도 있다. 당신의 위로는 그분의 손안에 있고, 그는 언제나 그것을 제거할 수가 있다. 주님께서는 이와 같이 우리가 하나님에게 시간마다 의지해야 하는 것을 느끼게 하고 인식시켜 주신다. 왜냐하면, 주님은 우리에게 오직 "날마다의 양식"(마 6:11)을 위하여 기도할 것을 허락하시고, "너희 힘은 너희가 날마다 구하는 바에 따르리라"(신 33:25)고 하셨기 때문이다. 그러므로 우리가 때때로 그분의 보좌 앞에 나아가 끊임없이 그의 사랑을 생각하는 것은 우리에게 가장 최선의 방법이 아닐까? 아, 우리가 은혜를 저버림에도 불구하고 끊임없이 은혜를 부어 주시고, 언제나 그 은혜를 제한하지 않으심은 얼마나 큰 은혜인가! 아, 금같이 자비로운 비는 결코 그치는 법이 없으며 축복의 구름은 우리의 장막 위에 계속 머물러 있다. 오 주 예수여, 당신님의 발아래 엎드려 당신님 없이는 어떤 것도 할 수 없다는 것을 인식하며, 우리가 받을 수 있는 특권의 은총 안에서 당신님의 복된 이름을 찬양하며 당신ㄴ님의 다함이 없는 사랑을 받을 수 있게 하소서.

7월 16일 저녁

396. "주님께서 일어나사 시온을 긍휼히 여기시리니 지금은 그에게 은혜를 베푸신 때라 정한 기한이 다가옴이니이다. 주의 종들이 시온의 돌들을 즐거워하며 그의 티끌도 은혜를 받나이다"
(시 102:13-14)

어려움 중에 있는 이기적인 사람을 위로하기란 매우 어려운 일이다. 그의 샘은 모두 그 자신에게 있기 때문에, 그가 슬퍼할 때 그의 샘의 모든 것이 말라져 있기 때문이다. 그러나 사람을 사랑하고 관대한 마음으로 가득 찬 그리스도인은 자기 속에 있는 샘 이외에 자기에게 위로를 공급하는 다른 샘을 갖고 있다. 첫째로, 그는 하나님께 나아가 거기서 풍성한 도움을 발견한다. 그는 크게는 이 세상에 관계되는 일에, 그의 나라에 관하여, 그리고 더욱 교회에 대하여 위로가 되는 이유를 발견할 수 있다. 이 시편에서 다윗은 엄청난 슬픔 중에 잠겨 있었다. 그는 말하기를, "나는 광야의 당아새 같고 황폐한 곳의 부엉이같이 되었나이다. 나는 밤을 새우니 지붕 위의 외로운 참새 같으니이다"(시 102:6-7)라고 하였다. 그가 자신을 위로한 유일한 길은 하나님이 "일어서라, 시온을 긍휼히 여기신다"라는 생각에 있었다. 그는 슬퍼하였다. 그러나 시온은 번영한다. 그는 비록 자신의 상황이 참으로 나쁠지라도, 시온은 다시 일어선다는 것이었다. 그리스도인이여, 하나님의 교회를 향한 긍휼이 어떠한지를 알고 당신 자신을 위로하심을 배워라. 주님에게 그렇게 소중한 사랑이라면 당신도 역시 그 무엇보다 더 소중하게 사랑해야 하지 않겠는가? 비록 당신의 길이 어두울지라도 당신은 그분의 십자가의 승리와 그의 진리를 전하는 일로 인하여 당신의 마음이 격려 받을 수는 없겠는가? 우리는 하나님께서 시온을 위하여 지금까지 하신 일과 현재 하시고 있는 일 뿐만 아니라, 앞으로 그의 교회를 위하여 행하실 빛나는 일들을 바라볼 때 자기의 개인적인 고난을 잊어버리게 될 것이다. 믿는 자여, 당신이 슬픔 중에 있고 마음이 무거울 때에 이 처방을 시험해 보라. 당신과 당신의 작은 근심들을 잊으라. 그리고 시온의 번영과 행복을 구하라. 당신이 무릎 꿇고 하나님께 기도할 때 당신 자신의 삶에만 좁게 제한하지 말고, 어려울지라도 교회의 평안을 위하여 간절한 기도를 드려라. "예루살렘을 위하여 평안을 기도하라"(시 122:6). 그리하면 당신 자신의 영혼이 새로워질 것이다.

7월 17일 아침

397. "하나님의 사랑하심을 받은 형제들아
너희를 택하심을 아노라"(살전 1:4)

많은 사람들은 그리스도를 앙망하기 전에 자기가 택하심을 받았는지를 알고 싶어 한다. 그러나 "예수를 앙망"(히 12:2)하지 않고는 그것은 알 수 없다. 만약 자신이 택하심을 받았는지 확신하기를 원한다면, 다음의 방법으로 하나님 앞에서 자기 마음을 확인하여 보라. 당신은 자기가 잃어버린 죄인이라고 느끼는가? 그렇다면 즉시 그리스도의 십자가로 가서 그것을 예수님에게 말하라. 그리고 당신이 "나에게 오는 자를 결코 버리지 않으신다"(요 6:37)라는 성경에서 읽는 것을 그분에게 말하라. 또 "그리스도 예수님께서는 죄인을 구원하시기 위하여 이 세상에 오셨다함은 모든 사람이 받을만한 것이다"(딤전 1:15)라는 말씀을 그분에게 말하라. 예수님을 앙망하고 그분을 믿어라. 그리고 직접 당신이 택함을 받은 것을 확신하라. 왜냐하면, 당신이 믿는 것을 확신하는 만큼 당신은 택하심을 받은 것이다. 만약 당신이 자기의 모든 것을 그리스도에게 드리고 그분에게 맡기고 있다면, 당신은 하나님에게 택하심을 받은 한 사람이다. 그러나 만일 서서 "나는 먼저 내가 택함을 받은 자인지 알고 싶다"라고 말한다면, 당신은 이 진리를 이해하지 못한 것이다. 당신이 아무리 큰 죄를 지었더라도 그대로 예수님에게 가라. 하나님의 선택에 관한 호기심을 갖고 묻는 것을 그쳐라. 곧바로 예수님에게 가서 그분의 상처 안에 숨으면 당신은 택함을 받았다는 것을 알게 될 것이다. 성령의 확신이 당신에게 주어질 것이고, 당신은 "나는 자기의 믿는 이를 알며 또 그의 택한 것을 확신하고 있다"(딤후 1:12)고 말할 수 있다. 그리스도께서는 영원한 하나님의 경륜 안에 계시다. 그분은 당신이 택함을 받았는지에 관하여 당신에게 말할 수 있다. 그러나 당신에게 그것 이상의 방법은 없다. 가서 당신의 신뢰를 그분에게 두라. 그러면 주님께서는 "나는 무궁한 사랑으로 너를 사랑하노라. 그러므로 나는 긍휼로써 너를 인도하였다"(렘 31:3)라고 대답하실 것이다. 당신이 그분을 의지할 때, 그분께서 먼저 당신을 택하셨다는 사실에 대해 조금도 의심의 여지가 없을 것이다.

"*자녀들아, 예수 그리스도를 믿는 우리는*

하나님의 택하심을 받은 것이다."

7월 17일 저녁

398. "그 하나도 도망하지 못하게 하라"(왕상 18:40)

선지자 엘리야의 기도가 응답되어 하늘로부터 불이 내려와 모든 사람 앞에 있는 희생 제물을 태웠을 때, 그는 모여든 이스라엘 백성에게 바알의 모든 선지들을 붙잡도록 명하였다. 그 후에 엘리야는 "그 한 사람도 도망하지 못하게 하라"고 엄히 말하였다. 그는 저들 모두를 기손강으로 끌고 가서 거기서 죽였다. 우리는 자기의 죄에 대하여 이렇게 하지 않으면 안 된다. 죄의 운명은 모두 결정되어 있다. 그 하나라도 보존되어서는 안 된다. 우리가 좋아하는 죄를 죽여야 한다. 아무리 그것이 울부짖고 사정해도 남겨 두어서는 안 된다. 이삭이 아브라함에게 사랑스러운 것같이 당신에게 사랑스러워도 죄를 죽여야 한다. 왜냐하면, 하나님은 죄가 그 독생자 위에 놓여졌을 때 그것을 죽였기 때문이다. 당신은 엄하고 단호한 목적을 가지고 당신의 마음의 우상이었던 죄에 사형선고를 내리지 않으면 안 된다. 어떻게 이 일을 할 수 있을까 하고 당신은 묻는가? 예수님께서 당신의 능력이 되시는 것이다. 당신은 은혜의 언약에 있어서 죄에 대하여 승리할 은혜를 받고 있다. 당신은 속에 있는 욕심과의 싸움에서 승리를 얻을 힘을 가지고 있다. 왜냐하면, 그리스도 예수님께서는 "세상 끝날까지"(마 28:20) 당신과 함께 하시겠다는 약속을 하였다. 만약 당신이 어둠에 대항하여 승리를 얻고자 하면 당신 자신을 의의 태양 앞에 두어라. 하나님 앞에 서는 것만큼 죄를 발견하고 그것의 힘으로부터 회복하기에 적당한 장소는 없다. 욥은 믿음의 눈을 하나님께 쏟기까지는 어떻게 해야 죄를 제거할 수 있는지 몰랐다. 그때 그는 스스로 원망하였고 "재와 티끌 가운데서"(욥 4:6) 회개하였다. 그리스도인의 순금은 때때로 흐려진다. 불순물을 태우기 위하여 우리는 거룩한 불이 필요하다. 우리는 하나님에게 달려가자. 하나님은 죄를 사르는 불이시다. 그러나 그분은 우리의 영혼을 사르는 것이 아니고 단지 우리의 죄만을 사르는 것이다. 하나님의 선이 우리를 거룩한 열정으로 움직이게 하여 하나님의 눈 안에서 가증한 우리의 죄악에 대항하여 거룩한 복수를 하지 않으려는가? 하나님의 힘을 받아 싸움터로 나아가자. 그리고 저주받은 우리들의 죄를 모두 파멸시키자. "그 하나도 도망하지 못하게 하라!"

7월 18일 아침

399. "그들은 기를 따라 후대로 진행할지니라"(민 2:31)

이스라엘 군대가 전진할 때 단의 진영 무리는 진의 가장 뒤를 지켰다. 단의 군대는 끝에서 진행하였다. 그러나 맨 먼저 진행하는 부대도 같은 군대의 일부이기 때문에 그 위치에 대하여 마음을 둘 필요가 있을까? 저들은 같은 불기둥과 구름 기둥에 의해 인도되었으며, 모두 같은 만나를 먹었고, 모두 같은 영적인 바위에서 마셨으며, 또한 모두 같은 유업을 바라보며 함께 여행을 계속하였다. 자, 나의 마음이여, 비록 네가 대열의 마지막에서 가고 있으며, 최소한의 것이라 해도 용기를 내어라. 네가 군대의 일원이 되어 선두에 나아가는 자와 같이 진행하는 것은 너의 특권이다. 누군가는 명예와 존중받음에 있어서 맨 뒤에 있을 수가 있다. 누군가는 예수님을 위하여 비천한 일을 하지 않으면 안 된다. 그리고 그것이 왜 내가 아니어야 하는가? 가난한 마을의 무지한 농민들 사이에서 또는 뒷거리의 극악한 사람들 속에서 나는 주님을 위해 사역하며 "그 기를 따라 최후로" 진행할 것이다. 단의 부족은 진 뒤에서 매우 유용한 역할을 감당했다. 행군 중에 낙오자를 도와야 하며 잃어버린 물건들도 주워 모아야 했기 때문이다. 불과 같이 타는 심령은 발길이 닿지 않는 곳에 달려가서 새로운 진리를 배우게 하며 많은 영혼들을 예수님 앞으로 인도할 수도 있다. 그러나 좀 더 보수적인 심령은 교회에 그 옛적 신앙을 상기시켜 숨이 끊어질 것 같은 하나님의 자녀들을 회복시키는 일을 할 수 있다. 모든 지위에는 각각 행하여야 할 의무가 있다. 그리고 늦걸음을 하는 하나님의 자녀들도 그 걸음이 전 군대에게 뛰어난 축복일 수도 있다는 것을 발견할 것이다. 대열의 맨 뒤는 위험한 위치이다. 적은 우리 앞에 있지만, 또한 뒤에도 있다. 공격은 어디서부터 올지 모른다. 우리는 아말렉이 이스라엘의 배후를 공격하여 최후의 부대에 속한 자들을 죽인 예도 있다. 경험을 쌓은 그리스도인은 믿음, 지식, 또 기쁨에 있어서 맨 뒤에 있는 불쌍하고, 의심 많고, 원기 없고, 동요하는 영혼들을 잘 도울 수가 있다. 그들을 그냥 내버려 두어서는 안 된다. 그러기 위해서는 잘 훈련된 성도들이 맨 뒤에서 그들의 기를 들고 있지 않으면 안된다. 나의 영혼이여, 부드러운 마음으로 오늘 맨 뒤에 있는 자를 돕기 위해 주의하여 지켜보라.

7월 18일 저녁

400. "피차에 부딪히지 아니하고 각기 자기의 길로 행하며"(욜 2:8)

메뚜기는 항상 그 서열을 지키며 그 수효는 셀 수 없을 만큼 많으나 서로 부딪쳐서 대열을 혼란케 하는 일은 없다. 이 놀랄만한 사실은 주님께서 얼마나 철저하게 그 자신이 창조하신 우주의 질서를 유지하고 있는지를 보여주는 것이다. 가장 미미한 생물까지도 천체의 운행이나 천사들과 같이 질서에 의해 지배되어 있다. 영적 생활에 있어서 믿는 자들도 이와 같은 영향력에 의해 지배되어야 하는 것은 자명한 일이다. 첫째로, 그리스도인의 덕에 있어서, 어떠한 덕도 다른 덕의 영역을 침해해서는 안되며, 또한 하나의 덕이 자신의 목적을 이루기 위하여 다른 덕의 생명을 침해하는 일이 있어서도 안된다. 애정이 정직을 질식하게 해서는 안 되며, 용기가 힘이 약한 것을 밀쳐내서는 안된다. 또 겸손이 활기를 밀어내도 안되며, 인내가 결단을 죽여서도 안된다. 둘째로, 우리의 의무에 있어서도 하나의 의무가 다른 의무를 방해해서는 안된다. 공적으로 유용한 일이 각 개인의 경건을 해하여서는 안 된다. 또 교회의 활동이 가정예배를 구석으로 몰아넣어서는 안 된다. 다른 의무의 피로 인하여 더럽혀진 의무를 하나님께 드리는 것은 악한 일이다. 각각의 의무가 서로 다른 상황에서 절도를 지켜야만 아름답다. 예수님께서 "그것도 가볍게 여겨서는 안되지만 이를 행하여야 한다"(마 23:23)고 말씀하신 것은 바리새인에 대한 것이었다. 셋째로, 그러한 규칙들은 동일하게 우리 개인들에게도 적용된다. 우리는 자기의 입장을 알고 그것을 취하여 그것을 보존하는데 주의하여야 하는 것이다. 성령님께서 우리 각자에게 주신 능력에 따라 봉사하고, 다른 하나님의 종의 영역에 침입해서는 안 된다. 우리의 주 예수님께서는 우리에게 높은 지위를 욕심내지 말라고 교훈하셨고, 기쁨으로 형제 중 가장 작은 자가 되라고 말씀하였다. 그러면 사람을 시기하거나 야심을 갖게 되는 일이 없을 것이다. 주님의 명령하심에 따라 각자의 대열에서 각자의 입장을 지키도록 하자. 오늘밤, 우리는 "평화의 줄 가운데 성령의 하나 되게 하신 것"(엡 4:3)을 보존하고 있는 지를 잘 살펴보도록 하자. 그리고 주 예수님의 모든 교회에서 평화와 질서가 보존되도록 기도하자.

7월 19일 아침

401. "우리 하나님 여호와께서 그 영광과 위엄을 우리에게 보이시매"
(신 5:24)

하나님의 모든 일 중에서 그분의 커다란 목적은 자신의 영광을 나타내는 일이다. 이것보다 낮은 목적은 그 어떤 것도 그분에게 합당하지 않을 것이다. 그러면 어떻게 하나님의 영광을 우리같이 타락한 자들을 통하여 나타내실 것인가? 사람의 눈은 깨끗하지 않아서 항상 자기의 명예에 눈을 돌리며 자기의 능력을 과대평가하여 주님의 영광을 우러러볼 자격이 없다. 그러므로 하나님을 높이기 위하여 우리의 자아가 깨지지 않으면 안 되는 것이다. 이것은 우리가 확실하게 해야 할 일이다. 하나님께서 때때로 그의 백성을 궁핍과 곤란 가운데 두시는 이유는 저들의 어리석음이나 연약성을 깨닫게 하여 그분께서 저들을 구원하실 때 하나님의 영광을 경배하기에 합당하게 하시기 위함이다. 그의 생애가 평탄하고 편안한 길에서는 단지 주님의 영광을 조금밖에 보지 못한다. 왜냐하면, 그는 자기의 자아가 비어있는 경우가 거의 없기 때문에 하나님의 계시로 채우기 위해서는 결코 적합하지 않기 때문이다. 작은 시내나 얕은 물가를 여행하는 자는 폭풍우 때의 하나님에 대하여는 거의 알지 못한다. 그러나 "큰 배로 영업하는 자"(시 107:23)는 "깊은 곳에서의 기이한 일"(시 107:24)을 볼 수가 있다. 죽음의 이별, 빈곤, 유혹, 견책 등이 대서양의 큰 물결같이 밀려올 때 우리는 자기의 연약성을 통감하고 여호와 하나님의 능력을 배운다. 그러므로 당신이 만약에 험한 길로 인도된다면 하나님께 감사하라. 이것으로 인하여 당신은 하나님의 위대성과 자비하심을 경험하게 될 것이다. 당신의 어려움은 다른 방법으로는 얻을 수 없는 지식의 부요함을 당신에게 줄 것이다. 당신의 시련은 바위의 갈라진 틈이다. 주 하나님께서 그의 종 모세에게 한 것같이 당신을 그 가운데 세우고 지나가시는 하나님의 영광을 엿보게 하시는 것이다. 항상 당신이 번영 중에 있었다면 당신은 어두움과 무지 중에 머무르게 될 것이다. 그러나 당신이 고통과의 큰 싸움에서, 당신을 다루시는 하나님의 놀라운 섭리 안에서, 그분의 영광의 빛남을 위해 당신을 준비시켰다는 것을 기억하고 하나님을 찬양하라.

7월 19일 저녁

402. "상한 갈대를 꺾지 아니하며 꺼져가는 심지를 끄지 아니하길" (마 12:20)

상한 갈대와 꺼져가는 심지보다 더 약한 것이 있겠는가? 늪이나 습지에 자라나는 하나의 갈대는 들오리가 그 위에 앉아도 꺾이고 만다. 사람의 발이 닿기만 하여도 꺾어지거나 상해버린다. 그 갈대는 바람이 부는 대로 흔들린다. 대개 상한 갈대처럼 약한 것은 없고, 그 존재처럼 위험에 직면하여 있는 것은 생각할 수가 없다. 다음으로 꺼져가는 심지를 보아라. 그것은 또 어떠한가? 그 심지 가운데 불씨가 있는 것은 사실이다. 그러나 그것은 금방 꺼질 듯하다. 어린아이의 입김으로도 끌 수가 있다. 그 불꽃처럼 불안정한 존재는 없다. 여기에 기록되어 있는 것은 어느 것이나 약한 것들이다. 그러나 예수님께서는 그것에 대하여 말씀하셨다. 나는 "상한 갈대도 꺾지 아니하며 꺼져가는 심지도 끄지 아니한다." 하나님의 자녀 중에 어떤 자는 하나님을 위한 큰 활동을 하기 위하여 강하게 만들어졌다. 하나님은 "가자의 문"을 뽑아 산 꼭대기까지 메고 가는 삼손 같은 사람을 여기저기에 배치하셨다. 하나님은 적은 숫자의 사자와 같이 힘센 백성을 가지고 계신다. 그러나 대부분의 그의 백성들은 겁이 많고 약한 사람들이다. 저들은 물새와 같이 사람이 지날 때마다 놀란다. 저들은 두려움에 떠는 무리들이다. 만약 유혹이 오면 저들은 새처럼 올무에 걸린다. 만약 시련과 위협을 당하면 저들은 곧 낙심하고 만다. 저들은 마치 물결에 떠있는 작은 배와 같고, 물결 위에 떠있는 갈매기같이 이리저리로 떠밀려 내려간다. 저들은 힘도, 지혜도, 선견도 없고 약하다. 아주 약하기 때문에 특히 저들에게 이러한 약속이 주어져 있다. 여기에 덕과 은혜로움이 있다! 여기에 사랑과 자비로움이 있다! 예수님의 비할 데 없는 부드러움과 권면과 사려 깊은 긍휼이 우리에게 언제나 열려 있다. 우리는 그분께서 접촉하는 것을 결코 피할 필요가 없다. 또 그분의 심한 말씀을 두려워할 필요도 없다. 비록 그분께서는 우리의 연약함을 위하여 격려하실지언정 우리를 결코 책망하시는 일은 없다. 상한 갈대는 결코 그분에 의하여 꺾어지는 일이 없으며, 그리고 꺼져가는 심지가 그분에게서 멀어지는 일은 없을 것이다.

7월 20일 아침

403. "우리의 기업에 보증이 되사"(엡 1:14)

예수님에 의하여, 오직 예수님만으로 양육을 받아 배운 사람은 위대한 영민함과 즐거움과 위로와 마음의 기쁨을 얼마나 많이 경험하겠는가! 그러나 이 세상에서 우리는 그리스도의 보배로움에 대한 깨달음에 있어 너무나도 불완전하게 이해하고 있다. 예로부터 말해 오듯이 "극히 작은 부분을 조금 맛보는 것일 뿐이다." 우리는 "주의 은혜가 깊음을 맛보았다"(벧전 2:3). 그 감미로운 맛 때문에 우리는 더욱 깊이 주님에 대하여 알기 원하지만, 그러나 그분께서 얼마나 선하시며 은혜로운지에 대하여는 아직 잘 알지 못한다. 우리는 성령의 첫 열매를 맛보았다. 그리고 우리는 다시 "하늘"의 과실을 마음껏 맛보기 원하며 갈급해한다. 우리는 양자로 입적되기를 소망하여 우리의 마음속에서 탄식한다. 우리는 광야의 이스라엘 사람같이 에스겔의 포도송이 한 개를 먹은 것에 불과하지만 그곳에서 우리는 포도원 안에 있을 것이다. 여기에는 우리가 극히 적은 만나가 내리는 것을 볼 뿐이지만 그곳에는 "하늘"의 빵과 "하늘"의 양식을 먹을 것이다. 우리는 영적인 교육에 있어서 이제 막 시작하였다. 우리는 알파벳 글자를 배웠지만, 아직 단어를 읽지 못한다. 문장을 만드는 일은 생각지도 못한다. 그러나 어떤 자가 말한 것 같이 ""하늘"에 단 5분만 있으면 이 땅의 모든 신학자들의 회합에서보다 더 많은 것을 알게 될 것이다." 우리는 현재 만족하지 못한 많은 소망을 갖고 있지만, 잠시 후면 모든 소원들이 만족하게 채워질 것이다. 그리고 모든 우리의 능력은 그 영원한 기쁨의 세계에서 각각 위대한 일을 발견하게 될 것이다. 오! 그리스도인이여, 몇 년 동안만 "하늘"을 기대하라. 잠시 후에는 당신의 모든 시련과 시험이 제거될 것이다. 당신의 눈은 지금 눈물에 잠겨 있지만 잠시 후에는 우는 일이 없어질 것이다. 보좌에 앉으신 주님의 광채를 당신은 말할 수 없는 기쁨을 갖고 볼 것이다. 심지어 당신은 주님의 보좌에 앉아 그분의 영광의 승리에 참여하게 될 것이다. 그의 왕관, 그의 기쁨, 그의 낙원, 이 모든 것이 당신의 것이 될 것이다. 그리고 당신은 "모든 것의 상속인"(히 1:2)이신 주님과 공동의 상속인이 되는 것이다.

7월 20일 저녁

404. "네가 시홀의 물을 마시려고 애굽으로 가는 길에 있음은 어찌됨이며"(렘 2:18)

여러 가지의 기적과 자비, 그리고 특별한 구원에 의하여 여호와께서는 그 자신이 이스라엘이 신뢰하기에 충분한 분이심을 증명하였다. 그러나 저들은 거룩한 동산에 자기들을 에워싼 하나님의 울타리를 헐어 버렸다. 저들은 진실하고 살아있는 하나님을 버리고 거짓 신들에게 순종하였다. 주님께서는 끊임없이 저들의 불성실한 마음을 견책하였다. 그리고 이 구절에서 하나님께서 저들에 대하여 책망하시는 비유가 기록되어 있다. "네가 진흙물을 마시려고 애굽에 가는 이유가 무엇인가?" 이 구절은 다음과 같이 번역할 수 있을 것이다. "왜 너희들은 너희들의 것인 레바논에서 흐르는 시원한 물을 버리고 멀리 방황하려고 하는가? 왜 너희들은 예루살렘을 버리고 멤피스와 디바네쓰에 가려고 하는가? 왜 이상하게 불행을 구하며 좋은 것, 건전한 것에 만족하지 않고 사악한 것, 거짓된 것을 추구하려 하는가?" 여기에 그리스도인에 대한 견책과 경고의 말이 있지 않은가? 오 참된 그리스도인이여, 은혜로 인하여 부름을 받고 예수님의 보배로운 피로 인하여 씻음 받은 당신은 이 세상의 쾌락의 흙탕물이 주는 것보다 훨씬 좋은 것을 맛보았다. 당신은 그리스도와의 사귐을 얻었다. 당신은 예수님을 보는 기쁨을 얻었고 당신의 머리를 그의 가슴에 의지하였다. 그런데 새로운 것들, 노래, 명예, 그리고 이 세상의 환락을 경험한 것들이 당신을 만족하게 하였는가? 천사들의 빵을 먹은 당신이 팥 껍질을 먹고 살 수 있겠는가? 일찍이 믿음이 깊은 루더포드(Rutherford)는 이렇게 말하였다. "나는 그리스도 자신의 만나를 맛보았다. 그러므로 이 세상의 환락이라는 누런 빵은 나의 입에 맞지 않았다." 당신도 이렇게 되지 않으면 안 된다. 만약 애굽의 물을 구하려고 방황한다면 빨리 생명 샘으로 돌아가라. 나일강의 물은 애굽인에게 있어서 감미로울지 모른다. 그러나 당신에게는 단지 쓴물일 뿐이다. 오늘 저녁에 예수님께서는 당신에게 묻는다. "당신은 그것들을 어떻게 하려고 하는가?" 그리고 이제 "당신은 그분에게 무엇을 대답하려는가?"

7월 21일 아침

405. "딸 예루살렘이 너를 향하여 머리를 흔들었느니라"(사 37:22)

　　주님의 말씀에 힘을 받아 불쌍하고 두려워 떠는 시온의 백성은 담대하게 되어 산헤립의 교만한 위협에 저들의 머리를 흔들었다. 강한 믿음은 하나님의 종으로 하여금 저들의 교만한 대적에 냉정한 경멸의 생각을 가지고 볼 수 있게 하였다. 우리는 적이 불가능한 것을 감히 시도하려는 것을 안다. 저들은 예수님께서 살아계신 한 멸할 수 없는 영원한 생명을 파괴하려고 한다. 지옥의 문도 쳐서 이길 수 없는 성을 함락하고자 엿본다. 저들은 스스로 상처 난 데에 가시를 차고 주 여호와의 방패에 돌진하여 그 예리한 끝에 상처를 입고 있다. 우리는 저들의 약점을 잘 알고 있다. 저들은 단지 사람일 뿐이다. 사람은 벌레에 불과하지 않은가? 저들은 바다의 물결같이 떠들며 부풀어 대면서 자신의 수치를 거품을 내며 드러내고 있다. 주님께서 일어나실 때에 저들은 바람에 날리는 겨와 같이 날아가며 불꽃 가운데 가시와 같이 재로 변한다. 저들은 하나님과 그의 진리를 손상시키는 데 전혀 무력하다는 것을 알았으므로 시온의 가장 지위가 낮은 군인도 저들을 비웃고 경멸하는 것이다. 특히 우리는 지존자가 우리와 함께 하심을 알고 있다. 그리고 주님께서 무장하고 일어설 때 누가 그분에게 대적할 수 있겠는가? 만약 주님께서 그의 자리에서 앞으로 나오신다면, "이 땅의 질그릇의 깨진 조각은"(사 45:9) 그 지으신 자와 길게 다툴 수가 없을 것이다. 그의 "철장의 몽둥이로 토기장이의 기물과 같이 저들을 가루가 되도록 깨뜨리며"(시 2:9), 그 때문에 저들은 "그들이 거하던 곳에서 남은 자가 한 사람도 없을 것이다"(욥 18:17). 그렇다면 모든 두려움을 버려라! 왕의 손안에 있는 왕국은 안전하다. 기쁨의 함성을 울리자. 왜냐하면, 주님은 지배자이시며 그의 대적은 퇴비를 위한 지푸라기에 불과하기 때문이다.

"하나님의 말씀은 진실하기에
땅과 지옥, 그리고 그 모든 것들도
우리를 대항하여 이길 수 없다.
실로 우리의 대적들은 조롱거리가 될 뿐이다.
하나님께서 우리와 함께 계시며, 우리는 하나님의 것이다.
우리의 승리는 영원히 흔들리지 않으리라."

7월 21일 저녁

406. "내가 어찌하여 원수의 압제로 인하여 슬프게 다니나이까" (시 42:9)

믿는 자여, 당신은 이 질문에 대답할 수 있는가? 당신은 왜 기쁨을 갖지 못하고 때때로 슬픔에 잠겨 있는지 아는가? 왜 쓸데없이 침울하게 고행하는가? 누가 당신에게 언제까지나 밤이 지나가지 않을 것이라고 말하는가? 누가 당신에게 환경의 바다가 썰물이 되어 마침내 무서운 진흙만이 길게 남을 것이라고 이야기하는가? 누가 당신의 "불만의 겨울"은 서리로 꽉 차고 눈, 얼음, 우박, 더욱 깊어지는 눈, 그리고 절망의 눈보라가 몰아칠 것이라고 말하였는가? 당신은 밤이 지나면 낮이 오고 겨울 뒤에는 봄과 여름이 오는 것을 알지 못하는가? 그렇다면 당신은 이제 소망을 가져라. 항상 소망을 가져야 한다. 하나님은 당신을 버리지 않으시기 때문이다. 당신의 고난 가운데에서도 하나님은 당신을 사랑하신다는 것을 알지 못하는가? 산은 어두움에 숨겨 있어도 그 존재는 낮과 같이 조금도 다르지 않다. 하나님의 사랑도 당신이 가장 빛났을 때와 같이 지금도 당신에게 부어지고 있다. 어떠한 아버지도 자녀를 계속하여 징계하지는 않는다. 당신이 채찍을 싫어하는 것 같이 당신의 주님께서도 채찍을 싫어하신다. 주님은 오직 당신이 기꺼이 받도록 하시려고 그 채찍을 사용하려는 것이다. 즉, 당신에게 영속적인 유익이 되도록 그것을 쓰시는 것이다. 당신은 천사와 함께 야곱의 사닥다리를 오를 것이다. 그리고 그 위에 앉으신 당신의 언약의 하나님을 볼 것이다. 당신은 영원한 광채 가운데서 한때의 시련을 잊게 될 것이다. 또 시련을 통하여 당신을 인도하며 당신에게 영속적인 유익을 주신 하나님을 축복하기 위하여 그 시련을 기억할 것이다. 그러면 환난 가운데서 노래하라. 불같은 시련을 통과하면서 기뻐하라. 광야에서 장미 같은 꽃을 피워라. 사막에서도 당신의 기쁨의 노래를 울려라. 이런 가벼운 환난은 곧 끝나고 당신은 영원히 주님과 함께 있어 당신의 축복은 결코 끝나지 않을 것이다.

> "그의 팔이 옆에 있으니 약해지거나 두려워하지 말라.
> 그는 변하지 않으시며 당신은 사랑스러운 자이다.
> 오직 믿기만 하면 당신은 볼 것이다.
> 그리스도께서 당신에게 모든 것의 모든 것이다."

7월 22일 아침

407. "나는 너희 남편임이니라"(렘 3:14)

예수 그리스도께서는 신부된 그의 백성과 부부의 언약을 맺고 계신다. 그리스도는 교회가 종의 멍에에 매여 있기 훨씬 이전에 그들을 정결한 아내로 사랑을 가지고 교회를 취하셨다. 그리스도께서는 야곱이 라헬에게 한 것 같이 불타는 사랑으로 교회를 속량하시기 위하여 모든 가격을 다 지불하시기까지 고난 당하셨다. 이제는 성령님에 의하여 교회를 찾으시며 교회로 하여금 자신을 알리며 그를 사랑하게 하신다. 그리고 그리스도께서는 어린양의 혼인 잔치에서 "하늘"의 기쁨이 정점에 이르는 영광스러운 시간을 기다리신다. 영광의 신랑이 그의 신부를 온전하고 완전한 자로서 아버지 하나님 앞에 내어 놓을 때가 아직 이르지 않았다. 또 교회는 아직 그리스도의 아내로서 여왕으로서의 특권의 기쁨을 누리지 못하고 있다. 그는 오히려 화가 있을 세상에서 방황하는 자이며 "게달의 장막에"(시 120:5) 사는 자이다. 그러나 교회는 지금도 신랑이신 예수님의 신부이며 배우자요, 그의 마음에 사랑하는 자요, 그의 눈에 보배로운 자요, 그의 손에 기록된 자요, 그와 한 몸된 자이다. 이 땅에서 그분께서는 교회에 대하여 모든 애정을 쏟으며 남편으로서 모든 책임을 다하신다. 그분께서는 언제나 교회의 필요를 풍성하게 공급하시고, 그의 모든 빚을 지불해 주시며, 그녀에게 자신의 이름을 사용하도록 허락하시고, 또한 자신의 모든 부요를 공유하신다. 이 이외의 방법으로 그분께서 교회를 대우하시는 일은 없다. "이혼"같은 말은 결코 입 밖에도 내지 않으신다. 왜냐하면, "나는 이혼하는 자를 미워하며"(말 2:16)라고 기록되어 있기 때문이다. 아무리 사랑하는 부부라 할지라도 한쪽이 죽으면 부부의 결합은 끊어진다. 그러나 이 불멸의 결혼의 연합은 결코 나눌 수가 없는 것이다. "하늘"에서 저들은 결혼하지 않지만 하나님의 천사들과 같다. 그러나 놀랄만한 한 가지 예외가 있다. 그것은 "하늘"에 있어서 그리스도와 그의 교회와의 기쁜 혼례가 행하여질 것이다. 이 결혼에 의한 결합은 영구적이며 그것은 이 땅의 결혼 생활보다 훨씬 친숙한 것이다. 이 땅 위에 있어서 남편의 사랑이 아무리 순수하고 열렬하다 할지라도, 그것은 예수님의 마음에 불타는 불꽃의 희미한 그림자에 지나지 않는다. 교회에 대한 그리스도의 뜨거운 사랑의 신비는 모든 인간적 결합을 초월한 것이다. 왜냐하면, 그것 때문에 그리스도께서는 아버지를 떠나 교회와 한 몸을 이루었기 때문이다.

7월 22일 저녁

408. "이 사람을 보라"(요 19:5)

우리 주 예수님께서 그의 백성에게 가장 기쁨이 충만하고 위로가 되는 장소가 있다고 하면, 그것은 그분께서 깊은 비애로 내려가신 가장 깊은 곳이다. 은혜를 입은 영혼이여, 와서 겟세마네 동산에서 "이 사람을 보라." 그분의 마음에 사랑이 넘쳐 나와 멈출 수가 없다. 또 슬픔으로 가득 차서 흐르지 않을 수가 없다. 피와 땀이 그의 전신의 모든 구멍으로부터 흘러나와 이 땅에 떨어지는 것을 보라. 군인들이 그의 손과 발에 못을 박은 "이 사람을 보라." 죄를 회개하는 사람들이여, 그를 높이 우러러보라. 그리고 십자가 위에서 고난당하시는 주님의 슬픈 모습을 보라. 어떻게 붉은 피가 가시관을 물들이며 고난의 왕관을 보배로운 보석으로 장식했는지를 주목하라. "이 사람을 보라." 그의 뼈는 다 드러나고, 그는 물과 같이 쏟아져서 마침내 죽음의 먼지 속으로 들어가셨다. 하나님께서 그를 버렸고 지옥이 그를 둘러쌓다. 보라, 그가 슬퍼한 것만큼이나 어느 누가 일찍이 슬퍼했을까? 지나가는 당신들이여, 가까이 와서 이 고난의 모습을 보라. 그것은 일찍이 세상에 없었고 사람과 천사에게는 경외할 만한 일이요 세상에 비길 데 없는 슬픔이었다. 보라. 이 비애의 왕을, 그의 고뇌는 그 누구와도 비길 데가 없도다! 탄식하고 있는 자여, 그를 앙망하라. 만약 십자가에 달리신 그리스도 안에 위로가 없다면 기쁨은 하늘에서도 땅에서도 끊어지기 때문이다. 만약 그의 피의 속죄의 값에 소망이 없다면 하늘의 거문고 안에는 조금도 기쁨을 발견할 수 없고, 하나님의 오른손은 영원히 기쁨을 알지 못하리라. 만약 우리가 자주 십자가 아래에 앉는다면, 우리는 의심과 슬픔으로 번민하는 것이 적어질 것이다. 만약 우리가 그의 슬픔을 보게 되면, 우리는 자신의 슬픔을 입에 말하기조차 부끄러워할 것이다.

만약 우리가 그의 상처를 보게 되면, 우리의 상처는 고쳐질 것이다. 만약 우리가 바르게 살기를 원한다면, 그것은 그의 죽음을 깊이 생각하는 것에 의지하여야 한다. 만약 스스로 높아지기를 원한다면, 그것은 그의 굴욕과 슬픔을 생각하는 것에 의지할 수밖에 없다.

7월 23일 아침

409. "너도 그들 중 한 사람 같았었느니라"(옵 1:11)

에돔인은 이스라엘이 곤경에 처하였을 때 형제애를 가지고 그들을 도왔어야 했는데, 이와는 반대로 이 에서의 자손은 이스라엘의 적군과 한편이 되었다. 이 구절에서 중요한 것은 바로 "너도"라는 말이다. 로마의 시저(Caesar)가 부르터스(Brutus)에게 "부르터스, 너도!"라고 말한 것 같이 악한 행동은 그것을 범하는 사람으로 인하여 더욱 악한 행동이 된다. 하늘의 선택된 은총을 받은 우리가 죄를 범할 때 우리의 죄는 한층 더 큰 것이다. 우리는 특별한 은총을 받고 있기 때문에, 만약 죄를 범하면 주님께서는 더욱 큰 소리로 책망하실 것이다. 만약 천사가 우리가 악한 일을 하고 있을 때 우리 위에 그의 손을 얹는다면, 그분께서는 야단치는 대신에 "너도? 너는 여기서 무엇을 하고 있는가?"라는 질문이면 충분하다. 우리는 많이 용서함 받고, 많이 구원받고, 많이 가르침 받았고, 많이 풍부해지고, 많이 축복받은 자인데 어찌 감히 악한 일에 손을 댈 수 있겠는가? 결단코 그럴 수 없다! 선량한 친구여, 이 아침에 단지 몇 분동안의 죄의 회개도 당신에게 유익함을 줄 것이다. 당신은 지금까지 악한 일을 한 적은 없었는가? 예를 들어, 만일 어느 회합의 장소에서 어떤 사람이 쓸데없는 말을 하면서 비웃었다고 했을 때, 그 농담이 당신의 귀에 불쾌하게 들리지 않았다면 "너도 그들 중 한 사람"과 같은 것이다. 하나님에 대하여 어떤 심한 말이 나왔을 때 당신은 부끄러워 침묵하고 있었다면, 곁의 사람의 눈으로 볼 때 당신도 그들 중 한 사람인 것이다. 시장에서는 세상적인 물건들의 매매와 이기적인 판매가 이뤄지는데 당신도 그 중 한 사람이 아니었던가? 저들은 허영을 추구하고 있는데 당신도 저들과 같이 이익에 대하여 탐욕이 없었는가? 저들과 당신은 확실히 구별되어 있는가? 이것이 우리가 다뤄야 할 중요한 것이다. 자신의 마음상태에 솔직하여 보라. 당신이 그리스도 예수 안에서 "새로 지음을 받은 자"(고후 5:17)라는 것을 확인해라. 그리고 비록 당신의 믿음이 진실하고 당신의 믿음의 걸음이 게으르지 않더라도 아무에게나 "당신도 그들 중 한 사람이었다"는 말을 다시는 듣지 않도록 주의하여 행하라. 저들의 영원한 운명에 같이 속하려고 하지 말라. 왜 여기서 그들과 같이 되려고 하느냐? 저들이 하는 행동에 참여하지 말라. 그것은 저들이 멸망당할 때 저들과 함께 멸망 받지 않기 위해서다. 괴로워하는 하나님의 백성의 편이 되어 이 세상과 짝하지 말라.

7월 23일 저녁

410. "그 아들 예수님의 피가 우리를 모든 죄에서 깨끗하게 하실 것이요"(요일 1:7)

이 구절은 "깨끗하게 하시는 것이다"라고 기록되어 있다. 여기에서 "깨끗하게 하실 것이라"는 말씀은 미래형으로 기록되지 않았다. 임종 시에 죄 용서함을 구하겠다고 생각하는 사람들이 많이 있다. 오, 죽음의 때에 임박해서 죄사함 받겠다고 헛된 소망을 가지는 것 보다 바로 지금 깨끗함을 받는 것이 확실히 좋지 않은가! 어떤 사람들은 죄가 사하여졌다는 자각은 그리스도인의 오랜 경험 후에야 비로소 얻어지는 것이라고 생각한다. 그러나 죄사함은 현재에 일어나는 것이다. 오늘의 특권이며 바로 현재의 기쁨이다. 죄인이 자신을 예수님께 맡기는 순간에 그는 온전히 용서를 받는 것이다. 이 구절은 현재형으로 쓰여져 있는데 또한 계속을 의미한다. 어제 "깨끗"함을 받았고 오늘 "깨끗"하여져 있으며 내일도 "깨끗"해지는 것이다. 그리스도인이여, 당신은 죽음의 강을 건널 때까지 항상 깨끗함을 받는다. 당신은 매시간 이 샘에 와도 좋다. 왜냐하면, 샘은 당신을 깨끗하게 하기 때문이다. 그리고 이 깨끗하게 하심의 완전함에 주목하라. "그 아들 예수님의 피가 우리를 모두 죄에서 깨끗하게 하시느니라." 다만 어떤 "죄"가 아니라 "모든 죄에서" 깨끗하게 하시는 것이다. 친구여, 이 말씀의 "모든"이 지니는 위대한 의미를 나는 말로 다 표현할 수가 없다. 그러나 나는 성령 하나님께서 그것을 당신에게 맛보여 주시기를 기도한다. 하나님께 대한 우리의 죄는 여러 가지 종류이다. 청구서의 금액이 많고 적든 간에 지불하면 부채는 없어지게 된다. 예수 그리스도의 보혈은 베드로의 모독 죄에도, 사랑이 많은 요한의 흠결에 대해서도 똑같게 보배로운 하나님의 지불이다. 우리의 죄는 없어졌다. 모든 죄가 한 번에 제거되었다. 그리고 영원히 없어졌다. 축복된 완전함으로 그렇게 되었다! 잠들기 전에, 이처럼 위대한 주제가 우리에게 있을지 생각하여 보라!

> *"거룩하신 하나님에 대한 죄,*
> *그분의 바른 율법에 대한 죄,*
> *그분의 사랑과 보혈에 대한 죄,*
> *그분의 이름과 뜻에 대한 죄,*
> *바다같이 끝이 없는 죄,*
> *그분께서는 그 모든 죄에서 우리를 깨끗하게 하시네."*

7월 24일 아침

411. "가만히 서서 여호와께서 오늘날 너희를 위하여 행하시는 구원을 보라"(출 14:13)

이 말씀은 특별한 어려움에 직면하여 커다란 곤경에 빠진 믿는 자에게 주신 하나님의 명령이다. 지금 믿는 자는 나아가지도 물러가지도 못하도록 좌우가 다 막혀 있는 상황이다. 어떻게 하면 좋을까? 주님께서는 그에게 "가만히 서라"고 말씀하신다. 이러한 때에 많은 이상한 충고자들이 어쨌든 의견을 가지고 오겠지만, 그는 오직 주님의 말씀에만 귀를 기울여야 한다. 실망은 이렇게 속삭인다. "거기서 넘어져 죽으라. 모든 것을 체념하라." 그러나 하나님께서는 우리가 용기를 내어 최악의 상황에서도 하나님의 사랑과 신실함에 기뻐할 것을 원하신다. 비겁은 말한다. "물러가라. 세상 사람의 방법으로 돌아가라. 너는 그리스도인다운 행동을 할 수가 없다. 너무나도 어렵기 때문이다. 너의 원칙을 버려라." 그러나 아무리 사탄이 당신을 이 길로 빠뜨리게 하려고 해도 당신이 하나님의 자녀라면 결코 그것에 순종할 수가 없다. 하나님은 당신에게 "힘을 얻고 더 얻어 나아가라"(시 84:7)고 명령하신다. 그리고 당신은 그렇게 할 것이다. 그러면 죽음도 지옥도 당신으로 하여금 그 진로에서 벗어나게 할 수 없다. 만약 주님께서 당신이 가만히 서 있을 것을 명하신다면, 이것은 때가 이르면 당신은 더욱 큰 진보를 위하여 당신의 힘을 새롭게 할 목적을 가진 것이다. 성급은 말한다. "무엇이든 움직여서 해라! 가만히 서서 기다림은 게으름이다." 우리는 단번에 무엇인가 하지 않으면 안된다고 생각한다. 그리고 멈추어 서서 주님을 우러러 보는 일은 하지 않는다. 주님께서는 무엇인가를 하실 뿐 아니라 모든 것을 하신다. 추측은 뽐낸다. "만약 당신 앞에 바다가 있으면 뛰어 들어가 기적을 기대하라." 그러나 믿음은 자부도, 실망도, 비겁도, 성급에게도 귀를 기울이지 않으며, 단지 "가만히 서라"는 하나님 음성에 귀를 기울여 움직이지 않는 반석과 같이 선다. "가만히 서라."
똑바른 사람의 자세를 취하고 곧 행동에 옮기도록 준비하고 다음으로 주실
명령을 기대하며 기쁨과 인내함으로 인도하시는 음성을 기다리라. 그러면 곧
하나님은 모세가 이스라엘 사람에게 말하라고 하신 것 같이 분명히 당신에게
"나아가라"(출 14:15)고 말씀하실 것이다.

7월 24일 저녁

412. "그 진은 심히 크고"(욜 2:11)

　　　　　나의 영혼이여, 너의 영광이며 보호자이신 주님의 위대함을 생각해
보라. 그는 싸우시는 분이시다. 그분의 이름은 여호와이시다. 모든 천군 천사
가 그분의 지휘를 기다리며 만군은 그의 문전에 대기하고 케루빔과 스랍, 경
호자, 성자, 지배자, 힘 있는 자는 모두 그분의 뜻에 주목한다. 만약 우리의
눈이 육적인 제한으로 인해 소경이 되어 있지 않다면 불말과 불병거가 주님
의 사랑하시는 자들을 둘러싼 것을 볼 수 있을 것이다(cf. 왕하 6:17). 자연의 힘
은 모두 창조자의 절대적인 지배하에 놓여 있다. 폭풍, 풍랑, 번개, 비, 눈,
우박, 그리고 고요한 이슬과 따뜻한 일광도 모두가 그분의 정하신 대로 오고
간다. 그분은 오리온 별자리의 줄을 풀며 프레아데스의 아름다운 영향을 연
결하기도 한다(cf. 욥 38:31). 땅도 바다도 공기도, 그리고 땅의 아래도 여호와
의 큰 군대의 병사들이다. 공간은 그분의 장막이고 빛은 그의 깃발이며 불꽃
은 그의 검이다. 그분께서 싸움에 나아가실 때 기근이 전국을 휩쓸며 온역이
백성을 치며 대 폭풍우는 바다를 삼키며 태풍은 산을 흔들고 지진은 이 견고
한 세계를 떨게 한다. 또 모든 생물은 그분의 통치를 인정한다. 예언자를 삼

킨 "큰 물고기"(욘 1:17)로 부터 사람들을 괴롭히는 파리 떼에 이르기까지(cf. 시 78:43,45) 모든 것은 그분의 종인 것이다. 그리고 그분의 큰 군대의 각 부대는 마치 벌레와도 같다. 왜냐하면, 그분의 "군대는 매우 많기" 때문이다. 나의 영혼이여, 주의하여 이 힘센 왕으로 더불어 화목하라. 그리고 그분의 깃발 아래 참가하도록 확정하라. 왜냐하면, 그분에게 대적하여 싸움을 하는 것은 어리석은 짓이며, 그분을 섬기는 일은 영광이기 때문이다. 예수, 곧 "임마누엘 – 하나님이 우리와 함께 하신다"(마 1:23)께서는 주님의 군대에 지원하는 자를 언제나 받아들일 준비가 되어있다. 만약 내가 아직 주님의 군대에 등록하지 않았으면 이 밤 잠들기 전에 그분의 곁으로 가서 그의 공로로 말미암아 받아들여지도록 소원하자. 그리고 만약 내가 이미 원하는 대로 십자가의 군병이 되어 있다면 용기를 내어 일어나자. 왜냐하면, 원수는 "강력한 주님의 군대"에 비하면 실로 무력하기 때문이다.

7월 25일 아침

413. "요셉이 자기 옷을 그 손에 버리고 도망하여 나가매"(창 39:12)

　　어떤 종류의 죄와 싸울 때에 도망가는 길 밖에는 다른 승리를 얻는 방법은 없다. 고대의 박물학자는 바실리스크라는 뱀에 대하여 잘 썼다. 이 뱀의 눈은 그의 먹잇감을 홀려서 뱀에게 쉽게 자신을 내어주게 만든다. 이와 같이 우리는 그냥 악을 본 것만으로 쉽게 위험에 직면할 수 있는 것이다. 악의 행동으로부터 안전하고 싶다면 악으로부터 멀어져야 한다. 우리의 눈과 언약을 맺고서 유혹의 씨앗이 될 수 있는 것은 처음부터 보지 않도록 주의해야 한다. 왜냐하면, 그러한 죄는 조금이라도 불티가 나면 곧 불꽃이 피어 타오르기 때문이다. 누가 좋아서 문둥이의 방에 들어가며 그 무서운 병의 독 가운데서 자고 있겠는가? 다만 문둥이가 되겠다는 사람만이 이렇게 전염되기를 구할 것이다. 만일 뱃군이 폭풍을 피할 방법을 알고 있다면, 그는 폭풍의 위험을 당면하기보다는 어떠한 희생을 치루더라도 그것을 피하려고 할 것이다. 조심스러운 뱃군은 얕은 물가 가까이에서 향해하려고 하지 않으며, 또 몇 번이나 암초에 부딪쳐야 배에 물이 차올라오는지 시험하려고 하지 않는다. 그는 할 수만 있다면 위험의 가능성으로부터 멀리 떨어져 있는 안전한 수로의 한 가운데로 향해하려고 할 것이다. 오늘 나는 커다란 위험에 노출될 수도 있다. 나는 뱀과 같은 지혜로써 위험으로 멀리 떨어져 그것을 피하려고 생각한다. 현재 나에게 필요한 것은 사자의 이빨이 아니고 비둘기의 날개이다. 악한 동무를 거절함은 표면적으로는 손해가 될지 모르지만, 나는 차라리 성품을 잃는 것 보다는 겉옷을 잃는 편이 낫다. 내가 부자가 되는 것은 꼭 필요한 것이 아니지만, 내가 순수하게 되는 것은 피할 수 없는 일이다. 우정의 관계, 아름다움의 축적물, 재능의 나타냄, 냉소의 날카로움, 이런 것들로 인하여 죄에서 도망하려고 하는 나의 현명한 결단을 뒤집어 놓아서는 안 된다. 나는 "사탄을 대적해야 한다. 그러면 나에게서 도망갈 것이다"(약 4:7). 그러나 육의 욕망으로부터 나는 도망가지 않으면 안 된다. 그렇지 않으면 정복을 당하고 말 것이다. 오 거룩하신 하나님이여, 당신님의 요셉을 지키시어 음탕한 여인의 유혹의 말에 귀를 기울이지 않게 하소서. 세상과 육과 마귀의 무서운 삼위일체에 내가 결코 넘어지는 일이 없게 하소서.

7월 25일 저녁

414. "저희가 고난을 받을 때에 나를 간절히 구하여 이르기를"(호 4:15)

손실과 역경은 위대한 목자가 방황하는 양을 집으로 데려오기 위하여 종종 쓰는 방법이다. 그것은 맹견과 같이 헤매는 양을 우리로 쫓아 보낸다. 사자는 배부른 동안에는 그 사자를 길들일 수가 없다. 그러나 사자의 힘을 약하게 하며 배고프게 하면, 사자는 부리는 사람의 손에 순종하게 된다. 이와 같이 그리스도인이 식량부족과 어려운 시련으로 인하여 주님의 뜻에 순종하게 되는 것을 우리는 종종 봐왔다. 많은 믿음의 고백자들은 "부유하게 되면"(계 3:17) 교만해져서 머리를 쳐들고 너무 자랑스럽게 말을 한다. 다윗과 같이 저들은 의기양양해져서 "나의 산은 굳게 서 있다 나는 결코 요동하지 아니하리라"(시 30:6-7)고 말한다. 그리스도인이 부와 명성을 얻으며 건강하고 가정이 평안하면, 그는 때때로 "육의 안전"이라고 이름을 가진 손님을 식탁에 초대한다. 만약 그가 진정 하나님의 자녀라면, 그를 위하여 채찍이 준비된다. 잠시 보고 있으면 그의 재산이 꿈과 같이 사라져 없어진다. 그의 토지가 팔리고 곧 소유자가 변하며, 빚이 쌓이고 어음은 부도가 나며, 그의 손실의 증가는 더욱 불어난다. 어디서 그것들이 끝이 날까? 이러한 재난이 계속 일어나고 믿음 생활의 후퇴에 고민하여 그가 하나님께로 돌아간다면 그것은 하나님으로부터 생명을 받고 있다는 축복의 표시이다. 구원의 반석 위에서 뱃군을 씻어 내리는 파도는 복 되지 않은가! 사업의 실패가 때때로 우리 영혼의 부요를 위해 우리를 성화시킨다. 만약 선택된 영혼이 두 손에 가득히 물건이 있을 때 주님에게 오지 않는다면, 두 손이 모두 비어 있을 때 주님께로 올 것이다. 만약 하나님의 은혜 안에서 하나님이 사람 사이에서 그를 영화롭게 하는 다른 방법을 찾지 못하면, ㄹ 그분께서는 우리를 깊은 못으로 던질 것이다. 만약 우리가 부요의 높은 집에서 하나님을 영화롭게 하지 않는다면, 그분은 우리를 가난의 골짜기에 데려갈 것이다. 그러나 슬픔의 상속자여, 낙심해서는 안 된다. 당신이 이와 같은 꾸지람을 받을 때 오히려 당신을 징계하시는 사랑의 손을 인식하고 "일어나서 아버지께로 돌아가자"(눅 15:18)고 말하라.

7월 26일 아침

415. "이러므로 너희가 더욱 힘써 너희 믿음에 덕을,
덕에 지식을, 지식에 절제를, 절제에 인내를, 인내에 경건을,
경건에 형제 우애를, 형제 우애에 사랑을 공급하라"(벧후 1:5-7)

당신이 만일 복되신 성령의 강화와 도움 아래에서 믿음의 온전한 확신과 주권적인 은혜에 즐거워하기 원한다면, 성경에서 말하는 대로 "더욱 힘써야" 한다. 당신의 믿음이 굳게 서도록 주의하라. 그것은 단지 교리에 대한 믿음이 아니라 그리스도에게 의지하는 단순한 믿음이며, 그리스도에게만 의뢰하는 믿음이어야 한다. 용기를 가지고 힘써라. 하나님께서 당신에게 사자의 용모를 주시며 올바른 양심과 두려움이 없는 담대함으로 나아갈 수 있도록 탄원하라. 성경을 잘 배워 지식을 쌓아라. 교훈에 관한 지식은 너희 믿음을 견고하게 하도록 인도할 것이다. 하나님의 말씀을 상고하여 그것을 깊이 이해하는 일에 힘쓰라. 말씀을 "마음속에 풍성하게 저장하여라"(골 3:16). 그리고 이것을 한 후에 "지식에 절제를"(벧후 1:5-6) 더하라. 너의 육체에 주의하여 외면의 절제를 유지하라. 당신의 심령에 주의하여 내부의 절제를 유지하라. 너의 입술과 생활과 마음과 생각의 절제를 가져라. 여기에 성령으로 말미암아 인내를 더하라. 너에게 환란을 견딜 수 있는 인내를 주시기를 구하라. 그것이 당신을 연단하여 "정금같이 되어 나올 수 있게 하라"(욥 23:10). 고난에 직면하여 불평하거나 낙담하지 않도록 인내를 입으라. 인내의 은혜를 얻었으면 다음에 경건을 구하라. 경건은 종교 이상의 것이다. 하나님의 영광을 너의 삶의 목적으로 삼아라. 하나님의 목전에서 생활하라. 하나님에게 가까이 살며 하

나님과의 사귐을 구하라. 그러면 당신은 경건을 얻을 것이다. 경건에 형제 우애를 더하라. 모든 성도를 사랑하라. 더욱 모든 사람에게 손을 펴서 구제하며 저들의 영혼을 사랑하라. 당신이 이러한 보석으로 장식하며 하늘로부터 온 이 모든 덕을 실천한다면, 여기에 비례하여 "당신의 받은 부르심과 택하심"(벧후 1:10)을 명확한 증거에 의하여 알게 될 것이다. 만약 당신이 확신을 얻기 원한다면 "더욱 힘써라." 왜냐하면 뜨뜻미지근한 믿음과 의심은 아주 자연적으로 서로 병행하기 때문이다.

7월 26일 저녁

416. "그 백성의 방백들과 함께 세우시며"(시 113:8)

우리들의 영적인 특권은 최고의 것이다. "방백들과 함께"라는 것은 선택된 사회의 지위를 말한다. "우리의 사귐은 아버지와 그 아들 예수 그리스도와의 사귐이다"(요일 1:3) 이것 이상의 선택된 사회는 더 이상 없다! "우리는 택하신 족속이요 왕 같은 제사장들이요 거룩한 나라요 그의 소유가 된 백성이다"(벧전 2:9). "우리가 이른 곳은 하늘에 기록된 장자들의 모임과 교회이다"(cf. 히 12:22-23). 성도들은 왕의 청중이다. 일반인이 멀리 떨어져서 서 있어야 할 때 "방백들"은 왕궁의 가운데에 들어가도록 허락되어 있다. 하나님의 자녀들은 하늘의 궁정 안에까지 자유롭게 출입할 수가 있다. "그로 말미암아 우리 둘이 한 성령 안에서 아버지에게 가까이 나갈 수 있기 때문이다"(엡 2:18)라고 사도는 말하였다. "그러므로 우리는 두려움 없이 은혜의 보좌에 나아가자"(히 4:16). 방백들에게는 풍성한 부요가 있다. 그러나 믿는 자의 부요에 비하면 아무것도 아니다. "모든 것은 너희의 것이요 너희는 그리스도의 것이요 그리스도는 하나님의 것"(고전 3:21, 23)이기 때문이다. "그의 아들을 아끼지 않고 우리를 위하여 죽음에 내어주신 하나님이 어찌 아들과 함께 만물을 주지 아니하랴"(롬 8:32). 방백들은 특별한 힘을 가진다. 하늘의 임금은 큰 세력을 가진다. 저는 자기의 영토 안에서 지배권을 가진다. 저는 예수님의 영광된 보좌에 앉는다. 왜냐하면 "저는 자기를 위하여 우리를 왕과 제사장으로 삼으시고"(계 1:6). 우리는 "세세토록 왕 노릇 하리라"(계 22:5)고 하셨기 때문이다. 우리는 시간과 영원의 연합국을 지배하는 것이다. 방백들은 또한 특별한 명예를 가진다. 우리는 은혜로 말미암아 우리에게 주어진 높은 곳에서 이 세상의 모든 권위를 내려다본다. "저는 우리를 예수 그리스도 안에서 함께 살리시고 함께 하늘에 앉히신다"(엡 2:6) 우리는 그리스도의 명예를 나누어 가진다. 이에 비한다면 이 땅 위의 영광은 아무것도 아니며, 그것은 생각할 아무런 가치조차 없다. 예수님과의 사귐은 왕관의 빛나는 보석보다 낫다. 주님과 연합하는 것은 최고로 빛나는 광채의 아름답고 보배로운 면류관이다.

7월 27일 아침

417. "그 보배롭고 지극히 큰 약속을 우리에게 주사"(벧후 1:4)

만약 당신이 실제로 하나님의 약속의 보배로움을 알고 당신의 마음속에서 그것을 즐거워하고 있다면 하나님의 약속을 깊이 묵상하라. 약속은 마치 즙을 짜는 틀 안의 포도와 같다. 그것을 밟으면 과즙이 흘러나온다. 거룩한 말씀을 반복하여 숙고하는 것은 때때로 그 성취의 서곡이 된다. 약속의 말씀을 묵상하는 중에 당신이 구하는 은혜가 알지 못하는 사이에 서서히 당신에게 온다. 많은 그리스도인이 약속을 찾아 하나님의 말씀을 생각하는 중에 그 약속이 보증하는 은총이 저들의 영혼 내부에 부드럽게 침투하는 것을 경험한다. 그리고 저들은 약속을 마음 가까이에 두도록 인도하심을 받은 것에 기뻐하였다. 그러나 약속을 묵상할 뿐 아니라, 그것을 하나님의 말씀으로써 심령 속에 받아들여라. 그리고 당신의 영혼에 이렇게 말하라. "만약 내가 사람과 약속한다면 상대방의 능력이나 성품을 주의 깊게 생각하여야 한다. 하나님의 약속에 대해서도 같은 것이다. 나는 은혜의 위대함에 집중해서는 안 된다. 그 결과 나는 흔들릴지도 모른다. 오히려 약속하신 분의 위대함에 눈이 머물러야 한다. 그렇게 하면 나는 용기를 받을 것이다. 나의 영혼이여, 너에게 말씀하시는 분은 하나님이시요, 너의 하나님께서는 거짓을 말할 수 없는 하나님이시다. 네가 지금 생각하고 있는 하나님의 말씀은 하나님의 존재가 참으로 진실하신 분이라고 증거한다. 하나님은 변치 않으시는 분이다. 한번 말씀하신 것은 취소하는 일이 없으며, 위로의 말씀들은 단 하나라도 돌이키시는 일이 없다. 또 그분께서는 능력에 있어서도 부족함이 없으시다. 이렇게 말씀하신 분은 천지를 지으신 하나님이시다. 하나님은 또한 지혜에 있어서도 부족함이 없으셔서 언제나 은총을 주실 때를 잘 아신다. 하나님께서는 언제 은혜를 주시면 가장 좋은지, 언제 은혜를 보류하는 것이 더 좋을지를 아신다. 그러므로 하나님의 말씀은 아주 진실하며 불변이시며, 전지전능한 것을 보기 때문에 나는 약속을 믿을 것이고 또 믿지 않으면 안되는 것이다." 만약 우리가 그분의 약속을 묵상하고, 그 약속을 주신 주님께 생각을 돌이킨다면, 우리는 그 약속의 아름다움을 경험하고 그 성취를 얻을 것이다.

7월 27일 저녁

418. "누가 능히 하나님의 택하신 자들을 송사하리요"(롬 8:33)

이 구절은 그 얼마나 복된 도전의 질문인가! 이에 대하여 우리는 대답할 수가 없다! 택한 자의 모든 죄는 우리의 구원의 위대한 대표자 위에 놓아졌고 구속의 역사로 인하여 제거되었다. 그리고 이제는 하나님의 책에 하나님 백성의 죄는 하나도 기록되어 있지 않다. 하나님은 야곱의 죄를 보지 않으시며, 그리고 이스라엘의 악도 보지 않으신다. 저들은 그리스도 안에서 영원히 의롭다 함을 얻었다. 죄가 제거되었을 때 죄의 벌도 제거된다. 그리스도인에 대하여 하나님의 진노하시는 손의 타격이 가해지는 일은 없다. 조금이라도 처벌을 받지 않는다. 믿는 자는 아버지 하나님으로부터 징계를 받을 수도 있다. 그러나 심판주이신 하나님은 그리스도인에 대하여 "나는 너를 용서하였다. 너는 무죄 석방이다"라고 말할 수밖에 없다. 그리스도인에게는 이 세상에서 죄의 벌로 인한 죽음도 "둘째 사망"(계 2:11)도 존재하지 않는다. 저는 죄에서 해방됨과 동시에 죄의 벌에서도 완전히 자유로워졌다. 그리고 죄의 힘도 역시 제거되었다. 죄는 우리 앞에 막아서서 끊임없이 싸움을 걸어오며 우리를 동요케 할지도 모른다. 그러나 죄는 예수님과 연합된 모든 영혼에 대하여 정복당한 원수이다. 그리스도인이 만약 하나님에게 의뢰하면 이기지 못할 죄는 하나도 없다. 하늘에서 흰옷을 입은 성도들은 "어린양의 피로 말미암아 승리한 것이요"(계 12:1), 우리도 함께 승리하는 것이다. 어떠한 육신의 정욕도 지나치게 강한 것도 없으며 아무리 달라붙는 죄라도 떨치지 못할 것이 없다. 우리는 그리스도의 힘을 통하여 이길 수 있다. 그리스도인이여, 너의 죄는 선고 받아야 마땅하다는 것을 인정해라. 그 죄는 몸부림을 칠 것이다. 그러나 죄의 판결은 끝났고, 그 죄의 죽음은 정해져 있다. 하나님은 그 이마에 이미 "죄의 선고"를 기록하였다. 그리스도는 그것을 십자가에 못 박았다. "십자가에 못 박았나니"(골 2:14)라고 기록되어 있다. 이제 가서 죄를 극복하라. 주님께서 너를 도와 그분을 찬양하기 위하여 살리실 것이다. 왜냐하면, 죄는 모든 허물과 부끄러움, 그리고 두려움과 함께 떠나갔기 때문이다.

"여기에 과거의 죄악에 대한 용서가 있도다.
죄의 흔적이 너무나 검다 해도 문제가 되지 않으리.
오 나의 영혼이여, 오직 경이로움으로 바라보라.
죄가 오는 곳에는 용서도 있도다."

7월 28일 아침

419. "내가 이같이 우매 무지하니 주의 앞에 짐승이오나"(시 73:22)

기억하라. 이것은 하나님의 뜻을 구하고 있는 성도의 고백이다. 그리고 그의 내면의 생활을 우리에게 말하며, 다윗은 기록하기를 "나는 이렇게 우매 무지하니"라고 하였다. "우매 무지"라는 말은 보통 이상의 깊은 의미를 가지고 있다. 다윗은 이 시편의 3절에서 "나는 악한 자의 창성함을 보고 그 교만을 시기하였다"라고 하였다. 이것은 그의 어리석음 안에 죄가 포함되어 있다는 것을 보이고 있다. 그는 어리석었다고 할 뿐 아니라 "이같이 우매 무지하였다"라고 그 강도를 더하여 말하였다. 그는 스스로 얼마나 어리석었는지 말할 수 없었다. 그것은 죄가 깊은 어리석음이었다. 그것은 약하기 때문에 그랬다는 변명이 통할 수도 없었고, 그 완악함과 방종의 무지 때문에 책망 받을 일이라고 한 것이다. 왜냐하면, 저는 불경건한 자들의 번영함을 보고 어떠한 두려운 끝 날이 저들을 기다리고 있을지를 잊어버리고 시기했기 때문이다. 우리는 스스로 다윗보다 현명하다고 생각할 수 있을까? 우리는 완전한 상태에 도달하였다고 말할 수 있을까? 또는 하나님의 징계를 받아서 그 채찍이 우리로부터 모든 방종을 가져갔다고 말할 수 있는가? 아, 그러한 생각은 정말로 교만한 것이 아니겠는가! 만약 다윗이 어리석었다면 우리 스스로를 돌아볼 때 우리는 더욱 어리석지 않은가! 믿는 자들이여, 과거를 생각해 보라. 하나님께서 그대에게 신실하였을 때, 오히려 그대는 하나님을 의심하였다. 하나님께서 그대에게 보다 더 큰 축복을 주시려고 잠시 그대를 환난에 두었을 때, 그대는 어리석게도 "아버지여 그렇게 하지 마소서"라고 부르짖지 않았는가? 또 어둠 가운데서 하나님의 섭리를 그대가 읽었는데도 많은 경우에 하나님의 뜻을 오해하여 "모든 일이 합하여 선을 이루는 것"(롬 8:28)으로 되어 있는데도 "이는 다 나를 해롭게 함이로다"(창 42:36)라고 불평하지 않았는가! 그대는 얼마나 자주 쾌락을 위하여 죄를 선택하여 그 쾌락이 당신의 고통의 원인이 되었던가! 우리가 스스로의 마음을 안다면 반드시 그 죄의 깊은 어리석음을 인정하지 않으면 안 된다. 그리고 자기의 어리석음을 알았다면 우리는 다윗의 "주의 교훈으로 나를 인도하신다"(시 73:24)라는 굳은 신념을 나의 것으로 해야만 한다.

7월 28일 저녁

420. "저가 두루 다니시며 착한 일을 행하시고"(행 10:38)

비록 이 말씀은 아주 짧은 것이지만, 이것은 주 예수 그리스도에 대한 절묘한 묘사이다. 글자 수는 많지 않으나 이것은 거장의 필치이다. 이 말씀은 오직 구주에 관해서만 가장 깊고 가장 넓고 절대적인 진리이다. "그는 착한 일을 행하시며 다니셨다." 이 기록에서 그분은 스스로 착한 행실을 하신 것이 분명하다. 복음서를 쓴 기자는 반복하여 말하기를 "주님은 자신의 손을 문둥병자에게 대셨다. 그분은 소경의 눈에 손을 대셨다. 치유의 말씀만 달라고 멀리서 구하여도 그분은 주로 그렇게 하시지 않고 친히 병상을 방문하시고 고쳐 주셨다." 그분의 본보기는 우리에게 교훈을 준다. 만약 우리가 착한 일을 하려고 할 때에는 자진하여 그것을 해야 한다. 자기 손으로 선을 행하라. 친절한 행위와 말은 그 선물의 가치를 더욱 높일 것이다. 당신의 친구에게 그의 영혼에 관해 말하라. 당신의 사랑의 호소는 많은 전도하는 종이보다 훨씬 좋은 효과를 가져올 것이다. 주님께서는 끊임없이 활동함으로써 선한 일을 하셨다. 그것이 주님께서 취하신 방법이었다. 그분은 자기에게 나오는 자들에게 선을 행하셨을 뿐 아니라 긍휼을 베푸시기 위하여 "순회하셨다." 유다 전역을 통하여 그분의 방문을 기쁨으로 받아들이지 않은 마을이나 작은 촌락은 거의 없었다. 이 일은 많은 믿음의 고백자가 착한 일에 머뭇거리고 있는 게으름으로 인하여 주님을 위하여 봉사하는 것에 얼마나 꾸지람을 들을 것인가? 우리는 마음의 허리에 띠를 띠고 "착한 일을 하는데 게으르지 않도록"(살후 3:13) 힘써야 한다. 다음으로 이 구절은 예수님께서 자진하여 착한 일을 하시기 위하여 순회하셨다는 의미는 없을까? 그는 "착한 일을 하시면서 순회하셨다." 그분은 위험과 어려움 때문에 주저하는 일은 결코 없으셨다. 그분께서는 은혜를 베풀 의도를 가지고 찾아다니셨다. 우리도 그렇게 하지 않으면 안 된다. 만약 우리의 옛 방법이 쓸데없다면 새로운 방법을 써 보도록 노력해야 한다. 새로운 방법은 때때로 보통 방법보다 더 많은 것을 이루어 낸다. 그리스도의 인내와 그 목적의 일관성도 여기에 암시되어 있다. 그리고 그 문제를 실전에 응용하는 일은 오늘 다음의 말씀에 그 답이 주어져 있다. "그리스도는 우리가 그 자취를 따라오도록 모범을 남기신 것이다"(벧전 2:21).

7월 29일 아침

421. "그럼에도 불구하고, 내가 항상 주와 함께하니"(시 73:23)

"그럼에도 불구하고" – 다윗이 하나님에게 고백한 모든 어리석음과 무지함에도 불구하고, 그가 구원을 받아 하나님께 받아들여져 항상 하나님의 임재 속에 있는 은혜를 얻은 것은 진실하고 확실한 것임에 틀림없다. 스스로 불러들인 손실과 마음의 거짓, 자신의 비열함을 충분히 의식하면서도 오히려 빛나는 믿음의 힘으로 인하여 그는 "그럼에도 불구하고, 나는 항상 주와 함께하니"라고 노래하였다. 주 안에 있는 자여, 당신도 다윗의 고백과 감사에 함께 들어가야 한다. 그와 같은 정신으로 "그럼에도 불구하고, 나는 그리스도에게 속하였기 때문에 나는 항상 주와 함께 있도다!"라고 말할 수 있도록 힘써야 한다. 이것은 다음과 같은 말을 의미한다. 즉, 나는 항상 주님의 마음 안에 있다. 그분께서는 항상 나의 일을 생각하며 나의 유익을 계획하고 계신다. 다음으로 나는 계속적으로 그분의 눈앞에 있다. 주님의 눈은 결코 주무시는 일이 없으며 언제나 나의 안전을 지키신다. 그리고 아무도 나를 빼앗아 갈 수 없도록 나는 항상 주님의 손안에 있는 것이다. 제사장이 항상 열두 지파의 이름을 가슴에 새겨 붙이고 있는 것처럼 항상 주님의 마음에 기념으로써 나는 새겨져 있는 것이다. 오, 나의 주 하나님께서는 항상 나를 생각하고 계신다. 주님의 사랑의 마음은 항상 나에게 뻗어 있다. 주님은 항상 그의 섭리로 나의 유익을 계획하신다. 나를 주님의 팔에 인으로 새겨 놓는다. 주님의 사랑은 "죽음보다 강하여"(아 8:6), "많은 물도 그것을 소멸할 수 없고 홍수도 그것을 빠뜨리지 못한다"(아 8:7). 아, 놀라운 은혜여! 주님은 그리스도 안에서 나를 보신다. 비록 나는 누추한 자이지만 그리스도의 옷을 입고 그리스도의 피에 씻기워진 나를 보신다. 그래서 나는 주님의 앞에 받아들여져 설 수 있는 것이다. 이와 같이 나는 항상 주님의 은총 가운데 있어서 "항상 주와 함께한다." 바로 여기에 시련과 환난 중에서, 그리고 마음의 폭풍 중에서 평안을 구하는 영혼에게 위로가 있는 것이다. "그럼에도 불구하고," 오, 당신의 마음속에서 말하라. 그리고 이 말씀이 주는 평안을 받아들여라. "그럼에도 불구하고, 나는 항상 주와 함께 합니다."

7월 29일 저녁

422. "아버지께서 내게 주시는 자는 다 내게로 올 것이요"(요 6:37)

이 선언의 말씀은 첫째로 선택의 교리와 연관이 있다. 하나님께서 어떤 사람들을 그리스도에게 주신 것이다. 그것은 유효한 부르심의 교리를 포함하는 것이다. 즉, 그분께서 주신 사람들은 반드시 오게 되어 있고 또 저들은 오는 것이다. 저들이 아무리 완강하게 반항해도 저들은 어두운 가운데서 하나님의 놀라운 빛 가운데로 인도된다. 그것은 우리에게 믿음이 절대적으로 필요하다는 것을 교훈한다. 왜냐하면, 그리스도에게 주신 사람이라고 할지라도 예수님에게 나아오지 않으면 구원을 받지 못하기 때문이다. 그리스도 예수라는 "좁은 문"을 통과하지 않으면 "하늘"으로 가는 또 다른 길은 전혀 없다는 것이다. 아버지 하나님이 우리의 구속주님에게 주신 자는 모두 그에게 와야 한다. 그러므로 그리스도에게 오지 않으면 어떤 사람도 "하늘"에 들어갈 수 없다. 오, 이 "올 것이요"라는 말이 포함하는 힘과 장대함이 어떠한가? 그분께서는 저들이 올 힘을 갖고 있다든지 오기를 원하면 올 수 있다고 말하지 않고, "올 것이요"라고 말하였다. 그의 사자인 예수님에 의하여, 말씀과 성령에 의하여 사람들을 부드럽고 은혜롭게 사람을 오게 하여 그의 혼인 잔치의 만찬에서 먹게 한다. 그리고 주님께서는 이 일을 인간의 자유의지를 방해하지 않고 은혜의 힘으로 말미암아 하시는 것이다. 어떤 사람의 의지를 내가 주장하여도 그 사람의 의지는 완전하게 자유할 수가 있다. 왜냐하면, 그때는 강제가 인간의 마음의 법칙과 함께 조화로운 방법으로 역사하기 때문이다.

예수님께서는 이를 알고 저항할 수 없는 논쟁을 통하여 이해력에 호소하며, 힘 있는 논리를 통하여 인정에 호소하고, 영혼의 모든 힘과 열정 위에 성령의 신비스런 영향력을 역사함으로 사람을 모두 정복한다. 그러므로 이 방법 안에서 일찍이 반항하였던 사람도 사랑의 섭리에 정복되어 기쁨으로 주님의 주장에 순종한다. 그러나 하나님에게 택함을 받은 사람인 것을 우리가 어떻게 알 수 있는가? 그것은 결과로 알 수 있다. 즉 그가 기꺼이 기쁨으로 그리스도를 받아들여 단순하고도 진실된 믿음을 가지고 구원의 모든 것과 저들의 모든 소원을 주님에게 인식함으로써 알 수 있게 된다. 친구여, 당신은 이렇게 예수님에게 왔는가?

7월 30일 아침

423. "기억되어 생각하고 울었더라"(막 14:72)

어떤 사람들은 베드로가 그의 생애에서 주님을 부인한 것을 생각할 때마다 그의 눈에 눈물이 그치지 않았을 것이라고 생각한다. 그럴만한 일이다. 그의 죄는 매우 큰 것이었지만, 그것을 참으로 회개한 후에는 그에게 주신 은혜에 따라 전적으로 일을 하게 하였다. 이 경험은 정도의 차이는 있겠으나 성령으로 말미암아 나면서부터 가졌던 돌 같은 마음이 제거된 모든 구속된 자에게 공통된 경험이다. 우리는 베드로와 같이 "비록 다른 자는 다 넘어져도 나는 넘어지지 않으리라"(마 26:33)라고 자신 있게 했던 약속을 기억한다. 우리는 쓴 뿌리의 맛을 느끼며 후회의 생각을 가지고 자신의 말을 떠올린다. 우리가 어떤 서약을 하였으며, 그리고 실제로 어떻게 되었는지를 생각해 볼 때 우리는 슬픔의 눈물에 젖어 슬피 울게 된다. 베드로는 자신이 주님을 부인하며 거역하였던 일을 생각하였다. 그가 부인했던 장소, 그에게 그와 같은 흉악한 죄를 범하게 한 사소한 이유, 그가 거짓 증거를 하려고 찾았던 맹세와 모독하는 말, 그를 이러한 죄를 반복하도록 몰아친 그 마음의 두려워했던 완악함에 대하여 생각하였다. 우리도 자기의 죄를 생각하고 그 극악함을 생각할 때 무감각하게 완고한 태도를 취할 수 있는가? 우리는 자기의 집을 슬픔의 장소로 하여 죄에 대한 사랑의 용서를 새롭게 확신하도록 주님을 향하여 부르짖지 않으려는가? 우리가 눈물을 흘리지 않고는 죄를 보는 일이 결코 없도록 해야 하고, 만약 그러한 일이 있다면 머지않아 우리의 혀는 지옥의 불에 탈 것이다. 베드로는 또 주님의 사랑으로 가득한 눈길을 생각하였다. 닭의 울음소리의 경고로 주님께서는 슬픔과 긍휼과 사랑의 일깨움을 주셨다. 베드로는 이 돌보심의 순간을 그의 생애 동안 결코 마음에서 잊어버릴 수가 없었다. 그것은 성령이 부어지지 않은 일만 번의 설교보다도 훨씬 힘이 있었다. 깊이 죄를 회개한 이 사도는 그를 처음의 위치로 회복시킨 주님의 완전한 용서를 생각하면서 눈물을 흘렸음이 분명하다. 그러나 우리는 너무나도 친절하시고 선하신 주님의 마음을 아프게 한 일을 생각할 때 아무리 계속하여 울지라도 그 이상의 충분한 이유가 있다. 주여, 돌 같은 내 마음을 깨뜨리시고 물을 부으소서.

7월 30일 저녁

424. "내게 오는 자는 내가 결코 내어 쫓지 아니하리라"(요 6:37)

이 약속에는 기한의 제한이 없다. "죄인이 처음에 내게 올 때 나는 이것을 거부하지 않는다"라고 기록되어 있지 않고 "결코 내어 쫓지 아니하리라"

고 기록되어 있다. 그리스어로 원래 단어는 "나는 하지 않는다. 내어 쫓지 않는다", 혹은 "나는 결코 내어 쫓지 않는다"라는 뜻이다. 이 구절은 그리스도께서 최초에 믿는 자를 내어 쫓지 않는다는 것을 의미하지만 처음에 하지 않는 것을 최후까지 거절하지 않는다는 뜻이다. 그러나 믿는 자가 그리스도에게 온 이후에 죄를 범하면 어떻게 되는가? "만약 죄를 범하는 자가 있으면 아버지에게는 우리의 대언자 곧 의로우신 예수가 계신다"(요일 2:1). 그러나 믿는 자의 믿음이 후퇴하면 어떻게 되는가? "나는 그들의 상처를 고치며 그들을 자유로이 사랑한다. 나의 진로는 그들에게서 떠났으므로"(호 14:4)라고 말씀하신다. 그러나 믿는 자는 유혹에 빠질지도 모른다. "하나님은 미쁘시다. 당신에게 감당치 못할 시험을 주시지 않고 시험당할 때에 그것을 감당하도록 피할 길도 준비하여 주신다"(고전 10:13). 그러나 믿는 자는 다윗과 같은 죄에 빠질는지도 모른다. 그렇다. 그러나 주님께서는 "우슬초로써 그들을 깨끗케 하신다. 그러면 깨끗하게 되리라. 그들을 씻기신다. 그러면 눈보다 희어지리라"(시 51:7). "나는 그들이 내게 행한 범죄를 다 정결케 하리라"(렘 33:8). 한번 그리스도 안에 있는 자는 영원히 그와 함께하며 아무것도 그의 사랑으로부터 끊을 수가 없다고 말씀하셨다. "나는 나의 양들에게 영원한 생명을 준다. 그러므로 그들은 언제까지나 멸망당하는 일이 없고, 어떤 사람도 그들을 나의 손에서 빼앗을 자가 없다"(요 10:28). 오, 떨고 있는 자여! 이것은 참으로 보배로운 자비가 아닌가? 그리스도에게 오는 자는 잠시 동안만 당신에게 잘 대접하고 그 후에는 돌보지 않는 그런 것이 아니다. 주님은 당신을 받아들여 신부로 삼아 당신을 그의 곁에 영원히 있게 하는 것이다. 그러므로 "다시는 무서워하는 종의 영을 받지 말고 아바 아버지여 라고 부르는 양자의 영을 받으라"(롬 8:15). 오, "결코 내어 쫓지 않으리라"는 이 말씀 중에 있는 깊은 은혜를 기억하라!

7월 31일 아침

425. "내가 저희 안에 있고"(요 17:23)

만약 이 말씀과 같이 우리의 영혼과 주님의 인격이 연합되어 있다면, 우리의 영의 교제의 통로는 얼마나 깊고 넓을 것인가! 이것은 실과 같은 흐름이 통하는 좁은 철관이 아니다. 그것은 놀랄만한 깊이와 폭을 가진 생명수의 통로이며 거기에 따라 풍성한 물이 넘치게 흐르고 있다. 보라, 우리 앞에 그 분께서 문을 여신다. 그곳으로 들어가는 것을 주저하지 말라. 이 영의 교제의 도성에는 수많은 진주문이 있다. 그것은 각각 하나의 진주로 만들어져 각각의 문은 우리를 환영하며 우리가 들어갈 수 있도록 최대한 열려 있다. 만약 거기에 하나의 작은 구멍이 있어 그것을 통하여 예수님과 한마디의 교제를 나눌 수 있다 해도 그것은 놀라운 특권인데, 이렇게 큰 문으로 들어 갈 수 있다는 것은 얼마나 큰 축복인가! 만약 주 예수님께서 우리와 멀리 떨어져서 풍랑의 바다가 그 사이에 가로 놓여있다 할지라도 우리는 사자를 보내어 우리의 사랑을 주님께 전하기를 원하며 아버지의 집으로부터 소식을 우리에게 가져오기를 갈망할 것이다. 그러나 친절하게도 주님께서는 우리의 이웃에 집을 세우신 것을 주목해라. 아니, 주님은 우리와 동거하시며 우리의 불쌍하고 천한 마음과 함께 머무시면서 우리와 영원토록 직접 말씀하시기를 원하신다. 아, 만약 우리가 그러한 주님과 친히 사귀려고 하지 않는다면 우리는 얼마나 어리석은가! 우리는 친구가 멀리 있고 또한 길이 멀고 위험하여 곤란하다면 서로 만날 기회가 적은 것은 당연하다. 그러나 같은 지붕 밑에 살고 있다면 요나단이 다윗을 어떻게 잊을 수 있겠는가? 남편이 여행하고 있을 때에도 아내는 며칠 동안 남편에게 말을 나누지 못하고 지내기도 하리라. 그러나 만약 남편이 집의 어느 방안에 있는 것을 아내가 알고 있다면, 남편과 따로 지내는 것은 아내에게는 감당하기 어려울 것이다. 주 안에 있는 자여, 왜 주님의 포도주의 잔치에 참여하지 않는가? 당신의 주님을 구하라. 왜냐하면, 주님께서는 언제나 당신 가까이에 계신다. 주님을 안으라. 주님은 당신의 형제이기 때문이다. 주님을 꼭 붙들어라. 주님께서는 당신의 남편이기 때문이다. 주님을 당신의 마음에 얽매여라. 주님께서는 당신의 골육이기 때문이다.

7월 31일 저녁

426. "참소하는 자가 있으니…
주야로 자기 직분에 골몰하므로 다른 일은 하지 아니하였더라"
(대상 9:33)

성전에서 거룩한 노래가 결코 끊이지 않는다는 것은 좋은 일이다. 노래하는 자는 영원히 긍휼이 끊어지지 않는 주님을 찬양하였다. 주님의 긍휼이 밤낮으로 끊어지지 않는 것 같이 음악도 그 거룩한 직무를 끊이지 않았다. 나의 마음이여, 이 시온 성전의 그치지 않는 노래는 네게 좋은 교훈을 준다. 너는 계속하여 빚을 진 자이다. 그러므로 그 사랑이 결코 끊어지지 않는 것 같이, 너의 감사도 결코 끊어져서는 안 된다. 너의 최후의 처소인 "하늘"에서도 하나님께 올려드리는 찬송은 여전히 계속되고 있다. 너도 또한 영원한 할렐루야를 찬송하는 것을 배우라. 태양이 이 땅 위에 빛을 반사하듯이 하나님의 빛도 감사에 넘치는 믿는 자의 마음을 깨워 아침 찬송을 노래하며 성도가 가진 제사장 직분으로 말미암아 계속하여 찬송을 드리는 것이다. 이 찬양들은 우리의 땅을 감사의 옷으로 두르고 노래의 황금의 띠로 맨다. 오직 주님만이 항상 찬송을 받으시기에 합당하시다. 그분의 인격 때문에, 그 창조의 역사와 섭리, 피조물에 대한 자비 때문에, 특히 구속의 위대한 역사 때문에, 그리고 거기서 흘러나오는 모든 놀라운 축복 때문에 그러하시다. 우리가 주님을 찬송함은 언제나 유익하다. 그것은 낮을 즐겁게 하고, 밤을 빛나게 하며, 수고를 가볍게 하고, 슬픔을 부드럽게 한다. 그것은 땅 위의 기쁨 위에 거룩한 빛을 비추어서 우리의 눈이 땅 위의 기쁨으로 말미암아 흐려지는 일이 없도록 만든다. 우리는 이 순간에 무엇인가 노래할 것을 갖고 있지 않은가? 우리는 과거의 구원, 현재의 기쁨, 그리고 우리의 미래의 소망에 대하여 노래할 것이 없는가? 땅은 여름의 과일을 맺게 하고, 마른 풀은 창고에 들이며, 황금의 곡식은 추수를 기다린다. 태양은 열매 많은 땅 위에 길게 비친다. 밤의 간격도 짧아졌다. 그러므로 우리의 마음에서의 예배의 시간이 길어지기를 원한다. 예수님에 대한 우리의 사랑을 북돋아 오늘 이 저녁도 거룩한 기쁨의 시편으로 하루를 마무리하지 않으려는가!

8월의 묵상

8월 1일 아침

427. "나로 밭에 가게 하소서…이삭을 줍겠나이다"(룻 2:2)

낙심하고 고민하는 그리스도인이여, 와서 오늘 이 광대한 하나님의 약속의 밭에서 이삭을 주워 모으라. 여기에는 당신의 소원을 만족하게 하는 풍부하고 보배로운 약속이 있다. 그 가운데 하나는 "그는 상한 갈대도 꺾는 일이 없으며 꺼져가는 심지도 끄지 않으신다"(사 42:3)는 약속이다. 이것은 당신의 경우에 해당하지 않는가? 처량하고 약한 갈대, 무력한 갈대, 상한 갈대에서 음악 소리가 나지 않는다. 약한 것 가운데서 가장 약한 갈대, 하찮은 갈대이지만 주님께서는 당신을 꺾는 일이 없고 오히려 고치시며 또한 힘을 주신다. 당신은 꺼져가는 심지와도 같다. 빛도, 따뜻한 기운도 당신으로부터 나오지 않는다. 그러나 주님은 당신의 심지를 끄지 않으신다. 그분께서는 감미로운 긍휼의 입김을 보내어 당신을 불타게 한다. 당신은 또 하나의 이삭을 줍기 원하는가? "수고하고 무거운 짐 진 자들아 다 내게로 오라 너희를 편히 쉬게 하리라"(마 11:28). 이 얼마나 부드러운 말씀인가! 당신의 마음이 상하기 쉬운 것이라는 것을 주님께서는 아신다. 그렇기 때문에 그분은 당신에게 부드럽게 말한다. 지금 당신은 주님께로 나아오지 않으려는가? 다른 또 하나의 이삭을 주워 모으라. "버러지 같은 너 야곱아, 너희 이스라엘 사람들아 두려워하지 말라 나 여호와가 말하노니 내가 너를 도울 것이라 네 구속자는 이스라엘의 거룩한 이시니라"(사 41:14). 이렇게 놀랄만한 보증이 주어져 있는데 왜 두려워하는가? 당신은 이러한 황금의 이삭을 성경 중에서 한 없이 주워 모을 수 있다! "내가 네 허물을 빽빽한 구름 같이, 네 죄를 안개 같이 없이하였으니 너는 내게로 돌아오라 내가 너를 구속하였음이니라"(사 44:22). 또 이것은 어떤가? "비록 너희 죄가 주홍 같을지라도 눈과 같이 희게 하며 진홍같이 붉을지라도 양털같이 희게 되리라"(사 1:18). 또한 이것은 어떤가? "성령도 신부와 함께 말한다. 오라, 목마른 자도 오라. 생명수를 원하는 자는 값없이 와서 그것을 받으라"(계 22:17). 주님의 밭은 매우 풍성하다. 두 손으로 넘치게 받을 수 있는 약속들을 보라. 비겁하고 가련한 믿는 자여, 탐스러운 이삭들이 당신 눈 앞에서 뒹굴고 있지 않은가? 그것들을 주워 모아서 당신의 것으로 하라. 예수님께서는 당신에게 그것들을 주워 모으라고 초대하신다. 두려워 말고, 오직 믿어라! 이 위대한 약속을 붙잡고 묵상으로 인하여 쭉정이를 내버리고 기쁨을 가지고 그 이삭을 주어서 먹어라.

8월 1일 저녁

428. "주의 은택으로 연사에 관 씌우시니"(시 65:11)

일 년 중 사계절을 통하여 하루의 모든 시각에 하나님은 풍성하게 우리를 축복하신다. 우리가 잠들 때에도, 일어날 때에도 그분의 은혜는 우리를 기다리고 있다. 태양은 빛나지 않을 수도 있지만, 우리의 하나님은 그의 자녀에게 사랑의 빛을 비추시는 것을 절대 멈추지 않으신다. 그의 자비는 강물 같아서 끊임없이, 무한하신 하나님의 본성같이 충만하게 흐르고 있다. 끊임없이 대지를 둘러싸고 항상 인간의 생명을 지지하는 대기와 같이 하나님의 자비는 그 모든 피조물을 둘러싼다. 그 가운데서 모든 피조물들은 각기 나름대로 살고 움직이고 또한 존재를 보존하고 있다. 그러나 여름의 태양이 다른 계절보다 따뜻하고 빛나는 광선을 가지고 우리를 기쁘게 하는 것 같이, 강이 있는 계절에는 비로 인하여 물이 부풀어 오르는 것 같이, 그리고 대기도 때로는 예전보다는 더 신선하게 되어 더욱 기분을 상쾌하게 하여 부드럽듯이 하나님의 은혜도 마찬가지이다. 이것도 황금의 시간들이 있고 넘치는 날이 있다. 그때 주님께서는 인간에 대하여 그 은혜를 더 하신다. 그분의 축복 가운데서 기쁨의 수확의 날들은 특히 은혜에 넘치는 계절이다. 섭리에 의하여 잘 익은 선물들이 풍성하게 주어지는 것은 가을의 영광이다. 그것의 성숙의 계절이요 실현의 계절이다. 그보다 앞선 계절은 소망과 기대의 시기인 것이다. 수확의 기쁨은 크다. 하늘의 풍성한 선물을 두 손 가득히 거두는 자는 복되다. 이 시편의 기자는 수확이 "연사에 관"을 씌우는 것이라고 하였다. 확실히 이렇게 큰 자비는 큰 감사를 불러일으킨다! 우리는 자신의 마음속에서 감사의 표현을 하자. 우리의 마음을 따뜻하게 하며 우리의 영혼에 이렇게 좋으신 주님을 기억하고 묵상해야 하지 않을까? 그를 찬양하고 이 좋은 모든 것을 주신 그분의 자비하심에, 그의 이름에 영광을 돌리고 송축하도록 하자. 하나님의 성업을 위하여 우리의 봉헌을 가지고 하나님을 찬양해야 하지 않겠는가? 우리의 감사의 실제적인 증거는 수확을 주시는 주님께 대한 특별한 감사의 봉헌물인 것이다.

8월 2일 아침

429. "모든 일을 그 마음의 원대로 역사하시는 자의 뜻을 따라"(엡 1:11)

우리는 하나님의 지혜에 대하여 생각할 때, 하나님께서 구원의 역사에 있어서 정해 놓으신 목적과 계획을 갖고 있음에 틀림없다고 믿는다. 하나님의 정하신 계획이 없다면 그것이 피조물에게 무슨 의미가 있겠는가? 바다의 한 마리의 물고기, 공중의 한 마리 새까지 우연히 지어진 것일까? 아니다. 모든 뼈, 관절, 근육, 힘줄, 혈관에까지 하나님의 임재를 볼 수 있고 모든 것은 무한한 지혜의 계획에 따라서 활동하게 되는 것이다. 창조에 있어서 임재하시며 모든 것을 지배하시는 하나님이 은혜에 있어서도 그렇지 않겠는가? 하나님의 계획이 오래된 피조물을 지배하고 있을 때 새로운 피조물이 자유의지의 변하기 쉬운 재능으로 주인노릇을 하려고 하는가? 하나님의 섭리를 보라! 한 마리의 참새조차 아버지 하나님의 뜻 없이는 땅에 떨어지지 않는다. 그분께서는 당신의 머리털까지도 다 세신다. 하나님은 우리의 슬픔의 산도 고난의 언덕도 저울에 측량하신다. 섭리 중에 계시는 하나님께서 은혜 중에는 계시지 않겠는가? 외부의 껍데기는 지혜로 말미암아 정해져 있는데 그 중심부가 맹목적인 우연에 맡겨져 있겠는가? 아니다. 하나님께서는 처음부터 끝 날까지 아신다. 하나님은 정해진 장소에서 그가 사랑하는 아들의 피 안에서 놓으신 아름다운 색깔의 기초석뿐만 아니라, 천연의 채석장에서 채취하여 하나님의 은혜에 의하여 잘 닦여진 선택된 돌의 하나하나를 보신다. 하나님은 모든 것을 아신다. 방구석에서부터 문턱까지, 바닥부터 지붕까지, 기초로부터 꼭대기까지 다 보신다. 하나님은 각각의 장소에 준비되어진 돌에 대하여 분명한 지식을 가지고 건물은 얼마나 크게 되는지 그리고 "은총이라! 은총이라!"고 소리치면서 언제 머릿돌이 놓여 질지도 아신다. 마지막 때가 오면 하나님께서 선택하신 모든 긍휼의 그릇에 대하여 그가 원하신 대로 이루시고 그리고 은혜의 역사의 모든 부분에 있어서 그분의 목적을 성취하시고 그 자신의 이름을 영광스럽게 나타내신 일을 분명히 보게 될 것이다.

8월 2일 저녁

430. "룻이 밭에서 저녁까지 이삭을 줍고"(룻 2:17)

다시 이삭을 줍는 것에 대하여 룻으로부터 배우려고 한다. 그녀가 이삭을 줍기 위하여 나아간 것 같이 우리도 영혼의 양식을 모으기 위하여 기도에, 묵상에, 교리에, 그리고 말씀을 듣기 위하여 나아가지 않으면 안 된다. 이삭줍기는 그것을 하나, 하나씩 주어서 모으는 것이다. 그것은 조금씩, 조금씩 얻어지는 것이다. 나도 큰 단의 진리를 단번에 얻을 수 없다면 하나씩 진리를 찾아내는데 만족하지 않으면 안 된다. 하나, 하나씩 모아서 이삭의 한 단이 되는 것이다. 그와 같이 하나하나의 복음의 교훈이 우리로 하여금 "현명하게 하여 구원에 이르게 한다"(딤후 3:15). 이삭을 줍는 자는 항상 눈을 크게 뜨고 정신을 바짝 차려야 한다. 만약 밭에서 다른 잡생각을 한다면 넘어져서 저녁에 집에 돌아갈 때 손에 들고 가지고 갈 것이 없게 된다. 그와 같이 나는 예배에 있어서 마음을 모으고 깊이 주목해야 하는 것이다. 그렇지 않으면 아무런 유익을 얻을 수가 없다. 나는 지금까지 많은 유익을 잃어버리지 않았는지 염려가 된다. 오, 주어진 기회를 중요하게 생각하여 부지런히 이삭을 모으고 싶다! 이삭을 줍는 자는 한 이삭을 볼 때마다 허리를 구부린다. 나도 그렇게 해야 한다. 교만한 마음은 비평하며 반대한다. 그러나 겸손한 마음은 이삭을 주으며 유익을 얻는다. 마음이 겸손한 자는 복음을 듣고 그로 말미암아 유익을 얻는데 커다란 도움이 된다. 온유한 자가 아니면 "영혼을 구원할 말"(약 1:2)을 받아들이지 않는다. 목이 곧은 사람은 이삭을 줍는데 있어 부적당하다. 교만의 머리를 수그려라. 그것이 과연 당신에게 견딜 수 없을 만한 것인가? 이삭 줍는 사람은 그 주운 것을 중하게 여긴다. 만약 다음 이삭을 발견하기 위하여 손에 든 이삭을 떨어뜨린다면 그녀의 하루 노동의 결과는 극히 적은데 불과할 것이다. 그녀는 이삭을 거두는 일에 마음을 쓰는 동시에 이미 거둔 이삭을 보존하는 데도 온 마음을 기울인다. 그래서 그녀의 유익은 크다. 나는 듣는 것을 얼마나 자주 잊어버리는지 모른다. 두 번째의 진리가 첫 번째의 진리를 나의 머리로부터 밀어낸다. 그래서 읽든지 듣든지 간에 결국 아무것도 남지 않는다. 나는 진리를 저장하는 일의 중요성을 올바로 인식하고 있는가? 그녀는 필요에 강요되어 일하였다. 그녀가 이삭을 줍지 않으면 식탁에 빵이 없기 때문이다. 그러므로 그녀의 발걸음은 민첩하였고 확실하게 이삭을 꽉 붙잡았다. 나는 필요에 있어 그녀보다 더 절박하다. 주여, 내가 이 필요를 확실히 느끼도록 도우소서. 그것이 나를 일깨워 일으키며 힘쓰는 자에게 풍성하게 갚아주시는 주님의 밭에 가서 이삭을 모으게 하소서.

8월 3일 아침

431. "어린 양이 그 등이 되심이라"(계 21:23)

어린양이 하늘의 등이심을 고요히 묵상하라. 성경 안에서 등은 기쁨의 상징이다. 하늘에 있는 성도들의 기쁨은 여기에 있다. 예수님께서는 우리를 택하시어 사랑하시며, 구속하시어 거룩하게 하시고 우리에게 옷을 입히시고 우리를 지키시며 우리에게 영광을 받으신다. 우리가 이러한 상태에 있는 것은 온전히 주 예수님으로 인함이다. 구원받은 자에게 있어서 이들의 하나하나의 생각은 에스골의 포도송이같이 감미롭다(cf. 민 13:23). 등은 또한 아름다움의 원인이다. 등이 없으면 아름다움은 상실된다. 등이 없으면 사파이어의 빛남도 없으며 진주의 평화로운 빛도 나오지 않는다. 그와 같이 "하늘"에 있어서 모든 성도의 아름다움은 예수님으로부터 온다. 혹성과 같이 저들은 의의 태양의 빛을 받아 반사한다. 저들은 중앙의 궤도에서 나오는 빛으로 말미암아 산다. 만약 예수님께서 숨으시면 저들은 죽을 수밖에 없다. 만약 예수님의 영광이 가려지면 저들의 영광도 소실될 수밖에 없다. 등은 또한 지식의 상징이다. "하늘"에서 우리의 지식은 비로소 완성된다. 그러나 주님 자신이 그것의 원천이다. 일찍이 이해할 수 없었던 섭리가 분명하게 밝혀지고 우리에게 모든 수수께끼가 어린양의 등에 비추일 때 명백해 질 것이다. 아, 그곳에는 어떠한 계시가 펼쳐 질 것이며 그 위대한 사랑의 하나님의 영광을 찬양하겠는가! 등은 또한 나타내는 것을 의미한다. 등은 물건의 모습을 드러내는데 필요한 것이다. 이 세상에서 "아직 나타나지 않았지만 장래에는 우리가 어떻게 되겠는가"(요일 3:2). 하나님의 백성들은 지금은 숨겨진 백성이다. 그러나 그리스도가 그의 백성을 하늘에서 영접할 때 그분께서는 사랑의 손을 저들에게 대어 그 자신의 영화로운 형상으로 저들을 변화시킨다. 저들은 빈약하고 볼 것이 없는 자였지만 그러나 이 얼마나 놀라운 변화인가! 저들은 죄로 물들어 있었지만 주님께서 손가락으로 한 번 대시면 저들은 태양같이 빛나고 구슬같이 깨끗해진다. 아, 이 얼마나 놀라운 변화의 나타남인가! 이 모든 것은 다 보좌에 앉으신 어린양에게서 오는 것이다. 거기에 빛나는 영광의 광채가 무엇이든 간에 예수님께서 그 중심이며 모든 것의 핵심이 될 것이다. 오 왕의 왕, 주의 주이신 분의 앞에 나아가 그의 영광의 빛 안에서 그 얼굴을 우러러 보도록 하자!

8월 3일 저녁

432. "예수님께서 가실 때"(눅 8:42)

예수님께서는 회당장 야이로의 죽은 딸을 살리시기 위하여 무리 가운데를 통과하여 그의 집으로 가려고 하였다. 그러나 예수님은 선한 일을 하시는 데 너무나도 열심이셔서 길 도중에 또 하나의 기적을 행하였다. 이 "아론의 지팡이는"(민 17:8) 이제부터 행하시려고 하는 기적의 꽃을 달고 있었는데 또 한편 전혀 다른 자비의 열매를 맺었다. 우리의 경우에 어떤 하나의 목적이 있다면 그것을 향하여 곧바로 가서 그것을 이루면 충분한 것이다. 우리의 힘을 중간에서 다른 일을 하는데 분산하는 것은 분별이 없는 일이라 할 것이다.

만약 우리는 물에 빠진 친구를 구조하러 갈 때 도중에서 비슷한 위험에 빠진 자를 위하여 우리의 힘을 소모할 수는 없다. 하나의 나무가 한 종류의 열매를 맺으면 충분하듯이 사람도 자기의 특별한 소명을 이행하면 그것으로 충분하다. 그러나 우리의 주님께서는 그의 힘과 사명의 한계가 없으시다. 그분은 끝이 없는 은혜로 인하여 태양이 궤도를 운행하면서 빛을 반사함 같이 그분의 가는 길은 자비로 빛나고 있다. 그분은 사랑의 빠른 화살이다. 그것은 목표에 명중할 뿐 아니라 그 날아갈 때 공중에 좋은 향기도 떨치고 있다. 꽃이 달콤한 향기를 내뿜듯이 예수님으로부터 언제나 능력이 방출되어 나온다. 그리고 물이 샘에서 끊임없이 솟아나듯이 그 능력은 예수님으로부터 항상 흘러나올 것이다. 이 진리는 과연 얼마나 우리에게 기쁨의 격려를 주고 있는가? 만약 주님께서 언제나 병자를 고치시며, 필요한 자에게 축복을 주시려고 기다리신다면, 우리도 그를 따라가는데 주저하지 말아야 한다. 그러면 주님께서 당신에게 미소를 보내시리라. 그분은 풍성하게 주시려고 하는데 구하는 쪽에서 마음대로 해서는 안 된다. 이제 그분의 말씀에 열심히 집중하고, 항상 그렇게 하라. 예수님은 말씀을 통하여 당신의 마음에 말씀하신다. 그분의 축복을 얻기 위하여 그분을 발견 할 수 있는 장소에 자주가라. 그분께서는 우리를 고쳐 주시기 위하여 오셨는데 당신을 고쳐주시지 아니하겠는가? 확실히 그분은 지금도 임재하여 계신다. 그러나 우리는 항상 그분을 찾고 구하여야 한다. 왜냐하면, 언제나 그분께서는 구하는 자의 마음에 오시기 때문이다. 당신은 과연 그분을 필요로 하지 않는가? 그분께서는 얼마나 많이 당신이 그를 필요로 하는지 아신다! 다윗의 자손이여, 이제 환난을 거두시고 당신의 눈을 돌려서 당신의 앞에 있는 주님께 호소하는 자를 고쳐 주소서.

8월 4일 아침

433. "오직 자기의 하나님을 아는 백성은 강하여 용맹을 발하리라"
(단 11:32)

모든 믿는 자는 하나님을 아는 것이 최고이며 가장 좋은 지식의 형태이다. 이 영적인 지식은 그리스도인에게 힘을 주는 원천이다. 이것이 그의 믿음을 강하게 한다. 믿는 자는 성경 안에서 주님에 의하여 비추임을 받고 교훈을 받는 자로서 끊임없이 언급되고 있다. 저들은 "거룩한 자에게서 기름 부음을 받은 자"(요일 2:20)라고 말하고 있다. 그리고 저들을 진리에 인도하며 저들의 믿음을 강하게 하며 양육하는 것은 성령님의 특별한 임무이다. 지식은 믿음을 강하게 하는 것 같이 사랑도 강하게 한다. 지식이 문을 열므로 그곳을 통하여 우리는 구주를 본다. 다르게 말한다면 지식이 예수님의 모습을 묘사하고 우리는 그분의 초상화를 볼 때 우리는 예수님을 사랑하게 된다. 우리가 적어도 어떤 면에서 그리스도를 알지 못하면 그분을 사랑할 수는 없다. 만약 우리가 예수님의 덕에 관해 거의 알지 못하고, 그분께서 우리를 위하여 무엇을 하셨는지, 그리고 현재 무엇을 하시는지에 관한 지식이 거의 없다면, 우리는 그분을 많이 사랑할 수가 없다. 그러나 예수님을 많이 알면 알수록 우리는 그를 더 많이 사랑하게 될 것이다. 지식은 또한 소망에 힘을 준다. 만약 어떤 것의 존재를 알지 못한다면 어떻게 그것을 바랄 수 있을까? 소망은 망원경과 비슷하다. 그러나 우리가 그 사용법을 알기까지는 우리의 무지 때문에 아무것도 볼 수가 없다. 지식은 장애물을 제거하고, 밝은 유리를 통하여 볼 때 우리는 계시되어진 영광을 분별하며 기쁨의 확신을 가지고 그것을 기대하게 된다. 또한 지식은 우리가 인내해야 하는 이유를 알게 한다. 그러나 우리가 그리스도의 긍휼을 알지 못하고 아버지 하나님께서 우리에게 주시는 교정으로부터 나오는 선하심을 이해하지 못한다면 어떻게 인내할 수 있겠는가? 하나님께서 주시는 거룩한 지식에 의하여 양육되며 또한 완성되지 않는 그리스도인의 덕은 하나도 없는 것이다. 그러면 우리가 은혜에 있어서 뿐만 아니라

"우리 주, 구주이신 예수 그리스도의 지식"(벧후 3:18)에 있어서 자라가는 것이 얼마나 중요한 일이겠는가!

8월 4일 저녁

434. "내가 너희 손으로 지은 모든 일에 곡식을 마르게 하는 재앙과 깜부기 재앙과 우박으로 쳤으나 너희가 내게로 돌이키지 아니하였느니라"(학 2:17)

우박은 농작물에 얼마나 심한 피해를 가져오는가? 그것은 귀중한 알곡을 땅 위에 떨어뜨린다. 그 심각한 파괴적 영향으로부터 농작물이 보호되었을 때 우리는 얼마나 감사하겠는가? 주님께 감사를 드리자. 더욱 두려운 것은 이상한 파괴자인 도열병과 곰팡이들이다. 이것들은 이삭을 모조리 비틀어지게 하고 말려 죽이므로 인력으로는 어떻게 할 수 없으므로 농부들은 "이것은 하나님의 손입니다"라고 부르짖을 수밖에 없다. 셀 수 없으리만큼 많은 세미한 병균이 재해를 가져오기 때문에 하나님의 은혜가 아니라면 기근은 순식간에 전국에 퍼지게 될 것이다. 그분의 무한한 자비가 사람의 양식을 지킨다. 그러나 수확물을 모두 다 파괴해 버리는 재해가 있으므로 우리는 "오늘날 우리에게 일용할 양식을 주옵소서"(마 6:11)라고 기도하도록 지혜로운 가르침이 있는 것이다. 이러한 재해는 오늘날 널리 퍼지고 있다. 우리는 끊임없는 축복이 필요하다. 해충과 곰팡이가 올 때 그것은 하늘의 징계이다. 사람들은 그 채찍을 견디어 그것을 보내신 분의 뜻을 배워야 한다. 영적으로 보면 곰팡이는 보기 드물게 해로운 것은 아니다. 우리의 활동이 가장 촉망될 때에 이 세균이 나타난다. 아마도 우리는 많은 사람이 회심하게 되기를 소망한다. 그러나 사람들이 일반적으로 냉정하고 아주 세속적이며 또 두려울 정도로 마음이 완악한 것을 본다. 우리가 인도하려고 하는 사람들 속에는 공공연하게 드러난 죄는 없을지도 모른다. 그러나 그들은 신실함과 결단력이 부족하여 우리의 소원을 매우 실망하게 한다. 이 경험으로부터 우리는 오직 주님만을 의뢰하는 것을 배운다. 그리고 어떤 병충해도 우리의 활동이 무능하게 되지 않도록 기도할 필요가 있다. 영적 교만과 게으름은 곧 우리에게 두려운 악한 영향을 가져온다. 그리고 오직 수확을 주시는 주님만이 그것을 제거할 수 있다. 곰팡이는 우리 자신의 마음까지도 공격한다. 우리의 기도와 헌신을 위축하게 만든다. 위대한 농부께서 이 두려운 재앙을 제거하고, 복된 의의 태양을 비추어 주셔서 병충해를 다 몰아내기를 원합니다!

8월 5일 아침

435. "우리가 알거니와 하나님을 사랑하는 자 곧 그 뜻대로 부르심을 입은 자들에게는 모든 것이 합력하여 선을 이루느니라"(롬 8:28)

그리스도인은 어떤 점에 있어서 절대적인 확신을 가진다. 예를 들면 배가 가장 심하게 흔들릴 때 사도 바울은 배의 승객들과 함께 하나님이 앉아 계시는 것을 알고 있었다. 그는 보이지 않는 손이 항상 세상의 키를 잡고 계시며 섭리의 물결이 어디로 흐르든지 간에 하나님께서 통치한다는 것을 알고 있다. 마음을 확실하게 하는 이 지식은 그를 모든 일에 대하여 준비시킨다. 그는 성난 바다를 바라보며 예수님께서 큰 물결 위로 걸어오시면서, "나니 두려워 말라"(마 14:27)고 말씀하시는 소리를 듣는다. 또 하나님께서 항상 지혜로우신 분이라는 것을 알기 때문에 예기치 않은 사고와 실수가 결코 없을 것을 확신한다. 일어나지 말아야 할 것은 그 어떤 것도 일어날 수가 없는 것이다. 그는 이렇게 말한다. "비록 나의 모든 것을 잃을지라도 그것이 하나님의 뜻이라면 오히려 잃는 편이 낫다. 만약 하나님이 정하신 것이라면 최악의 재난일지라도 그것은 나에게 있어서 가장 지혜로운 것이며 또한 가장 친절한 선물이다." "하나님은 그의 사랑하는 자들, 즉 그 뜻대로 부르심을 받은 자들에게는 모든 것이 합동하여 선을 이루시는 것을 우리는 알고 있다"(롬 8:28). 그리스도인은 이것이 단지 이론으로써 받는 것이 아니라 이것이 사실인 것을 알고 있다. 모든 것은 지금까지 유익하도록 역사하고 있다. 적당한 비율로 독이 섞인 약이 때로는 병의 치유를 돕는다. 수술용 칼의 예리한 베임은 더러운 살을 깨끗하게 하여 고침을 받는다. 모든 것이 위대한 축복의 결과를 가져왔다. 그러므로 하나님께서 모든 것을 통치하시며 악한 것 가운데에서도 좋은 것이 주어진다는 것을 믿고 마음에 확신을 가지고 모든 재난에도 담대하게 직면할 수가 있다. 믿는 자는 영적으로 모든 것을 하나님께 맡기고 이렇게 기도한다. "나의 하나님이여, 주님께서 선하다고 인정하시는 것을 당신의 뜻 안에서 보내소서. 자녀에게 결코 해가 되는 것을 주님께서는 허락하시지 아니하시나이다." "나의 영혼이여, 하나님께서는 언제 나의 근심을 없애 주시려고 합니까?"라고 말하지 말라. "나의 영혼이여 기억하라. 전능하신 하나님께서는 그 어디에서나 그의 종들을 가지신다. 하나님의 방법은 숭고하고 그분의 마음은 심오하게 깊으시다. 하나님은 결코 그의 정하신 때보다 앞서는 일이 없고 또한 늦추시는 일도 결코 없으시다."

8월 5일 저녁

436. "너희 형제들은 싸우러 가거늘 너희는 어찌 여기 앉았고자 하느냐"(민 32:6)

동족 간에는 서로의 의무가 있다. 르우벤과 갓 사람이 각기 정복한 땅을 자기들의 것으로 주장하고 다른 사람이 단독으로 땅을 정복하러 가는 것을 내버려 둔다면 그것은 형제의 우애가 결핍되어 있다고 말할 수 있다(cf. 수 1:12-16). 우리는 과거 오랫동안 몇몇 성도들의 노력과 고난의 결과로 교회에서 많은 것을 받아왔다. 만약 우리가 최선을 다하여 그리스도의 교회에 갚지 않는다면 우리는 교회의 일원으로서 이름을 내걸기에 부끄러울 것이다. 다른 사람들은 이 세대의 오류에 대하여 용감하게 싸우든지 또는 타락의 파멸 속으로 가는 사람들을 건져내려고 힘쓰고 있다. 그런데 만약 우리가 두 팔짱을 끼고 게으르게 아무 일도 하지 않는다면 우리는 경고를 받을 것이다. 그렇지 않으면 메로즈 사람들에 대한 저주가(cf. 삿 5:23) 우리 위에도 임할 수 있다. 포도원 주인은 "왜 아무 일도 하지 않고 종일 여기에 서 있느냐?"(마 20:6)라고 말하였다. 이때 게으른 자는 과연 무엇이라고 변명할 것인가? 어떤 사람들이 기쁨으로 풍성하게 주님께 봉사하기 때문에 예수님에 대한 개인적인 봉사는 이것보다 더 모든 사람들의 의무가 된다. 헌신적인 선교사들, 열심 있는 목사들의 활동을 생각할 때 만약 우리가 게으름을 피우며 앉아만 있다면 우리는 부끄러울 것이다. 시련을 두려워함은 "시온에서 평안하게"(암 6:1) 지내고 있는 자가 받을 유혹이다. 저들은 십자가는 피하고 면류관만을 받기를 원한다. 저들에게 이 저녁의 묵상이 잘 적용되어야 할 것이다. 만약 가장 보배로운 사람들도 불 속에서 시련을 받았는데 우리가 험한 시련을 피할 수 있다고 기대하는가? 다이아몬드는 쪼개지고 깎아지고 광택을 내는 동안 괴롭힘을 당해야만 한다. 하물며 우리도 고난을 통과하지 않고 완전하게 될 수 있겠는가? 우리의 배가 바다에 있을 때 단순히 불고 있는 바람이 저절로 그칠 것을 기대하는가? 왜 우리는 주님보다 좋은 취급을 받으려고만 하는가? 만약 장자가 채찍에 맞았다고 다른 어린 동생들은 왜 채찍에 맞으면 안 되는가? 십자가의 군인이 부드러운 베개와 침대 씌우개를 선택하려고 하는 것은 비열하다. 오히려 하나님의 뜻에 먼저 모든 것을 바치고 은혜의 역사로 말미암아 주님의 뜻을 기뻐하며 성장하는 것이 훨씬 지혜롭다. 그는 십자가 밑에서 백합꽃을 모으고 삼손과 같이 사자에게서 꿀을 발견하는 것을 배울 것이다(cf. 삿 14:1-9).

8월 6일 아침

437. "파수꾼이여, 밤이 어떻게 되었느뇨?"(사 21:11)

우리의 주위에는 어떠한 대적이 있을까? 오류가 많은 수많은 새로운 견해가 시간마다 나온다. 나는 어떠한 이단에 대하여 경계하며 자신을 지킬까? 어둠이 주장할 때 죄는 잠복의 장소에서 기어 나온다. 나는 망대에 올라가서 크게 눈을 뜨고 기도하지 않으면 안 된다. 우리의 하늘의 수호자는 우리에게 대항하는 모든 공격을 아신다. 그리고 악한 계획이 아직 사탄의 마음속에 있을 때 우리가 "밀 까부르듯"(눅 22:31) 흔들릴 때에 믿음을 잃지 않도록 예수님께서는 우리를 위하여 기도하신다. 오! 은혜로운 파숫꾼이여, 우리에게 계속하여 우리의 대적이 오는 것을 미리 알려라. 시온을 위하여 잠잠치 말라. "파숫꾼이여 밤이 어떻게 되었느뇨?" 교회에는 어떠한 기후가 찾아오려는가? 구름이 낮아지고 있는가 아니면 머리 위의 하늘이 맑고 아름다운가? 우리는 세심한 사랑을 갖고 하나님의 교회를 돌보아야 한다. 그리고 지금은 불신앙이 위협하고 있다. 시대를 분별하고 싸움을 준비하자. "파숫꾼이여, 밤이 어떻게 되었느뇨?" 어떠한 별이 보이는가? 어떤 보배로운 약속들이 지금 우리에게 적당한가? 당신은 경종을 울리고 동시에 우리에게 위로도 주신다. 그리스도께서는 북극성이요 결코 그 위치를 바꾸시는 일이 없다. 그리고 모든 별은 주님의 오른손 안에서 보존된다. 그러나 파수꾼이여, 언제 아침이 올 것인가? 신랑은 늦게 오신다. 의의 태양으로서 그분께서 오시는 표적은 보이지 않는가? 아침이 오는 표징인 새벽별이 떠오르지 아니한가? 새벽이 동틀 때 어둠이 도망치지 않는가? 오! 예수님, 만약 당신님께서 친히 오늘 기다리는 교회에 친히 오시지 않는다면, 나의 탄식하는 마음에 성령으로 오셔서 기쁨의 노래를 부르게 하소서.

"이제 온 땅은 신선한 아침을 기뻐하여 가득히 비치도다.
그러나 나의 모든 마음은 차갑고 어두우며 슬프도다.
나의 영혼의 태양이여, 당신님의 새벽빛을 보게 하소서.
오소서, 주 예수여,
당신님의 말씀대로, 주여, 속히 오소서."

8월 6일 저녁

438. "온 땅에 그 영광이 충만할지어다. 아멘, 아멘!"(시 72:19)

이것은 거대한 청원이다. 한 도성을 위하여 중보의 기도를 하는 것은 우리 믿음의 확장을 요구한다. 그리고 때때로 한 사람을 위하여 기도하는 것조차도 우리에게는 부담이 될 때도 있다. 그러나 이 시편 기자의 중보기도는 얼마나 위대하고 숭고하며, 얼마나 광대한가! "온 땅은 그 영광으로 충만하게 되도록"이라는 이 기도는 아무리 미신에 빠져 있는 나라도 제외되지 않고 아무리 야만인의 나라일지라도 그 어느 하나의 민족도 제외되지 않았다. 문명인을 위하는 것 같이 식인종을 위하여, 어떠한 종교나 종족을 제외하지 않고 그 모두를 위하여 이 기도는 바쳐지고 있다. 이 땅 위에 사는 모든 자가 포함되며 아담의 자손 그 어느 한 사람까지도 제외되지 않는다. 일어나서 우리는 주님을 위하여 일하지 않으면 안된다. 그렇지 않으면 정직하게 이와 같은 기도를 드릴 수가 없다. 우리가 하나님의 도움을 구하며 주님의 나라의 확장을 위하여 노력하지 않으면 마음에서의 이 기도를 할 수가 없다. 우리 가운데 이러한 기도를 하지 않고 노력하지도 않는 자가 있는가? 그리스도인이여, 이 구절의 기도가 또한 당신의 기도이기도 한가? 당신의 눈을 갈보리로 향하라. 십자가에 못 박히고, 그분의 이마에 가시관을 쓰시고 머리에서, 손과 발에서 핏방울이 떨어지는 생명의 주님을 바라보라. 당신은 하나님의 아들의 죽음을 마음속에서 말로는 표현할 수 없는 경외심을 갖지 않고 과연 이 기적중의 기적을 볼 수 있는가? 또 주님의 보혈이 당신의 양심에 부어지는 것을 느끼며 그분께서 당신의 죄를 깨끗하게 해 주시는 것을 알면서도 당신이 무릎을 꿇고 "온 땅이여, 그 영광으로 충만하도록, 아멘 아멘"이라고 부르짖지 않는다면 당신은 참으로 믿는 자가 아니다. 당신은 사랑하는 존경의 마음으로 십자가에 못 박힌 분의 앞에서 머리를 숙여 당신의 왕께서 이 세상의 주인으로서 합당한 자리에 오르시는 것을 어떻게 원하지 않겠는가? 왕을 사랑한다고 말하면서 그분께서 우주의 통치자가 되는 것을 원하지 않는다면 당신은 정말 수치스러운 자이다. 당신이 받은 똑같은 자비로 전 세계가 축복받기를 원하지 않는다면 당신의 경건은 무가치한 것이다. 주여, 지금은 수확의 때입니다. 원하기는, 주의 낫을 가지고 거두소서.

8월 7일 아침

439. "처녀들이 너를 사랑함이 마땅하니라"(아 1:4)

그리스도인은 다른 누구보다 더 깊은 사랑을 가지고 예수님을 사랑한다. 저들은 아버지나 어머니를 잃는다. 그러나 그리스도를 떠날 수는 없다. 이 세상의 모든 위로를 저들은 손 위에 얹는다. 그러나 저들은 예수님을 확실하게 저들의 가슴 안에 품는다. 저들은 그리스도를 위하여 스스로 자신을 부정한다. 그러나 어떠한 일이 있어도 예수님을 거부하는 일은 없다. 박해의 불꽃으로 인하여 말라버리는 사랑은 참사랑이 아니다. 참으로 믿는 자의 사랑은 이것보다 더 깊은 강물이다. 때때로 사람들이 신실한 믿는 자들을 그리스도로부터 떨어지게 하려고 노력하였지만, 그러한 시도는 모든 시대를 통하여 실패하였다. 명예로운 왕관도 분노한 얼굴도 예수님과 믿는 자의 연합을 끊을 수가 없었다. 예수님과 믿는 자의 연합은 이 세상의 힘이 언젠가는 끊을 수 있는 그런 관계가 아니다. 사람이나 마귀도 이 연합의 자물통을 열수 있는 열쇠를 발견하지 못하였다. 사탄의 교묘한 간계를 가지고 이 거룩한 연합을 떼어놓으려고 시도할 때마다 큰 실패를 하였다. "참된 마음으로 당신을 사랑합니다"라고 기록되어 있고 아무도 이 구절을 말살할 수가 없다. 그러나 정직한 사랑의 강도는 외관상으로 나타나는 것이 아니고 오히려 그 사람의 갈망에 의하여 나타난다. 우리는 날마다 사랑의 부족함을 탄식하고 있다. 우리는 자신의 마음이 더욱 많은 사랑을 가지고 하나님과의 관계를 더욱 밀접하게 되기를 원한다. 사무엘 루더포드(Samuel Rutherford)와 같이 우리는 탄식하며 부르짖는다. "아, 사랑으로 이 땅을 돌아다니며 그리고 하늘에도 오를 듯이, 모든 하늘을 뛰놀며 수 만개의 세계를 방문하여 이 모든 사랑을 아름다운, 그 무엇보다도 아름다운 그리스도에게만 쏟아내고 싶도다." 아, 우리의 사랑이 그 어디에까지 다다른다 할지라도 그것은 오히려 아직 부족하다. 그리스도의 공로에 비하면 우리의 애정은 물 한 방울에 지나지 않는다. 그러나 우리가 사랑을 갈망하는 것으로 헤아린다면 그것은 참으로 높다. 주님께서 우리의 사랑을 판단하시는 것은 바로 이것이라고 믿는다. 오, 우리의 마음의 사랑을 모두 모아서 지극히 "아름다우신 주님"(아 5:16)이신 그분에게 모든 우리의 사랑을 쏟아 붓기를 원하노라!

8월 7일 저녁

440. "사단이 우리를 막았도다"(살전 2:18)

　　선과 악이 충돌을 시작한 최초부터 영적인 경험에서 사탄은 항상 우리 앞에 장애물을 놓는 일을 결코 멈춘 적이 없다. 모든 장소에서 전투의 모든 지점의 앞에도 뒤에도, 밝은 때든지 밤중이든지 가리지 않고 사탄은 우리를 방해한다. 우리가 밭을 갈고 있으면 사탄은 쟁기를 부러뜨리려고 한다. 우리가 돌을 가지고 담을 쌓으려고 하면 사탄은 그 돌들을 무너뜨리려고 한다. 우리가 고난이나 투쟁 중에 있어서 하나님을 섬기려고 하면 사탄이 도처에서 방해를 한다. 사탄은 우리가 최초에 예수 그리스도에게 올 때도 우리를 방해했다. 우리는 최초에 십자가를 쳐다보고 그리며 살았을 때 사탄과의 심한 싸움을 경험하였다. 이제 우리는 구원을 받았지만 사탄은 여전히 우리의 성품이 완성되려는 것을 방해하려고 노력한다. 당신은 스스로 자신 있게 말할지도 모른다. "나는 지금까지의 걸음을 잘 지켜왔다. 누구도 나의 걸음에 대해 도전할 수가 없다." 아, 당신의 그러한 교만한 마음을 주의하라. 왜냐하면, 당신의 덕은 이제부터 시험되기 때문이다. 사탄의 공격의 화살은 바로 당신이 가장 자신이 있었던 바로 그 덕부터 공격의 대상으로 삼을 것이다. 만약 당신이 확고한 믿음의 소유자였다면, 당신의 믿음은 머지않아 공격을 받게 될 것이다. 만약 당신이 이때까지 모세와 같이 겸손하였다면 경솔한 말을 내뱉도록 유혹받을 것을 기대하라. 새는 가장 잘 익은 열매를 쪼아 먹는다. 그리고 멧돼지는 당신의 가장 좋은 포도나무를 황폐케 하기 위하여 온다. 우리가 열심으로 기도하고 있을 때 사탄은 반드시 우리를 방해한다. 그는 우리의 간절한 기도를 방해하여 할 수만 있다면 우리로 하여금 축복을 상실하도록 우리의 믿음을 약하게 한다. 사탄은 또한 그리스도인의 사역을 방해하기 위하여 방심하지 않는다. 이때까지 사탄의 활발한 방해없이 부흥이 결코 일어나지 않았다는 사실을 기억하라. 에스라와 느헤미야가 활동을 시작하자 곧 산발랏과 도비야가 일어나서 방해하려고 하였다(cf. 느 4:7-8) 그러므로 우리는 이러한 적의 공격에 어떻게 해야 하는가? 우리는 사탄이 우리를 방해한다고 해서 놀라지 않아야 한다. 그것은 바로 우리가 주님 곁에 있고 우리가 주님의 일을 하고 있다는 증거이기 때문이다. 주님의 힘에 의하여, 우리는 역경을 디디고 승리를 얻을 것이다.

8월 8일 아침

441. "저들이 거미줄을 짜나니"(사 59:5)

거미줄을 가만히 보면 그것이 위선자의 종교에 대하여 많은 암시를 주고 있는 것을 볼 수 있다. 거미는 먹이를 잡기 위하여 그물을 친다. 거미는 파리를 먹고 살찌며, 바리새인은 그들의 보상을 갖는다. 어리석은 자는 쉽게 위선자의 교묘한 말에 걸리며 생각이 깊은 사람이라 할지라도 항상 피할 수는 없다. 마술사 시몬은 빌립에게서 세례를 받았지만, 그 교활한 거짓 믿음의 고백은 베드로에게 곧 간파되어 견책을 받았다. 습관, 평판, 칭찬, 승진, 그리고 또 다른 많은 것들이 위선자가 저들의 그물로 잡은 작은 수확물이다. 거미줄은 놀랄만한 기술이다. 그것을 주의하여 보면 교활한 사냥꾼의 계획에 대하여 경탄을 보낼만하다. 사기꾼의 종교도 또한 놀랄만한 것이 아닐까? 어떻게 저들은 철면피 같이 거짓을 참과 같이 보이게 할까? 또 어떻게 자기가 가지고 있는 번쩍거리는 쇠토막을 순금인 것같이 포장하여 팔아먹을 수 있는가? 거미의 그물은 모두 자신의 배 안에서 나온다. 꿀벌은 그 꿀을 꽃에서 모은다. 거미는 꽃에서 양분을 빨지 않는다. 그러나 얼마든지 스스로 실을 뽑아낸다. 그와 같이 위선자도 저들의 신뢰와 희망을 자기 자신 가운데서 만들어낸다. 저들의 닻은 자신의 철침으로 만들고 저들의 굵은 밧줄은 자신의 손에 의해 비틀어 만든다. 저들은 스스로 자신의 기초를 세운다. 그리고 하나님의 주권적인 은혜에 의지하는 것을 경멸하면서 자기의 집의 기둥을 스스로 세우는 것이다. 그러나 거미의 그물은 매우 약하다. 그것은 교묘하게 짜여져 있지만, 오랫동안 지속할 수 있도록 만들어져 있지는 않다. 종의 빗자루나 길 가는 사람의 막대기로도 쳐서 걷어낼 수 있다. 위선자의 희망을 분쇄하는 데는 높은 수압이 필요 없다. 바람이 조금만 불기만 해도 충분하다. 위선자의 거미줄은 빗자루로 청소를 시작하면 곧 없어지는 것이다. 이것은 우리에게 한 가지 일을 생각나게 한다. 즉 이러한 거미의 그물은 주님의 집안에서는 견디어낼 수가 없는 것이다. 주님께서는 그것을 보시고 거미의 그물과 거미의 줄 치는 것을 영원히 멸하실 것이다. 오 나의 영혼이여, 거미줄보다 더욱 좋은 것에 의지하여라. 주 예수님을 너의 영원한 피난처로 하라.

8월 8일 저녁

442. "믿는 자에게는 능치 못할 일이 없느니라"(막 9:23)

믿음을 고백하는 많은 그리스도인은 끊임없이 의심과 두려움으로 가득 차 있다. 또한 그것이 믿는 자의 피할 수 없는 상태라고 절망적으로 생각한다. 그러나 이것은 잘못된 생각이다. 왜냐하면 "믿는 자에게는 능치 못할 일이 없기 때문이다." 의심과 두려움이 철따라 날아다니는 철새와 같이 우리의 영혼 위를 지나가지만, 결코 그 상태에 머물지 않는 곳까지 도달하게 하는 것은 우리에게 가능한 일이다. 당신은 하나님께서 사랑하시는 성도가 경험한 고상하고 위대한 주님과의 사귐에 대하여 읽을 때 당신은 탄식하며 마음속에 중얼거리며, "아, 나에게는 왜 이러한 임재들이 일어나지 않는가?"라고 할 것이다. 오 애쓰고 있는 믿는 자여, 당신이 믿음만 갖고 있다면 당신은 해가 빛나는 성전의 꼭대기에 설 수가 있다. 왜냐하면 "믿는 자에게는 능치 못할 일이 없느니라"고 기록되어 있기 때문이다. 당신은 거룩한 사람들이 예수님을 위하여 성취한 업적에 대하여 듣는다. 또한 저들이 어떻게 예수님을 기쁘게 하였는지를, 어떻게 저들은 예수님과 같은 자들이 되었는지를, 그리고 어떻게 저들이 예수님을 위하여 큰 박해를 견딜 수 있었는지를 듣는다. 그리고 당신은 "아, 나는 한낱 버러지에 불과하다. 나는 결코 그러한 수준에는 도저히 도달할 수 없어"라고 말한다. 그러나 어느 한 성도가 도달한 상태를 당신이 도달하지 못할 이유는 없다. 만약 당신이 믿음의 힘만 가지고 있다면, 은혜의 높이, 영성의 깊음, 약속의 확실성, 의무의 지위 등 어느 것 하나 당신에게 열려있지 않은 것은 없다. 당신의 배낭과 재를 버리고 당신의 참된 입장의 위엄으로 일어서라. 당신이 하나님의 왕국에서 작은 자인 것은 어떤 불가피한 이유가 있는 것이 아니라, 그것은 단지 당신이 그렇게 하려고 원하지 않기 때문이다. 왕의 자녀인 당신이 먼지 티끌 속에서 방황하고 있는 것은 합당하지 않다. 오 왕의 자녀여, 일어서라! 약속의 황금의 왕좌는 당신을 기다린다. 예수님과의 사귐의 면류관이 당신의 이마를 장식하기 위하여 준비되어 있다. 당신 자신을 진홍색의 아름다운 면으로 싸고 날마다 풍성하게 먹으며 지내라. 당신이 믿는다면 당신은 가장 좋은 음식을 먹을 수 있다. 당신의 나라는 젖과 꿀이 흐르며 당신의 영혼은 골수와 기름으로 살찌도록 풍족하게 될 것이다. 은혜의 금단을 모으라. 믿음의 밭에서 풍성한 은혜의 곡식 단이 당신을 기다리고 있기 때문이다. "믿는 자에게는 능치 못할 일이 없느니라."

8월 9일 아침

443. "그 성은 해나 달의 비췸이 쓸데없으니"(계 21:23)

장차 올 선하고 아름다운 세계에서는 백성들이 어떠한 피조물로부터의 위로가 필요하지 않다. 의복도 필요 없다. 저들이 입는 흰옷은 결코 낡아서 헤어지거나 더럽혀지는 일이 없기 때문이다. 또 저들에게는 병을 고칠 약도 필요 없다. 왜냐하면, 그곳에서 사는 자들은 "나는 병들었다"라고 말하는 자가 없다고 기록되어 있기 때문이다. 그리고 저들은 결코 지치는 일이 없고 밤낮으로 하나님의 성전에서 하나님을 찬양한다. 또한 위로를 얻기 위하여 사교적인 사귐을 가질 필요도 없다. 다른 성도와의 사귐으로 말미암아 얻는 행복이 어떤 것이든 간에 그것은 저들에게 행복을 갖다 주는데 필수적인 것이 아니다. 주님과의 사귐만이 저들의 최대의 소원을 충분히 채우기 때문이다. 거기에는 선생을 필요로 하지 않는다. 의심할 바 없이, 하나님에 관하여 서로 이야기를 나누지만, 저들은 다른 사람으로부터 하나님의 지식을 배울 필요는 없다. 저들은 모두 "주님으로부터 가르침을 받기"(사 54:13) 때문이다. 우리의 지금의 상태는 왕의 문전에서 동냥을 받는 것과 같다. 그러나 저들은 왕의 식탁에서 맛있는 음식을 먹을 것이다. 이 세상에서 우리는 친구의 팔에 의지하고 있지만, 거기서는 사랑하는 하나님의 아들에게만 의지한다. 이 세상에서 우리는 친구의 도움을 받아야 한다. 그러나 거기에서 저들은 그리스도 예수 안에서 모든 필요를 발견한다. 이 세상에서 우리는 썩을 양식을 구하며 좀이 먹을 옷을 필요로 한다. 그러나 거기에서 저들은 모든 필요를 하나님 안에서 발견한다. 우리는 우물로부터 물을 가져오기 위하여 물통을 사용하지만 거기서는 물의 근원인 샘에 가서 생명수를 직접 마신다. 이 세상에서는 천사가 우리에게 축복의 소식을 가져다주지만 "하늘"에서는 그럴 필요가 없다. 또 천사 가브리엘이 하나님의 사랑의 소식을 가져올 필요도 없다. 왜냐하면, 거기에서는 저들이 하나님을 얼굴과 얼굴 맞대어 볼 것이기 때문이다. 아, 우리가 하나님의 팔에 안식할 때 그것은 얼마나 축복된 시간이겠는가! 피조물이 아닌 하나님께서, 주님의 사역이 아닌 주님 자신께서 우리의 매일의 기쁨이 될 때, 그것은 참으로 얼마나 영광스러운 시간일까! 그때 우리의 영혼은 온전한 축복에 들어갈 것이다.

8월 9일 저녁

444. "예수님께서… 전에 일곱 귀신을 쫓아내어 주신 막달라 마리아에게 먼저 보이시니"(막 16:9)

막달라 마리아는 무서운 악의 희생자였다. 그녀는 한 악령이 아니라 일곱 귀신에게 잡혀 있었다. 이 귀신들은 그녀의 가련한 몸에 심한 고통을 주었고 그녀의 몸을 더럽히고 있었다. 그녀는 소망이 없는 무서운 상태에 있었다. 그녀는 자기의 힘으로는 도저히 고칠 수가 없었고 다른 사람들도 어찌해야 할지 모르고 있었다. 그러나 예수님께서는 그 옆을 지나시면서, 구하지도 않았는데 능력 있는 말씀으로 그녀를 고치시는 놀라운 본보기로 삼으셨다. 일곱 귀신은 모두 다 그녀에게서 쫓겨나갔고 결코 그녀에게 돌아올 수 없었다. 악령들은 만유의 주님으로 인하여 강제적으로 퇴거당하였다. 이 얼마나 복된 구원인가! 이 얼마나 행복한 변화인가! 그녀는 광란에서 기쁨으로, 실망으로부터 평안으로, 지옥으로부터 "하늘"으로 옮겨졌다! 그녀는 즉시 예수님을 계속해서 따랐고, 또 주님의 말씀 한 구절구절마다 귀를 기울여 그분께서 가시는 곳마다 따라가며 많은 고난 생활에도 함께 참여하는 자가 되었다. 또 그녀는 주님의 신실한 조수가 되었다. 병을 고침 받고 감사하여 물질적으로 그분을 도운 여인들 중에서 첫 번째가 되었다. 예수님께서 십자가에 못 박히실 때 마리아는 그분의 고난에 같이 참여하는 자로서 머물렀다. 우리는 그녀가 처음에는 멀리서 보고 있었지만 차츰차츰 십자가 아래로 접근해 가는 것을 본다. 그녀는 예수님과 함께 십자가 위에서 죽을 수는 없었다. 그러나 그녀는 할 수 있는 데까지 접근하여 그분의 몸이 십자가에서 내려올 때 어떻게 그리고 어디에 장사되는 지를 지켜보았다. 그녀는 충실하고 조심성이 있는 믿는 자였다. 예수님께서 장사된 무덤 주위에 최후까지 머물렀고, 그분께서 무덤에서 다시 살아나실 때 그녀는 최초로 거기에 왔다. 그녀의 거룩한 충성심으로 인하여 그녀는 사랑하는 "라보니"(요 20:16)로부터 총애를 받는 증인이 되었다. 예수님께서는 그녀의 이름을 깊은 은혜의 음성으로 부르셨다. 그리고 떨고 있는 제자들과 베드로에게 좋은 소식을 전하는 그분의 사자로 삼으셨다. 이렇게 은혜는 귀신들려 쓸모없던 그녀를 유익한 사역의 종으로 만들었고, 그녀로부터 악령을 쫓아내어 천사를 볼 수 있게 하였으며, 그녀를 사탄으로부터 구출하여 영원히 주 예수님과 연합하게 하였다. 이러한 은혜의 기적이 우리에게도 임하시기를 바란다.

8월 10일 아침

445. "우리 생명이신 그리스도께서"(골 3:4)

사도 바울의 이 놀랄 만큼 풍성한 표현은 그리스도께서 우리의 생명의 근원이라는 것을 잘 표현한다. "자기의 허물과 죄로 말미암아 죽은 너희를 하나님께서 살리셨도다"(엡 2:1). 죽은 나사로를 무덤 속에서 다시 살리신 바로 그 음성이 우리를 "새 생명"(롬 6:4)으로 옮기셨다. 이제 그분께서는 우리의 영적인 생명의 실체이시다. 그리스도의 생명으로 말미암아 우리는 살고 그리스도는 우리 안에 계시며 우리의 영광의 소망이며 우리의 행동의 구원이고 또한 우리의 모든 생각을 움직이시는 중심 사상이다. 그리스도는 우리의 삶의 실체이시다. 예수님의 살과 피를 제외하고, 그리스도인이 어떤 식물을 먹을 수 있을까? "나는 하늘에서 내려온 생명의 떡이다. 이를 먹는 자는 영원히 살리라"(요 6:50). 아, 이 죄의 광야에서 피곤한 나그네여, 영혼의 굶주림을 채울 식물은 그리스도 이외에는 결코 한 조각도 발견할 수 없다. 그리스도는 우리의 삶의 참된 위로이시다. 우리의 모든 참 기쁨은 그리스도로부터 온다. 그리고 고난의 때에 그분의 임재는 우리의 위로이다. 그분을 위하여 사는 것 이외에는 인생의 더 나은 가치는 없다. 그의 "자비하심은 생명보다 나은 것이다"(시 63:3). 그리스도께서는 우리의 삶의 목적이다. 배가 항구를 향하여 달리듯이 믿는 자는 구주의 가슴인 '안식의 집'으로 향하여 달린다. 화살이 목표를 향하여 날아가듯이 그리스도인은 그리스도와의 사귐의 완성을 향하여 돌진한다. 군인이 지휘관을 위하여 싸우며 지휘관의 승리를 자기의 명예로 여기듯이 믿는 자는 그리스도를 위하여 싸우며 주님의 승리가 곧 자기의 승리이다. 그에게 있어서는 "사는 것이 그리스도이다"(빌 1:21). 그리스도는 우리의 삶의 본보기이다. 내적인 생명이 같은 곳에서는 외적인 삶의 발전도 그와 같을 것이며, 또 반드시 그러해야 한다. 만약 우리가 주 예수님과 가까이 생활하고 있다면 그분과 같이 성장할 것이다. 우리는 그분을 신성한 모범으로서 우리 앞에 모시고 그분의 영광 안에서 생명의 면류관이 되기까지 주님의 발자취를 따라서 걷도록 힘써야 한다. 아, 그리스도께서는 우리의 생명이시니, 그러므로 그리스도 안에 있는 자는 얼마나 안전하고 명예로우며 행복한가!

8월 10일 저녁

446. "인자가 세상에서 죄를 사하는 권세가 있는 줄을 너희로 알게 하려 하노라"(마 9:6)

위대한 의사이신 우리 주님의 큰 능력의 기술의 하나를 주목하라. 그분께서는 죄를 사하는 권세를 가지고 계신다! 그분께서 이 땅에 살아계셨을 때, 즉 죄의 대가가 지불되기 이전에, 그분의 피가 은혜의 보좌에 부어지기 이전에, 그분께서는 이미 죄를 사하는 권세를 가지고 계셨다. 그가 죽으신 지금도 그분께서 그 권세를 가지고 계시지 않겠는가? 그의 백성의 빚을 최후의 일원까지도 충실하게 지불하신 그분 안에 어떤 위대한 힘이 머물러 있지 않겠는가! 허물이 끝이 나고 죄를 속량하기 위해 찔리신 그분께서는 이제 무한한 능력을 가지고 계신다. 만약 당신이 그것을 의심한다면 죽음에서 부활하신 그분을 생각하라. 영광중에 하나님 우편에 앉으신 영광의 그분을 보라. 그분께서 영원히 아버지 하나님 앞에서 그의 상처를 보이시며 그의 거룩한 고난의 공적인 효력으로 인하여 중보하시는 것을 들으라. 그분께서는 얼마나 위대한 사죄의 능력을 가지고 계시는지 분명하게 깨달아 알라! "그는 높은 곳에 오르시고 사람들에게 선물을 나눠 주셨다"(시 68:18). 우리를 회개시켜 죄사함을 주시기 위하여 이 예수님을 하나님께서 올리셨다. 주홍 같은 죄도 그분의 붉은 피로 말미암아 제거되어졌다. 사랑하는 친구여, 이제 당신의 죄가 어떤 것이든지 그리스도는 죄를 사하는 권세를 가지신다. 당신을 사하실 권세를 가지셨고 당신 같은 수많은 사람들의 죄를 사하는 권세를 갖고 계신다. 그분께서는 말씀 한마디로 이것을 하신다. 당신의 사죄를 위하여 그분은 더 이상 이루실 것이 없다. 모든 구속의 역사는 성취되었다. 그분은 오늘 당신의 눈물에 응답하여 당신의 죄를 사하고, 그 사실을 당신에게 알리실 수 있다. 그분께서는 바로 이 순간에도 "지각에 뛰어나신"(빌 4:7) 하나님의 평강을 당신의 영혼에 불어넣으실 수 있다. 이 하나님의 평강은 당신의 많은 악한 것을 완전히 용서하심으로 흘러나올 것이다. 나는 당신이 그것을 믿으리라 생각한다. 원하기는 지금 당신은 죄를 사하시는 예수님의 놀라운 능력을 경험하기 위하여 영혼을 고치시는 의사에게 가기에 더 이상 낭비할 시간이 없다. 그분에게 서둘러서 달려가 다름과 같이 호소하라.

"주 예수여, 나의 부르짖음을 들으소서.
한 마디의 말씀으로 나를 구원하시고 고치소서.
나는 상심하여 당신님 발아래 엎드렸나이다.
당신님께서는 나의 속삭이는 탄원을 들으셨나이다."

8월 11일 아침

447. "내가 이전 달과 하나님이 나를 보호하시던 날에 지내던 것 같이 되었으면"(욥 29:2)

많은 그리스도인은 과거를 돌아보고 기뻐하지만, 현재를 보고 불만스럽게 생각한다. 저들은 주님과의 사귐 중에 보냈던 지난날의 즐거운 최상의 날들을 생각하지만, 이제는 우울감과 쓸쓸한 검은 옷차림의 옷을 입은 듯하다. 일찍이 저들은 예수님과 가까이 지냈다. 그러나 이제는 예수님에게서 멀어져 방황하는 것을 느끼며 "아, 전에 지내던 세월과 같이 되었으면 좋겠는데"라고 말하는 것이다. 저들은 확신을 잃어버린 일, 평안을 경험하지 못하는 일, 기도와 예배에 기쁨이 없는 일, 마음에 친절함이 없는 일, 하나님의 영광에 대해 열심을 잃어버린 것에 대하여 탄식한다. 이러한 신음하는 상태에 빠진 원인은 여러 가지가 있다. 그것은 기도를 게을리함으로 인하여 시작되었는지도 모른다. 왜냐하면, 골방을 등한히 여기는 일은 모든 영적 쇠퇴의 시작이기 때문이다. 또는 우상숭배 때문인지도 모른다. 마음이 하나님 이외의 것에 향하여지면 하늘의 것 대신에 이 땅 위의 것에 집착하기 때문이다. 질투하시는 하나님께서는 우리의 마음이 나누어진 것을 만족하시지 않을 것이다. 우리는 무엇보다도 제일 우선순위로 하나님을 사랑해야 하고 또 가장 사랑해야 한다. 하나님은 냉랭하고 방황하는 마음으로부터 그분의 임재를 거두실 것이다. 또는 그 원인이 스스로의 자신감과 자신의 의일지도 모른다. 교만이 마음을 점령하며 자아가 십자가 아래에 엎드리지 않고 머리를 쳐들고 있는 것이다. 그리스도인이여, 만약 당신이 지금 "지난 세월과 같은" 상태가 아니라면, 이전의 행복이 돌아오기를 원하는 것에 만족하는 것으로 안식할 것이 아니라 즉시 가서 당신의 주님을 찾아 그분에게 당신의 슬픈 상태를 말하라. 더욱 그분에게 가까이 걷기 위하여 그의 은혜와 힘의 도움을 구하라. 그분 앞에서 스스로 겸손하라. 그러면 그분께서는 당신을 끌어 올려 다시 한 번 그의 얼굴의 빛의 즐거움을 얻게 될 것이다. 쓸데없이 앉아 한숨짓고 슬프게 지내지 말라. 사랑하는 명의가 있는 한, 소망은 있는 것이다. 아니, 아무리 심한 병일지라도 확실히 회복할 소망이 있다.

8월 11일 저녁

448. "영원한 위로"(살후 2:16)

"위로"라는 이 한 마디 단어에는 아름다운 음악이 깃들어 있다. 다윗의 거문고와 같이 그것은 우울한 악령을 떨쳐 버린다(cf. 삼상 16:23). 바나바가 "위로의 아들"이라고 불리는 것은 그에게 매우 명예스러운 일이었다. 그러나 이 단어는 바나바보다도 더 위대한 분에 대한 존칭의 하나였다. 왜냐하면, 주 예수님은 "이스라엘의 위로"(눅 2:25)였기 때문이다. "영원한 위로", 이것은 모든 좋은 것 중에서도 가장 좋은 부분이다. 왜냐하면, 위로가 영원한 것은 우리의 면류관이요 영광이기 때문이다. 이 "영원한 위로"라는 것은 무엇인가? 여기에는 용서함 받은 죄의 의식이 포함되어 있다. 그리스도인의 마음속에는 자기의 "허물이 빽빽한 구름같이 흩어지며 그 죄가 안개와 같이 사라진다"(사 44:22)는 성령의 증거를 받고 있다. 만약 죄가 사함을 받는다면 이것은 "영원한 위로"가 아니겠는가? 다음으로 주님께서는 그의 백성들에게 그리스도 안에서 용납되어 있다는 영속적인 자각을 주신다. 그리스도인은 하나님께서 그를 그리스도와 연합한 자로 보시고 계심을 알고 있다. 부활하신 주님과 연합되어 있는 일은 가장 영속적인 위로이다. 실제로 그것은 영원한 것이다. 비록 질병이 우리를 넘어뜨릴지도 모른다. 그러나 우리는 수많은 믿는 자가 병약한 중에 있을지라도 몸에 힘이 넘치고 건강할 때와 똑같이 행복감에 젖어있는 경우들을 보지 않는가? 비록 죽음의 화살이 우리의 심장을 관통할지라도, 그러나 우리의 위로는 죽지 않는다. 성도들이 죽음의 순간에 하나님의 사랑이 저들의 마음속에 부어지고 저들이 그 순간에도 기쁨의 노래를 불렀다는 것을 우리는 때때로 듣지 않는가? 그렇다. 사랑하는 아들로 말미암아 받아들여져 있다는 자각은 "영원한 위로"인 것이다. 더욱 그리스도인은 그의 안전을 확신하고 있다. 하나님께서는 그리스도에게 의뢰하는 자를 구원하실 것을 약속하였다. 그리스도인은 그리스도에게 의뢰한다. 그리고 그분은 하나님께서 약속하신 말씀과 같이 선하시고 그를 구원해 주실 것을 굳게 믿고 있다. 그는 자기가 예수님에게 연합되고 그의 사역에 결합되어 있기 때문에 안전하다고 느끼고 있다.

8월 12일 아침

449. "여호와께서 통치하시나니 땅은 즐거워하며 허다한 섬은 기뻐할지어다"(시 97:1)

　　이 행복한 구절의 말씀이 진실하기에 우리가 불안해야 할 원인은 아무 것도 없다. 이 땅에서는 주님의 힘은 성난 바다를 지배하는 것같이 악의 성난 범죄도 지배하신다. 주님의 사랑은 단비가 땅을 적시는 것과 같이 긍휼을 가지고 가난한 자를 격려하신다. 하나님의 권위는 무서운 폭풍 가운데 전광석화와 같이 거대하게 빛나며 그분의 영광은 제국의 멸망과 왕좌의 몰락 중에서 그 장엄함을 드러낸다. 우리의 모든 싸움과 고난 중에서 우리는 왕이신 하나님의 손길을 바라본다.

　　　"하나님은 만왕의 주님이시다.
　　　그분께서 우리의 모든 고난과 눈물을 보시고 들으신다네.
　　　영혼이여, 고통 중에서도 기억하라.
　　　하나님께서 모든 것을 영원히 통치하시도다."

지옥에서 악령들은 의심할 수 없이 하나님의 통치 아래에서 고생하고 있는 것이다. 저들은 비록 밖으로 나와서 걷는 것이 허락되어 있다하여도 그 발목에는 사슬이 묶여져 있다. 지옥의 하마의 입에는 자갈이 물려 있고 레비탄의 턱에는 갈고리가 채워져 있다. 죽음의 화살은 주님의 사슬에 매여져 묘지의 감옥의 문지기로서 하나의 힘을 행사하고 있다. 온 땅의 심판자의 두려운 보복에는 악마도 사냥꾼의 채찍을 두려워하는 개와 같이 두려워 떨고 있다.

　　　"결코 죽음을 두려워 말라. 사탄의 공격에 놀라지도 말라.
　　　하나님께서는 자기를 신뢰하는 자를 지키신다네.
　　　영혼이여, 고통 중에서도 기억하라.
　　　하나님은 모든 것을 영원히 통치하시도다."

"하늘"에서, 영원한 왕의 주권을 의심하는 자가 없고 만민은 그분에게 경의를 표하며 저들의 얼굴을 떨어뜨려 신하로서의 예를 갖춘다. 천사는 하나님의 사신이며 구속받은 자는 하나님의 충신이다. 그리고 만민은 기쁨에 넘쳐 밤낮으로 하나님을 섬긴다. 우리도 빨리 위대하신 왕의 도성에 도달하기를 바란다.

"인생의 슬프고 긴 밤에도
하나님께서는 우리에게 평안과 기쁨을 주신다네.
영혼이여, 고통 중에서 기억하라.
하나님은 모든 것을 영원히 통치하시도다."

8월 12일 저녁

450. "무지개가 구름 속에 나타난다"(창 9:14)

무지개는 노아와 맺은 하나님의 언약의 표시이며 사람들에 대한 하나님의 증인이신 주 예수님의 모형이다. 우리는 언제 이 언약의 표시를 볼 수 있는가? 무지개는 구름 위에 물들여질 때만 볼 수가 있다. 죄인의 양심이 구름으로 어둡게 되고 과거의 죄를 생각하고 하나님 앞에 탄식하고 회개할 때, 예수 그리스도는 언약의 무지개로써 그에게 나타나실 것이다. 그리고 하나님의 인격의 모든 빛나는 색깔들을 보며 죄인과 하나님 간의 평화의 증거로서 예시될 것이다. 믿는 자가 시련과 유혹에 싸여 있을 때 주 예수 그리스도께서 어떻게 사셨고, 우리를 위하여 피 흘리셨으며, 부활하셔서 지금은 그의 백성들을 위하여 중보의 기도를 하고 계심을 볼 수가 있다. 하나님의 무지개는 우리의 죄, 슬픔, 재앙의 구름위에 걸려 구원을 예언하고 있다. 또 구름만으로는 무지개가 나타나지 않는다. 태양의 빛을 반사하는 빗방울이 없으면 안 된다. 같은 방법으로 죄에 대한 슬픔은 우리를 위협할 뿐만 아니라 실제로 우리 위에 내려와야 한다. 만약 하나님의 진노가 다만 우리를 위협하는 구름에 지나지 않는다면 그리스도는 우리의 대속의 주님이 되시지 않았을 것이다. 죄의 벌은 두려운 물방울이 되어서 우리의 보증 위에 떨어져야만 했다. 죄인의 양심 안에 진실로 고민이 없다면 예수님께서는 그의 구세주가 될 수 없다. 죄인의 경험이 고통으로 확신되기까지는 그는 예수님을 볼 수 없다. 그러나 거기에 또한 태양이 있어야 한다. 구름과 빗방울이 있어도 태양이 비치지 않으면 무지개는 만들어지지 않는다. 사랑하는 자여, 우리의 태양이신 하나님은 항상 빛나고 있다. 그러나 우리는 항상 그분을 보지 못한다. 왜냐하면, 구름이 그분의 얼굴을 가리고 있기 때문이다. 그러나 아무리 비가 오고 구름이 위협해도 만약 하나님께서 빛을 비추시면 곧 무지개가 나타난다. 무지개가 나타나면 소낙비는 그친다고 한다. 확실히 그리스도께서 오실 때 우리의 환난은 떠나간다. 우리가 예수님을 볼 때 우리의 죄는 사라지고 우리의 의심과 두려움은 가라앉는다. 예수님께서 바다 위를 걸으실 때 파도의 물결은 얼마나 고요해 지겠는가!

8월 13일 아침

451. "여호와의 심으신 레바논 백향목이로다"(시 104:16)

레바논의 백향목은 전적으로 여호와께서 심으신 것이라는 점에서 그리스도인을 상징한다. 이것은 하나님의 모든 자녀에게 있어 아주 진실된 것이다. 저들은 사람이 심은 것도 아니요, 스스로 난 것도 아니요, 오직 하나님에 의하여 심겨진 것이다. 성령께서 스스로 준비된 마음의 밭에 보이지 않는 손으로 산 종자를 뿌렸다. "하늘"의 참 후사는 모두 위대한 농부이신 하나님에 의하여 심겨졌음을 인식한다. 더욱 레바논의 백향목은 사람의 손에 의존하여 물이 부어질 필요도 없다. 그것은 높은 바위 위에 서 있기에 사람의 손에 의하여 적셔지지 않는다. 그러나 우리의 하늘 아버지께서 그것을 윤택하게 하시는 것이다. 오직 믿음으로 말미암아 삶을 사는 법을 배우는 그리스도인도 마찬가지이다. 저는 이 세상의 일에 있어서도 사람을 의지하지 않고 심지어 임시적인 것조차도 사람을 의지하지 않는다. 저는 계속되는 일에서 오직 주 하나님에게만 구하는 것이다. 하늘의 이슬은 그의 양식이요 하늘의 하나님은 그의 샘이다. 또 레바논의 백향목은 사람의 힘에 의하여 보호되지 않는다. 그것이 폭풍우에서 보존됨은 사람의 힘에 의한 것이 아니다. 그것은 하나님의 나무요 따라서 하나님에게 의하여 보호되는 것이다. 그리스도인도 정확하게 이와 똑같다. 저는 유혹으로부터 차단되어 있는 온실의 나무가 아니다. 저는 눈바람에 직면하고 있다. 저에게는 영원의 하나님이 자신이 심으신 백향목을 그 크신 날개로서 항상 덮어 주는 것 외에는 아무 피난처도 보호도 없다. 백향목과 같은 믿는 자는 활력에 가득차고 엄동설한에도 항상 청청하다. 마지막으로 백향목의 무성하고 당당한 그 위엄있는 모습은 하나님만을 찬양하기 위함이다. 주님만이 오직 그 백향목의 전부이다. 그러므로 다윗은 아름답게도 시편에 말하기를 "주를 찬양하여라. 열매를 맺는 나무 모든 백향목이여" (시 148:7, 9)라고 노래하였다. 믿는 자에게는 사람을 찬미할 일이 아무것도 없다. 저는 주님 자신의 손으로 심겨졌고 양육되며, 보호받는 것이다. 그리하여 그는 모든 영광을 여호와께만 돌린다.

8월 13일 저녁

452. "내 언약을 기억하리니"(창 9:15)

이 약속의 형태에 주목하라. 하나님께서는 "너희가 무지개를 보고 내 언약을 기억한다면 내가 다시는 땅을 멸하지 않을 것이다"라고 말씀하시지 않으셨다. 언약은 우리의 변덕스럽고 연약한 기억에 의존하지 않고, 무한하고 불변하신 하나님의 기억에 기초를 두고 있다. 그리하여 "무지개가 구름 사이에 있으리니 내가 보고 영원한 언약을 기억할 것이다"(창 9:16)라고 말씀하셨다. 나의 안전의 근본은 내가 하나님을 기억하는 데 있지 않고, 하나님께서 나를 기억하는 데 있다. 내가 하나님의 언약을 붙잡는 데 있지 않고, 하나님의 언약이 나를 붙잡는 데 있다. 모든 영광이 하나님께 있을지어다! 구원의 요새는 모두 하나님의 능력에 의해 보장되어 있다. 심지어 작은 탑 하나도 사람의 힘이 아닌 전능하신 하나님의 힘에 의하여 지켜지고 있다. 언약을 기억하는 것까지도 우리의 기억에 맡겨져 있지 않다. 우리는 그것을 잊어버릴지도 모르기 때문이다. 그러나 우리의 주님께서는 자기의 손바닥에 새겨진 성도들을 결코 잊지 않으신다. 애굽에서 이스라엘과 함께하셨던 것과 같이 우리와도 함께하신다. 집 문설주의 양쪽과 위에 피가 발려져 있었다. 주님께서는 "너희가 피를 볼 때 나는 너를 지나가리라"고 말씀하시지 않았다. "나는 그 피를 보고 너를 넘어가리라"(출 12:22-23)고 하셨다. 내가 예수님을 바라본다면 기쁨과 평화가 있다. 그러나 나의 구원과 모든 택한 자들의 구원이 안전한 것은 하나님께서 예수님을 보시는 데 있는 것이다. 왜냐하면, 하나님은 피를 흘리신 우리의 보증이신 그리스도를 보시고 벌써 그 안에서 죄는 벌을 받았기 때문에 우리에게 대한 진노는 불가능하게 되었기 때문이다. 우리가 구원을 받는 것은 우리가 언약을 생각하는 데 있지 않다. 그리스도의 희생에는 면과 모직의 잘못된 조화로 되어 있지 않다. 구원이란 방직물 가운데는 피조물의 실은 단 한 가닥도 섞여 있지 않다. 그것은 사람에게서 온 것도 아니고 사람에 의한 것도 결코 아니다. 그것은 오직 주님께로만 오는 것이다. 우리는 언약을 기억해야 할 것이요, 하나님의 은혜를 통하여 우리를 그렇게 할 것이다. 그러나 우리의 안전의 자물쇠는 거기에 걸려 있지 않다. 즉 하나님께서 우리를 기억하시는 것에 있고, 우리가 하나님을 기억하는 것에 있지 않다. 이것이 바로 우리의 구원의 확실한 보증이다. 그러므로 그 언약은 "영원한 언약이다"(창 9:16).

8월 14일 아침

453. "여호와여 주의 행사로 나를 기쁘게 하셨으니"(시 92:4)

당신은 자신의 죄가 사하여졌고 그리스도께서 죄인들에 대한 온전한 구속을 성취하셨다고 믿는가? 만약 그렇다면 당신은 얼마나 기뻐해야 할 그리스도인이겠는가? 당신은 이 세상의 일상적인 시련과 고난을 초월하여 생활해야 하지 않겠는가? 죄가 사하여졌기 때문에 어떠한 일이 당신에게 일어날지라도 이제 전혀 두려워할 필요가 없지 않은가? 루터(Martin Luther)는 "주여, 나를 치소서. 나의 죄는 사하여졌기에 주의 뜻대로 나를 강하게 치소서"라고 말하였다. 당신도 같은 마음을 가지고 "주여, 나에게 질병과 아픔을, 가난과 손실을, 그리고 고난과 박해라 할지라도 주께서 원하시는 대로 보내소서. 주님께서 나를 사하였으므로 나의 영혼이 기뻐하나이다"라고 말할 수 있어야 할 것이다. 그리스도인이여, 만약 당신이 이와 같이 구원을 받았다면, 기뻐함과 동시에 감사하고 사랑하는 마음을 가져라. 당신의 죄를 제거한 십자가에 의지하라. 당신에게 봉사했던 주님을 섬겨라. "형제들아, 그러므로 하나님의 자비하심으로 너희를 권하노니 너희 몸으로 하나님이 기뻐하시는 산제사를 드려라. 이는 하나님 앞에 드릴 영적예배니라"(롬 12:1). 당신의 열심이 잠깐 노래를 부르는 것으로 증발해 버리는 그런 것이어서는 안 된다. 당신의 사랑을 적당한 방법으로 표현하라. 당신을 사랑한 주님의 형제를 사랑하라. 만약 어디선가 므비보셋과 같은 불구자가 있다면 요나단을 위하여 그를 도우라. 만약 어디선가 어려운 시련을 당한 믿는 자가 있다면 그와 함께 울고 그의 십자가를 지라. 주님께서는 당신을 위하여 우시고 당신의 죄를 담당하셨다. 당신은 그리스도로 인하여 아무런 대가없이 사유함을 받았다. 그러므로 가서 다른 사람에게 죄 사함의 기쁜 소식을 전하라. 이 말로 다할 수 없는 축복을 혼자만 받는 것으로 만족하지 말고 십자가의 소식을 세상에 널리 전하라. 거룩한 기쁨과 거룩한 용기는 당신을 좋은 설교자로 만들어 이 세상 모든 장소가 당신의 설교의 강당이 될 것이다. 기쁨에 넘치는 성결은 설교를 가장 힘있게 만든다. 그러나 주님께서 스스로 그것을 당신에게 주시지 않으면 안 된다. 이 아침에 세상으로 나가기 전에 이것을 구하여라. 주님의 사역에 우리가 즐거워할 때, 우리는 지나칠 정도로 기뻐해도 이상할 것이 없다.

8월 14일 저녁

454. "내 백성의 고통을 정녕히 보고"(출 3:7)

아이들이 "내 아버지는 알고 계신다"라고 노래 부를 때, 그것은 아이들에게 큰 힘이 된다. 우리도 또한 사랑하는 예수님, 우리의 다정한 영혼의 남편이 우리의 모든 일을 알고 계신다는 것을 안다면 위로를 받을 것이다.

1. 그분은 의사이시다. 그분께서 모든 것을 안다면 환자는 아무것도 몰라도 된다. 그러므로 잠잠하라 어리석은 동요하는 마음이여, 너무 초조해하며 틈을 보고 의심하지 않는가? 네가 지금 알지 못하는 일도 나중에는 알게 되리라. 사랑하는 의사인 예수님께서는 역경 속에 있는 너의 영혼을 아신다.

왜 환자가 약을 분석하여 모든 증상을 진단할 필요가 있는가? 이것은 의사의 일이지 너의 일이 아니다. 내가 해야 할 모든 것은 신뢰하는 것이고 처방은 의사가 한다. 내가 알아보지 못하는 글자로 그분께서 처방전을 쓸지라도 나는 불안해 할 필요가 없다. 결코 그릇됨이 없는 그분의 의술을 신뢰하도록 하자. 비록 지금은 알지 못할지라도 그 결과를 보면 모두 분명하게 알게 될 것이다.

2. 그분은 주인이시요, 우리의 지식이 아닌 그분의 지식만이 유용하다. 우리는 순종할 것이요 비판할 것이 아니다. "종은 주인의 하는 것을 알지 못한다"(요 15:15). 건축가는 일하는 노동자에게 그 설계도를 설명해야 하는가? 건축가가 자기의 하는 일을 잘 안다면 그것으로 충분하지 않겠는가? 토기 작업장의 흙덩어리는 스스로 어떤 모양의 그릇으로 만들어 지는지 추측할 수 없다. 토기장이가 잘 알고 있으면 충분하지 않은가? 흙덩어리는 그것에 대하여 몰라도 아무 문제가 없지 않겠는가? 나와 같은 어리석은 자가 주님께 그것에 대하여 힐문할 일이 있을까?

3. 그분은 머리이시다. 모든 이해력은 그분에게 모인다. 팔이 어떠한 판단을 하고 발이 어떠한 이해를 하겠는가? 그것을 아는 모든 힘은 머리에 있다. 머리가 모든 정신적 역할을 하고 있을 때 우리 몸의 각 부분이 각각 뇌를 가지고 있다면 어떻게 되겠는가? 그러므로 믿는 자가 병들 때에도 본인은 앞의 일을 알지 못하나 예수님께서 모든 것을 아시기 때문에 안심해도 좋다. 자비하신 주여, 영원히 나의 눈, 영혼, 머리가 되소서. 주님께서 우리에게 계시하려고 하는 것만 우리가 알고 만족함을 얻게 하소서.

8월 15일 아침

455. "이삭이 저물 때에 들에 나가 묵상하다가"(창 24:63)

이삭의 이러한 행위는 실로 칭찬할 만한 것이다. 만일 게으른 친구와 사귀며 쓸데없는 것을 탐독하며 무익한 일에 많은 시간을 소비하는 사람이 지금 열심히 하고 있는 그 헛된 것보다 차라리 묵상하는 편이 훨씬 유익하며, 좀 더 깊이 생각한다면 더욱 흥미있는 것을 발견하게 될 것이다. 만약 우리가 혼자 있는 시간이 많아질수록 이전보다 하나님을 더 깊이 알고 더욱 하나님께 가까이 생활하며 은혜에 있어 더 성장할 것이다. 묵상은 다른 데서 모여진 마음의 양식을 되새김질하여 그 가운데서 좋은 영양분을 뽑아낸다. 예수님께서 묵상의 주제가 될 때 그 묵상은 실로 감미롭다. 이삭은 혼자 묵상하고 있을 때에 리브가를 발견하였다. 많은 다른 사람들도 묵상할 때 가장 사랑하는 자를 발견하곤 한다.

이삭이 선택한 장소가 매우 칭찬할 만하다. 들에 나가서 우리는 말씀의 구절들을 생각한다. 백향목과 우슬초, 하늘을 날아오르는 독수리부터 풀밭에서 노는 메뚜기까지, 그리고 광대한 파란 하늘로부터 한 방울의 이슬에 이르기까지 모든 것은 교훈으로 가득하다. 우리의 눈이 하나님으로 말미암아 열려져 있다면 그 교훈은 책을 읽는 것보다도 더욱 생생하게 우리의 마음에 빛날 것이다. 우리의 좁은 방안은 넓은 들과 같이 건전하지도 못하고 암시적이지도 않기 때문에 방안에만 있는 것도 좋지도 않고 우리에게 힘을 주는 일도 없다. 우리는 들판의 그 어떤 것도 평범하다든지 더럽혀져 있다고 생각하지 않는다. 모든 피조물은 그 창조주를 지시하고 있다는 것을 느끼지 않는가? 그렇다면 들은 곧 우리에게 거룩한 배움터로 변할 것이다.

이삭이 묵상을 위해 선택한 시간이 지혜로웠다. 해가 질 무렵 사방이 저녁놀에 싸여있을 때는 영혼이 휴식하기에 가장 적당한 것이다. 그때 마음은 세상의 근심을 버리고 "하늘"의 사귐의 기쁨에 들어간다. 저녁 햇빛은 우리에게 놀라운 생각을 일으키며 다가오는 밤의 엄숙함은 우리의 경이로움을 새롭게 한다. 사랑하는 자여, 만약 오늘 일을 마치고 여가 시간이 있다면 한 시간 정도 시간을 내어 저녁 무렵에 들을 산책하는 것도 참 좋은 일이다. 그러나 그것을 할 수 없다면 주님께서는 거리에도 계시므로 당신의 방에서, 또는 복잡한 거리에서 당신을 만날 수도 있다. 당신의 마음으로 하여금 나아가서 주님을 영접하기를 원하지 않는가?

8월 15일 저녁

456. "나는 너희에게 굳은 마음을 제하고 부드러운 마음을 줄 것이요"
(겔 36:26)

부드러운 마음의 첫 번째 특징은 죄에 대하여 민감하다는 것이다. 잠시 동안이라고 할지라도 더러운 상상에 빠져 육신적인 욕망에 사로잡혀 있었다면, 부드러운 마음은 주님 앞에서 슬퍼하기에 충분하다. 굳은 마음은 큰 죄에 대하여도 아무렇지 않게 생각한다. 그러나 부드러운 마음은 그렇지 않다.

*"주여 내가 방황한다면
그 순간 책망하소서.
당신님의 사랑을 슬프게 한 일로 인하여
나에게 눈물을 흘리게 하소서."*

둘째로 부드러운 마음은 하나님의 뜻을 향하여 부드럽다. 나의 주인인 자아는 매우 교만하고 하나님의 뜻에 순종하기가 너무 어렵다. 그러나 부드러운 마음이 주어지면 우리의 의지는 포플라 나무의 잎과 같이 하늘의 공기를 호흡할 때마다 흔들리고, 수양버들의 머리같이 성령의 잔잔한 바람이 불

때마다 머리를 수그린다. 본래 태어날 때부터의 마음은 무쇠같이 굳어있어 망치를 가지고도 그 모양을 쉽게 변형시킬 수가 없다. 그러나 새롭게 된 마음은, 용해된 금속과 같이 은혜의 손에 의하여 곧 자유롭게 그 모양을 바꿀 수 있게 된다.

셋째로 부드러운 마음에는 애정이 넘치는 온화함이 있다. 굳은 마음은 구속주를 사랑하지 않는다. 그러나 새롭게 된 마음은 그분을 향한 사랑의 마음에 불탄다. 굳은 마음은 이기적이고 냉랭하게 이렇게 말한다. "왜 나는 죄 때문에 울어야 하는가? 왜 내가 주님을 사랑해야 하는가?" 그러나 반대로 부드러운 마음은 이렇게 말한다. "주여, 내가 사랑하고 있다는 것을 주님께서 아시나이다"(요 21:15). 주님을 더욱 사랑할 수 있도록 나를 도와주소서!

이렇게 새롭게 된 부드러운 마음이 가지는 특권은 많다. "여기에 성령이 계신다. 여기에 예수님께서 머무신다." 새롭게 된 마음은 모든 영적 축복을 받기에 적당하며 모든 축복이 거기에 부어진다. 새롭게 된 마음에는 하나님을 명예롭게 하고 찬양하기 위한 "하늘"의 열매를 드리도록 준비되어 있다. 그러므로 주님께서는 그것을 기뻐하신다. 부드러운 마음은 죄에 대한 최선의 방어이고 "하늘"을 위한 최선의 준비이다. 새롭게 된 마음은 망대 위에 서서 주 예수님께서 오시는 것을 기다린다. 지금 당신은 이 "부드러운 마음"을 가지고 있는가?

8월 16일 아침

457. "여호와의 이름에 합당한 영광을 돌리며"(시 29:2)

하나님의 영광은 그분의 본성과 행위의 결과이다. 하나님의 성품은 영광이 가득하다. 왜냐하면, 거기에는 거룩한 것, 선한 것, 사랑할 만한 것은 모두 하나님 안에 간직되어 있기 때문이다. 하나님의 성품에서 나오는 행위도 또한 영광으로 가득하다. 그러나 하나님께서는 그 행위로 말미암아 피조물에서 그의 선한 것, 자비가 깊은 것, 의로운 것을 나타내려고 하신다. 동시에 그것들의 행위로 말미암은 영광이 모두 자신에게 돌리시는 것에 관심을 두신다. 우리에게는 자랑할 만한 것이 하나도 없다. 우리를 다른 것과 다르게 지으신 이가 누구인가? 그리고 우리에게 있어 은혜가 충만하신 하나님으로부터 받지 않은 것이 무엇인가? 그러면 우리는 주님 앞에서 겸손하게 행하여야 하는 것이 아닌가! 이 우주에는 오직 한 종류의 영광만이 들어갈 여지가 있다. 그래서 우리가 자신에게 영광을 돌린다면 그 순간에 우리 자신을 지극히 높은 분의 경쟁자의 위치에 두는 것이다. 겨우 한 시간밖에 살지 못하는 곤충이 그를 덥게 하여 생명을 얻게 한 태양에 대하여 자랑할 수 있을까? 질그릇이 자기를 녹로에 걸어서 만든 토기장이 보다 자신을 더 높이는 일이 있을 수 있을까? 사막의 모래가 뜨거운 바람과 경쟁할 수 있을까? 또는 큰 바다의 한 방울의 물이 폭풍과 싸울 수가 있을까? 의로운 자여, "영광과 힘을 주의 이름에 돌리라." 그러나 아마도 그리스도인의 생활에 있어서 가장 힘든 것 중의 하나가 다음의 말을 배우는 것일 것이다. "주여, 우리에게 말고, 오직 주님의 이름에만 영광을 돌리게 하소서"(시 115:1) 이것은 하나님께서 항상 우리에게 가르치시려는 교훈이다. 그리고 때로는 아주 괴로운 징계를 통하여 우리에게 교훈하려는 학습이다. 만약 그리스도인이 "나를 강하게 하시는 이로 말미암아"(빌 4:13)라는 말을 제거하고 오직 "나는 모든 것을 할 수 있다"라고 말한다면, 머지않아 그는 "나는 아무 것도 할 수 없다"고 신음 소리를 내며 티끌에 엎드려 탄식할 것이다. 우리가 주님을 위하여 무엇인가 행할 때, 주님께서는 우리의 행한 것을 받으시고 기뻐하신다. 우리는 우리의 면류관을 주님의 발 앞에 내려두고, "우리 자신이 아니고 우리와 함께하신 하나님의 은혜이다"(고전 15:10)라고 소리쳐야 하지 않겠는가?

8월 16일 저녁

458. "성령의 처음 익은 열매를 받은 우리"(롬 8:23)

　　이 구절에는 현재의 소유가 선언되어 있다. 현재 우리는 "성령의 처음 열매"를 가진다. 우리는 회개라는 가장 순수한 품질의 보석, 믿음이라는 무한의 가치를 지닌 진주, 소망이라는 에메랄드, 사랑이라는 빛나는 루비를 가진다. 우리는 성령 하나님의 유효한 사역으로 말미암아 이미 "그리스도 안에서 새로 지음받은 자"가 되었다. 구원에 있어 최초에 있는 일이므로 "처음 익은 열매"라고 부른다. 마치 최초에 수확한 곡식을 첫 이삭이라고 부르는 것과 같다(cf. 레 23:10-12). 마찬가지로 영적 생활과 그것을 장식하는 모든 은혜는 우리의 영혼 안에서 성령 하나님의 최초의 사역이다. 처음 열매는 수확의 보증이다. 이스라엘 사람들은 익은 이삭의 한 줌을 거두면서, 기쁨에 넘쳐 곧 수레에 가득하게 담을 커다란 수확을 기대했다. 그와 같이 형제들이여, 하나님이 성령의 역사로써 우리에게 "순수한 것, 사랑할만한 것, 칭찬할만한 것"(빌 4:8)을 주셨을 때, 그것들은 우리에게 있어 장차 올 영광의 징표이다. 처음 열매는 항상 주님에게 거룩한 것이었다. 우리의 새로운 본성, 새로운 모든 힘은 성별된 것이다. 새로운 생명은 그 훌륭한 것을 우리의 공적인 유익으로 돌리지 말아야 될 것이다. 그것은 그리스도의 형상이며 그리스도로 말미암아 새로 지음 받은 것이고 그분의 영광을 위하여 예정된 것이다. 그러나 처음 열매는 최종적인 수확이 아니다. 그리고 우리 안에 있는 현재의 성령의 사역은 완성된 것이 아니다. 이제부터이다. 우리가 지금까지 달성한 것을 자랑하며 첫 이삭을 그 해의 수확의 전부라고 생각해서는 안 된다. 우리는 "주리고 목마른 자같이 의를 사모하며"(마 5:6), 완전한 구속의 날을 갈망하여야 한다. 사랑하는 자여, 이 저녁에 당신의 입을 크게 열어라. 그러면 하나님께서 채우시리라

(cf. 시 81:10). 당신이 현재 소유한 은혜에 깊이 들어가 당신 속에 더욱 큰 은혜를 갈구하는 거룩한 탐심을 가져라. 네 속에서 보다 높은 헌신을 간구하라. 그러면 당신의 주님께서 네가 구하는 것을 들으시리라. 왜냐하면, 그분은 "당신이 구하고 생각하는 것 이상으로 훨씬 좋은 것을 주실 수 있는 분이시기 때문이다"(엡 3:20).

8월 17일 아침

459. "하나님의 인자하심을 영영히 의지하리로다"(시 52:8)

하나님의 인자하심에 대하여 잠시 생각해 보자. 그것은 부드러운 인자이다. 우아한 사랑의 손을 접촉함으로써 하나님께서는 슬픔에 잠긴 마음을 고치시며 그 상처를 싸매어 주신다. 하나님은 그의 인자의 태도에 있어서 그 실제의 내용만큼이나 더 은혜로우시다. 하나님의 인자하심은 크고 그 자신과 같이 무한하시다. 당신은 그것을 측량하지 못한다. 그분의 인자는 비할 데 없이 커서 큰 죄인의 죄를 사하시며, 시간이 지난 후에는 큰 은혜와 특권을 주신다. 그리고 그를 끌어올려서 위대한 하나님의 왕국 안에서 커다란 기쁨의 자리에까지 오게 하신다. 그것은 아무런 조건이 없이 주시는 인자이다. 진실된 인자는 다 그렇지 않으면 안 된다. 왜냐하면, 조건부의 인자는 불공평하기 때문이다. 죄인의 편에서는 지극히 높으신 분의 친절한 배려를 기대할 권리가 아무 것도 없다. 하나님을 반역한 죄인이 곧 영원의 불에 던져진다 할지라도 그것은 당연한 일이다. 그러나 만약 그분의 진노로부터 풀려졌다 해도 그것은 오직 하나님의 주권적인 사랑 때문이다. 왜냐하면, 죄인의 측면에서는 그 어떤 선한 것이 없기 때문이다. 그것은 진정으로 풍성한 인자이다. 어떤 것들은 크다고 할지라도 그것 안에 거의 효능이 없다. 그러나 이 인자는 당신의 쇠약한 영혼에 용기를 주며, 당신의 피 흐르는 상처에 바르는 값 비싼 연고제이고, 꺾어진 뼈를 감을 수 있는 하늘에서 준 붕대이며, 피곤한 발에 마치 왕의 수레와 같고, 그리고 두려워 떠는 심장을 감싸는 사랑의 행위이다. 그 인자는 여러 면으로 나타난다. 존 번연(John Bunyan)의 말과 같이 "하나님의 동산에 있는 모든 꽃들은 두 겹이다." 한 가지만의 인자는 없다. 당신은 한 가지의 인자만을 받았다고 생각할지도 모른다. 그러나 당신은 그것이 인자의 송이다발인 것을 발견할 수 있을 것이다. 그것은 넘치는 인자이다. 셀 수 없는 많은 사람들이 그 인자를 받았지만, 아직도 고갈되지 않았으며, 그것은 신선하고 충만하며 값없이 제공된다. 그것은 신뢰하기에 족한 인자이며 결코 당신을 떠나지 않는다. 만약 인자가 당신의 친구라면 그것은 유혹의 때에도 함께 있어서 당신을 패배에서 지키며 고난의 때에도 함께하여 실망에서 당신을 지킨다. 때로는 당신의 얼굴의 빛과 생명이 되어 사망의 골짜기에 있어서 이 세상의 위로가 다 떠나갈지라도 당신의 영혼에 기쁨이 될 것이다.

8월 17일 저녁

460. "이 병은 죽을 병이 아니라"(요 11:4)

주님의 말씀으로 볼 때 우리의 병에도 그 한계가 있다는 것을 배운다. "죽을 정도의 것은 아니다"라고 함은 결국에는 병이 억제되고 그 한계를 넘어서 더 나빠질 수는 없다는 의미이다. 나사로는 죽음을 경험해야만 했다. 그러나 죽음은 그의 병의 종착점이 아니었다. 모든 병에 있어서 주님께서는 밀려오는 고난의 물결에 대하여 "여기까지는 가도 좋다. 그러나 거기서부터 더 이상은 안 된다"(욥 38:11)라고 말씀하신다. 그분의 확고한 목적은 그의 백성들을 파멸시키는 것이 아니라 교훈을 주시는 것이다. 지혜는 고난의 용광로의 입구에 온도계를 배치하고 그 열기의 정도를 조절한다.

1. 첫 번째 한계는 고무적이게도 그것이 잘 알려져 있다는 것이다. 섭리의 하나님은 모든 병의 시간, 증상, 강도, 반복 및 효과를 제한하고 있다. 우리의 심장의 맥박소리, 미리 정해진 불면의 시간, 병의 호전과 악화, 그리고 힘이 빠지는 것도 미리 잘 알려져 있어서 그 결과로써 우리의 성별되는 것도 영원 전부터 계획되어 있다. 크고 작은 어떠한 것이든 간에 우리의 머리털 조차 세시는 하나님의 예정의 손에서 피해가는 것은 없다.

2. 두 번째 한계는 우리의 강함, 그 병의 의도된 목적, 그리고 주신 은혜를 고려해서 지혜롭게 조정되어 있다는 것이다. 환난은 우연히 임하는 것이 아니다. 하나하나의 채찍의 강도는 정확하게 헤아려져 있다. 구름의 무게를 측량하며 하늘의 경계선을 정하심에 그릇됨이 없으신 분이 영혼의 약을 조합하는 성분을 만드는데 있어 결코 실수가 없으신 것이다. 우리에게 있어 많은 고난들이 지나칠 정도로 커서 구원 받을 시기가 늦는 일은 결코 없다.

3. 세 번째 한계는 그것이 우아하게 정해져 있다는 것이다. 하늘의 외과 의사의 수술칼은 결코 필요 이상으로 깊게 자르지 않는다. "그는 중심에서 인간을 괴롭게 하지 않으신다"(애 3:33). 어머니의 마음은 "나의 자녀를 도와주소서!"라고 부르짖는다. 그러나 우리의 은혜 깊으신 하나님보다 사랑이 더 풍성한 어머니는 없다. 우리는 자신이 얼마나 마음이 강퍅한지를 생각할 때 우리가 더 야단맞지 않은 것이 오히려 더 이상할 것이다. 우리의 거주의 경계를 정하신 분이 환난의 한계도 정하였다는 것을 생각할 때 우리는 위로로 가득차게 된다.

8월 18일 아침

461. "이방인이 여호와의 집 성소에 들어가므로"(렘 51:51)

　　이 사건 때문에 주의 백성들의 얼굴은 부끄러움으로 뒤덮였다. 왜냐하면, 보통 사람이 제사장만 들어갈 수 있는 장소에 들어가는 것은 두려운 일이었기 때문이다. 우리의 주위에도 어느 곳에나 이와 같은 종류의 슬픔의 이유를 보게 된다. 얼마나 많은 불신앙의 사람들이 교육을 받아 사역에 나아가려고 하는가! 거짓된 수단으로 말미암아 우리 전 국민이 맹목적으로 교회에 속하여져 있다는 것은 얼마나 슬픈 죄인가! 아직 회심하지도 않은 사람들에게까지 종교적인 의식들이 시행되어 소위 이 땅의 계몽된 교회들에게 조차 그에 대한 규율이 모호하게 된 것은 이 얼마나 두려운 일인가? 만약 오늘 이것을 읽는 많은 사람들이 이 문제들을 주 예수님 앞에 내어 놓는다면, 주님께서 간섭하셔서 교회에 큰 재앙이 임할 것이다. 교회의 순결한 질을 낮아지게 하는 것은 우물을 오염시키는 것과 같고, 불에다 물을 붓는 것이며, 비옥한 땅에다 돌을 뿌리는 것과 같다. 우리는 은혜에 의하여 교회의 순결을 보전하여 교회를 오직 믿는 자들의 모임으로 해야만 하고, 회심하지 않은 사람들이 모인 단체로 만들면 안 된다. 그러나 우리의 그러한 열심은 가까운 데서부터 시작하지 않으면 안 된다. 우리는 우선 주님의 식탁에 참여하는 자로서 자신의 권리를 살펴보는 것이 좋겠다. 주님의 성소에 침입하는 자가 되지 않도록 우리는 혼례식에서 입는 예복을 입어야 할 것이다. "청함을 받은 자는 많으나 택함을 입은 자는 적다"(마 22:14). "생명으로 인도하는 문은 좁고 길도 좁다"(마 7:14). 아, 하나님의 택함을 받았다는 믿음을 가지고 예수님에게 나아가는 은혜를 얻기 바란다. 하나님의 언약궤에 손을 댄 까닭에 웃시야를 치신 하나님께서는 우리의 두 가지 성례에 대하여 질투가 깊으시다. 진실로 믿는 자는 자유롭게 거기에 가까이 나아갈 수 있지만, 참으로 믿는 자가 아니라면 죽는 일이 없도록 거기에 손을 대어서는 안되는 것이다. 스스로 자신의 마음을 살

피는 일은 모든 세례를 받은 자의 의무이고, 그와 동일하게 성찬에 참여해야 하는 것이다. "오 하나님이여, 나를 살피시어 나의 마음을 아시며 나를 시험하사 내 모든 생각을 아옵소서"(시 139:23).

8월 18일 저녁

462. "몰약을 탄 포도주를 주었으나 예수님께서 받지 아니하시니라" (막 15:23)

주님께서 몰약을 탄 포도주에 입술을 대지 않으신 것에는 하나의 황금과 같은 진리가 놓여있다. 그분께서 사람이 되시기 전에 하늘 높은 곳에 하나님의 아들로서 서 계셨다. 성자 하나님께서는 우리의 땅을 내려다보시고 인간의 비참한 밑바닥까지 내려가는 긴 노정을 생각하셨다. 그분은 속죄의 제물로 인하여 받아야 할 모든 고난을 계산하고 그것을 남김없이 받으려고 하셨다. 스스로를 온전한 속죄의 제물로 드리기 위하여 모든 과정을 최고에서 최저까지, 최고의 영광의 왕좌로부터 가장 낮고 가장 깊은 고난의 십자가까지 걷지 않으면 안된다고 엄숙히 결심하셨다. 이 몰약을 탄 포도주의 잔은 그분께서 도달하려고 결심한 비참한 가장 마지막에까지 이르는 것을 마취 작용으로 인하여 방해가 되는 일이었다. 그러므로 그분은 그것을 거절하셨다. 그분께서는 백성을 위하여 받으려고 결심한 모든 고난을 조금이라도 줄이는 것을 원하지 않으셨다. 우리 중에 얼마나 많은 사람들이 그 슬픔을 줄이기 위하여 스스로 해로운 것을 사모하며 구하고 있는가! 친구여, 당신은 일찍이 괴로운 봉사와 고통에서 도피하기 위하여 짜증에 가득 찬 열심을 가지고 기도한 적은 없는가? 아마도 하나님의 섭리는 당신의 욕심을 단번에 빼앗아 갔을 것이다. 그리스도인이여 대답해 보라. 만약 "당신이 그렇게 원한다면 당신의 사랑하는 자를 살린다고 하자 그러나 하나님의 이름이 훼방되어진다면 당신은 어떻게 할 것인가?" 당신은 그 유혹을 물리치고 "당신의 뜻대로 하옵소서"(마 26:42)라고 말할 수 있는가? 오, 다음과 같이 말할 수 있다면 참으로 훌륭하다. "나의 주여, 다른 일로 나는 괴로워할 필요가 없습니다. 그러나 만약 내가 고난으로 말미암아 주님을 높일 수 있다면 그리고 이 세상의 나에게 속한 모든 것을 잃는 것이 주님의 영광을 나타내는 일이 된다면 주여, 그렇게 하소서. 나는 주의 이름을 높이는 일이라면 위로를 거절하겠나이다." 오, 우리가 이렇게 주님의 발자취를 따라 걸을 수 있다면 그 얼마나 좋을까! 우리는 주님을 위하여 기쁨으로 시련을 견디며 하나님께서 주신 일을 온전하게 다하기 위하여 방해가 될 이기적인 생각과 위로를 신속하게 스스로 버리기를 원해야 한다. 주님의 발자취를 따라 걷기에 필요한 것은 큰 은혜이다. 그러나 그 은혜는 벌써 제공되어져 있는 것이다.

8월 19일 아침

463. "그가 여호와의 능력과 그 하나님 여호와의 이름의 위엄을 의지하고 서서 그 떼에게 먹여서"(미 5:4)

그리스도는 목자의 왕으로서 그의 교회를 통치하신다. 그분께서는 주권을 가지신다. 그러나 그 주권은 그분의 도움이 필요한 사랑스러운 양의 무리에 대한 지혜롭고 부드러운 목자의 탁월함이다. 그분의 명령은 복종을 요구한다. 그러나 이것은 잘 보호를 받은 양들의 마음으로부터 우러나오는 자발적인 복종이다. 저들은 사랑하는 목자의 소리를 알고 기뻐하며 순종하는 것이다. 그리고 주님은 사랑과 선의 힘으로 통치하신다.

그리스도의 통치는 그 특징에 있어 실천적이다. "그는 서서 그 떼에게 먹여서"라고 말하고 있다. 위대한 교회의 머리이신 그분께서 활동적으로 그의 백성을 먹이신다. 그는 비어있는 보좌에 앉으시지 않으며, 통치함이 없이 괜히 왕의 홀을 휘두르시지 않는다. 그렇다! 그분께서는 서서 양떼를 먹이신다. "먹이신다"라는 말씀의 근본 의미는 - 헬라어에도 같은 의미의 말이 있지만- 목자가 해야 할 모든 일, 즉 식물을 줄 뿐만 아니라 양을 인도하고 지키며 보호하고 휴식하게 하며 간호한다는 총체적인 의미를 가진다.

그리스도의 통치는 그 지속에 있어 계속적이다. "그는 서서 그 양 떼에게 먹여서"라고 말한다. 그분께서 때때로 양식을 주고 또 다른 곳으로 간다든지, 어떤 때는 교회의 부흥을 허락하시고 그 다음에는 교회를 황폐케 하고 떠나는 그런 일을 하시는 것이 아니다. 그분은 결코 조는 일이 없으시며 그의 손도 결코 쉬는 일이 없으시다. 그 마음은 결코 사랑의 맥박을 멈추지 않으며 그의 어깨는 백성의 짐을 지는 데 있어 결코 피곤함이 없다.

그리스도의 통치는 그 활동에 있어 강력하게 효과적이다. 그분께서는 여호와의 능력 안에서 먹이신다. 그리스도가 계시는 곳에는 하나님이 계시며 그리스도가 하시는 일은 어떤 일이든지 지존자로서의 행사가 나타난다. 오, 오늘 서서 그의 백성의 이익을 대표하시는 분은 참 하나님 중의 하나님이시며 그 앞에 모두가 무릎을 꿇는다는 것을 생각할 때 이 얼마나 즐거운 일인가! 이와 같은 목자에게 속한 우리는 행복하다. 그분의 인성은 우리와 사귀며, 그분의 신성은 우리를 보호한다. 우리는 "그의 목장의 백성으로서"(시 95:7) 그분을 예배하며 그 앞에 엎드려야 하지 않겠는가?

8월 19일 저녁

464. "저희가 나를 위하여 비밀히 친 그물에서 빼어 내소서 주는 나의 산성이시니이다"(시 31:4)

우리의 영적인 대적은 에덴동산에 있었던 뱀과 똑같은 성질을 가졌다. 우리를 교묘하게 올무에 빠뜨리려고 한다. 여기 구절의 기도는 믿는 자가 새와 같이 그물에 잡히는 일이 있다는 것을 인정하는 것이다. 사냥꾼은 매우 능숙하여 단순한 자는 곧 그물에 걸린다. 이 구절의 말씀은 사탄의 그물에 걸린 자가 구원해 주기를 요청하는데 이것은 당연한 호소이며 응답받을 기도이다. 영원하신 분께서는 사자의 입에서, 지옥의 뱃속에서 성도들을 구원할 수 있다. 믿는 자를 유혹의 그물에서 구원해 내는 데는 빠르게 당길 필요가 있고 간계의 올무에서 건지는 데는 강한 힘으로 당기지 않으면 안 된다. 그러나 주님은 모든 위급한 상황에서도 적절하게 대처하실 수 있다. 그리고 가장 교묘하게 놓은 사냥꾼의 그물도 주님께서 선택한 자를 결코 잡을 수는 없다. 그물을 놓는데 아주 영리한 자들과 다른 사람을 유혹하고자 하는 자는 스스로 멸망될 것이다. "주는 나의 산성이시나이다" 이 말씀에는 언어로 표현할 수 없는 엄청난 위대함이 있지 않은가! 우리가 하늘의 힘에 의뢰할 수 있을 때 우리는 기쁨으로 고난에 직면하며 즐거운 마음으로 고통을 견디어 낼 수 있을 것이다. 하나님의 힘은 우리의 대적의 모든 일을 찢으며 그 모략을 혼란하게 하며 그 속이는 계책을 무효하게 한다. 이 비교할 수 없는 힘을 가진 자는 행복하다! 비열한 그물에 걸렸을 때 우리 자신의 힘은 너무나도 적다. 그러나 주님의 힘은 언제나 우리가 사용할 수 있다. 우리는 그것을 그냥 구하기만 된다. 그리고 우리는 그것을 아주 가까이에서 발견할 것이다. 만약 믿음으로 말미암아 우리가 이스라엘의 하나님의 힘만을 의지한다면, 우리는 거룩한 신뢰를 사용하여 다음과 같이 기도할 수가 있다.

"주여, 영원토록 우리는 주의 얼굴을 구하나이다.

우리는 유혹에 떨며 가난하고 힘이 없나이다.
우리를 겸손하고 온유하게 하여 주소서.
우리를 넘어지지 않게 하시고 영원히 지켜 주소서."

8월 20일 아침

465. "이스라엘의 노래 잘하는 자"(삼하 23:1)

성경에 기록되어 있는 모든 성도들의 삶 가운데서 특히 다윗은 가장 놀랍고도 변화가 많은 교훈적인 경험을 가지고 있다. 그의 생애에는 옛날의 다른 성도들에게서 볼 수 없는 시련과 유혹이 있었음을 본다. 그래서 그는 우리에게 주님의 생애를 생각하게 한다. 다윗은 모든 계급과 모든 상황에 놓여 있는 인간의 시련을 알았다. 왕은 그 신분에 맞는 근심을 가지고 있다. 그리고 다윗은 그 왕관을 쓰고 있었다. 농부는 그의 염려를 갖고 있다 그리고 다윗도 목자의 지팡이를 잘 다루었다. 방황하는 자는 많은 어려움을 갖게 된다. 그리고 다윗은 엔게디 동굴에 피신했던 경험이 있다. 장수에게는 그만의 어려움을 갖는다. 그리고 다윗은 스루야의 아들(cf. 대상 2:16)이 그를 너무나 힘들게 하였던 것을 경험하였다. 시편 저자 다윗은 친구 관계에 있어서도 역시 시험을 당하였다. 그의 모사 아히도벨은 그를 배반하였다. "나의 떡을 같이 먹은 친한 친구조차도 나를 배반하도다"(시 41:9). 그의 최악의 적은 그의 집에 있던 자요, 그의 아들은 그의 가장 큰 고뇌의 대상이었다. 빈곤과 부유의 유혹, 명예와 책망의 유혹, 건강과 병약함의 유혹, 이 모든 것이 그에게서 그 힘을 시험하였다. 그는 그의 평화를 방해하는 외부로부터의 유혹을 갖고 있었다. 또 그는 기쁨을 손상시키는 내부로부터의 유혹이 있었다. 다윗이 하나의 시험을 피하면 또 다른 시험이 그에게 닥쳐왔다. 실망과 경악의 시기를 겨우 통과해 나오면 또 다른 시험의 큰 물결이 그에게 닥쳐오는 것이었다. 다윗의 시편이 경험 많은 그리스도인에게 널리 기쁨이 되는 이유는 대개 여기에 있을 것이다. 우리의 마음이 어떠한 상태에 있든지 간에 환희의 때이든지 의기소침해 있을 때이든지 다윗은 우리의 감정을 그대로 묘사하고 있다. 그는 인간의 마음을 다루는 일에 능하였다. 그것은 그가 모든 학교 중에서 최고의 학부 즉 마음을 느끼게 해주는 체험의 학교에서 배웠기 때문이다. 같은 학교에서 훈련을 받은 우리도 시간이 지나고 은혜 중에 성장함에 따라 다윗의 시편의 깊은 맛을 알게 되어 그것이 "푸른 초장"(시 23:2)인 것을 발견하게 될 것이다. 나의 영혼이여, 오늘 다윗의 경험이 당신을 기쁘게 하고 도움을 얻도록 하라.

8월 20일 저녁

466. "저희가 예루살렘 넓은 성벽까지 하였고"(느 3:8)

견고한 도시에는 넓은 성벽이 둘러져 있다. 그 전성시대에 예루살렘도 그러하였다. 같은 방법으로 새로운 예루살렘도 세상과 타협하지 않는 넓은 성벽으로 둘려져서 보호되어 이 세상의 습관과 정신에서 구별되어 있지 않으면 안 된다. 오늘날의 경향은 거룩한 벽을 무너뜨리고 교회와 세상과의 구별을 단지 맹목적인 것으로 해 버린다. 이제 믿음의 고백자에게 엄격함도 없고 청교도적인 자세도 없다. 불신앙적인 문학은 도처에서 읽혀지고 천박한 오락으로 소일거리를 삼으며 그리고 일상의 게으름은 주님의 선택된 백성들을 죄인과 구별하는 거룩한 특징을 빼앗아 가고 있다. 교회와 세상이 서로 연합하여 짝이 되어 "하나님의 아들"과 "사람의 딸"(창 6:2)이 하나가 될 때는 교회에 있어서나 세상에 있어서나 불행한 날이 될 것이다. 그때 다시 진노의 홍수가 우리 위에 임할 것이다. 사랑하는 친구여, 세상과 짝하는 것이 하나님과 대적하는 것이라는 것을 기억하고 당신의 마음에 말씀의 복장과 행동의 넓은 성벽을 쌓아라. 넓은 성벽은 예루살렘 주민을 위하여 즐거운 모임의 장소를 마련하였고, 그곳은 저들의 좋은 망대가 되어 사방을 전망할 수 있게 되었다. 이것은 우리에게 주님의 넓은 계명을 생각하게 한다. 우리는 그 가운데서 예수님과의 사귐 안에서 이 땅의 경치를 내려다보며, 하늘의 영광을 바라보고 자유롭게 걸을 수가 있는 것이다. 비록 우리는 이 세상으로부터 분리되어 있고 모든 불경건한 것과 육신의 정욕을 부정하지만, 결코 우리는 감옥에 있는 것도 아니고 좁은 데 갇혀서 제한되어 있는 것이 아니다. 아니, 우리는 그의 계명을 지키기 때문에 자유롭게 활보한다. 친구여 이 저녁에 하나님과 함께 그의 계명 한 가운데를 걷자. 친구가 그의 친구를 도시의 성벽 위에서 서로 만나듯이 당신은 거룩한 기도와 묵상 중에 당신의 하나님을 만나지 않겠는가? 구원의 산성을 활보할 수 있는 권리를 당신은 가졌다. 왜냐하면, 당신은 왕의 도시에서 자유인이고 이 우주의 수도의 시민이기 때문이다.

8월 21일 아침

467. "남을 윤택하게 하는 자는 윤택하여지리라"(잠 11:25)

여기에는 우리가 받아야 할 큰 교훈이 있다. 즉, 얻으려면 먼저 주어야 하고, 모으기 위해서는 먼저 흩어야 한다는 것이다. 자기의 행복을 원하는 자는 우선 남을 행복하게 해야 한다. 영적으로 부요하기 위해서는 남의 영적인 향상을 도모하여야 한다. 남을 윤택하게 함으로써 우리 자신도 윤택해진다. 어떻게? 남에게 유용하게 되려는 우리의 노력은 자기를 유용케 하는 힘을 길러 내기 때문이다. 우리는 잠재적인 재능과 잠자는 능력을 가지고 있다. 그리고 그것은 연습함으로써 빛을 발휘한다. 우리의 활동하는 힘은 심지어 우리 자신에게도 숨겨져 있어서 우리가 주님의 싸움을 싸우며 험한 산에 오르기까지는 우리 자신조차 그 힘을 가지고 있다는 것을 알지 못한다. 우리가 과부의 눈물을 닦아주려 하고 고아의 슬픔을 위로하려고 할 때까지 우리 자신 속에 따뜻한 동정심이 있는지 잘 모른다. 우리는 다른 사람을 가르치려고 시도할 때 때때로 자기 자신을 위한 교훈을 얻는다. 아, 어떤 사람들은 병으로 인해 침대에 누워 있으면서 은혜의 수업을 하게 되지 않는가! 우리는 성경을 가르치려고 나갔다가 도리어 자신이 아는 지식이 너무나도 적다는 것을 발견하고 부끄러운 얼굴로 돌아온다. 빈약한 성도와 말하면서 우리에 대한 하나님의 방법을 더 완전히 가르침 받아 하나님의 진리에 대한 더욱 깊은 통찰력을 받는다. 이러한 방식으로 우리는 남을 윤택하게 함으로써 겸손함을 배우게 된다. 우리는 이전에 알지 못했던 많은 은혜를 발견하고 아무리 빈약한 성도라도 지식에 있어서 우리를 능가할 수 있다는 것을 발견한다. 다른 사람을 위하여 일함으로써 우리 자신을 위한 위로가 증가한다. 남을 위하여 위로할 때 그 위로는 우리 마음을 기쁘게 한다. 그것은 마치 눈 속에 두 사람의 남자가 있었는데 한 남자가 죽음에 임박해 있는 다른 한 사람의 손과 발을 문지름으로 말미암아 자기도 혈액 순환이 잘되어 자신의 목숨을 구했다는 이야기와 같다. 가난했던 사르밧 과부는 없는 중에도 식물을 나눠 선지자를 도왔는데 그 후 그녀는 궁핍함을 겪지 않게 되었다. "주어라 그런즉 넘치도록 풍성하게 되어 누르고 흔들어 넘치도록 하리라"(눅 6:38).

8월 21일 저녁

468. "야곱 자손에게 너희가 나를 헛되이 찾으라 이르지 아니하였노라"(사 45:19)

하나님께서 말씀하시지 않은 것을 생각할 때 우리는 많은 위로를 얻을 수 있다. 하나님이 말씀하신 것은 말로 표현할 수 없으리만큼 많은 위로와 기쁨이 있다. 그러나 그분께서 말씀하지 않은 일도 결코 위로에 부족하지는 않다. 요아스의 아들 여로보암 때에 이스라엘이 보존되었던 것은 이 "말하지 않았다"라고 한 것이 한 경우이다. "여호와께서 이스라엘의 이름을 도말하여 천하에 없이하겠다고 말씀하시지 않았다"(왕하 14:27). 오늘 저녁의 구절에는 하나님께서 기도에 응답하시는 약속이 있다. 왜냐하면, 그는 "이스라엘의 자손에게, 나를 찾음은 헛되다"라고 말씀하시지 않았기 때문이다. 당신은 자기에 대하여 고통을 느낀다. 그러나 당신의 의심과 두려움이 무엇이든지 간에, 만약 하나님께서 당신을 은혜에서 떼어버리지 않는다면 당신은 결코 절망할 필요가 없다는 것을 기억하라. 심지어 양심의 소리도 하나님의 말씀이 그것에 찬성하지 않으면 걱정할 것이 없다. 오직 하나님이 말씀하시는 일에 대하여 두려워하며 떨라! 그러나 사특한 생각이 낙담과 죄에 깊은 생각으로 당신을 압도하도록 허락해서는 안 된다. 많은 소심한 사람들은 하나님께서 자기를 희망으로부터 가두어 버리도록 정해져 있지는 않은가 하는 의심의 마음을 갖고 걱정한다. 그러나 여기에 그와 같은 공포에 대한 완전한 반박이 있다. 왜냐하면, 진실하게 구하는 자가 진노에 정해져 있는 일은 없기 때문이다. "나는 숨겨진 곳, 땅의 어두운 곳에서 은밀히 말하지 아니하였고 야곱의 자손에게 너희가 나를 찾음은 헛되다"고 말하지 않았다. 하나님께서는 부르짖는 자의 기도를 들으시겠다고 분명히 선언하셨다. 그리고 하나님은 그 선언을 결코 위반하실 수 없는 것이다. 그는 틀림없이 명확하게, 진실하게, 그리고 정당하게 말씀하시기 때문에 의심할 여지가 없다. 그분은 그의 마음을 모호한 말로 나타내지 않으신다. 그러나 그분께서는 솔직하고 명백하게 "구하라 그러면 주실 것이요"(요 26:24)라고 말씀하신다. 오 떨고 있는 자여, 이 확실한 진리를 믿으라. 기도는 반드시 응답되고 들으실 것이다. 그리고 영원의 은밀한 곳에서도 주님께서는 살아있는 영혼에게 "나를 찾는 일은 헛된 것이다"라고 결코 말씀하시지 않으셨다는 것을 기억하라.

8월 22일 아침

469. "예루살렘 여자들아 너희에게 내가 부탁한다.
너희가 나의 사랑하는 자를 만나거든
내가 사랑하므로 병이 났다고 하려무나"(아 5:8)

이것은 예수님과의 사귐을 가진 후에 사랑을 갈망하는 믿는 자의 말이다. 그는 주님께 대한 사랑 때문에 병이 났다. 은혜 입은 영혼은 그리스도에게 가까이 있지 않으면 결코 만족할 수가 없다. 왜냐하면, 그리스도께서 떠나 있는 한 평안이 없기 때문이다. 믿는 자는 주님께 가까이 가면 갈수록 "하늘"의 완전한 고요함에 접근한다. 그리고 또한 마음이 풍성하게 온전히 채워진다. 평안으로 채워질 뿐만 아니라 생명, 활력, 기쁨으로 채워진다. 왜냐하면, 이 모든 것들이 예수님과의 끊임없는 사귐에 의존해 있기 때문이다. 예수 그리스도와 우리의 관계는 태양이 낮에, 달이 밤에, 이슬이 꽃에 대한 것과 같다. 또한 빵이 굶주린 사람에게, 의복이 헐벗은 사람에게, 큰 바위의 그늘이 지쳐서 여행하고 있는 여행자에 대한 것과 같다. 그러므로 만약 우리가 주님과 하나가 되었음을 의식하지 않게 된다면, 우리의 영혼이 "예루살렘 여자들아 너희에게 내가 부탁한다. 너희가 나의 사랑하는 자를 만나거든 내가 사랑함으로 병이 났다고 하려무나"라고 부르짖게 됨은 당연하다. 이 예수님에 대한 뜨거운 갈망에는 축복이 함께한다. "의에 주리고 목마른 자는 복이 있도다"(마 5:6). 그 굶주림은 아주 귀하다. 왜냐하면, 그것은 하나님으로부터 온 것이기 때문이다. 만약 내가 충만한 축복의 상태에 있지 않다고 할지라도 그리스도로 말미암아 채워지기까지 열심으로 그 축복의 봉우리를 찾고자 한다. 만약 그리스도로 말미암아 양육되지 않는다 할지라도 예수님을 찾으려고 하는 굶주림과 목마른 나는 바로 "하늘"의 문 앞에 있는 것이다. 그 굶주림은 신성하다. 그것은 우리 주님의 산상수훈 중에 빛나고 있기 때문이다. 그러나 그 축복 가운데는 약속이 포함되어 있다. 주리고 목마른 자는 이제 그 구하는 것에 "배부르게 될 것이다"(마 5:6). 만약 우리가 이렇게 그리스도를 갈망한다면 반드시 그분께서는 우리의 뜨거운 소망을 채워 주실 것이다. 그리고 그분께서 우리에게 오실 때, 오 그것은 얼마나 즐거운 일이겠는가!

8월 22일 저녁

470. "그리스도의 풍성"(엡 3:8)

우리 주님께서 소유하신 부요함은 산수로 계산할 수도 없으며, 이성으로 측량할 수도 없고, 상상력으로 헤아리거나 웅변으로도 말할 수가 없다. 그것은 무한한 부요함이다! 당신은 예수님을 바라보며 연구하고 헤아릴 수가 있는지도 모르겠다. 그러나 그분은 당신이 생각할 수 있는 그 극한을 훨씬 뛰어넘는 위대한 구주이시다. 당신은 죄를 범하기 쉽지만, 나의 주님은 그 이상으로 용서하실 준비가 되어 있으시다. 당신이 허물에 빠지는 것보다 더 용서하실 수가 있다. 나의 주님은 당신의 부족한 것이 필요로 하는 것보다 그 이상으로 그 결핍을 기쁨으로 채워주고 싶어 하신다. 나의 주 예수님에 대하여 결코 저급한 생각을 품어서는 안 된다. 당신은 그의 머리에 왕관을 드릴 때 금관을 받아야 합당하신 그에게 당신은 은관을 드리는 데 불과하다. 나의 주님께서는 이제 당신에게 주실 행복의 풍성함을 갖고 계신다. 그는 당신을 푸른 풀밭에 뉘이시며 쉴만한 물가로 인도하신다. 그분께서 부는 피리 소리보다 아름다운 음악은 없다. 그는 목자요 당신은 양이다. 그리고 당신은 그의 발아래 엎드린다. 이와 같은 그의 사랑은 이 세상천지에 다시는 없다. 그리스도를 알고 "그에게 발견되는 일"(빌 3:9) - 이것은 생명이요 기쁨이고 "골수"(시 63:5)이며 그리고 "참된 포도주"(사 25:6)가 아닌가! 나의 주님은 그의 종들을 함부로 다루지 않으신다. 그분께서는 왕이 다른 왕에게 예물을 보내듯이 그의 종들에게 대우하신다. 그는 종들에게 두 "하늘"을 주신다. 하나는 이 땅에서 그를 섬기는 아래의 "하늘"이며, 다른 하나는 영원히 주 안에서 기뻐하는 위의 "하늘"이다. 그분의 "무한한 부요함"은 영원한 세계에서 가장 잘 알 수가 있을 것이다. 그분은 당신이 "하늘"로 가는 길에서 당신에게 필요한 모든 것을 주실 것이다. 당신의 방어 장소는 견고한 반석이요 당신의 빵은 주어져 있고 당신의 물은 확보되어 있을 것이다(cf. 사 33:16). 그러나 당신이 승리자의 노래를 듣고 연회에 참석하는 자들의 소리치는 것을 들으며 사랑하는 영광의 주님과 얼굴과 얼굴을 마주 대함은 저 나라에서다. "오, 그리스도의 무진장의 부요함이여!" 이것은 이 땅의 음악가들이 만드는 음률이고 "하늘"의 비파를 켜는 사람이 내는 노래이다. 주여, 우리에게 더욱 깊이 예수님에 대하여 가르치소서. 그리고 우리는 그분에 대한 아름다운 소식을 다른 사람에게 전하리이다.

8월 23일 아침

471. "우는 소리와 부르짖는 소리가 그 가운데서 다시 들리지 아니할 것이며"(사 65:19)

영화롭게 된 자는 이제 다시는 울 일이 없다. 모든 외부적인 슬픔의 원인들이 자취를 감추었기 때문이다. "하늘"에는 친구에게 배반당하는 일도 없고 앞길이 실망으로 끝나는 일도 없다. 빈곤과 기근과 위험과 박해와 중상도 거기에는 존재하지 않는다. 또 거기에는 고통도 없고 죽음도 없으며 이별의 슬픔도 없다. 저들은 이제 더는 울지 않는다. 저들은 완전히 성화되었기 때문이다. 이젠 "불신앙의 악한 마음"(히 3:12)이 저들을 살아계신 하나님으로부터 떠나게 하는 일이 없다. 저들은 그의 보좌 앞에서 흠도 없이 하나님의 형상과 완전히 일치한다. 저들은 죄를 짓는 일을 그쳤으므로 탄식하는 일도 없는 것이 당연하다. 저들은 이제 더는 울지 않는다. 모든 변화의 두려움이 지나갔기 때문이다. 저들은 영원히 안전하다는 것을 알고 있다. 죄는 내어 쫓기고 저들은 "하늘" 안에 있다. 저들은 결코 어려움을 겪을 일이 없는 도성 안에 살고, 꺼지지 않는 태양 빛이 비추며, 결코 마르지 않는 시냇물을 마시면서 결코 시들지 않는 나무에서 열매를 딴다. 셀 수 없는 세월이 지나갈 것이다. 그러나 영원에는 다함이 없다. 그리고 영원히 계속되는 생명과 축복이 함께 존재한다. 저들은 영원히 주님과 함께 있다. 저들은 이젠 더 이상 울지 않는다. 왜냐하면, 모든 욕망이 채워져 있으므로 저들은 아무것도 원할 것이 없기 때문이다. 눈과 귀, 마음과 손, 사려 분별, 상상, 소망, 욕망, 의지, 그리고 모든 능력이 완전히 채워져 있다. 하나님께서 자기를 사랑하는 자들을 위하여 준비해 놓은 것들에 대한 우리의 현재의 개념은 참으로 불완전하다. 그러나 우리는 성령의 계시로 말미암아 "하늘"의 성도들이 무상의 축복을 받고 있다는 것을 충분히 알고 있다. 무한한 환희의 충만과 그리스도의 희열이 저들 가운데 있는 것이다. 저들은 끝이 없이 지극히 복된 바다에서 목욕을 한다. 이와 같은 기쁜 휴식은 우리를 위하여 남겨져 있다. 결코, 그렇게 멀지 않을 것이다. 슬픔으로 젖은 수양버들은 승리의 종려나무 가지로 교체될 것이다. 비애의 이슬방울들은 영원한 축복의 진주로 변화될 것이다. "그러므로 여러분들은 이 모든 말씀으로 서로 위로하라"(살전 4:18).

8월 23일 저녁

472. "믿음으로 말미암아 그리스도께서 너희 마음에 계시게 하옵시고"(엡 3:17)

믿는 자로서 우리가 무엇보다도 바라는 것은 예수님을 항상 우리 마음 가운데 모시고 그에 대한 우리의 사랑을 불태우며, 그분에 관한 우리의 지식을 쌓아가는 일이다. 나의 소원은 독자들 모두가 예수님의 대학에 근면한 학생이 되어 그리스도의 몸 된 자로서 십자가에 대하여 더욱 깊이 배우기를 결심하는 일이다. 그러나 예수님을 항상 가까이 모시기 위해서는 마음이 그로 말미암아 채워져 그분에 대한 사랑으로 끓어오르게 하여 더욱 넘치게 하지 않으면 안 된다. 그러므로 사도는 "그리스도께서 너희 마음에 계시게" 하시기를 기도하였다. 그가 어떻게 예수님을 가까이 소유하기를 원했는지를 보라! 어떤 대상을 가까이 하려면 먼저 그것을 마음에 두는 것이 필요하다. "그리스도가 계시는 것"은 때때로 방문객이 하룻밤을 지내는 것 같이 그리스도가 방문해 주기를 원하는 것이 아니다. 그분께서 "거주하시는 일"은, 즉 예수님께서 당신의 마음 가장 깊은 곳에 주님이 되어 오셔서 거기서 사시면서 결코 거기를 떠나지 않는 것이다. 다음의 말씀에 주목하라. "그리스도께서 너희 마음에 계시고", 이것은 사람의 마음은 집에서 최고의 방이다. 그리스도께서는 단지 당신의 생각 중에만 계시는 것이 아니고 당신의 애정 속에 계신다. 단순히 생각의 묵상 가운데에만 아니라 마음의 감정 가운데 계시기를 원하신다. 우리는 그리스도에 대한 영속적인 사랑을 갈구해야 한다. 잠시 동안 타오르다가 곧 어둠 중에 사라지는 사랑이 아니라 결코 사라지는 일이 없는 제단의 불과 같이 거룩한 연료를 넣어서 끊임없이 불타오르는 계속적인 사랑이어야 한다(cf. 레 6:12-13). 이것은 오직 믿음으로 말미암아 가능한 것이다. 믿음이 강하지 않으면 사랑은 뜨겁지 않다. 꽃은 그 뿌리가 건강해야만 한다. 그렇지 않으면 아름다운 꽃을 기대할 수가 없다. 믿음은 백합의 뿌리요. 사랑은 백합의 꽃이다. 당신의 마음의 믿음으로 말미암아 예수님을 확실히 붙잡지 않을 때 그분은 당신의 마음의 사랑 가운데 계실 수 없다. 그러므로 당신이 항상 그리스도를 사랑하기 위하여 그리스도를 항상 신뢰할 수 있도록 기도하라. 만일 당신의 사랑이 냉랭해진다면 그것은 반드시 믿음이 저하되어 있기 때문이다.

8월 24일 아침

473. "길을 여는 자가 그들의 앞서 올라가고"(미 2:13)

예수님께서 우리보다 앞서 가셨기 때문에 우리의 길은 안전하다. 만약 그분께서 그 길을 가시지 않았다면 상황은 지금과 똑같지 않았을 것이다. 그분께서는 앞서가시며 길을 막는 모든 대적을 정복하였다. 그러므로 담대하라! 마음이 약한 군사여, 그리스도께서는 그 길을 나아가셨을 뿐만 아니라 당신의 원수를 죽이셨다. 당신은 죄를 무서워하는가? 그분께서 그것을 십자가에 못 박으셨다. 당신은 사망을 두려워하는가? 그분께서 사망을 정복하였다. 당신은 지옥을 무서워하고 있는가? 그분께서는 자신의 자녀들 가운데 누구라도 그곳으로 가는 것을 막고 있다. 그들은 결코 멸망의 구렁텅이를 보는 일은 없을 것이다. 그리스도인 앞에 어떠한 대적이 있을 지라도 그것은 이미 정복되었다. 사자가 거기에 있지만 그 이빨은 벌써 뽑혔고, 독사도 있지만 그 독이빨은 벌써 뽑혀있다. 강이 있지만 다리가 있든지 아니면 걸어서 건널 수 있는 정도이다. 거기에 불꽃이 있지만 우리는 불에도 타지 않는 그런 옷을 입고 있다. 우리를 해치려고 하는 창검은 이미 무디어져 있고 적이 준비한 싸움의 무기는 벌써 꺾이어져 있다. 하나님은 우리를 해치려고 하는 그 어떤 힘도 그리스도로 말미암아 다 제거하셨다. 그러므로 군대는 안전하게 전진할 수 있고 당신도 기뻐하여 여행을 계속할 수 있다. 왜냐하면, 당신의 모든 적은 벌써 정복되었기 때문이다. 당신의 할 일은 오직 전진을 계속하여 전리품을 획득하는 것이 아니겠는가? 적들은 이미 패배하였다. 당신이 해야 하는 일은 전리품을 나누는 일 뿐이다. 당신이 때때로 싸워야 하는 것도 사실이다. 그러나 그것은 벌써 정복당한 원수와 싸우는 것이다. 적의 대장은 거꾸러졌다. 그는 당신을 해하려고 시도할지도 모른다. 그러나 그 악한 계획을 실행할 만한 힘은 없다. 당신은 쉽게 승리를 얻으며 또한 그 전리품은 산과 같이 쌓일 것이다.

> *"구주의 명성을 큰 소리로 선포하라.*
> *그분은 정복자라는 놀라운 이름을 가지셨도다.*
> *이것은 참으로 아름답고 그에게 합당하다.*
> *그분께서 이 세상과 죄와 사망과 지옥을 정복하였도다."*

8월 24일 저녁

474. "불이 나서 가시나무에 미쳐 낟가리나 거두지 못한 곡식이나

전원을 태우면 불 놓은 자가 반드시 배상할지니라"(출 22:6)

만약 이단의 교리로 불타는 나무를 흩어버리며 제멋대로의 숯불을 날려서 사람들의 영혼에 지옥불을 붙이는 자는 어떠한 배상을 해야 할까? 그 죄는 측량할 수 없고 그 결과는 돌이킬 수 없는 것이 된다. 만약 그러한 죄를 범한 자가 용서함을 받는다면, 그는 돌아보고 얼마나 슬픔에 잠길까? 왜냐하면, 그 자신이 한 일은 벌써 돌이킬 수가 없기 때문이다! 하나의 악한 예는 회심한 마음을 몇 년이 지나도 사라질 수 없을 만큼 불태운다는 것이다. 다른 사람의 식량을 태우는 일은 확실히 악한 일이다. 그러나 영혼을 멸망케 하는 일은 그것에 비하면 얼마나 더 극악한 일인가! 우리는 과거에 어떠한 사악한 죄를 지었는지 회상하고 현재에도 우리 주위에 있는 친척과 친구, 그리고 이웃의 영혼에 손해를 주었던 죄악이 없었는지 반성하는 일은 우리에게 유익할 것이다. 다툼의 불은 그것이 그리스도의 교회 안에서 일어날 때 두려운 악을 행하게 된다. 회심자가 증가하고 하나님의 영광이 높여질 때 질투와 시기가 가장 효과적으로 악마의 일을 행한다. 큰 농부의 수고의 결과로서 황금의 곡식이 저장될 때, 대적의 불꽃이 들어와 연기와 까맣게 탄 이삭 외에는 거의 아무것도 남지 않는다면, 그와 같은 죄를 가져오는 자에게 화 있을진저! 다만 그것이 우리 자신이 되지 않기를 원한다! 비록 우리가 배상할 수 없다 할지라도 만약 우리가 가해자이면 우리는 확실히 고난당할 자가 되기 때문이다. 불을 지피도록 도운 자는 단지 책망을 받아야 한다. 그러나 최초로 불을 놓은 자가 가장 책망을 받아야 할 것이다. 불화는 흔히 가시덤불에 불을 놓는다. 그리고 그것은 교회 안에서 위선자와 저급한 생각을 하는 그리스도인 사이에서 키워진다. 다음에 지옥의 바람이 불어와 바르게 믿는 자에게도 불타서 그것은 그칠 줄 모르게 된다. 오, 평화를 주시는 주님이시여, 우리를 중재자로 만드소서. 결코 싸우는 자를 도와서 선동하는 일이 없게 하시며, 심지어 무의식중에라도 당신의 백성 중에 극히 작은 분열이라도 생기는 일이 없게 하소서.

8월 25일 아침

475. "그 실과는 내 입에 달았구나"(아 2:3)

믿음은 성경 속에서 모든 감각과 어울려서 설명되고 있다. 먼저, 그것은 시각이다. "나를 앙망하라 그러면 구원되리라"(사 45:22). 다음으로 청각이다. "귀를 기울여 내게 들으라. 그러면 너의 영혼은 살리라"(사 55:3). 그리고 믿음은 후각이다. "너의 옷은 모두 몰약과 침향과 육계의 향기를 풍긴다"(시 45:8). "너의 이름은 향유 같도다"(아 1:3). 또한 믿음은 영적인 촉각이다. 이 믿음으로 말미암아 여인은 그리스도의 뒤에 가까이 와서 그 옷깃을 만졌다. 그리고 이로 말미암아 우리도 생명의 말씀에 접촉하는 것이다. 믿음은 또한 영혼의 미각이다. "주의 말씀의 맛이 내게 어찌 그리 내 입에 꿀보다 더 다니이다"(시 119:103). 그리스도께서는 말씀하셨다. "인자의 살을 먹지 않고 피를 마시지 않으면 너희에게 생명이 없다"(요 6:53). 이 미각은 믿음의 가장 높은 활동 가운데 하나이다. 그리고 믿음의 최초의 활동의 하나는 청각이다. 우리는 외적인 귀만 아니라 내적인 귀를 가지고 하나님의 음성을 듣는다. 그것을 우리는 하나님의 말씀으로 듣고 또한 그것을 하나님의 말씀인 것을 믿는다. 이것이 믿음의 청각이다. 그 후 우리의 마음은 우리 앞에 있는 진리를 본다. 즉 그것을 이해하며 의미를 인식한다. 그것이 믿음의 시각이다. 다음으로 우리는 그 보배로움을 발견하다. 우리는 그것을 감탄하기 시작하고, 그리고 그것이 얼마나 좋은 향기를 풍기는 것인지 발견한다. 이것이 믿음의 후각이다. 그리고 우리는 그리스도 안에 갖추어 있는 궁휼을 우리의 것으로 한다. 이것이 믿음의 촉각이다. 그리고 기쁨, 평화, 즐거움, 그리고 사귐이 계속된다. 이것은 미각에서의 믿음이다. 이런 믿음의 활동의 하나하나는 어느 것이나 영적 향상으로 인도하는 것이다. 그리스도의 음성을 영혼 안에서 확실한 하나님의 음성으로 들으면 우리는 구원받을 것이다. 그러나 우리에게 참된 기쁨을 주는 것은 거룩한 미각으로 말미암아 그리스도를 마음속에 받아들여 그분의 아름다움과 보배로움을 이해하고 영혼의 양식으로 하는 믿음이다. 그때 우리는 "큰 기쁨을 가지고 그의 그늘에"(아 2:3) 앉아서 "그 열매가 달콤한 맛이라는 것"을 발견한다.

8월 25일 저녁

476. "네가 마음으로 온전히 믿으면 가하니라"(행 8:37)

경건한 독자들이여, 이 말씀은 교회의 성례에 참여하는 것에 관하여 당신의 양심에 대답을 줄 것이다. 당신은 혹시 이렇게 말할지도 모른다. "나는 세례 받기를 두려워한다. 나 자신이 그리스도와 함께 죽고 그와 함께 장사되었다고 고백하는 것은 나에게 있어서 너무나도 엄숙한 일이다. 나는 주의 만찬에 참여하는 것이 두렵다. 나는 '주의 몸을 분별하지 못하고'(고전 11:29) 먹고 마시는 것이 심판을 받지 않나 두려워한다." 오 가련하게 떠는 자여, 예수님께서는 당신을 자유케 하신다. 두려워 말라. 만약 당신의 집에 낯선 자가 찾아온다면, 그는 문밖에 서서 혹은 현관 앞에 서서 기다려야 할 것이다. 그는 당신의 방에 들어가는 것을 꿈도 꿀 수 없을 것이다. 왜냐하면, 자기의 집이 아니기 때문이다. 그러나 당신의 자녀는 당신의 집에 자유로이 출입한다.

하나님의 자녀의 경우도 이와 같다. 성령께서 당신에게 "아들의 영을"(롬 8:15) 자각하게 할 때 당신은 두려움 없이 그리스도의 성례에 참여할 수 있는 것이다. 그리스도인의 내적 특권에 관해서도 동일하게 말할 수 있다. 가련한 구도자여, 당신은 "말로 다 할 수 없는 기쁨과 영광에 가득차는 것"(벧전 1:8)이 아직 허락되지 않은 줄로 생각한다. 만약 당신이 그리스도의 집 안에 들어가는 것이 허락되어 그분의 식탁의 끝에 앉게 된다면 당신은 정말 만족하지 않겠는가? 아, 그러나 당신의 특권은 아주 큰 성도가 가진 특권과 조금도 다를 것이 없다. 하나님께서 그의 자녀를 사랑하심에 있어 그 어떤 불평등도 없다. 자녀는 어쨌든 모두 똑같은 자녀인 것이다. 그분께서는 자녀를 종과 같이 취급하지 않고, 자녀를 위하여 송아지를 잡고 음악과 춤으로 기쁘게 하며 자녀가 한 번도 집을 나가지 않은 것처럼 취급한다. 예수님께서 사람의 마음에 오실 때 그는 "주 안에서 기뻐할 것"(시 32:11)이 허락되었다. 왕이신 주 예수님의 궁정에서 쇠사슬에 매여 있는 자는 하나도 없다. 온전한 특권으로 들어가는 우리의 입장은 점차적일 수도 있다. 그러나 그것은 확실히 온다. 아마 당신은 "나는 약속을 기뻐하며 주의 계명 가운데를 자유롭게 걷고 싶다"고 말하리라. "당신이 만약 온 마음으로 믿으면, 세례를 받아도 가하다"(행 8:37). "오, 사로잡힌 시온의 딸이여"(사 52:2), 당신의 목에 있는 무거운 쇠사슬을 떼어버려라. 왜냐하면, 예수님만이 당신을 자유하게 하실 수 있기 때문이다.

8월 26일 아침

477. "여호와께서 그 백성에게 구속을 베푸시며
　　그 언약을 영원히 세우셨으니"(시 111:9)

주의 백성은 언약을 즐거워한다. 그것은 저들에게 다함이 없는 위로의 원천이며, 성령께서는 때때로 저들을 잔칫집으로 인도하여 그 사랑의 깃발을 흔든다. 저들은 그 언약이 오래된 것을 생각하며 기뻐한다. 즉 태양이 그 위치에 있기 전에 또는 행성이 그 궤도에서 움직임을 시작하기 전에 벌써 성도들의 권리는 그리스도 예수 안에서 확보되어 있다는 것을 생각하는 것이다. "다윗에게 약속한 변함없는 확실한 은혜"(사 55:3)를 묵상하는 동안 저들은 언약의 확실성을 기억하면서 특별히 기뻐한다. 저들은 언약이 서명되고 봉합되어 비준되었으므로 조금이라도 잘못된 것이 없다는 것을 알고 즐거워한다. 언약의 불변성을 생각할 때 저들의 마음은 종종 기쁨에 넘친다. 즉 시간이나 영원이나, 산 것이나 죽은 것이나 그 무엇이라도 그 언약을 파기할 수가 없고 언약은 영원한 옛적부터 영원한 미래에 이르기까지 만세반석과 같이 계속된다. 저들은 또한 이 언약의 충만을 기뻐한다. 왜냐하면, 저들은 언약 안에 필요한 모든 것들이 갖추어져 있는 것을 보기 때문이다. 하나님은 저들의 아버지이시요, 그리스도는 저들의 친구이고, 성령은 저들의 위로자가 되며, 이 땅은 저들의 기숙사이고, "하늘"은 저들의 고향이다. 저들은 오래되고 영원한 선물 안에서 그것에 대한 권리를 가지며 모든 영혼의 재산이 보류되어 있고, 또 양도되어 있는 것을 본다. 저들은 성경 안에서 보화를 발견하여 눈을 반짝인다. 그러나 오, 저들은 자기의 친족인 하나님의 아들의 유언장에서 그분의 재산을 저들에게 넘겨준다는 것을 발견하고 얼마나 기뻐하겠는가! 더욱 특별하게 하나님의 백성은 이 언약의 은혜의 깊이를 생각하며 기뻐한다. 저들은 율법이 행위의 언약이요 인간의 공로에 의존하기 때문에 무효라는 것을 본다. 그러나 이 언약은 은혜가 기초가 되어 조건이 되고 격조가 되며 방파제가 되고 토대가 되며 정상의 돌이 되어 있기 때문에 영구히 견고한 것을 인식한다. 언약은 부요함의 보물이요, 식료의 창고이며, 생명의 샘이고, 구원의 저장고요, 평화의 헌장이요, 기쁨의 항구이다.

8월 26일 저녁

478. "온 무리가 곧 예수를 보고 심히 놀라며 달려와 문안하거늘"
(막 9:15)

　　모세와 예수님 사이에는 그 얼마나 큰 차이가 있는가! 시내산에서 하나님과 사십일을 지낸 모세는 일종의 변형이 일어나 그의 얼굴이 매우 빛이 나서 백성들은 그의 얼굴을 쳐다볼 수가 없었다. 그 때문에 모세는 얼굴을 수건으로 가렸다. 그러나 우리의 구주는 그렇지 않았다. 그는 모세보다 더 큰 영광으로 변형되셨지만(cf. 막 9:2-8), 사람들은 예수님의 얼굴의 광채로 눈이 멀어졌다고 기록되어 있지는 않다. 오히려 저들은 "놀라서 그에게 달려와서 문안" 하였던 것이다. 율법의 영광은 사람을 물리치지만, 예수님의 더 큰 영광은 사람들을 끌리게 하였다. 예수님은 거룩하고 의로운 분이시며 그에게는 은혜와 진리가 그의 순결함과 섞이어 죄인들은 그의 선하심에 놀라고 그 사랑에 마음이 끌리어 그분에게 달려갔다. 저들은 문안을 드리고 그의 제자가 되어 그를 주님 또는 선생으로 모셨다. 친구여, 이제 당신은 하나님의 율법의 빛나는 빛에 소경이 되었는지도 모른다. 당신은 율법의 요구에 양심의 가책을 느끼지만, 그것을 당신의 생활에 실천할 수는 없다. 그것은 율법에 흠이 있어서가 아니고, 반대로 당신은 그것을 한없이 심오하게 존중하지만 그것으로 말미암아 조금이라도 하나님에게 이끌려가지 않는다. 오히려 당신의 마음은 완고하게 되어 절망의 구렁텅이에서 방황하는 것이다. 오, 가련한 마음이여, 당신의 눈을 사람을 물리치게 하는 빛을 발하는 모세로부터 돌리어라. 그리고 온화한 영광에 빛나는 예수님을 앙망하라. 그분의 보혈이 흐르는 상처와 가시관을 쓰신 머리를 보라! 그분은 하나님의 아들이시다. 그러므로 그분은 모세보다도 더 위대하시다. 그러나 그는 사랑의 주요, 입법자보다 더 온유하시다. 그분께서는 하나님의 진노를 짊어지셨다. 그분의 죽음 안에서 그는 시내산의 빛보다 하나님의 영광으로 빛이 날 때 더욱더 빛나는 하나님의 의를 나타내셨다. 그러나 하나님의 의는 목적을 이루어 이제 예수님을 믿는 자의 수호자가 되어 있다. 죄인이여, 피로 물들여진 예수님을 바라보라. 그리고 그분의 사랑에 끌린다면 그의 팔에 안겨라. 그러면 당신은 구원을 받으리라.

8월 27일 아침

479. "어느 때까지 나를 믿지 않겠느냐"(민 14:11)

부지런히 힘써서 불신앙의 괴물을 쫓아 버려라. 불신앙은 그리스도를 아주 부끄럽게 하는 것이다. 그러므로 만약 우리가 불신앙에 빠져 그리스도를 모욕하는 일을 계속한다면 그분께서는 우리 앞에서 자신을 숨기실 것이다. 불신앙은 잡초와 같다. 우리는 그 종자를 흙 속에서 완전히 제거할 수는 없지만 열심히 끈기 있게 그 뿌리를 마르게 노력해야 한다. 미워할 것이 많이 있지만 불신앙은 그 가운데 가장 혐오스러운 것이다. 불신앙이 상처 주기 쉬운 본래의 성질은 매우 독성이 강하여 그것을 행하는 자나 행함을 당하는 자나 둘 다 상처를 받게 되어 있다. 오, 믿는 자여 당신의 경우에는 가장 악한 것이다. 왜냐하면, 과거에 당신이 주님의 은혜로 채워졌던 것이 이제 주님을 의심하기 때문에 죄가 더욱 증가하게 되기 때문이다. 당신이 주 예수님을 신뢰하지 않을 때 "보라, 내가 너를 곡식을 가득히 실은 수레가 물건을 누르듯이 너를 누를 것이다"(암 2:13)라고 주님께서 진노하실 것이다. 이것은 가장 예리한 가시관을 주님의 머리에 씌우는 것이다. 남편에게 사랑받는 아내가 친절하고 충성스러운 남편을 신뢰하지 않는 것은 매우 잔인한 일이다. 그 죄는 말할 필요도 없이 어리석으며 용서할 수 없다. 예수님께서는 우리에게 조금도 의심할 근거를 주시지 않았다. 우리가 항상 사랑을 쏟아 성실을 다하여 사귀어 온 사람에게 의심을 받는다는 것은 아주 괴로운 일이다. 예수님은 지극히 높으신 이의 아들이시요 무한하게 부요하신 분이다. 전능하신 분을 의심하며 모든 것이 충만하신 분을 신뢰하지 않는 것은 아주 부끄러운 일이다. 언덕 위에 있는 일천 마리의 소는 아무리 배고픈 사람이 먹는다 해도 충분할 것이다. 그리고 하늘의 창고는 우리가 먹는다고 비워지는 것이 아니다. 만약 그리스도의 은혜가 조그만 물통에 들어있다면 우리가 그 은혜를 다 고갈시킬지도 모른다. 그러나 누가 끊임없이 솟아나는 샘물을 다 마셔 버릴 수 있겠는가? 무수한 영혼이 그리스도로부터 공급을 받고 있지만 한 사람도 그의 자원이 부족하다고 불평하는 자는 없다. 그러므로 이 거짓된 반역자를 내어 쫓으라. 왜냐하면, 불신앙의 유일한 사명은 우리와 하나님과의 사귐을 끊어 구주의 임재를 사라지게 하여 우리를 탄식하게 만들기 때문이다. 존 번연(John Bunyan)은 "불신앙은 잡초와 같아서 계속 돋아난다"라고 말하였다. 그러므로 우선 하나씩 하나씩 그것들을 모조리 뽑아버릴 때까지 계속하여 일을 해야 한다. 반역자여, 사라질지어다. 내 마음은 너를 혐오한다!

8월 27일 저녁

480. "내가 나의 영을 주의 손에 부탁하나이다. 진리의 하나님 여호와여 나를 속량하셨나이다"(시 31:5)

이 구절은 성도들이 이 세상을 떠날 때 종종 사용되어 왔다. 오늘 저녁 그 의미를 생각하며 은혜를 받고자 한다. 믿음이 신실한 믿는 자들의 삶이나 죽음에서 그들의 목적은 그의 육체나 재산에 있지 않고 그의 영혼에 있다. 그의 영혼이 가장 귀중한 보화이고 이것이 안전하면 모든 것이 좋은 것이다. 영원한 영혼과 비교하여 이 썩을 육체는 무엇인가? 믿는 자는 스스로 영혼을 하나님의 손에 부탁한다. 그것은 하나님에게서 나온 것이요, 하나님의 것이며, 하나님께서는 그것을 붙드시고 그것을 지키신다. 그러므로 하나님께서 믿는 자의 영혼을 기쁘게 받으시는 것은 실로 당연한 일이다. 주님의 손에 있으면 모든 것이 안전하다. 우리가 주님께 부탁하는 것은 현재에도 그리고 우리의 목숨이 급박해지는 그 날에도 안전할 것이다. 하늘의 보호 안에 설 수 있다는 것은 살아있는 동안에는 평화가 되고 죽어서는 영광이 된다. 우리는 항상 우리의 모든 것을 예수님의 신실한 손에 부탁하지 않으면 안 된다. 그때 생명은 바람 앞의 등불 같아서 환난이 모래와 같이 많을지라도 우리의 심령은 "평안하고 고요한 안식처"(사 32:18)에서 쉬면서 기뻐한다. "진리의 주 하나님이여, 주는 나를 구속하셨나이다." 구속함을 받는다는 것은 신뢰의 확실한 기초이다. 다윗은 우리가 아는 것 같이 갈보리를 알지 못하였다. 그러나 임시적인 구속이 그를 위로하였다. 그러므로 영원한 구속은 더욱 우리를 위로하지 않겠는가? 현재의 도움을 위하여 과거의 구원이 강하게 호소한다. 주님께서는 지금까지 하신 일을 계속하실 것이다. 왜냐하면, 그분은 변하지 않으시는 분이기 때문이다. 그분은 약속에 대하여 충실하시며 성도에 대하여 긍휼이 많으시다. 그분께서는 자기 백성을 결코 버리지 않으신다.

"비록 당신님께서 나를 치신다 해도 나는 당신을 신뢰합니다.
티끌에서 조차 당신님을 찬양합니다.
당신님의 말로 다 할 수 없는 사랑을
나에게 증명하라고 말씀하소서.

당신님께서 나를 징계하고 훈계 하실지라도
그러나 나에게 결코 무관심하지 마소서.

*이미 나를 위한 죄 값이 지불되었으니
나의 소망은 당신님의 사랑에 머무나이다."*

8월 28일 아침

481. "등유"(출 25:6)

나의 영혼이여, 너는 얼마나 이 기름을 필요로 하는가? 왜냐하면, 이것 없이는 너의 심지는 오랫동안 계속하여 탈 수가 없기 때문이다. 만약 빛을 잃는다면 너의 등의 심지는 연기가 나고 타서 없어질 것이다. 너는 자기 안에 솟아오르는 기름의 원천을 갖고 있지 않다. 그러므로 너는 어리석은 처녀들과 같이 "나의 등불은 꺼져버리고 말았다"(마 25:8)고 부르짖지 않을 수가 없다. 아무리 정결한 등이라도 기름이 없으면 빛을 내지 못한다. 비록 장막 안에 등불이 빛나고 있다 해도 장막의 등불은 계속해서 기름이 탈 수 있도록 심지어 바람이 불지 않아도 등의 심지를 잘 다스려 두어야 한다. 그리고 너의 경우도 마찬가지다. 아무리 행복할지라도 새로운 은혜의 기름을 공급 받지 않으면 오래 계속해서 탈 수 없는 것이다. 모든 기름이 주님께서 쓰시기에 합당하지는 않다. 땅속에서 풍부하게 솟아 나오는 석유, 물고기에서 나오는 어유, 호도에서 짜내는 기름, 이런 것들은 모두 필요가 없다. 오직 한 종류의 기름만이 주님께서 쓰시기에 합당하다. 그것은 최상의 감람유이다. 본래의 성질의 선함에서 오는 거짓의 은혜, 또는 종교인의 손에서 받은 상상의 은혜, 외견상의 의식에서 오는 가상의 은혜들은 결코 진실한 하나님의 성도들에게 힘이 되지 않는다. 그는 주님께서 그러한 기름을 기뻐하지 않는다는 것을 알고 있다. 그는 겟세마네의 감람유를 짜는 곳에 가서 거기서 짜낸 주님으로부터 기름의 공급을 받는다. 복음의 은혜로운 기름은 순수하고 섞인 것이 없다. 따라서 그 기름으로부터 나오는 빛은 선명하고 밝다. 우리의 교회는 구주의 금 촛대이다. 그리고 그것이 이 암흑의 세상을 비추는 빛이 되려면 많은 양의 거룩한 기름을 받지 않으면 안 된다. 우리 자신을 위하여, 우리의 목회자들을 위하여, 그리고 교회를 위하여 빛을 내기 위한 기름이 부족하지 않도록 기도하여야 한다. 진리, 성결, 기쁨, 지식, 사랑, 이런 것들은 거룩한 등에서 나오는 빛이다. 그러나 우리가 개인적으로 성령 하나님으로부터 기름을 받지 않으면 우리의 삶 속에서 그것들을 비출 수 없다.

8월 28일 저녁

482. "잉태치 못하며 생산치 못한 너는 노래할지어다"(사 54:1)

우리는 그리스도를 위하여 얼마나 많은 열매를 맺어왔고, 또 자기가 "하나님의 오른손에 의하여 심겨진 나무라는 기쁜 소망을 품어 왔는가?"(시 80:15). 그러나 우리는 때때로 스스로 전혀 열매를 맺지 못하였다는 것을 느낀다. 기도에 생명이 없고, 사랑은 냉랭하며, 믿음은 약하여 스스로의 마음의 동산에 있는 하나하나의 은혜는 쇠잔하여 떨어진다. 우리는 뜨거운 햇볕 아래에 있는 꽃같이 상쾌한 빗줄기를 필요로 한다. 이러한 때 우리는 어떻게 하면 좋을까? 이 구절은 그러한 우리를 향하여 말한다. "잉태치 못하며 생산치 못한 너는 노래할지어다." 그러나 우리는 무엇을 노래할 수 있을까? 나는 과거에도 현재에도 조금도 열매를 맺지 못하고 있다. 오, 그럼에도 불구하고 나는 예수 그리스도에 대하여 노래할 수가 있지 않은가! 이전에 구속주가 나를 속량해 주셨던 그 방문에 대하여 말할 수 있다. 또는 나는 그가 그 백성을 사랑하여 그들의 구속을 위하여 하늘 보좌에서 내려오신 큰 사랑을 찬양할 수 있다. 나의 영혼이여, 다시 십자가 밑으로 나아가자. 나의 영혼이여, 너는 일찍이 무거운 짐을 지고 있었다. 그리고 십자가 밑에서 무거운 짐을 풀어놓았다. 영혼아, 다시 갈보리로 가자. 너에게 생명을 준 그 십자가가 너에게 열매를 맺을 수 있게 할 것이다. 나의 황야는 무엇인가? 그것은 하나님의 결실의 힘이 활동하는 무대이다. 나의 거친 땅은 무엇인가? 그것은 그의 영원한 사랑의 사파이어 보석을 끼우는 검은 장식이다. 나는 빈약한 그대로 가리라. 무력한 그대로 부끄러움과 믿음의 후퇴한 그 모습 그대로 가리라. 나는 아직도 그분의 자녀인 것을 이야기하리라. 그의 신실한 마음에 의뢰하여 비록 열매 맺지 못한 나이지만 "소리 높여 노래 부르자." 믿는 자여, 노래하라! 그로 말미암아 당신의 마음도 위로가 되지만 열매를 맺지 못한 다른 사람의 마음도 격려되기 때문에 노래를 계속하라. 열매를 맺지 못한 마음으로 당신은 정말로 부끄러워하지만 잠시 후 당신은 열매를 맺게 될 것이다. 이제 하나님은 열매 맺지 못하는 것을 탄식하는 당신에게 곧 열매 송이를 가지고 당신을 권고할 것이다. 우리의 열매 없는 경험은 괴로우나 주님의 방문은 기쁘다. 우리의 무력함에 대한 자각이 우리를 그리스도에게 가게 한다. 그곳이야말로 우리가 가야 할 곳이다. 주님 안에서만 우리의 열매가 발견되기 때문이다.

8월 29일 아침

483. "하나님이여 주의 인자를 좇아 나를 긍휼히 여기소서"
(시 51:1)

윌리엄 캐리(Willaim Carey) 박사가 중병으로 고통 받고 있을 때, "만약

이 병이 치명적인 것이라면 당신의 장례식의 설교에서 어느 성경 구절을 읽으면 좋겠습니까?"라는 질문을 받았다. 그는 "오 나와 같은 죄 많은 자는 자신에 대해 말씀을 받을 가치도 없지만, 만약 장례식 설교를 해야 한다면 '하나님이여, 주의 인자를 좇아 나를 긍휼히 여기시며 주의 많은 자비를 좇아 내 죄과를 도말하소서'"(시 51:1)라고 대답하였다. 그는 다시 이와 같은 겸손한 마음으로 자기의 묘비에 다음과 같이 쓰도록 유언하고 다른 이외의 것을 기록하지 말라고 부탁했다.

"윌리암 캐리(Willaim Carey) 1761년 8월 17일 생.
비천하고 가난하고 힘없는 버러지 같은 자가
주의 자비하신 팔에 안기다."

가장 경험이 깊고 가장 존경할 만한 성도는 오직 대가없는 은혜라는 발판에 의해서만 하나님께 가까이 나아갈 수 있다. 인간 중에 최고의 부류에 속하는 사람들은 저들이 그저 인간에 불과하다는 것을 알고 있다. 짐을 싣지 않은 배는 물위에 높이 뜨지만 많은 짐을 실은 배는 물속 깊이 배의 본체를 잠그고 있다. 단지 말만 하는 믿는 자는 겉으로 큰소리치지만 참 하나님의 자녀는 스스로 보잘것없는 종이라는 것을 인정하고 하나님의 은혜를 위하여 부르짖는다. 우리 자신의 선행, 기도, 설교, 헌금, 그리고 삶의 희생들 위에도 주님의 긍휼을 구하지 않으면 안 된다. 피는 이스라엘인의 집안의 문설주에 뿐 아니라 성소에도, 은혜의 보좌와 제단에도 부어져 있다. 왜냐하면, 죄는 우리가 가장 신성시하는 곳 안으로 침입하기 때문에 거기에도 더러움을 정결하게 하기 위하여 예수님의 보혈을 필요로 하는 것이다. 만약 우리의 의무에도 은혜를 구해야 한다면 하물며 죄에 대해서는 어떠할까? 다함이 없는 긍휼이 우리에게 은혜를 주시려고 기다리며, 믿음의 후퇴에서 회복하게 하고, 우리의 부러진 뼈를 기쁘게 하려고 대기하고 있다는 것은 얼마나 즐거운 일인가!

8월 29일 저녁

484. "자기 몸을 구별하는 모든 날 동안에는
포도나무 소산은 씨나 껍질이라도 먹지 말찌며"(민 6:4)

나실인에게는 해야 할 여러 가지 서원이 있지만, 그중에 포도주를 마시지 않는 것이 있다(cf. 민 6:2-3). 이 의무를 위반하지 않기 위해 저들은 신포도주나 진한 술을 마시는 것이 금지되어 있다. 그리고 이 규칙을 더욱 명확하게 하려고 저들은 발효되지 않은 포도의 즙에 접촉해도 안되며, 생것이든지 마른 것이든지 포도를 먹어서는 안 된다. 그 서약을 완벽히 지키기 위하여 포도에 관한 것을 먹는 일은 일체 금지되었다. 그것은 외견상의 악을 피하기 위함이었다. 확실히 이것은 주님께서 성별하신 이들에게 대하여 교훈을 준다. 즉 그들은 모든 형식의 죄를 멀리하여야 하며 추악한 죄의 형식을 피할 뿐만 아니라, 그 정신도 죄와 비슷한 것도 피해야 할 것을 교훈한다. 오늘날 자신에게 엄격한 생활을 하는 것이 경멸되어 왔다. 그러나 친애하는 자여, 안심하라. 엄격한 생활은 우리에게 가장 안전하고 가장 행복한 생활인 것이다. 세상적인 것에 대하여 한치라도 양보하는 자는 두려운 위험에 빠질 수가 있다. 소돔의 포도를 먹는 자는 곧 고모라의 포도주를 마시게 될 것이다. 바다의 방파제의 작은 틈으로 해수가 침입한다면 그것은 급속히 크게 되어 마침내 도시가 완전히 물에 덮이게 될 것이다. 세속과의 타협은 아무리 적은 것 일지라도 마음에 있어서 그것이 올무가 되어 더욱 깊은 죄에 빠지는 경향을 가진다. 그 위에 포도즙을 마신 나실인은 그것이 어느 정도 발효가 되었는지를 확인하지 않음으로 결과적으로 마음속의 서원이 지켜지고 있는지 아닌지를 분명하게 의식하지 못하게 된다. 그처럼 세속과 타협하는 그리스도인은 깨끗한 양심을 지킬 수 없게 되고 그의 마음속의 경고자는 그의 정직성에 대해 의심하게 된다. 이처럼 많은 것들이 말할 필요 없이 우리에게 악이다. 우리는 유혹하는 자에게 손을 내밀어서는 안된다. 그냥 빨리 도망하는 것이 상책이다. 위선자가 되어 사람들에게 멸시받는 것보다 오히려 청교도로서 냉소를 받는 편이 낫다. 주님의 길에서 조심하며 걷는 일은 실로 자기 부정이 필요하다. 그러나 그것은 즐거운 일이며 무엇보다도 충분한 보상이 주어진다.

8월 30일 아침

485. "너는 여호와를 바랄지어다"(시 27:14)

기다린다는 것은 쉬운 것 같으나 그리스도의 군사에게는 몇 년 동안의 배움이 없이는 아주 힘든 것 중의 하나이다. 하나님의 용사에게는 가만히 서 있는 것보다 행군하는 것이 훨씬 쉬운 일이다. 열심히 힘을 다하여 주님을 섬기려는 마음에 어떻게 해야 할지 몰라 난처하게 되는 경우가 있다. 이럴 때는 과연 어떻게 할 것인가? 절망하면서 초조해할 것인가? 비겁하게 후퇴할 것인가? 두려움에 오른쪽으로 갈 것인가? 아니면 추측하면서 전진할 것인가? 아니다. 그 답은 오직 기다리는 것이다. 그러나 기도하면서 기다려야 한다. 하나님을 부르며 기도하면서 일의 상세함을 하나님 앞에 내놓으라. 직면하고 있는 어려움을 하나님께 아뢰어 우리를 도우시는 약속의 말씀을 붙잡고 구하라. 두 가지의 의무 사이에 끼웠을 때 어린애와 같이 겸손하고 단순한 마음으로 주님을 바라보는 것은 실로 아름답다. 우리가 자신의 어리석음을 알고 주님의 뜻대로 인도되기를 원하는 것은 확실히 우리에게 좋은 일이다. 그러나 믿음을 가지고 기다려라. 당신의 하나님을 향한 흔들리지 않는 확신을 표현하라. 믿음 없이 그리고 신뢰하는 마음 없이 기다리는 것은 주님을 무시하는 것이다. 비록 당신이 밤중까지 기다려도 오시지 않더라도 주님께서는 가장 좋은 시간에 오실 것을 믿어라. 비전은 이루어질 날이 올 것이다. 결코 지체하지 않을 것이다. 그러니 고요히 인내하고 기다려라. 고난 중에 있을 지라도 하나님을 거역하지 말고 오히려 그 때문에 하나님을 찬양하라. 이스라엘 백성이 모세를 원망하듯이 결코 원망해서는 안 된다. 이 세상으로 다시 돌아가기를 원해서는 안 된다. 그러나 주어진 시련을 있는 그대로 받아들여 자기중심적인 생각을 물리치고 단순히 그리고 온전한 마음을 가지고 그것을 언약의 하나님 손에 의탁하라. 그리고 하나님께 고하라. "주여, 나의 뜻대로 마옵시고 주의 뜻대로 하소서. 나는 앞으로 나아갈 수도 뒤로 물러설 수도 없는 상태이오니 어떻게 해야 할지 모르겠나이다. 오직 주님께서 홍수를 나누시어 나의 대적들을 흩으시기까지 기다리나이다. 비록 오래 기다릴지라도 나는 주님을 기다리나이다. 왜냐하면, 내 마음은 주님께 속하였기 때문입니다. 주님만이 나의 기쁨, 나의 구원, 나의 피난처요, 또한 나의 강한 산성이기에 전적으로 주님을 믿고 섬기나이다."

8월 30일 저녁

486. "여호와여 주는 나의 찬송이시오니 나를 고치소서
그리하시면 내가 낫겠나이다"(렘 17:14)"
"내가 그 길을 보았은즉 그를 고쳐 줄 것이라"(사 57:18)"

영적인 병을 고치는 것은 하나님만이 하시는 특권이다. 육체의 병은 사람이 중재자가 되어 고칠 수도 있다. 그러나 그때에도 약에 효능을 주어 인체의 병을 떨칠 수 있도록 힘을 주시는 하나님을 찬양해야 한다. 영적인 병에

있어서는 위대한 의사이신 하나님의 손만이 이것을 고치신다. 그리고 주님께서는 독점권으로써 그것을 주장하신다. "나는 죽이기도 하며 또 살리기도 하며 상하게도 하시며 또 고치기도 한다"(신 32:39). 여호와의 많은 성호 가운데 하나는 "여호와 라파, 곧 너를 고치시는 주님이시다"(출 15:26). "나는 너희 상처를 치료한다." 이 말씀은 사람의 말에서는 나올 수 없는 약속이요 영원하신 하나님의 입에서만 나온다. 그러므로 시편 저자는 주님을 향하여 부르짖는다. "여호와여 나의 뼈가 떨리오니 나를 고치소서"(시 6:2). 그리고 "나의 영혼을 고치소서 나는 당신에게 대하여 죄를 범하였습니다"(시 41:4). 경건한 사람들이 주님의 이름을 찬양할 때에도 "주는 우리의 모든 병을 고치시며"(시 103:3)라고 말한다. 사람을 지으신 분께서는 병든 사람들을 회복시킬 수가 있다. 우리의 성품을 지으신 분은 그것을 새롭게 다시 창조하실 수 있다. 그리스도 안에 "충만하신 신성이 육체로 거하시고"(골 2:9)라는 말씀은 그 얼마나 비교할 수 없는 위대한 위로인가! 당신의 병이 어떤 것이든 이 위대한 의사는 당신을 고치신다. 그가 하나님이신 이상 거기에는 그의 능력의 한계가 없으시다. 그러면 어두운 이해력의 영적 소경인 상태로 오라. 낭비된 에너지로 인한 절름발이의 발로써 또는 약한 믿음의 마른 손을 가지고 오라. 분노의 열기나 또는 몸이 떨리는 낙담의 냉기 그대로 오라. 당신의 현재 상태 그대로 오라. 왜냐하면, 그분께서는 너의 모든 재앙으로부터 확실히 너를 치유할 수 있는 하나님이시기 때문이다. 어떠한 것이라도 하나님이신 우리 주 예수님께로부터 흘러나오는 치유의 능력을 막을 자는 없다. 더러운 영인 군대 마귀도 사랑하는 의사의 능력을 인정하고 결코 방해하지 못하였다. 과거에 그의 환자는 모두 고침을 받았다. 그리고 이후에도 치유 받을 것이다. 친구여, 이 밤에 그분 안에서 쉬기를 원한다면 당신도 그들 중의 한 사람이 될 것이다.

8월 31일 아침

487. "내 팔에 의지하리라"(사 51:5)

　　심한 시련에 직면하면 그리스도인은 이 땅 위에 어떤 것도 의지할 것이 없을 때 오직 하나님에게만 그 몸을 맡기지 않을 수가 없게 된다. 그의 배가 기울어 위험이 높아질 때, 그리고 사람의 도움이 전혀 미치지 못하게 되었을 때, 그는 단순히 또한 전적으로 자기를 하나님의 섭리와 보호에 맡기지 않으면 안 된다. 이와 같이 사람을 바위에 부딪쳐 난파하게 하는 폭풍은 기쁜 일이다! 영혼을 하나님께로 향하게 하는 심한 폭풍은 복이 있으리로다! 때로는 우리는 자신의 친구가 많기 때문에 하나님께 가까이 하지 못하는 일이 있다. 그러나 가난하고, 친구도 없으며, 무력하여 어디를 향해도 몸 둘 곳이 없다면 그는 아버지에게 달려가서 그의 복된 팔에 안기게 되지 않는가! 그가 절박하고 특별히 곤란한 일이 닥쳐서 하나님 외에 그것을 호소할 다른 곳이 없다면 그는 오히려 그 일을 감사해야 할 것이다. 이런 때에 비로소 그는 주님께 대하여 더 깊이 배우기 때문이다. 오 괴로워하는 믿는 자여, 당신을 아버지께로 몰아가는 고난은 오히려 행복한 고난이 아닌가! 당신은 지금 하나님 외에 의지할 곳이 없기 때문에 하나님께 모든 신뢰를 두도록 힘쓰라. 당신의 주님을 의심하거나 두려워함으로써 당신의 주님을 부끄럽게 하지 말라. 믿음에 굳게 서서 하나님께 영광을 돌려라. 당신에게 있어서 하나님은 이 세상의 모든 것을 모은 것보다 더욱 가치가 있다는 것을 세상에 향하여 보여라. 주 하나님이 당신을 도우시는 팔이 될 때 당신은 빈곤 중에 있어도 부요하다는 것을 세상의 부자에게 보여라. 당신에게 "영원한 팔"(신 33:27)이 함께 할 때, 너의 약할 때가 가장 강하다는 것을 세상의 강한 자에게 보여라. 지금은 믿음의 눈부신 활동과 용감한 행위의 시대이다. 강하고 또 담대하라. 그러면 당신의 주 하나님께서 천지를 창조하신 것과 같이 확실하고 분명하게 당신의 약함 속에서 자신의 영광을 나타내시며 당신의 환난 중에서 자신의 힘을 확대시켜 보이신다. 만약 푸른 하늘이 눈에 보이는 한 개의 기둥으로 지탱되어 있다면 둥근 하늘의 장엄성은 손실될 것이다. 당신의 믿음도 만약 눈으로 보이는 것에 의존되어 있다면 그 영광이 상실된다. 이달의 마지막 날에 원하기는 성령이 당신에게 예수님 안에 안식하도록 도와주시기를 바란다.

8월 31일 저녁

488. "하나님이 빛 가운데 계신 것같이 우리도 빛 가운데 행하면" (요일 1:7)

"하나님이 빛 가운데 계신 것 같이 너희도 그렇게 행하라!" 우리는 과연 이와 같은 수준에 도달할 수 있는가? 우리가 "하늘에 계신 우리의 아버지"(마 6:9)라고 부르는 하나님에 관하여 "하나님은 빛이시다. 그에게는 전혀 어둠이 없다"(요일 1:5)고 기록되어 있다. 우리는 하나님과 같이 확실히 빛 가운데 걸을 수 있는가? 확실히 이것은 우리 앞에 둔 모범이다. 왜냐하면, 구주 자신이 이와 같이 말씀하셨기 때문이다. "하늘에 계신 너희 아버지께서 온전하심같이 너희도 온전하라"(마 5:48). 우리는 하나님의 완전에는 도저히 미칠 수 없다고 느낄지도 모른다. 그러나 우리는 그것을 추구해야 하고 그 표준에 도달하기까지 결코 만족하여서는 안 된다. 젊은 예술가가 처음 연필을 손에 들었을 때 대가인 라파엘(Raphael)이나 미켈란젤로(Michelangelo)와 같은 수준에 이르기를 거의 바라지 않는다. 그러나 만약 그가 마음에 고귀한 이상을 가지지 않는다면 보통의 평범한 화가로 마치고 말 것이다. "하나님이 빛 가운데 계심과 같이 그리스도인도 빛 가운데를 걸으라"는 말씀은 무엇을 의미하는 것일까? 그것은 정도가 아니고 유사함을 의미하는 것이라고 생각한다. 우리는 참으로 온전하게 또한 진지하게, 그리고 정직하게 빛 가운데 있지만 하나님께서 빛 가운데 계신 것과 같은 정도의 빛 가운데 있을 수는 없다. 나는 태양 안에서 살 수는 없다. 그곳은 내가 살기에 너무나도 뜨겁고 밝다. 그러나 나는 햇빛 가운데를 걸을 수 있다. 그와 같이 나는 본질적으로 무한하게 선하신 만군의 주님께 속하는 완전한 순결과 진리에 도달할 수 없다. 그러나 나는 "주를 항상 나의 눈 앞에 바라보며"(시 16:8) 내 안에 계신 성령의 도우심으로 그의 형상을 닮아가도록 노력할 수는 있다. 유명한 성경 주석가 죤 트랩(John Trapp)은 다음과 같이 말하였다. "우리는 질에 있어서 하나님이 빛 가운데 계심 같이 우리도 빛 가운데 있을지도 모른다. 그러나 하나님과 같은 정도의 빛 가운데 있는 것은 아니다." 우리는 하나님과 같은 빛을 가지고 하나님께서 그 가운데를 걸으신 것 같이 우리도 그 가운데로 걸을 것이다. 그러나 거룩함과 순결에 있어서 하나님과 그의 백성들이 함께 하는 것은 우리가 요단강을 건너 지극히 높으신 자의 완전에 들어가기까지는 아직 남겨져 있는 것이다. 거룩한 사귐의 축복과 완전한 거룩함은 빛 가운데 걷는 것과 결합되어 있다는 것에 주목하라.

9월의 묵상

9월 1일 아침

489. "주의 교훈으로 나를 인도하시고 후에는 영광으로 나를 영접하시리니"(시 73:24)

다윗은 하나님의 인도하심이 필요하다고 느꼈다. 그는 마침내 자신이 어리석다는 것을 발견하였다. 그리고 그 때문에 잘못된 길에 빠지는 일이 없도록 이제부터는 하나님의 교훈에 의지하여 걷기로 결심하였다. 이와 같이 우리가 자신의 어리석음을 아는 것은 지혜롭게 되는 중요한 단계이다. 이것은 우리로 하여금 주님의 지혜를 의지하게 해준다. 소경이 그 친구의 팔에 의지하여 집에 안전하게 도착할 수 있는 것 같이 우리도 비록 자신은 볼 수 없을지라도 모든 것을 보시는 하나님께 의지하는 것이 얼마나 안전한 것인지 확신하고 조금이라도 의심하지 말고 온전히 하나님께 맡겨라. "주는 나를 인도하시고"라는 말씀은 확신에 찬 행복한 표현이다. 다윗은 주님께서 그의 백성을 버리지 않음을 확신하였다. 믿는 자들이여, 이것은 또한 당신들에게 주시는 말씀이다. 이 귀한 말씀 안에서 안식하라. 당신의 하나님은 당신의 상담자이시며, 또한 진실된 친구인 것을 굳게 믿어라. 하나님은 당신을 인도하시며 당신의 모든 길을 보이신다. 기록된 하나님의 말씀 가운데 당신은 부분적으로 이미 이루어진 것을 확신할 것이다. 성경은 당신에게 주시는 하나님의 교훈이기 때문이다. 우리는 하나님의 말씀이 우리를 항상 인도하는 것이 행복하지 아니한가? 항해자가 나침반을 갖고 있지 않다면 어떻게 될까? 그리고 그리스도인에게 성경이 없다면 어떻게 될까? 성경은 틀림이 없는 항해도이며 모든 암초가 표시되어 있는 지도이다. 파멸의 암초를 벗어나서 구원의 항구에 도달하는 모든 항로는 그 모든 안전한 길을 아시는 분에 의하여 그려져 있고 표시되어 있다. 찬송하리로다, 하나님이여! 이제까지 인도하신 주님께서 우리를 최종까지 인도하실 것을 믿지 않으려는가? 다윗은 자신의 일생을 통하여 인도하신 하나님에게 마침내 받아들여짐을 기대하며 이렇게 말한다. "그 후에는 나를 영광으로 영접하시리이다." 믿는 자여, 이것은 당신을 위하여 얼마나 위대한 생각인가? 하나님 자신이 우리를 영광 중에 인도하시는 것이다. 비록 당신이 방황하며 실패하며 곁길로 가고 있더라도, 그분께서는 마침내 당신을 영광으로 안전하게 인도하시지 않으시는가? 이것은 당신의 몫이다. 오늘 하루 이 말씀을 붙잡고 살아라. 만약 어두운 혼란이 당신을 둘러싼다면 이 말씀을 붙잡고 곧장 보좌 앞으로 달려가라.

9월 1일 저녁

490. "시시로 하나님을 의지하라"(시 62:8)

믿음은 영적생활에 있어서 뿐만 아니라 이 세상의 생활 규칙이기도 하다. 우리는 "하늘"의 일과 같이 이 땅의 일에 대해서도 하나님께 온전한 믿음을 가져야 한다. 이 세상을 초월하여 사는 것은 우리가 날마다 필요한 것을 공급하시는 하나님을 신뢰하는 것에 대하여 배우는 것이다. 우리는 게을러서는 안 된다. 게으름을 피우는 것은 항상 일하시는 하나님을 우리가 신뢰하지 않고 게으름의 아버지인 마귀에게 순종하는 것을 보이는 것이다. 우리는 무분별하든지 경솔하든지 해서는 안 된다. 그것은 살아계신 하나님보다 기회를 의지하는 것이기 때문이다. 주님은 경륜과 질서의 하나님이다. 사려 깊고 바르게 행동하고자 한다면 우리는 단순히 그리고 전적으로 항상 주님께 의지하지 않으면 안 된다. 이 세상의 일에 대해서도 하나님을 신뢰하는 당신의 삶이 되기를 권면한다. 하나님을 온전히 신뢰하고 있다면 당신은 부자가 되기 위하여 악한 방법을 사용하고 또 그것을 회개하는 일도 없을 것이다. 오직 정직함으로 하나님을 섬겨라. 그리하면 당신이 성공을 이루지 못했다 할지라도 죄가 당신의 양심 위에 머무르지 않을 것이다. 하나님을 신뢰하면 자기모순에 빠지는 일이 없을 것이다. 자기 자신의 능력을 의지하는 자는 마치 변덕스러운 바람이 부는 대로 가는 배와 같아서 오늘은 이 길로 다음번에는 저 길로 항해 한다. 그러나 주님을 온전히 신뢰하는 자는 증기선과 같아서 풍파에 개의치 않고 한줄기의 은색으로 빛나는 항해의 자국을 남기고 일직선으로 목표한 항구를 향하여 나아간다. 당신의 주님 안에서 올바른 생활의 원칙대로 사는 사람이 되어서 결코 세상의 각양 거짓된 지혜에 머리 숙여서는 안 된다. 당신은 오직 정직한 길을 결단 있게 걸어감으로써 하나님만이 주실 수 있는 확신 안에서 당신이 이길 수 없을 만큼 강하다는 것을 보여주라. 그러면 당신은 인생의 고된 짐이 되는 염려로부터 풀려날 것이다. 이 세상의 풍조에 떠밀리는 일이 없이 당신의 마음은 "주를 믿어"(시 112:7) 확고하게 될 것이다. 섭리의 흐름에 순종하여 움직이는 것은 얼마나 즐거운 일인가! 언약을 지키시는 하나님께 신뢰하는 생활처럼 축복된 삶은 없다. "주님께서 우리를 권고하시기 때문에"(벧전 5:7) 우리에게는 염려가 없다. 또한 우리에게 어려움은 없다. 왜냐하면, 우리는 이미 우리의 무거운 짐을 주님께 내려놓기 때문이다.

9월 2일 아침

491. "시몬의 장모가 열병으로 누웠는지라
사람들이 곧 그의 일로 예수께 여짜온대"(막 1:30)

이 구절에서 사도가 된 어부의 가정을 알아보는 것은 매우 흥미로운 일이다. 우리가 단번에 느끼는 것은 가정의 기쁨과 근심은 전도에 조금도 방해되지 않는다는 것이다. 사실 주님의 깊은 은혜에 따른 사명은 오히려 그러한 것들로 인하여 직접 친척들에게 복음을 증거하는 기회를 주는 것으로 어떤 다른 훈련보다도 좋은 교훈을 전도자에게 준다. 로마 카톨릭과 다른 종파에 속한 사람들은 결혼을 비난할지도 모른다. 그러나 참 기독교와 가정생활은 잘 일치한다. 베드로의 집은 아마 가난한 어부의 가정이었을 것이다. 그러나 영광의 주님께서 그 집에 들어가서 머물고 그곳에서 기적을 베푸신 것이었다. 만약 이 작은 책이 오늘 아침 어디선가 가난한 작은 집에서 읽는 일이 있다면, 이 사실이 그 집의 사람들을 강하게 하여 왕이신 예수님과의 깊은 사귐을 찾기 원한다. 하나님은 부유한 궁전보다 작고 빈약한 집에 임하신다. 예수님께서는 지금 당신의 방을 둘러보시고 당신에게 은혜를 베푸시려고 기다리신다. 시몬의 집에 질병이 찾아와 무서운 열병이 시몬의 장모를 괴롭혔다. 그곳에 예수님께서 들어가시자 곧 사람들은 그 고난을 예수님께 아뢰고 그분은 곧 환자의 병상으로 급히 가셨다. 오늘 아침 당신의 집에 병은 없는가? 당신은 예수님께서 이제껏 가장 훌륭하신 의사이신 것을 알 것이다. 곧 주님 앞에 가서 그에게 모든 것을 아뢰어라. 즉시 그 앞에서 문제를 내놓아라. 백성의 고난은 예수님에게 있어서 결코 작은 문제가 아니다. 구주께서 아픈 여인을 곧바로 고치신 것에 관하여 주목하라. 어떤 사람도 그와 같이 치유하지 못한다. 우리의 사랑하는 자의 병을 주님께서 곧 고치신다고 단언하지는 못한다. 그러나 우리는 병자를 위하여 믿음으로 하는 기도는 이 세상 어떤 것보다도 나으며 병자를 회복하게 하는 힘이 있다는 것을 알고 있다. 비록 병이 낫지 않는다 하여도 죽고 사는 것을 주장하시는 분에게 그의 뜻을 순종하지 않으면 안 된다. 예수님의 온유한 마음은 우리의 슬픔을 들으시려고 기다리신다. 주님의 인내 깊은 귀에 우리의 모든 슬픔을 쏟아놓지 않으려는가!

9월 2일 저녁

492. "너희는 표적과 기사를 보지 못하면 도무지 믿지 아니하리라"
(요 4:48)

기적을 간절히 바라는 마음은 주님께서 땅위에 계셨던 시대의 사람들이 가졌던 하나의 병적인 상태의 증세였다. 그들은 건전한 양분을 거절하고 단순한 이적만을 구하였다. 그들이 정말로 필요한 복음을 그들은 원하지 않았다. 예수님께서 항상 주시려고 하지 않았던 기적을 열심히 요구하였다. 오늘날 많은 사람들도 표적과 이적을 보지 않으면 믿으려고 하지 않는다. 어떤 사람들은 마음속에서 이렇게 말한다. "나는 나의 죄에 관해서 나의 영혼의 심각한 공포를 느끼지 않으면 안 된다. 그렇지 않으면 나는 결코 예수를 믿지 않을 것이다." 그러나 만약 당신이 그와 같은 경험을 하는 일이 있다면 어떻게 할 것인가? 아마도 당신은 그와 같은 경험을 하지 못할 것이다. 당신은 하나님이 자기를 다른 사람들과 같이 취급해 주지 않았다고 하나님을 배반하고 지옥으로 갈 생각인가? 어떤 사람은 자기 자신에 대해 이렇게 말한다. "만약 내가 신령한 꿈을 꾸든지, 아니면 알지 못한 어떤 충격이라도 갑자기 받게 되면, 그러면 믿겠다." 이렇게 무가치하며 죽을 인간인 당신이 주님을 당신의 지시대로 움직이게 하려고 생각하고 있음은 무슨 일인가? 당신은 주님의 대문 앞에 있는 거지이다. 긍휼을 구하고 있는 사람인데 그 긍휼을 받는 방법을 지시하려고 하는가? 당신은 주님께서 그것을 준행하리라 생각하는가? 나의 주님께서는 관대한 마음을 가지고 계시다. 그러나 그분은 왕의 올바른 마음을 갖고 있으며 모든 지시를 물리치고 오직 주권자로서 행동을 취하신다. 사랑하는 자여, 이 구절이 당신의 상태를 말하는 것이라면, 왜 당신은 표적과 이적을 보려고 하는가? 복음 그 자체가 표적이요 이적이 아닌가? "하나님이 세상을 이처럼 사랑하사 독생자를 주셨으니 누구든지 저를 믿으면 멸망치 않고 영생을 얻으리라"(요 3:16). 이것이 바로 기적중의 기적이 아닌가? "생명수를 원하는 자는 그것을 값없이 받으라"(계 22:17). 이것은 확실히 너무나 보배로운 말씀이 아닌가? 그리고 "내게 오는 자는 결코 거절하지 않는다"(요 6:37). 이 엄숙한 말씀은 확실히 표적과 이적보다 더욱 훌륭한 것이 아닌가! 진실하신 구주는 믿을 만한 분이시다. 그분은 진리 그 자체이시다. 왜 당신은 거짓을 말할 수 없는 분에게 진실의 증거를 구하려고 하는가? 마귀조차도 그가 하나님의 아들이신 것을 선언하였다(cf. 막 3:11). 당신은 과연 그러한 그분을 아직도 여전히 의심만 하고 있을 것인가?

9월 3일 아침

493. "내 마음에 사랑하는 자야"(아 1:7)

"만일"이라든가 "그러나"와 같은 말을 넣지 않고 주 예수님을 "내 마음에 사랑하는 자야"라고 말할 수 있다면 그것은 참으로 행복한 일이다. 많은 사람들은 예수님에 대하여 단지 그분을 사랑하기를 바란다든지, 아니면 단순히 그분을 사랑하고 믿고 싶다든지 이렇게 말한다. 이것은 단지 빈약하고 얄팍한 경험에 만족하는 것이다. 이와 같이 죽느냐 아니면 사느냐에 관계되는 중요한 문제에 관해서는 우리의 영혼이 아주 쉽게 확신을 얻어서는 안된다. 우리는 피상적인 소망 또는 공허한 신뢰로 만족해서는 안 된다. 옛 성도들은 "그러나", "만약", "…이기를 원한다", 또는 "…이기를 믿는다"와 같은 방식의 일반적인 표현을 쓰지 않았다. 저들은 긍정적으로 명백하게 말했다. 바울은 "나는 나의 믿는 것을 안다"(딤후 1:12)라고 말하였고, 욥은 "나는 나의 구속자가 살아 있음을 안다"(욥 19:25)라고 말하였다. 예수님에 대해 당신이 사랑의 명확한 지식을 얻고 그분에 대한 관심을 현실적인 것으로 말할 수 있기까지는 결코 만족하지 말라. 당신이 성령의 증거를 받고 믿음으로 말미암아 성령의 인을 영혼 속에 받았을 때 그것을 확실한 것으로 하라. 그리스도에 대한 진실한 사랑은 모든 경우에 있어서 성령의 활동에 의한 것이고, 성령으로 말미암아 마음이 움직이지 않으면 안 된다. 성령께서는 그분의 대리인이다. 그러나 우리가 예수님을 사랑하는 논리적인 이유는 그분 자신 안에 놓여 있다. 왜 우리는 예수님을 사랑하는가? "왜냐하면, 예수님께서 먼저 우리를 사랑했기 때문이다"(요일 4:19). 왜 우리는 예수님을 사랑하는가? "예수님께서 우리를 위하여 자신을 제물로 드리셨기 때문이다"(딛 2:14). 우리는 예수님의 죽으심으로 인하여 생명을 얻고 그의 피흘리심으로 인하여 평화를 얻었다. "예수님께서는 원래 부요하셨지만 우리를 위하여 가난하게 되셨다"(고후 8:9). 우리는 왜 예수님을 사랑하는가? 그것은 그분의 인격이 탁월하시기 때문이다. 우리는 예수님의 아름다우신 감각으로 채워져서 그분의 매력을 찬양하며, 그분의 무한한 완전하심을 의식하지 않는가! 예수님의 위대성, 선함, 아름다우심은 한줄기의 빛나는 광선이 되어 비추이며 마음을 황홀하게 하여 마침내 "그는 모든 것이 사랑스럽구나"(아 5:16)라고 감탄하게 되는 것이다. 이것은 보배로운 사랑이고, 이 사랑은 비단보다도 부드러운 줄로 마음을 묶는 사랑이지만 그것은 참으로 금강석보다도 더 강하지 않은가!

9월 3일 저녁

494. "여호와는 의인을 감찰하시고"(시 11:5)

모든 것은 섭리의 지배 아래에 있다. 그러므로 우리의 외부 활동에 있어 모든 시련의 근원은 궁극적으로 성부 하나님에게까지 올라갈 수가 있다.

하나님께서 정하신 황금문에서 강한 시련의 군대가 강철의 갑옷을 입고 전쟁의 무기를 갖추고 진군해 오는 것이다. 모든 하나님의 섭리는 시련의 문 앞에 있다. 궁휼조차도 장미와 같이 가시를 갖고 있다. 사람들은 환란의 강에 빠져 죽는 것 같이 번영의 바다에서도 빠져 죽는다. 우리의 산은 유혹이 미치지 못할 만큼 아주 높지 않으며, 또 우리의 골짜기는 그렇게 깊지 않다. 시험은 모든 곳에 잠복해 있다. 어떤 곳에서든지 위나 아래나 위험은 우리를 둘러싸고 공격한다. 그러나 하나님의 허락이 없이는 단 한 방울의 비도 어두운 구름 속에서 떨어지는 일은 없다. 한 방울 한 방울의 비가 땅에 떨어지는 순서까지 정해져 있는 것이다. 하나님으로부터의 시련은 우리에게 주어진 은혜를 증명하고 강하게 하기 위하여 주어진다. 그러므로 동시에 그것들은 하나님의 은혜의 힘을 증명하고 우리의 덕의 진실성을 시험함으로써 시련의 효과를 더해준다. 무한한 지혜와 넘치는 사랑을 가지신 우리의 주님께서는 그 백성의 믿음을 높이 평가하고 있으므로 저들의 믿음을 강하게 할 시련에서 벗어나게 하지 않으신다. 만약 당신의 믿음의 시련이 불같지 않았다면 당신은 결코 지금 당신을 붙들고 있는 보배로운 믿음을 갖지 못했을 것이다. 만약에 역경의 바람이 심하게 불어 당신을 좌우로 흔들어 당신이 은혜의 언약의 보배로운 진리를 강하게 붙들도록 만들지 않았다면, 당신은 결코 오늘과 같이 뿌리가 잘 박힌 나무처럼 되지 못했을 것이다. 세속적인 일은 믿음의 큰 대적이다. 그것은 거룩한 용기의 관절을 느슨하게 만들어 하나님께 드린 거룩한 용기의 사지를 끊어 버린다. 더운 공기가 들어있는 풍선은 땅에서 붙잡고 있는 끈을 끊지 않으면 결코 위로 올라갈 수가 없다. 환란은 믿는 영혼에게 이렇게 중요한 역할을 한다. 밀은 껍질 속에서 편안하게 잠자고 있는 동안에는 사람에게 이용가치가 없다. 밀의 진가를 알리기 위해서는 그 쉬고 있는 곳에서 꺼내어 타작해야 하는 것이다. 이와 같이 여호와께서 "의로운 자를 시험하는 것"은 좋은 일이다. 왜냐하면, 저들은 시련으로 말미암아 하나님을 향하여 더욱 풍성하게 성장하기 때문이다.

9월 4일 아침

495. "내가 원하노니 깨끗함을 받으라"(막 1:41)

　　태초의 흑암은 전능자의 "빛이 있으라"(창 1:3)는 명령에 즉시 사라지고, 거기에 빛이 나타났다. 주 예수님의 말씀도 그 권위에 있어서 그 옛날의 강력한 말씀과 동일했다. 구속은 창조와 같이 힘 있는 말씀을 가진다. 예수님께서 말씀하시면 일은 곧 완성된다. 문둥병은 사람의 힘으로는 고칠 수가 없지만, 주님께서 "내가 원하노니"라고 말하실 때 즉시 깨끗하여졌다. 이 병에는 소망과 회복의 표시도 없고 자연의 힘으로도 전혀 고칠 수가 없었다. 그러나 주님의 단 한마디의 말씀으로 말미암아 그 즉시 완전히 고쳐진 것이다. 죄인은 문둥병보다도 더욱 비참한 상태에 있다. 그러므로 죄인으로서 문둥병의 예를 따라 예수님의 발아래 "간청하여 무릎을 꿇으라"(막 1:40). 믿음이 약할지라도 사용하도록 하라. "주여, 원하시면 깨끗하게 하실 수 있나이다"라는 정도의 믿음도 좋다. 믿음을 사용하면 좋은 결과를 가져온다는 것에 의심할 여지가 없다. 예수님께서는 그의 앞으로 나아오는 자를 다 고치셨다. 한 사람도 물리치지 않으셨다. 오늘 아침 이 구절의 앞뒤를 읽을 때 예수님께서 문둥병 환자를 만지셨다는 것에 경건하게 주목을 해보자. 이 더러워진 문둥병 환자는 율법에 있는 규칙을 깨뜨리고 집안에 들어갔다. 그러나 예수님께서는 그를 책망하기는커녕 그를 만나기 위하여 자신도 율법을 초월하였다. 예수님은 이 일을 위하여 자신을 교환하셨다. 즉, 예수님께서는 문둥병 환자를 깨끗하게 하여 주신 반면에 문둥병 환자를 만지는 일로 인하여 레위기에 있는 율법에 의한 더러움을 받으셨다. 그와 마찬가지로 예수 그리스도는 죄를 알지 못하시는 분이신데, 우리를 위하여 죄인이 되신 것이다. 그래서 우리가 주님으로 인하여 하나님의 앞에서 가려진 것이다. 오, 불쌍한 죄인이 예수님의 복된 대속의 사역을 믿고 그 발아래로 나아간다면 곧 은혜의 깊은 접촉의 능력을 배우게 될 것이다. 주님의 손은 다섯 개의 떡과 두 마리의 물고기로 오천명을 먹이시고, 또한 물에 빠지려고 하는 베드로를 구원하며, 고난 받는 성도들을 붙들어 주신다. 그 손으로 믿는 자에게 영광의 면류관을 주시며 그 손으로 모든 죄인에게 접촉하사 곧 깨끗하게 하신다. 예수님의 사랑은 구원의 근원이다. 그분은 우리를 사랑으로 보시며 만져주신다. 우리는 그리하여 이렇게 살아있지 않은가!

9월 4일 저녁

496. "공평한 저울과 공평한 추와 공평한 에바와 공평한 힌을 사용하라"(레 19:36)

도량형은 모두 정확한 표준에 의하여 정해지지 않으면 안 된다. 그리스도인은 확실히 이것을 상업에서 교훈 받을 필요는 없다. 만약 그것이 이 세상에서 정의가 소멸될지라도 그 사실은 믿는 자의 마음속에 남아 있기 때문이다. 그러나 도덕 및 영적인 것을 측량하는 다른 저울이 있고 이것은 종종 검사할 필요가 있다. 이 저녁 우리는 그 검사를 받지 않으려는가? 우리가 자기 자신을 측량하고 다른 사람의 성품을 측량하는 저울은 정말 정확할까? 한 온스 밖에 안되는 자신의 선함을 한 파운드로 계산하고 다른 사람의 여덟 갤런의 훌륭한 장점을 두 갤런으로 밖에 계산하고 있지는 않을까? 그리스도인이여, 도량형에 주목하라. 우리가 스스로 받고 있는 시련과 환란을 측정하는 저울은 과연 정확한 표준형일까? 우리보다도 더욱 고난을 받은 사도 바울은 그의 고난을 "가볍다"(고후 4:17)라고 말하였다. 그러나 우리는 자기의 고난을 종종 너무 무겁다고 생각하고 있다. 확실히 무게에 있어 무엇인가 잘못되어 있는 것이 틀림없다. 우리는 부정한 거래를 하여서 하늘의 법정에 보고되는 일이 없도록 이 문제를 판단하고 지나가야 한다. 또 자기의 교리의 신념을 측량하는 저울은 과연 온전히 정확한 것일까? 은혜의 교리는 말씀과 같은 무게를 가져야 한다. 지나치게 한쪽이 중요하든지 약하든지 하면 안 된다. 그러나 많은 사람들에게는 어느 한 쪽 그릇이 부당하게 무겁지 않은가 염려된다. 진리에 정당한 저울의 눈금을 주는 것은 중요하다. 주안에 있는 자여, 이점에 있어 주의 깊게 생각하라. 우리가 자기의 의무와 책임을 측량하는 도량은 너무나도 작다. 부자가 하나님의 사업을 위하여 바치는 것이 가난한 사람보다 많지 않다면 그것이 공평한 에바이며 공평한 힌이겠는가? 교역자가 우리의 이기적인 마음 때문에 굶주림 속에 있다면, 그것이 정당한 대우라고 할 수 있는가? 가난한 사람이 천대를 받으며 불경건한 부자가 칭찬을 받고 있다. 그것은 올바른 저울일까? 친구여, 이 리스트를 더욱 길게 할 수도 있겠지만, 그것은 당신의 이 저녁의 일로 맡기고, 이 모든 부정한 도량형을 발견하고 그것을 당신의 삶에서 깨뜨려 버리기를 원한다.

9월 5일 아침

497. "메섹에 머물며 게달의 장막 중에 거하는 것이 내게 화로다"
(시 120:5)

당신은 그리스도인으로서 불신앙의 세상에서 살지 않으면 안 된다. 그래서 계속해서 그저 "화로다"라고 부르짖는 것은 맞지 않다. 예수님은 이 세상에서 당신이 떠나도록 기도하지 않았다. 그리고 주님께서 기도하지 않은 것을 당신이 구할 필요는 없다. 도리어 주님의 힘 안에서 어려움에 직면하여 주의 영광을 나타내는 것이 더욱 아름답다. 우리의 대적은 당신의 행동 안에서 모순을 발견하려고 항상 지켜보고 있다. 그러므로 아주 거룩하여야 한다. 당신은 모든 사람들이 지켜보고 있다는 것을 기억하라. 그리고 그들은 당신에게 다른 사람들보다 더 많이 기대하고 있다. 비난받게 될 원인을 제공하지 않도록 힘써라. 선량함이 당신의 유일한 흠이 되게 하라. 다니엘에 대하여 말함 같이 당신에 대해서도 "우리는 다니엘의 하나님의 율법에 대하여 그 틈을 얻지 못하면 그를 고소할 수가 없다"(단 6:5)라고 말하게 하라. 말과 행동이 일치함과 동시에 더 유용하기를 구하라. 아마도 당신은 다음과 같이 생각할지도 모른다. "만약 내가 좋은 자리에 있다면 주님을 섬기는 일을 할 수 있을지 모른다. 그러나 지금 상태로는 아무런 선한 일도 할 수 없다." 그러나 당신을 둘러싸고 있는 사람이 악할수록, 당신은 그들의 좋은 본보기가 되어야 할 것이다. 만약 그들이 삐뚤어져 있다면 당신이 그들을 더 똑바로 교정하지 않으면 안 된다. 만약 그들이 사악하다면, 그 교만한 마음을 진리로 향하게 할 필요가 더 있는 것이다. 의사가 병자가 많은 곳에 가지 않고 어디로 가겠는가? 군인이 전쟁의 격전장 가운데로 들어가지 않고 명예의 훈장을 얻어낼 수 있을까? 당신이 죄와의 투쟁으로 지쳐있을 때 모든 성도가 같은 시련을 견디었다는 것을 기억하라. 저들은 좋은 이불에 싸여서 "하늘"으로 옮겨진 것이 아니다. 그러므로 당신도 저들보다 쉽게 "하늘"에 갈 것이라고 기대하지 말라. 저들의 격전 중에 생명을 걸고 싸웠다. 그와 같이 당신도 "예수 그리스도의 좋은 군사로서 고난을 견디어라"(딤후 2:3). 그렇지 않으면 영광의 면류관을 얻을 수 없을 것이다. 그러므로 "믿음에 굳게 서서 남자답게 강건하라"(고전 16:13).

9월 5일 저녁

498. "네가 바다 근원에 들어갔었느냐"(욥 38:16)

　자연계의 어떤 것은 머리가 아주 뛰어나고 모험심이 많은 관찰자에게도 역시 신비로운 것이다. 그곳에는 사람의 지식으로는 넘을 수 없는 한계가 있다. 우주적인 모든 지식을 갖추고 있는 분은 오직 하나님이시다. 만약 이것이 눈에 보이는 것, 일시적인 것에 대한 것이라면, 영적 또는 영원한 것에 대해서는 더욱 그러하다. 그러면 나는 왜 운명과 의지, 예정과 인간의 책임 등의 문제로 마음을 괴롭게 하겠는가? 나는 바닷물의 솟아나는 물 밑의 깊이를 측량하는 것보다 이 신비한 진리를 더 깊이 깨달을 수는 없다. 나는 왜 주님의 섭리의 이유, 그의 행동의 동기, 그의 임재의 목적들을 알려고 호기심을 갖는가? 내가 태양을 내 주먹 안에 꼭 쥐며 우주를 손바닥 안에 쥘 수 있는가? 그러나 이것들은 나의 주 하나님께서 하실 수 있는 것에 비하면 큰 물통의 물 한 방울인 것이다. 우리는 무한에 대해 이해하려고 힘쓰지 말고 차라리 나의 힘을 사랑하는데 힘쓰도록 하자. 내가 지식으로 얻을 수 없는 것을 나는 사랑으로 소유할 수가 있다. 나는 그것으로 온전히 만족할 것이다. 나는 바다의 깊은 중심에는 들어갈 수는 없지만, 그러나 바다 위로 불어오는 미풍을 즐기며 순풍으로 인하여 그 푸른 파도 위로 항해할 수가 있다. 만약 내가 바다의 근원에 들어갈 수 있어도 그것은 나 자신에게나 다른 사람에게나 아무 유익을 가져오지 않을 것이다. 그것은 물속에 가라앉으려고 하는 배를 구원하는 일도 또는 물에 빠진 선원을 울부짖는 부인과 아이들에게 돌려줄 수도 없다. 그와 같이 내가 깊은 신비를 풀어 본다 한들 그것은 나에게 있어서 아무 유익을 가져다주지 않는다. 적어도 하나님에 대한 작은 사랑, 하나님에게 복종하는 단순한 행위가 가장 심오한 지식보다 더욱 더 우리에게 유익하기 때문이다. 주여, 나는 무한을 당신에게 맡기겠습니다. 내가 기도하기는, 나를 선악을 아는 지식의 나무에 대한 그 어떤 호기심에도 멀리하게 해주시고, 단지 나를 생명나무에서 떠나지 않게 하소서.

9월 6일 아침

499. "어그러지고 거스르는 세대 가운데서 하나님의 흠 없는 자녀로 세상에서 그들 가운데 빛들로 나타내며"(빌 2:15)

우리는 어떤 사물을 더 잘 보기 위하여 빛을 사용한다. 그리스도인은 그의 삶 속에서 빛을 비추어 일주일간 함께하는 사람들에게 복음을 전하지 않으면 안 된다. 그리스도인들은 그들과 대화하는 모든 사람들에게 자기가 누구의 것이며 누구를 섬기고 있는지를 명확하게 알도록 해야 한다. 또한, 그의 매일의 행동에서 예수님의 형상이 반영되지 않으면 안 된다. 빛은 인도하기 위하여 존재한다. 우리는 암흑 속에 있는 우리 주위의 사람들을 돕지 않으면 안 된다. 저들에게 생명의 말씀을 전하지 않으면 안 된다. 죄인에게 구주를 보이며 피곤한 자에게 거룩한 안식처를 가르쳐 주어야 한다. 사람들은 성경을 읽으면서도 그 뜻을 이해하지 못할 때가 있다. 빌립과 같이 우리는 묻는 자에 대하여 하나님의 말씀의 의미와 구원의 길과 믿음 생활의 삶이 어떤 것인지 대답할 준비가 되어 있지 않으면 안 된다. 빛은 또한 경고를 위하여 사용된다. 위험한 암초들과 모래톱이 많이 있는 곳에는 반드시 등대가 세워져 있다. 그리스도인은 이 세상의 어느 곳에나 많은 거짓의 빛이 비치고 있다는 것을 알 것이다. 그러므로 올바른 빛을 필요로 한다. 사탄의 부하들은 항상 사방에 두루 다니며 믿지 않는 자들을 쾌락의 이름 아래 죄를 짓도록 유혹하고 있다. 저들은 거짓의 빛을 들고 있다. 우리는 모든 위험한 바위에 진리의 빛을 들어서 모든 죄를 지적하여 그 결과가 얼마나 무서운 것인지 알려주고 모든 사람의 피에 대하여 책임 없는 자가 되도록 이 세상의 빛으로써 비추어지지 않으면 안 된다. 빛은 또한 매우 활력있는 영향력을 준다. 그리스도인도 마찬가지이다. 입술에는 친절한 말로써 마음에는 동정심을 품고 사람을 위로하는 자가 되기를 바란다. 어디에서든지 가는 곳마다 빛을 가져오며 주위에 행복을 뿌리는 자가 되어라.

> "은혜의 성령이시여, 우리와 함께 하소서.
> 그리하여 우리도 은혜에 나아가
> 남을 돕고 치유하는 말씀으로
> 주님의 생명을 나타내며,
> 담대하고 온유한 행동으로
> 우리의 구주이신 그리스도를 위하여 말하게 하소서."

9월 6일 저녁

500. "너희가 만일 성령의 인도하시는 바가 되면 율법 아래 있지 아니하리라"(갈 5:18)

율법의 관념에서 자신의 성품과 위치를 바라보는 사람은 자신에 대한 평가에서 매우 실망할 뿐만 아니라, 그가 비록 현명하다 하더라도 관찰하는 처음부터 실망할 것이다. 만약 우리가 율법의 기준에 따라 심판을 받는다면 무죄인 사람은 하나도 없기 때문이다. 우리가 율법 아래 있지 않고 은혜의 영역 안에 살고 있다는 것을 아는 것은 얼마나 큰 축복인가! 하나님 앞에서 우리의 상태를 생각할 때 문제는 "나는 율법 앞에 완전한가?" 하는 것이 아니라, "나는 예수 그리스도 안에서 완전한가?"라는 것이다. 이것은 서로 아주 다른 문제이다. 우리는 "나는 나의 장점으로 인하여 죄가 없는가?" 하는 것을 찾을 필요가 없고, 중요한 것은 "나의 죄와 더러움이 은혜의 샘에서 씻기어 있는가?"라는 것이다. 또한 "나는 하나님을 아주 기쁘게 하는가?"라는 것이 아니라, "나는 사랑하시는 독생자로 말미암아 받아들여졌는가?"(엡 1:6)라는 것이다. 그리스도인은 시내산의 꼭대기에서 자신의 실체를 바라보며 자신의 구원에 대하여 놀라게 된다. 그는 말하기를, "나의 믿음에는 불신앙의 요소가 있다. 그것은 나를 구원할 수가 없다"고 한다. 그러나 자신의 실체를 갈보리의 빛에 비추어 읽는 것이 훨씬 좋은 것이다. 그는 자신의 믿음 자체 보다는 믿음의 대상에 대해 생각해야 한다. 그러면 다음과 같이 말할 것이다. "주님께는 실패가 없다. 그러므로 나는 안전하다"라고 그리스도인은 자신의 소망을 탄식하며 다음과 같이 말한다. "나는 현재의 일에 대하여 몹시 걱정하고 있기에 나의 소망은 흠집이 나 있고 흐려져 있다. 어떻게 내가 받아들여질 수 있겠는가?" 만약 그가 소망의 기초를 바라보고 있다면, 그는 하나님의 약속이 확실하게 서 있는 것을 볼 수 있는 것이다. 우리의 의심이 어떠하든지 간에 하나님의 언약과 약속은 결코 폐하지 않는다(cf. 히 6:17). 믿는 자여, 율법의 사슬에 매여 있는 것보다도 성령으로 말미암아 복음의 자유에 이끌리는 것이 항상 안전한 것이다. 당신이 어떤 사람인가보다 그리스도께서 어떤 분이신가에 따라 스스로 판단하라. 사탄은 당신의 죄의 심각성과 불완전함을 부각시킴으로써 당신의 평화를 무너뜨리려고 한다. 당신은 오직 충실하게 복음을 의지하여 속박의 멍에를 거절함으로써 사탄의 그러한 비난에 맞설 수 있는 것이다.

9월 7일 아침

501. "무리를 인하여 예수께 데려갈 수 없으므로 그 계신 곳의 지붕을 뜯어 구멍을 내고 중풍병자의 누운 상을 달아내리니"(막 2:4)

믿음은 창의적인 생각으로 가득 차 있다. 그 집에는 사람으로 가득 차서 문으로 들어갈 수 없었다. 그러나 믿음은 중풍병자를 주님 앞으로 데려갈 수 있는 방법을 발견하였다. 만약 우리가 보통방법으로 죄인을 예수님에게 데려갈 수 없다면 비상수단을 써야 될 것이다. 누가복음 5장 7절에 의하면 그들은 집의 기왓장을 벗기지 않으면 안 되었다. 그렇다면 먼지가 나고 밑에 있는 사람에게 어느 정도의 위험이 있었을 것이다. 그러나 위급할 때에는 어느 정도의 위험은 감수해야 하고 주변 사람들을 놀라게 할수도 있다. 의사인 예수님께서 거기에 계신다는 사실 때문에 어떠한 일이 일어나든지 간에 불쌍한 중풍병자의 죄가 사함받기 위하여 믿음은 용감하게 위험을 무릅썼다. 아, 우리도 좀 더 담대한 믿음을 가져야 하지 않겠는가! 사랑하는 자여, 자기 자신을 위하여 또는 동료를 위하여 오늘 아침에 믿음을 구하는 일을 해야 하지 않을까? 그리고 오늘 영혼을 사랑하고 주님의 영광을 나타내기 위하여 어떤 씩씩한 행동을 해야 하지 않을까? 세상은 항상 발전에 힘쓰고 천재는 인간의 모든 요구에 대처하려고 노력한다. 믿음도 발명을 할 수 없을까? 버려져 있고 소멸해가는 심령들을 새로운 방법에 의하여 구할 길은 없는 것인가? 중풍병자를 메고 온 네 사람이 이러한 용기를 보인 것은 예수님께서 거기에 계셨기 때문이다. 주님은 지금도 우리 중에 계시지 않는가? 우리는 오늘 아침 주님의 얼굴을 보았는가? 우리의 영혼 안에서 주님의 병을 고치시는 능력을 느껴보았는가? 만일 그렇다면 문을 통하든지 창문을 통하든지 지붕을 통해서든지 모든 장애를 물리치고 불쌍한 영혼을 예수님께 데려오는 수고를 해야 할 것이다. 믿음과 사랑이 참으로 영혼들을 구원하려고 작정할 때는 그 어떤 방법도 좋고 기품 있는 일이다. 굶주린 자가 빵을 얻기 위하여 돌벽이라도 깨뜨릴 수 있듯이, 영혼의 구원을 위하여 확실히 굶주린 자는 그 어떤 것에도 방해받을 수 없다. 오, 주여 우리가 죄 중에 있는 불쌍한 영혼에 다가갈 수 있도록 적절한 방법을 알 수 있게 해주시고 모든 위험을 무릅쓰고라도 담대하게 수행할 수 있도록 해 주소서.

9월 7일 저녁

502. "바닷가에 슬픔이 있고 평안이 없도다"(렘 49:23)

　우리는 이 시간에 바다에 어떠한 슬픔이 있는지 알지 못한다. 우리는 고요한 자기 방에서 안전하다. 그러나 저 멀리 바다에서는 풍랑이 거세게 불면서 사람들의 생명을 빼앗으려고 하는지도 모른다. 죽음의 악귀는 배의 닻을 끊으리만큼 으르렁거리고 모든 배의 목재는 망치 같이 내리치는 거센 파도에 부딪혀 깨어질 것 같은 상황을 들어보라. 하나님께서 물에 젖고 지친 불쌍한 당신을 도우시기를 바란다! 나는 바다와 육지를 통치하시는 위대하신 주님을 향하여 기도한다. 주님께서 풍랑을 잔잔케 하시며 당신을 목적지인 항구에 잘 도착하도록 인도하시길 바란다! 그러나 나는 기도드리는 것으로만 그쳐서는 안 된다는 것을 잘 안다. 끊임없이 생명의 위협에 처해 있는 사람들을 위하여 도울 수 있는 일에 힘써야 한다. 나는 그들을 위하여 무엇을 하였는가? 내가 무엇을 할 수 있을까? 얼마나 자주 파도가 선원들을 삼켰겠는가! 진주가 있는 깊은 바다 밑에는 수천의 시체가 가라앉아 있으며, 바다에는 죽음의 슬픔이 있고, 그곳에는 과부와 고아의 긴 통곡의 메아리가 있다. 많은 어머니와 아내는 바다를 생각하며 운다. 무정한 파도여, 너는 여인의 사랑과 가정의 기둥을 삼켰다. 바다가 죽은 자를 내어줄 때 큰 바다의 깊은 동굴에는 얼마나 많은 부활이 있겠는가!(cf. 계 20:3) 그때까지는 바다 위에 슬픔이 떠돌고 있을 것이다. 마치 육지의 슬픔을 동정하듯이 바다는 끝없는 해안에서 끊임없이 파도 물결이 부딪혀오고 그 소리는 마치 새가 우는 듯이 처량한 소리로 울고 휴식 없는 불만의 소리가 울려 퍼지고 시끄러운 불평하는 소란으로 날뛰며 거친 분노가 부딪치며, 그리고 무수한 조약돌 부딪치는 울림이 들린다. 그러나 바다의 울림은 기쁨의 영혼을 가진 사람에게는 즐거운 것이다. 그러나 슬픔을 가진 자에게는 끝없이 넓은 거대한 바다는 한없이 넓은 세상보다도 훨씬 더 처량하다. 이 세상은 우리의 안식처가 아니라고 휴식 없는 큰 물결은 그렇게 이야기한다. 거기에는 바다가 없는(cf. 계 21:1) 나라가 있다. 우리는 얼굴을 곧게 들고 거기로 향하고, 주님께서 말씀하신 그 나라로 가려고 한다. 그러나 그때가 오기까지 그 옛날 바다 위를 걸으시며 바다 밑을 걸어서 통과하여 그의 백성을 무사히 인도하신 주님께 우리들의 슬픔을 맡기자.

9월 8일 아침

503. "네가 나로 말미암아 열매를 얻으리라"(호 14:8)

하나님과 하나가 되었을 때 우리의 열매는 나타난다. 가지에서 맺는 열매는 직접 뿌리에서 온 것이다. 가지를 꺾어 버리면 가지는 말라서 열매를 맺지 못한다. 우리는 그리스도와 한 몸이기에 열매를 맺는 것이다. 모든 포도송이 하나하나는 처음부터 그 뿌리에서 온 것이다. 그것이 양분의 통로를 따라서 줄기를 통하여 열매가 되어 나타나게 된다. 그러나 그것은 처음에 줄기에 있었다. 그와 같이 모든 선한 행위는 처음에 그리스도 안에 있고, 거기서 우리에게 가져오게 되었다. 그리스도인이여, 그리스도와의 이 보배로운 연합을 존중히 여겨라. 왜냐하면, 그것은 당신이 알다시피 소망하는 모든 열매의 원천이 되기 때문이다. 당신이 예수 그리스도와 결합하여 있지 않다면 열매를 맺지 못하는 가지가 될 것이다. 영적인 섭리로써 우리의 열매는 하나님에게서 온다. 이슬방울이 하늘로부터 내릴 때 구름이 높은 데서 아래를 내려다 보고 액체의 보화를 떨어뜨리려고 할 때, 빛나는 태양이 과일송이의 탐스러운 열매를 맺게 할 때, 하늘로부터 내리는 은혜는 나무에 향하여 "너는 나로부터 열매를 맺는다"라고 속삭인다. 열매는 뿌리로부터 많은 영양을 받는다. 뿌리는 열매를 맺기 위하여 필수적이다. 그러나 또한 열매는 외부로부터 많은 영향을 받는다. 그렇다면 우리는 얼마나 하나님의 깊은 은혜의 섭리에 힘입고 있겠는가! 하나님의 섭리는 우리에게 끊임없이 활력을 주며 우리를 가르치고 위로하며, 힘을 불어넣으심으로써 우리가 필요한 것을 주신다. 조금이라도 우리가 소용되며 또 덕이 있다고 하면 그것은 하나님의 섭리에 의한 것이다. 우리의 열매는 지혜로운 농부인 하나님에게서 온다. 동산지기의 예리한 칼은 나무의 가지를 솎아서 필요 없는 싹을 잘라내고 열매를 잘 맺을 수 있도록 돕는다. 그리스도인은 이와 같이 주님께서 손질하신다. "내 아버지는 농부라 내게 붙어 있는 가지로써 열매 맺지 않는 것은 아버지께서 모두 이를 제거해 버리시고 열매를 맺는 것은 더욱 열매를 맺게 하려고 손질하여 깨끗하게 하시는 것이다"(요 15:1-2). 우리의 하나님은 우리의 영적인 은혜의 창시자이시다. 그러므로 우리의 구원의 영광은 모두 하나님께 돌려야 한다.

9월 8일 저녁

504. "그의 힘의 강력으로 역사하심을 따라 믿는 우리에게 베푸신 능력의 지극히 크심이 어떤 것을 너희로 알게 하시기를 구하노라. 그 능력이 그리스도 안에서 역사하사 죽은 자들 가운데서 다시 살리시고"
(엡 1:19-20)

그리스도의 부활도 우리의 구원도 모두 다 하나님의 힘의 역사로 말미암아 이루어진 것이다. 회심은 인간의 자유의지와 좋은 성품 때문에 된 것으로 생각하는 자에 대하여 우리는 무엇을 말할 수 있겠는가? 만약 우리가 죽은 자가 자기 힘으로 무덤에서 살아 나오는 것을 볼 수 있다면, 불경건한 죄인이 자기의 자유의지 때문에 그리스도에게 돌아올 수 있다는 것을 기대할 수 있을지 모른다. 그러나 회심은 설교를 듣거나 말씀을 읽는 것 그 자체로는 이루어지는 것이 아니다. 모든 것의 새로운 생명을 주는 힘은 오직 성령에게서 오는 것이다. 예수님을 죽음으로부터 부활하게 한 힘은 저항할 수 없는 힘이다. 모든 병졸들과 대제사장도 그리스도의 시체를 무덤 속에 머물게 할 수 없었고, 사망도 예수님을 쇠사슬로 묶어 놓을 수 없었다. 믿는 자가 "새 생명"(롬 6:4)으로 부활할 때에 역사하는 힘도 이와 같이 저항할 수 없는 것이다. 하나님의 은혜의 손이 한 사람을 회심케 하려고 역사할 때에 그 어떤 죄도, 부패함도, 지옥의 악마도, 이 땅의 죄인도 하나님의 그 손을 멈추게 할 수 없다. 만약 전능하신 하나님께서 "너는 살 것이다"라고 말하면 사람은 "나는 살기를 바라지 않습니다"라고 말해서는 안 된다. 그리스도를 죽음에서 살리신 능력은 모두 영광스럽다. 그것은 하나님의 영광을 반영하며 사악한 자들을 당황케 하였다. 한 사람의 죄인이 회심할 때 하나님께서 큰 영광을 받으신다. 그분의 능력은 영원하다. "그리스도는 죽은 자 가운데서 부활하셔서 이제는 죽는 일도 없고, 죽음은 이젠 그를 지배할 수 없다"(롬 6:9). 그러므로 우리도 그리스도 안에서 죽음으로부터 부활하였기 때문에 스스로 사망의 일과 이전의 부패함으로 돌아갈 수 없고 하나님을 위하여 사는 것이다. 주님께서 다시 사셨기 때문에 우리도 역시 산다. "우리는 이미 죽은 자로서 우리의 생명은 그리스도와 함께 하나님 안에 감추어져 있다"(골 3:3). "아버지의 영광으로 말미암아 그리스도를 죽은 자 가운데서 살리심과 같이 우리도 또한 새 생명 가운데서 행하게 하려 함이라"(롬 6:4). 마지막으로 새 생명이 예수님에게 연합되어 있음을 기억하라. 머리 되신 분을 다시 살리신 그와 같은 능력으로 그의 지체에도 역사하여 "생명을 주시는 그리스도와 함께 사는"(엡 2:5) 그 축복은 얼마나 위대한가!

9월 9일 아침

505. "내가 네게 응답하겠고 네가 알지 못하는 크고 비밀한 일을 네게 보이리라"(렘 33:3)

이 구절에는 여러 가지 다른 번역이 있다. "나는 네게 크고 중요한 일을 보일 것이다"라고도 하며, "크고 보류된 일"이라고도 번역되고 있다. 그리스도인의 경험 중에는 특별하게 보류된 것이 있다. 영적 생활의 모든 발전은 어느 것이나 똑같이 쉽게 얻을 수 있는 것이 아니다. 회개, 믿음, 기쁨, 소망 등의 공통된 마음의 상태와 감정이 있다. 이것들은 모든 믿는 자들이 경험하고 있는 것이다. 그러나 넘치는 기쁨, 영적 교제, 그리고 그리스도와의 일체의 의식 등 고차원의 영역에 대해서는 모든 믿는 자에게 공통된 것이라고 말할 수 없다. 모든 믿는 자가 예수님의 가슴에 안긴 요한과 같은 고도의 특권을 가지고 있는 것은 아니고, 또한 바울과 같이 삼층천에 올리우는 것도 아니다. 하나님에 관한 실제적 지식의 높이는 독수리같이 예리한 눈을 가지고도 또는 철학적 사상을 가지고도 결코 엿볼 수가 없다. 하나님만이 우리를 거기에 데려가신다. 그리고 하나님께서 우리를 거기에 데려가는 수레와 그것을 끄는 불의 말은 곧 열심 있는 기도이다. 열심 있는 기도는 자비의 하나님에게 도달한다. "야곱은 성인이 되었을 때 하나님과 씨름하였다. 그는 천사와 씨름하여 이겼다. 울면서 그는 긍휼을 구하였다. 그는 벧엘의 하나님을 만났고 거기서 하나님은 그와 말하셨다"(호 12:3-4). 열심 있는 기도는 그리스도인을 갈멜산으로 데려다가 그에게 하늘의 축복을 구름으로 덮을 수 있게 하고 땅을 자비의 홍수로 덮이게 한다. 열심 있는 기도는 그리스도인을 높은 곳으로 옮기며 그에게 보존되어 있는 유업을 보여준다. 그것은 우리를 올려서 주님의 형상을 닮을 때까지 변화시켜 우리가 이 세상에서도 주님과 같이 되게 하는 것이다. 만약 당신이 보통의 경험보다 더 높은 수준에 도달하기를 원하면 "당신보다 높은 바위"(시 61:2)이신 그리스도를 앙망하고 집요한 기도의 창에서 믿음의 눈을 가지고 주목하라. 당신이 창을 자신의 쪽에서 열기만 하면 창 저쪽은 열린 대로 있을 것이다.

9월 9일 저녁

506. "또 보좌에 둘려 이십사 보좌들이 있고 그 보좌를 위에 이십사 장로들이 흰옷을 입고 머리에 금 면류관을 쓰고 앉았더라"(계 4:4)

"하늘"에서 성도의 대표자들은 보좌 주위에 있다고 기록되어 있다. 아가서 중에 솔로몬이 식탁에 앉아있는 내용이 기록되어 있는데(cf. 아 1:12), 어떤 사람들은 그 식탁을 "원탁"이라고 번역한다. 이 번역에 따라 어떤 성경 주석가들은 "성도들은 평등하다"라고 말하였는데, 그것은 말씀의 뜻을 올바로 해석한 것이라고 생각한다. 이 의미가 전달하는 것은 이십사 장로들이 같은 거리에서 누구나 보좌에 가까이 있다는 것이다. 하늘에 있는 영광스럽게 된 영들은 그리스도에게 가까이 있고, 주님의 영광을 분명히 보며, 주님의 궁정에 항상 출입하며, 주님과 친히 사귀고 있다. 이 점에 관하여 성도들 사이에 우열은 없다. 모든 하나님의 백성은 사도나 순교자, 교역자도 또한 이름이 없는 성도도 다 보좌 가까이에 있는 것이다. 거기서 저들은 영원토록 높이 계신 주님을 바라보고 그의 사랑에 만족한다. 저들은 모두 그리스도 가까이 있고 그분의 사랑에 빠져서 모두 같은 식탁에서 그와 함께 먹고 마시게 된다. 비록 종으로서 받는 상급은 다르겠지만, 모두가 그의 은총을 받는 자들로서 친구로서 평등하게 사랑을 받는다. 이 땅에 있는 믿는 자들도 그리스도에게 가까이에 있는 "하늘"의 성도들에게 배우자. 이 땅에 있는 우리도 보좌 주위에 앉아 있는 장로들 같이 되자. 원하기는, 그리스도께서 우리의 생각의 목적이 되고 우리의 모든 삶의 중심이 되기를 바란다! 어떻게 우리가 사랑하는 주님으로부터 멀리 떠나서 살 수 있겠는가? 주 예수여, 우리를 당신님께 가까이 이끄소서. "나에게 연합하라, 그러면 내가 너희와 연합하리라"(요 15:4)고 우리에게 말씀하소서. 그리고 우리가 "그의 왼팔로 내 머리를 고이고, 오른 팔로 나를 안는구나"(아 2:6)라고 노래하도록 허락하소서. "오, 나를 더 높이 올리시어 당신님에게 더 가까이, 나를 더 순결하게 그리고 더 온전하도록 하소서. 오, 나의 영혼이 겸비하여 당신님의 발아래서 더 낮아지도록 자신을 의지하지 않으므로 인하여 당신님의 그 복되신 위로를 더 경험할 수 있게 하소서."

9월 10일 아침

507. "또 산에 오르사 자기의 원하는 자들을 부르시니 나아온지라" (막 3:13)

여기에 주권이 있다. 성급한 심령은 사역에 있어 높은 위치에 있지 않은 것에 대하여 안달하며 짜증을 낼지도 모른다. 그러나 독자여, 예수님께서 마음에 적합하게 생각하는 자들을 부르시는 것에 기뻐하라. 만약 나를 그의 문지기로 부르신다면 그분을 위해 무언가를 하도록 허락하신 그 은혜를 생각하고 기쁨으로 그분을 섬길 것이다. 그리스도인의 주님께 대한 봉사는 위에서부터 온다. 예수님께서는 산 위에 서서 거룩함과 열심과 사랑과 힘에 있어서 항상 세상을 초월하신다. 그에게 부르심을 입은 자는 산을 기어올라 그분에게 가지 않으면 안 된다. 끊임없이 그분과 사귀어 생활함으로써 그분의 수준에까지 도달하도록 힘쓰지 않으면 안 된다. 저들이 위대한 고전적인 명예나 학문적인 우월성에까지 도달할 수 없을지도 모른다. 그러나 저들도 모세와 같이 하나님의 산에 올라 보이지 않는 하나님과 친히 사귀지 않으면 안 된다. 그렇지 않으면 결코 평화의 복음을 전하기에 적당한 자가 되지 못할 것이다. 예수님께서는 아버지 하나님과 친히 사귀기 위하여 고독하게 되셨다. 우리도 만약 우리의 동포에게 축복을 주는 일을 하고 싶다면 이와 같은 하나님과의 사귐으로 들어가지 않으면 안 된다. 예수님과 함께 산에 있던 사도들이 산에서 내려왔을 때 새 힘을 받았다는 것에 놀랄 것은 없다. 오늘 아침 우리들도 그러한 영적인 사귐의 산에 오르기를 힘쓰지 않으면 안 된다. 그리하면 우리가 성별된 삶의 일에 임명될 수 있을 것이다. 오늘 예수님을 뵈옵기 전에는 사람의 얼굴을 보지 않도록 하자. 예수님과 함께 지낸 시간은 복된 유익으로 펼쳐진다. 만약 우리가 그리스도만이 주실 수 있는 거룩한 힘을 받아 세상에 나온다면 우리도 악귀를 쫓을 수 있고 기적을 행할 것이다. 우리가 하늘의 무기로 무장되기까지는 주님의 싸움에 참가해도 소용없다. 우리는 예수님을 뵈어야 한다. 이것은 필수적이다. 우리는 주님께서 자신을 세상에는 나타내시지 않지만, 우리 믿는 자에게 자신을 나타내실 때까지 그리고 우리가 마음에서 "우리도 주님과 함께 성산에 있었다"라고 말할 수 있을 때까지 은혜의 보좌를 떠나서는 안 된다.

9월 10일 저녁

508. "저녁 이리"(합 1:8)

이 책을 준비하고 있는 동안에 이 특별한 표현이 종종 내 마음에 떠올랐다. 그것이 너무 자주 생각이 나서 여기에 한 페이지를 차지하게 되었다. 저녁 이리는 낮에는 아무것도 먹지 않아서 거칠게 되고 아침보다 더 사나우며 탐욕으로 가득 차게 된다. 이 사나운 짐승은 그 날의 기분 안 좋은 일과 사업상의 손실 그리고 아마도 친구들의 비웃음 때문에 생긴 우리의 의심과 두려움을 표현하는지도 모른다. 우리의 생각은 어떻게 우리의 귓가에서 맴돌고 있을까? "당신의 하나님은 지금 어디에 있는가?" 그들은 얼마나 게걸스럽고 욕심이 많은가? 위로의 모든 제사를 삼켜버려도 오히려 굶주림은 전과 다름없다. 위대한 목자여, 이 "저녁 이리"를 죽이소서. 배부를 줄 모르는 불신앙에 괴로움을 당하지 말고 푸른 초장에 당신의 양 떼들을 눕히소서. 지옥의 악귀는 얼마나 이 "저녁 이리"와 같은가? 왜냐하면, 그리스도의 양 떼들이 흐리고 어두운 날에 있을 때, 저들의 태양이 저물려고 할 때, 악귀는 그들을 신속하게 찢고 삼키려고 몰려든다. 저들은 믿음의 대낮에 그리스도인을 공격하는 일은 거의 없다. 그러나 영혼의 암울한 어둠의 때에 그리스도인을 습격한다. 오 주여, 양을 위하여 생명을 버리신 목자여, 양 떼를 "저녁 이리"에게서 건지소서! 거짓 교사는 교활하고 끈기 있게 보배로운 양의 생명을 찾아 헤매며 거짓 교훈에 의하여 사람들을 삼키고 있다. 이 거짓 교사들은 배우 위험하고 혐오스러운 "저녁 이리"와 다름이 없다. 어둠이 저들의 구성 요소이고 속임이 저들의 본성이며 파괴가 저들의 목적이다. 저들이 양의 가죽을 뒤집어 쓸 때 우리에게는 가장 위험하다(cf. 마 7:15). 저들에게서 지킴을 받는 자는 복되다. 왜냐하면, 수많은 사람들이 교회라는 우리 안에 들어온 "흉악한 이리"(행 20:29)에게 잡혀 먹게 되어 있기 때문이다. 심한 박해자가 회심하는 것은 얼마나 놀라운 은혜인가! 그럴 때 그 이리는 작은 양과 함께 살고 잔인하고 제거하기 어려운 성질의 사람이 온유하고 배우려고 하는 마음을 갖게 된다. 오 주여, 그러한 이리들이 많이 회심케 하소서. 이 밤, 우리는 저들의 구원을 위하여 기도합니다.

9월 11일 아침

509. "너희는 저희 중에서 나와 따로 있고"(고후 6:17)

그리스도인은 이 세상에 살지라도 이 세상에 속한 것이 아니다. 그는 자신의 사는 목적에 있어서 세상 사람과 구별되어야 한다. 그에게 있어서 "사는 일"은 오직 "그리스도를 위하여"(빌 1:21)가 되어야만 하는 것이다. 그가 먹든지 마시든지 또는 무엇을 하든지 모두 "하나님의 영광을 위하여"(고전 10:31) 하지 않으면 안 된다. 당신은 보물을 쌓아둘 수 있다. 그러나 "좀도 먹지 못하고 동록이 해하지 못하여 도적이 구멍을 뚫을 수 없는"(마 6:20) 하늘에 보물을 쌓아야 한다. 당신은 부해지기를 노력할지도 모른다. 그러나 "믿음에 부하며"(약 2:5), 그리고 "선한 일에 부하기를"(딤전 6:18) 원하는 큰 소망을 품어야 한다. 즐거움을 구해도 좋다. 그러나 당신이 즐거울 때 "시편을 노래하며"(약 5:13), 그리고 "주께 향하여 마음에서 찬양의 노래를"(엡 5:19) 부르도록 하라. 목적에 있어서나 정신에 있어서 당신은 세상 사람들과는 다르지 않으면 안 된다. 하나님 앞에 겸손히 섬기며 끊임없이 주님의 임재를 의식하고 하나님과의 사귐을 기뻐하고 주님의 뜻을 아는 일을 구한다면 당신은 "하늘" 백성임을 증명하는 것이다. 그리고 행동에 있어서 이 세상과 분리되어 있어야 한다. 만약 올바른 일이라면 그것을 위하여 손해를 볼지라도 당신은 그것을 하지 않으면 안 된다. 잘못된 일에 대해서는 비록 그것으로 인하여 이익을 얻을지라도 주의하여 그것을 경멸하라. 무익한 어둠의 일에 참여하지 말고 오히려 그것들을 배격하라. "너희가 부르심을 받은 일에 합당하게 행하라"(엡 4:1).

그리스도인이여, 당신은 왕의 아들인 것을 잊지 말라. 그러므로 세상으로부터 죄에 물들지 않도록 하라. 잠시 후면 하늘의 비파를 타게 될 손가락으로 이 세상의 것으로 더럽히지 말라. 곧 아름다운 왕을 볼 눈으로 육신의 정욕의 창문이 되게 하지 말라. 또 곧 "하늘" 길을 걸을 당신의 발로 진흙 가운데로 다녀서 더럽게 하지 말라. 머지않아 "하늘"의 생각으로 가득 차게 될 당신의 마음을 교만과 미움으로 채우지 말라.

> *"나의 영혼이여, 일어나 생각이 없는 무리에서*
> *멀리 떠나 높이 날아라.*
> *쓸데없는 쾌락과 교만한 자의 자랑에서 날아오르라.*
> *저 높은 곳에는 영원한 아름다운 꽃이 피고*
> *모든 신성함은 즐겁다.*
> *부요는 다함이 없고 무한한 영광이 빛나도다."*

9월 11일 저녁

510. "여호와여 나의 원수들을 위하여 주의 의로 나를 인도하시고" (시 5:8)

이 세상이 그리스도의 백성에 대하여 품고 있는 적의는 매우 심하다. 사람들은 다른 사람의 결점은 얼마든지 용서할 수 있지만, 예수님을 따르는 자의 죄는 극히 작은 것이라도 크게 확대한다. 그것을 우리는 탄식할 것이 아니라 오히려 그것을 사용하여 우리에게 유익함이 되도록 하자. 많은 사람들이 우리가 넘어지기를 기다리기 때문에 이 상황을 하나님 앞에서 매우 주의 깊게 행하는 특별한 동기로 만들기 바란다. 만약 우리가 부주의한 생활을 하면 세상의 눈초리는 곧 그것을 보고 수백 개의 혀로 이야기를 퍼뜨리고 과장하고, 열심히 비방하며 선전한다. 저들은 승리한 듯이 소리친다. "아, 그럴 것이라고 생각하였다. 보라, 이 그리스도인들이 어떻게 행동하는지를, 저들은 모두 다 위선자들이다." 이렇게 그리스도인들의 동기에 큰 손상을 입혀 주님의 이름을 크게 욕되게 한다. 그리스도의 십자가 그 자체가 세상에게 거친 돌이 되었다. 우리는 주의하여 우리 자신의 거침을 더하도록 않아야 한다. 십자가는 "유대인에게는 거리끼는 것"(고전 1:23)이다. 이미 충분한 거리낌 위에 우리가 더욱 거침을 더하지 않도록 하자. 그것은 "헬라인에게는 어리석은 것이다"(고전 1:23). 우리의 어리석은 행위로 인하여 복음을 조롱하는 이 세상의 지혜에 더욱 틈을 주는 기회를 만들지 않도록 하자. 우리는 자기의 일에 대하여는 얼마나 경계를 게을리하지 않아야 하겠는가! 우리의 양심은 얼마나 엄격해야만 하겠는가! 적은 우리의 최상의 행위까지도 잘못 전하며, 행위를 비난할 수 없을 때에는 우리의 동기에 대하여 공격을 가한다. 저들 앞에서 우리는 얼마나 신중해야 하겠는가! 번연(John Bunyan)의 『천로역정』 가운데서 순례자는 허영의 거리에서 용의자로 취급되었다. 우리는 감시되고 있을 뿐 아니라 적의 첩보자들은 우리의 생각 이상으로 많다. 첩보망은 가는 곳마다 뻗쳐 있다. 안에도 있고 밖에도 있다. 만약 우리가 적의 손에 빠진다면 이리가 오히려 저들보다 관대하며 악귀가 저들보다 자비로울 것이다. 이것은 하나님께 대한 불신앙이며 하나님의 백성을 중상하는 사람들에게 우리의 약점이 인정되는 것을 기대한다는 것은 생각할 수도 없는 일이다. 오 주여! 원수가 우리를 넘어뜨리지 못하도록 끊임없이 우리를 인도하소서!

9월 12일 아침

511. "여호와는 투기하시며"(나 1:2)

믿는 자여, 당신의 주님께서는 당신의 사랑에 대하여 질투심이 매우 많으시다. 그분은 당신을 택하시지 않았는가? 따라서 그분께서는 당신이 다른 것을 택하는 것에 대하여 견디시지 못한다. 그분께서는 당신을 자신의 피로 사신 것이 아닌가? 당신이 스스로 자기의 것으로 생각하든지 또는 이 세상에 속한다고 생각하는 것을 그분은 참으실 수가 없다. 그처럼 그분께서는 당신을 사랑하기 때문에 그는 당신 없이 "하늘"에 머무시는 것에 대해 견딜 수가 없으시다. 그분은 당신이 멸망하는 것을 차마 볼 수 없어 하신다. 그는 당신의 마음의 사랑과 자신과의 사이에 무엇인가 가로막는 것을 참을 수가 없다. 그분은 당신이 다른 것을 의지하는 것에 아주 질투하신다. 그는 당신이 육의 팔에 의지하는 것을 허용치 않으실 것이다. 넘쳐흐르는 맑고 깨끗한 생명 샘이 항상 공짜로 당신 앞에 제공되어 있는데 당신이 깨어진 더러운 우물에서 물을 퍼내는 것을 참지 못하신다. 우리가 그분에게 의지한다면 그는 기뻐하실 것이다. 그러나 우리가 신뢰를 다른 데로 옮겨 자신의 지혜나 친구의 지혜에 의지한다면, 더구나 가장 악한 것은 우리 자신의 어떤 것에 의지한다면, 그분께서는 마음이 상하시며 우리를 자신에게로 이끌기 위하여 우리를 징계하실 것이다. 그분은 또 우리의 사귐에 대하여 매우 질투하신다. 우리는 누구보다도 예수님과 가장 깊은 친교를 해야 한다. 오직 그분 안에서 사는 것만이 참사랑이다. 그러나 이 세상과 친밀하게 사귀어 육신이 주는 위로에 만족하며 심지어는 주님과의 친밀한 사귐보다도 그리스도인과 교제를 더 좋아하는 것조차도 우리의 투기가 깊으신 주님을 슬프게 하는 일이다. 그분은 우리가 그 안에 있어 끊임없이 자신과 즐거워하며 사귀는 것을 기뻐하신다. 우리에게 주는 많은 시련은 우리의 마음을 피조물에서 떠나게 하며 더욱 주님과 가깝게 하도록 하기 위함이다. 그리스도에게 가깝게 하도록 하시려는 이 투기를 우리는 위로로 삼아야 하지 않을까? 왜냐하면, 그분께서 이렇게까지 우리를 사랑하고 계신다면 우리에게 해가 되는 것은 그 어떤 것도 허락지 않으시며, 모든 대적으로부터 우리를 지키시려는 것을 확신할 수 있기 때문이다. 아, 거룩한 투기를 갖고 우리의 눈을 세상의 모든 미혹으로부터 돌려, 오늘 거룩한 정결함 속에서 우리의 마음을 오직 사랑하시는 주님에게로 향하는 은혜를 갖고 싶다!

9월 12일 저녁

512. "내가 인자와 공의를 찬송하겠나이다"(시 101:1)

믿음은 시련을 이긴다. 몸이 감옥에 갇히고 발이 쇠고랑에 묶여 있을 때에도 믿음은 즐겁게 "나는 인자와 공의를 찬송하겠나이다"(시 101:1)라고 부르짖으며 깊은 감옥의 벽을 흔든다. 믿음은 고민하는 얼굴에서 검은 가면을 벗겨버리고 그 밑에 있는 천사의 얼굴을 발견한다. 믿음은 구름을 올려다보고, 다음과 같은 사실을 알게 된다.

"그 구름 속에 큰 긍휼이 머물고 있으니
곧 축복의 비가 내리리라."

하나님의 우리에 대한 심판 가운데서도 노래의 제목을 볼 수가 있다. 왜냐하면, 첫째로 시련은 당연히 있어야 할 것보다 훨씬 가벼우며, 둘째로 환난은 우리가 당연히 져야 할 것보다 가혹하지 않고, 셋째로 우리의 고통은 다른 사람이 지는 것처럼 무겁지 않기 때문이다. 최악의 슬픔 중에서도 믿음은 그것을 징벌로 받아들이지 않는다. 그중에 하나님의 진노는 한 방울도 섞여 있지 않고, 모두 하나님의 사랑으로 말미암아 이루어지는 것이다. 믿음은 노하신 하나님의 가슴에 사랑이 보석과 같이 빛나고 있다는 것을 분별한다. 슬픔에 대하여 믿음은 이렇게 말한다. "이것은 명예의 표시이다. 왜냐하면, 아이들은 사랑의 매를 받기 때문에 그렇다." 그리고 믿음은 슬픔이 가져오는 위대한 결과에 대하여 노래한다. 왜냐하면, 슬픔은 영적인 유익을 가져오기 때문이다. 믿음은 말한다. "이 잠깐 동안의 경한 환난은 역사하여 영원한 중한 영광을 넘치도록 가져오게 한다"(고후 4:17). 이와 같이 믿음은 흑마를 타고 정복에 정복을 거듭하여 육신의 이성과 감각을 밟으면서 심한 싸움 중에서 승리의 노래를 부른다.

"나의 길에서 만나는 모든 것은
"하늘"의 기쁨으로 그 길에서 나를 돕는구나.
그 길을 걸어갈 때 시험의 화살이 날아와도
주안에 있는 영혼의 평안을 빼앗을 수 없도다.
영광의 강한 임재로 거기에는 축복이 있고
아직도 그 길을 결코 잊을 수가 없도다.
그러나 기쁨으로 충만하여 소리치면서
나를 나의 복된 구속주의 자리로 인도하도다."

9월 13일 아침

513. "저희는 눈물 골짜기로 통행할 때에 그곳으로 많은 샘의 곳이 되게 하며 이른 비도 은택을 입히나이다"(시 84:6)

이 구절은 한 사람의 위로가 때때로 다른 사람에게 매우 유용하다는 것을 교훈해 준다. 그것은 마치 샘물이 뒤에 오는 사람들에게도 사용되는 것과 비슷하다. 우리는 위로에 넘치는 책을 읽고, 요나단의 지팡이와 같이 꿀이 떨어지는 느낌을 받는다. 우리는 형제가 먼저 여기에 와서 자기들을 위하여 또 우리들을 위하여 이 샘을 판 것으로 생각한다. 많은 샘은 어느 순례자가 자신을 위하여 판 샘이지만 그것이 다른 사람들에게도 아주 유용하다는 것이 분명하게 증명된다. 특히 "나의 영혼아, 어찌하여 낙망하는가?"(시 42:5, 11; 시 43:5)라는 말씀으로 시작하는 시편을 읽을 때 이 느낌은 한층 더 깊어지게 된다. 나그네가 사람이 없는 해안을 걸을 때 그곳에 있는 사람의 발자국을 보고는 즐거워한다. 그와 같이 눈물의 골짜기를 통과하는 우리는 거기에 순례자들의 표시를 발견하고 기뻐한다. 순례자는 샘을 파는데 이상하게도 그것은 샘 밑에서 솟아오르지 않고 위에서부터 채워지는 것이다. 우리는 어떤 도구들을 사용한다. 그러나 축복은 그러한 도구들에서 솟아나지 않는다. 우리는 도구를 가지고 샘을 파지만, 그것을 채우는 것은 하늘에서 내리는 단비이다. "싸움의 날을 위하여 군마가 준비되어 있지만, 안전은 오직 주께 있는 것이다"(잠 21:31). 수단은 목적과 연결되어 있지만, 목적을 낳는 것은 아니다. 보라! 하늘에서 내리는 비가 연못을 채우고 샘에 가득하여 물의 저수지가 되어 우리에게 유익하게 된다. 우리의 노력은 헛되지 않다. 그러나 그것이 하나님의 도움을 대신 할 수는 없다. 은혜는 그 순결 때문에, 새롭게 하기 때문에, 그리고 소생케 하는 영향력 때문에, 또 그것이 위에서만 내려오기 때문에, 그 내리는 것의 여부에 있어서 하늘의 섭리에 따르기 때문에 비에 비교되었다. 독자여, 당신이 축복의 비를 받고, 그리고 우리가 판 샘에서 물이 흘러넘치기를 바란다! 아, 하늘의 미소가 없는 수단과 의식이 무슨 소용이 있으랴! 그것들은 비 없는 구름이요, 물 없는 늪이다. 오, 사랑의 하나님이여, 하늘의 창문을 여시고 우리에게 복을 부으소서!

9월 13일 저녁

514. "이 사람이 죄인을 영접하고 음식을 같이 먹는다 하더라"(눅 15:2)

　　예수님께서 죄인을 영접하셨다는 이 은혜로운 사실에 주목하라. 다른 모든 사람들 위에 뛰어나고 "거룩하고 순수하고 더러움이 없고 죄인과는 구별되어 있는 분"(히 7:26)께서 죄인들을 영접한 것이다. 영원한 하나님과 다르지 않고, 그 앞에서 "천사들도 그들의 얼굴을 가리는"(사 6:2) 이분이 죄인들을 영접한 것이다. 이분께서 사랑을 위하여 그러한 겸손의 위대한 본보기가 되신 것을 말함에는 천사의 혀가 필요하다. 우리들 가운데 누구라도 나가서 잃어버린 사람들을 찾는 것은 놀랄 일이 아니다. 왜냐하면, 그들은 우리와 같은 종류의 사람이기 때문이다. 그러나 우리가 하나님에 대하여 죄악을 범하였는데, 그 하나님께서 종의 형태를 취하여 많은 사람의 죄를 지시고, 나아가서 비열한 것 가운데 가장 악한 것을 기꺼이 받으신 것은 실로 경탄할 만한 일이다. "이 사람이 죄인들을 영접하였다"함은 저들이 언제까지나 죄인으로 남아 있게 함이 아니다. 그들의 죄를 사하시고 의롭게 하여 그의 순수한 말씀으로 저들의 마음을 깨끗하게 하여 성령의 내주로 말미암아 저들의 영혼을 보존하는 것이다. 그분께서는 저들을 받아들여 주님을 섬기며 나아가 그를 찬양하며 그와의 교제에 들어가게 하기 위함이다. 그분은 자신의 마음의 사랑 안에서 죄인을 영접하여 쓰레기통에서 저들을 건져내어 저들을 그의 왕관의 보석으로 삼는다. 저들을 불타는 데서 끄집어낸 나무 조각 같이하여 그의 긍휼의 귀중한 기념으로 삼는다. 예수님의 눈에는 스스로 그들을 위하여 자신의 생명을 주셨던 그 죄인들처럼 귀중한 것은 없다. 예수님께서 죄인을 영접할 때 문밖에서 받아들이는 것이 아니며, 또는 지나가는 거지에게 긍휼을 베풀어 구제하는 것처럼 집 뜰에서 하는 것이 아니고, 그의 마음의 황금의 문을 열고 죄인을 바로 그 안으로 받아들이시는 것이 아닌가! 그렇다. 그분께서는 스스로 겸손하여 회개한 죄인을 그 자신과 연합하여 그의 몸의 지체로 하여 그의 살과 뼈가 되게 한다. 이렇게 놀라운 환영은 일찍이 없었다! 그러나 이 사실은 이 저녁에도 아주 확실하다. 그분께서는 아직도 죄인을 영접하신다. 따라서 부디 죄인들도 그분을 영접하기를 기도한다!

9월 14일 아침

515. "예수를 배에 계신 그대로 모시고 가매"(막 4:36)

그 밤 예수님께서는 해군 제독으로서 친히 한 대의 선단을 호위하셨다. 배가 아무리 작을지라도 예수님과 함께 항해하는 것은 참으로 좋다. 우리가 그리스도의 무리에 가담하여 항해할 때에 좋은 날씨만 있는 것은 아니다. 왜냐하면, 때로는 주님 자신이 타신 배조차도 풍랑을 만난 적이 있기 때문이다. 그러므로 우리의 작은 배가 물결의 사나움이 적을 것이라고 기대해서는 안 된다. 만약 우리가 예수님과 함께 간다면, 그와 같은 경우에도 우리는 만족하지 않으면 안 된다. 물결이 그분에게 거칠다면 우리에게도 거칠 것이다. 우리가 육지에 도착한다는 것은 그가 이전에 경험한 것 같이 풍랑 가운데를 통과하는 나뭇잎 같은 배가 물결에 부딪치는 것을 경험한 뒤의 일 것이다. 풍랑이 어두운 갈릴리 호수를 몰아칠 때 사람들은 안색의 빛을 잃고 언제 배가 난파할지 몰라 근심에 싸여 있었다. 일체의 모든 그 어떤 도움도 소용이 없게 되었을 때에 주무시던 주님께서 일어나셔서 하신 말씀에 의하여 대풍랑을 잔잔케 되었다. 덕분에 주님께서 타시고 계신 배는 그 다른 작은 배들과 함께 평온함을 얻었다. 예수님께서는 바다의 별이다. 비록 바다에는 슬픔도 있지만 예수님께서 함께 계시면 거기에는 또한 기쁨도 있다. 우리의 마음이 예수님을 우리의 닻으로, 나침반으로, 등대로, 구조배로, 그리고 항구로 할 수 있게 되기를 바란다. 그의 교회는 제독이 함께 탄 기함이다. 우리는 교회의 모임에 출석하여 이 기함의 장교인 교역자를 격려하자. 주님은 그 자신이 배를 안전하고 강하게 끌어당기는 힘이다. 우리는 항상 예수님의 뒤를 따르며 그의 신호에 주의하며 그의 지시에 따라 키를 잡고 우리의 부름에 곧 대답하시는 곳에 계신 주님을 기억하고 결코 두려움이 없도록 하자. 호송 선단 안에 있는 어떤 배도 난파되는 일은 없다. 대제독이 모든 배들의 하나하나의 키를 잡고 안전하게 목적지인 항구에까지 데리고 가시는 것이다. 믿음으로 말미암아 우리는 닻줄을 풀고 항해에 나선다. 그러나 예수님과 함께 고난의 바다로 항해에 나선다. 풍파는 우리에게 용서 없이 닥쳐올 것이다. 그러나 그 모든 것은 예수님에게 순종한다. 그러므로 밖에서 어떤 폭풍이 일어날지라도, 우리 안에서는 믿음으로 말미암아 축복된 평안을 느낄 것이다. 그분께서는 이미 날씨를 조정하는 함대의 중심에 계시다. 그러므로 주 안에서 기뻐하자. 그분의 배는 이미 항구에 도착했다. 그리고 우리도 곧 항구에 들어가게 될 것이다.

9월 14일 저녁

516. "내가 이르기를 내 허물을 여호와께 자복하리라 하고
주께 내 죄를 아뢰고 내 죄악을 숨기지 아니하였더니
곧 주님께서 내 죄의 악을 사하셨나이다"(시 32:5)

다윗은 자신의 죄에 대하여 번민하면서 매우 고통스러웠다. 그 결과는 그의 육체에도 나타났다. "그의 뼈는 떨리며 쇠하였다"(시 32:3)고 하였으며, 그리고 "그의 힘은 가뭄 같이 말랐다"(시 32:4)라고 하였다. 그것을 고칠 수 있

는 방법은 없었다. 마침에 그는 하늘의 은혜의 보좌 앞에 나아가 숨김없이 죄를 고백을 하게 되었다. 그는 종종 침묵을 지켰지만, 그의 마음은 보다 깊은 고민에 싸여 있었다(cf. 시 32:23-4). 나아갈 길이 막힌 산의 호수같이 그의 영혼 안에는 슬픔의 급류로 넘쳤다. 그는 구실을 생각하고 자신의 생각을 바꾸려고 노력하였지만, 그것은 모두 헛된 것이었다. 종기가 곪는 것 같이 그의 고민은 깊어만 갔다. 고백의 수술칼을 쓰려고 하지 않았기 때문에, 그의 영은 고통에 가득 차서 안식을 얻을 수 없었다. 마침내 그는 겸손하게 죄를 회개하고 하나님께 돌아오던지 그렇지 않으면 거기서 죽든지 어느 한쪽을 택하여야 하는 것을 알았다. 그래서 그는 은혜의 보좌로 달려가서 모든 것을 보시는 하나님 앞에서 악의 두루마기를 펴고 이때까지의 모든 사악한 것을 시편 5편과 다른 회개의 시편에 있는 말로써 고백하였다. 이 일은 매우 간단해 보이지만 그래도 교만한 자에게는 매우 힘든 일이다. 그래도 이것을 다하게 되었을 때 그는 곧 하나님의 사유하심을 받았다. 그의 부서진 뼈는 기쁨의 동기가 되었고 그는 밀실에서 나와서 허물의 용서를 받은 자의 축복을 노래하였다(cf. 시 32:1). 은혜로 말미암아 하는 죄의 고백의 이 놀라운 가치를 보라! 그것은 모든 가치에 비하여 더욱 위대한 것이다. 왜냐하면, 적어도 진실하고 은혜로 인한 고백이 있는 곳에는 긍휼이 값없이 주어지기 때문이다. 이것은 회개와 고백이 긍휼을 받을 가치가 있어서 그러한 것이 아니고 오직 그리스도 때문에 주어지는 것이다. 하나님을 찬송하리로다. 깨뜨려진 마음이 있는 곳에는 항상 치유가 있다. 우리의 죄를 깨끗하게 하는 샘은 끊임없이 흐르고 있다. 오 주여, 참으로 "주는 죄를 사하시는 하나님이시나이다!"(느 9:17). 그러므로 우리는 당신님께 우리 자신들의 죄악을 고백하나이다.

9월 15일 아침

517. "그는 흉한 소식을 두려워하지 않으며"(시 112:7)

그리스도인이여, 악한 소식을 두려워해서는 안 된다. 만약 당신이 악한 소식으로 고민한다면 믿지 않는 자와 다를 것이 무엇이 있겠는가? 저들은 당신과 같이 피난처이신 하나님을 갖지 못하였다. 또 당신과 같이 하나님의 신실하심을 체험하지도 못하였다. 저들은 경보에 당황하며 두려움에 떤다 해도 그것은 당연하지만, 당신은 저들과 다른 존재임을 공적으로 말하고 있다. 당신은 "거듭나서 산 소망이 있게"(벧전 1:3) 되었으며, 이미 마음은 "하늘"에 서 살고 이 땅의 일에는 번민하지 않게 되었다. 그런데 당신이 불신자와 같이 두려워한다면 그렇게 받았다고 공언하는 은혜의 가치는 도대체 어디에 있는가? 소유하고 있다고 주장하는 새로운 성품의 위력은 어디에 있는가? 만약 당신이 다른 사람들과 같이 경보에 당황한다면 당신은 의심할 것도 없이 시련 중에 있는 사람이 범하는 죄에 빠질 것이다. 불신앙의 사람들은 흉악한 소식에 압도될 때에 하나님을 거역한다. 저들은 불만을 말하며 하나님께서 저들을 학대하는 것이라고 생각한다. 당신도 이와 같은 죄에 빠지기를 원하는가? 저들과 같이 주 하나님의 진노를 일으키기를 원하는가? 더군다나 아직 회심하지 못한 사람들은 잘못된 수단에 호소함으로써 곤란으로부터 도피하려고 한다. 당신의 경우도 만약 현재의 압박에 마음을 잃어버리면 저들과 확실히 똑같이 할 것이다. 주께 신뢰를 두고 "깊은 인내로 깊이 주님을 기다리라"(시 37:7). 당신에게 있어서 가장 현명한 방법은 모세가 홍해에서 한 것 같이 "가만히 서서 주가 당신을 위하여 하시는 구원을 보라"(출 14:13)는 것이다. 만약 당신이 흉악한 소식을 듣고 두려워한다면, 자신의 의무에 힘을 다하며 역경을 견디게 하는 고요한 자세로 어려움에 맞설 수 없을 것이다. 당신이 겁에 사로잡힌다면 어떻게 하나님의 영광을 나타낼 수 있겠는가? 성도들은 맹렬한 불가운데서 때때로 하나님을 찬양하였다. 그러나 당신은 마치 도와줄 자가 아무도 없는 듯이 의심하며 절망한다면 어떻게 지극히 높으신 분을 찬양할 수 있을까? 그러므로 담대하라. 당신의 언약의 하나님의 성실하심 위에 확실한 자신감으로 의뢰하라. "너희들은 마음에 근심하지도 말라 또 두려워 말라"(요 14:27).

9월 15일 저녁

518. "주를 친근히 하는 백성"(시 148:14)

옛 언약의 세대는 거리와 분리가 있는 시대였다. 하나님께서 그의 종 모세에게 나타나실 때에도 모세는 "여기에 가까이 와서는 안 된다, 발에서 신을 벗으라"(출 3:5)는 명을 받았다. 그리고 시내산에서 하나님께서 성별하신 백성에게 자신을 나타내실 때에도 그가 주신 처음 명령의 하나는 "산 주위에 경계를 치라"(출 19:23)는 것이었다. 장막과 성전에 있어서 거룩한 예배에 있어서도 그러한 '거리'에 대한 생각은 항상 뚜렷하였다. 일반 백성들은 제사를 드리는 뜰 안에 조차 들어갈 수 없었다. 성소에는 제사장 외에는 들어갈 수가 없었다. 지성소에는 대제사장이 일 년에 한번 밖에는 들어가지 못 하였다. 그것은 마치 그러한 초기의 시대에는 주님께서 보시기에 죄가 너무나도 혐오스러워서 사람들을 진영밖에 버림을 받은 문둥병자와 같이 취급해야만 했던 일을 주님께서 사람에게 가르치려는 것 같았다. 그분께서 백성에게 가장 가까이 접근할 때에도 거룩하신 하나님과 더러운 죄인과의 사이에는 큰 거리가 있음을 여전히 백성에게 느끼도록 하였다. 그러나 복음이 왔을 때, 우리는 전혀 다른 입장에 놓였다. "가라"는 단어는 "오라"는 말로 변하였다. 거리는 가깝게 되었다. 이렇게 멀리 떠나 있어야 했던 우리는 모두 다 예수 그리스도의 피로 말미암아 가깝게 되었다. 육신을 입으시고 오신 하나님은 그분의 주위에 불의 담을 갖고 있지 않다. "모든 무거운 짐을 진 사람들은 다 내게로 오라 내가 너희를 쉬게 하리라"(마 11:28). 이것은 육체를 입으시고 오신 하나님의 기쁘신 선언이었다. 이제 그분께서는 문둥병자를 자기에게서 멀리함으로써 그 환자가 문둥병이라는 것을 가르치는 것이 아니고 그 환자의 더러운 벌을 그분께서 스스로 받아 고난을 당하심으로써 환자의 병을 고치는 것이다. 예수님으로 말미암아 하나님께 가까이 나아가는 이 상태는 얼마나 안전하고 특권이 되는 상태인가! 당신은 그것을 경험에 의하여 알고 있는가? 만일 알고 있다면 당신은 그것의 힘 가운데 살고 있는가? 우리가 이렇게 가까이 그분 앞에 나아갈 수 있음은 정말로 놀라운 일이다. 그러나 보다 더욱 가까이할 때가 오려고 한다. 그때는 "하나님의 장막이 사람과 함께 있고 하나님이 사람과 함께 하며"(계 21:3)라고 말하게 될 것이다. 주여, 우리가 더욱더 가깝게 될 수 있는 그 때가 속히 오게 하소서!

9월 16일 아침

519. "너희로 신성한 성품에 참여하는 자가 되게 하려 하셨느니라"
(벧후 1:4)

하나님의 성품에 참여한다는 것은 물론 우리가 하나님이 되는 것을 의미하는 것은 아니다. 그와 같은 일은 있을 수 없다. 하나님의 본질은 피조물이 관여할 수 없는 일이다. 피조물과 창조주와의 사이에는 언제나 그 본질에 있어 건널 수 없는 깊은 협곡이 가로 놓여 있다. 그러나 최초의 사람 아담이 하나님의 형상을 따라 지음을 받은 것 같이 우리도 성령에 의하여 거듭남으로 말미암아 한층 영적으로 높은 의미에 있어서 지극히 높으신 분의 형상을 닮아 하나님의 성품에 참여하게 되는 것이다. 우리는 은혜로 말미암아 하나님을 닮게 되는 것이다. "하나님은 사랑이시다"(요일 4:16). 따라서 우리도 사랑이 되게 한다. "사랑하는 자는 하나님께로 난 자이다"(요일 4:7). 하나님은 진리이시다. 우리도 또한 진실한 자가 되어 진리를 사랑함에 이르는 것이다. 하나님은 선하시다. 그리고 하나님의 은혜로 말미암아 우리를 선한 자로 하시며 우리를 "정결한 자로 만드시며 하나님을 볼 수 있도록 하신다"(마 5:8). 그러나 이보다 더 높은 의미에서 우리는 "하나님의 성품에 참여하는 자"가 된다. 사실상, 우리는 절대로 하나님과 같이 될 수 없는 우리에게 있어 이것은 생각할 수 있는 최고의 의미에 있어서 그러한 것이다. 우리는 그리스도의 신성한 인격의 지체로 되지 않는가? 그렇다. 머리에서 흐르는 피와 같이 손에도 흐르고 그리스도를 살리시는 같은 생명이 그의 백성들도 살린다. 즉 "당신은 이미 죽은 자로서 당신들의 생명은 그리스도와 함께 하나님 안에 감추어져 있는 것이다"(골 3:3). 이것만으로는 충분치 않은 것 같이 보이나 우리는 그리스도와 결혼한다. 그분께서는 의와 진실로써 우리와 약혼하였다. 그리고 주님께 속한 자는 주님과 한 영을 이룬다. 오, 놀라운 비밀이여! 우리는 그것을 본다. 그러나 누가 그것을 이해할 수 있을까? 예수님과 일체가 되는 것 – 가지가 포도나무에 붙어 하나가 되듯이 우리는 구주, 구속주이신 주님의 한 부분이 된다! 우리는 이것을 기뻐하는 동시에 더욱 마음에 새기도록 하자. "하나님의 성품에 참여하는 자"는 다른 사람과의 교제 중에 지극히 높은 거룩한 분과의 관계를 나타내며 날마다의 생활과 대화 가운데 "육의 세상의 부패에서 도피한 자"(벧후 1:4)인 것을 분명하게 할 것이다. 오, 우리는 좀 더 거룩한 삶을 살 수 있기를 바란다!

9월 16일 저녁

520. "내가 바다이니까 용이니이까 주님께서 어찌하여 나를 지키시나이까?"(욥 7:12)

　　이것은 욥이 주님께 대하여 한 아주 이상한 질문이었다. 그는 자기가 전혀 무가치한 자로서 엄중하게 지켜지고 징계를 받기에는 가치가 없는 자라고 생각하였다. 그리고 구속이 필요할 만큼 그렇게 제멋대로인 것이 아니었기를 소원하였다. 이 질문은 그와 같이 비참에 싸여 있는 자에게는 무리한 질문은 아니다. 그러나 이에 대하여 그가 원하는 대답은 얻을 것 같지 않았다. 사람은 바다가 아니다. 그러나 바다보다 더욱 취급하기 어렵고 제멋대로의 존재이다. 바다는 순종하여 그 경계선을 지키고 경계선이 모래톱에 지나지 않을 지라도 그 제한을 넘는 일이 없다. 바다는 힘이 강하지만 "하나님의 지시를"(욥 38:11) 순종하여 심지어 태풍이 몰아칠 때도 말씀을 지키고 있다. 그러나 제멋대로의 인간은 하늘을 업신여기고 땅을 학대하며 그 반항적 행동에는 끝이 없다. 바다는 달에 대하여 순종하여 밀물과 썰물은 끊임없이 규칙적으로 일어나며, 그리고 수동적인 순종뿐만 아니라 적극적으로 이행한다. 그러나 사람은 자기의 영역을 넘기를 쉬지 않는다. 적극적이어야 할 때도 게으르고 의무를 지키려는 것과는 거리가 멀다. 하나님의 명령이 있을지라도 오지도 않고, 가지도 않고, 하지 않아야 될 일을 하는 것을 좋아하고 명령하신 일을 방임하기를 좋아한다. 대양의 물 한 방울 한 방울, 물거품의 하나하나, 일어나는 물결의 기복, 해변가의 조개 껍데기와 차돌멩이 하나하나에 이르기까지 이것들은 모두 하나님께서 세우신 자연 법칙의 질서에 따라 그 힘을 느끼고 순종하며 즉각적으로 움직인다. 아, 우리의 성품이 천 분의 일이라도 하나님의 뜻에 순종할 수 있다면 그 얼마나 좋겠는가! 우리는 말하리라. 바다는 소란하며 거짓이 많은 것이라고 말이다. 그러나 바다는 언제나 변하지 않는다! 우리의 조상의 시대로부터 아니 그 이전의 시대부터 바다는 그 위치를 변하지 않고 같은 법칙으로 같은 절벽을 씻고 있다. 우리는 바다가 어디 있는지를 알고 있다. 바다는 그 자리를 떠나지 않고 그 끊임없는 파도의 울림소리도 변하지 않는다. 그러나 헛되고 변덕스러운 인간은 도대체 어디에 있는가? 현명한 자라도 사람이 다음 순간에 어떤 어리석은 행동으로 인하여 불순종에 유혹될지를 추측할 수 있을까? 우리는 물결 이는 바다보다도 파수꾼이 더 필요하다. 왜냐하면, 우리는 바다보다 훨씬 더 반항적이기 때문이다 주여, 주의 영광을 위하여 우리를 다스리소서. 아멘.

9월 17일 아침

521. "그를 내게로 데려오라"(막 9:19)

절망적으로 불쌍한 상태에서 실망한 아이의 아버지는 제자들로부터 등을 돌리고 주님께 울면서 매달렸다. 그의 아들이 최악의 상태에 있고 모든 방법은 실패하였다. 그러나 "그 아이를 내게 데려 오라"고 하시는 주님의 말씀을 그 아버지가 순종했을 때 아이는 곧 악의 영으로부터 구원되었다. 아이는 하나님이 주시는 보배로운 선물이다. 그러나 여기에는 많은 염려가 따라온다. 아이는 그들의 부모에게 큰 기쁨이지만 또한 고통의 씨앗이 되는 경우도 있다. 아이들은 성령으로 충만해 있던지, 혹은 악령에 사로잡혀 있다. "그 아이를 내게 데려오라"고 하는 하나님의 말씀은, 모든 경우에 있어서 그들의 병을 고치는 처방을 우리에게 준다. 아, 아직 갓난아이일 동안에는 저들을 위하여 더 애절한 기도를 해야 하지 않을까? 죄는 이미 거기에 있다. 그러므로 기도로 말미암아 그것을 공격하도록 하자. 자녀를 위하여 기도하는 우리의 부르짖음은 저들이 죄악이 가득한 세상으로 나아가는 때를 선언하는 부르짖음보다 앞서지 않으면 안 된다. 저들의 청년시대에는 벌써 바르게 기도하는 일도 하나님의 말씀을 듣는 일도 하지 못하게 된 벙어리와 귀머거리의 영혼 상태에 있다는 슬픈 사실을 우리는 보게 된다. 그래도 예수님은 "그 아이를 내게로 데려오라"고 명하신다. 저들이 성장하면서 죄에 떠밀려 하나님께 대적할지도 모른다. 이런 때 우리의 마음은 찢어질 것 같지만 오히려 "그 아이를 내게 데려오라"는 위대한 의사의 말씀을 기억해야 한다. 저들의 호흡이 계속하는 한 우리는 결코 기도를 그쳐서는 안 된다. 예수님께서 살아계신 한 우리에게 절망이란 없다. 주님은 때때로 그의 백성을 궁지에 몰아서 주님께서 저들에게 얼마나 필요한 분이신지를 실제로 알리신다. 불경건한 아들들의 타락으로 우리의 손이 감당하지 못하게 되었을 때 우리는 힘을 얻기 위하여 전능자에게 도망간다. 그리고 이것은 우리에게 있어서 큰 축복이다. 오늘 아침 우리의 필요가 어떠한 것이든지 그것이 강한 전류같이 되게 하여 하나님의 사랑의 큰 바다에 데리고 가라. 예수님은 우리의 슬픔을 곧 제거하실 수 있다. 주님께서는 우리를 위로하시기를 기뻐하신다. 저가 우리를 기다리시는 동안에 급히 그분에게로 가지 않으려는가?

9월 17일 저녁

522. "너는 그를 담대하게 하라"(신 1:38)

하나님은 그의 백성을 사용하여 서로 용기를 북돋아 주게 하신다. 주님께서는 천사에게 명하여 "가브리엘아, 내 종 여호수아가 내 백성을 가나안에 인도하려고 한다. 가서 그를 담대케 하라"고 명하시지 않았다. 하나님은 불필요한 기적은 결코 행하지 않으신다. 만약 보통 방법으로 그분의 목적이 이루어질 수 있다면 그는 기적을 사용할 필요가 없다. 가브리엘은 모세처럼 여호수아를 담대하게 하는 일에 적임자가 아니었다. 한 형제의 동정어린 격려는 천사의 메시지보다 더 귀하다. 민첩한 날개를 가진 천사는 주님의 명령은 잘 알면서도 사람들의 기질은 잘 알지 못할 수도 있다. 천사는 모세와 같이 곤란한 길을 경험한 일도 없고 불뱀을 본 적도 없고 광야에서 완악한 백성들을 인도한 적도 없었다. 우리는 하나님께서 보통 사람을 사용하셔서 다른 사람에게 일하게 하는 것을 기뻐해야 한다. 그것은 형제의 사랑이 형성되는 것이다. 우리가 서로 신뢰함으로 인해 우리는 더욱 완전한 한 가족이 된다. 주 안에 있는 자여, 위의 구절을 하나님께서 당신에게 주시는 메시지로 받아들이기 바란다. 힘써 남을 도우며 특히 저들을 격려하라. 하나님을 찾으려고 갈망하는 젊은이들에게 격려하는 말을 하라. 그리고 사랑을 갖고 저들의 길을 막고 있는 돌을 제거하도록 힘써라. 그의 마음속에 은혜의 불꽃을 발견했을 때 무릎을 꿇고 그것이 불붙게 하라. 나이 어린 믿는 자는 점차 믿음의 힘찬 것을 발견하도록 하라. 그러나 그에게 하나님 안에 있는 힘과 약속의 확실성과 그리스도와의 사귐의 즐거움에 대하여 말하라. 슬픔에 있는 믿는 자를 위로하며 낙심한 자에게 힘을 줄 수 있도록 힘써라. "피곤한 자에게는 기쁨으로 때를 맞춰 말씀을 전하며"(사 50:4), 그의 길을 가기를 두려워하는 자에게는 기쁨으로 그를 격려하라. 하나님께서는 그의 약속대로 당신을 격려하며 그리스도는 당신을 위해 획득한 하늘을 가리키며 당신을 격려한다. 성령은 당신 안에 역사하여 "주의 뜻과 그의 기뻐하시는 바를 이룰 소원을 일으켜서"(빌 2:13) 그것을 실행에 옮기게 하여 당신을 격려하신다. 오늘 저녁의 구절에 따라 하나님의 지혜를 배워서 다른 사람들을 담대케 하라.

9월 18일 아침

523. "만일 우리가 성령으로 살면 또한 성령으로 행할지니"(갈 5:25)

우리 그리스도인의 순례길에 있어 가장 중요한 두 가지는 바로 믿음의 삶과 믿음의 발걸음이다. 거룩한 종교에서 가장 중요한 두 가지는 믿음의 생활과 걸음이다. 이것을 바르게 이해하고 있는 사람은 실천 신학을 마스터했다고 해도 과언이 아니다. 왜냐하면, 이 둘은 그리스도인에게 없어서는 안 되는 일이기 때문이다. 당신이 참으로 경건하지 않으면 결코 참된 믿음을 발견할 수 없을 것이다. 또 반대로 그리스도의 의에 기초한 살아있는 믿음에 뿌리를 두지 않는 거룩한 생활은 존재하지 않는다. 이 둘 중에 한쪽만 추구하여 다른 쪽을 무시하는 사람은 화가 있으리로다! 어떤 사람은 믿음만 키우고 성결을 잊어버리고 있다. 저들의 믿음은 매우 전통적일지도 모른다. 그러나 그것은 매우 강하게 비난할 일이다. 왜냐하면, 저들은 "불의 가운데서 진리를 붙잡고"(롬 1:18) 있기 때문이다. 옛적 바리새인같이 믿음을 부정하는 사람들이 있다. 주님께서는 저들을 "회칠한 무덤"이라고 힐난하였다. 우리는 믿음을 갖지 않으면 안 된다. 그것은 삶의 토대이기 때문이다. 그리고 우리는 거룩한 생활을 하지 않으면 안 된다. 그것은 상층 건물이기 때문이다. 폭풍에 토대만으로 무슨 소용이 있는가? 그 가운데서 숨을 수가 있겠는가? 집을 위한 토대도 물론 필요하지만 비를 피하기 위해서는 집이 있지 않으면 안 된다. 그와 같이 만약 우리가 의심의 날에 위로를 얻으려고 하면 영적 생활의 상층 건물이 필요한 것이다. 그러나 믿음이 없이 거룩한 생활만을 구해서는 안 된다. 왜냐하면, 그것은 바위 위에 토대를 놓지 않은 집을 세웠기에 영속적으로 지탱할 수가 없기 때문이다. 믿음과 거룩한 생활을 맞추어서 둥근 아치 모양의 두 개의 기둥과 같이 만들어야 한다. 그러면, 우리의 경건은 영속할 것이다. 빛과 열이 같은 태양에서 흘러나오는 것 같이 그것은 모두 축복인 것이다. 성전의 두 개의 기둥과 같이, 그것은 영광과 아름다움을 형성한다. 그것은 은혜의 샘에서 흘러나오는 두 개의 물줄기이고, 거룩한 불을 빛내는 두 램프이고 하늘의 물로 자라는 두 그루의 감람나무이다. 오 주여, 우리에게 내적인 생명을 주소서. 그리하면 그것이 밖으로 나타나 주님의 영광을 나타내리이다.

9월 18일 저녁

524. "내 양은 내 음성을 듣고 따르느니라"(요 10:27)

우리는 양이 목자를 따르는 것 같이 주저함 없이 주님을 따라야 한다. 왜냐하면, 그분은 원하는 곳으로 우리를 인도할 권리를 가지고 있기 때문이다. 우리는 우리 스스로의 것이 아니고 "값으로 그에게 팔린 것"(고전 6:20)이다. 그러므로 우리를 죄에서 구속하신 주님의 보혈의 권리를 인정하자. 군인은 지휘관에게 따르고 좋은 주인에게 복종한다. 매수된 재산인 우리가 자신의 구속주를 따르는 것은 너무나도 당연한 일이 아닌가? 만약 우리의 지도자 또는 지휘관의 명령에 대하여 이러니저러니 말한다면, 예수님을 따르는 자로서 그의 믿음의 고백은 진실이 아닌 것이다. 순전한 복종은 우리의 의무이다. 지휘관에게 따지는 것은 어리석은 일이다. 주님은 베드로에게 말한 것과 같이 우리에 대하여서도 종종 "그것이 너와 무슨 상관이 있느냐? 나를 따라오너라"(요 21:22)고 말씀 하신다. 어디로 인도하시든지 예수님께서는 우리를 앞서 가신다. 우리는 가는 곳을 알지 못할지라도 누구와 같이 가는지는 알고 있다. 그런 동반자라면 우리는 가는 길 위에서 위험에 빠지는 두려움을 가질 필요가 없다. 여행은 길 것이다. 그러나 그의 "영원한 팔"(신 33:27)은 우리를 목적지까지 안전하게 인도하실 것이다. 이렇게 예수님께서 우리와 함께 계심은 영원한 구원의 확증이다. 예수님께서 살아계시기에 우리도 산다. 우리는 단순한 믿음 안에서 그리스도를 따라야 한다. 왜냐하면, 그분께서 인도하시는 길은 모두 영광과 썩지 않는 곳에 이르는 길이기 때문이다. 그 길이 평탄한 길이 아닐 수도 있다. 그것이 좁고 험한 시련의 길인지도 모른다. 그러나 그 길은 하나님이 경영하시고 지으신 영원한 터에 세워진 도성에 도달한다. "주의 모든 길은 그 언약과 증거를 지키는 자에게는 인자와 진실이다"(시 25:10). 인도자이신 주님께 온전한 신뢰를 갖자. 우리가 걸어가는 길 앞에 있는 것이 번영과 역경, 건강과 질병, 혹은 명성과 경멸, 그 어느 것이든지 주님의 목적은 실현될 것이라는 것을 우리는 안다. 그 목적은 모든 은혜의 상속자에게는 순수하고 섞이지 않은 선한 것일 것이다. 그리스도와 함께 험한 길을 올라가는 것은 위대하다는 것을 발견할 것이다. 비와 눈이 얼굴에 불어 닥쳐도 그분의 사랑에 안기는 것은 속세의 불에 손을 쬐고 있는 자보다도 훨씬 축복된 일이다. 사자의 굴이든지 표범의 언덕에서라도 우리는 사랑하는 주님을 따를 것이다. 귀하신 예수여, 인도하소서! 그러면 우리는 당신님을 뒤쫓아 달려 갈 것입니다.

9월 19일 아침

525. "그리스도께서 우리로 자유하게 하려고 자유를 주셨으니"(갈 5:1)

이 "자유"는 우리를 해방하여 "하늘"의 헌장인 성경을 향하게 한다. 믿는 자여, 여기에 선택된 말씀이 있다. "네가 물속을 통과할 때 나는 너와 함께 있다"(사 43:2). 당신은 거기서 자유롭다. 또 "산이 옮겨지며 언덕이 떠나가도 나의 인자는 네게서 옮기지 않을 것이다"(사 54:10)라는 구절이 있다. 당신은 여기서도 자유롭다. 당신은 약속의 식탁에 초대받은 손님이다. 성경은 무한한 은혜에 가득하게 채워진 결코 부족함이 없는 보배이다. 또 그것은 "하늘"의 은행이다. 아무 방해도 없이 당신이 원하는 대로 꺼내어 써도 좋다. 믿음을 가지고 오라, 그러면 당신을 모든 약속의 축복으로 환영한다. 하나님의 말씀 속에는 철회되는 약속은 하나도 없다. 고난의 밑바닥에서도 이 자유로 말미암아 스스로를 위로하라. 고민의 큰 물결 속에서도 이로 말미암아 스스로 용기를 북돋우어라. 슬픔이 당신을 에워싸도 이것을 당신의 위로로 하라. 이는 당신의 아버지께서 주시는 사랑의 선물이다. 당신은 언제나 그것을 자유로이 받을 수 있다. 당신은 또 은혜의 보좌에 자유롭게 가까이 나아갈 수가 있다. 어떠한 때에도 하나님 아버지에게 가까이할 수 있음은 믿는 자의 특권이다. 우리의 소원, 어려움, 필요가 어떠한 것이든지 자유로이 모든 것을 아버지 하나님 앞에 펴 놓을 수 있다. 우리가 얼마나 큰 죄를 범하고 있는지는 문제가 되지 않는다. 우리는 죄의 용서를 구하며 또한 그것을 기대할 수 있다. 우리가 얼마나 부유하든지 아니면 가난하든지 문제가 되지 않는다. 그분께서 우리의 모든 필요를 공급하신다는 약속을 따라서 구하면 되는 것이다. 언제든지 우리는 그의 보좌에 가까이 갈 수 있다. 한밤의 어두움 중에도 또는 대낮의 뜨거운 열기 중에도 가까이 갈 수 있다. 오, 믿는 자여, 당신의 권리를 사용하고 당신의 특권을 누리며 살라. 그리스도 안에 저장된 모든 것, 지혜, 정의, 성화, 구속은 당신이 자유로이 얻을 수가 있다. 그리스도 안에는 모든 충만한 것이 공급되므로 그것은 당신의 것이다! 아, 당신은 얼마나 자유로운가! 죄의 비난으로부터의 자유, 약속에 대한 자유, 은혜의 보좌에 나아가는 자유, 그리고 최후에 "하늘"에 들어가는 자유! 아, 이 위대한 자유여!

9월 19일 저녁

526. "이 아이를 위하여 내가 기도하였더니"(삼상 1:27)

믿음이 깊은 마음은 기도의 응답으로 받은 긍휼에 대해 회고하는 것을 즐거워한다. 그것을 통하여 하나님의 특별한 사랑을 볼 수 있기 때문이다. 우리가 자신이 받은 축복을 "사무엘"(하나님께서 들어 주심)이라고 이름을 지었다면 사무엘이 모친 한나에게 아름다웠던 것 같이 그 축복은 우리에게도 아름답다. 한나의 남편에게는 또 다른 부인, 브닌나가 있었는데 그녀에게는 많은 아들이 있었다. 그러나 그것은 기도를 통하지 않은 보통의 축복이었다. 한나는 오직 하나뿐인 아들 사무엘을 매우 귀하게 생각하였다. 왜냐하면, 그 아들을 열심 있는 기도의 결과로 받았기 때문이었다. 기도의 컵은 쓴 약을 달게 한다. 우리가 자식들의 회심을 위하여 기도할 때 자녀가 구원을 받으면 그것이 우리의 간구의 결과라는 것을 알기에 이것은 얼마나 이중의 기쁨이 되는가! 피를 나눈 자녀이기 때문의 기쁨보다는 중보의 결과이기 때문에 더 기뻐하는 것이다. 우리는 어떤 특별한 영적 선물을 주님께 구한 적이 있는가?(cf 고전 12:31). 그 선물은 하나님의 신실함과 진리라는 황금의 천에 싸여있기 때문에 우리에게 주어질 때 이중의 귀중성을 가지게 된다. 우리는 주님의 역사가 성공되기를 기도한 적이 있는가? 그 기도의 날개 위로 날아와서 앉는 번영을 보는 것은 얼마나 기쁜 일인가! 축복을 우리의 집에 맞아들이려면 어떻게 하면 되겠는가? 항상 최선의 방법은 바른 길인 기도의 문으로 맞아들이는 일이다. 이렇게 영접한 것은 축복이요, 유혹이 아니다. 기도의 응답이 연기되면 그만큼 축복은 더 풍성하게 된다. 예수님의 모친 마리아가 슬퍼하면서 예수님을 찾아 발견하였을 때(cf. 눅 2:42-51), 소년 예수님께서는 그 모친에게 다른 때보다 더욱 사랑스러웠을 것이다. 한나가 사무엘을 바친 것 같이 우리는 기도로 말미암아 얻은 것을 하나님께 바치지 않으면 안 된다. 하늘에서 내려온 선물은 하늘에 돌려라. 기도로 말미암아 얻고 감사의 노래를 부르며 이제 그것을 헌신으로 성별하여라. "나는 원래 당신님 것인 것을 당신님께 단지 돌려드리나이다"(대상 29:14). 친구여, 당신에게 기도는 기운이 나게 하는가 아니면 지치게 하는가? 어느 쪽인가?

9월 20일 아침

527. "여호와와 기드온의 칼이여"(삿 7:20)

기드온은 그의 부하에게 두 가지 일을 명하였다. 즉 횃불을 항아리 속에 감추고 신호가 울리면 항아리를 깨서 빛을 밝히는 것이었다. 그리고 나팔을 불어 "여호와와 기드온의 칼이여!"라고 부르짖는 일이었다. 이것은 정확히 모든 그리스도인이 해야 할 일이다. 우선 당신은 비추어야 한다. 당신의 빛을 숨기고 있는 항아리를 깨고 비추어라. 너의 촛불을 감추어 왔던 통을 옆으로 던지고 비추어라. 당신의 빛을 사람들 앞에 비추어라. 당신의 행위를 보는 사람들로 하여금 당신이 예수님과 함께 있다는 것을 저들로 알게 하라. 다음으로 소리가 없으면 안 된다. 나팔을 불지 않으면 안 된다. 즉 십자가에 못 박히신 그리스도를 전함으로 죄인을 구원하려는 적극적인 노력이 있어야 한다. 복음을 끊임없이 그들에게 가지고 가라. 그것을 그들의 문에까지 운반하라. 그들의 걷는 길에 두어라. 그들이 복음에서 도망갈 수 없도록 그들의 귓가에 나팔을 불어라. 교회의 진실한 함성은 "여호와와 기도온의 칼이여!"라는 기드온의 신호의 말이라는 것을 마음에 기억하라. 하나님께서는 그 자신의 칼을 휘두르신다. 그것은 주님 자신의 일이지만 우리가 게을러서는 안 되는 것이다. 우리는 도구로 사용되어져야 한다. "여호와와 기드온의 칼!" – 만약 우리가 그냥 "여호와의 칼!"이라고만 부르짖는다면 우리는 게으름을 가정한 죄를 짓는 것이다. 또 "기드온의 칼!"이라고만 부르짖는다면 우리는 육의 팔에 의뢰하여 우상숭배의 죄를 범하게 된다. 이 둘은 실제적인 조화로 결합되지 않으면 안 된다. "여호와와 기드온의 칼" – 우리는 자기의 힘으로는 아무것도 할 수 없다. 그러나 하나님의 도움으로 모든 것을 할 수가 있다. 그러므로 주님의 이름으로 나아가서 성결한 생활의 본보기가 되어 타오르는 횃불을 들고 열심히 선교와 증거의 나팔을 불면서 주님을 섬기는 결심을 하지 않으려는가? 하나님은 우리와 함께 계셔서 우리의 대적을 흩으시고 만군의 주님께서는 영원히 통치하실 것이다.

9월 20일 저녁

528. "저녁에도 손을 거두지 말라"(전 11:6)

저녁에도 낮과 같이 기회는 많다. 사람들은 그날의 노동 후에 집에 돌아온다. 그리고 열심 있는 전도자는 예수님의 사랑에 대하여 말할 때를 발견한다. 나는 이 저녁에도 예수님을 위하여 일하고 있는가? 아니면 할 일이 산더미 같이 쌓여 일손을 놓지 못하는 상황을 중단해야 하지 않겠는가? 죄인은 복음에 대하여 알지 못하기 때문에 멸망하고 있다. 오히려 주저하는 자는 그의 옷단에 영혼들의 빨간 피를 발견할지도 모른다(cf. 렘 2:34). 예수님께서는 십자가 위에서 돌아가셨을 때 그의 두 손이 못 박히는 대로 맡기셨다. 그러면 우리의 손을 왜 그의 보배로운 일에서 떼고 있는가? 낮에도 밤에도 그분은 우리를 위하여 일하시고 우리를 위하여 기도하셨다. 어떻게 우리가 단 한 시간이라도 육의 욕심을 탐하는 일에 소모할 수 있을까? 일어나라, 게으른 마음이여! 너의 손을 펴서 일하든지 또는 손을 들고 기도하라. "하늘"도 지옥도 열심이다. 나 역시 그분처럼 열심이어야 한다. 그리고 나의 주 하나님을 위하여 좋은 씨를 뿌리자. 인생의 저녁에도 사명이 있다. 인생은 짧다. 활력에 넘치는 새벽이 있고 노쇠하는 저녁이 와서 사람의 일생은 끝난다. 어떤 사람에게는 인생이 길어 보일지도 모른다. 그러나 인생은 한순간처럼 짧기에 하루라도 헛되이 보낼 수가 없다. 옛말에도 있듯이 만약 위대한 왕이 황금을 산

같이 가지고 와서 우리에게 하루에 셀 수 있으리만큼 준다고 하면 우리는 그 날을 긴 하루로 삼을 것이다. 아침 일찍이 세기 시작하여 저녁 늦도록 손을 쉬지 않을 것이다. 영혼을 획득하는 일은 이보다 더욱 귀중한 일이다. 그런데 우리가 그 일에서 곧 손을 떼는 것은 어찌 된 이유인가? 어떤 사람들은 건강하게 매우 오래 산다. 내가 그 사람이라면 내가 가진 재능을 사용하여 남은 것까지라도 나의 존귀하시고 신실한 주님을 최후의 순간까지 섬기기를 소원한다. 주의 은혜로 말미암아 나는 끝까지 충성하다 죽기를 바란다. 우리 몸이 무덤에 눕힐 때 비로소 나의 책임을 내려놓을 것이다. 늙은이는 젊은이를 교훈하고 약한 자를 격려하며 낙심하는 자를 위로할 수 있다. 저녁에는 낮의 뜨거움은 없다. 그러나 고요한 지혜가 있다. 그러므로 나는 이 저녁에도 손을 거두지 않을 것이다.

9월 21일 아침

529. "내가 기쁨으로 그들에게 복을 주되"(렘 32:41)

하나님께서 성도들 안에서 기쁨을 가지신다는 것이 믿는 자에게는 얼마나 큰 위로가 되는가! 주님께서 우리를 왜 사랑하시는지 그 이유를 우리는 자신 속에서는 찾을 수가 없다. 왜냐하면, 우리는 때때로 무거운 짐에 고달프며 자기의 죄의 깊음을 의식하고 자신의 불성실함을 탄식하지 않을 수가 없기 때문이다. 우리는 하나님의 백성이 우리를 기뻐하지 않는 것에 대해 두려워한다. 저들은 우리의 많은 불완전함과 어리석음을 보고 우리의 덕을 칭찬하기 보다는 오히려 우리의 결점을 탄식할 것이 틀림없기 때문이다. 그러나 우리는 이 위대한 진리, 즉 영광스러운 비밀을 생각하는 일을 좋아한다. 그것은 마치 신랑이 신부를 기뻐하는 것 같이 주님께서는 우리를 기뻐하시는 것이다. 하나님께서 구름이 덮인 산을 기뻐하신다든지 혹은 빛나는 별을 기뻐하신다고는 아무 데도 기록되어 있지 않다. 그러나 우리는 하나님이 "지구상의 사람이 사는 장소"를 기뻐하시고 "사람의 아들들"(잠 8:31)을 기뻐하신다고 기록되어 있는 것을 본다. 천사들조차도 하나님을 기쁘게 한다는 기록은 없다. 또 하나님께서 케루빔과 스랍에 대하여 "너희는 헵시바라고 불릴 것이다. 주는 너희를 기뻐하시기 때문이다"(사 62:4)라고 말씀하시지 않았다. 그러나 하나님은 이런 말을 우리와 같이 타락하여 불쌍하게 된 피조물, 죄로 인하여 불의하고 부패하게 되었는데 하나님의 은혜로 말미암아 구원되고 높여져서 그리고 영화롭게 하신 자에게 말씀하시는 것이다. 얼마나 강한 말로써 하나님은 그 백성에 대한 기쁨을 나타내고 있는 것인가! 영원의 존재자이신 분이 기쁨에 넘쳐서 노래한다고 누가 상상할 수 있겠는가? 그러나 "그는 너로 인하여 기쁨을 이기지 못하고 너를 잠잠히 사랑하시며 너로 인하여 즐거이 부르며 기뻐하시리라"(습 3:17)라고 기록되어 있다. 그분께서는 자신이 만드신 이 세상을 보고 "보기에 좋았더라"라고 말씀하셨지만, 그러나 하나님이 예수님의 피로 말미암아 구속한 자를 보시고 즉 자신의 선택한 자들을 보시고 하나님의 무한한 마음은 억제하실 수 없고 환희의 부르짖음으로 넘쳐흘렀다. 이렇게 놀라운 하나님의 사랑의 선포에 대하여 우리는 감사의 응답으로 "우리는 주로 말미암아 즐거워하며 우리 구원의 하나님으로 인하여 기뻐하리라"(합 3:18)라고 노래해야 하지 않겠는가?

9월 21일 저녁

530. "내 영혼을 죄인과 함께 내 생명을
살인자와 함께 거두지 마소서"(시 26:9)

다윗은 두려움 때문에 이렇게 기도하였다. 무엇인가가 그에게 "결국 너는 악인과 함께 거두어진다"라고 속삭였기 때문이다. 그 두려움은 불신앙에 의하여 위협받은 것이지만 대개 이런 종류의 두려움은 과거의 죄를 상기시킴으로 일어나는 거룩한 마음의 쓰임에서 나온다. 죄사함을 받은 자라도 "만약 최후에 나의 죄가 기억되어 내 이름이 구원의 명부에서 빠져있다면 어떻게 하랴?"고 말할 것이다. 그는 현재에 열매를 맺지 못하는 상태, 덕, 사랑, 성결에도 부족한 상태를 기억한다. 미래를 바라보면서 스스로의 연약함과 앞에 가로 놓인 많은 유혹 때문에 넘어져 적의 밥이 되지는 않을까 하는 두려움이 있다. 자기의 부패성을 기억할 뿐만 아니라 죄와 현재의 악을 자각하고 두려워 떨며 그는 "원하기는 내 영혼을 죄인과 함께 두지 마소서"라고 기도하지 않을 수가 없다. 친구여, 당신이 이 기도를 드린 일에 있다면 그리고 당신의 성품이 이 시편에 기록되어 있는 것과 같다면 당신은 죄인과 함께 거두어져 갈 것을 두려워 할 필요는 없다. 당신은 다윗이 가진 두 가지의 덕 – 밖으로는 정직한 걸음을 걸으며 안으로는 주께 신뢰하고 있는가? 또 그리스도의 희생 안에서 안식하며 겸비한 소망을 가지고 하나님의 제단에 접근할 수 있는가? 만약 그렇다면 안심하라. 당신은 결코 악인과 함께 거두어지지 않을 것이다. 왜냐하면, 그와 같은 재앙은 불가능하기 때문이다. 심판 때의 수확은 종류별이다. "가라지는 먼저 거두어 불사르게 단으로 묶고 곡식은 모아 내 곳간에 넣으라"(마 13:30)고 명하신다. 그러므로 만약 당신이 하나님의 백성과 같다면 하나님의 백성과 함께 있을 것이요 악인과 함께 버려지지 않을 것이다. 당신은 아주 비싼 가격으로 값을 주고 샀기 때문이다. 그리스도의 보혈로 구속된 당신은 영원히 그분의 것이다. 그리고 그분께서 계신 곳에 그의 백성도 있게 된다. 당신은 말할 수 없이 주님께 사랑을 받고 있기 때문에 타락한 자와 함께 버림을 당하는 일은 없다. 그리스도께서 사랑하는 자를 멸할 수 있겠는가? 없다. 그것은 불가능하다! 지옥이 당신을 붙잡을 수 없다. "하늘"이 당신을 요구하고 있다. 당신의 보증인이신 주님을 온전히 신뢰하라. 그리고 두려워하지 말라!

9월 22일 아침

531. "이스라엘은 자기를 지으신 자로 인하여 즐거워 하며"(시 149:2)

믿는 자여, 마음으로 기뻐하라. 그리고 그 기쁨은 주님에게서 솟아오르는 기쁨이라는 것을 알라. 당신은 기뻐할 많은 원인을 하나님 안에 가지고 다윗과 같이 "나의 큰 기쁨이 되시는 하나님"(시 43:4)이라고 노래할 수 있다. 기뻐하라, 주님께서 지배자이심을, 또 여호와가 왕이심을! 그가 보좌에 앉으셔서 모든 것들 지배하시는 것을! 하나님의 속성의 하나하나는 우리의 기쁨의 햇빛 안에서 새로운 광선이 될 것이다. 우리는 자신의 어리석음을 보고 있듯이 하나님은 지혜가 많은 분이심을 아는 것은 우리를 기쁘게 만든다. 우리는 자신의 연약함에 두려워 떨듯이 하나님께서 전능하신 것을 아는 것은 우리를 기쁘게 하는 요인이 된다. 하나님이 영원하신 분이라는 것은 우리가 풀과 같이 시드는 존재인 것을 알 때 우리의 기쁨이 될 것이다. 우리가 시시각각으로 변하는 데 비하여 하나님께서는 불변하시는 분이심을 아는 것은 항상 우리에게 노래를 부르게 할 것이다. 하나님은 은혜가 가득하여 또 넘치도록 충만하시고 언약에 있어서 그 은혜가 우리에게 주어져 있는 일, 우리가 깨끗하며 보호를 받아 성별되어 완전함과 영광에 나아가는 일, 이 모든 것이 우리를 하나님 안에서 기쁘게 만든다. 이 하나님 안에 있는 기쁨은 깊은 강과 같다. 우리는 오직 그 물가에 닿는 것에 불과하다. 그 맑고 감미한 "하늘"의 강물에 대하여 조금만 알고 있는 것이다. 그러나 물가로 나아감에 따라 물은 더 깊어지고 흐름은 더욱 기쁨에 넘친다. 그리스도인은 하나님이 어떠한 분이신

지를 기뻐할 뿐만 아니라 그분께서 우리를 위하여 과거에 행하신 모든 것에 기뻐한다. 시편은 하나님의 백성이 그 옛날에 하나님의 행사를 깊이 생각하는 경향이 많았고 그것들의 하나하나를 노래로 지었다는 것을 우리에게 보여 준다. 그러므로 주의 백성으로 하여금 이제 주님의 행사를 기억하게 하라! 저들에게 주님의 능력 있는 행사를 말하게 하라. 그리고 "주께 향하여 노래하라 저는 빛나는 승리를 하였다"(출 15:1)라고 말하라. 저들에게 노래를 그치게 해서는 안 된다. 새 은혜를 날마다 저들에게 부으셨기 때문에 주님의 섭리와 은혜 안에서 그 사랑의 행사를 기뻐하며 끊이지 않는 감사를 드려야 한다. 시온의 자녀들이여 기뻐하라. 그리고 당신의 주 하나님을 즐거워하라.

9월 22일 저녁

532. "내 마음이 눌릴 때에 땅 끝에서부터 주께 부르짖으리니 나보다 높은 바위에 나를 인도 하소서"(시 61:2)"

우리는 마음이 눌린 경험들을 대부분 가지고 있다. 그것은 깨끗하게 닦은 접시가 엎어져 있는 것과 같이 공허하고 태풍에 의하여 뒤집어진 배와 같다. 만약 주님께서 우리의 깊은 타락의 밑바닥을 저어서 진흙과 오물이 떠오르도록 한다면 우리는 속에 있는 부패성을 발견하고 이런 상태가 될 것이다. 또 실망과 낙담에 의하여도 이런 상태가 될 것이다. 큰 물결이 점차로 머리 위를 넘칠 때 우리는 깨어진 조개껍데기 같이 물결에 휩쓸린다. 그러나 하나님을 찬송할지어다. 그러한 때에도 우리에게는 충분한 위로가 준비되어 있기 때문이다. 우리의 하나님은 험한 날씨에 고민하는 배의 항구이며 의지할데 없는 순례자의 숙소이다. 하나님은 우리보다 높이 계신다. 주님의 긍휼은 우리의 죄보다 높고 그분의 사랑은 우리의 생각보다 높다. 사람들이 자신보다 낮은 어떤 것에 신뢰를 두고 있다는 것을 보는 것은 실로 가련하다. 그러나 우리의 신뢰는 지극히 높으시고 영광스러운 주님에게 고정되어 있다. 그는 바위이시다. 그러므로 그는 변함이 없으시다. 그는 높은 바위이심으로 우리를 휩쓸어 가는 폭풍은 그의 발아래 멀리서 물결치고 있다. 그는 폭풍에 의해 방해받는 일이 없으시며 자신의 뜻대로 풍랑을 지배하신다. 이 높은 바위 밑에 숨으면 우리는 폭풍에 저항할 수 있다. 이 높은 바위 밑에 숨으면 온전한 고요함이 있다. 슬프게도 우리의 애쓰는 마음은 때때로 혼란에 빠진다. 그러하니 우리는 이 하나님의 안식처로 인도받아야 하는 것이 필요하지 않은가! 따라서 이 성경 구절의 기도가 없어서는 안 된다. "오 주여, 우리의 하나님이시여, 당신님의 성령으로 인하여 믿음의 방법을 가르치며 당신님의 안식으로 인도하소서. 바람이 우리를 바다로 밀어내어 연약한 우리의 손으로는 벌써 어떻게 할 수가 없습니다. 주여 당신만이 암초 사이를 누비며 안전한 항구로 우리를 안전하게 인도하실 수 있습니다. 얼마나 우리는 당신님에게 의존하고 있습니까? 우리는 이 몸을 당신님 가까이 가기 위해 당신님이 필요합니다. 안전과 평화 안으로 지혜롭게 지시받아 인도되는 것은 오직 당신님의 은사입니다. 원하오니, 이 밤에 당신님의 종을 잘 인도하여 주소서!"

9월 23일 아침

533. "사랑하시는 아들 안에서 우리를 받아 주셨다"(엡 1:6)

이 얼마나 위대한 특권인가! 그것은 하나님 앞에서 우리의 칭의를 포함할 뿐만 아니라 헬라어로 "받아들였다"라는 말 그 이상의 의미를 가진다.

그것은 하나님의 만족의 대상이고 심지어 하나님의 기쁨의 대상인 것까지 의미한다. 우리는 벌레요 죽을 수밖에 없는 죄인이다. 그런데 우리가 하나님의 사랑의 대상이 된다는 것은 얼마나 놀라운 일인가! 그러나 그것은 "사랑받을 때"만이다. 어떤 그리스도인은 그의 경험에서 적어도 그들의 이해 안에서는 받아들이는 것 같이 보인다. 저들은 마음이 힘에 가득차고 소망에 불탈 때 하나님에게 받아들여져 있다고 생각한다. 이럴 때 자기가 고결하고 성화되어 세속적인 일에 훨씬 초월해 있다고 느끼기 때문이다. 그러나 저들은 티끌 같은 것에 마음이 끌릴 때 이제는 더 이상 받아들여지지 않는다는 두려움의 희생자가 되어버린다. 아버지의 눈에는, 저들의 숭고한 기쁨은 저들을 높이지도 못하고 실망과 낙담도 저들을 낮추지 못하며 반면에 항상 완전하여 흠과 티가 없는 하나님의 사랑하시는 아들 안에서만 받아들여지는 것이라는 것을 저들이 볼 수 있다면, 이 진리를 깨닫게 된다면 얼마나 행복에 가득 차며 또한 얼마나 더 많이 구주를 찬양할 것인가! 그러므로 주 안에 있는 자여 기뻐하라! 당신은 "사랑하시는 아들 안에서 받아들여져 있다." 당신은 마음속을 보며, 이렇게 말한다. "여기에는 주님께 받아들여질 것이 하나도 없다!" 그러나 만약 거기에 받아들여질 어떤 것도 없다면 그리스도를 쳐다보라. 그 안에서 모든 것이 받아들여지지 않는가? 당신의 죄는 당신을 괴롭힌다. 그러나 하나님은 그 죄를 자신의 등 뒤로 던지셨다. 그리고 당신은 의이신 분 안에서 받아들여져 있다. 당신은 부패와 싸워야 하여 유혹과 씨름해야 하지만 당신은 이미 악의 힘을 정복한 분에 의하여 받아들여져 있다. 악마는 당신을 유혹할 것이다. 그러나 담대하라. 악마는 당신을 파괴할 수 없다. 당신은 이미 사탄의 머리를 깨뜨린 분에 의하여 받아들여졌기 때문이다. 당신의 영광스러운 지위에 확신을 갖고 알라. 이미 영광스럽게 된 영혼은 "하늘"에서 "사랑하시는 아들로 말미암아" 받아들여졌다. 그리고 이제 같은 방법으로 당신도 그리스도 안에서 받아들여진 것이다.

9월 23일 저녁

534. "예수님께서 이르시되 할 수 있거든이 무슨 말이냐, 믿는 자에게는 능치 못할 일이 없느니라"(막 9:23)

어떤 사람의 아들이 귀신에게 붙잡혔다. 그 귀신은 아이를 벙어리가 되도록 했다. 그 아버지는 예수님의 제자들이 그의 아들을 고치지 못하는 것을 보고(cf. 막 9:18), 그리스도에 대해서도 거의 믿음을 갖지 못하였다. 그러므로 예수님께서 아이를 데려오라고 명하였을 때 그는 "만약 당신이 할 수 있으면 내 아들을 불쌍히 여겨 도와주소서"(막 9:22)라고 말하였다. 불쌍하게도 두려움 속에 있던 아버지는 이 "만약"이라는 말의 삽입을 잘못 말한 것이다. 그리고 예수 그리스도는 "만약"이라는 말을 취소하기를 명령하시지 않고 바른 장소에 표기하셨다. 예수님께서는 다음과 같이 말씀하시려는 것 같다. "나의 힘 또는 내가 기뻐하는 일에 관하여 '만약'은 불필요하다. '만약'은 다른 데 사용하는 것이다." "만약 당신이 믿을 수가 있다면, 믿는 자에게는 능치 못함이 없다"(막 9:23)라고 아이의 아버지가 이 말을 들었을 때, 그의 신뢰는 강해졌고 그는 겸비하게 불신앙의 자기를 도와달라고 간구하였다. 즉시로 예수님께서 말씀하신즉 악귀는 쫓겨났고 다시는 들어가지 못하도록 명하였다. 여기에 우리가 배울 교훈이 있다. 우리는 이 부친과 같이 항상 '만약'이라는 말을 잘못된 장소에 두어 실패를 반복한다. "만약 예수님께서 우리를 도우실 수 있다면, 만약 유혹에 이길 은혜를 주신다면, 만약 나를 사죄하실 수 있다면, 만약 나를 성공하게 할 수 있다면…"이라고 한다. 만약 주님께서 할 수 있다면? 아니다. 그러나 만약 당신이 믿을 수가 있다면 주님께서는 행하실 수 있고, 또 그렇게 행하시길 원하신다. 당신은 "만약"이라는 말을 잘못된 장소에 두고 있다. 만약 당신이 담대하게 신뢰하기만 한다면 모든 것이 그리스도 안에서 가능한 것 같이 당신에게 모든 것이 가능할 것이다. 믿음은 하나님의 능력 안에 서 있고 하나님의 위대하심으로 입혀져 있다. 믿음은 왕의 옷을 두르고 왕의 말 위에 탄다. 왜냐하면, 그것은 왕이 높임 받는 것을 기뻐하는 은혜이기 때문이다. 모든 것을 행하시는 성령의 영광스러운 힘으로 자신을 준비시키면서 믿음은 하나님의 전능하심 안에서 사역을 행하기에 용감하게 서서 힘 있게 견딘다. 어떤 제한이 없이 "믿는 자에게는 모든 것이 가능하다." 나의 영혼아, 오늘밤 너는 진정 주님을 믿고 있느냐?

9월 24일 아침

535. "이는 우리가 전에 왕에게 고하기를 우리 하나님의 손은 자기를 찾는 모든 자에게 선을 베푸시고 자기를 배반하는 모든 자에게는 권능과 진노를 베푸신다 하였음으로 길에서 적군을 막고 우리를 도울 마병과 보병을 왕에게 구하기를 부끄러워하였음이라"(스 8:22)

순례자에게 호위자는 매우 필요한 것이다. 그러나 거룩한 부끄러움을 아는 에스라는 그것을 구하지 않았다. 그는 이교도의 왕이 에스라의 하나님에 대한 믿음의 고백을 단지 위선으로 여기고, 또한 이스라엘의 하나님께서 그의 예배자들을 지킬 수 없다고 생각할까 봐 걱정하였다. 분명히 주님의 일이라고 믿는 일에 육적인 무기를 빌릴 수는 없었다. 그러므로 일행은 눈에 보이는 보호는 없었지만, 저들의 검이요 방패이신 하나님에 의하여 인도되어 출발하였다. 하나님을 위한 이러한 거룩한 질투를 느끼게 하는 신자들은 거의 없으리라 생각된다. 어느 정도의 수준에 있는 믿음의 사람들도 때로는 사람의 도움을 간절히 구하여 저들의 생명의 빛을 상하게 한다. 지팡이도 기둥도 없이 오직 주님께만 붙들려서 반석 위에 굳게 설 수 있다는 것은 가장 큰 축복이다. 만약 믿는 자가 가이사의 도움을 구함으로 말미암아 주의 이름이 더럽혀진다는 것을 기억했다면 저들의 교회를 위하여 국가의 기부를 구하는 일을 할 수 있을까? 그것은 마치 주님께서 필요한 것을 공급할 수 없는 분처럼 생각하는 것이 아닌가! 주의 팔에만 의뢰하는 것이 주님을 높이는 길이라는 것을 기억했다면 아주 당황하면서 친구나 친지에게 도움을 청하기 위하여 달려갈 수 있겠는가? 아 나의 영혼이여, 오직 하나님만을 기다려라. 그러나 어떤 이는 "그러나 수단도 필요한 것이 아닌가?"라고 말할 수 있을 것이다. 그렇다. 그러나 우리가 수단을 등한시한다고 실패하는 일은 거의 없다. 오히려 하나님을 믿는 일 대신에 어리석게 어떤 수단을 믿음으로 말미암아 실패를 경험하는 것을 훨씬 많이 보게 된다. 사람의 도움을 등한시하는 자는 거의 없다. 그러나 많은 죄는 그것을 너무 많이 과하게 신뢰함으로써 일어난다. 사랑하는 자여, 수단을 사용하여 주의 이름을 훼손하는 결과가 된다면 오히려 수단을 구하려 시도하지 말고 하나님의 영광을 나타내는 것을 배우라.

9월 24일 저녁

536. "내가 잘지라도 마음은 깨어 있다"(아 5:2)

그리스도인의 경험 속에 아주 역설적인 것들이 무수하게 있다. 오늘의 구절에서 보게 되는 하나의 사례에서처럼 신부는 잘지라도 마음은 깨어 있다는 것이다. 이러한 믿는 자의 수수께끼를 풀 수 있는 유일한 사람은 삶을 통하여 바로 그것을 경험한 사람이다. 나는 오늘 저녁에 두 가지 요점을 말하고 싶다. 슬픔에 잠겨있는 잠과 희망에 가득 찬 깨어있음이다. "나는 자고 있다." 스스로 속에 있는 죄로 말미암아 거룩한 의무에 게으르며 종교상 활동을 번거롭게 생각하고, 영적 기쁨에 둔감하게 되어 모든 것이 태만하게 되어 부주의하고 있다. 생명을 주시는 성령의 내주가 있는 자에게 있어서 이것은 부끄러운 상태이다. 또한, 극히 위험한 상태이다. 심지어 지혜 있는 처녀도 때로는 졸고 있다. 그러나 지금은 모두가 게으름의 쇠사슬을 벗어 버릴 때이다. 삼손이 여인의 안전한 무릎 위에 자는 동안에 그의 머리카락이 깎이어진 것 같이 많은 믿는 자들이 잠을 자고 있는 동안에 그들의 힘을 잃는 것이 아닌가? 우리 주위의 세상이 멸망으로 향해가고 있는데 자고 있다는 것은 잔인한 일이다. 영혼이 우리 눈앞에 다가오고 있는데 자고 있다는 것은 미친 일이다. 아직 어느 누구도 깨어 있지 않단 말인가? 차라리 우레 소리가 들려오는 편이 우리에게 유익이 될 수도 있다. 그리고 우리가 곧 깨지 않는다면 그것은 전쟁, 온역, 손실, 사랑하는 자와의 사별 등 여러 가지 형태로 나타날 것이다. 오, 육신의 안락한 침상을 영원히 떠나서 타오르는 횃불을 들고 장차 오실 신랑을 영접해야 하지 않는가! "나의 마음이 깨어 있다"는 것은 행복한 표시이다. 생명은 쇠잔해 가고 있지만, 죽은 것은 아니다. 우리의 새롭게 된 마음에 본래의 무겁게 누르고 있는 것과 싸우고 있을 때 우리는 "이 죽음의 몸"(롬 7:24) 가운데서 얼마간의 활력을 지속시키시는 주권자의 은혜에 감사해야 한다. 예수님께서는 우리의 마음에 귀를 기울여 우리의 마음을 도우시기 위하여 우리의 마음에 방문하신다. 왜냐하면, 깨어 있는 마음에 들리는 소리는 "나에게 열어다오"(아 5:2)라는 사랑하는 자의 소리이기 때문이다. 거룩한 열정은 반드시 문을 열 것이다.

"오, 사랑스러운 모습이여!
부드러운 마음과 선물을 가득 든 손으로 서 계시네.
나의 영혼은 얽매이기 쉬운 모든 죄를 벗어버리고,
나의 열린 마음은 하늘의 귀빈을 영접하리로다."

9월 25일 아침

537. "곧 이때에 자기의 의로우심을 나타내사 자기도 의로우시며 또한 예수 믿는 자를 의롭다 하려 하심이니라"(롬 3:26)

"우리는 믿음으로 의롭다 하심을 받았으니 우리 주 예수 그리스도로 말미암아 하나님과 화평을 누리자"(롬 5:1). 양심은 더 이상 우리를 비난하지 않고 심판도 이제는 죄인에게 불리하지 않다. 기억은 과거의 죄를 돌아보고 깊이 그것을 슬퍼하지만, 장차 올 어떤 벌도 두려워하지 않는다. 왜냐하면, 그리스도께서 그의 백성들의 빚을 마지막 일원까지도 다 지불하여 하나님의 영수증을 받아 쥐고 있기 때문이다. 그러므로 하나님께서는 하나의 빚에 대하여 이중의 지불을 요구하리만큼 불의하신 분이 아니므로 우리 주 그리스도께서 그 대속의 제물로 죽으셨기 때문에 단 한 사람이라도 지옥에 떨어질 수가 없다. 하나님을 의로우신 분으로 믿는 일은 우리가 명백히 알고 있는 본질적인 근본 원칙의 하나이다. 우리는 하나님께서 의로우시지 않으면 안 된다고 느낀다. 이것은 처음에 우리에게 두려움을 가져오지만, 그러나 하나님이 의로우시다는 이 믿음이 후에 우리의 확신과 평안의 기둥이 된다는 것은 참으로 놀라운 일이 아닌가! 만약 하나님이 의로우시다면, 죄인이며 대속함을 받지 못한 나는 그에 대한 벌을 받을 수밖에 없다. 그러나 예수님께서는 나를 대신하여 서 계시며, 나를 위하여 죄의 벌을 받으셨다. 그렇기 때문에 하나님이 의로우시다면 그리스도 안에 서 있는 죄인인 나는 이제 결코 다시는 벌을 받을 일이 없다. 예수님께서 대속의 희생제물이 된 영혼에게 율법을 적용할 어떤 가능성은 없고 그 영혼 앞에서 하나님은 그의 태도를 변하시는 것이다. 그러므로 죄의 결과 당연히 받아야 할 하나님의 진노의 모든 것을 예수님이 대속하여 받으셨기 때문에 믿는 자는 "누가 하나님의 선택한 자를 송사할 것인가?"(롬 8:33)라는 영광스러운 승리의 부르짖음을 올릴 수가 있다. 하나님께서 우리를 의롭다 하였으므로 송사하는 자는 하나님이 아니다. 그리스도는 우리를 위하여 죽으셨기 때문에 그리스도도 아니다. "오히려 예수님께서는 다시 살아나셨다"(롬 8:34). 나는 스스로 죄인이 아니기 때문에 소망을 갖는 것이 아니라, 나는 죄인이지만 주님께서 나를 위하여 대속의 죽음을 죽으셨기 때문에 소망을 가진다. 내가 신뢰함은 스스로의 거룩함이 아니고 그분께서 더럽고 흠이 많은 나를 위해 의가 되셨기 때문이다. 나의 믿음은 현재나 미래의 나, 혹은 내가 무엇을 느끼고 아는 것 위에 놓여 있는 것이 아니라 그리스도 안에서 그가 나를 위해 하신 일과 지금 하시는 일에 놓여 있다. 정의라는 사자의 등 위에는 소망이라는 아름다운 소녀가 여왕과 같이 앉아 있다.

9월 25일 저녁

538. "예수님께서는 하나님께로서 나와서 우리에게 지혜와…"
(고전 1:30)

사람의 지성은 안식을 구하고 있지만, 그러나 본성적으로 그것을 주 예수 그리스도를 떠나서 구하려고 한다. 교육을 받은 사람들조차도 회심 후에 그리스도의 십자가의 단순성을 존경과 사랑을 가지고 보려고 하지 않는 경향이 있다. 저들은 옛날 헬라인이 사로잡혔던 것처럼 옛 그물에 걸려서 철학과 계시를 혼합하려고 한다. 세련된 사상을 가지고 고등 교육을 받은 사람들이 빠지기 쉬운 유혹은 "십자가에 달리신 그리스도"(고전 1:23)의 단순한 진리에서 떠나 소위 가장 "이성적인" 교리를 만들어 내는 일이다. 이 때문에 초대교회에 영지주의가 들어와 여러 가지 이단 사설이 퍼졌다. 이것이 새 교리의 뿌리가 되었고 또 일찍이 독일에서 유행하여 지금도 어떤 신학자의 무리들을 올무에 빠뜨리고 있는 다른 이설들이 종종 있다. 친구여, 당신이 어떤 사람이든지 그리고 어떤 교육을 받았든, 만약 당신이 주님의 사람이라면 철학화된 신학에서는 결코 안식을 발견할 수 없다는 것을 마음에 확실히 기억하라. 당신은 어떤 위대한 사상가의 교설을 받아들이며 또는 다른 심오한 추론자의 이상을 받아들일지도 모른다. 그러나 가라지는 곡식에 비교하여 그 얼마나 무가치한 것이겠는가? 그러한 여러 가지 교설들은 순수한 하나님의 말씀에 비교한다면 겨와 같은 것이다. 가장 바른 줄기를 찾는다 해도 인간의 이성이 얻는 것은 단지 진리의 초보학설에 불과하다. 그리고 그것조차 확실성이 결핍되어 있다. 반대로 그리스도 예수 안에는 모든 지혜와 지식이 풍성하다. 그리스도인이 유니테리안이나 그리고 어떤 신학자의 자유로운 신학적인 체계로 만족하려고 시도하는 일은 모두 실패한다. 그러나 "하늘"의 참 상속자는 이 위대하고 단순한 진리로 돌아오지 않으면 안 된다. "그리스도 예수님께서는 죄인을 구원하시기 위하여 세상에 오셨다"(딤전 1:15). 이 진실은 농부의 아들의 눈도 기쁨에 빛나게 하며 경건한 가난한 자의 마음도 기쁘게 할 수 있다. 믿음으로 받아들일 때 예수님은 가장 고도의 지성이라도 만족시킨다. 그러나 그분을 떠나서는 거듭난 마음은 안식을 발견할 수가 없다. "여호와를 경외함이 지식의 근본이다"(잠 1:7). "그의 계명을 지키는 자는 다 훌륭한 지각을 가진 자이니 여호와를 찬양함이 영원히 계속되리로다"(시 111:10).

9월 26일 아침

539. "골짜기 속 화석류나무 사이에 섰고"(슥 1:8)

구약성경에서 이 장의 환상은 스가랴 시대의 이스라엘의 상태를 기록한 것이다. 그러나 이 환상이 우리를 향한 의미는 오늘날 이 세상에 있는 하나님의 교회에 대하여 진술하고 있다는 것이다. 교회는 골짜기 사이에 번성한 화석류 나무에 비유된다. 그것은 숨겨져 있고 눈에 잘 띄지도 않으며 비밀스럽다. 그것은 칭찬을 구하려고 하지도 않고 또 시선을 끌려고 하지도 않는다. 교회는 그 머리이신 주님과 함께 영광을 가진다. 그러나 그 영광은 육적인 눈에는 숨겨져 있다. 왜냐하면, 교회의 그 모든 광채가 나타나지 않음은 아직 때가 이르지 않았기 때문이다. 또 이 구절은 우리에게 고요한 안정을 제시한다. 왜냐하면, 그것은 태풍이 어떻게 산 위에서 불어 닥치든지 골짜기의 화석류는 고요하기 때문이다. 바위가 많은 알프스의 정상에서 폭풍우가 몰아칠지라도 그 밑에서는 하나님의 도성을 기쁘게 하는 물줄기가 흐르고 골짜기에는 고요한 강변에 화석류 나무가 번성하여 격렬한 바람에도 흔들리는 일이 없다. 하나님의 교회 안에 주어진 평안이 얼마나 큰 것인지 기억하라! 심지어 반대가 있고 박해가 있을 때에도 교회는 이 세상이 줄 수 없는, 그리고 이 세상으로부터 빼앗기지 않는 평안을 갖고 있다. 인간의 지혜로는 도저히 측량할 수 없는 하나님의 평안이 하나님의 백성의 마음과 생각을 지키고 있다. 이 환상은 성도들의 평안하고 영속적인 성장을 힘 있게 나타내고 있지 않는가? 화석류 나무는 낙엽수가 아니고 상록수이다. 마찬가지로, 교회도 역시 최악의 사태를 맞이할지라도 여전히 복된 은혜의 생기를 잃지 않는다. 사실, 엄동설한이 닥쳐오면 닥쳐올수록 더욱이 건강한 성장을 때때로 나타내다. 가장 험한 역경의 시기에 오히려 교회는 가장 큰 부흥을 경험 하였다. 그러므로 이 구절은 승리를 암시한다. 화석류 나무는 평화의 상징이며, 또한 승리의 중요한 표시이다. 정복자의 이마는 화석류 나무와 월계수로써 장식하였다. 교회는 항상 승리해 오지 않았는가? 모든 그리스도인은 자기를 사랑하시는 그리스도를 통하여 "이김을 얻고도 남음"(롬 8:37)이 있지 않은가? 성도들은 살았을 때에는 평화 가운데 있고, 죽어서는 승리의 팔 안에서 평안을 누리는 자가 아닐까?

9월 26일 저녁

540. "너 잣나무여 곡할지어다 백향목이 넘어졌고"(슥 11:2)

숲속에서 상수리 나무의 넘어지는 소리가 들리면 그것은 벌목하는 사람이 일을 하고 있다는 증거이다. 그리고 산의 모든 나무는 예리한 도끼가 내일은 내 몸을 다치게 하지 않을까 두려워한다. 우리는 모두 벌목의 표가 붙어 있는 나무와 같다. 한 나무가 넘어지면 백향목과 같은 거목도 잣나무 같은 작은 나무도 정한 때가 속히 가까이 왔다는 것을 기억해야 할 것이다. 때때로 어떤 사람의 부음 소식을 들을 때에 우리는 죽음에 관하여 평범하게 생각하지 않기를 바란다. 우리는 교회의 첨탑에 있는 새들이 장례식의 종을 울릴 때에 그들의 둥지를 만들고 엄숙한 종소리가 사방의 공기를 진동할 때에 결코 고요히 자고 있어서는 안 된다. 죽음을 모든 사건 중에 가장 중요한 것으로 여기며 죽음이 다가오는 것에 대하여 엄숙한 생각으로 가득 차기를 바란다. 스스로의 영원한 운명이 하나의 실마리에 매여 있는데 장난스럽게 생각하고 있음은 실로 천박한 일이다. 칼은 칼집에서 빼어져 있다. 그러면 그것을 가지고 장난하지 말아야 할 것이다. 그것은 반짝거리고 날을 갈았기 때문에 매우 날카롭다. 그것은 가지고 장난할 것이 아니다. 죽음에 대해 준비를 하지 않은 사람은 어리석은 것보다 더한 것이다. 차라리 미친 사람이다. 하나님의 음성이 동산의 나무들 사이에 들릴 때 무화과도 잣나무도 느릅나무도 백향목도 다 같이 그 울림을 들으라. 그리스도의 종이여 준비하라. 왜냐하면, 주님께서는 불신앙의 세계가 전혀 예기치 않을 때에 뜻밖에 올 것이기 때문이다. 이것을 알고 주의하여 충실히 그분의 일에 힘쓰라. 곧 당신의 무덤이 만들어질 때가 올 것이기 때문이다. 부모들이여 준비하라. 주의하여 당신의 자녀들이 하나님을 두려워하도록 양육하라. 왜냐하면, 아이들은 곧 저들의 아버지와 어머니 없이 살아야 하기 때문이다. 사업에 종사하는 자여, 당신의 사업을 바르게 하며 마음을 다하여 하나님을 섬기도록 힘쓰라. 당신의 이 땅 위의 업무는 곧 끝이 나고 당신이 육체에 머무는 동안 행한 모든 행위에 대하여 그것이 선한 것이든 악한 것이든 계산할 때가 오기 때문이다. 우리 모두가 위대한 왕의 법정에 나갈 세심한 준비를 하고 "착하고 신실한 종아, 네가 잘하였도다"(마 25:23)라는 칭찬의 말로 보상받게 되기를 바란다!

9월 27일 아침

541. "이스라엘이여 너는 행복자로다
여호와의 구원을 너 같이 얻은 백성이 누구뇨"(신 33:29)

기독교는 사람을 비참하게 만든다고 어떤 자는 단언하지만, 그것은 기독교를 전혀 알지 못하기 때문에 그와 같이 말하는 것이다. 기독교가 우리를 어떠한 지위로 높이는지를 보게 되면, 이것이 사람을 비참하게 한다고 하는 것이 얼마나 잘못된 말인지 알 수 있다. 기독교는 우리가 주 예수를 믿음으로 하나님의 자녀가 됨을 믿는다. 당신은 하나님께서 모든 행복을 그 대적에게 주면서 자신의 가정을 위해서는 모든 슬픔을 남겨둔다고 생각하는가? 그의 적은 환희와 기쁨을 갖고 그의 자녀들은 슬픔과 비참한 것을 물려받겠는가? 그리스도와 관계없는 죄인이 행복에 넘치고 우리는 돈 한 푼 없는 거지와 같이 탄식한다고 생각하는가? 아니다. 우리는 "끊임없이 주안에서 기뻐하며"(빌 4:4) 우리의 유업을 영광으로 여긴다. 왜냐하면, 우리는 "다시 두려워하는 종의 영을 받지 않고 양자의 영을 받았으므로 아바 아버지라 부르짖느니라"(롬 8:15)고 되어 있기 때문이다. 우리는 때로는 징계의 채찍을 필요로 한다. 그러나 그것은 우리를 위하여 활동하며 의의 좋은 열매를 맺는다. 그러므로 보혜사이신 하나님의 도움으로 주님에 의하여 구원된 백성이 된 우리는 구원의 하나님 안에서 기뻐한다. 우리는 그리스도와 연합하였다. 그런데 우리의 위대한 신랑이 그의 배우자를 계속 슬프게 하도록 내버려 두실까? 우리의 마음은 그분과 연합되어 그의 지체로 되었다. 그리고 때로는 우리의 머리이신 그분께서 일찍이 괴로워하신 것같이 우리도 괴로워할지도 모른다. 그러나 현재 이 순간에도 그분 안에서 하늘의 축복으로써 축복을 받고 있다. 우리는 기업의 보증이신 성령님의 많은 위로를 받고 있다. 우리는 영원의 기쁨을 상속 받는 자이지만, 이미 우리에게 오는 분깃을 맛보고 있다. 우리의 영원히 떠오르는 태양을 미리 알리는 기쁨의 빛의 줄기가 있다. 우리의 부요는 바다 저편에 있고 견고한 토대 위에 세워진 우리의 도성은 강 건너편에 있다. 영적인 세계로부터의 영광의 비춤은 우리의 마음을 격려하고 또한 재촉하여 전진을 계속하게 한다. "오, 이스라엘이여, 너는 복 되도다. 누가 너와 같이 여호와의 구원을 받을 백성이 있는가!"라는 구절은 진실로 귀한 말씀이다.

9월 27일 저녁

542. "나의 사랑하는 자가 문틈으로 손을 들이밀매 내 마음이 동하여서"(아 5:4)

나의 마음은 너무나 졸려서 문을 두드리는 정도로는 부족하였다. 나는 일어나서 문을 열기에는 너무나도 마음이 냉랭하고 감사하는 마음이 없었기 때문이다. 그러나 나의 마음은 주의 은혜에 만져져서 깨어나게 되었다. 오, 나의 사랑하는 자의 인내여! 그분께서 문밖에 있었을 때 나는 게으름의 침대에 있었는데 그는 나를 기다리고 있지 않았는가! 오, 그분의 인내심의 위대함이여, 그는 몇 번이나 문을 두드리며 소리를 내어 내게 문을 열도록 간곡히 부탁하지 않았는가! 어떻게 내가 그분을 거역할 수가 있었단 말인가! 비천한 나의 마음이여, 부끄러워하라! 그러나 그분께서 스스로 문지기가 되어 자물쇠를 열고 문을 여는 그 손의 친절함은 얼마나 큰 것인가? 문빗장을 풀고 열쇠를 돌리는 은혜로운 손은 가장 복된 것이다. 이제 나는 본다. 주님의 힘 외에는 아무것도 나와 같이 사악하여 부패한 자를 구원할 수 없다는 것을 말이다. 내게 교회의 의식은 아무 효과가 없다. 복음조차도 그분의 손이 내게 펴지지 않으면 아무 소용이 없다. 다른 어떤 수단도 다 실패하였지만, 오직 그분의 손만이 효능이 있었다. 다른 어떤 것으로도 열지 못하였지만 그분께서 여셨다. 그의 이름을 찬송하리로다! 나는 더구나 지금도 그의 은혜 깊은 임재를 느낀다. 그분께서 나를 위하여 참으신 모든 수고를 생각하고 나의 불친절한 반응을 생각할 때 나의 마음이 주님께로 향하여 움직이는 것은 당연하지 않은가? 나는 애정을 다른 곳에 쏟으며 방황하고 있었다. 그리고 다른 곳에 마음이 팔려 그분을 슬프게 하였다. "사랑하는 자 중에서 가장 자비하신 주여, 나는 당신님을 정조 없는 아내가 그 남편을 취급하는 것같이 하였습니다. 오, 나의 잔인한 죄여, 나는 무자비한 자입니다. 나는 어찌하면 좋겠습니까? 나의 뉘우침을 표현하기에는 나의 눈물이 오히려 부족합니다. 나의 온 마음은 나 자신에 대한 분노로 끓어오릅니다. 나의 모든 것의 모든 것, 나의 최상의 기쁨이 되시는 주님을 마치 알지 못하는 자 같이 대우하였습니다. 나는 그 얼마나 미천한 자인지요! 그러한 나를 당신님께서는 자유로이 용서해 주셨나이다. 그러나 그뿐 아니라 이후에도 내가 불충성하지 않도록 하여 주옵소서. 나의 눈물을 씻기시며 마음을 깨끗하게 하사 그것을 일곱 겹의 줄로 당신님께 묶어서 다시는 결코 방황하는 일이 없게 하소서."

9월 28일 아침

543. "여호와께서 하늘에서 감찰하사 모든 인생을 보심이여"(시 33:13)

아마도 은혜 깊으신 하나님을 나타내는 말 중에서 하나님께서 하늘의 보좌에서 보시고 인간의 필요를 채우시며 슬픔을 돌보시기 위하여 친히 내려오셨다는 표현처럼 적절한 것은 없을 것이다. 소돔과 고모라가 악에 가득 차 있을 때에도 친히 그 땅을 방문하기까지는 이 도시들을 멸하시지 않은 하나님을 우리는 사랑한다. 죽음이 임박해 있는 죄인이 하나님과의 화해를 구할 때 지극히 높은 영광의 보좌에서 귀를 기울여 그의 귀를 죄인의 입술에 대고 들으시는 하나님에게 우리는 마음으로부터 솟아오르는 애정을 느끼지 않을 수 없다. 하나님이 우리의 머리털도 다 세시며 우리의 앞길을 인도하신다는 것을 알 때 어찌 우리가 하나님을 사랑하지 않을 수 있겠는가? 하나님이 그 피조물의 물질적 요구뿐만 아니라 영적 요구에 대해서도 어떻게 배려하시고 계시는지를 기억할 때, 이 위대한 진리는 특별히 우리의 마음에 가깝게 다가온다. 유한한 피조물과 무한한 창조주 사이에는 건널 수 없는 큰 간격이 있지만, 오히려 이 둘을 연결하는 줄이 존재한다. 당신이 눈물 흘릴 때 하나님께서 그 눈물을 보시지 않는다고 생각하는가? 아니다. "아버지가 그 아들을 긍휼히 여기는 것 같이 여호와는 자기를 두려워하는 자를 긍휼히 여기는도다"(시 103:13). 당신의 탄식은 여호와의 마음을 움직이며, 당신의 부르짖음은 여호와의 귀를 기울이게 하고, 당신의 기도는 그분의 손을 멈추게 하며, 당신의 믿음은 그분의 팔을 움직이게 할 수 있다. 하나님께서 높은 보좌에 앉아서 당신의 일을 돌아보지 않는다고 생각해서는 안 된다. 아무리 당신이 가난하고 필요한 것이 있다 할지라도 그분께서는 당신을 마음에 두고 있다는 것을 기억하라. 왜냐하면 "주의 눈은 온 땅을 두루 보시며 자신에게 향하여 마음을 온전히 기울이는 자에게 힘을 나타내시기 때문이다"(대하 16:9).

"오, 이제 결코 지치지 않는 진리를 반복하리라.
내 영혼의 사모하는 하나님과 같은 신은 없다네.
그분의 음성에 하늘도 떨고, 언제나 위대 하시다네.
그러나 우리를 위하여 몸을 굽혀 언제나 살피신다네."

9월 28일 저녁

544. "일곱 번까지 다시 가라"(왕상 18:43)

주님께서 약속한 때에는 성공은 확실하다. 당신이 몇 달 동안 기도해도 응답의 표가 없을 때도 있을 것이다. 그러나 주의 백성이 주의 영광에 관한 것을 열심히 기도하고 있는데 그분께서 귀를 기울이지 않으실 수가 없다. 갈멜산 위에서 엘리야는 하나님과 씨름을 계속하였다. 그리고 한순간이라도 여호와의 법정에서 자기의 호소가 무효가 될까봐 두려워한 적이 없었다. 엘리야의 종은 여섯 번까지 되돌아왔다. 그러나 그때마다 "다시 가보라"고 말할 뿐이었다. 우리는 불신앙에 대하여 생각조차 해서는 안 된다. 그러나 "일곱 번의 일흔 번"(마 18:22)까지 믿음을 지켜야 한다. 믿음은 갈멜산의 꼭대기에서 전망하기 위해 기대하는 소망을 보내지만, 만약 아무것도 보이지 않으면 믿음은 다시 보내고 또 보내는 것이다. 믿음은 거듭되는 실망에 좌절되기는커녕 오히려 한층 더 열심히 하나님께 탄원한다. 믿음은 겸손을 준다. 그러나 낙담하지 않는다. 믿음의 탄식은 깊어지며, 그 탄식은 더욱 격증한다. 그러나 결코 그 손을 늦추지 않는다. 물론 기도의 응답이 속히 이루어지면 혈육에 있어서는 좋다. 그러나 믿음 깊은 영혼은 순종을 배운다. 그리고 주님을 섬기는 것뿐만 아니라, 주님을 기다리는 일도 좋은 것이라는 것을 발견한다. 응답이 지연됨으로 인하여 종종 스스로의 마음을 반성하게 되고 회개의 깨달음으로 인도하여 영적 개혁을 가져온다. 우리의 부패성에 치명적인 타격이 더해져 우리가 우상화했던 것들로부터 마음이 깨끗해진다. 최대의 위험은 사람이 기력을 잃게 되어 축복을 놓쳐버리는 것이다. 친구여, 그러한 죄에 빠지는 일이 없이 기도와 파수를 계속하라. 마침내 작은 구름이 보였다. 큰비의 확실한 전조이다. 당신의 경우도 이와 같다. "좋은 일의 표적"(시 86:17)은 확실히 주어진다. 그리고 당신이 찾았던 은혜를 즐거워하기 위하여 당신은 승리하는 왕자로서 일어설 것이다. 엘리야는 "우리와 같은 성정을 가진"(약 5:17) 사람이었다. 그가 하나님을 움직이게 한 능력은 그 자신의 공로에 있지 않다. 그의 믿음의 기도가 그렇게 힘이 있었다면 당신의 기도도 그럴 수 있지 않을까? 끊임없이 집요하게 보배로운 피에 의하여 탄원하라. 그러면 반드시 네가 구하는 것을 받게 될 것이다.

9월 29일 아침

545. "문둥병이 과연 그 전신에 퍼졌으면 그 환자를 정하다 할지니" (레 13:13)

이 규칙은 이상하게 보일지 모르나 그 속에는 깊은 지혜가 있다. 왜냐하면, 병의 독을 밖에 분출시킴으로 몸이 건강해지고 있다는 증거가 되기 때문이다. 이 아침에 평범하지 않은 규칙의 전형적인 교훈을 배우는 것은 우리에게 유익할 것이다. 우리도 또한 문둥병자이다. 그리고 이 문둥병에 관한 율법은 우리에게도 적용할 수 있다. 어떤 사람이 자기를 완전히 잃어버린 파멸

자라고 보고 온 몸이 모두 죄의 더러움에 덮여서 의로운 것이 하나도 없다는 것을 알고 주 하나님 앞에 죄 있다고 고백한다면, 그는 예수님의 피와 하나님의 은혜로 말미암아 깨끗하게 되는 것이다. 마음에 숨어있어 스스로 느끼지 못하여 고백하지 않는 죄가 참 문둥병인 것이다. 그러나 죄가 드러나 느껴지면 이미 그것은 치명적인 타격을 받고 있으며 주님께서는 긍휼의 눈으로 죄로 인하여 괴로워하는 영혼을 보시는 것이다. 자기를 의롭다 하는 것 같이 치명적인 것은 없고, 회개보다 소망이 있는 것은 아무것도 없다. 우리는 죄 이외에는 아무것도 아니라는 것을 고백하여야 한다. 이것이 아닌 고백은 전혀 진실한 것이 될 수 없기 때문이다. 만약 성령님께서 우리 안에서 역사하여 죄를 자각하게 하면 앞에서 말한 것을 인식하는 것에 아무 어려움이 없을 것이다. 우리의 입술로부터 자연스럽게 죄에 대한 고백이 나올 것이다. 위의 인용구절은 깊은 죄의 의식 아래 있는 사람에게 얼마나 위로를 주는가! 아무리 죄로 검고 더러워져 있어도 탄식하며 고백하는 죄는 결코 사람을 주 예수님으로부터 쫓아낼 수 없다. 주님에게 오는 자는 누구든지 간에 "결코 거절하지 않으신다"(요 6:37). 비록 도둑 같이 정직하지 않으며, 죄를 범한 부정한 여인 같고, 다소의 사울과 같이 흉악하며, 므낫세 같이 잔인하고, 탕자와 같이 반항적일지라도 스스로 자기 안에 좋은 것이 없다고 느끼는 사람에게는 하나님의 위대한 사랑이 부어진다. 그리하여 그가 십자가에 못 박히신 예수님을 믿을 때 깨끗한 자라는 선고를 받을 것이다. 그러므로 무거운 죄 짐을 진 불쌍한 죄인이여, 주께로 오라.

"오라, 가난한 자여, 죄 있는 자여,
더럽고 벌거벗은 자여,
너는 결코 지나치게 더럽지 않다.
너의 있는 모습 그대로 나아오라."

9월 29일 저녁

546. "마음에 사랑하는 자를 만나서 그를 붙잡고 놓지 아니하였노라"
(아 3:4)

그리스도께서는 우리가 그분에게 왔을 때 과거의 죄가 어떠하든지 간에 우리를 받아 주시는가? 우리는 다른 모든 피난처를 시험하여 보았지만, 이것 때문에 그분께서 우리를 책망하였는가? 이 땅 위에 그와 같은 분이 또 어디에 있겠는가? 모든 선한 것 중에 그는 최선이시며 모든 아름다움 중에 그는 최상의 아름다움이 아니던가? 오, 그렇다면 그분을 찬양하자! 예루살렘의 딸들이여, 거문고와 수금을 가지고 그분에게 영광을 돌리자! 당신의 우상을 버리고 주 예수님을 높여 드리자. 교만과 거만의 깃발을 발아래 짓밟고 이 세상이 찌푸리고 조롱하는 예수님의 십자가를 높이 들라. 오, 우리의 왕을 위하여 상아로 만든 왕좌가 준비되기를 원한다! 그분을 영원히 찬양하며 나의 영혼을 그의 발아래 앉아 그 발에 입술을 대고 나의 눈물로 그분의 발을 씻자. 아, 그리스도의 존귀함이여! 왜 나는 주님의 일에 별로 마음을 두지 않았는가? 그분께서는 이처럼 충만하고 부요하며 또한 만족을 주셨는데, 왜 나는 그분 이외의 것에서 기쁨과 위로를 구하려고 했는가? 주 안에 있는 자여, 주님을 절대 떠나지 않겠다는 서약을 마음으로 맺고 그분의 비준을 구하라. 당신 자신을 그분의 손가락의 인장으로 그의 팔의 팔찌로 삼아라. 신부가 그 몸을 보석으로 아름답게 장식하며 신랑이 그 자신을 좋은 것으로 옷을 입듯이 (cf. 사 61:10) 그분께서 당신을 자신에게 붙들어 매도록 구하라. 나는 그리스도의 마음속에 살기를 원한다. 그 바위의 틈 속에 나의 영혼은 영원히 살리라. "참새가 집을 얻으며 제비가 그 새끼를 둘 보금자리를 발견한 것처럼 만군의 주, 나의 왕, 나의 하나님이시여, 주의 제단 옆에 나의 주택을 얻게 하소서" (시 84:3). 나도 또한 당신님 안에서 나의 집을 만들고 "주의 멧비둘기의 생명"

(시 74:19)이 결코 다시는 당신님을 떠나지 않게 하소서. 오 예수여, 나의 참 유일한 안식처인 주님께 나는 의지하겠나이다.

> "존귀하신 주님을 뵈올 그때
> 나의 뜨거운 사랑이 불타서
> 사랑의 줄에 그분을 묶어서
> 나는 그분을 붙잡고 놓지 않겠나이다."

9월 30일 아침

547. "온 땅이여 하나님께 즐거운 소리를 발할지어다 그 이름의 영광을 찬양하고 영화롭게 찬송할지어다"(시 66:1-2)

우리가 하나님을 찬송할 것인지 안 할지는 우리의 선택이 아니다. 하나님은 찬송을 받으실 분이요, 모든 그리스도인은 하나님의 은혜를 받은 자로서 날마다 하나님을 찬송해야 한다. 우리는 날마다 하나님을 찬송하라는 강압적인 명령을 받지 않았고 어떤 일정한 시간에 노래하며 감사하라는 명령도 받지 않았다. 그러나 우리의 마음에 기록된 율법은 하나님을 찬양하는 것이 정당한 의무라는 사실을 교훈한다. 이 불문율은 돌판에 기록되어 있듯이 또는 우뢰가 울리는 시내산 꼭대기로부터 직접 손으로 전해 주듯이 힘을 가지고 있다. 그렇다. 하나님을 찬양함은 그리스도인의 의무이다. 이것은 즐거운 일일 뿐만 아니라 그리스도인의 삶에 있어 하나의 절대적인 의무이다. 끊임없이 탄식하는 자여, 이것에 관하여 자기를 죄 없는 것으로 생각하지 말라. 또 찬송의 노래 없이 당신이 하나님께 대한 의무를 다하였다고 생각하지 마라. 당신은 살아 있는 동안 주님의 이름을 찬양하기 위하여 사랑의 줄로 매여 있다. 그리고 주님께 대한 찬송이 "계속적으로 당신의 입에"(시 34:1) 없으면 안 된다. 왜냐하면, 하나님을 찬송하기 위하여 당신은 축복을 받고 있기 때문이다. "이 백성은 나의 영광을 찬송하기 위하여 내가 지은 것이다"(사 43:21)라고 기록되어 있다. 만약 당신이 하나님을 찬양하지 않으면 당신은 농부이신 하나님이 당신에게 기대하는 열매를 아직 맺고 있지 않다. 그러므로 당신의 수금을 버드나무 가지에 걸어두지 말고 그것을 내려서 감사의 마음을 기울여 높이 크게 울려라. 그리고 일어나서 하나님에게 찬양을 노래하라. 새벽마다 감사의 부르짖음을 울리며 저녁마다 당신의 찬양의 노래를 부르라. 당신의 찬양으로 땅을 덮고 아름다운 곡조로 땅을 둘러싸라. 그리하면, 하나님은 하늘에서 들으시고 당신의 음악을 기쁘게 받으실 것이다.

"우리는 당신님을 사랑하여 마음에서 찬양을 계속하리이다.
당신님께 우리의 찬양을 바치오리다.
왜냐하면, 당신님께서는 우리의 사랑하는 하나님이시며
우리를 구속하는 왕이시기 때문입니다."

9월 30일 저녁

548. "산 개가 죽은 사자보다 나음이니라"(전 9:4)

생명은 귀한 것이다. 그것이 어떤 천한 형상이든지 죽음보다는 낫다. 이것은 영적인 면에 있어서 특별히 확실한 진리이다. "하늘"에서 가장 작은 자가 되는 것은 "하늘" 밖에서 가장 큰 자보다 낫다. 은혜의 가장 낮은 단계는 거듭나지 않은 성품의 최고의 발전 단계보다 더 훌륭한 것이다. 성령이 영혼 안에 하나님의 생명을 심은 곳에는 세련된 교육도 필적할 수 없는 귀중한 보화가 있다. 십자가상의 강도는 왕좌에 앉은 가이사보다 나으며, 개에게 에워싸여 있었던 나사로는(cf. 눅 16:19-31) 로마 원로원의 의장이었던 키케로보다 나으며, 그리고 가장 배우지 못한 그리스도인은 하나님의 눈으로 보면 헬라의 대 철학자인 플라톤보다 나은 것이다. 생명은 영의 영역에서 고귀한 표식이다. 이것을 갖지 못한 이는 같은 생명이 없는 표본에서는 단지 그것이 거칠든 세련된 것의 차이일 뿐 어느 것이나 생명 없는 실례이며 생명을 받을 필요가 있다. 왜냐하면, 저들은 "허물과 죄 중에 죽어 있기"(엡 2:1) 때문이다. 배우지 못한 형태의 정돈되지 못한 것일지라도 살아있고 사랑에 가득 찬 복음의 설교는 성령의 기름과 능력이 결핍된 최고의 세련된 대강연보다 나은 것이다. 살아있는 개는 집을 지키며 주인에게는 죽은 사자보다 유용하다. 그와 같이 가장 빈약한 영적 설교자도 대웅변가의 말은 있으나 지혜는 없고, 울림은 있으나 활력이 없는 것에 비하면 당연히 훌륭한 것이다. 우리의 기도와 예배에서도 마찬가지이다. 비록 우리가 그것이 가치가 없는 것처럼 생각할지라도, 만약 우리가 그것들 중에 성령으로 말미암아 활기를 띠게 된다면 그것은 예수 그리스도를 통하여 하나님께 받아들여진다. 그러나 반대로 우리의 마음이 없는 "장대한 의식"은 죽은 사자와 같아서 살아계신 하나님의 눈으로 보면 부패한 시체에 불과한 것이다. 오, 생명이 없는 노래와 죽은 안정보다는 오히려 살아있는 신음, 살아있는 탄식, 살아 있는 낙담이 필요하다. 어떠한 것이든지 죽음보다 낫다. 지옥의 개의 으르렁거리는 소리는 적어도 우리의 눈을 깨우는 효과는 가진다. 그러나 사람이 가질 수 있는 저주 중에서 죽은 믿음보다 더 큰 것이 있겠는가? 오 주여, 우리를 소생시켜 주소서, 소생시켜 주소서!

10월의 묵상

10월 1일 아침

549. "우리의 문 앞에는 여러 가지 귀한 열매가 새 것, 묵은 것으로 마련되었구나 내가 내 사랑하는 자 너를 위하여 쌓아둔 것이로다"
(아 7:13)

　　신부는 자기가 만든 모든 것을 예수님께 드리기를 원한다. 우리의 마음을 "여러 가지 귀한 열매"(아 7:13)를 가지고 "새것이든 오래된 것이든지" 모두를 사랑하는 자를 위하여 쌓아 둔다. 가을의 풍성한 열매의 계절에 그 쌓아둔 것을 조사해 보자. 우리는 "새로운" 열매를 가진다. 그리고 새로운 생명, 새로운 기쁨, 새로운 감사를 느끼기 원한다. 우리는 새로운 결단과 그것을 새로운 노동으로 수행하기를 원한다. 우리의 마음에 새로운 기도의 꽃이 피고 영혼은 새로운 노력을 결의하고 있다. 그러나 우리는 또한 "오래된" 열매도 갖고 있다. 거기에는 우리의 첫 사랑이 선택한 열매가 있고, 그것은 예수님께서 기뻐하시는 것이다. 거기에 우리의 처음의 믿음이 있다. 이 믿음으로 말미암아 아무것도 소유하지 않은 우리가 모든 것을 가지게 되었다. 처음으로 주님을 알았을 때 우리에게는 기쁨이 있었다. 그것을 새롭게 복구하지 않으려는가? 우리는 하나님의 약속에 관한 옛 기억들을 가지고 있다. 하나님께서는 그 얼마나 신실하셨던가! 병이 들었을 때에도 하나님께서는 얼마나 부드럽게 우리의 병의 상태를 돌보셨는가! 깊은 물 가운데도 하나님께서는 어떻게 우리를 붙드셨는가! 불붙는 풀무 불 가운데서도 하나님은 우리를 은혜롭게 구원하셨다. 정말로 이것들은 오래된 열매들이다! 우리는 많은 오래된 열매들을 가지고 있다. 하나님의 은혜는 우리의 머리털보다 많기 때문이다. 옛날의 죄에 대해 우리는 후회하여야 한다. 그래서 우리는 지난날에 주님께서 주시는 회개를 하였다. 십자가 밑에서 엎드려 울며 죄를 고백하고 주님의 보혈의 공로를 알았다. 우리는 오늘 아침 새롭고 오래된 각양의 열매들을 가진다. 그러나 여기에 중요한 것이 있다. 그것은 모두 예수님을 위하여 쌓여 있는 것이다. 의심할 여지가 없이 참으로 그것은 최상의, 그리고 최고의 것으로 가장 많이 받아들일 봉사이다. 그리고 이 봉사에서 예수님은 영혼의 유일한 표적이고 어떤 보탬도 없는 그분의 영광이 우리의 모든 노력의 목표이다. 우리는 많은 열매들을 우리의 사랑하는 자를 위하여 쌓아야 하지 않을까? 그분께서 우리와 함께 있을 때 다른 사람에게는 보이지 말고 그분에게만 그것을 보여 드리자. 예수여, 우리는 우리 정원의 문에서 열쇠로 문을 열겠습니다. 주님께서 피땀 흘려 쏟으신 땅에서 난 좋은 열매들을 도적질하려고 들어가는 자는 한 사람도 없습니다. 우리의 모든 것은 모두 주님의 것이고 오직 우리의 사랑하는 예수님의 것입니다!

10월 1일 저녁

550. "여호와께서 은혜와 영화를 주시며"(시 84:11)

하나님께서는 본성적으로 자비가 많으시며, 그것을 주시기를 기뻐하신다. 그분께서 주시는 보배로운 선물은 측량하기 어렵고 햇빛같이 값없이 주신다. 그분께서 선택한 자에게 은혜를 주시는 것은 그의 뜻이기 때문이고, 그가 구속한 자에게 은혜를 주시는 것은 그의 언약 때문이요, 부르신 자를 축복하심은 그의 약속 때문이다. 믿는 자에게 은혜를 주심은 그들이 은혜를 구하기 때문이고, 죄인에게 은혜를 주심은 그들이 은혜가 필요하기 때문이다. 주님께서는 은혜를 풍성하게, 적당한 때에, 계속, 쉽게, 그리고 주권적으로 주신다. 그리고 그 은혜를 주시는 방법에 의하여 축복의 가치를 한층 더 높이신다. 그분은 모든 형태의 은혜를 자유롭게 그 백성에게 주신다. 그분은 그의 백성을 위로하고 지키며 거룩하게 하고 인도하며 교훈하고 도우시는 은혜를 관대하게 그리고 끊임없이 그들의 영혼에 부어주시는 것이다. 그분은 이 모든 은혜를 풍성하게 주심에 있어 우리에게 어떠한 일이 일어나든지 항상 그와 같이 하신다. 우리는 병들을 수도 있다. 그러나 주님께서 은혜를 주신다. 우리는 빈곤하게 될지도 모른다. 그러나 은혜는 반드시 공급될 것이다. 죽음은 반드시 우리를 찾아오겠지만 은혜는 가장 어두운 시간에 촛불을 켤 것이다. 친구여, 세월이 흘러서 다시 잎이 떨어지는 가을이 돌아와도 "주는 은혜와 영광을 주시"라는 사라지지 않는 그런 약속을 즐기는 것은 얼마나 축복된 일인가! 이 구절에서 "그리고"라는 짧은 접속사는 현재와 미래를 연결하는 다이아몬드의 광선과 같다. "은혜와 영광"은 항상 같이 다닌다. 하나님께서 그의 백성을 주권적으로 취하셨기 때문에 그 어떤 자도 그것을 떼어낼 수 없다. 주님께서는 자유롭게 그의 은혜 안에서 살 권리를 보장하셨기에 그 심령에 영광주시기를 결코 거절치 않으신다. 정말로 영광이란 은혜의 열매이다. 은혜에 꽃이 피고 가을에 열매를 맺듯이 익고 완성된 것이 영광이다. 우리가 언제 영광을 받을지 아무도 모른다. 혹은 이달이 다 가기 전에 거룩한 도성에 갈지도 모른다. 그러나 그 간격이 길지 짧을지 모르지만 어쨌든 우리는 머지 않아 영광스럽게 될 것이다. 주님께서는 반드시 그의 선택한 백성에게 영광을, 하늘의 영광을, 영원의 영광을, 예수님의 영광을, 아버지 하나님의 영광을 주실 것이다. 영광은 신실한 하나님의 특별한 약속이 아닌가!

"하나의 신성한 사슬에 두 개의 황금 연결 고리여,
은혜를 소유한 자는 확실히 영광을 얻을 것이다."

10월 2일 아침

551. "너희를 위하여 하늘에 쌓아둔 소망"(골 1:5)

우리가 그리스도 안에서 가질 장래의 소망은 이 땅에 있어서 우리의 기쁨의 주요한 원인이 되며, 또한 지지하는 기둥이 된다. 때때로 "하늘"을 생각할 때 우리의 마음에 힘을 준다. 왜냐하면, 우리가 바랄 수 있는 모든 것은 "하늘"에 약속되어 있기 때문이다. 이 땅 위에서 우리는 피곤하고 지쳐있다. 그러나 저 건너편의 "하늘"은 안식의 장소이고 노동하는 자의 땀이 이마에 흐리는 일이 없고 결코 피곤할 일이 없다. 지친 삶을 사는 자에게 "안식"이라는 말은 "하늘"을 기억하게 한다. 우리는 항상 전쟁터에 있고, 안에는 유혹이 밖에는 적이 있다. 그리고 우리에게는 거의 평안이 없다. 그런데 "하늘"에서 우리는 승리를 즐긴다. 그때 승리의 깃발은 높이 휘날리고 칼은 칼집 안에 보관되어 있고 우리는 우리의 대장이 "착하고 신실한 종이여, 잘 하였도다"(마 25:21)라고 말하는 것을 듣게 될 것이다. 우리는 죽음의 이별에 뒤따르는 슬픔을 맛보고 있다. 그러나 우리는 결코 죽는 일이 없는 나라에 가려고 한다. 거기에는 무덤이란 곳은 전혀 알려져 있지 않다. 이 땅에는 죄 때문에 우리가 계속 슬퍼하지만 거기서는 우리는 완전한 거룩함으로 되어 있을 것이다. 왜냐하면, 더러운 것은 결코 그 나라에 들어갈 수 없기 때문이다. "하늘"에 있는 밭에는 독초가 나오지 않는다. 오, 당신이 영원히 사라질 일이 없고, 또 영원히 이 광야에 살아야 하지 않으며 잠시 후에는 약속의 땅, 가나안을 상속받는다는 것은 얼마나 기쁜 일인가? 그럼에도 불구하고, 장래에 대하여 꿈꾸고 현재를 잊어버려서 비난을 받는 일이 결코 없도록 하자. 장래가 현재를 성화시킬 수 있도록 가장 유용하게 사용하도록 힘쓰자. 성령을 통하여 "하늘"의 소망은 덕을 만드는 가장 유력한 힘이 된다. 그것은 기쁨에 넘친 노력의 샘이다. 또한, 즐거운 성결의 모퉁이 돌이다. 이 소망을 가진 사람은 그의 활동도 활발하게 한다. 왜냐하면, 주님을 기뻐하는 일이 그의 힘이 되기 때문이다. 그는 열렬하게 유혹과 싸운다. 왜냐하면, 내세에 대한 소망이 적의 불같은 화살을 격퇴하기 때문이다. 그는 현재의 보상 없이 일할 수 있다. 왜냐하면, 그는 장차 올 세상에서 보상을 기대하기 때문이다.

10월 2일 저녁

552. "은총을 크게 받은 사람"(단 10:11)

하나님의 자녀여, 이 칭호를 당신 자신에게 적용하기를 원하는가? 당신의 불신앙 때문에 당신은 하나님으로부터 큰 사랑을 받고 있는 것도 잊었는가? 당신이 "흠과 티가 없는 어린양 같은 그리스도의 보배로운 피로 말미암아"(벧전 1:19) 구속된 것은 바로 당신이 하나님으로부터 크게 사랑을 받아왔음에 틀림없다는 것을 증거한다. "하나님이 그의 독생자를 주신 것은…"(요 3:16) 당신이 크게 사랑받고 있는 것이 아니고 무엇인가? 당신은 죄 중에서 살아왔을 뿐만 아니라 방종한 생활에 힘써 왔다. 그러한 당신을 하나님께서 이렇게 인내하신 것은 당신을 매우 사랑하시기 때문이 아닌가? 당신은 은혜로 말미암아 부르심을 받아 구주님에게 인도되어 하나님의 자녀가 되어 "하늘"의 상속자가 되었다. 이 모든 것이 매우 위대하고 넘칠만한 사랑을 증명하고 있지 않은가? 그때부터 당신의 길이 어려움으로 힘들었든지 아니면 은혜로 말미암아 평탄했든지 당신의 행로는 하나님으로부터 매우 사랑받은 증거가 가득하다. 만약 주님께서 당신을 징계하실지라도 그것은 당신에게 노했기 때문이 아니다. 만약 주님께서 당신을 빈곤하게 할지라도 당신은 여전히 은혜 안에서 부요한 자이다. 자기 자신이 무가치한 자라고 느끼면 느낄수록 당신은 말로 표현할 수 없는 사랑이 주 예수님을 움직여 당신 자신과 같은 영혼을 구원하였다는 증거를 갖게 된다. 스스로의 죄를 느끼면 느낄수록 당신을 선택하시고, 당신을 부르시고, 그리고 당신을 축복의 상속인으로 만드신 하나님의 넘치는 사랑이 더욱 분명하게 될 것이다. 그러므로 하나님과 우리 사이에 이와 같은 사랑이 있다면 우리는 그 영향력 안에서 그 위대한 사랑 안에 살며 우리의 입장의 특권을 사용하자. 우리는 마치 주님에게 우리가 낯선 자라든지 아니면 주님께서 우리의 간구를 듣는 일에 관심이 없다고 생각하면서 주님과 멀어지는 일이 없도록 하자. 왜냐하면, 우리는 우리의 사랑하는 하나님 아버지에 의하여 매우 사랑받고 있기 때문이다. "자기 아들을 아끼지 아니하시고 우리 모든 사람을 위하여 내어주신 이가 어찌 그 아들과 함께 모든 것을 우리에게 은사로 주지 아니하시겠는가?"(롬 8:32). 오, 믿는 자여 담대히 나아오라. 사탄의 속삭임과 당신 마음속의 의심에도 불구하고 당신은 매우 사랑받는 자이다. 이 저녁에 하나님의 넘치는 위대함과 신실함을 묵상하라. 그리고 평안히 당신의 침대에 들어가라.

10월 3일 아침

553. "모든 천사들은 부리는 영으로서 구원 얻을 후사들을 위하고 섬기라고 보내심이 아니냐"(히 1:14)

천사는 하나님의 성도를 위한 보이지 않는 수종자이다. 저들은 우리의 발이 돌에 부딪히는 일이 없도록 그 손을 가지고 우리를 붙들고 있다. 저들은 주님께 충성하고 따라서 그가 사랑하시는 자녀들에게 깊은 관심을 가지고 있다. 저들은 방탕한 자식이 아버지 집에 돌아오는 것을 기뻐하며 믿는 자가 하늘의 왕궁에 오는 것을 환영한다. 옛 시대에는 천사가 하나님의 자녀들에게 나타났다. 오늘날 우리는 천사를 보지는 못하지만, "하늘"은 여전히 열려져 있고 하나님의 천사들은 구원의 상속자들을 방문하기 위하여 중보자이신 분위에 오르락내리락 한다. 스랍들은 여전히 제단에서 취한 숯불을 가져다가 하나님의 큰 사랑을 받는 자의 입술에 대려고 날아다니고 있다. 만약 우리의 눈이 열렸다면 주의 종들의 주위에서 불말과 불병거를 볼 것이다. 우리는 무수한 천사들의 무리 중에 있고 저들은 왕실의 자손인 우리를 호위하며 보호하고 있다. 에드먼드 스펜서(Edmond Spenser)의 노래 가사는 그저 조작한 말이 아니다.

> "저들은 끊임없이 황금의 날개를 펴고서
> 공중을 날아다니며 날개를 가진 수종자로서
> 악마와 싸우며 전쟁 중인 우리를 돕고 있도다!"

찬란한 "하늘"의 신하들이 기쁜 마음으로 우리의 수종자가 된다는 것이 선택함을 받은 우리가 얼마나 고귀한 위치에 있는지 말해 주고 있지 않은가! 한 점의 더러움도 없는 "하늘"에 있는 자와 사귀는 것은 얼마나 놀라운 일인가? 우리를 구원하시기 위하여 하나님의 수만의 병거가 대기하고 있다는 것이 우리가 얼마나 완전하게 보호받고 있다는 것인가! 도대체 이것은 누구의 덕택인가? 주 예수 그리스도를 영원히 우리의 구주로 모셔야 하지 않겠는가! 그 때문에 우리는 공중의 권세자들의 힘을 훨씬 넘어선 "하늘의 장소에"(엡 2:6) 앉는 자가 된 것이다. 그분의 천사들은 "그를 두려워하는 자를 에워싸고"(시 34:7) 진을 치고 있다. 그는 발밑에 용을 밟고 있는 참 미가엘이다. 만세, 주 예수여! 여호와의 임재의 사자에게 이 아침에 당신님의 가족은 충성을 서약합니다.

10월 3일 저녁

554. "자기가 시험을 받아 고난을 당하셨은즉"(히 2:18)

이것은 널리 알려진 말씀이다. 지친 마음에 이것은 단 이슬 같은 맛을 가진다. 예수님께서는 우리와 마찬가지로 시험을 당하셨다. 당신은 이 진리에 대하여 여러 번 들은 적이 있다. 그러나 당신은 그 진리를 정말 파악하고 있는가? 그분은 우리가 빠지는 같은 죄에 시험을 받으셨다. 예수님을 우리와 같은 보통 사람의 인간성과 분리해서는 안 된다. 당신이 지금 통과하는 길은 어둡다. 그러나 예수님께서는 당신보다 앞서 거기를 지나가셨다. 당신은 지금 심한 싸움 중에 있다. 그러나 예수님께서도 이미 그와 같은 대적과 싸우셨다. 그렇다면 우리도 용기를 내야 하지 않겠는가? 그리스도께서는 이미 우리를 앞서 짐을 지셨다. 그 영광의 왕께서 피 흘린 발자국이 우리가 지금 걷고 있는 길에 인쳐져 있다. 그런데 예수님은 우리와 같은 방법으로 유혹을 받았지만, 더욱 위대한 사실이 있다. 그것은 예수님께서는 시험을 받으셨지만, 결코 범죄 하시지 않은 일이다. 그러므로 우리도 죄를 범할 수가 없다. 예수님께서는 우리와 같은 사람의 형상을 취하셨다. 그리고 한 사람이 이것들의 유혹에 견디어 죄를 범하지 않았다면 그의 지체인 우리도 그분의 능력으로 말미암아 죄를 그칠 수 있기 때문이다. 그리스도인의 삶을 막 시작한 사람들 중에는 죄가 없이는 유혹받을 수 없다고 생각하는 사람들이 있다. 그러나 이것은 잘못이다. 유혹을 받는 것이 죄가 아니라, 바로 그 유혹에 지는 것이 죄이다. 이 진리는 심각하게 유혹받는 사람들에게 위로가 된다. 더욱 주 예수님께서 시험을 통과하여 영광스러운 승리를 거두신 것을 생각하면 저들에게 한층 더 격려가 될 것이다. 그분께서 승리하신 이상 그분을 따르는 자들도 확실히 승리한다. 예수님은 그의 백성을 위하여 대표가 되시는 사람이기 때문이다. 우리의 머리되시는 분께서 승리를 거두었고 그 지체들은 승리를 함께 나눈다. 그러므로 두려워 말라. 그리스도는 우리와 함께 있으며 우리를 지키기 위하여 무장하고 있다. 우리의 안전한 장소는 구주의 품이다. 우리는 지금 더욱 그분에게 가까이 의지하기 위하여 시험받는지도 모른다. 우리 구주께서 계신 사랑의 항구로 우리에게 불어오는 바람은 복 있을지어다! 우리에게 사랑하는 의사를 찾게 하는 상처는 복 있을지어다! 시험 중에 있는 자여, 시험을 받고 이기신 구주님에게로 오라. 그분께서는 우리의 연약함을 아시고 시험과 유혹 중에 있는 모든 자를 도우시기 때문이다.

10월 4일 아침

555. "어두워 갈 때에 빛이 있으리로다"(슥 14:7)

우리는 때때로 불길한 예감을 가지고 노년의 시기를 바라보며, 어두워져 갈 때도 빛이 있다는 것을 까맣게 잊고 있다. 그러나 많은 성도에게 있어서 노년은 어떤 의미에서 인생의 황금시대인 것이다. 뱃군(뱃사공)이 죽지 않는 나라의 언덕에 가까이 갈 때 그의 뺨에는 소슬바람이 그친다. 그리고 물결은 고요해지며 장엄하고 깊은 엄숙함이 사방을 덮는다. 노년의 제단에는 청년 때의 열정의 불은 타오르지 않는다. 그러나 더욱 진정한, 열심의 불꽃이 남아있다. 순례자들은 약속의 땅에 닿고, 그 행복의 나라에서 지내는 날은 이 땅에서의 "하늘"과 같다. 천사가 방문하고 천상의 바람이 불어 낙원의 꽃은 그 안에서 자라고, 공기는 장엄한 음악으로 채워진다. 어떤 이는 몇 년을 여기에서 살며 어떤 이는 잠시 동안 머물다가 떠난다. 그러나 그것은 이 땅에서의 에덴 낙원이다. 우리는 그 나무 그늘 밑에서 쉬며 열매가 익기를 기다릴 때까지 소망을 가지고 만족하는 그 시간을 잘 기다릴 수도 있다. 황혼을 아름답게 물들이는 저녁 해는 창공에 있을 때의 태양보다도 더 크게 보이고 영광의 비침은 저녁 해를 둘러싸고 있는 모든 구름을 물들인다. 고통은 인생의 황혼의 감미로운 고요함을 어지럽게 하지 않는다. 왜냐하면, "힘은 약한 데서 온전하게 나타나"(고후 12:9) 모든 고통을 인내로서 견디기 때문이다. 존귀한 경험의 성과를 인생의 저녁에 거두게 되며 영혼은 안식에 들어갈 준비를 한다. 더욱 주님의 백성들은 임종의 시간에 빛을 즐기게 된다. 불신자에게는 죽음와 그늘이 절박하게 밤처럼 오며 인생의 등불이 막 꺼지려 한다고 탄식하지만, 믿음은 이제 밤은 지나고 참된 낮이 가까이 왔다고 부르짖는다. 빛은 온다. 불멸의 빛이여, 아버지의 얼굴의 빛이여! 침상에서 당신의 발을 모아라. 당신을 기다리는 천사의 무리를 보아라! 천사들은 당신을 운반해 간다. 잘 가거라. 사랑하는 자여, 당신은 손을 흔든다. 그리고 당신은 간다. 아, 이제 빛이다. 진주문이 열리고 황금의 대로는 벽옥의 빛으로 빛난다. 우리는 눈을 감는다. 그러나 당신은 이제 우리가 볼 수 없는 것을 볼 것이다. 형제여, 잘 가거라. 당신은 우리가 아직 보지 못하는 저녁의 빛을 갖고 있다.

10월 4일 저녁

556. "만일 누가 죄를 범하면 아버지 앞에서 우리에게 대언자가 있으니 곧 의로우신 예수 그리스도시라"(요일 2:1)

"만일 죄를 범하는 자가 있으면 우리를 위하여 대언자가 있다." 그렇다. 비록 우리가 죄를 범할지라도 우리에게는 대언자가 있다. 요한은 "만일 죄를 범하면 그는 대언자를 잃는다"라고 말하지 않았다. 믿는 자가 지금까지 지은 모든 죄와 이제부터 지을 수 있는 모든 죄도 주 예수 그리스도를 그의 대언자로 가진 이상 믿는 자의 권리를 빼앗을 수는 없다. 이 구절에서 부르고 있는 우리 주님의 이름을 깊게 음미하라. 첫째로 그는 "예수"라고 불린다. 그분은 우리가 필요로 하는 대언자이시다. 예수라는 사람은 구원함이 임무요, 그것을 기쁨으로 하시는 분의 이름이기 때문이다. "그 이름을 예수라 하라. 그가 자기 백성을 그 죄에서 구원하실 것이요"(마 1:21). 이 가장 위대한 이름은 그의 성공을 의미하고 있다. 둘째로 "그리스도"라는 칭호는 헬라말로 "기름 부음을 받은 자"라는 뜻이다. 이것은 그분의 대변하는 권위를 보인다. 그리스도는 우리를 위하여 대변하는 권리를 가지셨다. 그는 아버지 하나님께서 임명한 대변자이시고 선택된 제사장이시다. 만약 대변자로서 우리가 그분을 선택했다면 그는 실패할 수도 있지만, 그는 아버지 하나님이 "돕는 힘을 능력 있는 자에게 위임하셨기 때문에"(시 89:19) 우리는 안심하고 우리의 문제를 하나님이 신임하신 자에게 맡길 수 있다. 그분은 그리스도이시기에 권위를 받으셨다. 그분은 그리스도로서의 자격을 갖추셨다. 왜냐하면, 기름 부음을 받음은 그분께서 그의 사역을 위하여 잘 갖추어지게 하기 때문이다. 그분은 하나님의 마음을 움직일 수 있도록 대변할 수 있고 설득할 수 있다. 기름 부음을 받은 자가 일어나서 우리를 위하여 대변할 때 그는 얼마나 부드러운 설득력을 가진 말을 사용하시겠는가! 또 다른 하나의 그의 이름은 "의로움"이다. 이것은 그분의 성품뿐만 아니라 그의 탄원도 반영한다. "의로움"은 그의 성품이고 만약 의로운 자가 나의 대변인이면 나의 동기도 좋은 것이고 그렇지 않으면 그는 그것을 지지하지 않을 것이다. 또한, 그것은 탄원이다. 왜냐하면, 그분께서는 의로운 탄원으로 나를 대항하는 불의와 맞서 책임을 맡으신다. 그분께서는 자신이 나의 대리인이라는 것을 선언하고 그의 순종을 나의 편으로 돌린다. 당신은 당신의 대언자로서 가장 적절한 "친구"를 가졌다. 그분은 결코 실패하지 않는다. 그러므로 너의 모든 것을 전적으로 그분의 손에 맡겨라.

10월 5일 아침

557. "이에 일어나 먹고 마시고 그 식물의 힘을 의지하여 사십 주 사십 야를 행하여 하나님의 산 호렙에 이르니라"(왕상 19:8)

은혜 깊으신 하나님께서 우리에게 주시는 모든 힘은 그것으로 말미암아 우리가 하나님을 섬기기 위함이고 결코 남용하거나 자랑하기 위한 것이 아니다. 예언자 엘리야가 로뎀 나무 밑에서 자다가 깨어보니 그의 머리 곁에 숯불에 구운 빵과 물 한 병이 있었다. 그는 산해진미로 배부르며 안일하게 사는 자가 아니었다. 그는 그 식물로 힘을 얻어 사십 주 사십 야를 걸어서 하나님의 산 호렙에 이르렀다. 주님께서 제자들을 불러 "자, 와서 같이 먹자"(요 21:12)라고 하시고 식사 후에는 베드로에게 "내 양을 먹이라"(요 21:16-17)고 하시며, 다시 "나를 따르라"(요 21:19)고 덧붙여 말씀하셨다. 이것은 우리에게도 동일하다. 하늘의 양식을 우리가 먹는 것은 주의 일을 봉사하는 데 힘을 다하기 위해서다. 우리는 유월절에 허리를 동이고 손에 지팡이를 잡고 유월절 양을 먹는다. 그것은 배고픔을 채우고 곧 출발하기 위함이다. 어떤 그리스도인은 그리스도를 양식으로 먹고 있지만 그리스도를 위하여 살려고 하지 않는다. 이 땅은 "하늘"을 위한 준비 장소이어야 하며, 그리고 "하늘"은 성도들이 가장 잘 먹고 가장 열심히 일하는 장소이다. 저들은 주님의 식탁에 앉아 밤낮으로 주의 성전에서 섬긴다. 저들은 "하늘"의 식물을 먹고 완전한 봉사를 한다. 믿는 자여, 그리스도로부터 매일 얻는 힘을 가지고 주님을 위하여 일하라. 우리 중의 어떤 이는 우리에게 은혜를 부으시는 주님의 계획에 관하여 더 많은 것을 배우지 않으면 안 된다. 애굽의 미이라가 오랫동안 밀을 보존하고 있었던 것 같이 우리가 귀중한 진리의 종자를 보유하여 거기에 성장의 기회를 주지 않는 일이 있어서는 안 된다. 우리는 진리의 종자를 뿌리고 거기에 물을 주어야 한다. 주님께서는 왜 마른 땅에 비를 내리시며 청명한 햇빛을 비추시는 것일까? 이것은 땅의 산물이 자라서 사람의 식물이 되는 것을 돕기 위함이 아닌가? 그렇다면, 주님께서는 우리의 영혼을 기르며 소생시켜서 우리가 새로운 힘을 사용하여 주의 영광을 높이기 위함이다.

10월 5일 저녁

558. "믿고 세례를 받는 사람은 구원을 얻을 것이다"(막 16:16)

맥도날드(MacDonald)씨가 스코트랜드의 세인트 길다(St. Kilda) 섬의 주인들에게 "사람은 어떻게 해서 구원을 받는가?"라고 질문하였다. 한 노인이 대답하였다. "만일 우리가 회개하고 우리의 죄를 버리고 하나님께 돌아가면 구원을 받습니다." 이 때, 한 중년 부인이 덧붙여 말하였다. "그렇습니다. 그리고 진심으로 회개해야 합니다." 세 번째 사람이 말하였다. "그렇습니다. 그리고 기도로써 해야 합니다." 그러니까 네 번째 사람이 "그것은 진심으로 하는 기도이어야 합니다"고 덧붙였다. 다섯 번째 사람이 말하였다. "그리고 우리는 힘써 계명을 지키지 않으면 안 됩니다." 이렇게 저들은 각자의 생각을 말하면서 하나의 멋있는 신조가 성립된 것으로 느끼고 설교자의 동의가 얻어질 것으로 생각하고 설교자를 쳐다보고 귀를 기울였다. 그러나 설교자는 깊은 동정심을 느꼈다. 육의 마음은 항상 자아를 활동하게 하여 위대하게 되는 길을 만들지만 주님의 길은 이와는 전혀 반대이다. 믿고 세례 받는 일은 영광스럽게 되는 유익과 상관이 없다. 그것들은 너무나도 단순하기에 자랑할 만한 것이 없다. 승리를 얻게 되는 것은 대가없는 은혜일뿐이다. 독자 중에 아직 구원을 받지 못한 자도 있을 것이다. 그렇다면 그 이유는 무엇일까? 당신은 위의 구절에서 나타내는 구원의 길이 의심스럽다고 생각하는가? 하나님께서 친히 그 확실성을 단언하고 있는데 당신은 그것이 너무 쉽다고 생각하는가? 그러면 당신은 그것을 왜 받아들이지 않는가? 변명할 것도 없이 그것을 무시하는 자는 버림을 당한다. 믿는다는 것은 그리스도 예수에게 단순히 믿고 의지하고 신뢰하는 것이다. 세례를 받는다는 것은 우리의 주님께서 요단 강에서 이행하셨고(마 3:13-17), 회심한 사람들이 오순절 때에 받았으며(행 2:1-42),

그리고 감옥의 간수가 회심한 그 밤에 순종으로 예식에 복종한 일이다(행 16:23-33). 세례는 우리의 믿음에 대한 외적인 표지이다. 이것 자체가 구원은 아니지만, 그것은 우리에게 예수님과 함께 죽고 장사 되며 부활한 것을 나타내므로 성찬과 함께 가볍게 여길 수 없는 것이다. 사랑하는 자여, 당신은 예수님을 믿는가? 그러면 당신의 두려움을 버려라. 당신은 구원을 받았기 때문이다. 당신은 아직도 불신앙 안에 있는가? 그렇다면 문의 입구는 오직 하나 뿐이라는 것을 기억하라(cf. 요 10:7-9). 만약 당신이 그 입구로 들어가지 않는다면, 당신은 자기의 죄 안에서 멸망할 것이다.

10월 6일 아침

559. "내가 주는 물을 먹는 자는 영원히 목마르지 아니하리니"(요 4:14)

예수님을 믿는 자는 현재에도 만족하며 영원히 만족하는 것을 주 예수 안에서 발견한다. 믿는 자는 위로가 부족하여 지친 날을 보낸다든지 마음을 기쁘게 하는 생각이 없어서 긴 밤을 보내는 일을 하는 사람이 아니다. 믿는 자는 그 믿음 안에서 자기를 만족하게 하며 행복하게 하는 기쁨의 샘, 위로의 샘의 근원을 그리스도 안에서 발견하기 때문이다. 그를 차가운 감옥 속에 던져 놓아보라. 거기서도 그는 좋은 친구를 발견할 것이다. 그를 불모의 광야에 두어 보라, 그는 하늘로부터 오는 빵을 먹으리라. 또 그에게서 우정을 빼앗아 보라. 그는 "형제보다 더 가까운 친구"(잠 18:24)를 만날 것이다. 그의 박 넝쿨을 다 말려 보아라. 그는 만세 반석 아래에서 그늘을 발견하리라. 그가 가진 이 세상의 소망의 기초를 뒤집어 보아라. 그러나 오히려 그의 마음은 주님께 신뢰하여 동요하는 일이 없을 것이다. 사람의 마음은 예수님께서 그 속에 들어가기까지는 무덤과 같이 만족함을 모른다. 그러나 예수님께서 오시면 그의 잔은 넘친다. 믿는 자에게는 그리스도만이 모든 것의 모든 것이 될 만큼 그리스도 안에는 모든 충만함이 있다. 참 성도는 모든 것이 충분한 예수님에게서 온전히 만족하며 그 살아있는 샘에서 더욱 많은 것을 마시고 싶은 생각 외에는 다른 소원을 가지지 않는다. 믿는 자여, 당신은 이미 목마르다. 그것은 고통의 목마름이 아니고 애착으로부터 오는 목마름이다. 당신은 예수님의 사람으로서 더욱 충분히 즐기고 싶어서 애를 쓰며 구하려는 것이 매우 감미로운 것임을 발견할 것이다. 옛사람이 말하였다. "나는 종종 물병을 우물 속에 넣어 물을 길어 마셨다. 그러나 이제는 예수에 대한 나의 목마름이 만족하지 않아서 나는 우물물에 직접 나의 입술을 대어 나오는 물을 마시려고 한다." 이것이 지금 당신이 느끼는 감정인가? 당신의 모든 소원이 예수님 안에서 온전히 만족하여 지금 다른 것에는 아무 부족함이 없으나, 예수님을 더욱더 많이 알기를 원하며 그와 더욱더 친밀한 사귐을 갖기를 원하는가? 그러면 끊임없이 물의 근원에 와서 "값없이 주는 생명수를 마셔라"(요 22:17). 예수님께서는 결코 당신이 생명수를 너무 많이 마신다고 나무라지 않으신다. 오히려 언제든지 당신을 환영하며 "사랑하는 자들아, 더욱 많이 마셔라"고 말씀하신다.

10월 6일 저녁

560. "모세가 구스 여자를 취하였더니"(민 12:1)

모세는 색다른 선택을 한 것이다. 그러나 그보다도 더욱 이상한 것은 "모세보다"(신 34:10) 더욱 위대하신 분의 선택이다(cf. 히 3:1-3). 백합과 같이 아름다우신 우리의 주님께서는 "햇빛에 쪼여서 검고 고백하는 자"(아 1:6)와 부부의 인연을 맺으셨다. 예수님의 사랑이 불쌍하고 잃어버린바 된 죄인에게 부어졌다는 것은 천사들에게 있어서는 놀랄만한 일이었다. 믿는 자 한 사람 한 사람이 예수님의 사랑의 의식으로 충만할 때 전혀 가치가 없는 자신에게 이러한 사랑이 부어져 있다는 것에 경탄하지 않을 수가 없다. 우리는 자신의 숨은 죄와 불성실함, 그리고 악한 것으로 채워져 있는 것을 알기에 비할 수 없는 자유함과 주권적인 은혜를 경외하며 감사와 찬양으로 가득하다. 예수님은 그의 사랑의 근거를 자신의 마음속에서 발견하였음이 틀림없다. 그분께서는 그것을 우리 속에서 발견할 수가 없었다. 왜냐하면, 우리 속에는 그런 것이 하나도 없기 때문이다. 우리는 회심 후에도 비록 은혜가 우리를 "보기 좋게" 만들었다 해도 우리는 "검은 것이었다"(아 1:5). 믿음이 좋은 루더포드(Rutherford)는 자기 자신에 대하여 다음과 같이 말하였지만, 그것은 우리에게도 동일하게 적용된다. "주와 나와의 관계에서 나는 병자요, 그는 내가 필요로 하는 의사이다. 아! 나는 그리스도에 대하여 얼마나 자주 어리석은 행동을 하였던가! 그가 결박하면 나는 풀었다. 그가 세우면 나는 넘어뜨렸다. 나는 그리스도와 다투지만, 그는 하루에 20번도 나와 화해하신다!" 나의 영혼의 가장 부드럽고 충실한 남편이여, 우리를 당신의 형상과 같게 하시는 주님의 자비로우신 사역을 계속하소서. 그리하여 우리가 "흠과 티가 조금도 없는 자로서"(엡 5:27) 주 앞에 세워지게 하소서. 모세는 구스 여자와 결혼하였기 때문에 반대의 상황을 만나야 했다. 모세와 그의 아내는 비난과 좋지 않은 눈길을 받았다. 그렇다면, 만약 이 헛된 세상이 예수님과 그의 아내에 반대한다고 하면, 특히 죄인들이 회심할 때에 반대한다고 하면 당신은 놀랄 것인가? 바리새인의 반대의 근거는 항상 "이 사람은 죄인을 영접하고 음식을 같이 먹는다"(눅 15:2)라고 하는 비난이었다.

10월 7일 아침

561. "주님께서 어찌하여 종을 괴롭게 하시나이까?"(민 11:11)

우리의 하늘 아버지께서는 우리의 믿음을 시험하기 위하여 때때로 어려움을 주신다. 만약 우리의 믿음이 참된 것이라면 이러한 시련들을 견뎌낸다. 금박을 칠한 것은 물을 두려워하지만 순금은 그렇지 않다. 인조 보석은 다이아몬드와 접촉하기를 두려워하지만 진짜 보석은 어떠한 시련도 두려워하지 않는다. 친구들이 진실하고 자기의 몸도 건강하며 장사가 잘 될 때에만 하나님을 신뢰할 수 있는 믿음은 약한 믿음인 것이다. 그러나 친구가 떠나고 병이 들고 원기를 잃고 하나님 아버지의 얼굴이 숨겨질 때에도 주님의 신실함을 붙잡고 의심하지 않는 믿음만이 참된 것이다. 가장 두려운 어려움에 처해 있을 때에도 오히려 "그가 나를 죽일지라도 나는 그를 의뢰하리로다"(욥 13:15)라고 말할 수 있는 믿음은 하늘에서 주신 믿음이다. 주님께서는 자신의 영광을 나타내기 위하여 그의 종들에게 고난을 주신다. 왜냐하면, 그분은 그 자신의 손으로 역사하신 하나님의 백성으로 인하여 크게 영광을 나타내시기 때문이다. "환난은 인내를 낳고, 인내는 연단을 낳고, 연단은 소망을 낳을 때"(롬 5:3), 주님께서는 이 모든 성장해가는 덕으로 말미암아 높임을 받으신다. 거문고의 줄을 접촉하지 않으면 우리는 결코 그 우아한 소리를 알지 못한다. 또 포도가 그 술틀에서 밟히지 않고는 포도즙의 맛을 즐길 수 없고, 계피의 그 달콤한 향기가 눌러지지 않으면 그 향을 낼 수 없고, 석탄이 타지 않고는 그 따뜻함을 느낄 수 없다. 위대한 기사의 지혜와 힘은 그가 사랑하는 자들이 시련을 통과함으로 말미암아 발견되어 진다. 현재의 고난은 장차 올 기쁨을 역시 높이는 경향이 있다. 그림을 그리는 데에도 빛의 아름다움을 돋보이기 위하여 그림자가 없으면 안 된다. 만약 우리가 죄의 저주와 이 땅의 슬픔을 알지 못하고 "하늘"의 최고의 축복을 얻을 수 있을까? 싸움 후에 오는 평화야말로 즐겁고, 일한 후의 안식만이 기쁜 것이 아닐까? 과거의 고난에 대한 기억은 영화롭게 된 자의 축복을 크게 하는 것이 되지 않을까? 우리는 오늘 아침의 구절에 대하여 깊이 묵상할 때 이 질문에 관한 많은 위로에 가득한 해답들이 있음을 깨닫게 될 것이다. 오늘 하루 동안 그것을 더 깊이 생각해 보지 않겠는가?

10월 7일 저녁

562. "네가 이제 누구를 의뢰하고 나를 반역하느냐?"(사 36:5)

친구여, 이것은 너무나 중요한 질문이다. 이것에 대답하는 그리스도인들의 말에 귀를 기울여 그것이 당신의 대답인지를 잘 살펴보라. "당신은 누구를 믿는가?" 그리스도인이 다음과 같이 대답한다. "나는 삼위일체의 하나님 안에서 아버지 하나님을 믿는다. 그분께서 나를 '세상 처음부터'(엡 1:4) 선택하신 것을 믿기 때문이다. 나는 그가 섭리 안에서 나에게 공급하시고 나를 가르치며 인도하여 필요한 경우에는 나를 바르게 하고 최후에는 있을 곳이 '많은 그의 집'(요 14:2)으로 데려가실 것을 믿는다. 또한 나는 그 분의 독생자이신 아들을 믿는다. 그분은 '참 하나님이시고 또한 참 사람이시며', 또한 사랑이신 그리스도 예수이시다. 나는 그가 그 자신의 희생으로 말미암아 나의 모든 죄를 제거하고 그 자신의 완전한 의를 가지고 나를 장식할 것을 믿는다. 나는 그분을 나의 중보자로 믿으며 나의 기도와 소원을 아버지 하나님의 보좌 앞에 가지고 나아가심을 믿는다. 그리고 나는 마지막 큰 날에 그가 나의 옹호자가 되시어 나를 위하여 간구하고 나를 의롭게 하여 주심을 믿는다. 나는 그분의 인격과 사역, 그리고 이제 후로 그가 하시는 일에 대하여 약속하신 것을 믿는다. 그리고 나는 성령 하나님을 믿는다. 그분께서는 타고난 죄에서 나를 구원하시는 일을 시작하였다. 그가 이 모든 죄의 전부를 제거하여 주셨다는 것을 나는 믿는다. 그리고 나의 성급함을 억제하시며, 아집을 정복하시고, 이해력을 계발하시며, 열정을 점검하시고, 낙담을 위로하시며, 약함을 도우시고, 나의 암흑에 빛을 비추시는 일을 하심을 믿는다. 그가 나의 생명으로서 내 안에 거하시고 왕으로서 나를 다스리시며 전적으로 나의 영과 혼과 몸을 성별시키시어 '성도들과 함께 나를 빛 가운데로'(골 1:12), 영원히 거하게 하기 위하여 나를 이끌어 주시는 것을 믿는다." 오, 그분의 힘은 결코 쇠하지 않으시고, 그 사랑은 결코 마르지 않으며, 그 친절은 결코 변하지 않으며, 그 신실함은 결코 배반하지 않으며, 그 온전한 선은 결코 소멸되는 일이 없는 분을 믿는다는 것은 참으로 복된 믿음이 아닌가! 친구여, 이 믿음이 당신의 것이 되어 있다면 당신은 참으로 복되다. 당신은 이제 위대한 평안을, 그리고 후에는 영광을 즐기게 될 것이다. 당신의 그 믿음의 기초는 결코 제거되는 일이 없다.

10월 8일 아침

563. "깊은 데로 가서 그물을 내려 고기를 잡으라"(눅 5:4)

우리는 이 이야기에서 인간 행위의 필요성에 대하여 배울 수 있다. 이 날 그들이 많은 고기를 잡을 수 있었던 것은 하나의 기적이었다. 그러나 어부도, 배도, 그물도 무시된 것은 아니었다. 그것들은 모두 다 고기를 잡기 위하여 사용되었다. 영혼을 구하는 일에서도 마찬가지다. 하나님께서는 여러 가지 다른 수단들을 사용하여 일하신다. 현재의 하나님의 은혜의 계획이 흔들리지 않는 한, 하나님께서는 설교라는 어리석음으로 말미암아 믿는 자를 구원하시는 것을 기쁘게 여기신다. 하나님께서 다른 도구 없이 직접 일하실 때, 의심할 바 없이 그 영광이 나타나는 것은 말할 필요 없지만, 하나님은 이 땅에서 최대한 찬양 받기 위하여 매개물을 사용하시는 방법을 선택하신다. 수단 그 자체만으로는 아무 효과가 없다. "선생님이여, 우리가 밤이 맞도록 수고하였지만 얻은 것이 아무것도 없나이다"(눅 5:5). 왜 그랬을까? 저들은 능숙한 어부가 아니었던가? 확실히 저들은 무경험자들이 아니었다. 고기 잡는 일에는 정통하고 있었다. 저들의 일에 실수가 있었을까? 아니다. 저들은 게을렀던가? 아니다. 저들은 힘써 일하였다. 저들에게 인내가 부족했던가? 아니다. 저들은 밤이 새도록 일하였다. 바다에 물고기가 부족했을까? 결코 그렇지 않다. 왜냐하면, 주님께서 오시자 마자 많은 물고기가 헤엄쳐 그물을 에워쌌다. 그러면 이유는 어디 있었을까? 그것은 수단 그 자체로는 힘이 없고, 예수님을 떠나서는 아무 능력이 없음을 증명하고 있다. 예수님과 함께 하지 않으면 우리는 아무 일도 할 수 없다. 그러나 예수님과 함께 하면 모든 것을 할 수 있다. 그리스도의 임재가 성공을 주는 것이다. 예수님께서는 베드로의 배에 앉았고 그의 뜻과 신비적인 영향력으로 물고기를 그물에 끌어당겼다. 예수님께서 그의 교회 안에서 들어 올려 질 때 그의 임재가 교회의 힘이 된다. 왕의 외침은 교회의 가운데 있다. "내가 이 땅에서 들리울 때에는 모든 사람을 나 있는 곳에 이끌리라"(요 12:32). 이제 우리는 믿음을 가지고 앙망하며 엄숙한 마음을 가지고 우리 주위를 보면서 영혼을 낚는 우리의 일을 이 아침에 시작해야 하지 않을까? 그리고 밤이 올 때까지 일을 계속하자. 우리의 활동은 헛되지 않을 것이다. 왜냐하면, 우리에게 그물을 내리라고 명하시는 분이 그 그물을 고기로 채우시기 때문이다.

10월 8일 저녁

564. "성령으로 기도하면"(유 1:20)

이것은 참된 기도의 위대한 특성에 대한 것이다. 그것은 바로 "성령으로 기도"하는 것이다. 하나님께 받아들여지는 믿음의 씨앗은 하늘의 창고에서 오는 것이어야 한다. 하나님께로 온 기도만이 하나님에게 도달할 수 있다. 우리는 주님으로부터 온 화살을 주님께 또한 돌려보내야 한다. 그분께서 우리 마음에 써준 소원은 그의 마음을 움직이고 축복을 내리신다. 그러나 육적인 소원은 주님께 대하여 아무런 힘도 갖지 못한다. "성령 안에서 기도하는 것"은 열렬한 마음으로 기도하는 것을 의미한다. 냉랭한 기도는 소원을 들어주지 않도록 기도하는 것과 같다. 열렬함으로 중보하지 않는 자는 전혀 중보하지 않는 것과 같다. "미지근한 기도"는 "미지근한 불"과 같다고 말할 수 있다. 본래 기도는 뜨겁지 않으면 안 된다. 또한 "성령으로 하는 기도"는 인내하며 기도하는 것이다. 진실한 탄원자는 기도를 계속함에 따라 더욱 힘을 더하며 하나님으로부터 응답이 늦어질수록 더욱더 열렬하게 기도한다. 문이 닫혀 있는 것이 길면 길수록 더욱 심하게 두들기며 천사가 주저하면 할수록 축복을 받지 않고는 천사를 결코 보내지 않기로 결심한다(cf. 창 32:24-30). 하나님의 눈에 아름다운 것은 눈물을 흘리며 고민하며 정복되지 않는 집요함으로 힘써 기도하는 것이다. 그리고 성령으로 기도하는 것은 겸손히 기도하는 것을 의미한다. 성령은 결코 우리를 교만하게 하지 않으시기 때문이다. 우리에게 죄를 확인시키며 상한 마음으로 머리를 수그리게 하는 것이 성령의 역할이다. 우리는 깊은 곳으로부터 하나님께 기도하지 않으면 결코 "높은 영광"을 노래할 수 없다. 우리는 "깊은 곳에서" 하나님께 부르짖어야 한다. 또한 성령으로 기도한다는 것은 사랑의 기도이다. 기도는 사랑의 향기를 내 뿜으며 사랑이 담긴 것이어야 한다. 즉, 우리의 친구인 성도에 대한 사랑과 그리스도에 대한 사랑이다. 마지막으로 성령으로 기도한다는 것은 믿음으로 가득한 기도이어야 한다. 믿는 자만이 승리를 얻는다. 성령은 믿음의 인도자이며 믿음을 강하게 하시는 분이다. 그러므로 우리는 하나님의 약속을 믿고 기도한다. 오, 성령님께서 우리 마음속에 계셔서 이 측량할 수 없는 가치를 가진 위대한 모든 덕의 결합이 향신료의 달콤함 같이 우리 안에서 향기를 풍길 수 있기를 원합니다! 위로의 보혜사여, 당신님의 위대한 힘을 우리 속에 활동시켜 기도 안에서 우리의 약함을 도우소서.

10월 9일 아침

565. "능히 너희를 보호하사 거침이 없게 하시고"(유 1:24)

어떤 의미에서 "하늘"으로 가는 길은 아주 안전하다. 그러나 한편 이처럼 위험한 길 또한 없다. 거기에는 많은 어려움이 있다. 한 걸음을 잘못 디디면 우리는 깊은 골짜기에 빠지고 만다. 은혜가 없다면 우리는 얼마나 쉽게 빠지겠는가? 우리 중에 어떤 이는 얼마나 미끄러운 길을 걸어야만 하는가! 시편저자와 같이 우리는 몇 번이나 "나는 거의 실족할 뻔하였고 내 걸음이 미끄러질 뻔하였나이다"(시 73:2)라고 소리 지르지 않았던가! 만약 우리가 강건한 등산가라면 이 일은 그렇게 문제가 되지 않는다. 그런데 우리는 얼마나 약한가! 가장 좋은 길이라도 곧 비틀거리며 가장 평탄한 길이라도 곧 거침이 된다. 이렇게 약한 무릎으로는 우리의 비틀거리는 몸무게를 거의 지탱할 수가 없다. 하나의 지푸라기도 우리를 넘어뜨릴 수도 있고 한 개의 작은 돌도 우리를 상하게 할 수가 있다. 우리는 떨면서 믿음의 첫걸음을 내 딛는 어린아이에 불과하다. 하늘 아버지께서는 그 강하신 팔로 우리를 붙드신다. 그렇지 않으면 우리는 곧 넘어지고 말 것이다. 오, 만약 우리가 넘어지지 않고 걷는다면, 매일 우리를 인내 깊게 지켜보시는 분에게 어떻게 찬양해야 할 것인가! 우리는 얼마나 죄를 범하기 쉬운 존재이며 오히려 위험한 것을 선택하여 얼마나 자기 자신을 넘어뜨리게 하는 강한 경향을 생각해 보라. 그리고 이런 것을 생각할 때 우리는 이제까지 했던 것보다 더욱 기쁜 생각을 가지고 "우리를 지켜 거침이 없게 하신 이에게 영광이 있을지어다"라고 노래 불러야 할 것이다. 우리는 기회를 엿보며 우리를 넘어뜨리려는 많은 대적을 가지고 있다. 길은 험하고 우리는 약하다. 그뿐 아니라 적은 우리로 하여금 예상하지 않은 때에 달려들어 우리를 넘어뜨려 절벽으로 떨어뜨리려고 한다. 그러나 오직 전능하신 하나님의 팔만이 우리를 파괴하려고 하는 보이지 않는 적들로부터 보존할 수 있다. 그런 강한 팔만이 우리를 위한 방어가 된다. 그분께서는 약속에 대하여 신실하시다. 그분은 우리를 지켜 거침이 없는 자로 하시고 우리의 약함을 깊이 느끼게 하여 우리가 완전한 안전 속에서 확실한 믿음을 간직하게 하신다. 우리는 기쁨으로 확신에 차서 다음과 같이 말한다.

"이 땅과 지옥이 합하여 나를 대항할지라도
내 편이 되신 힘 있는 하나님이 계시네.
예수님은 나의 모든 것이 되시고,
나의 주님이시라네!"

10월 9일 저녁

566. "예수님께서는 한 말씀도 대답지 아니하시니"(마 15:23)

진심으로 구원을 구하면서도 아직 축복을 얻지 못한 자는 이 말씀으로 위로를 받으리라. 이 여인은 구주에 대한 큰 믿음을 갖고 있었지만, 그녀는 자신이 구하고 있는 축복을 즉시 받지는 못하였다. 주님께서는 주실 의도가 있었지만 잠시 동안 뒤로 미루셨다. "예수님께서는 한 말씀도 대답하지 아니하셨다." 그러면 이 여인의 기도가 좋지 않았는가? 아니다. 그 여인의 기도처럼 좋은 기도는 없었다. 그러면 그녀의 필요가 절박하지 않았는가? 아니다. 슬퍼 탄식할 만큼 긴박하게 필요하였다. 그 여인은 필요를 충분히 느끼지 않았는가? 아니다. 그녀는 통절하게 그것을 느꼈다. 그 여인의 열심이 부족하였는가? 아니다. 그녀는 실로 아주 열심이었다. 그 여인은 믿음을 갖고 있지 않았는가? 아니다. 그녀의 깊은 믿음에는 예수님도 놀라서 "여인아, 네 믿음이 크도다"(마 15:28)라고 말씀하셨다. 믿음이 평화를 가져오는 것은 사실이지만 언제나 즉시로 주어지는 것은 아니다. 믿음의 시련을 필요로 하는 이유가 있고, 그것이 믿음의 보상보다 차라리 앞선다. 진실한 믿음의 숨은 씨앗과 같이 영혼 안에 머물러 기쁨과 평화 안에서 아직 싹이 트지 않고 꽃도 피지 않은 상태로 있는지도 모른다. 구주께서 침묵을 지키는 일은 구하고 있는 많은 영혼들에게 비통한 시험이다. 그러나 더욱 견디기 어려운 것은 "아이의 떡을 취하여 개에게 던지는 것이 합당치 않다"(마 15:26)라는 엄한 대답이다. 주님의 대답을 기다리는 많은 사람들은 곧 기쁨을 만난다. 그러나 누구나 그런 것은 아니다. 어떤 사람들은 빌립보 옥사장(옥을 지키는 관원)과 같이 한순간에 어두움에서 빛으로 옮기지만(cf. 행 16:23-33), 그러나 다른 사람들은 늦게 성장하는 식물과 같다. 용서 되어지는 의식 보다는 깊은 죄의식이 당신에게 주어질지도 모른다. 그런 경우에는 어려움을 견디는 인내가 필요하다. 애처로운 심령이여, 비록 그리스도께서 영적인 의미에서, 당신을 때리며 상처를 낼지라도 혹은 그보다 심하게 당신을 죽이는 일이 있을지라도 그리스도를 신뢰하여라(cf. 욥 13:15). 비록 그분께서 분노의 말을 당신에게 하실지라도 그 마음의 진실하고 신실하신 사랑을 굳게 믿어라. 원하기는, 당신이 간절히 바라는 기쁨을 얻지 못하기 때문에 우리의 주님을 구하며 그분을 신뢰하는 것을 그치지 말라. 당신 자신을 그분에게 의탁하여 비록 기쁜 소망을 갖지 못하더라도 인내하며 그분에게 굳게 의지하라.

10월 10일 아침

567. "너희로 그 영광 앞에 흠이 없이"(유 1:24)

이 "흠이 없이"라는 말은 참으로 놀라운 말이다! 지금 우리는 그와 같은 수준에는 훨씬 미치지 못하였다. 그러나 주님의 사랑의 역사는 그 완성에 이르기까지 결코 그치는 일이 없기 때문에 우리는 언젠가 그 수준에 도달할 것이다. 그의 백성들을 최후까지 지키시는 우리 주님께서는 마침내 그들을 "점도 주름 잡힘도 그런 것이 전혀 없이 깨끗하고 흠 없는 영광의 교회로서 자신에게 영접하신다"(엡 5:27). 구주의 왕관에 있는 모든 보석은 최상의 질로써 조금도 흠이 없다. 어린양의 신부로서 섬길 모든 처녀들은 전혀 더러움이나 티가 없는 청순한 처녀들이다. 그러나 예수님께서는 우리를 어떻게 하여 완전무결하게 하시는가? 주님은 자신의 보혈로써 우리의 죄를 씻겨 거룩하게 하여 깨끗한 천사와 같이 하얗고 아름답게 만드신다. 우리는 또한 그의 의의 옷을 입는다. 그 의는 그것을 입은 성도들에게 흠이 없게 하고 하나님의 눈앞에서 완전하게 한다. 우리는 하나님의 눈 안에서 비난이나 그릇됨이 없는 자가 된다. 그의 율법은 우리를 죄인으로 정죄하지 않을 뿐만 아니라 차라리 우리 안에서 높여진다. 더구나 우리 안에서 성령의 역사는 율법과 어우러져 완전한 사역을 하신다. 성령은 우리를 완전히 거룩하게 하며 우리 속에서 죄를 지으려는 경향도 없게 하신다. 우리의 판단력, 기억, 의지, 모든 힘과 감정이 악의 지배로부터 해방되어 진다. 우리는 하나님의 거룩함과 같이 거룩하게 되며 그의 임재 안에서 영원히 거주하게 될 것이다. 성도들은 "하늘"에서 준비된 장소에 있을 것이다. 저들의 아름다움은 저들을 위하여 준비된 장소만큼이나 위대할 것이다. 오, 영원한 문이 열리어 기업을 상속받기 위하여 준비된 우리는 뭇 성도들과 함께 빛 가운데서 살 때의 그 기쁨은 한량없으리라.

죄는 없고 사탄은 결박당하고 유혹은 영원히 없으며 우리는 하나님 앞에서 "흠 없는 자"가 되는 것이다. 이것이 참으로 "하늘"이 아닌가! 우리는 잠시 후에 보혈로 씻기어진 무리로부터 솟아오르는 충만한 합창 안에서 영원한 찬양의 노래를 기뻐 뛰면서 연습하지 않겠는가? 그리고 보좌 앞에서 우리의 환희에 넘치는 서곡으로써 다윗의 언약궤 앞에서의 기쁨을 본받지 않으려는가?

10월 10일 저녁

568. "내가 너를 악한 자의 손에서 건지며 무서운 자의 손에서 구속하리라"(렘 15:21)

이 약속을 하신 영광스러운 분에게 주목하라! "내가 건지며 구속하리라!" 주 여호와께서 자기 백성을 구원하시고 구속하시는 것이다. 주님 자신이 친히 저들을 구원하실 것을 서약하신다. 그가 자신의 팔로 그것을 행하시고 그분께서 영광을 받으신다. 여기에 주님을 돕기 위하여 우리의 노력이 필요하다는 말은 한마디도 없다. "내가"라는 말만 하늘의 태양처럼 충만하게 찬란히 빛을 발하고 있다. 그런데 왜 우리는 스스로의 힘을 계산하며 혈육과 상의하며 자신을 심하게 상처 입히고 있는가? 전능하신 만군의 주 여호와 하나님께서는 우리의 조그만 힘도 빌리지 않을지라도 충분한 힘을 가지고 있다. 평화를 누려라, 그리고 불신앙의 생각이여, 주님께서 통치하심을 알라. 또 여기에는 2차적인 수단이나 원인에 대해서도 전혀 언급이 없다. 주님께서는 친구나 보조자에 대해서는 조금도 말하지 않았다. 그분께서는 혼자 일하시며 사람의 도움을 전혀 필요로 느끼지 않는다. 우리가 주위의 친구나 친척들을 찾아 도움을 청하는 것은 모두 헛되다. 만약 그들에게 의뢰한다면 우리는 그들이 "상한 갈대라는 것을 발견하리라"(사 36:6). 그들은 우리를 도울 수 있는데도 도와주려 하지 않을 때가 많고, 또한 도와주려고 해도 그들은 힘이 없다. 오직 약속은 하나님으로부터 오기 때문에 우리는 하나님만 바라보는 것이 좋다. 그와 같이할 때 우리의 기대는 결코 어긋남이 없다. 우리가 두려워하는 악인은 누구인가? 주님께서 그들을 아주 단절시킬 것이다. 그들은 오히려 가련한 자들이다. 그들은 의지하여야 할 하나님을 갖지 않는 사람들에게만 무서운 자들이다. 주님께서 우리 편이신데 우리가 누구를 두려워 하리요? 만약 우리가 사악한 자를 기쁘게 하려고 죄에 빠진다면 우리는 놀라 당황하는 일도 있게 된다. 그러나 만약 우리가 절조를 굳게 지키고 있으면, 폭군의 노함도 우리의 선으로 말미암아 압도되어 버릴 것이다. 큰 물고기가 요나를 삼켰을 때, 그 고기는 요나를 소화할 수 없다는 것을 알았다. 마찬가지로 세상이 교회를 삼켜 버리는 일이 있어도, 세상은 교회를 다시 내어 놓기를 기뻐한다. 아무리 불같은 시련 중에 있을지라도 우리는 항상 인내하고 스스로의 영혼을 잃지 않도록 하자.

10월 11일 아침

569. "마음과 손을 아울러 하늘에 계신 하나님께 들자"(애 3:41)

기도는 우리에게 스스로의 무가치함을 교훈한다. 그것은 교만한 우리에게 매우 유익한 교훈이다. 만약 하나님께서 우리의 기도 없이 우리에게 은혜를 주신다면 우리는 결코 자신의 빈약함을 알지 못할 것이다. 참 기도는 결핍의 목록이요, 필요의 부록이다. 그리고 숨겨진 가난의 폭로이다. 그것은 하나님의 부요를 구하는 한편 인간의 공허함을 고백하는 것이다. 그리스도인의 가장 건전한 상태는 항상 자기를 비우고 끊임없이 주님의 공급에 의존하는 것이고 자기를 개인적으로 약하게 하고 예수님 안에서 부하여지는 것이다. 스스로는 약하지만, 하나님으로 말미암아 강하게 되어 위대한 업적을 수행하게 된다. 그러므로 기도는 하나님을 찬양하는 한편 그것은 피조물을 그 있어야 할 위치에, 즉 티끌 안에 두는 것이다. 기도는 그것에 대한 응답을 떠나더라도 그리스도인에게 큰 유익을 가져 온다. 도보로 경주하는 자가 날마다 연습을 통하여 힘을 얻듯이 우리도 인생의 대 경주에서 거룩한 기도의 노동으로 말미암아 힘을 얻는다. 기도는 하나님의 젊은 독수리가 날개를 펴고 구름 위에 날아 올라가는 것을 배우게 한다. 또 기도는 하나님의 전사들이 무장을 정비하고 그들의 근육을 연단하여 전투에 보낸다. 열정적인 기도의 사람이 골방에서 나오는 것은 마치 태양이 동쪽의 하늘에서 떠오르는 것과 같고, 원기에 가득 찬 젊은이가 기쁨에 넘쳐서 경주에 출전하는 것과 같다. 기도는 모세의 들려 있는 손이다. 그것은 여호수아의 검보다 힘이 있어서 아말렉 사람을 패하게 하였다. 그것은 예언자의 방에서 쏜 화살과 같아서 시리아인을 패배하도록 예언한 것이다. 기도는 인간적인 연약성을 하나님의 힘으로 말미암아 강하게 하며, 사람의 어리석음을 하늘의 지혜로 변하게 하여 고통당하는 자에게 하나님의 평강을 가져다준다. 우리는 기도로 말미암아 할 수 없는 그 어떤 것도 생각할 수가 없다! 위대하신 하나님이여, 주님의 은혜의 보좌를 감사합니다. 그것은 주님의 놀랄만한 자비의 증거이기 때문입니다. 원하옵기는, 우리를 도우사 이 하루를 통하여 그것을 바로 사용할 수 있게 해 주소서!

10월 11일 저녁

570. "미리 정하신 그들을 또한 부르시고"(롬 8:30)

디모데후서 1장 9절에는 "하나님이 우리를 구원하사 거룩하신 부르심으로 부르심은"이라고 기록되어 있다. 이 구절에 우리의 부르심을 시험하는 시금석이 있다. 그것은 "거룩한 부르심이고 우리의 행위대로 하는 것이 아니라 그의 뜻과 은혜 안에서 하신 것이라"(롬 8:9). 이 부르심은 우리 자신의 행위에 의존하는 것을 전적으로 금하고 우리의 구원을 위하여 오직 그리스도께서 우리를 인도하시는 것이다. 그리고 우리를 구원하신 후에 우리가 "살아계신 참 하나님을 섬기기 위하여 우리의 죽은 행실"(히 9:14)로부터 우리를 깨끗하게 한다. "당신을 부르신 그는 거룩하신 분이기 때문에 당신도 거룩하여야 한다"(벧전 1:15). 만약 당신이 죄 중에서 생활하고 있다면 당신은 부르심을 받은 것이 아니다. 그러나 만약 당신이 참으로 그리스도의 것이 되었다면 다음과 같이 말할 것이다. "나에게 있어서 죄처럼 괴로운 것은 없다. 나는 죄를 제거하고 싶다. 주여, 나를 도와 거룩하게 하소서." 이것이 당신의 마음의 애원인가? 이것이 진정 하나님과 그분의 뜻을 향한 당신의 삶의 실체인가? 빌립보서 3장 14절에는 "그리스도 예수 안에서 하나님이 위에서 부르신 부름"에 대하여 기록하고 있다. 당신의 부르심은 "위에서 부르심"인가? 그것은 당신의 마음을 높이고 하늘의 일에 당신의 마음을 두고 있는가? 또한 당신의 소망, 취미, 소원을 높여 왔는가? 당신은 스스로 삶의 전반적인 경향을 높이며 하나님과 함께 하나님을 위하여 살려고 했는가? 또 다른 하나의 테스트가 있다. 그것은 "하늘의 부르심에 참여하는 것이다"(히 3:1). 여기서 "하늘의 부르심"이란 하늘에서 부르심을 의미한다. 만약 사람이 당신을 부른다면 당신은 부르심을 입은 것이 아니다. 당신의 부르심은 하나님에게서 온 것인가? 그리고 하늘로부터의 부르심인가? 이 땅에서는 나그네요, 그리고 하늘이 당신의 본향이 아니라면 당신은 "하늘의 부르심"을 받은 것이라고 할 수 없다. 왜냐하면, 부르심을 입은 자는 "하나님께로 말미암아 흔들리지 않는 도성을 소망하며"(히 11:10), 그리고 스스로 "이 땅에서는 나그네요 순례자"(히 11:13)라고 것을 선언하기 때문이다. 당신의 부르심은 이렇게 "거룩하고", "위에서 의", 그리고 "하늘에서"의 부르심인가? 그렇다면 사랑하는 자여, 당신은 하나님께로부터 부르심을 입은 자이다. 이런 것들이 하나님께서 그의 백성을 부르시는 부름인 것이다.

10월 12일 아침

571. "내가 주의 법도를 묵상하며 주의 도에 주의하며"(시 119:15)

고독이 사교보다 낫고 침묵이 담화보다 현명한 경우가 있다. 만일 우리가 혼자만의 시간을 더 많이 보내면서 하나님을 섬기며 말씀의 묵상을 통하여 하나님을 봉사하는 일에 영적인 힘을 저축한다면 우리는 더욱 좋은 그리스도인이 될 것이다. 우리는 하나님의 일을 깊이 묵상해야 한다. 왜냐하면, 우리는 그것으로부터 참 영양분을 얻기 때문이다. 진리는 포도송이와 같다. 만약 우리가 거기서 포도주를 얻으려 한다면 우리는 그것을 압축하지 않으면 안 된다. 몇 번이고 반복하여 짜고 또 짜야 한다. 술을 짜는 사람은 즐거움으로 포도송이를 밟아야 한다. 그렇지 않으면 포도즙은 흘러나오지 않을 것이다. 또한, 포도는 조심성 있게 밟아야 한다. 그렇지 않으면 많은 양의 귀중한 즙이 낭비되어 진다. 그래서 만약 우리가 진리 중에서 우리의 포도주를 얻으려고 한다면 우리는 묵상으로 말미암아 진리의 포도송이를 밟아야 한다. 우리의 몸은 그냥 식물을 입에 넣음으로 인하여 유지되는 것이 아니다. 그것은 소화의 과정을 통하여 영양분이 실제로 근육, 신경, 힘줄 그리고 뼈로 공급되어야 하는 것이다. 밖의 식물이 안의 생명과 동화되는 것은 소화의 과정이 있기 때문이다. 우리의 영혼은 그냥 하나님의 진리를 듣고 그침으로 성장하는 것이 아니다. 듣는 일, 읽는 일, 표시하는 일, 그리고 배우는 것 이 모든 역사는 그것들의 유용성을 완성시키기 위해 안에서의 소화가 요구된다. 그리고 진리의 소화는 대부분 그것에 대한 묵상으로 되는 것이다. 어떤 그리스도인들은 많은 설교를 들으면서도 그 믿음 생활에서 진보가 느린 것은 무슨 이유인가? 저들은 골방에서의 기도를 무시하고 하나님의 말씀을 깊이 묵상하여 심사숙고하지 않기 때문이다. 저들은 밀을 사랑한다. 그러나 그것을 가루로 만들려고 하지 않는다. 저들은 곡물을 얻으려고 생각하지만, 밭에 나가서 그것을 거두려고 하지 않는다. 열매가 나무에 열려 있어도 그것을 따려고 하지 않는다. 물이 그 발밑에 흐르고 있어도 저들은 허리를 굽히고 그것을 마시려고 하지 않는다. 오 주여, 이와 같은 어리석음에서 우리를 구원하사 이 아침에 "우리는 주의 법도를 묵상하며"라는 말씀이 우리의 결단이 되게 하소서.

10월 12일 저녁

572. "보혜사 곧 성령은…"(요 14:26)

우리는 지금이 특별히 성령의 시대라고 믿고 있다. 예수님은 우리를 위로하실 때에 육체적 임재가 아닌 성령의 내주로써 일하신다. 성령은 교회의 끊임없는 위로의 주님이시다. 하나님의 백성의 마음을 위로하는 것이 성령의 역할이다. 성령은 우리에게 죄를 확인시키시고 조명하여 우리를 가르치신다. 그러나 그분께서 행하시는 사역의 중요한 부분은 거듭난 자의 마음을 기쁘게 하며 약한 자를 강하게 하며 모든 엎드러져 있는 자를 일으키시는 것이다. 성령께서는 그들에게 예수님을 계시함으로 이 일을 하신다. 이와 같이 성령께서 우리를 위로하시지만, 그러나 그리스도께서는 위로 그 자체이시다.

만약 비유하여 말한다면 성령은 의사이시고 예수님은 약이시다. 성령은 상처를 고치신다. 그것은 그리스도의 이름과 은혜의 거룩한 연고를 사용함으로 이 일을 하신다. 성령은 그 자신의 것이 아니라 그리스도의 것을 사용하신다. 따라서 우리는 성령님에게 헬라어로 '파라클레테스'(보혜사: 위로자)라는 이름을 드린다면, 우리의 마음은 보배로우신 주 예수님에게 '파라클레시스'(위로)라는 이름을 드리고 싶다. 만약 성령님이 보혜사이시면 예수님은 위로이시다. 그리스도인에 대하여 이처럼 풍성한 준비가 되어 있는데, 왜 슬퍼하며 실망하는가? 성령은 자비심이 깊게도 당신의 보혜사가 되신다. 오 연약하고 떠는 믿는 자여, 당신은 성령이 그 거룩한 신임을 가볍게 여기실 줄로 생각하는가? 그가 불가능한 일과 원하지 않는 일을 받아들일 것이라고 생각하는가? 당신을 힘주며 위로하는 것이 성령의 특별한 임무라고 하면 성령께서 그 본분을 잊는다든지 당신에 대한 사랑의 의무를 게을리 하시리라고 생각하는가? 이 '보혜사(위로자)'의 이름을 가지고 자비롭고 보배로운 성령에 대하여 그런 가혹한 생각을 가져서는 안 된다. 그분은 기쁨으로 "탄식하는 자에게는 희락의 기름을, 낙심하는 자에게는 찬양의 옷을 입히신다"(사 61:3). 그분을 신뢰하라. 그분께서는 반드시 당신을 위로하고 마침내 "탄식의 집"(겔 7:2)은 영원히 닫히고 "혼인 잔치"(계 19:9)가 열리게 될 것이다.

10월 13일 아침

573. "하나님의 뜻대로 하는 근심은 후회할 것이 없는 구원에 이르게 하는 회개를 이루는 것이요"(고후 7:10)

죄에 대하여 영혼이 참으로 탄식함은 바로 성령 하나님의 역사이다.

회개는 자연의 정원에서 피기에는 너무나도 아름다운 꽃이다. 진주는 조개 안에서 자연적으로 자라난다. 그러나 회개는 하나님의 은혜가 죄인 안에서 역사하지 않으면 결코 나타나지 않는다. 만약 당신이 조금일지라도 죄에 대한 미움을 가진다면 그것은 하나님께서 주신 것임에 틀림이 없다. 왜냐하면, 그것은 인간 본성의 가시덤불은 단 하나의 무화과 열매도 맺을 수가 없기 때문이다. "육으로 나는 것은 육이다"(요 3:6). 참 회개는 구주와 특별한 관계가 있다. 우리가 죄를 회개할 때 우리는 한눈을 죄에, 다른 한눈을 십자가에 주목해야 한다. 그리고 만약 우리가 두 눈을 그리스도에게 쏟으며 그리스도의 사랑의 빛 안에서 우리의 죄만을 바라본다면 더욱 좋을 것이다. 죄에 대한 진정한 슬픔은 정말로 실제적인 것이다. 만약 죄 중에 살고 있다면 아무도 '나는 죄를 미워하노라' 라고 말할 수는 없다. 회개는 우리에게 죄의 악함을 보게 한다. 그것은 그냥 이론이 아니라, 실제적으로 화상을 당한 아이가 불을 두려워하는 것 같이 보는 것이다. 도둑을 겨우 쫓아버린 사람이 고속도로에 있는 도둑을 무서워하는 것 같이 우리는 죄를 무서워한다. 그리고 죄를 피한다. 모든 것에서 죄를 피한다. 마치 사람들이 큰 뱀을 피할 뿐만 아니라 작은 독사에도 피하는 것 같이 큰 죄뿐만 아니라 작은 죄도 피한다. 참으로 죄에 대한 탄식은 우리가 악한 말을 입으로 하지 않기 위하여 혀에 세심한 주의를 하게 한다. 또한 잘못을 범하지 않기 위하여 날마다 행동하는 것에 깊은 주의를 기울이게 된다. 그리고 밤마다 마음을 상하게 하여 자기의 부족한 것을 고백하며 아침마다 마음으로 기도하기를 그날의 하루가 죄를 범하는 일이 없도록 하나님께 붙들어 주시기를 기도한다. 진정한 마음의 회개는 계속적인 것이다. 믿는 자는 죽는 그날까지 회개한다. 세상에서의 슬픔은 시간과 함께 잊혀지지만 죄에 대한 슬픔은 우리의 성장과 함께 중단되어지지 않는다. 더욱 그것은 쓴맛은 있지만 감미로운 슬픔이기 때문에 우리는 영원한 안식에 들어가는 날까지 비록 그것으로 인하여 고통 받으나, 또한 즐거워하며 그 맛보는 것이 허락되어 있어서 하나님께 감사하는 것이다.

10월 13일 저녁

574. "사랑은 죽음같이 강하고"(아 8:6)

군왕을 정복하고 인류를 파멸시키는 죽음과 같이 강한 사랑은 누구의 사랑일까? 이것을 주 예수님에 대한 나의 가련하고 빈약하며 간신히 살아있는 사랑에 적용한다면 얼마나 빈정대는 말이겠는가? 나는 그를 사랑한다. 그리고 그의 은혜로 말미암아 그를 위하여 죽는 일이라도 할지 모른다. 그러나 나의 사랑은 조롱과 빈정거림에 대하여 더는 견디기가 힘들다. 하물며 잔혹한 죽음에는 더욱 그렇다. 확실히 여기에서 말하고 있는 것은 우리의 사랑하는 주님의 사랑이다. 그분의 사랑은 견줄 수 없는 가장 두려운 죽음보다 강하였다. 왜냐하면, 그것은 십자가의 시련도 견디어 승리하였기 때문이다. 그것은 오랫동안 계속된 죽음의 고통이었다. 그러나 그 사랑은 그 십자가의 죽음의 고통에서도 견디었다. 그것은 수치스러운 죽음이었다. 그러나 사랑은 그것을 이겼다. 그것은 형벌의 죽음이었다. 그러나 사랑은 우리의 불의를 담당하셨다. 그것은 버림을 당한 외로운 죽음이었고 영원하신 아버지도 그의 얼굴을 숨기셨지만, 그 사랑은 그러한 저주에도 견디어 모든 것 위에 영광을 비추셨다. 이러한 사랑, 이러한 죽음은 일찍이 없었다. 그것은 죽음의 광분에 대한 결투였다. 그러나 그 사랑은 승리하였다. 그런데 우리의 마음은 어떠한가? 이러한 거룩한 사랑의 일을 생각하여도 당신의 마음 한가운데에는 어떤 감격도 일어나지 않는가? 그렇다. 나의 주여, 나는 당신의 사랑이 풀무불 같이 내 속에서 타오르는 것을 느끼기를 간절히 소망합니다. 주여 오소서! 그리고 나의 영혼에 열심을 일으켜 주소서.

"주님께서는 주홍 같은 보혈의 방울방울을

그렇게 나를 살리기 위하여 흘리셨도다.
오, 내 어찌하여
주님께 드릴 천 개의 생명이라도 가지지 못하겠는가?"

나는 왜 "죽음보다 강한 사랑"으로 예수님을 사랑하지 못한다고 절망하는가? 그분께서는 그런 사랑을 받을 가치가 있고 나는 원하고 있다. 순교자는 우리와 같은 혈육인데 저들은 그러한 사랑을 보여 주었다. 그러면 나는 왜 그렇게 하지 못하는가? 저들은 자기들의 연약함을 탄식하였지만 "약함 속에서 강하게 되었다"(히 11:34). 은혜가 저들에게 불굴의 절조를 주었다. 그와 같은 은혜가 내게도 가능하다. 나의 영혼을 사랑하는 주 예수여, 이 밤 당신의 사랑, "죽음보다 강한 사랑"을 나의 마음속에 부으소서!

10월 14일 아침

**575. "그리스도 예수를 아는 지식이 가장 고상하기 때문이라
내가 그를 위하여 모든 것을 잃어버리고"(빌 3:8)**

그리스도에 관한 영적인 지식은 개인적인 지식이다. 나는 다른 사람이 주님을 알고 있는 그 지식으로 인하여 그분을 알 수는 없다. 그러므로 나는 내 자신 스스로 주님을 알아야 한다. 나는 내 자신의 것으로 주님을 알아야 한다. 그것은 이지적인 지식이다. 나는 환상이나 꿈으로 그분을 아는 것이 아니라 말씀이 계시하는 주님을 알아야 한다. 나는 주님의 성품, 그의 신성과 인성 모두를 알아야 한다. 나는 주님의 직무, 그의 속성, 그의 사역, 그의 수욕과 그의 영광을 알아야 한다. 나는 "모든 성도와 함께 그의 넓이, 길이, 높이, 깊이를 이해하고 또 사람의 지식을 훨씬 초월하신 그리스도의 사랑을 알

기까지"(엡 3:18-19) 주님께 대하여 묵상하여야 한다. 그것은 주님에 대한 애정 어린 사랑의 지식이다. 실제로 만약 내가 주님을 안다면 나는 주님을 사랑하지 않을 수 없다. 한 온스의 마음의 지식은 한 톤의 머리의 지식에 해당한다. 주님께 대한 우리의 지식은 만족을 주는 지식이 될 것이다. 내가 구주를 알 때 나의 마음은 끝까지 채워진다. 나의 영혼이 간구하여 온 것을 얻은 느낌을 가질 것이다. 이것은 모든 굶주린 사람을 만족시키는 빵이다. 또한 동시에 그것은 아주 흥분되는 지식이기에, 내가 사랑하는 예수님에 대하여 알면 알수록 나의 속에는 더욱더 알고 싶은 생각이 일어난다. 높이 오르면 오를수록 나를 발걸음을 재촉하는 산꼭대기는 더욱 멀어 보인다. 많은 것을 얻으면 얻을수록 나는 더욱 많은 것을 얻고 싶어 한다. 마치 탐욕의 사람이 저축하는 것과 같이, 황금을 얻으면 얻을수록 더욱 황금을 원하는 것이다. 결론적으로 예수 그리스도를 아는 이 지식은 최상의 행복이기 때문이다. 사실, "지식은 나를 들어 올려 때로는 모든 시련, 모든 의혹 그리고 모든 비애를 완전히 초월하게 한다. 내가 지식을 즐기는 반면 그것은 "해가 짧고 고난에 가득 찬 여인에게서 난 사람"(욥 14:1)보다 그 이상의 어떤 것을 내게 준다. 그것은 영원히 사는 구주의 불멸로 나를 돌진하게 하여 주님의 영원한 기쁨의 금띠를 나에게 입혀 준다. 나의 영혼아, 와서 예수님의 발아래 앉아서 온종일 그분에게 배우도록 힘써라.

10월 14일 저녁

576. "이 세대를 본받지 말라"(롬 12:2)

만약 그리스도인이 이 세상과 타협하면서도 구원받을 가능성이 있다면,

그것은 마치 불 한가운데를 통과하는 것과 같을 것이다. 그렇게 위험한 구원을 바라기보다는 오히려 두려워해야 한다. 친구여, 마치 조난당한 선원이 자기 나라의 절벽을 기어올라 집으로 가기 위함과 같이 당신은 절망의 어둠에서 이 세상을 떠나 "하늘"에 들어가기를 원하는가? 그렇다면 이 세상과 타협하고 배금주의자들 가운데서 함께 하라(cf. 마 6:24) 그리스도의 수욕을 몸에 지고 영문 밖으로 나가기를 거절하여라(cf. 히 13:11-13). 그러나 당신은 위에 있는 "하늘"을 가짐과 동시에 이 땅에서도 가지기를 원하는가? 당신은 "모든 성도와 함께 우리의 생각을 초월하는 그리스도의 사랑의 높이와 깊이를 이해하기를 원하며 또 알기를 원하는가?"(cf. 엡 3:18-19). 주님의 기쁨 안으로 들어가 풍성함을 받아들이고 싶은가? 그러면 "그들 가운데서 나와 그들과 분리하라. 그리고 더러운 것에 접촉해서는 안 된다"(cf. 고후 6:17). 당신은 "믿음의 충만한 확신"(히 10:22)에 도달하기 원하는가? 당신이 죄인과 친하게 사귀는 한 그것은 불가능하다. 당신은 하나님을 위하여 열렬한 사랑에 불타오르고 싶은가? 당신의 사랑은 불신자들의 사회의 물에 흠뻑 젖어버릴 것이다. 당신은 은혜의 어린 아이가 될지는 몰라도 위대한 그리스도인이 될 수 없다. 당신이 이 세상의 사업가의 처세술이나 방법을 모방하는 한 그리스도 예수 안에서 결코 "완전한 자(엡 4:13)"는 될 수 없다. "하늘"의 상속자가 지옥의 상속자와 교제하는 것은 해가 된다. 신하가 왕의 원수와 친하게 지내는 것은 보기가 좋지 않다. 작은 모순조차도 위험하다. 작은 가시가 큰 종기를 나게 하며, 작은 좀 벌레가 좋은 옷을 못 쓰게 하며, 작은 경박한 놀음과 불순종이 믿음 생활에서 많은 기쁨을 빼앗아 간다. 만약 당신이 믿음과 타협하는 믿음의 고백자라면, 당신은 이 세상과 타협함으로 말미암아 어떠한 손실을 받고 있는지 알지 못한다. 그것은 당신의 힘의 근육을 끊어서 그 때문에 당신은 뛰어가야 할 때에 기어가게 만든다. 그러므로 그리스도인이 되려고 한다면, 당신은 자신의 위로를 위하여 그리고 당신이 은혜 안에서 성장하기 위하여 가치를 선명히 하는 그리스도인이 되라.

10월 15일 아침

577. "그의 임하는 날을 누가 능히 당하여"(말 3:2)

주님께서 처음 오셨을 때에 외부적으로 화려하거나 힘의 과시는 없었다. 그러나 사실, 그러한 시험의 힘을 견딜 수 있는 자는 거의 없었다. 헤롯과 예루살렘의 주민들은 그 놀라운 탄생의 이야기에 동요하였다. 주님을 소망하고 기다린다고 생각했던 자들은 주님께서 실제로 오셨을 때 주님을 거부하고 그들의 고백이 거짓이었던 것을 폭로하였다. 이 땅에서 주님의 삶은 타작마당을 깨끗하게 키질함으로써 많은 종교적인 고백을 까불리어 그것에 견딜 수 있는 자는 거의 없었다. 그러나 주님께서 재림하실 때는 어떠할까? 어떤 죄인들이 그것을 생각하면서 견딜 수 있을까? "그는 그 입의 채찍으로써 나라를 치며 그 입술의 김으로써 악한 자를 죽이신다"(사 11:4). 그는 군인들에게 "내가 그로라"(요 18:5)하고 겸손하게 말씀하셨지만 군인들은 땅에 엎드려졌다. 그러면 그분께서 나타나서 "내가 그로라"하고 그 자신을 나타낼 때에 그의 원수들의 공포는 어떠할까? 주님의 죽음은 땅을 진동하고 하늘을 어둡게 하였다. 그런데 더욱이 그분께서 살아있는 구주로서 죽은 자와 산자를 그 앞에 모으실 때에 그 두려운 광경은 어떠할까? 오, 그 공포는 사람으로 하여금 죄를 버리게 하고 하나님의 아들의 진노를 풀기 위하여 "그에게 입맞춤하게 되기를!"(시 2:12). 비록 그분은 어린양으로 계시지만 동시에 "유다지파의 사자이시다"(계 5:5). 그러므로 그분께서는 움켜쥔 것을 모두 찢으실 것이다. 비록 그분은 "상한 갈대를 꺾지 않으시지만"(사 42:3), "철장의 몽둥이"로서 그리고 마치 "토기장이가 그릇을 부수듯이"(시 2:9) 산산이 그의 적들을 부수실 것이다. 그의 대적은 한 사람도 그의 진노의 폭풍 앞에서 견딜 수 없고, 그의 분노의 휩쓰는 우박 앞에서 자취를 감출 것이다. 그러나 그분의 긍휼을 받아 그의 피로 씻김 받은 백성은 그의 나타나심을 기쁨으로 기다리며 소망함으로 두려움 없이 주님과 함께하는 것을 원한다. 그들에게는 지금도 주님께서는 금을 제련하는 분으로 앉아 있다. 그래서 그분에 의해 정련된 자는 "순금이 되어 나오는 것이다"(욥 23:10). 오늘 아침 우리는 스스로를 살펴 주님의 재림이 우리의 마음에 어두운 그림자를 던지는 일이 없도록 하자. 우리가 받은 부르심과 선택을 확실히 하자. 아, 모든 위선을 던져 버리고 그분께서 다시 오실 때에 진실하여 책망할 것이 없는 자가 되는 은혜를 얻도록 소원한다!

10월 15일 저녁

578. "나귀의 첫 새끼는 어린양으로 대속할 것이요 그렇게 아니하려면 그 목을 꺾을 것이며"(출 34:20)

모든 첫 번째의 것은 주님의 것이어야 한다. 그러나 나귀는 깨끗하지 못하기 때문에 제물로 바칠 수가 없었다. 그렇다면 어떻게 하면 좋은가? 일반적인 율법으로부터 구속되어 있지 않은가? 결코 그렇지 않다. 하나님은 예외를 허락하지 않으신다. 나귀도 하나님의 것이다. 그러나 하나님은 그것을 받지 않으신다. 하나님께서는 그 요구를 버리시지 않지만, 그 제물을 기뻐하실 수 없다. 그러므로 구속하는 길 외에는 다른 방법이 없다. 그 동물은 어린양을 대신함으로 말미암아 구원되는 것이다. 만약 구속이 안 되면 그것은 죽여야 한다. 이 구약의 법은 우리에게 중요한 교훈을 준다. 그 깨끗하지 못한 동물은 너 자신이다. 너는 너를 만들고 너를 지키시는 주님의 소유이다. 그러나 너는 매우 죄가 깊어서 하나님께서는 너를 받아들이길 원치 않으시고 또 받아들일 수 없다. 그 때문에 하나님의 어린양이 너 대신에 세워지지 않을 수 없었다. 그렇지 않으면, 너는 영원히 죽음에 떨어져야만 했다. 흠이 없는 어린 양은 벌써 너를 위하여 피 흘려 치명적인 율법의 저주에서 너를 구속해 주었다. 그러므로 이 흠 없는 어린양에 대한 너의 감사를 온 세상이 알게 하라. 이스라엘인에게 있어 그들이 나귀를 죽일 것인가, 아니면 어린양을 죽일 것인가 하는 문제가 때때로 제기되어져야 했다. 인간의 영혼의 가치와 주 예수님의 생명과는 물론 비교도 될 수 없는 것이다. 그럼에도 불구하고 어린양이 죽으시고 나귀 같은 인간이 구원되어 졌다. 너 자신과 너 이외의 인류에 대한 하나님의 한없는 사랑을 찬양하라. 벌레에 불과한 자가 지극히 높으신 아들의 보혈로 말미암아 구속되었다는 것을 상상해 보라. 티끌에 지나지 않는 자가 금과 은보다 훨씬 비싼 가격을 가지고 구속되었다! 이 풍성한 구속이 없었다면 우리는 어떠한 운명에 빠졌을까! 나귀의 목을 꺾음은 단지 순간적인 형벌에 불과하다. 그러나 "장차 올 무한한 하나님의 진노"(마 3:7)를 누가 측량할 수 있을까? 우리를 이와 같은 운명에서 구속하여 주신 영광스러운 어린양은 측량할 수 없으리만큼 보배로운 것이다.

10월 16일 아침

579. "와서 조반을 먹으라"(요 21:12)

이 말씀에서 믿는 자는 예수님 앞에 거룩한 친밀감으로 초대되어 있다. "와서 식사하라"고 하신 말씀은 같은 식탁, 같은 식물을 함께한다는 것을 의미한다. 그리고 그때에 어깨를 옆으로 맞대고 앉아 우리의 머리를 구주의 가슴에 기대는 것을 의미한다. 그것은 우리를 구속한 사랑의 깃발이 흔들리는 풍성한 잔치의 자리로 데려가는 것을 의미하고 있다. "와서 식사하라"고

하신 말씀은 우리에게 예수님과 하나가 되는 "비전"을 준다. 왜냐하면, 우리가 예수님과 함께 식사할 때 우리가 먹을 수 있는 유일한 음식은 바로 예수님 자신이시기 때문이다. 아, 이것은 과연 어떠한 연합인가! 우리가 이렇게 예수님을 먹는다는 진리는 이성으로써는 측량할 수 없는 깊은 것이다. "나의 살을 먹고 나의 피를 마시는 자는 내 안에 있고 나도 그 안에 있다"(요 6:56). 이 초청은 또한 성도와의 사귐을 깊게 하는 것이다. 그리스도인은 여러 가지 면에서 다를 수 있으나 그들은 모두 하나의 영적인 식욕을 가진다. 만약 우리가 모두 같은 것을 먹을 수 없다 하더라도, 하늘에서 내리는 생명의 떡은 우리 모두 함께 먹을 수 있다. 예수님과 함께 친교하는 식탁에서 우리는 한 떡과 한 잔에 참여한다. 사랑의 잔이 돌려질 때에 우리는 마음에서 형제의 연합과 사랑을 서약한다. 예수님께 가까이 걸으라. 그러면 하늘의 같은 만나로 연합되어 있는 당신의 형제들과 더욱 영적으로 밀접하게 결합되어 있다는 것을 발견할 것이다. 만약 우리가 예수님께 가까이 가면 우리는 서로서로 더욱 가까워진다. 우리는 또한 오늘 아침의 말씀 중에 모든 그리스도인에게 있어서 힘의 원천을 본다. 우리가 그리스도를 바라보는 것은 사는 것이다. 그러나 그분을 섬기기 위한 힘을 얻기 위하여 당신은 "와서 식사"를 하지 않으면 안 된다. 우리는 이 주님의 교훈을 무시하기 때문에 많은 불필요한 연약함으로 수고를 한다. 아무도 열량이 적은 식사를 할 필요가 없다. 반대로 복음의 기름으로 살찌고 그로 말미암아 얻은 모든 힘으로 주님을 위한 봉사에 힘써야 할 것이다. 그러므로 만약 당신이 예수님에게 가까이 하여 한 몸이 되어 그의 백성을 사랑하며, 예수로 말미암아 힘을 얻으려고 한다면 믿음에 의하여 그의 곁에 "와서 함께 식사하라!"

10월 16일 저녁

580. "대저 생명의 원천이 주께 있사오니"(시 36:9)

우리의 믿음 생활의 경험에서 사람의 도움도 동정도 기독교의 의식도 우리를 위로하며 도울 수 없는 때가 있다. 왜 우리의 자비로운 하나님께서 이러한 일을 허락하실까? 아마도 그것은 우리가 하나님을 무시하고 생활하고 있기 때문이다. 그러므로 그분께서는 우리가 습관적으로 의지하고 있는 것을 모두 제거하고 오직 그분에게만 의지하도록 만들기 위함이다. 샘의 근원에서 사는 것은 축복된 일이다. 자기의 가죽 부대에 물이 채워져 있으면 우리는 하갈과 이스마엘 같이 만족하여 광야로 나아간다(cf. 창 21:4). 그러나 물이 말라 버리면, 그 어떤 것도 위로가 되지 않아 우리는 "당신은 보시는 하나님이시니이다"(창 16:13)라고 말할 뿐이다. 우리는 탕자와 같이 돼지를 치는 것을 사랑하고 아버지의 집을 잊어버리고 있다. 기억하라! 우리는 종교의 의식으로부터 돼지우리와 팥 껍질을 만들 수도 있다. 종교의 의식은 좋은 것이기도 하지만 그것을 하나님의 위치에 둔다면 그것은 전혀 무가치한 것이 된다. 어떤 것이든지 그것이 우리를 하나님으로부터 멀어지게 한다면 그것은 우상이 된다. 놋뱀조차도 만약 우리가 그것을 하나님 대신에 숭배한다면 '느후스단'(cf. 왕하 18:4)으로 경멸될 것이다. 탕자는 돌아와 아버지의 가슴에 의지하였을 때 가장 안전하였다. 왜냐하면, 그 외의 어느 곳이든 그가 풍족하게 먹을 곳이 없었기 때문이다. 주님께서는 우리에게 더욱 자신을 구하도록 나라에 기근을 가져온다. 그리스도인에게 있어서 최상의 상태는 하나님의 은혜에 전적으로 그리고 직접적으로 의뢰하고 생활하고 있는 때이다. 즉 "아무것도 가진 것이 없는 것 같지만 모든 것을 갖고 있다"(고후 6:10)고 고백하며 그가 처음 예수님께 왔을 때의 입장에 서있을 때이다. 우리는 잠시라도 자신의 입장이 성결이라든지 자아부정, 자신의 덕, 또는 감정 안에 있는 것으로 결코 생각하지 않도록 하자. 그렇지 않고, 그리스도께서 온전히 구속을 해주셨기 때문에, 우리가 구원받은 것임을 깨닫도록 하자. 왜냐하면, 우리는 "그 안에서 완전하기 때문이다"(골 2:10). 자신에게는 의뢰할 것이 아무 것도 없고 오직 예수님의 공로 안에서만 안식하도록 하자. 그의 희생과 거룩한 생애가 우리가 신뢰할 유일한 확실한 반석이다. 사랑하는 자여, 우리가 목마름을 느낄 때, 우리는 반드시 열심을 다해 우리의 "생명의 샘"으로 돌아가야만 한다.

10월 17일 아침

581. "다윗이 그 마음에 생각하기를 내가 후일에는 사울의 손에 망하리니"(삼상 27:1)

다윗이 마음에 이렇게 생각하는 것은 쓸데없는 근심이었다. 왜냐하면, 하나님께서 사무엘로 하여금 다윗에게 기름 부은 것을 무의미하게 만드실까? 그는 이것을 생각하지 않았기 때문이다. 주님께서 그의 종을 그냥 내버려 둔 적은 한 번도 없었다. 다윗은 몇 번이고 위험한 곳에 빠졌던 적이 있었다. 그러나 하나님께서 간섭하여 그를 건져내지 않은 적은 한 번도 없었다. 다윗이 직면한 시련은 종종 있었다. 그것들은 일정한 형식을 가진 것이 아니라 여러 가지 형식을 갖고 있었다. 그러나 그 모든 경우에 시련을 주신 하나님은 피할 길도 은혜롭게 준비하셨다. 다윗은 그의 일기를 더듬어 보여 "여기에 주님께서 나를 버리신 증거가 있다"라고 말할 수 있는 사실을 한 번도 발견하지 못하였다. 왜냐하면, 그의 과거는 전혀 반대의 일을 증명하고 있었기 때문이다. 그는 지난 날 하나님께서 그에게 행하셨던 것으로부터 지금도 여전히 그를 지키실 것이라고 결론을 내릴 수 있었을 것이다. 그러나 우리도 같은 방법으로 하나님의 도우심을 의심할 것인가? 그것은 전혀 이유가 없는 의심이 아닐까? 아버지 하나님의 선의를 의심할 이유가 조금이라도 있다고 생각해 본 적이 있는가? 그의 자비하심이 놀랍지 않은가? 그는 한 번이라도 우리의 기대를 어그러지게 한 적이 있는가? 아, 아니다. 우리의 하나님은 어떠한 때에도 우리를 떠난 적이 없다. 우리에게는 어두운 밤이 있다. 그러나 사랑의 별은 어두운 길 가운데를 비춘다. 우리는 심한 싸움을 경험한 적이 있다. 그러나 하나님은 우리의 머리 위에서 높이 보호의 방패를 드셨다. 또 우리는 많은 시련을 경험한다. 그러나 그것들은 결코 해를 주지 않고 항상 유익을 가져온다. 그러므로 우리의 과거의 경험에서 이끌어 낸 결론은 이렇다. 여섯 번의 우리의 고난과 함께하신 하나님은 일곱 번째의 고난에도 결코 우리를 버리시지 않는다는 사실을 말이다. 진실한 하나님에 대한 지식은 그분께서 우리를 끝까지 지켜주실 것이라는 것을 증명한다. 그러므로 사실에 반대되는 결론은 갖지 않도록 하자. 어떻게 우리는 그렇게 인색하게 하나님을 의심할 수가 있는가? 주여, 우리의 이 불신앙의 이세벨을 떨어뜨려 개에게 주소서.

10월 17일 저녁

582. "어린 양을 그 팔로 모아 품에 안으시며"(사 40:11)

우리의 선한 목자는 그의 무리 안에 여러 종류의 양을 가진다. 어떤 이는 주 안에서 강하고 어떤 자의 믿음은 약하다. 그러나 그분께서는 그 모든 양들을 한결같이 돌보신다. 가장 약한 어린양도 가장 강건한 양과 같이 그에게는 소중하다. 어린 양은 자칫하면 뒤떨어지고 방황하고 지치기 쉽다. 그러나 목자는 이 약한 데서 오는 여러 가지 위험에서 능력의 팔로 양들을 지키신다. 그분께서는 멸망의 깊은 못에 빠질 것 같은 어린양과 같은 새로 태어난 영혼을 발견하여 그들의 생명이 강하게 될 때까지 양육하신다. 또 그분은 기절하여 죽을 것 같은 약한 마음을 발견한다. 그리고 그를 위로하여 그의 힘을 새롭게 하신다. 그분은 어린 것들을 모두를 모으신다. 왜냐하면, 그들 가운데 한 사람이라도 멸망하는 것은 하늘 아버지의 뜻이 아니기 때문이다. 그들 모두를 바라보기 위하여 얼마나 예리한 눈을 가져야 할까! 또 모든 자를 돌보기 위하여 얼마나 자비한 마음을 가지시는가! 모든 자들을 모으기 위하여 얼마나 멀리까지 도달하는 힘센 팔을 가지실까! 이 땅에 계셨을 때 그분께서는 약한 자들을 모으셨다. 그는 지금 하늘에 계시지만 그 사랑의 마음은 이 땅의 온유한 자, 뉘우치는 자, 소심하고 약한 자, 그리고 두려워하며 심약한 자들만 찾아 모으셨다. 그분은 얼마나 부드럽게 나를 그 자신에게, 그의 진리에, 그의 보혈에, 그의 사랑에, 그의 교회로 모으셨는가! 커다란 은혜로 그분께서는 내가 그에게 가지 않으면 안 되도록 하지 않으셨던가? 나의 회심 이후로도 몇 번이나 방황하는 나를 끌어당겨 다시 그의 영원하신 팔에 껴안지 않으셨던가! 무엇보다도 좋은 것은 그것이 그분 자신께서 친히 하신 일이라는 것이다. 그분께서는 사랑의 임무를 위임하지 않으시고 가장 무가치한 종들조차도 구출하여 그들을 지키시는 일을 스스로 자비롭게 짊어지신다. 나는 어떻게 하면 그분을 충분히 사랑하며 가치 있게 그를 섬길 수 있을까? 나는 기쁨으로 그분의 이름을 "땅 끝까지 크게"(미 5:4) 하려고 한다. 그러나 나 같이 약한 자가 그분을 위하여 무엇을 할 수 있을까? 위대한 목자시여, 주님의 긍휼을 더하시어 내가 당연히 주님을 사랑할 정도까지 또한 진실하게 주님을 더 많이 사랑할 마음을 주소서.

10월 18일 아침

583. "주의 길에는 기름이 떨어지며"(시 65:11)

풍성함으로 흘러넘치는 주님의 길은 많다. 그러나 그 가운데 특별한 한 가지는 기도의 길이다. 끊임없이 골방에서 기도하는 자, 그 가운데 어느 한 사람도 "나는, 쇠하다. 나는 화로다!"(사 24:16)라고 부르짖을 필요가 없다. 굶주린 영혼은 은혜의 보좌로부터 멀리 떠나 살고 있으며 가뭄에 마른 논과 같다. 하나님과 씨름하는 열렬한 기도는 비록 행복하지 않을 지라도 확실히 강하게 되는 것은 틀림없다. "하늘" 문에 가장 가까운 장소는 이 하늘의 은혜의 보좌이다. 당신은 예수님과 홀로 많은 시간을 보내라. 그러면 당신은 더욱 큰 확신을 얻을 것이다. 예수님과 함께 있는 시간이 적으면 당신의 종교는 천박하게 되고 오염되어 많은 의심과 공포로 싸여 주님의 기쁨의 빛은 상실된다. 영혼을 부요하게 하는 기도의 길은 매우 약한 성도에게도 열려 있고 고도의 학식도 요구하지 않는다. 또한, 당신이 믿음에 뛰어난 성도라서 초대되는 것이 아니다. 당신이 성도라면 모두가 아무런 대가없이 초대되어 있다. 그러므로 사랑하는 독자여, 개인적인 기도의 장소에 종종 머물러라. 때때로 무릎을 꿇고 기도하여라. 엘리야가 굶주려 괴로워하는 이스라엘의 땅에 비를 불러 내리게 한 것도 기도의 결과이다. 또한, 걷는 자 위에 풍성함이 흘러넘치는 또 다른 특별한 길이 있다. 그것은 숨어계신 하나님과의 사귐이다. 아, 예수님과 사귐의 즐거움이여! 예수님의 가슴에 기대인 영혼의 거룩한 고요함을 표현할 수 있는 말씀은 이 땅에는 없다. 이 경지를 아는 그리스도인은 극히 소수이다. 많은 그리스도인은 낮은 곳에 살고 있고 산꼭대기에 올라가려고 별로 힘쓰지 않는다. 저들은 바깥뜰에 살며 성소에 들어가려고 하지 않는다. 저들은 제사장의 특권을 가지려고 하지 않는다. 멀리서 희생제물을 보지만 제사장과 함께 앉아서 그것을 먹으려고 하지 않고 번제의 기름을 맛보려고도 하지 않는다. 그러므로 독자여, 끊임없이 예수님의 그늘에 앉아라. 그 종려나무 밑에 와서 손에 가지를 잡으라. 당신의 사랑하는 자를 수풀 가운데 있는 사과나무같이 귀중하게 여겨라. 그러면 당신은 골수와 기름진 것으로 배부를 것이다. 오 주여, 주의 구원으로 우리에게 임하소서!

10월 18일 저녁

584. "순종이 제사보다 낫고"(삼상 15:22)

사울은 모든 아말렉인과 그 가축을 다 죽이도록 명령을 받았다. 그러나 그는 그렇게 하지 않고 그들의 소와 양의 가장 좋은 것을 취하도록 허락하였다. 이것에 대하여 설명을 요구했을 때 그는 하나님에게 제사 드리기 위하여 그렇게 했다고 말하였다. 그러나 사무엘은 곧 제사는 그분에게 직접 반항한 행위에 대하여 결코 변명이 될 수 없다고 단언하였다. 오늘 저녁의 구절은 황금 문자로 기록하여 오늘날 우상숭배 시대의 사람들의 눈앞에 걸어둘 만한 가치가 있다. 그들은 자아 숭배의 아름다운 옷을 매우 좋아하지만 하나님의 율법을 전적으로 무시하고 있다. 당신이 구주의 명령에 충실하게 순종하며 걷는 것이 어떤 외부적인 종교형식보다도 낫다는 것을 마음에 항상 기억하라. 또한, 그분의 교훈에 열심히 귀를 기울이는 것이 "수양의 기름"(삼상 15:22)을 드리거나, 또는 어떠한 귀중한 것을 제단에 드리는 것보다 낫다는 것을 마음에 두라. 그리스도께서 제자들에게 주신 계명 가운데 가장 작은 것 하나라도 지키지 않는다면 나는 당신에게 더는 불순종하지 말라고 간곡히 말하고 싶다. 당신이 주님을 사랑하고 있는 듯이 보이며 믿음이 깊은 행동을 하고 있을지라도 그것은 당신의 불순종에 대한 보답은 되지 않는다. 아무리 작은 것 일지라도 "순종은 제사 - 그것이 아무리 큰 것일지라도 - 보다 나은 것이다." 그레고리 성가(카톨릭 교회의 예배용 성가)의 화려한 의상과 향기, 또는 하나님을 기쁘시게 하기 위한 우리의 원하는 표상에 의존하지 말라. 하나님께서 그의 자녀들에게 첫째로 요구하는 것은 순종이다. 비록 당신이 불사르기 위하여 몸을 내어주며 자신의 모든 재산을 가난한 사람에게 준다 하여도 만약 당신이 주님의 교훈에 귀를 기울이지 않는다면, 당신의 모든 형식적인 행위들은 당신에게 아무런 유익을 주지 못할 것이다. 어린아이와 같이 단순하게 교훈을 듣는 것이 복된 일이다. 그러나 그것보다 더 축복된 일은 교훈을 한 말씀 한 구절까지도 충실하게 실행하는 것이다. 얼마나 많은 사람들이 저들의 교회를 장식하며 목사들에게 아름다운 옷을 입혀도 주의 말씀에 순종을 거절하고 있는지 아는가! 나의 영혼아, 저들과 같이 되지 말라.

10월 19일 아침

585. "그리스도 안에서 어린 아이들"(고전 3:1)

믿는 자여, 당신의 영적인 생활이 약하다고 탄식하고 있는가? 당신의 믿음이 너무 적고 당신의 사랑이 너무 미약하다고 탄식하는가? 그러나 안심하라. 당신은 감사할 이유가 있기 때문이다. 어떤 점에서는 당신은 가장 위대하고 성숙한 그리스도인과 같다는 것을 기억하라. 당신은 동일한 피로 구속함을 받은 다른 믿는 자와 같이 하나님의 아들로 입양되었다. 어린아이도 성장한 아들과 같이 그들의 부모의 진정한 아들인 것이다. 당신은 온전하게 의로 인정되었다. 의롭게 된 것에는 정도의 차이가 없다. 당신의 적은 믿음이 당신을 완전히 깨끗케 하였다. 그래서 보배로운 언약에 대하여 가장 앞서가는 믿는 자와 동일한 권리를 당신은 가졌다. 왜냐하면, 은혜의 언약에 대한 당신의 권리는 당신의 성장에 기초한 것이 아니라 언약 그 자체에 기초하였기 때문이다. 예수 안에서 당신의 믿음은 당신의 자격을 정하는 척도가 아니라 그 안에서 당신이 유업이 있다는 것을 보여주는 증거이다. 당신은 가장 부요한 자와 동일하게 부요하다. 비록 소유한 것을 현재 즐기고 있지 않을지라도 실제로 소유하고 있는 것과 다름없다. 가장 작은 별이라도 하늘에서는 빛나고 있다. 가장 희미한 빛도 하루에 비치는 커다란 궤도와 유사성을 가지고 있다. 영광의 가족 명부에는 큰 자나 작은 자나 다 같은 펜으로 쓰여져 있다. 당신은 가족 중 가장 큰 자와 같이 아버지 하나님의 중심에서 사랑을 받는 것이다. 예수님께서는 당신에게 매우 부드러우시다. 당신은 꺼져가는 심지와 같다. 긍휼이 없는 자는 "꺼져가는 심지를 끄라, 그 타는 역겨운 냄새가 방안에 가득하다!"라고 말하리라. 그러나 "꺼져가는 심지를 예수님께서는 끄지 않으신다"(사 42:3). 또한 당신은 상한 갈대와 같다. 대 지휘자의 손보다 부드럽지 못한 손은 당신을 밟아 버리든지 당신을 던져 버릴 것이다. 그러나 주님께서는 상한 갈대를 결코 꺾지 않으신다(사 42:3). 그러므로 자신에게 낙심하게 되는 일이 없게 하고, 당신은 그리스도 안에서 승리해야 한다. 나는 이스라엘의 어린아이에 불과하지 않은가? 그러나 그리스도 안에서는 나는 하늘에 앉혀져 있다(엡 2:6). 나의 믿음이 빈약한가? 그러나 오히려 나는 예수님 안에서 모든 것들의 상속인이다. 비록 나는 자랑할 것이 없고 아무것도 가진 것이 없지만 내 안의 깊은 곳에서는 구원의 하나님을 찬양하고 주 안에서 기뻐할 수 있고 기뻐할 것이다.

10월 19일 저녁

586. "나를 지으신 하나님은 곧 사람으로 밤중에 노래하게 하시고"
(욥 35:10)

잘 나가는 인생의 낮에는 그 어떤 사람이라도 노래할 수 있다. 잔이 넘칠 때 사람들은 거기서 영감을 끌어낸다. 주위에 부요가 풍성하게 넘쳐날 때에는 어느 사람도 풍성한 수확과 보화로 채운 배를 보내신 하나님을 찬양할 수가 있다. 그리고 바람이 불 때 거문고를 타기는 쉽다. 힘든 것은 바람이 조금도 일지 않을 때 음악을 연주하는 일이다. 낮에 악보를 읽을 수 있을 때 노래하기는 쉬운 것이다. 그러나 어둠 속에서 악보를 읽을 수 없을 때에도 노래하는 사람은 숙련된 사람이다. 그 어느 누구라도 밤에는 자신의 능력으로 노래를 만들 수는 없다. 그것을 시도해 볼 수는 있어도 밤의 노래는 하나님으로부터 영감을 받지 않으면 노래를 만들 수 없다는 것을 발견하리라. 모든 것이 잘되어지고 내가 어디 가든지 나의 가는 길에 자라고 있는 꽃을 따고 엮어서 노래를 지을 수가 있다. 그러나 푸른 풀이 전혀 없는 사막에 자기가 있다면 어떻게 하나님을 찬양하는 노래를 지을 수 있을까? 죽어야 할 사람이 보석이 없는 곳에서 어떻게 주님을 위하여 면류관을 만들 수가 있을까? 나의 목소리가 맑고 나의 몸이 건강에 넘쳐 있다면 나는 하나님을 찬양할 수가 있다. 그러나 나의 혀가 봉하여 있고 내가 아파 침상에 누워 있다면 하나님께서 나에게 노래를 주시지 않는 한 내가 어떻게 하나님께 찬송을 부를 수가 있을까? 그렇다. 우리가 역경 중에 있을 때 제단에서 취한 타는 숯불이 입술에 대어지지 않는다면(cf. 사 6:5-7), 사람의 힘으로는 노래 부를 수가 없다. 하박국 선지자는 그의 인생의 어두운 밤에 오히려 다음과 같이 하늘의 노래를 불렀다. "비록 무화과나무가 무성치 못하며 포도나무에 열매가 없으며 감람나무에 소출이 없으며 밭에 식물이 없으며 우리에 양이 없으며 외양간에 소가 없을지라도 나는 여호와로 인하여 즐거워하며 나의 구원의 하나님을 인하여 기뻐하리로다"(합 3:17-18). 그러므로 창조주 하나님께서는 "밤에 노래"를 주시기 때문에 그분에게서 음악을 기다리자. 오, 위대한 지휘자여, 고난이 자기에게 있다고 우리가 노래 없이 남아 있지 않게 되기를 바란다. 그리고 원하기는, 감사의 음률에 우리의 입술을 조율할 수 있기를 바란다.

10월 20일 아침

587. "범사에 그에게까지 자랄지라 그는 머리니 곧 그리스도라"
(엡 4:15)

많은 그리스도인이 영적인 성장을 하지 못하고 오랫동안 같은 상태에 머물러 있다. 진보의 소망도 없고 개선하려는 감정도 나타나지 않는다. 저들은 존재하지만 "범사에 성장"하려고 하지 않는다. 우리는 처음에 싹이 나오는 것으로만 만족하고, 그 다음에 이삭이 나오고 그 후에 풍성한 열매를 맺지 않아도 만족할 수 있는가? 우리는 그리스도를 믿고 만족하여 말하기를, "나는 평안하다"라고 할 뿐 주안에 있는 은혜의 충만함을 더욱 깊이 경험하기를 원치 않은 상태로 만족할 수 있을까? 그것은 있을 수 없는 일이다. 우리는 "하늘"의 시장에서 좋은 상인으로 예수님의 지식에 부요하게 되기를 원해야 한다. 다른 사람의 포도원을 지키는 일은 매우 좋은 일이다. 그러나 우리는 자기의 영적 성장과 성숙을 가볍게 여겨서는 안 된다. 어떻게 우리의 마음이 끊임없이 겨울의 상태로 있는 것에 만족할 수 있겠는가? 우리에게는 씨를 뿌리는 때가 필요한 것이 사실이다. 오, 그러나 우리에게는 빠른 수확을 약속해 주는 여름의 기간이 있지 않은가! 수확의 소망이 가까워지지 않으면 안 된다. 만약 우리가 은혜 중에 성숙하기를 원한다면 예수님에게 늘 가까이 하여 그의 임재 안에서 살며 그의 미소의 햇살로 말미암아 성숙되어야 하는 것이다. 우리는 그와의 감미로운 영적인 교제 안으로 들어가야 한다. 예수님의 얼굴을 멀리서 바라보고만 있을 것이 아니라 요한과 같이 예수님에게 가까이 나아가 우리의 머리가 그의 가슴을 베개로 삼아야 한다. 그러면 우리는 거룩함,

사랑, 믿음, 그리고 소망 안에서 모든 보배로운 은사 안에서 발전되어 있는 자신을 발견할 것이다. 마치 태양이 먼저 산꼭대기에 나타나 그 빛으로 산정을 비추어 나그네의 눈에 가장 멋있는 광경을 나타내듯이 어떤 탁월한 성도들의 머리위에 성령의 빛이 반짝이는 것을 보는 것은 세상에서 가장 기쁘게 응시할 수 있는 것 중의 하나이다. 저들은 바울과 같이 영성에 있어서 높이 솟아나 마치 거대한 눈으로 덮인 알프스의 산과 같이 된다. 그래서 선택된 자들 중에서 저들은 먼저 의의 태양의 빛을 반사하여 주님의 빛나는 영광을 모든 사람이 높이 우러러볼 수 있게 하며 그것을 보는 자들이 하늘에 계신 아버지 하나님께 영광을 돌리게 한다.

10월 20일 저녁

588. "남방에게 이르기를 구류하지 말라"(사 43:6)

비록 이 말은 "남방"을 향하여 부른 이스라엘 자손에 대하여 말한 것이지만 우리 자신에게 부르심을 주신 것으로 해석하면 유익할 것이다. 우리는 나면서부터 모든 좋은 것에 주저하는 경향이 있다. 그리고 그것은 하나님의 길에서 전진하도록 배우는 은혜의 교훈이다. 친구여, 만약 당신이 아직 회심하지 않았다면 당신은 주 예수님을 의지하고 싶은 욕구가 있는가? 그렇다면 "머물러 있어서는 안 된다." 사랑이 당신을 부르며 약속이 당신의 성공을 보장하고 예수님의 귀중한 보혈이 당신의 길을 준비하고 있다. 죄도 두려움도 당신을 방해하지 못하게 하고 당신 모습 그대로 예수님께로 나아오라. 당신은 기도하기를 원하는가? 주님 앞에 당신의 마음을 쏟아내기를 원하는가? "머뭇거리지 말라." 은혜의 보좌는 그러한 불쌍한 자를 위하여 준비되어 있다. 죄인의 부르짖음은 하나님의 마음을 움직인다. 당신은 초청을 받았다. 아니, 당신은 기도하라고 명령을 받고 있다. 그러므로 담대히 은혜의 보좌로 나아오라. 사랑하는 자여, 당신은 이미 구원을 받았는가? 그러면 주님의 백성과 연합하기를 거역해서는 안 된다. 세례와 성찬의 예식을 가볍게 여겨서는 안 된다. 당신은 내성적인 사람인지도 모른다. 그러나 불순종에 빠지지 않기 위하여 그러한 내성적인 성격을 극복하지 않으면 안 된다. 그리스도를 고백하는 자에게는 위대한 약속이 주어져 있다. 결코 그것을 헛되이 여겨서는 안 된다. 만약 당신이 재능을 갖고 있다면 그것을 사용하기를 꺼려서는 안 된다. 당신의 부요를 헛되이 하지 말며 시간을 허비하지 말라. 당신의 능력을 녹슬게 하든지 당신의 영향력을 그대로 두어서는 안 된다. 예수님께서는 주시는 것을 아끼지 않았다. 주님을 본받으며 자기를 부정하고 자기희생에 있어서 가장 앞장서라. 하나님과의 교제를 그만두면 안 된다. 담대히 언약의 축복을 내 것으로 붙잡고 그리스도인의 삶에서 진보해야 하며 그리스도의 사랑의 보배로운 신비를 바라보면서 그냥 머물러 있지 말라. 사랑하는 친구여, 당신의 냉정함, 가혹함, 또는 의심으로 말미암아 다른 사람의 전진하는 것을 방해하는 죄를 범하지 말라. 예수님을 위하여 당신은 전진하고 다른 사람도 함께 전진할 수 있도록 용기를 북돋아 주어라. 지옥과 미신과 불신앙의 힘이 합하여 싸움의 맨 앞줄에 있다. 오, 십자가의 군병이여, "머물러 있지 말고 전진하고 또 전진하라!"

10월 21일 아침

589. "그리스도의 사랑이 우리를 강권하시는도다"(고후 5:14)

당신은 주님께 얼마나 많이 빚지고 있는가? 주님께서는 당신을 위하여 일찍이 무엇을 행하셨는가? 그분은 당신의 죄를 사하였는가? 그분께서 당신에게 의의 옷으로 덮어주셨는가? 그분은 당신의 발을 반석 위에 두셨는가? 당신의 발걸음을 정하셨는가? 그분은 당신을 위하여 "하늘"을 예비하셨는가? "하늘"에 들어가기에 합당한 자로 준비시키시는가? 주님께서 당신의 이름을 생명책에 기록하셨는가? 주님은 당신에게 셀 수 없으리만큼 축복을 주셨는가? 주님께서 당신을 위하여 "눈이 아직 보지 못하고 귀로 아직 듣지 못한 자비를 쌓아 두셨는가?"(고전 2:9). 그렇다면, 예수님의 사랑에 보답하기 위하여 무엇인가 가치 있는 일을 하라. 죽으심을 당하신 구속주님에게 단지 입술로만 하는 감사는 예의가 충분하지가 않다. 주님께서 재림하실 때 당신은 주님을 위하여 아무것도 한 것이 없고, 당신의 사랑이 고여 있는 늪같이 가두어 두고, 가난한 주의 백성이나 또는 주의 사역을 위해서도 흘려보내지 않았다고 고백해야만 한다면, 당신은 어떻게 느낄 것인가? 그런 사랑은 저 멀리 내쫓아 버려라! 사람들은 행동으로 결코 나타나지 않는 사랑에 대하여 어떻게 생각할 것인가? 그들은 말하리라 "공공연하게 질책하는 것이 고요한 사랑보다 나은 것이다"(잠 27:5). 당신으로 하여금 오직 한 번이라도 자기부정, 관대함, 의협심, 또 열심 있는 행위를 하지 못하게 하는 그런 약한 사랑을 도대체 누가 받아들일 것인가? 생각해보라, 예수님께서 당신을 어떻게 사랑하셨으며 자신을 주셨는지를 말이다! 당신은 그 사랑의 능력을 알고 있는가? 그러면 그 사랑을 당신의 영혼 안에 질풍같이, 힘 있는 바람으로 하여 당신의 세상적인 구름을 날려 버리고 죄의 안개를 깨끗하게 없애 버려라. "오직 그리스도를 위하여!" 이 말이 당신을 주장하는 불꽃같은 혀가 되게 하여라. 이 말이 하나님의 환희가 되게 하여 하늘의 영감이 이 땅으로부터 당신을 더 높이 들어 올리게 하고, 하나님의 영이 당신을 주님의 사역 안에서 사자같이 담대하게 하고 독수리와 같이 신속하게 만들 것이다. 사랑은 봉사자의 발에 날개를 달아 주며 일하는 자의 팔에 힘을 준다. 끊임없이 하나님께 고정하여 흔들림이 없게 하며 움직이지 않는 결의로써 하나님을 경배하고 지치지 않는 열정으로 전진하여 예수님을 위한 전적인 사랑을 나타내어라. 원하기는, 하나님의 천연 자석이 우리를 하늘로 끌어올리기를 바란다.

10월 21일 저녁

590. "어찌하여 두려워하며 어찌하여 마음에 의심하느냐"(눅 24:38)

"야곱이여, 어찌하여 내 길은 여호와께 숨기워 졌다고 말하며, 이스라엘아 어찌하여 나의 송사는 하나님께 수락되지 않았다고 말하는가?"(사 40:27). 주님께서는 모든 것을 돌보시며 가장 미천한 피조물까지도 그분의 보편적인 섭리에 참여하고 있다. 그러나 그분의 특별한 섭리는 그의 성도들에게 있다. "주의 천사는 주님을 두려워하는 자의 주위에 진을 치고 그들을 도우신다"(시 34:7). "그들의 피는 주의 눈에 보배롭다"(시 72:14). "주의 성도의 죽음은 주님께서 귀중히 여기신다"(시 116:15). "하나님은 그를 사랑하는 자 곧 그 뜻대로 부르심을 입은 자에게는 모든 일이 협력하여 선을 이루게 하심을 우리는 확신한다"(롬 8:28). 이 사실이 당신을 격려하고 위로하게 하라. 그분은 "모든 사람의 구주이지만"(딤전 4:10), 그는 "특별히 믿는 자의" 구주이시다. 당신은 그분의 특별한 사랑을 받고 있다. 당신은 그가 "눈동자"(신 32:10)같이 지키는 그의 보배요, 그분께서 밤낮으로 지키시는 포도원이다. "너희의 머리털까지도 다 세신다"(마 10:30). 그분이 당신을 특별히 사랑하신다는 생각을 가지고 그분이 당신의 영적인 치료제이시고 당신의 고난의 진정제임을 기억하라. "나는 결코 너를 떠나지 않으며 너를 버리지 않으리라"(히 13:5). 하나님은 옛 성도들에게 말씀하신 것 같이 너희에게도 이렇게 말씀하신다. "두려워 말라 나는 너희의 방패이다. 너희의 상급은 크리라"(창 15:1). 우리는 하나님의 약속을 교회 전체에 주신 것으로 읽는 습관이 있으며, 정작 개인적으로 스스로에게는 적응시키지 않기 때문에 많은 위로를 잃고 있다. 믿는 자여, 하나님의 말씀을 당신 개인의 것으로 하여 올바른 믿음으로 파악하라. 예수님께서 당신을 향하여 "나는 너의 믿음이 떨어지지 않도록 너를 위하여 기도하였다"(눅 22:32)라고 하신 말씀을 들어보라. 그분께서는 너희의 고난의 바다위로 함께 걷고 있는 것을 보아라. 그분께서는 거기에 함께 계시기 때문이다. 그리고 당신에게 "안심하라 내가 있으니 두려워 말라"(마 14:27)고 말씀하시기 때문이다. 오, 그리스도의 고마운 이 말씀이여! 성령은 당신에게 이 말씀이 당신을 향한 것이라고 생각하게 하실 수 있다. 잠시 동안 남의 일은 잊고 예수님의 음성을 당신에게 말씀하는 것으로 받아들여 이렇게 말하라. "예수님은 위로를 속삭이신다. 나는 그것을 거절할 수 없다. 나는 '큰 기쁨으로 그의 그늘에 앉으리라'"(아 2:3)라고 말이다.

10월 22일 아침

591. "즐거이 저희를 사랑하리니"(호 14:4)

이 구절은 신성의 본질을 축약해서 표현하고 있다. 이 의미를 이해하는 자는 일류 신학자이며 그 깊음 안에서 헤엄칠 수 있는 자는 이스라엘에서도 정말로 통달한 자일 것이다. 이것은 우리의 구속주 예수 그리스도로 말미암아 가져온 영광스러운 구원의 메세지의 요약이다. 이 구절의 중심은 "즐거이"라는 것이다. 이것은 사랑의 줄기가 하늘에서 땅에 부어지기 위한 영광스럽고 충만한 하나님의 방법이다. 즉 자발적인 사랑이 그것을 받을 만한 가치가 없는 자, 그것을 살 수 없는 자, 또한 구하지도 않는 자에게 부어지는 것이다. 실제로 하나님께서 우리와 같은 자를 사랑하는 방법은 이러한 것 이외에는 없다. 이 구절은 우리에게 하나님의 사랑을 받기에 무슨 가치가 있지는 않을까 하는 생각에 치명적인 타격을 내리친다. "나는 즐거이 사랑한다." 만약 우리에게 하나님의 사랑을 받기 위한 필요한 어떤 적합한 것이 있었다면 하나님은 우리를 즐거이 사랑하지 않으셨을 것이다. 적어도 이것은 완화되어지고 자유함으로 뒷걸음쳤을 것이다. 그러나 "나는 너를 즐거이 사랑한다"라고 우뚝 서 있는 것이다. 우리는 불평하여 "주여, 나의 마음은 너무나 완고합니다"라고 말한다. 그러나 주님께서는 반응하시길 "나는 즐거이 너를 사랑한다." 우리는 말하기를 "그러나 나는 마음에 원하고 있는 만큼 그리스도의 필요를 느끼지 않습니다. 그리고 내가 원하는 부드러운 영도 느끼지 못하고 있습니다." 그분은 대답하시기를 "나는 네가 필요를 느끼기 때문에 너를 사랑하는 것이 아니다. 나는 자유로이 너를 사랑한다." 부드러운 영은 조건적인 것이 아니라는 것을 기억하라. 왜냐하면, 거기에는 아무런 조건이 없기 때문이다. 은혜의 언약에는 그것이 무엇이든 간에 아무런 조건이 없다. 그러므로 우리는 우리 스스로 가진 그 어떤 가치 있는 것도 없이 그리스도 예수 안에서 우리에게 행하신 "그를 믿는 자는 정죄함이 없다"(요 3:18)는 약속에 의지한다. 하나님의 은혜가 항상 자유롭게 우리에게 주어지기 때문에, 우리는 그것에 대하여 아무런 준비도, 적합성도, 지불할 돈도 필요가 없다는 사실을 아는 것은 참으로 복된 일이다! "나는 즐거이 사랑한다." 이 말씀은 믿음에서 떠난 자를 불러 다시 돌이키게 하신다. 사실 이 구절은 믿음의 후퇴자를 위하여 기록되어 있다. "나는 그들의 배반을 치료하여 즐거이 너희를 사랑한다." 믿음에서 떠난 자여, 확실히 이 관대한 약속은 당신의 완고한 마음을 즉시 깨뜨리고 아버지 하나님께 돌아와 당신이 슬프게 했던 하나님의 얼굴을 다시 구하게 할 것이다.

10월 22일 저녁

592. "성령은 내 것을 가지고 너희에게 알리겠음이니라"(요 16:15)

때로는 성경의 모든 약속과 교리도 은혜의 손이 그것들을 적용하지 않으면 우리에게 아무 유익이 없다. 우리는 아주 목말라 있다. 그러나 골짜기의 샘에까지 가기에는 너무도 약해져 있다. 군인이 전쟁터에서 상처를 입었을 때 병원에는 상처를 붕대로 싸매줄 사람도 있고 고통을 진정시킬 수 있는 약이 있다는 것을 알지라도 그에게 있어서 그것은 전혀 유익이 되지 않는다. 그에게 필요한 것은 병원까지 운반되어져 치료를 받는 일이다. 우리의 영혼도 이와 같다. 이 필요를 채우는 것은 "한 분, 진리의 영"(요 14:17)이시요, 그는 예수님의 것을 받아 그것을 우리에게 적용하신다. 그리스도께서 그분의 기쁨을 하늘의 선반 위에 두어서 우리가 올라가서 그것을 자신의 것으로 만든다고 생각해서는 안 된다. 그분은 친히 우리에게 오사 그의 평안을 우리의 마음에 부어 주신다. 오 그리스도인이여, 오늘밤 당신이 심각한 고난과 싸우고 있다면 당신의 아버지는 약속을 주시지 않고 당신이 우물에서 양동이로 물을 길어 내듯이 말씀 가운데서 당신이 약속을 끌어내도록 하신다. 당신의 아버지는 말씀 가운데 있는 약속을 새롭게 당신의 마음에 기록하실 것이다. 당신에게 그의 사랑을 보이며 그의 복된 성령으로 말미암아 당신의 걱정과 근심을 떨쳐 버리게 한다. 오 탄식하는 자여, 하나님께서 그의 백성의 눈에서 모든 눈물을 씻어버리는 것은 하나님의 커다란 권리임을 알아라. 착한 사마리아인은 "여기에 포도주와 감람유가 있다"라고 말하지 않았다. 그는 친히 감람유와 포도주를 상처에 부었다. 예수님께서는 그와 같이 단지 당신에게 약속의 위대한 포도주를 주실 뿐 아니라 황금의 거룩한 잔을 당신의 입술에 대어 생명의 피를 당신의 입에 붓는다. 긴 여행에 지치고 병들어 가련한 순례자는 걷는 데 힘을 얻을 뿐만 아니라 독수리의 날개 위에서 운반되는 것이다.

우리가 가진 영광의 복음이여, 그것은 도움이 없는 자에게 모든 것을 공급하여 우리가 그것에 도달할 수 없을 때에는 우리에게 친히 가까이 다가오시고, 우리가 은혜를 구하기 전에 심지어 은혜로 데려다 주지 않는가! 그 선물은 그 자체 안에서 영광이 있듯이 그것을 주는 방법에도 영광이 있다. 예수님을 그들에게 데려다 주는 성령님을 가진 자는 행복하다.

10월 23일 아침

593. "너희도 가려느냐?"(요 6:67)

많은 사람은 그리스도를 버리고 그분과 함께 걷지 않는다. 그러나 당신은 무슨 이유로 그리스도를 버린다고 말하는가? 과거에 있어서 무슨 이유가 있었는가? 예수님은 당신에게 충분하지 않았는가? 예수께서는 오늘 아침에 당신에게 호소하신다. "너희에게 내가 광야이었던가?"(렘 2:31). 당신의 영혼이 단순히 예수님을 신뢰할 때, 한 번이라도 곤란한 일이 있었는가? 이제까지 주님은 당신에게 긍휼이 많으시고 관대한 친구가 아니었는가? 그리고 그 안에서 당신의 단순한 믿음은 당신의 영혼이 소망하는 모든 평안을 주지 않았는가? 당신은 이러한 예수님보다 더 나은 친구를 상상해 볼 수 있는가? 그러면 이 오랜 친구를 버리고, 새로운 거짓의 친구를 구하지 말라. 현재 당신은 그리스도를 떠나야만 하는 이유가 있는가? 우리는 이 세상에서 고난을 맛볼 때나 교회 안에서 심각한 시련을 겪을 때, 우리는 자신의 머리를 그리스도의 가슴에 베개로 삼는 것은 가장 복 된 것이라는 것을 발견한다. 우리가 그 안에 구원된 것, 이것이 오늘의 기쁨이다. 만약 우리가 이 기쁨에 만족한다면 왜 마음을 바꾸려고 생각하는가? 누가 금을 불순물의 쇠로 교환하겠는가? 태양보다 더 좋은 빛을 발견하기까지는 햇빛을 거절하지 않을 것이다. 마찬가지로 예수님보다 더 좋은 사랑하는 자를 얻기까지는 우리는 주님을 떠날 필요가 없을 것이다. 그리고 주님보다 나은 분은 없으므로 우리는 영원히 그에게 의지하며 그분의 이름을 우리의 팔에 도장으로 새기자. 장래에, 어떤 일이 일어나서 당신이 옛 깃발을 버리고 다른 사령관 밑에서 섬겨야 할 경우를 생각해 볼 수 있는가? 아니다. 생각할 수 없다. 아무리 인생이 길다 할지라도 그분은 변하지 않으신다. 우리가 만약 가난하다면 우리를 부유케 하실 수 있는 그리스도를 소유한 것보다 더 나은 것이 있을까? 또 병들 때, 우리를 간호하시는 예수님보다 더 필요한 것이 무엇이겠는가? 우리가 죽을 때에도 "죽음이나 생명이나 현재의 것이나 장래의 것이나 우리의 주 예수 그리스도 안에 있는 하나님의 사랑에서 우리를 끊을 자가 없도다"(롬 8:38-39)라고 기록되어 있지 않은가? 우리는 베드로와 같이 "주여, 우리가 어디로 가오리까?"(요 6:68)라고 말하고 싶다.

10월 23일 저녁

594. "어찌하여 자느냐 깨어나 시험에 들지 않기 위하여 기도하라"
(눅 22:46)

그리스도인이 가장 졸음에 빠지기 쉬운 때가 언제일까? 그것은 이 세상 환경이 그에게 가장 좋을 때가 아닐까? 당신은 그러한 경우를 발견한 적이 없는가? 날마다 은혜의 보좌에 나아가지 않으면 안되는 곤란할 때에 당신은 지금보다 더 깨어 있지 않을까? 평탄한 길은 나그네에게 졸음을 준다. 다른 위험한 때는 모든 것이 영적인 일에 있어서 형통하게 될 때이다. 존 번연

(John Bunyan)의 『천로역정』에서 그리스도인은 사자가 길에 있을 때나 강을 건널 때에나 아포리온과 싸울 때에는 졸지 않았다. 그러나 그는 "환란의 산"을 반쯤 올라가 좋은 정자에 도착하였을 때 그는 걸터앉아 깊은 잠에 빠졌고, 그때 큰 슬픔과 손실을 당하였다. 또 미혹의 땅에는 따뜻한 바람이 불고 대기는 향기로운 냄새와 부드러운 분위기로 채워졌을 때 모든 순례자를 졸음으로 이끌었다. 존 번연이 다음과 같이 묘사한 것을 기억하라. "거기서 그들은 정자에 왔다. 거기는 따뜻하여 피곤한 순례자들의 마음과 몸을 상쾌하게 하기에 매우 좋았다. 왜냐하면, 지붕은 잘 만들어졌고 푸른 잎은 아름답게 무성하였으며 긴 의자도 배치되어 있었고, 또한 포근한 안락의자도 있어서 피곤한 자가 기대기에 좋게 되어 있었다. 이 정자는 '게으른 자의 친구'라고 부르며 피곤한 순례자들을 불러들여 쉬도록 만들어져 있었다." 이 이야기에 따르면 사람이 그곳에 가면 눈을 감고 잠들어 단꿈을 꾸며 잊어버리기에 쉬운 장소이다. 현명한 얼스킨(Erskine)은 예리하게 말하였다. "나는 졸고 있는 악마보다 울부짖는 마귀가 좋다." 유혹이 전혀 없는 것처럼 위험한 것은 없다. 환난 속에 있는 영혼은 졸지 않는다. 우리가 졸음의 위험에 빠지는 것은 우리가 평화로운 자신감과 충만한 확신을 얻을 때이다. 제자들은 예수님께서 산꼭대기에서 변화한 모습을 본 후에 잠에 떨어졌다. 활기찬 그리스도인이여, 좋은 상황에는 유혹이라는 아주 가까운 이웃이 함께 있다. 당신이 원하는 대로 행동하라. 그러나 동시에 깨어 있어야 한다.

10월 24일 아침

595. "여호와의 나무에는 물이 흡족함이여"(시 104:16)

물이 없이 나무는 무성할 수도 없고 존재할 수조차 없다. 활력은 그리스도인에게 없어서는 안되는 것이다. 거기에는 생명이 있어야 한다. 그러나 그것은 성령 하나님에 의하여 불어넣어진 생명이 아니면 안 된다. 그렇지 않으면 우리는 주님의 나무가 될 수 없다. 이름뿐인 그리스도인은 죽은 것과 마찬가지다. 우리는 하나님의 영으로 채워져 있지 않으면 안 된다. 이 생명은 신비스럽다. 우리는 나무의 수액이 어떻게 순환하는지 이해하지 못한다. 즉 어떠한 힘에 의하여 그 수액이 올라오고 어떤 능력에 의하여 그것이 다시 내려가는지를 모른다. 그와 같이 우리 안에 있는 생명도 거룩한 비밀이다. 성령님께서 믿는 자의 속에 들어와 그의 생명이 되는 것으로 말미암아 우리는 거듭나는 것이다. 그리고 이 믿는 자 속에 있는 하나님의 생명은 그리스도의 몸과 피를 먹고 하나님의 음식으로 지탱하지만 그것이 어디서 오고 또 어디로 가는지는 누가 우리에게 설명할 수 있겠는가? 그 나무의 수액에는 어떠한 신비가 있는가! 그 뿌리는 땅속에 있어서 끝의 조직으로 말미암아 양분을 섭취하지만 우리는 땅속의 여러 가지 기체를 흡수하고 광물질로 바꾸어 식물로 되는 과정을 볼 수는 없다. 이 작용은 검은 땅 밑에서 이뤄진다. 우리의 뿌리는 그리스도 예수요, 우리의 생명은 그 안에 숨겨져 있다. 이것은 주님의 비밀이다. 그리스도인 생활의 본질적인 근원인 그 생명 자체가 비밀이다. 백향목의 수액은 얼마나 오랫동안 활기를 띠고 있는가! 그리스도인에 있어서도 하나님의 생명은 그 안에 있어서 항상 활기를 띠고 있다. 항상 열매를 맺는다고 할 수 없지만 그 안에서 활동하고 있다. 믿는 자의 덕은 그 모든 것이 항상 움직이고 있는 것은 아니지만 그의 생명은 내부에서 잠시라도 맥박을 결코 멈추지 않는다. 그가 항상 하나님을 위하여 일하는 것은 아니다. 그러나 그의 마음은 항상 하나님과 살고 있다. 마치 진액이 나무의 잎과 열매를 산출하면서 자신을 나타내듯이 진실하고 건강한 그리스도인도 마찬가지이다. 참으로 건전한 그리스도인은 그의 덕이 그의 가는 길과 일상의 회화에서 표현된다. 만약 당신이 그와 말을 나눈다면 그는 예수님을 말하지 않을 수가 없다. 또 그의 행동을 주목해 본다면, 우리는 그가 예수님과 함께 있다는 것을 볼 것이다. 그는 내부 속에 많은 진액을 갖고 있어서 그의 행동과 일상의 회화가 삶에서 흘러내리지 않을 수 없기 때문이다.

10월 24일 저녁

596. "제자의 발을 씻기시고"(요 13:5)

주 예수님께서는 그의 백성을 너무나도 사랑하셔서 지금도 매일 그들의 더러워진 발을 씻기시는 일을 계속하신다. 주 예수님은 그들의 빈약한 활동을 받아들여 그들의 깊은 슬픔을 느끼시며 그 말도 안 되는 소원에도 귀를 기울여 그 모든 허물을 용서하시는 것이다. 그분은 그 백성의 주님이시며 친구가 되시고 지금도 그들의 종이다. 그분은 이마에 대제사장의 관을 쓰시고 흉패에 빛나는 보석을 장식하고 저들을 위하여 간구하시는 일을 하실 뿐 아니라 겸손하게 인내로써 대야와 수건을 가지고 그 백성들 사이에 다니신다. 그분께서 매일 우리의 끊임없는 연약함과 죄를 제거하실 때 그분은 언제나 이렇게 하신다. 당신은 어젯밤 무릎을 꿇고 기도하였을 때 스스로의 많은 행위가 자신의 믿음의 고백에 합당하지 않은 것을 탄식하며 고백하였다. 그리고 오늘 밤에는 오래전에 특별한 은혜로 당신을 어리석은 행위와 죄로부터 구원하였는데 이제 같은 죄에 다시 빠진 것을 새롭게 탄식하지 않으면 안 된다. 그러나 예수님께서는 당신에 대해 큰 인내를 가지신다. 그분은 당신의 죄에 대한 고백을 들으시고 "원하노니 깨끗하라"(마 8:3)라고 말씀하신다. 그분께서는 당신에게 다시 피를 뿌리시며 양심에 평안을 말하시며 모든 더러움을 제거하신다. 그리스도께서 죄인을 단번에 사하시고 하나님의 가족으로 그를 받아들임은 영원한 사랑의 커다란 행위이다. 그러나 구주께서 그의 제자들이 종종 반복하는 죄에 대해 오래 참으시는 것은 어떠한 은혜의 인내일까? 그분께서는 매일 그리고 매시간 실패가 많은 그 사랑하는 제자들의 증가하는 허물을 씻으시지 않는가! 반역의 홍수를 마르게 하는 것은 놀라운 일이다. 그러나 끊임없이 반복하여 죄 가운데로 떨어지는 것을 어디까지나 인내하고 참으셔야 하는 것은 실로 하나님의 일인 것인가? 주님 안에서 날마다 깨끗함을 받음은 우리에게 위로와 평화를 가져온다. 또한, 그 영향은 우리를 더욱 주의 깊게 하여 거룩함을 위한 소원을 불태운다. 친구여, 이 경우가 그렇지 아니한가?

10월 25일 아침

597. "우리 안에 거하여 영원히 우리와 함께할 진리를 인함이로다"
(요이 1:2)

한번 하나님의 진리가 사람의 마음속에 들어가 그 사람의 모든 것을 정복한다면, 사람의 힘도 악의 힘도 그 이외의 어떤 능력도 그것을 축출할 수 없다. 우리는 그것을 손님으로서가 아니라 주인으로 영접한다. 이것은 그리스도인의 필연이고 이렇게 믿지 않는 자는 그리스도인이 아니다. 복음의 살아있는 힘을 느끼고 말씀을 듣고 적용하고 인치는 성령의 힘을 아는 자는 구원의 복음으로부터 떨어져 나가는 것보다는 오히려 조각나기를 원한다. 진리가 우리와 영원히 함께 있다는 확신 안에는 어떻게 많은 자비가 포함되어 있는가? 이것은 우리가 살아있을 때의 붙들림, 죽을 때의 위로, 일어날 때의 노래, 우리의 영원한 영광이다. 이것은 그리스도인의 특권이요, 이것 없이는 우리의 믿음은 무가치하다. 어떤 진리는 졸업하고 뒤에 남기는 것이다. 왜냐하면, 그것은 초보적인 것으로 초심자에 대한 교훈이다. 그러나 우리는 하나님의 진리를 이렇게 취급할 수 없다. 그것은 갓난아이에게 있어서 맛있는 음식인 동시에 어른에게도 아주 영양분이 많기 때문이다. 우리가 죄인이라는 진리는 뼈아프게 우리를 겸손케 하여 주의 깊게 한다. 주 예수님을 믿는 자는 어느 누구라도 구원을 받는다. 그리고 더욱 복된 진리는 우리와 함께 있어서 소망이 되고 기쁨이 된다. 경험은 은혜의 교리를 붙잡음에 있어서 약하게 하는 것이 아니고 더욱더 확실하게 우리를 거기에 엮어서 붙들어 맨다. 우리의 믿음의 기초와 동기는 더욱더 강하게 되고 수없이 많게 된다. 우리가 죽을 때에 구주의 팔을 꽉 붙들 때까지 이렇게 되기를 기대할 만한 이유를 갖는다. 진리의 영속적인 사랑이 발견되는 곳은 어디든지 우리는 사랑의 교제를 연습하도록 묶여 있다 하나님의 은혜로 인한 선택이 넓은 것 같이 우리의 마음의 사귐도 넓어야 한다. 받은 진리 가운데는 많은 오류가 섞여 있을지도 모른다. 그러나 이 오류에 대항하여 우리는 싸워야 한다. 그리고 하나님께 받은 진리의 분량에 순응하여 형제를 사랑해야 한다. 무엇보다도 먼저 더욱 마음을 기울여 진리를 사랑하며 몸으로써 진리의 전파에 힘쓰기를 바란다.

10월 25일 저녁

598. "룻이 가서 베는 자를 따라 밭에서 이삭을 줍는데 우연히 엘리멜렉의 친족 보아스에게 속한 밭에 이르렀더라"(룻 2:3)

룻은 마침내 오게 되었다. 그렇다. 그것은 우연과 같이 보이지만 실은 하나님의 섭리가 지배하고 있었다. 룻은 시어머니의 축복을 받아 어머니의 하나님의 보호 아래 겸손함으로 밭으로 나갔지만 훌륭한 일에 나섰다. 하나님의 섭리는 룻의 한 걸음 한 걸음을 인도하셨다. 그녀는 이삭 줍는 밭이랑 사이에서 남편을 발견하고, 그 남편과 함께 광대한 토지의 소유자가 되었지만 자기와 같은 외국인이 위대한 메시야의 조상의 한 사람이 되리라고는 꿈에도 알지 못하였다. 하나님께서는 그를 신뢰하는 사람들에게 은혜를 주어 때때로 예상하지 못한 축복으로 그들을 놀라게 한다. 내일 무슨 일이 일어날지 우리는 전혀 알지 못한다. 그러나 하나님께서 언제나 좋은 것을 예비하신다는 위대한 사실은 우리를 격려한다. 그 어떤 좋은 것도 우리에게 아끼지 않으실 것이다(cf. 시 84:11). 그리스도인의 믿음의 입장에서 우연이란 있을 수 없다. 그들은 모든 일에 있어서 하나님의 손길을 보기 때문이다. 오늘이나 내일의 작은 일이 매우 중대한 결과를 가져 올지도 모른다. 오 주여! 룻을 다루듯이 당신님의 종을 또한 은혜로 다루소서. 이 밤, 우리가 묵상의 밭에서 거닐 때에 가장 가까운 혈연이 되는(cf. 룻 2:20) 구주께서 자신을 우리에게 나타낼 장소에 우리가 있게 된다면 얼마나 큰 축복이겠는가! 오 성령이여, 우리를 그분에게 인도하소서! 우리는 다른 밭의 모든 수확보다도 오히려 더욱 그의 밭에서 이삭줍기를 원합니다. 오, 그의 무리의 걸음이여, 그가 살고 있는 푸른 목장에서 우리를 인도하시지 않는가! 예수님께서 계시지 않을 때 이 세상은 지쳐서 견딜 수 없다. 그분을 잃어버리고 지내는 것보다 오히려 태양과 달 없이 지내는 것이 나을 것이다. 그러나 그분께서 함께하실 때에는 모든 것이 하나님의 영광에 비취어 그 얼마나 아름다운가! 우리의 영혼은 예수님 안에 머무르는 덕을 안다. 그러므로 그분이 없이는 결코 만족할 수가 없다. 이 밤, 우리는 예수님의 소유인 밭에 가서 우리에게 자신을 나타내시기까지 기도하면서 기다려야 한다.

10월 26일 아침

599. "너희가 많은 것을 바랐으나 도리어 적었고 이것이 무슨 연고뇨

내 집은 황무해졌으되 너희는 각각 자기의 집에 빨랐음이니라"(학 1:9)

인색한 사람은 사역하는 일이나 선교하는 일에 헌금하는 것을 아끼면서, 그것을 좋은 절약이라고 말한다. 저들은 그것 때문에 오히려 자기가 더욱 가난하게 된다는 것을 꿈에서 조차 생각하지 못한다. 저들은 변명하기를 가족을 돌보지 않으면 안 되기 때문이라고 한다. 그러나 하나님의 집을 등한히 여기는 일은 반드시 그들의 집에 파멸을 가져온다는 것을 잊고 있다. 하나님의 섭리의 방법은 우리의 노력으로 우리가 기대하는 그 이상으로 축복하시는 일도 있고, 또는 우리의 계획을 실패로 돌아가게 하여 혼란과 당황 속으로 몰아가시기도 한다. 하나님의 손을 뒤집는 일로 말미암아 우리의 배는 좋은 물길로 나아가기도 하고 빈곤과 파산의 암초에 부딪히기도 한다. 주님께서는 마음이 넓은 자를 부요케 하시며 남에게 주기를 아끼는 것이 가난으로 인도하는 길이라는 것을 알리기도 한다. 나는 광범위하게 관찰한 결과, 남에게 주는데 가장 관대한 그리스도인이 항상 가장 행복하고 거의 예외 없이 번영하고 있다는 것을 발견하였다. 또한 나는 남에게 자유로이 주는 사람이 생각하지도 못한 부를 받고, 마음이 좁은 인색한 수전노가 극도의 절약으로 말미암아 돈을 모으려고 해도 오히려 가난하게 되는 것을 종종 보아왔다. 이 세상 사람들은 좋은 청지기를 믿고 많은 돈을 의탁한다. 주님께서도 또한 많은 경우 그와 같이 하신다. 말로 주는 자에게는 수레로 채워 주신다. 비록 많은 것을 헌금할 수 없을지라도 아끼지 않고 주님께 드리면 그분은 성별된 마음을 느끼는 그 사람에게 만족을 주심으로 적은 것을 크게 변화시킨다. 이기적인 자는 먼저 자기 집을 보지만, 경건한 자는 "먼저 하나님의 나라와 그의 의를 구한다"(마 6:33). 그러나 결국에는 이기주의자는 손실을 입고 경건한 자는 큰 이익을 얻는다. 하나님을 위하여 아끼지 않고 드리는 데에는 믿음이 필요하다. 그러나 확실히 하나님에게는 이러한 헌금을 우리에게 요구하실 권리가 충분하다. 우리가 할 수 있는 모든 일은 우리가 자비하신 하나님으로부터 측량할 수 없는 놀라운 은혜를 받고 있다는 것을 겸손히 인정하는 일이지 않겠는가!

10월 26일 저녁

600. "모든 강물은 다 바다로 흐르되 바다를 채우지 못하며 어느 곳으로 흐르든지 그리로 연하여 흐르느니라"(전 1:7)

이 땅에서 모든 것은 쉬지 않고 움직이고 있다. 시간도 설 줄 모른다. 이 견고한 지구는 회전하는 공이다. 거대한 태양도, 보다 큰 발광체의 주위를 궤도를 따라 돌고 있는 하나의 별이다. 밀물의 바다를 움직이고 바람은 바다를 물결치게 하며 물결은 바위를 깎는다. 변화와 죽음이 모든 곳에서 주장을 한다. 바다는 물의 부를 저축하는 인색한 자의 창고가 아니다. 어떤 힘이 그 안에 물을 흘러 넣으면 다른 힘이 물을 위로 끌어올려 흡수하기 때문이다. 사람은 다만 죽기 위하여 태어나는 것이다. 모든 것은 헛되고, 수고이며, "영의 근심이다"(전 1:14). 그러나 변함없는 예수님의 친구여, 변함없는 당신의 기업을 생각함은 얼마나 기쁜 일이겠는가? 당신의 축복의 바다는 영원히 충만할 것이다. 왜냐하면, 하나님 자신이 영원한 기쁨의 강물을 그 속에 쏟아 붓고 있기 때문이다. 우리는 하늘 저쪽에 있는 영원한 도성을 바라본다. 그리고 우리는 결코 실망하는 일이 없다. 오늘 밤의 구절은 우리에게 감사를 교훈한다. 아버지인 큰 바다는 위대한 수용자이시다. 또한 관대한 분배자이시다. 강에서 가져온 것을 그는 구름과 비의 형태로 땅으로 돌려보낸다. 모든 것을 걷어들이기만 하고 돌려보낼 줄 모르는 자는 우주와 조화를 이룰 수 없다. 다른 사람에게 주는 것은 우리 자신을 위하여 씨를 뿌리는 일이다. 자기의 재산을 기쁨으로 주님을 위하여 사용하는 좋은 청지기는 더 많은 것을 맡게 될 것이다. 예수님의 친구여, 받은 은혜를 따라서 당신은 그분에게 돌려보내고 있는가? 많은 것을 당신은 받았는데, 당신은 어떤 열매를 맺었는가? 당신이 할 수 있는 모든 일을 하였는가? 그리고 그 이상 할 수 있는가? 이기주의는 악한 일이다. 대양이 바다의 행복을 갖다 주지 않았다면 인류는 파멸을 가지고 왔을 것이다. 하나님께서는 우리의 삶을 위하여 인색하며 파괴적인 방침을 따르는 어떤 것도 금하신다. 예수님께서는 자신을 기쁘게 하지 않으셨다. 그분에게는 모든 충만함이 머물고 있다. "우리는 모두 그 안에서 충만히 받고 있다"(요 1:16). 원하기는 예수님의 성품을 우리도 소유하여 앞으로는 우리 자신만을 위하여 살게 되지 않기를 바란다!

10월 27일 아침

601. "미쁘다 이 말이여"(딤후 2:11)

바울은 이 "미쁘다"라는 말을 네 번 사용하였다. 그 처음은 디모데전서 1장 15절, "그리스도께서 죄인을 구원하시려고 내려오셨다는 말을 미쁜 것으로 그대로 받아들일 만한 말"이라는 것이다. 다음은 디모데전서 4장 8절-9절, "경건은 범사에 유익하니 이생과 내생에 약속이 있는 것으로 미쁜 것이며 모든 사람이 받을 만하다"라는 것이다. 셋째는 오늘 아침의 구절이다. "미쁘다 이 말이여, 우리가 주와 함께 죽으면 주와 함께 왕 노릇 할 것이요"라는 것이다. 넷째는 디도서 3장 8절, "이 말이 미쁘다 원컨대 네가 이 여러 것에 대하여 굳세게 말하라. 하나님을 믿는 자들로 하여금 조심하여 선한 일을 힘쓰게 하려 함이라"는 것이다. 우리는 이 말들의 상호관계를 찾아볼 수 있다. 첫째 것은 위대한 속죄주의 사명 가운데서 우리에게 보이신 것과 같이 우리의 영원의 구원의 기초를 하나님의 무조건적인 은혜 안에 두는 것이다. 둘째 것은 우리가 이 구원을 통하여 얻는 이중의 축복 – 위에서나 땅에서의 이중 축복의 샘 – 현재와 영원의 두 축복을 확인한다. 셋째의 것은 부르심을 받은 선택된 사람들에게 주어진 의무의 하나를 보여준다. 우리는 그리스도를 위하여 고난을 받도록 정하여져 있어서 "만약 참으면 우리는 그와 함께 왕이 될 것이다"(딤후 21:2)라는 약속이 주어져 있다. 최후의 것은 그리스도인의 봉사의 활동적인 면을 보여 주면서 우리에게 좋은 일에 힘쓸 것을 명하고 있다. 그러므로 우리는 무조건적인 은혜에 구원의 뿌리를 두고, 현재와 장래의 생활에 구원의 특권을 받으며, 더욱 위대한 두 가지인 성령의 열매로 채워져, 그리스도와 함께 고난을 받고 그리스도에게 봉사하는 것이다. 이러한 확실한 말들을 마음을 쌓아 두라. 그리고 우리의 삶의 안내자로, 위로자로, 또 교훈으로 사용하라. 이방인의 사도인 바울은 저들에게 이 말의 확실성을 증명하였다. 이것은 지금도 여전히 확실한 것이다. 그것은 하나라도 땅에 떨어지지 않을 것이다. 그것들은 그대로 받아들일 가치가 있다. 우리는 이제 이 말을 받아들여 그 확실성을 증명하자. 그 네 가지 말씀들을 당신의 집의 네 모퉁이에 기록하도록 해야 하지 않을까?

10월 27일 저녁

602. "대저 우리는 다 부정한 자 같아서…"(사 64:6)

믿는 자는 새로 지음을 받은 자다. 그는 거룩한 세대에 속해 있고 특별한 백성이다. 하나님의 영이 그 안에 있고 모든 점에서 그는 본래의 사람으로부터 멀리 떠나있다. 그러나 그럼에도 불구하고 그리스도인은 여전히 죄인이다. 본래 타고난 본성이 불완전하기 때문에 그는 이 땅에 사는 끝 날까지 죄인으로 계속하여 살 것이다. 죄의 까맣게 된 손가락은 우리의 하얀 옷에 얼룩을 남겼다. 위대한 토기장이가 녹로에서 우리를 완성하기까지는 죄가 우리의 회개를 망쳐놓는다. 이기심은 우리의 눈물을 더럽히고 불신앙은 우리의 믿음에 물을 끼얹는다. 예수님의 공로가 떠나가면, 우리가 했던 최상의 일도 오직 우리의 죄의 숫자를 증가시킬 뿐이다. 왜냐하면, 우리가 가장 깨끗하다고 보는 것도 하나님의 눈으로 볼 때는 우리는 더럽기 때문이다(cf. 욥 15:15). 그리고 그분께서 천사까지도 어리석다고 책망하신다면, 비록 우리가 천사와 같은 마음이 되었다 해도 우리의 어리석음을 견책당하는 것은 당연하다. 천사들의 곡조에 비할만한 하늘로 올라가는 노래 속에도 인간의 부조화가 섞여 있다. 하나님의 손을 움직일 만한 기도에도 여전히 부족함이 있고 일그러져 있다. 그리고 죄 없는 위대한 중보자가 기도함으로 우리의 탄원에서 죄를 제거하기 때문에 하나님의 팔을 움직일 수가 있다. 그리스도인이 일찍이 이 땅 위에서 도달한 최고 순도의 황금과 같은 믿음일지라도, 또는 가장 순수한 성결 중에서도 오히려 버려져야 할 많은 불순한 것이 있다. 그것은 단지 그 자체로 생각되기에 불꽃의 가치만 있을 뿐이다. 매일 밤 우리는 거울 앞에 설 때 그 안에서 죄인을 본다. 그리고 고백하기를 "우리는 다 더러운 사람과 같아서 우리의 바른 행위는 다 더러운 옷과 같다"(사 64:6). 오, 우리와 같은 마음에 그리스도의 보혈은 얼마나 보배로운가! 그분의 완전한 의는 그 어떠한 값으로도 따질 수 없는 귀중한 은사가 아닌가! 그리고 다음 세대에 있어서 완전한 거룩함에 대한 우리의 소망은 그 얼마나 빛날 것인가! 비록 죄는 여전히 우리 안에 있지만, 그 힘은 이미 파괴되어 더 이상 주장할 힘을 잃었고, 그것은 마치 등뼈가 꺾인 뱀과 같다. 우리는 죄와 치열하게 싸우고 있다. 그러나 우리의 상대는 이미 정복당한 원수다. 잠시 후에 우리는 어떠한 것에도 더럽혀지지 않은 도성에 승리의 입성을 할 것이다(cf. 계 21:27).

10월 28일 아침

603. "세상에서 나의 택함을 입은 자인고로"(요 15:19)

여기는 뛰어난 은혜와 차별되는 사랑에 대하여 기록하고 있다. 왜냐하면, 어떤 자는 하나님의 사랑이 특별하게 부어지는 대상이 되기 때문이다. 이 선택의 숭고한 교리를 두려워해서는 안 된다. 당신의 마음이 가장 눌려 있고 쇠하여 졌을 때 이 교리가 당신에게 위로의 약이 되는 것을 발견할 것이다. 은혜의 교리를 의심하여 그것을 내던져 버리는 자는 에스골의 아름다운 포도송이의 맛을 보지 못하고, 또한 오랫동안 잘 담가둔 포도주에 깃든 진수의 풍미가 가득한 맛을 잃는다. 길르앗의 유향도 이에 비할 수 없다. 요나단이 숲 속에서 발견한 꿀을 입에 넣었을 때 눈이 밝아지게 되었다면, 이 꿀은 마음을 밝게 하고 하나님 나라의 신비를 배우게 될 것이다. 과식을 두려워하지 말고 이것을 충분히 먹어라. 이 좋은 맛을 선택하여 살며 이것이 너무 풍미가 좋은 맛이라고 두려워해서는 안 된다. 왕의 식탁에서 나오는 식물은 그 신하의 어떤 사람도 해치지 못한다. 당신의 마음이 크게 되도록 하며 하나님의 영원하신 차별적인 사랑을 더욱 깊이 깨달을 수 있도록 소망을 가져라. 당신이 높은 산봉우리를 선택하여 오르기를 힘쓴다면 그 자매봉인 은혜의 언약의 봉우리에서 머물러라. 하나님의 언약은 그 그늘에 우리가 몸을 피할 수 있는 거대한 바위이다. 하나님의 언약은 그리스도 예수를 보증인으로 하여 두려워 떠는 영혼의 고요한 안식의 장소이다.

"하나님의 맹세, 그의 언약, 그의 피는
거친 홍수 속에서도 나를 붙들며
땅의 기둥이 모두 무너져 갈지라도

여전히 나의 힘이 되고 나의 의지가 되도다."

만약 예수님이 나를 영광중에 데리고 가며 또 아버지 하나님께서 그 아들의 영혼의 고통의 영원한 보상의 일부로서 나를 그 아들에게 줄 것을 약속하셨다면, 나의 영혼아, 하나님 자신이 불성실하며 예수님께서 진리가 되기를 멈추지 않는 한 당신은 안전하다. 다윗이 주의 언약궤 앞에서 춤출 때, 그는 미갈에게 말하기를 하나님의 선택이 그에게 그렇게 하였다고 하였다. 나의 영혼아, 와서 하나님 앞에서 즐거워하여라. 그리고 마음의 기쁨으로 뛰놀아라.

10월 28일 저녁

604. "머리는 정금 같고 머리털은 고불고불하고 까마귀같이 검구나" (아 5:11)

주 예수님을 설명하려면 비교할 것이 없다. 그러나 배우자라면 할 수 있는 한 가장 비슷한 것을 사용하였다. 예수님의 "머리"는 그의 신성을 의미한다. 왜냐하면 "그리스도의 머리는 하나님이시다"(고전 11:3)라고 하였기 때문이다. 그리고 가장 귀한 "순금의 덩어리"는 상상할 수 있는 한 최선의 비유이지만 그것도 그의 매우 존귀함과 매우 순수함과 매우 사랑스러움과 매우 영광스러운 것을 묘사하기에는 너무나도 부족하다. 예수님께서는 황금의 가루가 아니라 무한히 큰 황금 덩어리요, 하늘과 땅에 비할 수 없는 가격으로 따질 수 없는 귀중한 보배이시다. 피조물은 철과 진흙에 불과하고 이것들은 "나무, 풀 그리고 지푸라기"(고전 3:12)와 같아서 모두 멸망하고 만다. 그러나 영원히 살아계신 하나님의 창조의 머리는 영원히 빛날 것이다. 그 안에는 어떤 불순함이 없고 가장 적은 합금의 흔적도 없다. 그분께서는 영원히 무한하게 거룩하고 모든 점에 있어 신성이 충만하시다. 그 "고불고불한 머리털"은 그의 남성다운 힘을 나타낸다. 우리의 사랑하는 그분은 어떤 나약한 면이 전혀 없으시다. 그분은 가장 용감하고 사자같이 담대하고 황소같이 근면하며 독수리같이 재빠르다. 일찍이 "사람에게 업신받아 버린바 되었지만"(사 53:3), 모든 상상을 초월한 아름다움이 그 속에 발견된다. "그의 머리는 가장 멋진 황금으로 감미로운 향기로 가득하며 까마귀의 깃털같이 검은 머리털은 고불고불 그 어깨에 늘어졌도다." 그의 머리의 영광은 베어지는 일이 없고, 그는 영원히 비할 데 없는 엄숙한 관을 머리에 쓰신다. "검은" 머리는 청년의 상쾌함을 나타낸다. 왜냐하면, 예수님에게는 그의 청춘의 이슬이 머물러 있기 때문이다. 사람은 세월이 지나감에 따라 활기를 잃는다. 그러나 그는 멜기세덱과 같이 영원한 제사장이시다. 사람은 왔다가 또 간다. 그러나 그분은 하나님으로서 "영원히 세세토록"(엡 3:21) 보좌에 앉아 계신다. 우리는 이 밤에 그분을 바라보며 그에게 경배하지 않으려는가? 천사들은 그분을 우러러본다. 그분에 의해 구속된 자는 그로부터 눈을 돌려서는 안 된다. 그와 같이 사랑할 만한 분이 그 외에 어디 있겠는가? 오, 그분과 이 한 시간의 시간을 나누고 싶다! 잡생각으로 가득 찬 마음이여, 떠나가라! 예수님께서 나를 이끄신다. 오직 그분을 사모하여 그의 뒤를 달려가련다.

10월 29일 아침

605. "그러므로 너희는 이렇게 기도하라. 하늘에 계신 우리 아버지여"
(마 6:9)

모든 참 기도는 이 기도에서 시작하듯이, 아들이 아버지에게 말하는 마음으로 "우리 아버지여"로 시작하여야 한다. "나는 일어서서 나의 아버지께 돌아갈 것이다"(눅 15:18)라고 우리가 말할 수 있을 때까지는 하나님께서 받아들일 만한 기도는 없다. 아이와 같은 영을 가진 자는 곧 "하늘에 있는" 아버지의 그 장엄성을 인식하여 "이름을 거룩하게 하옵시며"(마 6:9)라고 참된 마음의 경배를 올리게 된다. "아바, 아버지여"라고 말하는 어린아이의 짧은 말은 성장하여 "거룩, 거룩, 거룩"이라는 케루빔 천사의 부르짖음이 된다. 열광적인 예배로부터 선교 정신으로 불타게 될 때까지의 거리는 불과 한 걸음이다. 이 선교 정신은 하나님에 대한 지식의 사랑과 "나라가 임하옵시며 뜻이 하늘에서 이루어진 것같이 땅에서도 이루어지이다"(마 6:10)라는 주님을 경배하는 경건한 마음의 확실한 결과이다. 다음으로 마음으로부터 느끼는 하나님께 대한 신뢰가 따른다. "오늘날 우리에게 일용할 양식을 주옵소서"(마 6:11). 더욱더 성령의 빛에 비치게 될 때, 자기의 죄가 깊다는 것을 발견하게 되어 다음과 같이 주님의 자비를 위한 기도로 간청하게 된다. "우리가 우리에게 죄지은 자를 사하여 준 것 같이 우리의 죄를 사하여 주옵소서"(마 6:12). 진실로 용서받은 사람은 다시 비난받게 되는 것을 염려하지 않는다. 그리고 의롭게 된 자는 거룩하게 되려고 노력한다. "우리의 죄를 사하여 주옵소서"(12절). 이것은 칭의이다. "우리를 시험에 들지 말게 하옵시고 다만 악에서 구하옵소서"(마 6:13). 이것은 소극적인 것과 적극적인 것의 양면의 거룩함이다. 죄사함을 받고 그리스도의 의를 입고 하나님에게 받아들여짐을 알고 있기에, 그는 항상 거룩한 인내를 위하여 겸손히 간구하기를, "우리를 시험에 들지 말게 하옵소서"(13절)라고 기도한다. 이 모든 결과로써 다음과 같은 승리의 찬양이 따라온다. "나라와 권세와 영광이 아버지께 영원히 있사옵니다. 아멘"(마 6:13). 우리는 우리의 왕께서 섭리 가운데 통치하시는 일과 장차 은혜로 말미암아 땅 끝까지 통치하시고 그 통치에 다함이 없다는 것에 기뻐한다. 그러므로 양자의 의식으로부터 시작하여 우리의 통치하시는 주님과 친히 사귐에 이르기까지 이 짧은 기도의 모범은 우리의 영혼을 인도한다. 주여, 이렇게 기도하도록 가르쳐 주소서.

10월 29일 저녁

606. "저희의 눈이 가려져서 그인 줄 알아보지 못하거늘"(눅 24:16)

제자들은 당연히 예수님을 알아보았어야 했다. 저들은 너무나도 자주 주님의 음성을 들었고 그분의 얼굴을 보아왔는데도 그를 알아보지 못하였다는 것은 오히려 이상하다. 그러나 당신도 역시 그렇지 않을까? 당신은 요즈음 예수님을 만나지 않고 있다. 당신은 그분의 식탁에 참여하고도 그를 만나지 않고 있다. 이 밤 당신은 어둠 가운데에서 고민하고 있고 그분께서 분명히 "내로다. 두려워 말라"(마 14:27)고 말씀하시고 있음에도 당신은 여전히 그분을 알아보지 못한다. 아, 우리의 눈은 "가리워져 있다." 우리는 그분의 음성을 알고, 그분의 얼굴을 바라보며, 우리의 머리를 그분의 가슴에 기대어 왔다. 그러나 비록 그리스도께서 우리의 신변에 아주 가까이 계시는데도 우리는 "만약 내가 그가 어디 계신지 알 수 있다면 나는 그를 찾을 수 있을 텐데!"라고 말한다. 우리는 예수님을 언제나 알아보아야 한다. 왜냐하면, 그분의 모습을 반사하는 성경이 있기 때문이다. 그러나 그 성경을 펼쳐서 자기의 사랑하는 주님을 한번 보는 것조차 할 수 없다는 것이 가능한 일인가! 사랑하는 하나님의 자녀들이여, 당신은 이러한 상태에 있는가? 예수님께서는 말씀의 "백합화 가운데 먹이신다"(아 2:16). 그리고 당신은 이런 백합화 사이를 걷고 있으면서도, 아직도 그분을 알아보지 못한다. 그분은 항상 성경 안의 오솔길을 걸으시며 날이 서늘할 때에 하나님께서 아담과 사귀신 것 같이 그의 백성과 사귀신다. 그러나 그분은 성경의 동산에 있고 그가 항상 거기 계시는데도 당신은 그분을 볼 수가 없다. 왜 우리는 그분을 보지 못하는가? 제자들의 경우와 같이 우리의 경우도 불신앙 때문에 볼 수가 없는 것이다. 제자들은 분명히 예수님을 볼 것이라고 기대하지 않았다. 그래서 저들은 주님을 알아보지 못하였다. 영적인 것에는 커다란 몫을 차지하는 것이, 우리가 주님으로부터 기대하는 것을 얻는다. 오직 믿음만이 우리가 예수님을 볼 수 있도록 해준다. "주여, 나의 눈을 열어 나와 함께 계시는 구주를 보게 하여 주소서." 이것을 당신의 기도로 하라. 그분을 보기를 원하는 것은 복된 일이다. 그러나 그분을 바라볼 수 있는 것은 더욱더 좋은 것이다! 자기를 구하는 자에게 그분께서는 친절하시다. 그러나 그분을 발견한 자에게는 그는 말과 글로 표현할 수 없을 정도로 보배로우시다.

10월 30일 아침

607. "내가 전심으로 여호와께 감사하오며"(시 9:1)

기도가 응답되었을 때는 언제나 감사가 항상 따라와야 한다. 그것은 마치 하늘의 사랑의 태양이 땅을 따뜻하게 할 때 땅에서 감사의 안개가 피어오르는 것과 같다. 주님께서는 당신에게 은혜로우시고 당신의 호소에 귀를 기울이셨는가? 그렇다면 당신은 사는 동안 주님께 감사하라. 익은 과실은 그것에 생명을 준 근원이 되는 비옥한 땅에 열매를 떨어뜨린다. 당신의 기도의 응답과 당신의 마음의 소원을 이루어 주신 분에게 노래를 바치는 것을 거절해서는 안 된다. 하나님의 자비에 대하여 침묵을 지키는 것은 배은망덕의 죄를 범하는 일이 된다. 그것은 문둥병을 고쳤음에도 불구하고 고쳐주신 주님께 감사를 드리기 위해 돌아가지 않은 아홉 문둥병 환자와 같이 비굴한 일이다. 하나님께 대한 감사를 잊는다는 것은 우리 자신을 유익하게 하는 것을 거절하는 일이다. 왜냐하면, 감사는 기도와 같이 우리의 영적 생활의 성장을 촉진하는 커다란 수단이기 때문이다. 감사는 우리의 무거운 짐을 벗기며 우리의 소망을 왕성케 하고 믿음을 증가시키는 것을 돕는다. 그것은 믿는 자의 맥박을 활성케 하는 운동을 활력있게 하며 건강하게 한다. 그리고 주님께서 쓰시기 위하여 새로운 것을 기획할 때에 그에게 힘을 준다. 하나님께 대하여 받은 은혜를 감사하는 것은 우리의 친구에게도 유익을 주는 길이다. "고난을 당하는 자는 이를 듣고 기뻐하리라"(시 34:2). 만약 우리가 "우리와 함께 주님을 찬양하자. 우리와 함께 주의 이름을 높이자. 이 가련한 자가 울부짖을 때에 주는 내게 응답하셨다"(시 34:3, 6)라고 말할 수 있다면 우리와 비슷한 환경에 있는 자는 위로를 받으리라. 우리의 "구원의 노래"(시 32:7)를 듣고 마음이 약한 자는 강하게 되며 낙심한 성도는 힘을 얻으리라. 우리가 "시와 찬미와 영의 노래로"(골 3:16) 서로 교훈하며 또 훈계하는 것이라면 저들의 의심과 두려움은 꾸짖음을 받을 것이다. 우리가 주님의 거룩한 이름을 찬양하는 것을 저들이 들을 때 저들도 또한 "주의 모든 길에 대하여 노래하자"(시 138:5)라고 할 것이다. 그리스도인의 의무 중에서 가장 위대한 것은 찬양이다. 천사는 기도는 하지 않지만, 밤낮으로 찬양은 쉬지 않는다. 구속을 받은 자는 흰옷을 입고 종려가지를 저들의 손에 들고, 쉬지 않고 "어린양의 공로"(계 5:12)를 찬양하는 새 노래를 부르며 결코 지치지 않는다.

10월 30일 저녁

608. "너 동산에 거한 여자야 동무들이 네 소리에 귀를 기울이니 나로 듣게 하려무나"(아 8:13)

나의 위대한 주님께서는 겟세마네 동산을 떠나 지금 그분은 교회의 동산에 계시지만 겟세마네 동산의 일을 잘 기억하고 계신다. 그분은 지금 교회에서 그의 복된 무리를 지키고 있는 자들에게 그 자신을 나타내신다. 그의 사랑하는 자에게 말씀하시는 그 사랑의 음성은 하늘의 거문고 소리보다도 더 아름답다. 그리고 그 소리는 모든 인간의 음악도 미칠 수 없는 사랑의 깊은 선율인 것이다. 이 땅의 수많은 사람과 천상의 수 없는 사람들은 그 조화로운 음악을 즐기고 있다. 내가 잘 알고 있고 아주 부러워하는 어떤 사람들은 이 순간에 사랑하는 분의 음성을 듣는 자들이다. 만약 나도 저들의 기쁨에 참여할 수 있다면 얼마나 좋겠는가! 이 사람들 중에 어떤 이는 가난하고, 어떤 이는 오랫동안 병상에 누워 있으며, 더군다나 어떤 이는 죽음의 문턱 가까이에 있다. "그러나 오 나의 주여, 당신님의 음성을 들을 수만 있다면 나는 기쁨으로 저들과 함께 굶주리며 쇠하여 저들과 함께 죽기를 원합니다. 일찍이 나는 종종 주님의 음성을 들었습니다. 그러나 나는 당신님의 영을 슬프게 하였습니다. 나를 긍휼히 여기사 돌아오소서. 그리고 다시 "나는 너의 구원이라"(시 35:3)이라고 하소서. 다른 어떠한 소리도 나를 만족케 하지 못합니다. 나는 당신님의 음성을 압니다. 그러니 다른 것에 의하여 속임을 당할 수가 없습니다. 간청하오니 나에게 주님의 음성을 들려주소서. 오 나의 사랑하는 자여, 나는 당신님께서 무엇이라고 말씀하실지 알지 못합니다. 그리고 조건을 붙이기를 나는 원하지 않습니다. 오직 당신님의 음성을 들려주소서. 만약 그것이 질책이라 할지라도 그것 때문에 주님을 경배하리이다. 나의 둔한 귀를 깨끗하게 하기 위하여 육에 있어서 매우 고통스러운 수술을 필요로 할 수도 있습니다. 그러나 어떠한 희생을 요구할지라도 당신님의 음성을 듣고 싶은 이 불타는 소망을 멈출 수 없다. 나의 귀를 새롭게 뚫으소서. 당신님의 가장 거친 음으로 나의 귀를 뚫어 주소서. 당신님의 부르심에 계속적으로 귀머거리가 되는 것을 허락하지 마소서. 이 밤, 주여, 주의 천한 종의 이 소원을 허락하소서. 왜냐하면, 나는 주님의 보혈로 구속함을 받은 주님의 것이기 때문이다. 주님께서 나의 눈을 뜨게 하사 당신님을 볼 수 있게 하기 위하여 나는 구원되었나이다. 주여, 이제 나의 귀를 열어 주소서. 나는 당신님의 마음을 읽었나이다. 이제 주님의 입술의 음성을 듣게 하소서."

10월 31일 아침

609. "내 속에 정직한 영을 새롭게 하소서"(시 51:10)

믿음의 후퇴자여, 만약 그 안에 조금이라도 생명의 불씨가 남아있다면 그는 회복을 위해 탄식할 것이다. 그가 다시 새롭게 되기 위해서는 우리의 회심과 같은 은혜의 역사가 필요하다. 우리는 회심할 때에 회개가 필요하고 지금도 확실히 회개가 필요하다. 처음에 우리는 그리스도에게 오기 위하여 믿음이 필요했었다. 지금도 이와 같은 은혜만이 우리를 예수님에게 데려다 줄 수 있다. 우리는 그때 우리의 두려움을 끝내기 위하여 지극히 높으신 자의 말씀, 즉 사랑하는 자의 입술에서 나오는 말씀이 필요했다. 우리는 지금처럼 죄의 의식 아래 있을 때 오히려 그것을 필요로 하고 있다는 것을 곧 발견할 것이다. 아무도 처음에 느낀 것 같은 성령의 힘의 진실한 나타남이 없이는 새롭게 될 수가 없다. 왜냐하면 그 일은 커다란 일이고 혈과 육은 지금도 변함없이 방해하고 있기 때문이다. 그리스도인이여, 하나님께 열심으로 도움을 구하는 기도가 당신의 이유가 되게 하라. 다윗이 스스로 무력함을 느꼈을 때 가만히 있지 않고 또 입술을 닫는 일이 없이 은혜의 보좌로 달려가 "내 안에 정직한 영을 새롭게 하소서"라고 기도한 것을 기억하라. 당신이 도움이 없이는 아무것도 할 수 없다는 가르침을 게으름의 이유로 만들지 말고, 이스라엘의 강한 도움자에게 불타는 열심으로 달려가게 하는 교리로 너에게 자극이 되도록 하라. 오, 당신이 생명을 걸고 "주여, 내 안에 정직한 영을 새롭게 하소서"

라는 하나님께 간구하는 은혜를 얻게 되기를 바란다. 하나님을 향하여 참으로 이렇게 기도하는 사람은 하나님의 역사하시는 수단을 사용함으로써 그의 정직함을 증명할 것이다. 많이 기도하라. 하나님의 말씀 안에서 살라. 당신의 주님을 당신으로부터 몰아낸 육신의 정욕을 죽이라. 죄가 다시 머리를 들지 못하도록 주의 깊게 경계하라. 주님께서는 자신의 정하신 방법을 가지고 계시다. 길가에 앉으라. 주님께서 지나가실 때 당신이 준비되도록 하라. 너의 죽어가는 은혜를 기름지게 하고 영양을 주는 모든 복된 믿음의 임무를 계속하라. 그리고 모든 힘이 주님께로부터 오는 것임을 알고 "내 안에 정직한 영을 새롭게 하소서"라는 부르짖음을 그치지 말라.

10월 31일 저녁

610. "내가 광야 마른 땅에서 너를 권고하였거늘"(호 13:5)

그렇다. 주님께서는 내가 타락하여 있을 때의 상태를 아시고 계셨다. 그때에도 주님은 나를 당신의 것으로 선택하셨다. 내가 더러워 스스로에게도 혐오스러웠을 때에도 주님께서는 나를 그의 자녀로 받으시고 나의 긴급한 요구를 채우셨다. 이 자유롭고 부요하며 풍성하게 넘치는 자비여, 이로 인하여 나는 주님의 이름을 영원토록 찬양하리라. 그 후로부터 나의 내면의 경험은 종종 마른 광야였다. 그러나 오히려 나를 사랑하는 자로 인정하시어 사랑과 은혜의 물줄기를 부어서 나를 기쁘게 하고 열매를 맺도록 하였다. 그렇다. 나의 밖의 상황이 아주 열악하고 내가 가뭄의 땅에 방황할 때도 당신의 즐거운 임재는 나를 위로 하였다. 사람들이 나를 버리고 비웃음을 당할 때에도 당신만은 역경 중에 있는 나의 영혼을 아셨다. 왜냐하면, 어떠한 고난도 주님의 사랑의 비추임을 흐리게 하지 못했기 때문이다. 지극히 은혜로우신 주여, 시험에 빠졌을 때에 나에게 언제나 성실하심으로 인해 당신을 찬양하나이다. 그리고 나는 주님의 온유하심과 사랑의 모든 것을 빚지고 있는데, 나는 주님을 수시로 잊어버리고 마음에 교만을 품고 있음을 탄식 하나이다. 주여, 주의 종에게 자비를 베푸소서! 나의 영혼아, 네가 이렇게 비천하였을 때 예수님이 너를 인정하셨다면, 오히려 번영하고 있는 지금도 너는 그분과 그의 뜻의 통치 아래에 있음을 확신하라. 세상의 성공 때문에 교만하여져 진리를 부끄러워하며 네가 속한 교회도 부끄러워해서는 안 된다. 예수님을 따라 광야로 나아가라. 박해의 불길이 타오르고 있을 때에 예수님과 함께 십자가를 져라. 오 나의 영혼아, 네가 가난과 수치에 처했을 때에 그분께서는 너를 자기의 것으로 인정하였다. 결코, 그를 부끄러워하는 배신행위를 해서는 안 된다. 오, 나의 가장 사랑하는 분을 부끄러워한다는 것은 생각만으로도 더욱 수치가 아닌가! 예수여, 나의 영혼은 당신님께 매달리나이다.

> *"빛나는 것 가운데 가장 빛나고*
> *아름다운 것 가운데 가장 아름다우신 주여,*
> *근심의 밤뿐만 아니라 빛의 날에도*
> *나의 영혼은 주님만을 바라봅니다."*

11월의 묵상

11월 1일 아침

611. "네 집에 있는 교회"(몬 1:2)

당신의 집에 교회가 있는가? 부모, 자녀들, 친구들 중에 아직도 회심하지 않은 자가 있는가? 잠시 여기서 우리 스스로 생각하면서 각자에게 질문을 해보자. 나는 이 집의 교회의 일원인가? 만약 가정의 최연장자로부터 최연소자에 이르기까지 다 구원되었다면 아버지의 마음은 기쁨으로 뛰며 어머니의 눈에서는 거룩한 눈물로 가득차 있지 않겠는가! 이 큰 은혜를 구하며 주님께서 그것을 우리에게 주시기까지 기도하자. 아마도 빌레몬에게 있어서 집의 모든 식구가 구원받는 것이 진심으로 가장 원하는 일이었을 것이다. 그러나 처음에는 그의 생각대로 되지 않았다. 그에게는 악한 종 오네시모가 있었다. 그는 주인에게 불의한 일을 하여 도망갔지만 주인 빌레몬의 기도는 이 악한 종의 뒤를 따라 떠나지 않았다. 마침에 오네시모는 하나님의 뜻으로 바울의 설교를 듣도록 인도되었고, 그 결과 그는 깊이 마음에 찔림을 받아 빌레몬의 집으로 다시 돌아오게 된 것이다. 그는 충실한 종으로서 돌아왔을 뿐 아니라 사랑하는 형제 빌레몬 집의 교회의 일원으로서 돌아왔다. 오늘 아침에 집을 떠나 있는 회개하지 않은 가족이 있는가? 그들이 집에 돌아올 때에는 은혜로 말미암아 변화되어 모든 집안 식구들을 기쁘게 할 수 있도록 특별히 기도를 해야하지 않겠는가! 혹은 아직 회심하지 않은 가족이 여전히 함께 하고 있는가? 그렇다면 하나님께서 그들도 역시 구원하여 주시도록 열심히 간구하도록 하라. 만약 당신의 집에 그런 교회가 있다면 그것을 잘 정돈하여 모든 식구가 하나님이 보시는 앞에서 모든 행동을 하게 하라. 배웠던 성결, 근면, 친절 그리고 정직함으로 생활의 공통된 일 안에서 움직여라. 교회는 언제나 보통 가정 이상의 것이 기대된다. 가정의 예배는 그런 경우에 경건한 마음이 되어야 하고 사랑은 더 뜨거워야 한다. 속에 있는 사람은 더 따뜻해서 상처를 받지 않게 해야 한다. 그리고 밖으로 나타나는 행위는 더욱 더 성결해야 하고 기독교인 답지 않으면 안 된다. 우리는 집의 교회 인원의 수가 적기 때문에 전체 교회의 목록에서 제거되어질 것을 두려워 할 필요는 없다. 왜냐하면, 성령님께서 이 가정교회를 하나님의 비망록에 등록시켰기 때문이다. 우리는 하나의 교회로서 전 세계의 교회의 머리이신 주님 앞에 이제 더욱 가까이 다가가야 한다. 그리고 그분의 이름의 영광을 위하여 사람들 앞에 빛나는 은혜를 달라고 구하여야 하지 않을까?

11월 1일 저녁

612. "홍수가 나서 저희를 다 멸하기까지 깨닫지 못하였으니 인자의 임함도 이와 같으리라"(마 24:39)

파멸은 모든 일반인에게 다 미치는 것이다. 부자도 가난한 자도 모두 다 피할 수가 없다. 배운 자나 배우지 못한 자, 덕망가나 미움 받는 자, 종교가나 불경건한 자 할 것 없이, 그리고 노인이나 젊은이도 다 멸망하고 마는 것이다. 어떤 자는 노아를 의심하지도 않고 조롱하였을 것이다. 그러나 지금 그들의 조롱거리는 어디에 있는가? 어떤 이는 노아의 열심을 미친 짓이라고 판단하였을 것이다. 그러나 이제 그들의 교만하고 신랄한 말은 어디에 있는가? 이 노인의 사역을 비난한 비평가는 그와 같이 냉소한 무리와 함께 물속에 빠졌다. 이 선한 사람이 자신의 확신에 충실한 것이라고 그를 격려하면서도 행동을 같이하지 않은 자도 물속에 빠져 들어가 다시 떠오르지 않았다. 또한, 고용되어서 이 거대한 방주를 짓는 것을 도왔던 자들도 또한 멸망하였다. 홍수는 저들 전부를 한 사람도 남기지 않았다. 이와 비슷하게 만약 그리스도

밖에 있다면 최후의 멸망은 확실하고 어떤 계급이나 재산, 인격도 주 예수님을 불신한다면 한 사람도 구원을 받지 못한다. 나의 영혼이여, 이 대규모의 심판을 보고 두려워 떨라. 사람들의 일반적인 무관심은 놀랄만하지 않은가! 저들은 모두 이 두려운 아침을 직면하기 전까지 "먹고 마시고 시집가고 장가든 것이다"(마 24:38). 방주 밖에 있는 자로서 지혜 있는 자는 한 사람도 없었다. 어리석음이 전 인류를 미혹하였다. 더구나 최고의 우매함이라고 할 자기 보존에 관한 어리석음이 저들을 주장하고 있었다. 가장 진실하신 하나님을 의심하는 일이야 말로 가장 악질적인 어리석음이다. 그것은 이상하다. 그렇지 않은가? 모든 사람은 은혜가 저들에게 사고력을 주기까지는 저들의 영혼의 일을 무시한다. 은혜로 교훈되어질 때 비로소 미친 행위를 떠나서 이성 있는 인간답게 행동하지만 그때까지는 결코 깨닫지 못한다. 하나님을 찬양하라. 왜냐하면, 방주 속에 있는 자는 모두 안전하였다. 그곳에 있는 것은 하나도 파멸되지 않았다. 큰 코끼리로부터 작은 쥐 한 마리에 이르기까지 모두 무사하였다. 겁 많은 산토끼도 용맹한 사자와 함께, 그 약한 양도 힘 있는 황소와 마찬가지로 모두 함께 똑같이 안전하였다. 예수님 안에 있는 모든 자는 안전하다. 나의 영혼이여, 이 저녁에 너는 예수 안에 있는가?

11월 2일 아침

613. "나 여호와는 변역지 아니하나니"(말 3:6)

우리 자신과 마찬가지로 삶 속의 모든 것이 변화하지만 그 변화로 말미암아 영향받는 일이 없는 분이 오직 한분 계시다는 것은 우리에게 매우 기쁜 일이다. 그분의 마음은 결코 변하는 일이 없고 그의 이마에는 주름살이 잡히는 일이 없다. 그 이외의 모든 것은 변화되어 왔고 지금도 변화하고 있다. 태양도 세월과 함께 빛이 흐리게 되고 이 세계도 점점 나이가 들어가고 있다. 사용하는 의복도 낡아진다. 하늘과 땅은 곧 지나가게 되고 말 것이다. 그것은 의복과 같이 점점 낡아지고 사라지게 될 것이다. 그러나 오직 영원히 불멸하시는 한 분이 계시니 그 연월에는 끝이 없고 그 인격에는 변화가 없다. 크리스챤이 이 고통이 많은 폭풍과도 같은 삶에서 그 믿음의 발을 "나 여호와는 변역지 아니하나니"라는 이 진리의 말씀위에 두었을 때의 만족감은 마치 선원이 몇 날 동안 파도에 시달린 후 다시 확고한 바닷가의 땅에 그의 발을 내디딜 때의 기쁨에 비할 수 있을 것이다. 닻이 마침내 바다 밑에 박힐 때의 배에 주는 안정감은 그리스도인의 소망이 이 빛나는 진리를 붙잡았을 때에 생기는 안정감과 같다. 하나님에게는 "변동이나 회전하는 그림자도 없다"(약 1:17). 그분의 속성이 얼마나 오래되었던지 간에 그것들은 지금도 마찬가지이다. 그분의 힘, 지혜, 정의, 진실은 모두 변한 것이 없다. 하나님은 항상 그 백성의 "피난처요 고난의 날에 요새이다"(나 1:7). 그리고 그분은 지금도 하나님의 백성에게 확실한 도움이시다. 또 하나님은 그 사랑에 있어서도 불변하시다. 그분께서는 "무궁한 사랑"(렘 31:3)으로써 그 백성을 사랑하시며 지금도 사랑하고 계신다. 그리고 이 땅에 있는 모든 것이 최후의 큰 불길로 인하여 녹아질 때에도 하나님의 사랑은 "젊음의 이슬"(시 110:3)을 여전히 머금고 있을 것이다. 하나님께서 결코 변하지 않으신다는 확신은 얼마나 보배로운 것인가! 섭리의 역사는 회전한다. 그러나 그 축은 영원한 사랑인 것이다.

"죽음과 변화는 항상 바쁘고,
사람은 부패하며 시대는 변한다.
그러나 하나님의 자비는 쇠하지 않으며,
하나님은 지혜이시며, 또한 사랑이시다."

11월 2일 저녁

614. "주의 율법을 버린 악인들을 인하여 내가 맹렬한 노에
잡혔나이다"(시 119:53)

나의 영혼이여, 너는 과연 다른 사람들의 죄를 보고 거룩한 전율을 경험하는가? 만일 네가 그렇지 않다면, 그것은 너의 내면에 거룩함이 결여되어 있다는 증거이다. 다윗은 주위에 창궐하는 죄악의 행위 때문에 눈물을 시냇물같이 흘렸다. 예레미야는 이스라엘의 불의를 탄식하기 위하여 샘물 같은 눈을 가지기를 원하였다. 롯은 소돔 사람들의 행위를 보고 마음이 상하였다. 에스겔이 보았던 이상 중에 인을 가진 사람들은 예루살렘의 가증한 일 때문에 탄식하며 부르짖었다. 긍휼이 있는 영혼은 사람들이 고통당하며 지옥으로 가는 것을 보고 탄식하지 않을 수가 없다. 저들은 경험으로 말미암아 죄악의 그 참담한 사악함을 알기 때문에 다른 이가 마치 나방이 불에 돌진하여 날아가는 것을 보고 경악한다. 죄는 모든 사람이 가장 중요하게 지켜야 할 거룩한 율법을 범하는 것이기 때문에 의로운 자에게 소름 끼치게 한다. 죄는 국가의 기둥을 넘어뜨린다. 믿는 자는 남의 죄를 보고 두려워 떤다. 왜냐하면, 그 죄는 자신의 마음의 천함을 기억나게 하기 때문이다. 그는 죄를 범하는 자를 보면서 "오늘은 그가 넘어졌다. 내일은 나 자신이 될지도 모른다"라고 부르짖는다. 믿는 자에게 죄는 소름 끼치는 일이다. 그것은 구주를 십자가에 못 박았기 때문이다. 그는 모든 불의 안에서 못과 창을 본다. 구원된 영혼이 증오를 느끼지 않고 그리스도를 죽인 저주받은 죄를 어떻게 볼 수 있겠는가? 나의 영혼아, 너는 죄에 대하여 이렇게 느끼는가? 그의 얼굴을 향하여 하나님을 모욕하는 것은 두려운 일이다. 선하신 하나님은 좀 더 좋은 대접을 받으셔야 한다. 위대한 하나님은 그것을 요구하신다. 그리고 의로우신 하나님은 그것을 반드시 받으실 것이다. 그렇지 않으면 하나님은 스스로 대적에게 보응

하신다. 깨어있는 마음은 무모한 죄를 보고 떨며 그 벌을 생각하고 경악한다. 하나님에 대한 반역은 얼마나 괴물스러운가! 불경건한 자를 기다리는 멸망은 얼마나 두려운 것인가! 나의 영혼아, 죄의 어리석은 행위에 대하여 웃거나, 그 죄 자체에 미소를 보내는 그런 일을 결코 해서는 안 된다. 죄는 너의 원수이며 주님의 대적이다. 혐오하는 마음으로 죄를 보아라. 그래서 너는 스스로 성결의 소유자라는 것을 증거할 수 있다. "거룩함이 없이는 아무도 주를 보지 못하리라"(히 12:14)고 하셨다.

11월 3일 아침

615. "그가 기도하는 중이니라"(행 9:11)

우리의 기도는 즉시로 하늘에서 주목받게 된다. 사울이 기도를 시작하는 순간 주님께서는 그의 기도에 귀를 기울이셨다. 여기에 고민하면서 기도하는 영혼에 대한 위로가 있다. 종종 슬픔에 잠긴 자가 무릎을 꿇고 기도할 때에 나오는 것은 탄식과 눈물과 울부짖음 뿐이다. 그러나 그 신음소리는 "하늘"의 모든 거문고 소리를 선율로 떨리게 만들고, 그 눈물은 하나님께 바쳐져 "하늘"의 눈물 병에 소중하게 보관되어 진다. "나의 눈물을 주의 병에 담으소서"(시 56:8)라는 간구는 눈물이 흐르자마자 병에 들어간다는 것을 말한다. 두려움과 떨림으로 말을 할 수 없는 탄원자의 마음을 주님께서는 깊이 통찰하신다. 기도하는 자는 눈물에 젖은 눈을 들어 오직 하나님만을 앙망하는지도 모른다. 그러나 "기도는 눈물을 흘리는 것이다." 눈물은 "하늘"의 다이아몬드이다. 그 탄식은 여호와의 궁정에서 음악의 한 부분으로 "가장 높은 자의 앞에 도달하는 가장 숭고하게 잡아당기는 것"으로 손꼽히고 있다. 당신의 기도가 아무리 약하고 두렵고 떨리는 것일지라도 무시되어지는 일은 없다. 야곱의 사닥다리는 높다. 그러나 우리의 기도는 언약의 천사에 기대어 하늘로 올라간다. 우리의 하나님은 다만 기도를 들으실 뿐만 아니라 기쁨으로 들으신다. "주는 고통당하는 자의 부르짖음을 잊지 않으신다"(시 9:12). 이것은 사실이다. 주님께서는 멋진 외모나 고상한 말 같은 것에는 관심이 없고, 왕들의 화려함이나 멋진 행렬에는 마음을 두시지 않으며, 군악의 음악에도 귀를 기울이지 않으신다. 그분은 사람들의 자랑하는 마음이나 승리에 관심이 없으시다. 그러나 슬픔에 떠는 마음, 고통에 떨리는 입술, 깊은 탄식과 신음, 또는 회개의 탄식에 대하여 여호와의 마음은 그곳을 향하여 열린다. 주님께서는 그것을 그의 기억으로 등록시켜서 표시해 두신다. 주님은 우리의 기도를 장미의 잎과 같이 그의 기억의 책 페이지 사이사이에 끼워 넣으신다. 그리고 한번 그 책이 펴지는 때가 오면 거기에서부터 그윽한 향기가 풍겨 나올 것이다.

"믿음은 하늘로부터 오는 신호를 구하는 것이 아니라,
기도가 이미 하늘에 올라가 받아들여진 것을 보는 것이다.
우리의 대제사장이 그 지성소에 계셔서
은혜의 보좌로부터 친히 응답해 주신다."

11월 3일 저녁

616. "그 기도가 여호와의 거룩한 처소 하늘에 상달하였더라"
(대하 30:27)

기도는 그리스도인이 어떤 상황이나 곤경 속에서 그것을 타개하는 데 성공하는 원천이다. 검을 쓰지 못하게 될 때 당신은 "무시로 기도"라는 무기를 가질 수 있다. 화약은 젖고 방아쇠는 작동하지 않을 수도 있다. 그러나 "무시로 기도"라는 무기는 절대로 그 위력을 잃지 않는다. 레비아탄은 던지는 창을 비웃지만 기도 앞에는 떠는 것이다. 칼과 창은 연마할 필요가 있지만, 기도는 결코 녹스는 일이 없다. 더구나 가장 둔하다고 생각될 때에 그것은 최상의 힘을 발휘하는 것이다. 기도는 아무도 닫을 수 없는 하늘을 향해 열린 문이다. 원수들이 당신을 완전히 포위해도 위로 올라가는 길은 항상 열려 있는 것이다. 이 길이 방해되지 않는 한 당신은 원수의 손에 빠지지 않는다. 성벽의 사다리도, 지뢰도, 탄광이든, 태풍이든, 그것들은 아무 소용이 없다. 하늘의 도움의 군사가 야곱의 사다리를 갖고 우리를 돕기 위하여 오는 한 안전한 것이다. 기도는 결코 계절적인 것이 아니다. 여름이나 겨울이나 할 것 없이 귀중하다. 기도는 밤중에나, 일하는 중에도, 한낮의 더위나 저녁의 서늘할 때에도 하늘에 올려지고 들려진다. 빈곤, 병상, 암흑, 중상, 또는 의혹 등 그 어떠한 상태에서든지 언약의 하나님은 당신의 기도를 환영하며 거룩한 장소에서 응답을 해 주신다. 기도는 결코 헛되지 않다. 진실한 기도는 항상 참으로 힘이 있다. 우리가 구한 것들을 모두 반드시 받는 것은 아니다. 그러나 당신이 정말로 필요로 하는 것은 항상 갖추어 질 것이다. 하나님이 그의 자녀에게 기도한 문자 그대로 대답을 주시지 않을 때에는 마음을 기울여 가장 좋은 것으로 응답하신다. 만약 당신이 간단한 아침을 구하였는데 아주 훌륭한 밀가루 음식을 주셨다면 당신은 화를 낼 것인가? 육체의 건강을 구하였는데 하나님은 영혼의 질병을 고치기 위하여 병상을 주었다고 당신은 불평할 것인가? 십자가를 통하여 성화되는 것이 십자가를 제거하는 것보다 더 좋은 것이 아닌가? 나의 영혼아, 이 밤 당신의 간구와 요청을 잊지 말아라. 주님께서는 지금 바로 당신의 소원을 듣기 위하여 준비하시고 계시기 때문이다.

11월 4일 아침

617. "내 능력이 약한데서 온전하여짐이라"(고후 12:9)

하나님을 섬기며 그 봉사를 어느 정도 성취하여 승리로 이끌기 위한 주요한 조건은 우리 스스로의 연약성을 아는 데 있다. 하나님은 전사가 "나는 승리할 자신이 있다며 나의 오른팔과 나의 정복할 수 있는 칼은 나에게 승리를 가져올 것이다"라고 자신하며 스스로의 힘을 믿고 나가 싸우면 패배는 멀지 않아 다가 올 것이다. 하나님은 자기의 힘을 믿는 자와 함께 나아가지 않으신다. 이러한 방법으로 승리를 기대하는 것은 크게 잘못된 일이다. 왜냐하면 "만군의 주는 말씀하신다. 이는 능으로도 되지 아니하며 힘으로도 되지 아니하고 나의 영으로만이 되리라"(슥 4:6)고 기록되어 있기 때문이다. 자기의 힘만 믿고 싸움에 임하는 자는 그 나부끼는 깃발을 결국 찢기고 그들의 갑옷도 얼룩진 채 불명예스럽게 돌아올 것이다. 하나님을 섬기려는 자는 하나님 자신의 방법으로, 그리고 하나님의 힘 안에서 섬기지 않으면 안 된다. 그렇지 않으면 하나님은 결코 그들의 봉사를 받지 않으신다. 사람이 하나님의 힘에 의한 도움 없이 한 일을 하나님은 결코 승낙하지 않으신다. 땅이 산출한 과실을 하나님께서는 물리치신다. 하나님께서 거두시는 것은 그 씨앗이 하늘로부터 뿌려지고 은혜로 물을 먹으며 하나님의 사랑의 태양에 의하여 익은 과실뿐이다. 하나님은 그 자신의 것을 당신 안에 넣기 전에 먼저 당신이 가지고 있는 모든 것을 비우실 것이다. 하나님은 최상의 밀을 가지고 당신의 창고에 넣기 전에 먼저 창고부터 청소하실 것이다. 하나님의 강은 물로 가득히 채워져 있다. 그러나 그 중의 한 방울도 땅의 샘에서 솟아난 것이 아니다. 하나님께서는 그 전투에서 그 자신이 나누어 주시는 것 외의 힘은 사용하지 않으신다. 당신은 스스로의 연약성에 대해 탄식하는가? 용기를 가져라! 왜냐하면, 주님께서 당신에게 승리를 주기 전에 당신은 스스로의 연약성을 의식하지 않으면 안 되기 때문이다. 당신이 비워진 상태로 있는 것은 당신이 채워지기 위한 준비이다. 또 당신이 넘어져 있음은 곧 당신이 일어서기를 위한 준비에 불과하다.

"내가 연약할 때야말로 나는 참으로 강하다.
은혜는 나의 강한 방패이며,
그리스도는 나의 승리의 노래이다."

11월 4일 저녁

618. "주의 광명중에 우리가 광명을 보리이다"(시 36:9)

예수님 자신이 우리의 마음속에 사랑을 속삭이기까지는 아무도 우리의 마음에 그리스도의 사랑을 설명할 수 없다. 어떠한 묘사도 성령에 의하여 생명과 힘을 채울 때까지는 그 빛을 잃고 실패할 뿐이다. 임마누엘이 우리에게 그 자신을 계시하기까지는 우리의 영혼은 그분을 보지 못한다. 만약 당신이 태양을 보기 원한다면, 당신은 많은 조명 기구와 촛불을 함께 모아서 그 빛을 사용하여 태양의 빛을 보려고 하는가? 아니다. 지혜로운 사람은 태양이 그 자체를 나타내어 그 강렬한 빛을 비칠 때에만 그 큰 등불을 볼 수 있다는 것을 알고 있다. 그리스도께서도 이와 꼭 마찬가지이다. 주님은 베드로에게 "바요나 시몬아, 네가 복이 있도다. 네게 이 일을 나타낸 것은 혈육이 아니다"(마 16:17)라고 말씀하셨다. 최고의 교육으로 혈육을 가르치며 최고도의 지능을 높여도 그런 방법으로는 그리스도를 나타낼 수 없다. 하나님의 영이 힘을 가지고 임하여 그의 날개로 우리를 덮을 때 거기에 생긴 신비적인 지성소 안에서 주 예수님은 깨끗하여진 눈에 그 자신을 나타내실 것이다. 그리고 눈이 열리지 않은 심령에는 그 은혜를 주시지 않을 것이다. 그리스도는 그 자신이 그의 거울이 되지 않으면 안 된다. 눈이 흐린 이 세상의 많은 사람은 말로 표현할 수 없는 임마누엘의 영광의 한 줄기 조차도 볼 수가 없다. 주님께서는 저들 앞에 "아름다운 모양도 없고"(사 53:2), "마른 땅에서 나온 뿌리같이 보이며", 허영심이 많은 자로부터 거절당하고 교만한 자로부터 멸시를 받으셨다. 오직 성령께서 눈에 안약을 발라주는 곳에서만 예수님이 이해가 되고, 하나님의 생명으로 마음을 녹여 천상의 즐거움을 가지고 있는 신령한 가르침을 받은 영혼만이 그분을 이해할 수 있는 것이다. 그는 "의지하는 자에게는 보배로운"(벧전 2:7) 분이시다. 당신에게 있어서 그분은 "집 모퉁이의 머릿돌이요"(엡 2:20), 구원의 반석이요, 모든 것의 전부이시다. 그러나 다른 자에게는 그는 "부딪치는 돌이요 거치는 반석이다"(벧전 2:8). 주님께서 그 자신을 나타내시는 자는 복되다. 주님은 그와 같은 사람에게 그의 거할 곳을 함께 하시기로 약속하셨기 때문이다. 오 나의 주 예수여, 열려진 나의 마음에 오셔서 결코 떠나지 마소서. 당신님 자신을 지금 우리에게 보이소서! 모든 것을 이기는 당신님의 매력을 엿볼 수 있는 은혜를 우리에게 주소서.

11월 5일 아침

619. "무릇 너를 치려고 제조된 기계가 날카롭지 못할 것이라"
(사 54:17)

오늘은 영국의 역사상 가장 유명한 날 가운데 하루이다. 하나님께서는 이날 영국민에게 두 차례의 큰 구원의 역사를 하였다. 먼저 1605년의 오늘, 교황주의자들이 영국의 의회를 파괴하려던 음모가 폭로된 날이다.

"그들이 지하의 깊은 동굴에서
불타는 함정을 파고 있을 때,

하나님께서 하늘에서 예리한 빛을 비추사
그 음모를 백일하에 드러나게 하셨다."

그리고 두 번째로는 1688년의 오늘은 윌리엄 3세(King William III)가 톨베이(Torbay)에 상륙한 날이다. 이 일로 인하여 신교의 종교적 자유가 확보되었다. 이날은 높이 축하되어야 하는 날이다. 그러므로 이 날은 청년들의 축제를 위해 있는 날이 아니라, 오히려 성도들의 노래에 의해 지켜져야 하는 날이다. 우리의 청교도의 조상은 아주 경건한 태도로 이날을 특별히 감사를 드리는 날로 정하였다. 메튜 헨리(Matthew Henry)에 의하여 해마다 이날에 행해진 설교의 기록은 지금도 남아 있다. 우리와 같이 프로테스탄트의 정신을 갖고 자유를 사랑하는 자는 이 기념일을 거룩한 감사로써 생각하여야 한다. 우리의 마음과 입술이 "주님께서 우리 조상과 그 옛적에 행하신 놀라운 행사에 대하여 그들로부터 들었습니다"(시 44:1)라고 말하지 않겠는가? 하나님이여, 주님께서는 이 국가를 복음의 집으로 만드시고 원수가 이것에 대항하여 일어섰을 때에도 그 손으로 지키셨나이다. 주여, 거듭되는 구원의 행사에 대하여 우리도 거듭 노래를 불러 바치게 도와주소서. 우리가 적그리스도의 영에 대해 더욱더 미워하도록 우리에게 허락하소서. 그리고 저들의 멸망의 날을 단축시켜 주소서. 그때까지 항상 우리는 "무릇 너를 치려고 제조된 기계가 날카롭게 못할 것이라"는 약속을 신뢰한다. 오늘, 주 예수님의 복음을 사랑하는 모든 자의 마음에 잘못된 교리의 타도와 하나님의 진리의 전파를 간구해야 하지 않겠는가? 더욱 우리는 자신의 마음을 더듬어 그 속에 감추어져 있는 자기의 의로 여기는 모든 재목들을 과감히 베어버리는 것이 좋지 않겠는가?

11월 5일 저녁

620. "그에게 감사하며 그 이름을 송축할찌어다"(시 100:4)

우리의 주님께서는 모든 그의 백성이 그의 찬양할 인격에 대하여 높고 행복한 생각 안에서 풍성하게 되기를 원하신다. 예수님은 그의 형제들이 그분에 대해 가련하게 생각하는 것에 만족하지 않으신다. 그의 신부가 그의 아름다움에 대해 환성을 올리는 것에 기뻐하신다. 우리는 그분을 마치 빵과 물과 같이 생명을 가지기 위한 최소한의 필요한 것으로 생각하는 것이 아니라, 산해의 진미로써 영혼을 이끄는 비교할 수 없고 더할 나위 없는 기쁨으로 생각하기를 원하신다. 결국에 그분은 그 자신을 더 이상 비할 것이 없는 아름다움을 자랑하는 "값진 진주"(마 13:46), "말로 다할 수 없는 향기를 풍기는 몰약 향주머니"(아 1:13), 오랫동안 지속하는 향수 냄새를 풍기는 "샤론의 장미"(아 2:1), 흠이 없는 깨끗함을 장식하는 "백합"(아 2:1)으로써 표현되기 때문이다. 그리스도에 대하여 숭고한 사상을 얻는 생각을 돕기 위해서 하늘에서 그리스도가 어떻게 평가되어 있는지를 생각해 보라. 하늘에서는 모든 것이 바른 표준으로 측량된다. 하나님은 우리에게 "말할 수 없는 은사"(고후 9:15)인 그의 독생자를 어떻게 높이고 있는가? 또 그의 발아래 얼굴을 가리우고 경배드리는 것을 최고의 명예로 여기는 천사들은 그분을 어떻게 생각하고 있는가? 그리고 피에 씻겨진 성도들이 밤낮으로 그 이름에 합당한 찬송을 드리며 그분에 대해서 어떠한 생각을 하는가? 그리스도를 높이 평가하는 것은 우리를 그분과의 관계에서 계속적으로 올바른 행동으로 인도한다. 보좌에 앉으신 그리스도를 높이 앙망하면 앙망할수록 또한 보좌의 발아래서 몸을 낮추면 낮출수록 우리는 그분을 향하여 올바르게 행동하기 위하여 준비될 것이다. 우리가 주 예수님의 권위에 기쁨으로 복종하기 위하여 그분께서는 우리가 그 자신을 높이 평가하기를 원하신다. 그분을 높이 평가하면 우리의 사랑은 증가한다. 사랑과 존경은 서로 함께 가기 때문에 그러므로 믿는 자여, 당신은 주님의 탁월함에 대해 많이 생각하라. 그분께서 인성을 취하기 전에 가지신 본래의 신적 영광 안에서 그를 연구해라. 보좌를 버리고 십자가의 죽음에 나아가신 능력의 사랑을 생각하라! 음부의 모든 권세를 정복하신 그분을 찬양하라! 부활하사 면류관을 받으시고 영광의 보좌에 나아가신 주님을 앙망하라! "기묘자, 모사, 전능하신 하나님"(사 9:6)이라고 불리는 그분 앞에서 몸을 굽혀라. 왜냐하면, 이렇게 함으로써 그분에 대한 당신의 사랑은 마땅히 해야 할 자세가 되기 때문이다.

11월 6일 아침

621. "내가 갈한 자에게 물을 주며"(사 44:3)

믿는 자는 자기의 감정이 천하고 슬픈 상태에 빠졌을 때 종종 자신을 어둡고 음산한 공포로 징계함으로 말미암아 거기서 빠져나오려고 한다. 이러한 방법은 티끌로부터 일어서기 위한 것이 아니라 오히려 그 속에 계속 있게 한다. 그것은 마치 독수리를 높이 날도록 하기 위하여 그 날개에 쇠줄을 걸며, 당신이 은혜를 덧입기 위하여 의심을 하는 것과 같다. 간구하고 있는 영혼을 처음으로 구원하는 것은 율법이 아니라 복음이다. 또 쇠잔하여 힘없는 믿는 자를 회복하는 것은 율법의 속박이 아니고 복음의 자유이다. 노예적인 두려움이 믿음의 후퇴자를 하나님께 데려오는 것이 아니라, 따뜻한 사랑의 호소가 그를 예수님의 가슴으로 인도하는 것이다. 오늘 아침 당신은 살아계신 하나님을 위하여 주리고 목말라서 당신의 마음이 기쁨에 넘치기까지 그분을 찾지 못하여 슬퍼하고 있는가? 당신은 믿음의 기쁨을 잃고 "주의 구원의 기쁨을 내게 회복하소서"(시 51:12)라고 기도하고 있는가? 또 당신은 자기가 마른 땅과 같은 광야라는 것을 알고 하나님께서 당연히 당신에게 기대하는 "하나님에게 열매"(롬 7:4)를 맺지 못하고 있는 것을 의식하는가? 또한, 당신은 교회에서도 소용이 없고 이 세상에서도 당신의 마음이 원하는대로 되지 않는 것을 알고 있는가? 그렇다면 바로 여기에 당신이 바로 필요로 하는 약속이 있다. 그것은 바로 "나는 목마른 자에게 물을 주며"(사 44:3)라는 말씀이다. 당신은 마음속 중심에서 간구하고 있는 은혜를 받을 것이다. 당신의 필요는 충분히 채워질 것이다. 물이 목마른 자에게 힘을 주는 것 같이 당신도 새롭게 힘을 얻어 그 소원을 만족시켜 줄 것이다. 또 물이 잠자고 있는 식물의 생명을 소생시키는 것 같이 당신의 생명도 새로운 은혜로 말미암아 새 힘을 얻을 것이다. 물이 꽃봉오리를 피우며 열매를 익게 만드는 것 같이 당신도 은혜로 말미암아 주님의 뜻에 합당한 많은 열매를 맺으리라. 하나님의 은혜 안에 있는 종은 그 내용이 무엇이든지 간에 당신은 그것을 충분히 맛보고 기뻐할 것이다. 당신은 하나님의 은혜의 모든 부요를 풍성하게 받아 그 안에 흠뻑 젖게 될 것이다. 그리고 때로는 강물이 그 둑으로부터 터져 나와 홍수를 이루어 초원을 덮으며 들판이 광대한 못으로 변하는 것 같이 마른 땅과 같은 당신을 솟아나는 샘물로 변화시킬 것이다.

11월 6일 저녁

622. "이는 하나님이 너희에게 명하신 언약의 피라 하고"(히 9:20)

"피"라고 하는 단어에는 이상한 힘이 있다. 피를 보면 언제나 마음이 움직인다. 온유한 마음의 소유자는 새가 피 흘리는 것을 보고 견디지 못한다. 그리고 피 흘림에 익숙지 않으면 동물이 도살되는 것을 보고 두려운 나머지 눈을 돌리게 된다. 사람의 피는 신성한 것이다. 분노로 인해 피를 흘리게 하면 그것은 살인죄이고, 전쟁에서 피를 비정하게 많이 흘리게 하면 그것은 두려운 범죄이다. 피가 가져오는 엄숙성은 "피가 생명이요"(신 12:23), 그것을 흘림은 죽음의 표시라는 이유 때문이 아닐까? 우리는 그렇게 생각한다. 우리가 하나님의 아들의 피를 깊이 묵상해 볼 때 우리의 생각은 더욱 더 확실하게 된다. 그리고 죄의 벌을 생각할 때 주님께서 견디신 무서운 형벌을 생각하고 몸을 떤다. 피는 항상 귀하지만 그것이 임마누엘의 옆구리에서 흘러내릴 때에는 무한히 보배롭다. 예수님의 피는 은혜의 언약에 도장을 찍는다. 그리고 그 언약을 영원히 확실한 것으로 만든다. 구약의 언약은 희생으로 인하여 만들어졌다. 그리고 영원의 언약도 같은 방법으로 비준되었다. 아, 파기 될 수 없는 하나님의 선언은 그 움직일 수 없는 기초위에 세워져 구원받게 되는 기쁨이다! 율법의 행위로 말미암아 행해진 구원은 너무 약하고 파손된 배이며 그 난파를 피할 수 없다. 그러나 언약의 배는 피가 완전하게 보증하기 때문에 태풍을 두려워하지 않는다. 예수님의 보혈은 그의 언약을 유효하게 만들었다. 유언은 유언자가 죽지 않으면 그 효력이 발생하지 않는다. 이러한 관점에서 보자면, 구주의 옆구리를 찌른 로마 병졸의 창은 우리의 믿음에 복된 도움이 된다. 그것은 우리의 주님께서 완전히 죽으신 것을 증명하기 때문이다. 여기에 의문의 여지는 조금도 없다. 그러므로 우리는 담대하게 그분께서 그 자신의 백성을 위하여 남겨 놓은 유산을 받을 수가 있는 것이다. 우리를 위하여 죽으신 구주로 말미암아 "하늘"의 축복을 상속할 권한을 보는 자는 행복하다. 그러나 이 피는 우리에게 무엇을 말하고 있지는 않는가? 우리를 구속하신 분을 위하여 우리 자신을 성별하도록 부르지 않을까? 우리를 "새 생명"(롬 6:4)에 불러서 주님께 전적으로 헌신하도록 부르지 않을까? 아, 이 밤에 보혈의 능력을 우리로 바로 알게 하며 또한 느낄 수 있게 하소서!

11월 7일 아침

623. "보라, 내가 너를 내 손바닥에 새겼고"(사 49:16)

이 "보라"라는 말 가운데 집중되는 놀라움은 그 일부가 앞 구절에 있는 불신앙의 탄식에 의하여 증가되어진다. 시온은 말하였다. "주는 우리를 버리사 우리를 잊으셨다"(사 49:14). 이 불신앙의 악한 말에 하나님께서는 얼마나 놀라셨겠는가! 하나님의 사랑하시는 백성의 입으로부터 나오는 근거 없는 의심과 두려움보다 더 놀랄만한 것이 무엇이겠는가? 주님께서 책망하시는 사랑스러운 말은 우리를 부끄럽게 만든다. 그분께서는 소리를 크게 하여 말씀하신다. "나는 너를 내 손바닥에 새겼는데 어떻게 너를 잊을 수 있는가? 너희에 대한 생각이 나의 살에 새겨 있어서 내가 항상 너를 생각하고 있는 것을 너는 어떻게 의심하는가?" 오 믿음이 부족한 자여, 당신은 얼마나 이해하기가 힘든 인간인가! 우리는 하나님의 성실함과 그 백성의 불신앙 사이에서 어느 것이 더 놀라운 것인지를 알지 못한다. 하나님은 이때까지 셀 수 없을 만큼의 많은 약속을 지키셨다. 그럼에도 불구하고 다음의 시련이 오면 우리는 하나님을 다시 의심한다. 하나님은 결코 실패하지 않으신다. 하나님은 결코 빈우물이 아니시다. 그분은 결코 지는 해가 아니고, 지나가는 유성도 아니며, 또는 사라지는 아지랑이와 같은 분이 아니다. 그러나 우리는 마치 우리의 하나님이 사막의 신기루나 되는 것처럼 생각하며, 계속하여 걱정으로 초조해하며 의심으로 괴로워하고 두려움으로 불안해한다. "보라"라는 말은 우리의 경탄을 불러일으키기 위하여 의도되었다. 실제로 여기에는 우리가 놀랄만한 주제를 가지고 있다. 우리의 반역자가 하나님의 손 바닥위에 새겨지리만큼 무한한 사랑을 가지신 하나님의 마음에 가깝게 접근되어 있다는 것은 하늘과 땅이 경탄할 만한 일이 아닐 수 없다. 여기에는 "나는 너를 새겼다"라고 하였고, "너의 이름"이라고 말하지 않았다. 물론 이름도 새겨 있겠지만 그것만은 아니다. "나는 너를 새겼다"라는 것이다. 이 말이 포함하는 완전성을 보라.

나는 너의 인격, 너의 인상, 너의 사정, 너의 환경, 너의 죄, 너의 유혹, 너의 연약성, 너의 필요, 너의 역사를 모두 다 가졌다. 나는 너를 새겼고, 너에 관한 모든 것을 새겼으며, 네가 마음에 두는 모든 것을 새겼다고 말하는 것이다. 하나님은 이렇게 "너를 손바닥에 새겼다"고 말씀하시는데 당신은 아직도 주님께서 나를 버렸다고 말하겠는가?

11월 7일 저녁

624. "너희가 내 증인이 되리라"(행 1:8)

그리스도의 증인으로서 임무를 다하기를 원한다면, 주님 자신을 본받아라. 그분은 항상 말씀을 증거하셨다. 사마리아의 우물가에서, 예루살렘의 성전에서, 갈릴리 호숫가에서, 또는 산상에서 그분께서는 밤이나 낮에나 항상 증거하셨다. 더욱이 그의 힘 있는 기도는 그분의 매일의 일과처럼 하나님께로 향하였다. 어떠한 환경 속에서도 주님께서는 증거하셨다. 서기관도 바리새인도 그분을 침묵하게 할 수 없었다. 심지어 빌라도 앞에서도 그분께서는 "선한 증거"(딤전 6:13)를 하셨다. 그분은 매우 명확하고 선명하게 증거를 하셨기 때문에 오해를 가져올 여지가 없었다. 그리스도인이여, 그대의 생활을 선명한 증거로 만들어라. 그대 자신을 시냇가의 밑의 돌이 다 보이기까지 맑은 시냇물 같이 되어라. 단지 표면만이 보이는 흐린 물이 아니고 그 밑바닥까지도 꿰뚫어 보이는 흐름이 되어라. 이렇게 해서 하나님과 사람에 대한 그대의 사랑의 마음을 모든 사람에게 보여라. 그대 자신이 "나는 진실하다"고 말할 필요는 없다. 진실한 자가 되어라. 자기의 정직함을 자랑하지 말고, 진정으로 정직한 자가 되어라. 사람들은 그대의 증거를 보지 않을 수 없게 될

것이다. 악한 인간들을 두려워해서 그대의 증거를 그치는 일은 결코 있어서
는 안 된다. 그대의 입술은 제단의 숯불로 뜨겁게 되었다(cf. 사 6:6-7). 하늘에
접한 입술같이 저들에게 말해야 한다. "아침에 씨를 뿌려라. 저녁까지 손을
쉬어서는 안 된다"(전 11:6). 구름을 보지 말고 바람에도 의논하지 말라. 때를
얻든지 못 얻든지 구주를 위하여 증거를 하여라. 그리스도와 복음을 위하여
그대가 어떤 모양의 고난을 견디어야 하는 일이 일어난다면 그것으로부터 몸
을 움츠리지 말라. 오히려 주님과 함께 고난을 받기에 합당한 자가 되어 그대
에게 영광이 주어진 것으로 생각하고 기뻐하라. 더욱이 그대가 받는 고난, 손
실, 박해를 그대의 강단으로 하여 거기서 그대가 이전보다 더욱 열정과 힘을
가지고 그리스도 예수님을 위하여 증거할 수 있다는 것에 기뻐하라. 그대의
위대한 모범자에게 배우고 그분의 성령에 충만하라. 만약 그대의 증거가 주
님의 영광을 위한 것이라면, 그대는 더욱 많은 가르침이 필요하고 많이 붙들
고 많은 은혜와 그리고 많은 겸손이 필요하다는 것을 마음에 새겨라.

11월 8일 아침

625. "그러므로 너희가 그리스도 예수를 주로 받았으니"(골 2:6)

믿음의 생애는 '받는다'는 것으로 나타난다. 그것은 공로와는 정반대
를 의미하는 행동이다. 그것은 단순히 선물로 받는 것이다. 땅이 비를 흡수하
며 바다가 시냇물의 흐름을 받는 것 같이, 밤이 별로부터 빛을 받아들이는 것
같이 우리도 아무 대가를 지불하지 않고 하나님의 은혜를 받는 것이다. 믿는
자들은 그 본성에 있어 우물도 아니고 시냇물도 아니다. 단지 생명물이 흘러
들어 가는 물통일 뿐이다. 저들은 하나님께서 그 속에 구원을 부어 넣는 빈

그릇인 것이다. 여기에서 "받는다"는 말의 개념은 실제의 문제를 말하는 것이며, 그것은 바로 어떤 것을 실제화한다는 의미이다. 즉 우리는 그림자를 받아들일 수는 없다. 실질적인 것을 받아들이는 것이다. 그래서 바로 우리의 믿음의 삶 안에서 실제로 이루어지는 것이다. 그리스도는 우리에게 실질적으로 되는 것이다. 우리가 믿음을 갖지 않는 동안에는 예수님은 우리에게 한갓 이름에 지나지 않는다. 그분께서는 오래전에 살았던 인물이고 그의 생애도 역사상의 이야기에 그친다. 그러나 우리의 믿음의 행위 안에서 예수님께서는 우리의 마음의 의식 안에서 실제의 인격이 되는 것이다. 또 받는다는 것은 잡는다거나 소유를 의미하기도 한다. 내가 받는 것은 내 것이 된다. 나는 나에게 주어지는 것을 받아 내 것으로 취할 수가 있는 것이다. 내가 예수님을 받아들일 때 그분께서는 나의 구주가 되신다. 나의 것으로 되신 이후에는 사는 것이나 죽음이 나를 그분으로부터 끊을 수 없다. 그리스도를 받아들인다는 것은 그분을 하나님으로부터 값없이 은혜의 선물로 받아 나의 마음에서 그분을 인정하고 내 것으로 그분을 소유하는 것이다. 구원은 소경이 시력을 얻으며, 귀머거리가 들으며, 죽은 자가 생명을 얻는 것으로 묘사될 수도 있다. 그러나 우리는 이런 축복만이 아니라 그리스도 예수 그분 자신을 받는 것이 아닌가! 진실로 그분께서는 죽음으로부터 우리에게 생명을 주셨고 죄를 용서하고 그분의 의를 덧입혀 주셨다. 이것들은 모두 보배로운 것들이다. 그러나 우리는 이것만으로는 만족이 되지 않는다. 우리는 그리스도 자신을 받은 것이다! 하나님의 독생자께서 우리 안에 부어지고 우리는 그분을 받아들여 그분을 우리의 것으로 붙잡은 것이다. 예수님께서는 실로 우리의 마음에 흘러넘치지 않는가! 하늘 그 자체도 그분을 영접할 수 없기 때문에 그렇다.

11월 8일 저녁

626. "제자들과 함께 유월절을 먹을 나의 객실이 어디 있느뇨 하시더라 하라"(막 14:14)

유월절이 되면 예루살렘은 하나의 큰 숙박소가 되었다. 각 집의 주인들은 그들의 친구를 초대하였지만, 구주를 초대한 자는 아무도 없었다. 더구나 주님께서는 자신이 머무를 곳이 없으셨다. 그래서 주님은 유월절을 지키기 위하여 그의 초자연적인 능력으로 스스로 다락방을 발견하셨다. 오늘날에 있어서도 마찬가지로 말할 수 있다. 예수님께서는 자신의 초자연적인 능력과 은혜로 말미암아 마음을 새롭게 한 사람들을 제외하고는 사람의 아들 사이에서는 영접받지 못한다. 어둠의 임금을 위해서는 모든 문이 넓게 열려 있지만, 예수님께서는 자신을 위하여 스스로 길을 여시든지 그렇지 않으면 거리에 있는 숙소에서 쉴 수밖에 없으셨다. 주님께서 나타내신 이상한 힘 때문에 집 주인은 한마디 질문도 하지 않고 기쁨과 즐거움으로 즉시 손님방을 개방하였다. 그 사람이 누구인지 신분과 이름은 밝혀지지 않았지만, 그는 구속주님께서 제공하신 명예를 기쁨으로 받았다. 이와 같이 오늘날에도 주님께 선택된 사람과 그렇지 않은 사람이 있다. 어떤 자에게 복음이 전달되면 그들은 이를 거역하며 복음을 받아들이지 않는다. 그러나 일부의 어떤 사람들은 복음을 기쁨으로 받아들인다. 이것은 저들의 영혼에서 어떤 모르는 일이 일어나고 있다는 것이 분명하며, 저들이 하나님으로 말미암아 영원한 생명에 선택되어 있다는 것이다. 사랑하는 자여, 당신은 그리스도를 받아들이기를 마음으로 원하는가? 그렇다면 아무런 어려움이 없다. 그리스도께서는 기꺼이 당신의 손님이 되실 것이다. 그분의 능력이 당신 안에서 함께 역사하여 당신으로 하여금 기쁨으로 그분을 영접하게 될 것이다. 아, 하나님의 독생자를 영접하는 영광이여! 하늘의 하늘이라도 그분을 영접할 수 없는데, 그분께서는 은혜롭게도 우리의 마음속에 그분의 머물 집을 찾고 있는 것이 아닌가! 우리는 주님을 지붕 밑에서 영접하기에 합당하지 않은데 그분께서는 자진하여 스스로를 낮추시어 들어오신다. 이는 말로 형용하기 힘든 특권이 아닌가! 왜냐하면, 그분께서는 잔치를 베푸시고 우리에게 그와 함께 왕실의 식탁에서 식사할 것을 허락하시기 때문이다. 그분께서 잔칫상에 앉으시고 그 음식은 영원하며 그 음식을 먹는 자들은 영생한다. 천사들의 주님을 접대하는 자는 아담의 자손들 사이에서 실로 축복된 자들이다.

11월 9일 아침

627. "그 안에서 행하되"(골 2:6)

만약 우리가 그리스도 자신을 우리의 마음속 깊은 곳에 받아들였다면, 우리의 새로운 생명은 그 안에서 믿음의 걸음을 함으로써 주님과의 친밀한 관계가 나타나게 될 것이다. 걷는다는 것은 행동을 의미한다. 우리의 종교는 밀실 안에 감금되는 것은 아니다. 우리는 우리가 믿는 것에 따라 실제적인 행동을 수반해야 한다. 만약 사랑이 그리스도 안에서 걷는다면, 그의 행동은 그리스도와 같이 될 것이다. 왜냐하면, 그리스도는 그 안에서 그의 소망, 사랑, 기부, 생명이 되기 때문에 그는 그리스도의 형상을 반영하게 된다. 따라서 사람들은 그에 대하여 "그는 주와 같다 예수 그리스도와 같이 살고 있다"라고 말하게 된다. 또한 걷는다는 것은 전진을 의미한다. "그 안에서 걸어라"라는 것은 은혜에서 은혜로 나아가는 것이다. 사랑하는 주님에 관하여 인간이 도달할 수 있는 최고의 지식의 정도에 도달할 때까지 앞으로 달리는 것이다. 걷는다는 것은 또 계속하는 것을 의미한다. 우리는 항상 그리스도 안에서 영원히 한결같아야 한다. 아침저녁에는 예수님에게 오지만 그 이외의 시간에는 온종일 세상에 마음을 빼앗기는 믿는 자가 얼마나 많은가? 이것은 불쌍한 생활이다. 우리는 항상 그분과 함께 있어서 그의 자취를 따르며 그의 뜻에 순종해야 한다. 걷는다는 것은 또한 습관을 의미한다. 우리가 어떤 사람의 걸음과 말에 관하여 이야기할 때, 그 사람의 습관과 그의 생활의 계속적인 성품에 대해 의미하는 것이다. 우리가 만약 그리스도를 때때로 자기의 것이라고 부르며 즐거워 하다가 그리고는 그분을 잊어버려 놓치고 만다면 그것은 습관이라고 할 수 없다. 이것은 우리가 그분 안에서 걷는 것이 아니다. 우리는 항상 그분에게 가까이 있어 그분에게 매달려 결코 그분을 가도록 내버려 두어서는 안 된다. 우리는 그분과 함께 살고 그 안에 우리가 존재하여야 한다. "이러므로 너희가 예수를 주로 받았으니 그 안에서 행하라"고 하였다. 당신이 처음 받아들였을 때의 그리스도 예수님께서 당신의 믿음의 신뢰가 되셨고, 생명의 원천, 행동의 원칙, 영혼의 기쁨이었던 것처럼 당신의 생애가 끝날 때까지 이와 같이 계속 보존하도록 하라. 당신이 사망의 음침한 골짜기를 걸을 때에도 그와 같이 하라. 그리고 하나님의 백성을 위하여 남겨진 기쁨과 안식에 들어가라. 오 성령이여, 우리에게 이 하늘의 계명에 순종하도록 하소서.

11월 9일 저녁

628. "견고한 바위가 그 보장이 되며 그 양식은 공급되고 그 물은 끊어지지 아니하리라"(사 33:16)

오 그리스도인이여, 그대는 하나님께서 그분의 약속을 이루시는 것을 의심하는가? 바위 같은 군수품이 폭풍우에 날려가겠는가? 하늘의 창고가 비어있을 수 있는가? 하늘 아버지는 그대가 의복과 음식을 필요로 하고 있는 것을 아신다. 그런데 그대는 하늘 아버지께서 잊어버린 줄로 생각하는가? 아버지의 허락이 없이는 단 한 마리의 참새도 땅에 떨어지지 않으며 "당신의 머리털까지 다 세신바 되시는데"(마 10:30), 그대는 어찌하여 하나님을 신뢰하지 못하고 의심을 하는가? 아마도 그대의 환난은 그대가 하나님을 전적으로 의뢰하기 전까지는 계속될 것이다. 그리고 그 환난은 곧 끝이 날 것이다. 실제로 많은 믿는 자들이 애를 쓰고 고민 끝에 절망의 나락으로 떨어져야 비로소 하나님 안에서 믿음을 발휘하여 그 순간에 저들은 해방되어 하나님이 약속을 이루시는 것을 깊이 체험하게 된다. 아, 나는 그대가 더는 하나님을 의심해서는 안 된다고 강권하고 싶다. 더는 하나님에 대하여 불신앙의 생각에 빠져서 악마를 기쁘게 하든지 그대 자신을 괴롭혀서는 안된다. 여호와 하나님을 의심하는 것이 작은 일이라고 생각하지 말라. 그것은 크나큰 죄라는 사실을 기억하라. 더구나 그것은 작은 죄가 아니고 최대의 죄악이다. 천사는 결코 하나님을 의심하는 일을 하지 않는다. 마귀조차도 하나님을 의심하지 않는다. 하나님으로부터 피조된 것 중에 오직 우리만이 불신앙으로 인하여 하나님을 부끄럽게 하며 의혹으로 말미암아 그분의 명예를 손상시키고 있다. 아, 이 얼마나 부끄러운 일인가! 우리의 하나님께서는 그러한 비열한 의혹을 받으실만한 분이 아니다. 과거에 있어서, 우리는 하나님께서 진실하시며 그의 말씀에 충실하다는 것을 증명해 왔다. 우리는 하나님의 사랑과 친절의 증거를 많이 받아왔고 현재도 그분의 손에서 축복을 매일 매일 받고 있다. 그러므로 만일 우리의 마음 안에 의심을 품는 것을 허용한다면, 그것은 비열하고도 핑계할 여지가 없는 악한 일이다. 이제부터라도 우리가 하나님에 대한 의혹에 대항하여 싸우고 또 계속하여 싸우기를 바란다. 그것은 우리의 평화와 하나님의 명예에 있어서 공동의 적이다. 우리는 흔들리지 않는 믿음으로 하나님이 약속하신 일은 반드시 성취하실 것이라고 굳게 믿게 되기를 바란다. "주여, 내가 믿나이다. 나의 믿음 없는 것을 도와주소서"(막 9:24).

11월 10일 아침

629. "영원하신 하나님이 너의 처소가 되시니"(신 33:27)

여기에 있는 "처소"라는 말은 "주택", 또는 "거처"라고 번역될 수 있다. 즉, 하나님께서는 우리의 거처이시며 집이라는 것이다. 이 비유에는 무한한 친밀성이 있다. 왜냐하면, 우리의 집이 비록 빈약할지라도 우리의 마음에는 아주 친밀한 것이기 때문이다. 더욱더 친밀한 것은 우리의 복되신 하나님이다. "왜냐하면, 우리는 그 가운데 살며 움직이고 있기 때문이다"(행 17:28). 집에 있을 때 우리는 안정감을 느낀다. 그와 같이 우리가 하나님과 함께 있을 때 우리는 "재앙을 두려워하지 않는다"(시 23:4). 하나님께서 우리의 거처요 피난처이시기 때문이다. 또 우리는 집에서 안식을 누린다. 하루의 노동 후에 피곤에 지쳤을 때, 우리는 집에서 휴식을 취하는 것이다. 이와 같이 우리의 마음은 하나님 안에서 안식을 발견한다. 인생의 싸움에서 지쳤을 때 우리가 하나님에게 눈을 향한다면, 우리의 영혼은 마음의 여유를 가진다. 또 집에서 우리는 마음을 편안하게 둔다. 거기에서 우리는 오해를 사거나 오해될 일이 없으므로 두려워하지 않는다. 그와 같이 하나님과 같이 있을 때 우리는 모든 숨은 생각을 열어놓고 자유롭게 그분과 사귈 수가 있다. 왜냐하면, 만약 "하나님의 친밀함이 경외하는 자에게 있다면"(시 25:14), 그것은 우리가 하나님과 함께 있기 때문이다. 또 집은 우리의 진실하고 깨끗한 행복의 장소이다. 그와 같이 우리의 마음이 가장 깊은 기쁨을 발견하는 것은 하나님 안에서이다. 우리는 하나님 안에서 다른 모든 기쁨보다 훨씬 더 나은 기쁨을 가진다. 또 우리는 집을 위하여 몸을 아끼지 않고 일을 한다. 집을 생각하면 날마다의 무거운 짐을 짊어질 힘이 생긴다. 일하는 손가락도 더욱 빠르게 움직이게 된다. 이런 의미에서도 하나님께서는 우리의 집이라고 말할 수가 있는 것이다. 하나님에 대한 사랑은 우리를 강하게 한다. 우리는 예수님의 인격을 통하여 하나님에 대하여 생각한다. 그리고 구속주의 고통에 가득한 얼굴을 한번 보게 됨으로써 하나님의 성업을 위하여 힘쓰지 않을 수 없다. 왜냐하면, 우리에게는 아직도 구원받지 못한 친구들과 사랑하는 자들이 있기 때문이다. 그리고 방황하는 자녀들을 집으로 데려다가 아버지 하나님의 마음을 기쁘게 해드리려는 생각에서다. 우리는 자신의 거룩한 가정을 거룩한 환희로 채우기를 원한다. 야곱의 하나님을 그들의 피난처로 삼는 자는 행복한 자이다

11월 10일 저녁

630. "제자가 그 선생 같고 종이 그 상전 같으면 족하도다"(마 10:25)

이 말에 반대하는 자는 한 사람도 없을 것이다. 왜냐하면, 종이 그 주인보다 더 높아지게 되는 일은 맞지 않기 때문이다. 우리의 주님께서 이 세상에 계셨을 때 어떠한 대우를 받으셨는가? 주님께서는 복 주시기 위하여 오셨는데, 사람들은 그의 선언을 인정하며 그의 교훈을 따르며 그의 완전함을 보고 예배하였는가? 아니다. "그는 멸시를 받고 사람에게 싫어진 바가 되셨다"(사 53:3). 영문 밖이 그의 거처였고(cf. 히13:11-13), 십자가를 지는 것이 그의 직분이었다. 이 세상은 그에게 위로와 안식을 주었을까? 오히려 그분께서는 "여우도 굴이 있고 공중의 새도 집이 있지만, 인자는 머리둘 곳도 없다"(마 8:20)고 말씀하셨다. 이 사악한 세상은 그분에게 숙소를 제공하기는커녕 오히려 그분을 내쫓아 십자가에 못 박았다. 만약 그대가 예수님의 제자이고 계속 그리스도와 같은 걸음과 행동을 가지려고 생각한다면, 사람들의 눈에 보이는 그대의 영적 생활의 외적인 면에 있어서 같은 방법으로 대우받을 것으로 예상해야만 한다. 그들은 구주를 핍박한 것처럼 당신을 핍박하고 멸시할 것이다. 세상 사람들의 칭

찬을 받으려고 결코 생각하지 말라. 당신이 거룩하고 그리스도의 형상을 닮아 가면 갈수록 사람들이 더 평화적으로 당신에게 행동할 것이라고 생각하지 말라. 그들은 연마한 보석조차도 중요시하지 않는데 하물며 거친 보석의 가치를 어떻게 중요하게 생각하겠는가? "집 주인을 바알세불이라 하였거든 하물며 그 집 사람들이랴"(마 10:25). 만약 우리가 그리스도의 형상에 가까울수록 우리는 그의 원수들에게서 더 미움을 받는다. 하나님의 자녀들이 이 세상에서 사랑받는 자가 되려고 하는 것은 슬프고 불명예스러운 일이다. 간악한 이 세상이 기독교인에게 "잘하였다"라고 박수갈채를 보내며 소리친다면 그것은 실로 근심할 징조이다. 불의한 자들이 그대를 칭찬하여 추천한다면 당신은 오히려 스스로의 성품과 행동을 잘 돌아보고 잘못을 저지른 일이 없는가 반성하지 않으면 안 된다. 우리의 주님께 진실하자. 그리고 주님을 멸시하고 조롱하는 눈이 멀고 비열한 이 세상과 짝하지 말라. 우리의 주님께 가시관을 씌운 이 세상에서 영예의 관을 받으려고 하는 것은 생각조차 끊어버려야 한다.

11월 11일 아침

631. "그 영원하신 팔이 네 아래 있도다"(신 33:27)

하나님, 그 영원하신 하나님께서 우리를 항상 붙들고 계신다. 특별히 우리가 깊은 고민 속에 있을 때에 그렇다. 그리스도인은 어떤 때에 굴욕 가운데 빠진다. 그는 큰 죄의식으로 인하여 하나님 앞에서 떨며 거의 기도조차 할 수 없게 된다. 왜냐하면, 그는 자신이 전혀 가치가 없는 자라는 것을 느끼기 때문이다. 그러나 하나님의 자녀들이여, 당신이 최악과 최저의 상태에 있다 할지라도, "당신의 아래에는 영원하신 팔이 있다"는 것을 기억하라. 죄가 당신을 아무리 끌어내리려고 해도 그리스도의 위대한 구속이 여전히 모든 것 아래에 있다. 당신은 심히 타락해 있을지 모르나 바닥까지 타락하는 일은 없다. 그리고 그분께서는 그 밑에서까지 구원하실 수 있다. 또 때로는 그리스도인은 밖으로부터의 심한 시련 때문에 매우 낙심할 때가 있다. 모든 세상적인 버팀목은 베어졌다. 어떻게 할 것인가? 그러나 그 아래에는 아직 "영원하신 팔"이 있다. 그가 깊은 고민과 불행에 빠질지라도 항상 신실하신 하나님의 언약의 은혜가 그를 에워싼다. 그리스도인은 안에서의 불같은 싸움으로 말미암아 어려움에 빠질 때가 있을 것이다. 그러나 그때에도 여전히 그분의 "영원하신 팔"이 미치지 못하는 데까지 빠지는 일은 없다. 그 아래에도 하나님의 팔이 우리와 함께하며, 또한 그것이 지속되는 한 사탄의 모든 해치려는 노력은 아무 소용이 없는 것이다. 이 붙드심의 보증은 하나님의 일에 지쳐있는 일꾼에게 큰 위로가 된다. 여기에는 날마다 필요한 능력과 각 사람의 필요를 채우는 은혜와 의무를 감당하게 하는 힘을 주시는 약속을 의미한다. 그리고 더 길게는 죽음이 올 때 이 약속은 더욱 유효하게 된다. 우리는 요단강 가운데 서서 다윗과 함께 "나는 재앙을 두려워하지 않나이다. 주님께서 나와 함께 하심이니이다"(시 23:4)라고 말할 수 있을 것이다. 우리는 무덤에 내려갈 것이다. 그러나 그보다 더 깊이 들어가는 일은 없다. "영원하신 팔"이 그 밑으로 내려가는 것을 허락지 않기 때문이다. 온 생애를 통하여 또 그 최후의 때에도 우리는 "영원하신 팔"에 의하여 붙들려 있을 것이다. 그것은 쇠함도 없고 힘을 잃는 일도 없는 팔이다. 왜냐하면 "주는 약함도 없으며 피곤하심도 없다"(사 40:28)고 기록되어 있기 때문이다.

11월 11일 저녁

632. "우리를 위하여 기업을 택하시나니"(시 47:4)

믿는 자여, 비록 당신이 이 땅에서의 기업이 비천할지라도, 당신은 당신의 몫으로 만족해야 한다. 왜냐하면, 당신을 위하여 그것이 가장 적당하다고 확신해도 좋기 때문이다. 잘못함이 없는 지혜가 당신의 받을 분깃을 정하며 당신을 위해 가장 안전하고 최선의 상태를 선택한 것이다. 큰 배가 강의 한 부분이 높은 모래로 쌓여 있어서 깊은 곳을 택하여 항해하고 있을 때 누군가 "왜 선장은 깊은 곳만을 택하여 항해하고 똑바로 가지 않고 많이 돌아가느냐?"고 물어본다면 선장은 대답하리라. "강의 깊은 데를 따라 항해하지 않으면 도저히 항구에 댈 수 없다." 그와 같이 만약 당신의 모든 것은 아시는 하늘의 선장께서 당신을 인도하여 점차로 닥쳐오는 고난의 깊음을 통과하지 않게 한다면, 당신은 암초에 부딪혀 파선하게 되리라. 어떤 종류의 식물은 너무 햇볕을 쬐이면 말라죽는다. 당신은 너무나도 햇빛이 안 좋은 곳에 심어져 있는지도 모른다. 그러나 당신은 그 경우에 있어서만이 "완성에 이르는 열매"(눅 8:14)를 맺기 위하여 사랑에 풍부하신 하늘의 농부가 당신을 거기에 두신 것이다. 이것을 기억하기 바란다. 당신에게 있어서 현재 상황보다 더 나은 곳이 있다면 하나님의 사랑은 당신을 반드시 그곳에 두었음에 틀림없다. 당신은 하나님에 의하여 가장 적절한 환경 가운데 있다. 만약 당신이 스스로의 상황을 선택할 수 있다면, 당신은 곧 "주여 나를 위하여 나의 기업을 택하여 주소서. 나는 나의 뜻을 의지하였기 때문에 많은 고통을 당하였나이다"(딤전 6:10)라고 부르짖을 것이다. 주님께서는 당신의 유익을 생각해서 당신에게 관한 모든 것을 정하셨다. 그러므로 현재 가진 것에 만족하라. 날마다 자신의 십자가를 져라. 그것은 당신의 어깨에 적당한 짐이며 하나님의 영광을 위하여 당신에게 "모든 좋은 말씀과 일"(살후 2:17)은 당신을 온전하게 하기 위하여 최대의 효과를 나타낸다. 참견하기 좋아하는 자신과 교만한 성급함을 내려놓아라! 선택하시는 이는 당신이 아니라 사랑의 주님이시다!

"시련이 닥쳐와도 반드시 물러갈 것이다.

*그러나 겸손한 믿음으로 그 모든 것에
사랑의 표시가 새겨져 있는 것을 보라.
바로 여기에 우리의 행복이 놓여 있다.*"

11월 12일 아침

633. "너희 믿음의 시련이"(벧전 1:7)

믿음은 시련을 받지 않아도 참된 믿음이 될 수 있다. 그러나 그것은 약한 믿음이다. 믿음은 시련을 받지 않는 한 불완전한 발육으로 남을 가능성이 크다. 믿음은 모든 것에 대항하고 일어설 때에 가장 왕성하게 된다. 폭풍은 그 훈련자요, 번개는 그 계발자이다. 바다가 평온할 때는 아무리 당신이 돛을 올린다 하여도 배는 가려고 하는 항구로 향하여 나아가지 않는다. 왜냐하면, 바다가 잠들면 배도 또한 잠들기 때문이다. 그러나 한번 바람이 불어오고 물결이 일어나면 배는 동요되고 갑판은 물결에 씻기며 돛대는 바람의 압력으로 인해 팽팽해지고, 굽어지고 한다. 그러나 바로 그때에 비로소 배는 목적지로 하는 항구를 향하여 돌진할 수 있는 것이다. 빙하의 밑 부분에서 피는 꽃처럼 자랑스러운 푸른빛을 띠는 꽃이 없고, 북극의 하늘에서 빛나는 별처럼 밝은 빛을 방출하는 것은 없으며, 또 사막에서 솟아나는 물처럼 감미로운 맛은 없다. 그와 같이 역경 가운데서 딛고 일어서서 승리하는 믿음처럼 보배로운 것은 없다. 시련으로 인한 믿음은 경험을 가져온다. 강을 건너서 통과 할 때까지는 당신은 자신의 연약함을 인식하지 못하였을 것이다. 그리고 당신은 큰 물결 속에서 붙들려지지 않았다면 결코 하나님의 힘을 알 수 없었음에 틀림없다. 믿음은 시련으로 말미암아 연단되면 될수록 그 견고함, 확실성, 그리고 강도를 더 한다. 믿음은 보배롭다. 그리고 그 시련도 또한 보배로운 것이다. 그러나 이것 때문에 믿음이 약한 자들은 낙담할 필요가 없다. 당신이 시련을 구하지 않아도 시련은 찾아온다. 적당한 때에 그것은 충분히 주어질 것이다. 그때까지는 당신은 깊은 경험을 요구할 수가 없다. 그러나 지금 당신이 받고 있는 만큼의 은혜를 하나님께 감사하여라. 당신이 이미 얻은 거룩한 확신의 정도까지 그를 찬양하여라. 그 방법으로 걸어라. 그러면 당신은 더욱더 하나님의 축복을 받아 마침내 당신의 믿음은 산을 움직이며 불가능을 정복하는 데까지 도달할 것이다.

11월 12일 저녁

634. "이 때에 예수님께서 기도하시러 산으로 가사 밤이 맞도록 하나님께 기도하시고"(눅 6:12)

여인에게서 태어난 자 중에 만약 기도하지 않고 살 수 있는 자가 있다면 그자는 흠이 없으신 완전한 주님이시다. 그러나 아무도 주님과 같이 많이 기도를 한 자는 없다. 주님께서는 아버지 하나님을 그렇게 사랑하셨기에 아버지와의 사귐을 무엇보다 더 사랑했다. 또 주님의 자기 백성을 향한 사랑도 그러하기에 그들을 위하여 많이 기도하셨다. 예수님께서 이와 같이 기도에 힘쓰셨다는 깊은 사실은 우리에게 좋은 교훈을 준다. 주님께서는 우리에게 그의 발자취를 따라오게 하려고 모범을 남기신 것이다. 그분께서 기도를 위하여 선택한 때는 주로 밤이었고, 그것은 좋은 시간이었다. 그 시간은 군중에게 방해당하지 않는 침묵의 시간이었다. 주님 이외에 모든 것은 활동을 정지하고 휴식하는 때이다. 모든 것이 잠들므로 자기의 어려움을 잊고 하나님에게 도움을 받으러 오는 것을 그치는 때였다. 다른 사람들이 잠으로 휴식을 취하는 동안 예수님께서는 그 자신을 기도로 새롭게 하였다. 기도의 장소도 또한 잘 선택되어졌다. 주님께서는 아무에게도 방해받지 않고 또 보이지 않는 곳에서 오직 혼자서 기도하셨다. 그러므로 주님은 바리새인의 허식과 군중의 방해로부터 자유로웠다. 그런 어둠과 적막에 덮인 사방의 언덕들은 하나님의 아들이 기도하기에 알맞은 장소였다. 야밤의 침묵을 지키는 하늘과 땅은 그 두 세계가 합하여져서 흡수하는 신비의 존재의 탄식과 부르짖음에 귀를 기울이고 있었다. 그분의 간구하는 시간은 참으로 길고 깊었다. 긴 밤도 그에게는 길지 않았고 찬바람도 그의 열정을 식힐 수 없었다. 침침한 어둠은 그의 믿음을 어둡게 하지 않았고 적막함도 그의 간절한 열성을 그치게 하지 못하였다. 우리는 그분과 함께 한 시간 동안도 눈을 뜰 수가 없지만 그는 밤이 맞도록 우리를 위하여 지켜보셨다. 주님께서 밤에 기도한 경우는 더욱 주목할 만하다. 그것은 그분의 원수가 격노한 이후였고 그 때문에 기도는 그의 피난처이며 안식처였다. 또 그것은 열두제자를 택하시기 전의 일이었다. 그래서 기도는 그분의 사역의 문이 되어 새 역사의 선구가 되었다. 우리가 특별한 시련 중에 있을 때, 특별히 또는 주님의 영광을 위하여 새로운 계획을 하려고 할 때 특별한 기도에 의뢰해야 할 것을 예수님에게 배워야 하지 않을까? 주 예수여, 기도를 "우리에게도 가르쳐 주옵소서"(눅 11:1).

11월 13일 아침

635. "가지가 포도나무에 붙어 있지 아니하면 절로 과실을 맺을 수 없느니라"(요 15:4)

당신은 어떻게 열매를 맺기 시작하였는가? 그것은 당신이 예수님에게 와서 그분의 크신 구속에 몸을 맡기고 그의 완성된 의 안에서 쉬었기 때문이다. 아, 그때 실로 포도나무 넝쿨이 번성하여 연한 포도 열매가 맺혔고, 석류나무에 싹이 나왔으며, 향료의 밭은 아름다운 향기를 풍겼다. 당신은 그 후로 믿음이 쇠하여 졌는가? 만약 그렇다면 그때의 사랑을 기억하고 회개하여 처음에 하였던 일을 지금 다시 시작하라. 일찍이 당신을 가장 그리스도에게 가까이하게 했던 경험으로 다시 들어가 보라. 왜냐하면, 당신의 열매는 모두 주님께로부터 온 것이기 때문이다. 당신이 그분에게 나아가는 거룩한 연습은 언제나 당신이 열매를 맺는 데 유익할 것이다. 태양은 의심할 것 없이 과수원의 나무에 열매를 맺게 하는 데 큰 도움을 준다. 그러나 예수님께서는 은혜의 동산의 나무에 대하여 더욱 많은 역사를 하신다. 당신이 가장 열매를 맺지 못할 때가 언제였는가? 그것은 당신이 주님으로부터 가장 멀리 떨어져 살며 기도에 게으르고 믿음의 단순성을 잃어버린 때가 아니었는가? 주님을 생각하는 대신에 당신 스스로의 덕을 생각하며 "나의 산은 굳게 서 있다. 나는 결코 동요치 않는다"라고 말하며 당신의 힘이 어디서 오는지 잊어버렸기 때문이 아닌가? 그래서 당신의 열매가 그친 것이 아니겠는가? 우리 중의 어떤 자는 그 마음이 주님 앞에서 아주 겸손해져서 그리스도 이외에는 아무것도 갖고 있지 않다는 것을 교훈 받았다. 모든 피조물의 힘은 아무것도 아니고 죽음뿐이라는 것을 볼 때, 우리는 심한 고민 속에서 "나의 모든 열매를 주님으로부터 얻지 않으면 안 된다. 왜냐하면, 나에게서는 어떠한 열매도 날 수 없기 때문이다"라고 부르짖는다. 과거의 경험으로 비추어 볼 때, 우리가 그리스도 안에서 하나님의 은혜를 단순히 의지하면 할수록 그리고 성령을 기다리면 기다릴수록, 우리는 좋은 열매를 더욱더 많이 하나님께 드릴 수 있다는 가르침을 받았다. 아, 생명을 위하여 예수님을 신뢰할 뿐만 아니라 열매를 위해서도 그분을 신뢰해야 하지 않겠는가!

11월 13일 저녁

636. "항상 기도하라"(눅 18:1)

만약 사람이 낙심하지 않고 항상 기도해야 한다면(cf. 눅 18:1), 그리스도인은 더욱 기도해야 하지 않겠는가! 예수님께서는 자신이 이 땅 위에서 가지셨던 같은 임무를 교회에 부탁하시며 파견하셨다. 이 임무 중에는 중보의 기도가 있다. 그분은 우리를 "하나님 앞에서의 제사장"(계 1:6)으로 만드셨고, 세상을 위한 중보자로 세우셨다. 피조물은 벙어리처럼 침묵하지만, 교회는 그 대변자가 되지 않으면 안 된다. 교회의 최대 특권은 하나님께 받아들여질 만한 기도를 할 수 있음이다. 은혜의 문은 항상 교회의 부르짖음을 향하여 열려져 있으며, 그 간구는 결코 헛되이 돌아가는 법이 없다. 가리워져 있던 휘장은 교회를 위하여 찢어졌고 피는 교회를 위하여 제단 위에 부어져 있다. 그리고 하나님께서는 교회에게 원하는 것을 끊임없이 요구하라고 청하시는 것이다. 천사조차도 흠모하는 이 귀한 특권을 교회는 무참히 물리칠 것인가? 교회는 그리스도의 신부가 아닌가? 교회는 언제든지 원할 때마다 왕의 보좌에 나아갈 수 있지 않는가? 이 보배로운 특권을 가지고 사용하지 않고 썩힐 것인가? 교회는 항상 기도의 필요를 느끼고 있다. 교회 안에는 언제나 믿음이 연약한 자나 죄의 생활로 떨어지는 자가 있다. 그리스도의 가슴에 옮겨지도록 기도를 필요로 하는 어린양이 있다. 강한 자는 교만하지 않도록, 약한 자는 실망하지 않도록 기도하지 않으면 안 된다. 비록 하루 24시간 전부를 기도회에서 보내며 그것을 일 년 내내 매일 계속한다 해도, 간구를 위한 특별한 항목이 없어지는 법은 결코 없다. 병든 자, 가난한 자, 고통당하는 자, 그리고 믿음이 동요하는 자가 없을 수 있겠는가? 친척의 회심, 믿음 후퇴자의 회복, 또는 타락한 자의 구원을 요구하는 자가 없을 수 있겠는가? 아니다. 회중은 계속적으로 모이고, 목사는 항상 설교하지만 무수한 죄인들은 "죄와 허물 가운데 죽고 있다"(엡 2:1). 잘못된 종교가 어둠을 더하고 있는 나라에서는 우상과 잔인함과 그리고 악한 행위에 가득 차 있어서, 만약 교회가 기도하지 않는다면 사랑하는 주님의 명령을 무시한 죄에 대해 무엇이라고 변명하겠는가? 교회는 끊임없는 간구와 중보의 기도를 하지 않으면 안 된다. 그리고 모든 믿는 자는 하나님의 보물 창고에 기도의 은전을 쌓아두지 않으면 안 된다.

11월 14일 아침

637. "내가 여호와께 맹세하면서 말감을 가리켜 맹세하는 자를 멸절하리라"(습 1:4-6)

이러한 종류의 사람들은 두 길을 가고 있기에 자신들이 안전하다고 생각했다. 저들은 여호와를 쫓는 자와 같이 행동하면서 또한 동시에 말감에게도 머리를 숙이고 있다(cf. 말감: 바벨론의 신). 그러나 하나님께서는 두 마음 가진 자를 싫어하시며 위선자를 미워하신다. 거짓 신을 쫓아가는 우상 숭배자는 하나의 죄를 범할 뿐이다. 그러나 오염되고 혐오스러운 제물을 주님의 제단에 가져오면서 한편으로는 세상과 세상의 죄에 순종하겠다고 마음을 기울이고 있는 두 마음을 가진 자는 동시에 두 가지 죄를 범하고 있는 것이다. 그러므로 두 마음을 품은 자는 더욱 죄가 깊은 것이다. 일상생활에 있어서도 두 마음을 가진 자는 경멸되어진다. 그러나 종교에서는 이것은 아주 혐오스러운 일이다. 위의 구절에 선언되어 있는 벌은 두려운 것이지만 그것은 당연한 대가이다. 왜냐하면, 올바른 것을 인정하여 그것에 고백하면서 뒤로는 악을 사랑하고 거기에 자신의 마음을 내어주고 있는 죄인에게 하나님의 의가 허락할 이유가 전혀 없지 않은가? 나의 영혼이여, 오늘 아침 네 자신을 살펴 네가 두 마음의 죄를 범하고 있지 않은가 살펴보라. 너는 예수님을 따르는 자라고 고백하고 있지만 참으로 그분을 사랑하고 있는가? 네 마음은 하나님과 바른 관계에 있는가? 너는 정직한 자의 한 가족인가? 아니면 두 마음을 가진 자들의 가족인가? 비록 육적으로 살아있다고는 하지만, 만약 내가 죄와 허물로 인하여 참으로 영적인 생명이 죽어 있다면 나는 아무것도 아닌 것이다. 한 발을 진리의 땅에 두고 다른 한 발을 거짓의 바다에 둔다면 위험과 무서운 파멸은 틀림없이 올 것이다. 그리스도는 우리에게 있어서 전부인가 아니면 아무것도 아닌가, 이 둘 중의 어느 한쪽이다. 하나님께서는 전 우주를 채우시고 계시다. 그러므로 다른 신을 위한 여지가 없는 것이다. 만약 하나님께서 나의 마음을 지배하고 있다면 다른 지배력을 들일 공간이 전혀 없는 것이다. 나는 십자가에 달린 예수님에게만 쉬고 있고 그분을 위해서만 살고 있는가? 진정 그러하기를 원하는가? 나의 마음은 그렇게 결심하고 있는가? 그렇다면 나를 구원으로 이끄는 능력 있는 은혜는 복이 있도다. 그러나 만약 그렇지 않다면, 오 주여 나의 슬퍼할 죄를 사하시고 나의 마음으로 하여금 주의 이름을 두려워하도록 묶으소서.

11월 14일 저녁

638. "라반이 가로되 형보다 아우를 먼저 주는 것은 우리 지방에서 하지 않는 바이다"(창 29:26)

우리는 라반의 불성실 한 것에 대해 용납할 수는 없지만, 그가 구실로 인용한 관습에 대하여는 배울 점이 있다. 어떤 것에 있어서 순서가 있고, 둘째 것을 얻기 위해서는 먼저 첫 번째 것을 손에 넣어야 한다. 둘째 것이 우리의 눈에 더 아름답게 보일런지 모른다. 그러나 "하늘"의 법칙은 먼저 나이든 자가 결혼해야만 하는 것이다. 예를 들면 많은 믿는 자들은 "믿음으로 인한 기쁨과 평안"(롬 15:13)이라는 "아름답고 고운"(창 29:17) 라헬을 사모한다. 그러나 저들은 먼저 회개라는 "눈이 약한"(창 29:17) 레아와 결혼해야 한다. 그 누구라도 행복이라는 사랑에 빠진다. 그리고 기쁨으로 그 행복을 자기 것으로 갖기 위하여 7년의 두 배를 봉사할 것이다. 그러나 주님의 왕국의 법칙에 의하면 참 행복이라는 라헬을 얻기 전에, 참 성결이란 레아가 우리 영혼의 사랑이 되어야만 한다. "하늘"은 첫째로 오는 것이 아니라 두 번째에 있다. 오직 끝까지 참음으로 인하여 거기에 있는 유업을 손에 넣을 수 있다. 면류관을 받기 전에 먼저 십자가를 져야 한다. 그의 겸손 안에서 우리의 주님을 따라야만 하는 것이다. 그렇지 않으면, 영광 안에 있는 주님과 함께 안식을 즐길 수 없는 것이다. 나의 영혼이여, 당신은 하늘의 법칙을 깨뜨리고 싶을 만큼 허영된 자인가? 당신은 수고하지 않고 보상을 원하며, 곤란을 당하지 않고 영광을 바라는가? 게으른 생각을 버리고 예수님의 감미로운 사랑을 위하여 어려운 것을 취하게 되는 것으로 만족하라. 그러면 모든 것이 보상되어 질 것이다. 그런 마음을 가지고 노동과 고통을 받아들인다면 쓴 것은 달게 되고 어려운 것은 쉽게 되어지는 것을 알리라. 당신은 야곱과 같이 오랫동안 봉사하는 것이 예수님을 사랑하기 때문에 단 며칠 같이 느껴질 수도 있다. 기다리던 혼인의 때가 오면, 너의 모든 수고는 마치 존재하지 않았던 것처럼 될 것이다. 예수님과의 한 시간은 몇 십년 동안의 고통과 노동을 보상하고도 남음이 있다는 것을 깊이 기억하여라.

> "예수여, 이 모든 것을 이기신 당신님은 너무나도 아름답습니다!
> 당신님의 십자가를 나도 즐거운 마음으로 지고 가겠습니다.
> 하늘의 법칙이 그렇게 정해져 있기에 나도 먼저 결혼하고
> 그 다음에 소유하여 온전히 누리겠나이다."

11월 15일 아침

639. "여호와의 분깃은 자기 백성이라"(신 32:9)

우리는 어떻게 하나님의 소유가 되었는가? 그것은 하나님 자신의 주권에 의한 선택이기 때문이다. 하나님께서 우리를 선택하셨고 그 사랑을 우리에게 부으신다. 하나님께서는 저들 중에 어떤 좋은 것이 있는지 없는지, 또는 장래에 어떻게 되던지 거기에 개의치 않으시고 이렇게 하신다. 하나님은 긍휼히 여기시기로 정한 자들에게 긍휼을 부으시고 선택한 사람들을 영원한 생명으로 정하신다. 그러므로 저희는 하나님의 자유로운 선택에 의하여 하나님의 것이 되었다. 저희는 선택으로 인하여 하나님의 것이 되었을 뿐만 아니라 값으로 사서 하나님의 것이 되었다. 하나님은 저희를 사셨다. 마지막 1원까지도 지불하셨다. 그러므로 하나님의 것이라는 권리에 대하여 어떤 논쟁도 할 수가 없다. 저희는 "금이나 은같이 썩어질 것으로 한 것이 아니고 주 예수 그리스도의 보배로운 피"(벧전 1:18-19)로 말미암아 완전히 구속하셨다. 하나님의 재산에는 어떤 빚진 것이 없기 때문에 채권자들로 말미암아 소송이 제기되는 일은 없다. 그 대가는 공식적으로 온전히 지불되었으므로 교회는 영원히 주님의 소유가 되었다. 모든 택한 자들 위에 있는 보혈의 자국을 보라. 사람의 눈에는 보이지 않지만 그리스도께서는 그것을 알고 있다. 왜냐하면, "주는 저들이 그의 것이라는 것을 알기 때문이다"(딤후 2:19). 그분께서는 자신의 생명을 희생하여 구원한 양 떼의 수를 세시며 자신을 내어주신 교회를 잘 기억하고 있는 것이다. 저희는 정복됨으로써 하나님의 것이 된 것이다. 주님은 우리를 이기시기 위해 어떤 전투를 우리 안에서 해야 했을까! 주님께서는 얼마나 오랫동안 우리의 마음을 포위하여 공격하셔야 했을까! 얼마나 자주 주님께서는 우리에게 마음의 성문을 열라고 권고하였는가? 그러나 우리는 주님께 대하여 문을 닫고 빗장을 채웠다. 주님께서 폭풍 중에서 우리의 마음을 함락한 그 빛나는 순간을 우리는 기억하는가? 그때 주님께서는 벽에다가 십자가를 세우고 우리의 성벽을 기어 올라와 우리의 본 진영에 그분의 피에 물들인 전능한 긍휼의 깃발을 세우지 않았는가? 그렇다. 참으로 우리는 그분의 전능하신 사랑에 의하여 정복되어 포로가 된 사람들이다. 이와 같이 우리는 선택되고, 구속되고, 정복되어 하나님의 소유가 된 이상 우리에 대한 하나님의 소유권은 아무에게도 양도되는 일이 없다. 우리는 스스로 결코 자기 자신의 것이 아니라는 것을 기뻐하여 날마다 주의 뜻을 행하기를 원하며 주님의 영광을 나타내기를 원한다.

11월 15일 저녁

640. "하나님이여 우리를 위하여 행하신 것을 견고히 하소서"(시 68:28)

　　하나님께서 우리 안에 이루신 사역을 굳게 하도록 끊임없이 간구하는 일은 우리에게 필요할 뿐만 아니라, 그것이 바로 우리의 지혜이기도 하다. 많은 믿는 자들이 이것을 게을리하기 때문에 불신앙으로부터 오는 시험과 영혼의 고통에 고민하며 스스로를 비난한다. 사탄이 마음의 아름다운 꽃동산에 홍수를 보내어 황폐하게 하려고 하는 것은 사실이다. 그러나 많은 믿는 자가 스스로 수문을 열고 힘 있는 구주님에게 기도를 하지 않음으로 인해 부주의하게도 무서운 홍수를 초래하는 것도 사실이다. 때때로 우리는 믿음의 창시자가 또한 그것을 보존하는 자이심을 잊어버린다. 성전 안에서 타는 등불을 끄는 것은 결코 허락되지 않는다. 그러나 그러기 위해서 매일 신선한 기름의 보급이 필요하다. 그와 같이 우리의 믿음도 은혜의 기름에 지탱되어야만 살 수 있고, 그리고 이 은혜는 오직 하나님 자신으로부터만 얻을 수 있다. 만약 우리가 등불에 필요한 것을 얻지 않으면 우리는 어리석은 처녀임을 드러내는 것이다(마 25:1-13 참조). 이 세계를 지으신 분이 또한 그것을 보존하고 계신다. 그렇지 않으면 하나의 커다란 괴성과 함께 무너지고 말 것이다. 그와 같이 우리를 믿는 자로 세우신 이가 자신의 영으로 우리를 붙들고 있다. 그렇지 않으면 우리는 즉시 결정적으로 멸망하고 만다. 그러므로 우리는 저녁마다 주님에게 가서 필요한 은혜와 힘을 간구해야 한다. 우리는 이렇게 간구해야 할 강력한 이유를 가지고 있다. 왜냐하면, 우리가 강건하게 해달라고 그분에게 구하는 것은 그 자신의 은혜의 행사, 즉 "우리를 위하신 일"이기 때문이다. 하나님께서 그 자신의 사역을 보호하고 지키시는 데 실패하실 것이라고 당신은 생각하는가? 오직 당신의 믿음을 그분의 힘에 굳게 의뢰하라. 그러면 지옥의 구덩이에 끌려가는 모든 암흑의 세력도 당신의 기쁨과 평안을 흐리게 하거나 그림자를 드리울 수 없다. 강하게 할 수 있는 때에 왜 낙심하는가? 승리자가 될 수 있는 때에 왜 패배를 맛보려고 하는가? 아, 당신의 흔들리는 믿음과 메말라가는 은혜를 새롭게 하고 활기를 주기 위하여 그분에게 가지고 가라! 그리고 "하나님이여, 우리를 위하여 행하신 일을 견고히 하소서"라고 간절히 기도하라.

11월 16일 아침

641. "여호와는 나의 기업이시니"(애 3:24)

이 구절에서 "여호와는 나의 받을 한 분깃"이라고 하지 않았다. 또한 "여호와는 나의 받을 분깃 중에 있다"고도 쓰여 있지 않다. 그러나 여호와 자신이 나의 영혼의 기업 전체다. 그 원의 둘레 안에 나의 소유와 소원의 전부가 놓여 있다. "여호와는 나의 기업이다." 다만 그의 은혜와 사랑 또는 그의 언약뿐만 아니라 여호와 자신이 나의 받을 기업이다! 그분께서는 우리를 그의 소유로 선택하셨고, 우리는 그분을 우리의 소유로 선택했다. 주님께서 먼저 우리를 위하여 기업을 선택해야만 하는 것은 말할 것도 없다. 그렇지 않으면 우리는 결코 그것을 우리의 것으로 선택할 수 없었을 것이다. 그러나 만약 우리가 하나님의 사랑의 선택으로 인하여 부르심을 받은 자라면 이렇게 노래할 수 있다.

"하나님에게 사랑을 받은 우리는
그분을 향하여 불타는 사랑을 바치리라.
창세전부터 그분에게 선택받은 우리는
그것에 응답하여 오직 그분을 선택하리라."

주님께서는 우리의 완전한 기업이시다. 만약 그분께서 자신에 있어서 부족함이 없으시다면, 하나님은 우리에게 있어서도 완전하실 것이다. 인간의 욕망을 채우기는 쉽지가 않다. 때로는 사람은 만족하고 있는 것같이 보이지만 그것은 일시적이고 곧 다시 부족함을 호소한다. 그의 마음에 거머리 같은 탐욕은 "부족하다, 부족하다"라고 소리친다. 그러나 우리의 소원의 모든 것은 하나님으로부터 오는 기업 안에서 발견되어질 것이다. 그래서 우리는 "주 외에 누가 내게 있으랴? 하늘에서도 주요, 땅에서도 주밖에 없나이다"(시 73:25)라고 말하게 된다. 주님께서는 우리에게 그분의 기쁨의 강에서 마시게 하신다. 우리의 믿음은 날개를 펴고서 독수리같이 하나님의 사랑의 하늘에 올라 본래의 안식처에 돌아가는 것이다. "내게 줄로 재어준 구역은 아름다운 곳에 있음이여, 나의 기업이 실로 아름답도다"(시 16:6). 우리는 항상 주안에서 기뻐하자. 이 세상에게 우리는 행복하고 축복받은 백성이라는 것을 보여서, 세상 사람들로 하여금 "하나님이 너희와 함께하심을 들었나니 우리도 너희와 함께 가기를 원한다"라고 소리치게 해야 하지 않겠는가!

11월 16일 저녁

642. "너의 눈은 그 영광 중의 왕을 보며"(사 33:17)

　　그리스도를 알면 알수록 당신은 피상적인 방법으로 그분을 바라보는 것에 만족할 수 없을 것이다. 영원한 언약에 있어서의 그분의 활동과 그가 당신을 위하여 영원한 보증인으로서의 활약하시는 것과 그분의 모든 직무 중에서 빛나는 은혜의 충만하심에 대해 깊이 연구하면 할수록 당신은 더욱더 그분의 "영광 중에 왕을 보게 될 것이다." 이러한 관찰의 눈을 더욱 길러라. 예수님을 바라보는 일을 하면 할수록 당신은 그분을 더 많이 보게 된다. 묵상과 사색은 때때로 마노의 창과 홍옥의 문과 같아서 그것을 통하여 우리는 구속주님을 본다. 묵상은 우리의 눈에 망원경을 대고서 우리에게 예수님께서 이 땅 위에 살아계셨을 때, 그 실제를 보는 것보다 더욱더 그분을 잘 볼 수 있게 한다. 만약 우리의 행동이 더욱더 하늘에 가까이 향할수록, 우리는 육신을 입으신 주님의 인격과 사역과 그 아름다움에 더욱 매혹될 것이다! 만약 우리가 예수님에 대해 더욱더 묵상할수록, 왕의 아름다움은 한층 더 광채를 우리 위에 비칠 것이다. 사랑하는 자여, 우리는 임종 시에 일찍이 없었던 영광의 주님을 뵈올 수 있게 될 것이다. 많은 성도들이 죽음의 직전에 폭풍의 물결 속에서 예수님께서 거친 바다 위를 걸어오시며, "내니 두려워 말라"(마 14:27)고 말씀하시는 것을 들었다. 아, 집이 흔들려 벽의 진흙이 떨어지기 시작할 때 우리는 그 사이 틈으로 그리스도를 보며, 그 틈 사이로 하늘의 햇빛이 흘러들어오는 것을 본다. 그러나 만약 우리가 "영광 중의 왕"을 얼굴과 얼굴로 맞대어 보기를 원한다면 우리는 직접 "하늘"으로 가지 않으면 안 된다. 그렇지 않으면 왕 자신이 직접 이 땅에 오셔야 한다. 아, 그가 "바람 날개"(삼하 22:11)를 타고 오실 것이다. 그분께서는 우리의 신랑이시고 그분께서 안 계시는 동안 우리는 과부이다. 그분은 우리의 사랑하는 아름다운 맏형이므로 그분이 없이는 우리는 언제나 적막함을 느낀다. 두꺼운 막과 구름이 우리의 영혼과 예수님 안에 있는 참 생명을 분리시키고 있다. 언제 "밤이 밝아와 그림자가 도망칠까?"(아 2:17). 아, 기다리는 그 날이 하루빨리 밝아 오기만을 고대하고 또 고대한다!

11월 17일 아침

643. "영광이 그에게 세세에 있으리로다"(롬 11:36)

"영광이 영원토록 그분에게!" 바로 이것이 믿는 자의 유일한 소원이어야 한다. 그 이외의 모든 소원은 여기에 비하면 뒤로 밀려나야 한다. 믿는 자는 사업의 번영을 원할 수도 있다. 그러나 그것은 "영광이 하나님께 영원토록" 있게 하기 위한 것을 돕기 위해 필요한 것이다. 믿는 자는 더욱 은사를 받으며 더욱 은혜 받기를 원할 수도 있다. 그러나 그것도 오직 하나의 영광을 위한 것이 되어야 한다. 당신이 오직 주님의 영광을 위한 목적으로 하지 않고, 그 이외의 동기로 인하여 행동하고 있다면 당신은 바른 길을 걷고 있지 않는 것이다. 그리스도인인 이상 당신은 하나님의 것이요 하나님으로 말미암아 살고 있다. 그러므로 하나님을 위하여 살라. 어떠한 일이 일어날지라도 당신은 하나님을 사랑하는 것 이상의 것에 마음이 끌려서는 안 된다. 바로 이 비전을 가지고 당신의 영혼을 불태우며 당신의 계획하는 모든 사업의 기초로 하라. 또 당신의 열정이 식어질 때에도 이 마음이 당신을 붙들게 하는 동기가 되게 하라. 하나님을 당신의 유일한 목적으로 하고 오직 그분에게만 의지하라. 자아가 시작되는 곳에서 슬픔에 시작된다. 그러나 만약 하나님께서 나의 유일한 기쁨이며 오직 유일한 목적이 된다면, "사랑이 정해진 곳에는 그것이 생명이든 죽음이든지 간에, 나를 쉽게 하든 고통이 되게 하던지 이것은 나에게 언제나 동일하다. 하나님의 영광을 위한 당신의 소원이 항상 커지도록 하라. 당신이 믿었을 젊은 시절에 당신은 그분을 찬양하였다. 그러나 그때의 찬양으로 만족해서는 안 된다. 하나님께서 당신의 사업을 번창하도록 하셨는가? 하나님께서 당신에게 많은 것을 주신만큼 당신도 하나님께 더 드리도록 하라. 하나님은 당신에게 경험을 주셨는가? 당신도 처음 가지고 있던 때 보다 더욱 강한 믿음을 가지고 하나님을 찬송하라. 당신은 지식에 있어서 성장하였는가? 그러면 한층 더 아름답게 하나님을 찬송하라. 당신은 과거보다 더 행복한가? 당신은 질병에서 회복되고 당신의 슬픔은 평안과 기쁨으로 변하였는가? 그렇다면 더욱더 노래로 하나님을 찬송하라. 당신이 드리는 찬송의 향기로운 연기 속에 한층 더 숯불과 감미로운 유향을 담아라. 당신의 실제 생활에 있어서 하나님을 경배하며 당신 스스로 개인적인 봉사와 더욱더 거룩해짐으로써 당신의 위대하고 은혜로우신 주님께 대한 찬양에 "아멘"으로 화답하도록 하라.

11월 17일 저녁

644. "나무를 쪼개는 자는 그로 인하여 위험을 당하리라"(전 10:9)

악한 압제자는 나무를 쪼개는 것 같이 쉽게 가난한 자, 그리고 가련한 자에게 손을 댈 수 있다. 그러나 그것이 위험한 일이라는 것을 알고 조심함이 좋다. 나무의 가시는 때때로 나무를 쪼개는 자를 죽이기도 한다. 성도를 상하게 하는 일은 예수님을 핍박하는 것이다. 그리고 그분께서는 그의 사랑하는 자를 위하여 커다란 복수를 하신다. 가난한 자와 가련한 자를 짓밟는 것은 두려운 일이다. 비록 지금은 박해자에게 이 땅에서 위험이 임하지 않을지라도 다음 세상에서는 큰 재난이 오기 때문이다. 나무를 쪼개는 일은 일상생활의 평범한 일이지만 거기에는 위험이 수반된다는 것을 기억하라. 독자여, 이와 같이 당신의 직업과 일상생활에도 위험이 있다는 것을 알고 주의하는 것이 좋을 것이다. 내가 말하는 것은 홍수, 전쟁, 질병, 갑작스러운 죽음 등의 그러한 재앙이 아니라 영적인 재앙을 말하는 것이다. 당신의 직업이 나무 쪼개는 것 같이 비천한 일일지도 모른다. 그러나 사탄은 당신을 유혹할 수가 있다. 당신은 남의 집에서 일하는 종이나 소작인이나 또는 기계공일 수도 있다. 그리고 당신은 아마도 큰 죄악의 유혹으로부터 잘 견디고 있을지라도 어떤 숨은 죄가 당신을 해할 수도 있다. 집의 문을 닫아걸고 있으며 세상 풍파에 직면하지 않고 있는 사람이라도 방에 조용히 들어앉아 있는 그 자체로 인하여 해를 받을 수도 있다. 자기는 안전하다고 생각할지 몰라도 이 세상에서 안전한 장소는 그 어디에도 없다. 가난한 자의 마음에도 교만이 들어가며, 시골 사람의 영혼도 탐욕이 지배할 수 있다. 아주 조용한 가정에도 불결한 일이 침입하고, 아주 외딴 촌에도 분노와 시기와 악의가 찾아 들어갈 수 있다. 종에게 몇 마디 말할 때도 우리는 죄를 범할 수 있는 가능성에 노출되어 있다. 또 가게에서 구입한 작은 물건이 유혹의 사슬이 되기도 하며, 창밖으로 우연히 엿본 일이 악의 시작이 되기도 한다. 아, 주여 우리는 얼마나 다양한 위험에 직면하고 있는지요! 어떻게 하면 우리는 안전할 수 있을까요? 우리는 우리 자신을 지키기에 너무나도 어렵습니다. 오직 당신님만이 악으로 가득 찬 이 세상에서 우리를 지키실 수 있습니다. 우리 위에 주님의 날개를 펴소서. 그리는 마치 작은 병아리같이 우리를 주의 날개 그늘에 몸을 숨겨 평안할 수 있게 하소서!

11월 18일 아침

645. "잠근 동산이요 덮은 우물이요 봉한 샘이로구나"(아 4:12)

믿는 자의 내면의 삶이 분명하게 매우 비밀스럽다는 것을 이 비유는 말하고 있다. 그것은 "덮은 우물"이다. 동양에서는 샘물 위에 건물이 세워져 있어서 비밀 입구를 아는 자 외에는 그 샘물의 근원지에 갈 수가 없다. 은혜로 말미암아 새롭게 된 믿는 자의 마음도 그렇다. 거기에는 어떤 숙련된 사람도 도달할 수 없는 신비한 생명이 그 안에 있다. 그것은 다른 어떤 사람이 엿볼 수 없는 비밀스러운 곳이다. 아니, 그것을 소유하고 있는 본인조차도 다른 이웃에게 말할 수가 없다. 이 구절은 비밀스러움 뿐만 아니라 분리라는 생각도 포함되어 있다. 그것은 지나가는 사람 중 아무나 마셔도 좋다는 보통의 샘물이 아니고 다른 모든 사람으로부터 따로 지키어 보호되어 있는 특별한 샘물이다. 그것은 보통의 샘이 아니고 소유자가 있는 특별한 샘이라는 것을 알 수 있도록 왕의 옥쇄가 달려 있다. 영적 생활에 있어서도 마찬가지이다. 하나님으로부터 선택된 자는 영원하신 하나님의 뜻에 따라 구별되어 있다. 저들은 구속의 날에 하나님이 의하여 구별되어져 있어서 다른 사람이 갖지 않은 생명을 소유함으로 말미암아 구별된 것이다. 저들은 이 세상의 쾌락을 기뻐하지도 않고 이 세상을 자신의 집처럼 느끼는 것도 불가능하다. 저들에게는 또한 신성이라는 사상이 있다. "덮은 우물"은 어떤 특정한 사람의 사용을 위하여 보존되어 진다. 그리스도인의 마음도 그렇다. 이는 예수님을 위하여 지켜 온 샘이다. 모든 그리스도인은 한 사람 한 사람이 하나님의 인을 받았다는 것을 느껴야 한다. 그리고 바울과 함께 "이후로는 아무도 나를 괴롭게 하지 말라. 나는 예수님의 인친 흔적을 몸에 지니고 있기 때문이다"(갈 6:17)고 말할 수 있어야 한다. 또한 여기에서 생각해야 할 또 다른 하나의 현저한 사상은 '안전'이다. 아, 믿는 자의 내면의 생활은 얼마나 확실하고 안전한가! 비록 이 세상과 지옥의 모든 힘이 한 덩어리가 되어 쳐들어온다 할지라도 이 불멸의 원칙은 조금도 흔들리지 않는다. 왜냐하면, 그것을 주신 분이 생명을 던져서 지키고 있기 때문이다. 그리고 하나님께서 당신의 수호자이시니 그 어느 누가 당신을 해칠 수 있겠는가?

11월 18일 저녁

646. "주는 영원부터 계셨나이다"(시 93:2)

그리스도는 "영원하시다." 우리는 그에 대하여 다윗과 함께 "하나님이여, 주의 보좌는 영원하시며"(시 45:6)라고 노래하고 싶다. 믿는 자여, "어제나 오늘이나 영원히 변치 않으시는 예수 그리스도 안에서"(히 13:8) 기뻐하라. 예수님께서는 항상 존재하셨다. 베들레헴에 탄생하신 어린아이는 "태초부터"(요 1:2) 계셔서 "모든 것을 창조하신"(요 1:3) 하나님의 말씀이셨다. 그리스도께서 밧모섬의 요한에게 나타나셔서 하신 말씀은 "지금도 계시고 전에도 계시고 장차 오실 자"(계 1:4)라는 것이었다. 만약 그분께서 "영원한 옛적"부터 하나님이 아니셨다면 우리는 마음을 다하여 그분을 사랑할 수 없다. 또 그분께서 모든 언약의 축복의 샘인 영원한 사랑에 어떤 관여하였다고 느낄 수 없다. 그런데 그분은 영원한 옛적부터 아버지와 함께 계셨다. 그러므로 우리는 아버지와 복되신 성령과 함께 하나님의 사랑의 근원을 그분에게서 발견한다. 우리의 주님께서는 과거에 항상 계셨고 끊임없이 영원하시다. 예수님께서는 죽어 있는 것이 아니다. "그는 항상 살아계셔서 우리를 위하여 간구하신다"(히 7:25). 그분은 당신을 축복하기 위하여 기다리신다. 그러므로 항상 주님께로 나아가라. 더군다나 우리의 주 예수님께서는 장래에도 항상 존재하신다. 만약 하나님이 당신의 생명을 지속시켜 "칠팔십년의"(시 90:10) 연수를 허락하신다면, 당신에게 더러움을 깨끗하게 하는 샘이 여전히 열려 있고 그분의 보배로운 보혈은 그 능력을 잃지 않았다는 것을 발견할 것이다. 자신의 보혈로 치료의 샘을 채우신 대제사장이 당신을 모든 죄에서 깨끗하게 하기 위하여 살아계심을 당신은 발견할 것이다. 당신에게 최후의 싸움이 남아있을 때 당신은 승리의 임금의 손이 쇠하여 있지 않다는 것을 알게 될 것이다. 살아계신 구주께서는 임종 때의 성도에게 힘을 준다. 더구나 당신이 "하늘"에 들어갈 때 당신은 거기에서 십자가의 주님을 발견할 것이다. 그리고 영원의 장래에 세세토록 주 예수님은 그의 백성에게 기쁨과 생명과 영광이 끊어지지 않는 샘으로 여전히 남아계실 것이다. 당신이 이 거룩한 우물로부터 생수를 길어 올리게 되기를 바란다! 예수님께서는 옛적에도 계셨고, 지금도 계시며, 그리고 장차 다시 오실 분이시다. 그분의 모든 속성과 모든 직무에 있어서, 힘에 있어서, 그리고 선택한 자기 백성을 축복하고 위로하고 지키며 관을 씌워 주시려는 그의 의지에 있어서 그분께서는 영원하시다.

11월 19일 아침

647. "어리석은 변론과 족보 이야기와 분쟁과 율법에 대한 다툼을 피하라"(딛 3:9)

우리의 인생은 아주 짧다. 따라서 자신의 삶을 보다 유익하게 보내기 위해서는 중요하지 않은 문제에 대해 논쟁을 함으로써 시간을 낭비하는 것보다는 오히려 선한 일에 힘쓰는 것이 훨씬 좋다. 과거에 사람들은 실제로 아무 중요하지 않은 문제를 두고 논쟁함으로써 항상 화를 초래하였다. 우리의 교회도 불분명한 점과 중요하지 않은 문제로 쓸데없는 논쟁을 함으로써 고통을 경험하였다. 양쪽 편이 말하고 싶은 것을 전부 말하여 논쟁한 결과 어느 쪽이나 지혜롭지 못하기 때문에 사랑보다 지식을 증가시키는 것도 아니다. 이러한 황야 같은 밭에 언제까지나 씨를 뿌리고 있는 것은 어리석은 일이다. 하나님에게만 속한 비밀, 의미가 분명하지 않은 예언들, 그리고 사람이 정한 의식을 지키는 것에 관하여 성경이 침묵하고 있는 질문은 다 어리석은 것으로 지혜 있는 사람들은 피하려 한다. 우리가 취할 태도는 이런 어리석은 질문을 하는 것도 또는 거기에 대답하는 것도 아니다. 오히려 그것들을 모두 피해야 한다. 만약 우리가 디도서 3장 8절에 있는 것 같이 사도의 교훈을 지켜 "선한 일에 힘쓴다면" 우리는 가치 없고 이론이 분분하고 불필요한 논쟁에 관심을 가지지 않는 대신에 보다 유익한 일에 종사하게 될 것이다. 그러나 여기에 이러한 어리석은 질문과는 다른 몇 가지 아주 중요한 질문이 있다. 우리는 이것들을 피하지 말고 솔직하게 직면해야 한다. 그 질문들은 아래와 같다. 나는 주 예수 그리스도를 믿고 있는가? 나의 마음은 새로워져 있는가? 나는 육신을 쫓지 않고 영을 쫓아 살고 있는가? 나는 은혜 안에서 성장하고 있는가? 나의 말하는 것이 구주의 교훈을 높이고 있는가? 나는 마치 종이 주인의 돌아옴을 기다리듯이 주의 재림을 소망하고 있는가? 나는 예수님을 위하여 무엇인가 더 힘쓸 수 있는 것이 없는가? 이러한 질문은 우리에게 아주 중요하다. 만약 우리가 지금까지 어리석은 질문에 이끌리고 있다면 우리는 곧 비판의 능력을 유익한 봉사로 바꾸어야 하지 않겠는가? 우리의 말과 본보기로 "어리석은 변론을 피하고" 다른 사람에게 화해자가 되어 그들을 인도하는 노력을 해야 하지 않겠는가?

11월 19일 저녁

648. "내가 어찌하면 하나님 발견할 곳을 알꼬"(욥 23:3)

아주 다급할 때 욥은 주님께 부르짖었다. 고난 중에 있는 하나님의 자녀가 가장 원하는 것은 다시 한번 아버지 하나님의 얼굴을 보는 것이다. 욥의 첫 번째의 기도는 "오, 이제 내 온몸에 퍼져있는 병을 고쳐 주소서"라든지, 또는 "오, 나의 자녀들이 무덤에서 다시 살아나며 나의 재산을 침략자의 손에서 돌려주소서"라는 그런 것이 아니었다. 욥의 제일의 가장 비장한 부르짖음은 "오, 내가 하나님을 찾아 그를 발견하여 그의 보좌 앞에 나아갈 수 있기를 원하노라!"하는 것이었다. 하나님의 자녀들은 폭풍이 칠 때 집으로 뛰어 들어온다. 모든 어려움으로부터 여호와의 날개 밑으로 안식처를 찾는 것은 은혜 받은 영혼이 하늘로부터 받은 본능이다. "그는 하나님을 피난처"로 하고 있으며, 이것은 참으로 믿는 모든 자에게 적용된다. 위선자는 하나님에게 시련을 당할 때에 노를 발하며 종과 같이 채찍질하는 주인으로부터 도망가기를 원한다. 그러나 "하늘"의 참 상속자는 그렇지 않다. 그는 자기를 채찍질하는 손에 입을 맞추고 자기에게 얼굴을 찌푸리시는 하나님의 팔 안에 있는 몽둥이로부터 피난처를 찾는다. 하나님과 사귀려고 하는 욥의 소원은 다른 모든 위로의 근원이 막힘으로 인하여 더욱 강하여졌다. 이 족장은 동정하는 친구로부터 그의 얼굴을 돌려 하늘의 보좌를 앙망하였다. 이것은 마치 나그네가 비어있는 물가죽 부대를 버리고 전속력으로 샘물을 향하여 달려가는 것과 같다. 그는 이 땅 위의 소망과는 이별하고 다음과 같이 부르짖었다. "내가 어찌하면 하나님을 발견할 수 있을까!" 우리는 사방이 모두 공허하다는 것을 깨달았을 때처럼 창조자의 보배로움을 가르쳐주는 경우는 없다. 우리는 이 땅의 벌집에 조금도 꿀이 없고 많은 날카로운 침만 있다는 것을 발견할 때, 우리는 그 쓴맛을 경멸하며 등을 돌리고 기쁨으로 하나님께 돌아간다. 그분의 신실한 말씀은 꿀맛이나 꿀송이보다 더 감미로운 것이다. 모든 역경 속에서 우리는 먼저 우리와 함께하시는 하나님의 임재를 찾아야 한다. 만약 우리가 그분의 미소만을 즐거워할 수 있다면, 우리는 그분의 사랑에 격려되어 기뻐하는 마음으로 날마다 우리의 십자가를 질 수 있을 것이다.

11월 20일 아침

649. "주께서 내 심령의 원통함을 풀어 주셨나이다"(애 3:58)

여기서 선지자가 얼마나 긍정적으로 말하고 있는지에 특히 주목하라. 그는 "주님께서 나의 원통함을 들어주심"을 바란다든지 믿는다든지 또는 생각한다고 말하지 않았다. 그는 이것은 의논할 여지가 없는 사실로서 "주께서 내 심령의 원통함을 풀어 주셨나이다"라고 단언하고 있다. 우리는 주님의 은혜로운 보혜사의 도우심으로 말미암아 자기의 평안과 위로를 자주 막아버리는 기도에 대해 의심과 두려움을 떨쳐 버리자. 우리는 추측이나 의심의 거친 쉰 목소리로 기도하는 것이 아니고 확신에 찬 명확한 소리로 기도하자. 여기서 선지자는 얼마나 감사에 가득차서 모든 영광을 오직 하나님에게만 돌리고 있는지 주목하여 보라! 선지자가 그 자신에 대해서는 한마디도 하지 않았으며, 또한 자신의 간구에 대해서도 이야기하지 않았다. 그는 자기의 구원을 자기 자신은 물론 다른 어떤 사람에게도 그 공로를 돌리지 않았다. 그러나 그는 "주여, 주님께서 나의 심령의 원통함을 풀어 주셨고 내 생명을 속량하셨나이다"라고 말함으로 오직 주님께 영광을 돌리고 있다. 그리스도인은 이런 귀한 정신을 양육해야 한다. 특히 구원함을 받은 후에 우리는 하나님에게 감사의 노래를 준비해야 하는 것이다. 땅은 성도들의 감사 노래로 가득 찬 성전이 되어야 하고, 매일 아름다운 감사의 향기로 채워져서 향기로운 연기가 하늘로 올라가지 않으면 안 된다. 예레미야는 얼마나 기쁨에 넘쳐서 주님의 긍휼함을 기록하고 있는가! 그가 얼마나 승리의 기쁨에 넘쳐 나고 있는지 보라! 그는 오늘날도 눈물의 선지자로서 알려졌듯이 깊은 웅덩이에 던져져 있었다. 그럼에도 불구하고 "애가"라고 불리는 이 책 가운데서 우리는 미리암이 소고를 손에 잡고 노래를 부른 것 같이, 또한 드보라가 승리의 노래를 부르며 발락을 영접한 때와 같이 "주여, 주님께서 내 심령의 원통함을 풀어 주셨고 내 생명을 속량하셨나이다"라고 노래하는 하늘로 올라가는 예레미야의 소리를 듣는다. 오 하나님의 자녀들이여, 주님의 자비하신 참된 경험을 구하라. 그리고 그것을 얻을 때 명백히 말하며 감사의 마음을 가지고 노래하여 승리의 함성을 울려라.

11월 20일 저녁

650. "사반(오소리)은 힘이 약한 종류로되 집을 바위 사이에 짓는도다" (잠 30:26)

오소리는 자기의 약한 것을 알고 있기 때문에 바위 구멍 속에 피할 곳을 찾아 적의 손으로부터 안전을 도모한다. 나의 마음이여, 이런 약한 동물에서 가르침을 기쁨으로 배우라. 너는 오소리와 같이 약하고 위험에 노출되어 있다. 그러므로 오소리와 같이 지혜롭게 피할 곳을 찾으라. 나의 최상의 안전은 변함이 없는 여호와의 요새 가운데 있다. 그분의 영원히 변치 않는 약속이 거대한 바위의 벽과 같이 솟아 있다. 네가 항상 그분의 빛나는 속성의 성곽 안에 몸을 숨길 수 있다면 좋을 것이다. 그 속성들의 모두는 그분을 신뢰하는 자를 위하여 안전의 보증이 된다. 주님의 이름을 찬양할지어다. 왜냐하면, 나는 그렇게 하였다. 그리고 내 자신이 아둘람 굴속의 다윗같이 잔혹한 원수로부터 안전하게 보호되었기 때문이다(cf. 삼상 22:1). 나는 지금 비로소 주님을 신뢰하는 자의 축복을 발견한 것은 아니다. 왜냐하면, 훨씬 이전에 사탄과 죄가 나를 추격해 올 때, 나는 예수 그리스도의 바위의 틈새로 도망하였고 그분의 창에 찔린 옆구리로 피하여 즐거운 안식처를 발견하였기 때문이다. 나의 마음이여, 너의 현재의 슬픔이 어떤 것이든지 오늘 밤 새로이 그분에게로 달려가라. 예수님께서는 너와 함께 느끼며 위로하고 도우실 것이다. 침입할 수 없는 튼튼한 요새에 앉아 있는 임금도 바위 구멍 사이에 있는 오소리처럼 안전하지 못하다. 일만 개의 전차를 갖고 있는 장수도 산의 바위틈에 살고 있는 작은 거주자보다 더 안전하게 지켜지고 있지 않다. 예수님 안에 있으면 약한 자는 강하고 방어가 없는 자도 안전하다. 비록 저들이 거인이라 하여도 저들은 그 이상 강하지 못하고, 또 저들이 "하늘"에 있을지라도 저들은 안전하지 않다. 믿음은 이 땅의 사람들에게 하늘 하나님의 보호를 준다. 저들은 그 이상의 것을 원할 필요가 없다. 오소리는 성을 쌓을 수가 없다. 그러나 저들은 이미 거기에 있는 것을 이용한다. 나는 나 자신의 피난처를 만들 수가 없다. 그러나 예수님께서 그것을 친히 준비하신다. 그분의 아버지께서 그것을 주시며 성령께서 그것을 계시하신다. 오늘 밤, 나는 다시 그 가운데로 들어간다. 그러면 모든 원수로부터 지켜진다.

11월 21일 아침

651. "하나님의 성령을 근심하게 하지 말라"(엡 4:30)

믿는 자들이 가진 것은 모두 그리스도에게서 온 것이어야 한다. 그것은 오직 은혜에 풍부하신 성령의 통로를 거쳐서 온다. 더욱이 모든 축복이 이와 같이 성령을 통하여 당신에게 흘러들어 오는 것 같이 당신의 거룩한 생각, 열심 있는 예배와 은혜로운 행위의 모든 좋은 것들은 같은 성령에 의한 성화시키는 역사가 없이는 이것들이 당신에게서 나오지 않는다. 비록 좋은 씨가 당신 속에 뿌려졌다 할지라도 성령께서 역사하여 당신 속에서 "소원을 일으키며 실현하도록"(빌 2:13) 하지 않으면 씨는 그대로 있을 것이다. 당신은 예수님을 위해 말하기를 원하는가? - 성령이 당신의 혀에 접촉하지 않으면 어떻게 말할 수 있겠는가? 당신은 기도하기를 원하는가? 아, 만약 "성령이 당신을 위해 간구하지"(롬 8:26) 않는다면 그것은 얼마나 힘든 일이겠는가! 당신은 죄에 대하여 이기기를 원하는가? 거룩하게 되기를 원하는가? 또 주님과 같이 되기를 원하는가? 영적 생활의 최고봉에 오르기를 원하는가? 하나님의 천사 같이 주님을 위하여 열심과 열정으로 일하기를 원하는가? 그러나 당신은 성령 없이는 절대로 그러한 일을 할 수 없다. "나를 떠나서는 아무 것도 할 수 없느니라"(요 15:5)고 하시지 않았는가? 포도나무의 가지인 당신은 양분이 없이는 단 하나의 열매도 맺을 수 없는 것이다! 하나님의 자녀여, 하나님께서 성령을 통하여 주시는 생명 외에는 당신 자신의 속에 생명은 없다! 그러므로 우리는 죄로 말미암아 성령을 근심케 하거나 또는 노를 불러일으키는 일이 없도록 해야 한다. 우리의 영혼 속에 있어서 성령의 극히 작은 역사도 소멸시키는 일이 없도록 해야 한다. 성령께서 모든 제시하는 모든 것들을 중하게 여겨 그분께서 시키시는 일에 복종하도록 준비되어 있어야 한다. 성령의 축복을 구하지 않고는 아무것도 계획을 세울 수 없으며 실행할 수 없도록 해야 한다. 성령을 떠나서는 우리의 모든 것이 약하다는 것을 알고 그분에게 충실히 순종할 것을 다짐하고 아래와 같이 기도하자. "주여, 나의 마음을 여시고 들어오소서. 나의 속 깊은 곳에 당신님을 받아들일 때 당신님의 그 자유의 성령으로 나를 붙드소서!"

11월 21일 저녁

652. "나사로는 예수님과 함께 앉은 자 중에 있더라"(요 12:2)

당신은 나사로를 부러워하라. 마르다와 같이 예수님을 섬기는 것도 좋다. 그러나 나사로가 되어 주님과의 사귐은 더욱더 좋다. 각각의 목적에는 때가 있다. 그리고 때에 맞는 것은 무엇이나 좋은 것이다. 그러나 동산 나무 가운데에서 주님과 사귀는 포도와 같이 보기에 좋은 열매를 맺는 일은 없다. 예수님과 함께 앉아 그분의 말씀에 귀를 기울이고, 그분의 행동을 보며 그분의 미소를 받는다는 것은 실로 큰 은총이며 나사로를 천사와 같이 행복하게 했음에 틀림없다. 우리가 사랑하는 주님과 함께 주님의 잔치에서 식사를 하는 행복에 처한다면, 비록 적은 호흡으로 세계의 모든 왕국을 소유한다 할지라도 우리는 그런 것에 눈도 거들떠보지 않을 것이다. 우리는 나사로에게서 배워야 한다. 예수님께서 식탁에 앉으셨는데 나사로가 식탁에 없다면 그것은 이상한 일이다. 왜냐하면, 예수님께서 나사로를 그의 죽음에서 예수님께서 다시 살리셨기 때문이다. 그에게 생명을 주신 주님께서 자기 집에 계시는데 죽음에서 다시 살아난 그가 거기에 없다면 이것은 아주 배은망덕한 행위라고 하지 않을 수 없다. 우리도 모두 또한 일찍 죽었던 자들이었다. 그리고 나사로와 같이 죄의 무덤 속에서 악취를 풍기고 있었다. 그러나 이제 예수님께서 우리를 다시 살리셨다. 그리고 그분의 생명으로 말미암아 우리는 살고 있다. 우리는 그분으로부터 멀리 떠나 사는 것에 만족할 수 있는가? 그분께서 형제들과 식탁을 함께하고 계시는데 우리가 그분을 잊어버리는 것이 과연 옳은가? 오, 그것은 잔혹한 것이다! 우리는 회개하여 그분께서 명령하시는 대로 해야 한다. 왜냐하면, 그분께서 최소한의 바라는 것이 우리에게는 법이 되어야 하는 것이다. 유대인이 "아, 어떻게 그가 나사로를 사랑하는지!"(요 11:36)라고 말한 그분과 끊임없는 교제 없이 산다는 것은 나사로에게 있어서 부끄러운 일이다. 예수님께서 "영원한 사랑으로"(렘 31:3) 사랑하는 우리에게는 변명이 있는가? 생명이 없는 시체를 보시고 우셨던 그분에게 냉정함을 갖는 것은 나사로에게 있어서 커다란 무정함을 나타내는 것이다. 우리를 위하여 우셨을 뿐만 아니라 피를 흘리신 구주님에게 이것은 무엇을 보여 주는가? 사랑하는 자여, 이제 우리의 하늘의 신랑에게 돌아와 그의 성령을 구하며 우리가 그분과 더 친밀한 교제를 가져야 하지 않겠는가? 지금부터 앞으로는 계속하여 주님과 함께 식탁에 앉아 있도록 하자.

11월 22일 아침

653. "이스라엘이 아내 얻기 위하여 사람을 섬기며 아내 얻기 위하여 양을 쳤고"(호 12:12)

야곱은 라반과 논쟁을 벌이며 자기의 수고를 다음과 같이 말하였다. "내가 이 이십 년 동안 외삼촌과 함께 하였거니와 짐승에게 물려 찢긴 것은 내가 외삼촌에게 가져가지 않고 나 스스로 그것을 보충하였으며 낮에 도적을 맞았든지 밤에 도적을 맞았든지 내가 외삼촌에게 물어내었으며 내가 낮에는 더위를 무릅쓰고 밤에는 추위를 당하여 눈 붙일 겨를도 없이 지내었나이다"(창 31:38-39). 야곱의 이러한 고생보다 훨씬 더한 것은 우리 구주께서 이 세상에서 당하신 고난이다. 주님께서는 자신의 양 떼를 지키시고 최후에 "아버지께서 내게 주신 자 중에 하나도 잃지 아니하였나이다"(요 18:9)라고 말씀하셨다. 예수님의 머리카락은 이슬에 젖고 밤의 찬 공기에 노출되어 있었다. 주님은 주무시지 않고 밤새도록 그의 백성들을 위하여 기도하셨다. 어느 날 밤에는 베드로를 위하여, 또 다른 날의 밤은 또 다른 이를 위하여 눈물로 간구하셨다. 주님께서 그의 신부를 취하기 위하여 당하신 고난을 생각한다면 추운 밤하늘 아래서 별을 우러러보고 앉아있는 목자와는 비교할 수조차 없다.

> *"한 밤중 추운 산꼭대기의 공기도,*
> *그분의 뜨거운 기도를 증거할 수 있었다.*
> *광야는 그분의 시험을 알았고,*
> *그분의 싸움과 승리 또한 알고 있었다."*

야곱이 가진 모든 양 떼를 라반이 요구한 것에 대한 영적인 의미를 생각해 보는 것은 흥미 있는 일이다. 만약 양 떼가 들짐승에게 물려 찢겼다면 야곱은 그것을 보상해야만 하였다. 만약 양이 죽는다면 야곱은 그것을 보충하여 전체를 보증해야 하였다. 그와 같이 교회를 위하여 일하신 예수님의 수고는 모든 믿는 자를 그에게 맡기신 하나님 아버지의 손으로 안전하게 데리고 오는 보증의 책임을 담당하신 것이 아닐까? 고생한 야곱을 보라. 당신은 그것이 "그는 목자같이 그 무리를 양육하고"(사 40:11)라고 기록되어 있는 주님을 예표한다는 것을 알 것이다. (그러나 이것은 지나친 모형론이라고 해야 한다. 때때로 나타나는 지나친 논의를 주목하여 보면서 보다 성숙한 성경 이해에로 가야 할 것이다. – 편집자 주).

11월 22일 저녁

654. "그리스도와 그 부활의 권능"(빌 3:10)

부활하신 구주에 대한 교리는 매우 귀한 것이다. 부활은 기독교의 건물 전체에 대한 모퉁이 돌이다. 그것은 우리의 구원의 문의 보석이다. 이 하나의 거룩한 구원과 우리의 사랑하는 주님의 부활과 구주 예수 그리스도에게서 흘러나오는 생수의 모든 강들을 말하기에는 한 권의 책이 필요한지도 모른다. 그러나 우리 자신이 세속의 무덤을 떠남으로 말미암아 그가 무덤을 떠나는 것을 보면서 그가 부활한 것을 알고, 그리고 부활하신 주님과 교제하는 일, 즉 부활의 생명을 소유함으로써 부활하신 구주와 사귀는 것은 더욱 귀한 것이다. 교리는 경험의 기초이다. 그러나 꽃이 그 뿌리보다 아름다운 것과 같이 부활하신 구주와의 사귐의 경험은 교리 그 자체보다도 더 아름답다. 나는 당신이 그리스도께서 죽은 가운데서 부활하신 것을 믿고 그것을 찬양하며 더욱 확실하여 잘 입증된 사실로 말미암아 이것으로부터 모든 위로를 끌어내기를 원한다. 그러나 당신이 이 사실만으로 만족하지 않기를 간곡히 부탁한다. 당신은 제자들과 같이 그분을 육안으로 볼 수 없지만, 당신이 믿음의 눈으로 그리스도 예수님을 보는데 열망하도록 권면한다. 막달라 마리아같이 그분을 손으로 "만질 수"(요 20:17)는 없더라도 당신이 그분과 사귀는 특권을 받아 그가 부활하신 일과 당신 자신이 그 안에서 "새 생명으로"(롬 6:4) 부활한 사실을 알기를 원한다. 십자가에 못 박히신 구주께서 우리의 모든 죄를 십자가에 못 박은 일을 아는 것은 높은 수준의 지식이다. 그러나 부활하신 그리스도께서 우리를 의롭게 한 일을 아는 것과 그리고 그분께서 우리에게 새 생명을 주신 일 – 그분 자신의 새 생명을 통하여 우리를 새로운 피조물로 하신 일을 깨닫는 것은 숭고한 경험으로서 사람이 이 경험에 도달하지 않고 만족해서는 안 된다. 당신이 "그리스도와 그 부활의 권능을 알게 되기를"(빌 3:10) 원한다. 왜 부활하신 예수님과 함께 살아난 영혼이 세속과 불신앙의 파멸의 옷을 걸치고 있는가? 부활하라. 왜냐하면, 주님께서는 죽은 자 가운데서 부활하셨기 때문이다.

11월 23일 아침

655. "하나님과 사귐"(요일 1:6)

믿음으로 말미암아 그리스도와 연합할 때 우리는 그리스도와 하나가 되는 완전한 사귐에 들어간다. 그때 그분과 우리의 관심사는 동일한 공통점을 갖게 된다. 우리는 그분의 사랑 안에서 그와 사귄다. 그리스도가 사랑하신 것은 우리도 또한 사랑한다. 그분께서는 그의 성도들을 사랑하시며 죄인을 사랑하시고, 또 가련하고 멸망하는 인류를 사랑하시며 이 땅의 거친 들이 주님의 꽃동산으로 변하기를 원하신다. 우리도 또한 그러해야 한다. 우리는 그리스도의 소원 안에서 그분과 사귐을 갖는다. 그리스도는 하나님의 영광을 소원하신다. 우리도 또한 같은 소원을 가진다. 그분께서는 성도들이 그의 계신 곳에 같이 있기를 원하신다. 우리도 그분과 그곳에 함께 있기를 원한다. 그분은 모든 죄를 제거하시기를 원하신다. 보라! 우리도 이것 때문에 그분의 깃발 아래서 싸우고 있다. 그분께서는 아버지 하나님의 이름이 모든 피조물로 말미암아 영화롭게 되기를 원하신다. 우리도 날마다 "나라이 임하옵시며 뜻이 하늘에서 이루어진 것처럼 땅에서도 이루어지이다"(마 6:10)라고 기도한다. 우리는 또한 그리스도의 고난에 있어서 그분과 함께 사귄다. 우리는 십자가에 못박히지도 않았으며 무참한 죽음을 당하지도 않았다. 그러나 그리스도께서 비난당하실 때 우리도 비난당한다. 그분을 쫓아가기 때문에 비난당하고 경멸을 받으며 이 세상에 대하여 대적하는 일은 매우 훌륭한 일이다. "제자는 그 스승보다 높지 않으며 또는 종이 그 상전보다 높지 못하니라"(마 10:24). 우리의 믿음의 분량 안에서 그의 역사하는 일로 말미암아 그분과 사귀며 진리의 말씀과 사랑의 행위로써 사람들에게 봉사한다. 우리가 먹고 마시는 것은 주님과 같이 "우리를 보내신 자의 뜻을 행하며 그 일을 온전히 이루는 것이다"(요 4:34). 우리는 또한 그리스도의 기쁨 안에서 그분과 사귄다. 우리는 그분의 행복 안에서 행복하며 우리는 그가 영화롭게 되는 것을 기뻐한다. 믿는 자여, 당신은 이러한 기쁨을 맛보았는가? 이 세상에서는 그리스도의 기쁨을 우리 안에 넘치게 하는 그 이상의 더 순수하고 마음을 떨리게 하는 기쁨은 없다. 그분의 영광은 우리와의 사귐을 완성하려고 기다린다. 왜냐하면, 잠시 후에는 그분의 교회는 사랑하는 신부로서 또한 왕후로서 그분과 함께 영광된 보좌에 앉기 때문이다.

11월 23일 저녁

656. "높은 산에 오르라"(사 40:9)

모든 믿는 자는 누구나 "하나님, 살아계신 하나님"(시 42:2)을 갈급하게 구하며 주님의 산에 올라가 얼굴과 얼굴로 그분을 보기를 간절히 바라야 한다. 우리는 다볼산의 정상이 우리를 기다리고 있는데 골짜기의 중간에서 만족하며 쉬고 있어서는 안 된다. 나의 영혼은 산정에 올라 머리의 하늘의 이슬로 젖어 준비된 잔을 깊이 들이마실 것을 간절히 구해야 한다. 산정의 이슬은 얼마나 맑을까? 산의 공기는 얼마나 신선할까? 또 높은 산에 사는 사람들의 식탁은 얼마나 풍성할까? 그 창문에서는 새 예루살렘이 보이지 않는가! 많은 성도들은 탄광에서 일하는 광부와 같이 햇빛을 보지 않고도 만족해하고 있다. 저들은 천사와 같이 하늘의 음식을 맛볼 수 있는데 뱀과 같이 흙을 먹는다. 왕의 옷을 입을 수 있는데 광부의 옷을 입고 만족해하고 있다. 저들의 얼굴은 하늘의 기름으로 윤택해질 수 있는데 눈물 때문에 더럽혀져 있다. 많은 믿는 자가 궁궐의 지붕을 걸어 "비옥한 땅과 레바논을"(신 3:25) 바라볼 수 있는데 감옥 속에서 곤궁해하고 있다는 것을 나는 확신한다. 오 믿는 자여 당신의 비천한 상태에서 일어나라. 당신의 나태함과 무기력과 당신의 냉랭함을 당신의 영혼의 남편인 그리스도에 대한 당신의 순결한 사랑을 방해하는 것이 무엇이든지 간에 내다 던져 버려라. 그분을 당신의 영혼을 기쁨으로 하는 그 근원과 중심과 둘레로 만들어라. 당신은 왕좌에 앉을 수가 있는데 어찌하여 구멍 속에 머물러 있는 어리석은 일을 하는가? 상상의 자유가 당신에게 주어져 있는데 속박의 골짜기 그늘에서 지내려는 일을 해서는 안 된다. 당신의 작은 성공에 머무르지 말고 더욱 숭고하고 하늘에 속한 것을 사모하여 전진하라. 보다 높고 보다 귀하고 보다 충만한 생활을 사모하라. 하늘을 향해 날아라! 하나님에게 더 가까이 나아가라!

"오, 주여 언제 오시렵니까?
오, 주여 오소서, 나의 가장 사모하는 주여!
가까이 더 가까이, 더욱 가까이 오소서!
당신님께서 가까이 계시는 그것만이 나의 행복입니다!"

11월 24일 아침

657. "여호와께서는 거기서 위엄 중에 우리와 함께 계시리니…
넓은 하수나 강이 둘림 같을 것이라"(사 33:21)

넓은 하수나 강은 땅을 비옥하게 하여 풍성한 산물을 가져온다. 큰 강의 유역은 식물의 종류가 많고 수확도 풍성하다. 하나님은 교회에 있어서 큰 강이다. 하나님을 소유한 교회는 풍성하다. 교회가 구하는 것을 하나님이 주시지 않은 것이 있는가? 교회의 결핍 중에 하나님께서 공급하시지 않을 것이 있을까? "만유의 주는 이 산에서 만인을 위하여 살찐 것으로써 연회를 베푸시도다"(사 25:6). 당신은 생명의 떡을 구하는가? 그것은 하늘에서 만나와 같이 내린다. 당신은 새롭게 하는 흐름을 원하는가? 샘물이 터져 흐르는 반석이신 그리스도께서 당신과 함께하신다. 만약 당신이 궁핍함으로 고통당하고 있다면, 그것은 당신 자신의 책임이다. 당신은 그리스도 안에서 결핍된 것이 아니라 당신 스스로의 마음으로 곤궁해져 있는 것이다. 넓은 하수나 강은 또한 통상을 위해 중요한 위치를 차지한다. 영광의 주님께서는 하늘의 상품을 거래하는 장소로써 우리는 구속주를 통하여 과거와 통상한다. 갈보리의 부요함, 언약의 보화, 창세전 선택의 풍부함, 그리고 영원의 저축은 모두 우리의 은혜 깊은 주님의 넓은 강의 흐름을 통해 우리에게 오는 것이다. 우리는 또한 장래와 통상한다. 많은 재물을 가득 실은 어떤 보배로운 기선이 천년 왕국에서 우리에게 오는가! 우리는 이 땅에서 "하늘"의 생활에 대하여 어떤 비전을 갖고 있는가! 우리의 영광의 주님을 통하여 우리는 천사와 통상하고 피로 말미암아 씻기어져서 보좌 앞에서 노래하는 빛나는 영들과 사귀고 있다. 그뿐 아니라 우리는 영원한 분과 친히 사귄다. 넓은 하수와 강은 특히 안전이란 관념을 준다. 과거에 강은 방위를 위하여 사용하였다. 사랑하는 자여, 하나님께서 교회를 위하여 얼마나 큰 방어막을 가지고 계신가! 악마는 이 넓은 하나님의 강을 건널 수 없다. 그 대적들은 얼마나 이 강의 흐름을 변경하려고 애를 쓰고 있는가? 그러나 두려워 말라. 하나님께서는 영원히 불변하신다. 사탄은 우리를 괴롭게 할지 몰라도 우리를 멸할 수는 없다. 노를 젓는 작은 배는 우리의 강을 침범하지 못할 것이다. 당당한 큰 군함도 그곳을 지나가지 못할 것이다.

11월 24일 저녁

658. "네가 좀 더 자자, 좀 더 졸자, 손을 모으고 좀 더 눕자하니
네 빈궁이 강도같이 오며 네 곤핍이 군사같이 이르리라"
(잠 24:33-34)

게으른 자 중에서 가장 심한 경우는 늘 "좀 더 자자"라고 말하다. 만일 저들에게 철저한 게으름뱅이라고 말하면 분개할 것이다. "손을 모으고 좀 더 자자." 이것이 저들의 소원하는 것이다. 그리고 저들에게는 그 정도의 것은 당연하다고 할 만한 수많은 이유를 갖고 있다. 그러나 잠시 동안에 해는 기울고 일할 때는 상실되고 밭은 가시로 덮이고 만다. 사람들은 잠시 연기하는 일로 인하여 그들의 영혼을 파멸시키고 만다. 저들은 몇 년을 연기하려는 의도는 전혀 없다. 저들은 이제 몇 달만 지나면 좋은 기회가 올 것이라고 생각한다. 내일이라도 저들은 심각한 일에 끼어들 마음이 있다. 그러나 지금은 형편이 좋지 않아서 모든 것이 적당하지 않으니 잠시 동안만 참아 달라는 것이다. 모래시계에서 떨어지는 모래처럼 때는 지나가고 인생은 조금씩 상실되어 가며 은혜의 때는 "잠시 동안의 낮잠"에 의하여 없어져 버린다. 오, 성급히 가려는 시간을 현명하게 붙잡고 날아가는 순간을 잘 이용하기를 바란다! 주님께서 우리에게 이 거룩한 지혜를 가르쳐 주시기를 간절히 바란다. 그렇지 않으면 최악의 빈곤이 우리를 기다리고 있기 때문이다. 그것은 한 방울의 물조차 구해도 얻을 수 없는 영원한 빈곤이다. 한 걸음씩 확실하게 길을 가고 있는 나그네같이 빈곤은 게으른 자의 뒤를 쫓아가며 파멸은 우유부단한 자를 넘어뜨린다. 매시간 무서운 추적자는 가까워져 온다. 그는 도중에 머뭇거리는 일이 없다. 왜냐하면, 그는 주인의 시키는 일을 하고 있기 때문에 머뭇거릴 수가 없는 것이다. 권력과 힘을 가진 무장한 남자가 쳐들어오듯이 빈곤은 게으른 자를 습격하며 죽음은 회개하지 않은 자에게 임한다. 더 이상 피할 길은 없다. 오, 늦기 전에 사람들이 지혜로워져서 엄숙한 날이 오기 전에 간절히 주 예수님을 찾게 되기를 간절히 바란다. 그때가 오면 밭 갈고 씨 뿌리는 것이 이미 너무 늦었고, 회개하여 믿을지라도 이미 너무 늦은 것이다. 수확의 때에 씨 뿌리는 시기를 헛되이 보낸 것을 뉘우쳐도 소용이 없다. 지금은 은혜 받을만한 때요, 믿음과 거룩한 결심의 좋은 시기이다. 이 밤에 그것을 우리의 것으로 할 수 있기를 진정으로 바란다.

11월 25일 아침

659. "포로 된 자에게 자유를"(눅 4:18)

　포로를 해방할 수 있는 것은 예수님 외에는 없다. 참 자유는 오직 예수님으로 말미암아 가능한 것이다. 왜냐하면, 사람을 자유롭게 할 수 있는 권리는 모든 것의 후사인 그 아들이 갖기 때문이다. 성도들은 이제 저들의 구원을 확실케 하는 하나님의 의를 더 높인다. 그것은 비싼 값으로 산 자유이다. 그리스도께서는 그의 능력으로 해방을 선언하지만, 그것은 그분의 피로 값주고 사신 것이다. 당신의 무거운 짐을 대신 짊어지셨기 때문에 당신은 이제 몸과 마음이 가볍게 되었다. 당신이 자유케 된 것은 그분께서 당신의 자리에서 대신 고난을 받으셨기 때문이다. 그러나 이렇게 값주고 샀지만, 그리스도께서는 그것을 아무런 댓가 없이 주셨다. 예수님께서는 이 자유에 대해 우리에게 아무것도 요구하지 않으신다. 그분은 우리가 베옷을 입고 재 가운데 앉아있는 것을 보시고는 아름다운 자유의 옷을 입으라고 명하신다. 그분께서는 우리를 있는 그 상태로 구원하신다. 그리고 우리의 도움이나 우리의 공로 없이 이루신 것이다. 예수님께서 주신 자유는 영구불변한 것이며 그 어떤 사슬로도 우리를 다시 결박할 수 없다. 사탄은 우리를 종의 상태로 다시 끌어들이려고 계획하고 있겠지만, 주님께서 우리 곁에 계신다면 누구를 두려워 하리요? 이 세상은 유혹으로 우리를 타락하게 하려고 하지만, 그러나 우리 편이 되신 주님께서는 우리의 모든 원수보다도 더 강하시다. "만약 하나님이 우리와 함께하시면 누가 우리를 대적하리요?"(롬 8:31). 우리의 거짓으로 가득 찬 마음은 우리를 괴롭히고 애타게 할지도 모른다. 그러나 우리 안에 "선한 일을 시작하신 이는"(빌 1:6) 그 일을 계속하시어 기필코 완성하신다. 하나님의 원수와 사람의 적은 군대를 집결하여 격노하면서 우리를 습격하여 올지도 모르지만, 만약 하나님께서 우리를 무죄라고 선고하시면, "누가 우리를 정죄할 수 있는가?"(롬 8:34). 높은 산봉우리를 날아다니는 구름 저편에 있는 독수리도 그리스도께서 해방시켜 주신 영혼보다 더 자유롭지는 않다. 만약 우리가 율법 아래 있지 않고, 그 저주에서 자유하게 되었다면 우리는 감사와 기쁨으로 하나님을 섬기며 우리가 갖게 된 자유를 실제적으로 보여야 하지 않겠는가! "나는 주의 종, 주의 계집종의 아들이니이다. 주는 나의 결박을 푸셨나이다"(시 116:16). "주여, 주님께서는 이제 나에게 무엇을 시키려 하시나이까?"(행 9:6).

11월 25일 저녁

660. "모세에게 이르시되 내가 긍휼히 여길 자를 긍휼히 여기고 불쌍히 여길 자를 불쌍히 여기리라"(롬 9:15)

이 말씀에서 주님께서는 자신의 주권자의 의지로 말미암아 은혜를 주시든지 아니면 은혜를 베풀지 않는 권리를 가지고 계시다는 것을 분명하게 선언하고 있다. 죽고 사는 권리가 독재 군주님에게 주어져 있는 것 같이, 우주의 심판자는 그분의 권한에 따라 죄인에게 죄를 선고하거나, 또는 용서할 권리를 갖고 있다. 사람은 그의 죄 때문에 하나님에게 대한 모든 권리를 상실하였다. 저들은 그의 죄 때문에 멸망당할 수밖에 없다. 그리고 만약 저들이 전부 멸망한다 할지라도 저들은 불평을 말할 수 있는 아무런 근거가 없다. 만약 주님께서 개입하여 어느 정도만을 구원하였다면, 그분의 공의의 목적이 방해되지 않는 한도 내에서 구원한다. 그러나 만약 그분께서 죄를 선고받은 자에게 그 바른 판결대로 괴로움을 당하는 것이 최선이라고 판단된다면, 아무도 그것에 대해서 법정에서 논쟁할 수 없다. 인간의 권리를 모두 하나님과 같은 입장에 있겠다고 말하는 의논은 다 어리석은 것이며 무례한 것이다. 무지한 것은 차별된 은혜에 대항하여 논쟁을 하는 것이고, 그것은 오직 여호와의 왕관과 홀에 대항하여 사람의 교만한 본성에 따른 반역일 뿐이다. 우리가 자기 자신의 전적인 파멸과 당연히 받을 벌을 생각하고 죄에 대한 하나님의 공의에 대해 이해한다면, 주님께서 우리를 구원하실 책임이 없다는 진리에 대하여 어떤 이의를 제기할 수가 없는 것이다. 만약 그분께서 다른 사람들을 구원하기로 선택할지라도 우리는 마치 그가 불공정하다는 듯이 불평을 말할 수 없다. 대신, 만약에 그분께서 우리에게 은혜로 권고하신다면 그것은 우리가 받을 가치가 없는데 오직 그분의 호의와 그의 자유로운 선택인 것이다. 우리는 거기에 대하여 영원토록 그분의 이름을 찬양하고 싶다고 느낄 것이다. 하나님의 선택의 대상이 된 사람들은 어떻게 그 하나님의 은혜를 충분히 찬양할 수 있을까? 그들 자신에게는 자랑할 것이 단 하나도 없다. 왜냐하면, 하나님의 주권이 그것을 제거하기 때문이다. 오직 주님의 주권적인 뜻만이 찬양받으시며, 사람의 공로는 영원한 모욕 가운데로 던져진다. 그러므로 선택의 교리처럼 우리를 겸손하게 하는 것은 없다. 이것은 우리에게 감사의 마음을 더 불러일으키어 그 결과 우리를 더욱더 성화의 자리로 나아가게 한다. 믿는 자여, 그러므로 두려워하지 말고 그분 안에서 찬양하며 온전히 기쁨을 누려라.

11월 26일 아침

661. "무릇 네 손이 일을 당하는 대로 힘을 다하여 할지어다"(전 9:10)

"무릇 네 손이 할 수 있는 일"이란 우리에게 있어서 가능한 일을 의미한다. 우리에게는 마음으로는 생각하면서도 결코 실행하지 못하는 것들이 많다. 마음으로 하려고 생각하는 것은 좋은 일이다. 그러나 더 귀한 것은 마음으로 계획하든지, 그리고 입으로 말하든지 하는 것만으로 만족해서는 안 된다. 실제로 "무릇 우리 손이 할 수 있는 일"을 행하지 않으면 안 된다. 하나의 좋은 행위는 천 가지의 훌륭한 이론보다도 가치가 있는 것이다. 우리는 새로운 기회를 기다린다든지, 또는 다른 일을 구하든지 하지 말고 다만 날마다 우리가 "할 수 있는 일"을 찾아야 한다. 우리는 지금 오직 한때에 살고 있다. 과거는 지나갔고 미래는 아직 오지 않았다. 우리에게는 현재 이외에는 다른 어떤 시간도 없다. 그러므로 당신의 경험이 익숙해질 때까지 기다려서 하나님을 섬기려고 생각해서는 안 된다. 이제는 열매를 맺도록 열심을 다하여 노력하라. 이제 하나님을 열심을 다하여 섬겨라. 그러나 당신의 손이 할 수 있는 일을 하는 방법에 대해서는 주의해야 한다. "힘을 다해 하라"는 것이다. 당신의 일을 신속하게 하라. 내일의 일을 하려는 생각에서 조급함으로 인생을 허비하지 말라. 마치 오늘의 게으름을 내일의 일로 보상하려고 생각해서는 안 된다. 다음날 일을 행함으로 하나님을 섬긴 자는 아무도 없다. 만약 우리가 그리스도의 이름을 높이고 그분으로부터 복을 받는다면, 그것은 오늘 우리가 하는 일로 인한 것이다. 그리스도를 위하여 어떤 일을 하든지 당신의 영혼의 전부를 거기에 기울여라. 마음 없는 부스러기 같은 그런 일을 그리스도에게 바쳐서는 안 된다. 당신이 주님을 섬길 때 당신의 마음과 혼과 힘을 다 바쳐서 해라. 그러나 그리스도인의 힘은 어디에 있는가? 그 자신 안에는 없다. 왜냐하면, 우리는 완전히 약하기 때문이다. 우리의 힘은 오직 만유의 주님께로부터 온다. 그러므로 주님의 힘을 구해야 한다. 기도와 믿음으로 전진하여 자기의 "손이 할 수 있는 일"을 해서 주님의 복을 기다려야 한다. 이렇게 할 때 그 일은 잘 마무리 되고 우리의 일은 실패로 끝나지 않을 것이다.

11월 26일 저녁

662. "다림줄이 스룹바벨의 손에 있음을 보고 기뻐하더라"(슥 4:10)

예루살렘의 성전을 재건축하는 일은 아주 "작은 것"(슥 4:10)에서부터 시작되었다. 그러나 아무도 그 "작은 것들"을 경멸할 수 없었다. 왜냐하면, 주님께서는 "모퉁이돌이 외치는 소리"(슥 4:7)와 함께 놓여지기까지 인내심 강하게 일하는 자를 일으키셨기 때문이다. 그 "다림줄"은 선한 자의 손에 있었다. 영적으로 여기에 주 예수님 안에 있는 믿는 자의 위로가 있다. 비록 은혜의 역사는 처음에는 아무리 작은 것일지라도 다림줄은 선한 자의 손안에 있다. 왜냐하면, 솔로몬보다 위대하고 숙련된 건축가가 하늘 성전의 건축을 맡았기 때문이다. 그는 꼭대기의 작은 뾰족탑이 완성하기까지는 "실패하는 일이나 낙심하는 일이 없을 것이다"(사 42:4). 만약 다림줄이 그냥 인간의 손에 있다면, 우리는 건축자에 대해서 걱정할지 모른다. 그러나 예수님의 손 안에서 "여호와의 기뻐하시는 일은 번영한다"(사 53:10). 성전을 재건축하는 일은 불규칙하게 부주의하게 진행된 것이 아니다. 왜냐하면, 건축가는 좋은 도구를 갖고 있기 때문이다. 만약 성벽이 충분한 감독이 없이 급하게 지어진다면 그것은 완전하게 바로 세워지지 않게 된다. 그러나 다림줄은 능력 있는 선택된 감독자에 의해 쓰여지고 있었다. 마찬가지로 예수님께서는 항상 그의 영적 성전이 견고하고 잘 세워지도록 지키고 계신다. 우리는 공을 급히 세우려고 한다. 그러나 예수님은 심판자이시다. 그분은 다림줄을 사용하여 어떤 돌이 삐뚤어져 있는 것인지 보고 모두 떨어뜨리는 것이다. 이것이 그릇된 외식적인 일이라든지 겉만 번지르르한 믿음의 고백은 넘어질 수밖에 없는 이유이다. 예수님께서는 정확한 손과 진실된 눈으로써 다림줄을 바로 사용하시기 때문에 우리가 주님의 교회를 심판하는 것은 우리의 몫이 아니다. 우리는 심판이 그분에게 맡겨져 있는 것을 보고 기뻐해야 하지 않을까? 그 "다림줄"은 적극적으로 사용되었다. 그것은 건축가의 손에 쥐여져 있다. 이는 그 속에 일을 진행하여 완성하려는 의지가 있다는 것을 확실하게 보여준다. 오 주 예수님! 당신님께서 위대한 일을 하심을 정말로 볼 수 있다면 우리는 얼마나 기쁠까요? 오 아름다운 시온이여, 너의 성벽은 아직도 허물어진 상태 그대로구나! 일어서라, 영광스러운 건축가이신 주님께서 오심으로 시온의 폐허를 회복하실 것이니.

11월 27일 아침

663. "대제사장 여호수아는 여호와의 사자 앞에 섰고"(슥 3:1)

대제사장 여호수아로부터 우리는 하나님의 자녀들의 모습을 볼 수 있다. 자녀들은 "그리스도의 피로 말미암아 가까워져"(엡 2:13) 거룩한 직무에 나아갈 수 있도록 가르침을 받아 휘장 안으로 들어간다. 예수님께서는 우리를 하나님 앞에서 "제사장과 왕으로 세우셨다"(계 1:6). 우리는 이 땅에서도 거룩한 생활과 신성한 봉사로써 제사장의 일을 한다. 그러나 이 대제사장은 "주의 사자 앞에 서 있고"라고 말하고 있고, 이는 봉사를 위해 서 있는 것이다. 이는 모든 참된 믿는 자가 끊임없이 가져야 할 태도이다. 모든 장소가 이제는 하나님의 거룩한 곳이다. 그리고 하나님의 백성은 매일 일하는 데 있어서 하나님의 집에서와 같이 하나님을 진실하게 섬길 수 있다. 저들은 항상 기도와 찬양의 영의 희생을 바쳐서 섬기며 그들 자신을 "산제사로"(롬 12:1) 바치지 않으면 안 된다. 그러나 여호수아가 섬기기 위하여 서 있는 곳에 주목하라. 그것은 주님의 사자 앞이다. 우리와 같이 가련하고 더러워진 자가 하나님 앞에서 제사장이 될 수 있는 것은 오직 중보자를 통해서만 가능하다. 나는 나의 가진 것을 언약의 사자이신 주 예수님 앞에 바친다. 그분을 통하여, 나의 기도는 그분의 기도에 쌓여 받아들여진다. 나의 찬양은 그리스도 자신의 정원으로부터 가져온 몰약, 알로에, 그리고 계피의 자루에 쌓여서 보배로운 향기를 풍긴다. 만약 내가 눈물밖에 아무것도 주님 앞에 가지고 나아갈 수 없다면, 주님께서는 나의 눈물을 그의 눈물과 함께 그의 병에 담아 두실 것이다. 만약 내가 신음과 탄식 외에는 아무것도 주님 앞에 가지고 갈 수 없다면, 주님께서는 그것을 주의 마음에 합당한 희생으로 받아주실 것이다. 왜냐하면, 주님은 일찍이 상한 심령이 되셨고 영혼의 고통을 경험했기 때문이다. 내 자신도 그 안에 서서 "사랑하는 자로 말미암아 받아주신다"(엡 1:6). 나의 모든 더러운 행위 그 자체는 하나님께서 미워하시는 것이지만, 하나님께서는 그것을 받으시고 그것에 좋은 향기를 첨부하신다. 그분께서는 만족하시고, 그리고 나는 축복을 받는다. 그러므로 "제사장이 주의 사자 앞에 서 있는" 그리스도인의 그 복되고 영광된 지위를 생각하라.

11월 27일 저녁

664. "우리가 그리스도 안에서 그의 은혜의 풍성함을 따라 그의 피로 말미암아 구속 곧 죄 사함을 받았으니"(엡 1:7)

그 어떤 언어든지 "용서한다"라는 말이 죄인의 귀에 들려질 때처럼 더 즐거운 것이 있겠는가? 이 말은 포로가 되었던 이스라엘에 대하여 해방의 기쁨을 나타내는 은방울과 같은 것이다. 참으로 영원히 찬양할 것은 형벌의 감방 안에 비치는 죄를 사하는 자비의 사랑스러운 별빛이다. 그것은 절망의 깊은 밤중에 멸망해가는 자에게 소망의 빛을 준다. 죄, 바로 나 같은 자의 죄가 용서함을 받고 모든 것이 영원히 사함 받을 수 있을까? 죄인인 나에게는 지옥만이 나의 몫이다. 죄가 나로부터 떠나지 않는 한 나는 지옥에서 도망칠 수 있는 가능성은 전혀 없다. 죄의 무거운 짐을 제거하여 주홍보다 더 진한 죄를 제거할 수 있을까? 내 감옥 문을 막고 있는 견고한 돌이 무너지고 문빗장의 자물쇠가 과연 열려질 수 있을까? 예수님께서는 바로 나 같은 죄인도 깨끗함을 받을 수 있다고 말씀하신다. 구속의 사랑의 계시를 영원히 찬송하리로다. 그것은 나에게 죄 사함이 가능할 뿐만 아니라 예수님 안에서 쉬는 모든 자에게 죄 사함이 보증되어 있음을 말한다. 나는 하나님께서 정하신 속죄의 제물인 십자가에 못 박히신 예수님을 믿는다. 그러므로 나의 죄는 이 순간에도 그리고 영원토록 그분의 대속의 고난과 죽음으로 말미암아 용서되어 있다. 이 용서는 우리에게 얼마나 큰 기쁨을 가져오는가! 완전히 죄사함 받은 영혼의 행복은 그 얼마나 놀라운 것인가! 나는 모든 것을 그분에게 바친다. 그분께서는 돈으로 살 수 없는 사랑으로써 그분의 보혈을 통하여 나를 구속하셨고 나의 보증이 되었다. 이 댓가 없는 사죄는 얼마나 풍성한 은혜를 나타내고 있는가! 모든 것을 사하시되, 완전히 무조건적으로 영원히 사하셨다. 이 용서에는 찬란하고도 경이로운 성좌가 있다. 나는 얼마나 나의 죄가 크며 그것을 깨끗하게 한 예수 그리스도의 십자가의 피흘림의 보배로움을 생각하고, 나에게 사죄가 확보된 방법이 얼마나 은혜로운지를 생각할 때 나는 놀라서 사랑에 가득찬 경배를 하지 않을 수 없다. 나는 자신을 용서해 주신 주님의 보좌 앞에 엎드려 나를 해방시켜 주신 십자가를 앙망한다. 앞으로 나의 전 생애를 바쳐서 육신을 입고 사람이 되신 하나님을 봉사할 것이다. 이 밤 나는 그분으로 말미암아 용서받은 영혼이다.

11월 28일 아침

665. "형제들이 와서 네게 있는 진리를 증거하되 네가 진리 안에서 행한다 하니 내가 심히 기뻐하노라"(요삼 1:3)

진리는 가이오 안에 있었고, 가이오는 진리 안에서 행하였다. 만약 전반이 진실치 않았다면 후반의 사실은 결코 일어날 수 없다. 만약 두 번째 일이 가이오에게 부합하지 않는다면 처음 것은 다만 표면상으로 보이는 데 불과하다. 진리는 영혼 안에 들어가 침투하여 포화되지 않으면 안 된다. 그렇지 않으면 무가치하다. 신조로서의 교리는 손에 가진 떡과 같이 몸의 영양에는 효용이 없다. 그러나 마음으로부터 받아들인 교리는 소화된 식물같이 흡수되어 유지시키고 몸을 강하게 한다. 진리는 우리 안에서 살아있는 힘이고, 활동하는 에너지이며, 내주하는 현실이고, 우리 존재의 부분이 되어야 한다. 만약 그것이 우리 가운데 들어오면 그때부터는 우리는 그것과 갈라질 수 없게 된다. 사람은 옷을 잃어버릴 수 있고, 또 손발을 잃을 수도 있다. 그러나 그의 속 부분이 살아있고 생명이 존재하는 한, 이것은 그에게서 빼앗아 갈 수 없는 것이다. 그리스도인은 죽는 일이 있어도 그는 진리를 거절할 수는 없다. 등불의 가운데서 나오는 빛이 유리를 통하여 밖에 있는 것을 비추는 것 같이, 안에 있는 것이 밖의 것에 영향을 주는 것은 자연의 법칙이다. 그러므로 진리가 안에서 타오를 때 그 빛은 밝아서 곧 밖의 생활과 대화로 비쳐 나오는 것이다. 어떤 종류의 애벌레는 그 먹는 식물로 말미암아 짜내는 실크의 색깔이 다르다고 한다. 이처럼 사람의 안에 있는 본성을 양육하는 양분이 그 안에서 나오는 말과 행위에 색깔을 정해 준다. 진리 안에서 행하면 성실, 성결, 신실, 그리고 단순한 생활을 가져온다. 이것은 복음이 가르치는 진리의 원칙이 자연스럽게 나오는 것이고, 성령이 우리에게 받아들여지도록 하게 한다. 밖에 나타나는 말로 인하여 그 사람의 영혼의 비밀을 판단할 수도 있다. 오! 은혜로우신 성령이여, 원하기는 오늘 우리를 하나님의 권위 아래 두어 지배하여 주소서. 그리하여 거짓과 죄가 우리의 마음을 주장하지 못하게 하소서. 날마다의 생활에서 악한 영향력을 사람에게 미치는 일이 없게 하소서.

11월 28일 저녁

666. "그는 그 백성의 이익을 도모하며"(에 10:3)

모르드개는 참으로 애국자였다. 그러므로 아하수에로 왕에 의하여 최고의 지위에 올랐지만, 그 높은 지위를 이스라엘의 번영을 촉진시키기 위하여 사용하였다. 이 점에서 그는 예수님과 흡사하다. 예수님께서는 영광의 보좌에서 그 자신의 일을 구하지 않고, 그의 힘을 자신의 백성을 위하여 사용하였다. 만약 모든 그리스도인이 교회에 대하여 모르드개와 같이 되어 그의 능력에 따라서 교회의 부흥을 위하여 힘쓴다면 그것은 아주 좋은 일이다. 어떤 사람들은 부유하고 영향력이 있는 자리에 있다. 저들에게 이 땅의 높은 지위에 있어서 저들의 주님을 높이며 사람들 앞에서 예수님을 증거하게 하라. 다른 사람들은 훨씬 좋은 것을 갖고 있다. 그것은 왕의 왕이신 분과 친밀한 사귐이다. 저들에게 날마다 주의 백성 중에 약한 자를 위하여, 의심하는 자, 유혹 안에 있는 자, 그리고 위로를 받지 못하는 자를 위하여 간구하게 하라. 만약 저들이 어둠 속에 있어서 은혜의 보좌에 가까이할 수 없는 자들을 위하여 많이 기도한다면 그것은 저들의 명예가 될 것이다. 지식이 많은 믿는 자가 그의 재능을 좋은 일을 위하여 사용하며 사람들에게 하나님의 일을 가르침으로 말미암아 저들의 하늘의 학문의 부요를 사람들에게 나눠 준다면 저들은 주님을 위하여 유력한 봉사를 할 수 있다. 우리 그리스도의 몸 된 사람 중에 가장 작은 자일지라도 하나님의 백성의 안녕을 구할 수 있다. 그리고 그의 소원은 다른 그 밖의 일을 아무것도 할 수 없을지라도 주님께 받아들여질 것이다. 믿는 자가 자기를 위하여 사는 것을 그친다는 것은 가장 그리스도에게 가까운 일이며, 또한 가장 행복한 길이다. 다른 사람들에게 축복을 주는 자는 반드시 스스로도 축복을 받는다. 그러나 반대로, 우리 자신이 위대하고자 한다면 이것은 사악하고 불행한 인생의 삶이다. 그의 길은 비참하고 결국에는 치명적인 결과로 끝나게 될 것이다. 친구여, 묻노니 당신은 이웃의 교회가 부요하게 되기를 구하며 당신의 능력으로 최선을 다하고 있는가? 나는 당신이 쓴 뿌리와 반감과 나태로 말미암아 해를 주며 약하게 하지 않기를 믿는다. 친구여, 주 안에 있는 가난한 자와 마음을 같이 하여 그들의 십자가를 지고 할 수 있는 한 선한 일을 하라. 그러면 당신은 당신의 보상을 잃지 않을 것이다.

11월 29일 아침

667. "너는 네 백성 중으로 돌아다니며 사람을 비방하지 말며… 네 이웃을 반드시 견책하라 그러면 네가 그에 대하여 죄를 담당하지 아니하리라"(레 19:16-17)

남을 험담하는 자는 삼중의 독을 방출한다. 그것은 험담하는 자와 듣는 자와 화제에 오르고 있는 자를 해하기 때문이다. 그 험담의 내용이 참이든지 거짓이든지 막론하고 이 하나님의 말씀의 교훈에 의하면 험담을 말하고 다니는 것을 금지하고 있다. 주의 백성의 명성은 매우 중요하다. 우리는 악마를 도와서 교회를 부끄럽게 하거나 주의 이름을 더럽히지 않도록 주의해야 한다. 어떤 사람의 혀에는 박차를 가하는 것보다 재갈을 물리는 것이 필요하다. 많은 사람들이 형제를 깎아내림으로 인하여 마치 자기들의 지위가 높아지는 것으로 착각하고 있다. 노아의 현명한 자식들은 벌거벗은 아버지에게 옷을 덮었다. 그리고 아버지의 벌거벗음을 노출시킨 아들은 두려운 저주를 받았다. 우리 자신이 암흑의 시대에 사는 이때에 우리의 형제들에게 관용하며 침묵을 지켜주는 것이 필요하며, 우리는 기꺼이 이것을 지금 필요로 하는 자에게 같은 태도를 취하자. 이것을 우리 집의 헌장으로 삼아서 다른 사람의 악한 것을 말하지 말자. 그러나 성령은 우리가 죄를 범하지 않도록 죄를 책망하도록 허락하신다. 우리는 돌아서서 뒤에서 형제를 비난하는 것이 아니라, 그에게 직접 훈계하도록 하는 방법이다. 이 방법은 담대하고 형제애에 넘치는 행위이고, 그리스도가 행하셨던 방법이다. 이것은 하나님의 복을 받아 효과를 거두는 일이다. 우리의 육은 이것을 두려워한다. 그렇기에 우리는 더욱 우리의 양심을 부추겨서 그 일을 하도록 해야 한다. 그것은 친구의 죄를 간과함으로 인하여 우리 자신이 그 일의 공범자가 되지 않도록 하기 위함이다. 신실한 목사와 주안에 있는 형제들의 현명하고 애정 있는, 경고로 인하여 수많은 사람들이 중한 죄에서 구출되고 있다. 우리의 주 예수님께서는 베드로에게 경고를 주시고, 또 그보다 앞서서 기도하셨고 베드로가 교만하게도 그 경고를 필요하지 않다고 거부할 때도 주님은 참으셨다. 그것은 바로 우리가 죄를 범한 친구에게 어떻게 취급해야 할지에 대해 인자한 모범을 보이신 것이다.

11월 29일 저녁

668. "관유에 드는 향품과 분향할 향을 만드는… 향품"(출 35:8)

이 관유는 율법적으로 많은 용도로 쓰이며 복음적으로는 가장 중요한 것을 예표하고 있다. 만약 우리가 주님께서 받을 만한 봉사하기를 원한다면 모든 거룩한 봉사를 위하여 기름 부으시는 성령이 우리에게 절대적으로 필요한 것이다. 그분의 도우심 없이는 우리의 모든 종교상의 봉사는 헛된 의식에 불과하며 우리 속에서의 경험은 죽은 것이다. 성령의 기름이 부어지지 않을 때 교회의 사역은 무의미하다. 이것은 우리의 기도, 찬양, 묵상, 그리고 그리스도인의 개인적인 노력에 있어서도 마찬가지다. 거룩한 성령의 기름부음은 경건한 삶의 영혼에 생명과 같다. 그것이 없으면 모든 불행 중의 최대의 불행이다. 기름 부음이 없이 주님 앞에 나아가는 것은 마치 일반인이 구약의 레위인의 제사 직무를 담당하는 것과 같으며, 그 경우에는 봉사라기보다는 오히려 죄가 된다. 우리가 거룩한 기름 부음을 받지 않고 감히 신성한 일에 참여하는 일이 없기를 바란다. 신성한 기름은 우리의 영광이고 머리가 되시는 분에게서 우리 위에 부어진다. 그분으로부터 기름 부음을 받음으로 "그의 옷깃인"(시 133:2) 우리도 그 풍성한 기름 부음에 참여하게 된다. 감별하여 선택된 향료는 고도의 방법에 따라 조합되어 관유가 되어 우리에게 성령의 모든 영향력이 얼마나 풍부한지를 보여준다. 모든 좋은 것은 하나님의 위로 안에서 발견된다. 비할 데 없는 위로, 그릇됨이 없는 교훈, 꺼지지 않는 생명, 영적인 에너지, 하나님의 거룩함, 이 모든 것이 다른 신성한 것과 결합되어 성령의 하늘로부터 오는 관유에서 발견된다. 이것을 부음 받은 자는 그 성품에 상쾌한 향기를 받는다. 부자의 모든 재물에도, 현명한 자의 비밀 속에서도 이와 비교할 만한 것은 발견되지 않는다. 그것은 모방할 수도 없다. 그것은 오직 하나님으로부터 오는 것이며, 오직 우리 주 예수 그리스도를 통하여 모든 소원하는 심령에 아무런 대가없이 그저 주시는 것이다. 우리는 지금 바로 그것을 구해야 한다. 왜냐하면, 우리는 그것을 소유할 수 있기 때문이다. 오! 주여, 이 밤도 당신님의 종에게 기름을 부으소서.

11월 30일 아침

669. "아마샤가 하나님의 사람에게 이르되 내가 일백 달란트를 이스라엘 군대에게 주었으니 어찌할꼬 하나님의 사람이 대답하되 여호와께서 능히 이보다 많은 것으로 왕에게 주실 수 있나이다"(대하 25:9)

이 질문은 유다의 왕에게는 매우 중요한 것이라고 생각되어진다. 또 시련과 유혹에 직면하고 있는 그리스도인에게는 더욱 중요할 것이다. 돈에 있어 손해 보는 것은 언제나 유쾌한 일이 아니다. 바른 목적을 위해 사용한다 하더라도 육은 그 희생을 항상 기꺼이 받을 준비가 되어 있지 않다. "우리에게 유효하게 사용할 수 있는 것을 왜 잃어버리는가? 진리의 가격은 너무나도 비싸지 않은가? 그 돈 없이 우리는 무엇을 할 수 있을 것인가? 아이들과 적은 수입을 기억하라"라며, 이러한 모든 일들이 수없이 그리스도인을 유혹하여 바르지 않은 이익에 손을 펴게 한다. 혹은 심각한 손실이 왔을 때, 그의 양심에 근거한 행동을 망설이게 한다. 모든 사람이 이 문제를 믿음의 빛 안에서 볼 수는 없다. 심지어 예수님을 쫓는 자에게까지도 "우리는 살아야 한다"라는 원칙이 큰 비중을 차지하고 있다. "주님께서는 그것보다 더 많은 것을 주실 수 있다." 이것은 우리의 근심에 대한 완전한 해답이다. 우리의 아버지께서는 전 세계의 재물의 관리권을 가지셨다. 그리고 우리가 그것을 위하여 잃어버린 것을 천 배나 더하셔서 돌려주신다. 그분의 마음에 순종하는 것이 우리가 해야 할 본분이다. 그리고 우리가 순종할 때 그분께서는 반드시 우리를 위하여 준비하실 것이다. 주님은 마지막까지 사람의 채무자 위치에 있지 않는다. 성도들은 한 알의 마음의 평안함이 한 톤의 황금보다 귀하다는 것을 알고 있다. 좋은 양심이라는 천으로 휘감은 의복은 그가 잃어버린 돈보다 훨씬 더 많은 영적인 부요함을 가져다준다. 진실한 마음은 비록 감옥에 있을지라도 하나님께서 기뻐하시면 만족해한다. 축복에 넘치는 영혼은 궁전에 있을지라도 하나님이 기뻐하지 않는다면 지옥에 있는 것 같이 느낀다. 최악의 사태가 이르던지 혹은 모든 재능을 잃어버리든지 우리는 자신의 보물을 잃을 수 없다. 왜냐하면, 그것은 하나님 우편에 앉으신 예수 그리스도에게 있기 때문이다. 현재도 주님께서는 여전히 온유한 자에게 "땅을 기업으로 주며"(마 5:5), 그리고 "바른 길을 걷는 자에게 좋은 것을 거절하는 법이 없다"(시 84:11).

11월 30일 저녁

670. "미가엘과 그의 사자들이 용으로 더불어 싸울째 용과 그의 사자들도 싸우나"(계 12:7)

두개의 큰 주권자의 사이에 끊임없는 싸움에서 어느 한 쪽이 전멸되기까지 이 싸움은 계속된다. 선과 악 사이에 평화란 있을 수 없다. 평화가 오는 것 같이 보인다면, 그것은 실제로 어둠의 힘이 승리하고 있다는 것을 의미할 것이다. 미카엘은 항상 싸운다. 그의 거룩한 영은 죄에 분노하며 죄를 참지 못한다. 예수님께서는 항상 용의 적이다. 그것은 소극적인 의미에서가 아니고, 예수님은 아주 적극적이며 활동적으로, 그리고 악을 뽑아 버리려는 결의에 가득하시다. 그분의 하늘에 있는 모든 천군 천사이든지 땅에 있는 사자이든지 항상 싸워야만 하고 싸울 것이다. 믿는 자들은 군인으로서 이 땅에 태어났다. 십자가 밑에서 그들은 결코 악과 휴전하지 않을 것을 맹세하였고, 그들은 용맹한 친구들이다. 방어할 때는 견고하고 공격할 때는 기세가 사납다. 주님의 군대의 모든 병사의 임무는 날마다 모든 마음과 영혼과 힘을 다하여 용과 대항하여 싸우는 것이다. 용과 그의 사자들도 싸움을 그치지 않는다. 그들은 항상 맹공격을 반복하면서 어떤 무기도 아끼지 않으며, 수단과 방법도 가리지 않는다. 우리가 만약 적으로부터 아무 공격 없이 하나님을 섬기려고 기대한다면, 그것은 어리석은 일이다. 우리가 열심을 다하여 하면 할수록 우리는 필연적으로 지옥의 군대의 공격을 당하게 된다. 교회는 간혹 게을러질지 모른다. 그러나 교회의 대적인 사탄은 전혀 그렇지 않는다. 사탄의 마음은 게으르지 않아서 결코 싸움을 그치지 않는다. 그는 여인의 후손을 미워하여(cf. 창 3:15), 모든 가능한 방법과 수단을 동원하여 교회를 삼키려고 한다. 사탄의 귀족들은 옛 용의 에너지를 많이 가지고 있어서 항상 활동적이다. 싸움은 도처에 벌어지고 있고 (이 원수들과) 평화를 꿈꾸는 것은 위험한 일이고 소용없는 일이다. 그러나 영광을 하나님께 돌려라. 우리는 싸움의 결말을 알고 있지 않은가! 거대한 용은 던지어져 영원히 멸하여질 것이다. 반면, 예수님과 그의 종들은 면류관을 받을 것이다. 이 밤 우리의 검을 날카롭게 갈아 싸움을 위하여 우리의 팔을 강하게 하도록 성령께 구하자. 더 중요한 전투일수록 더 영광스러운 면류관이 기다리고 있는 것이다. 모든 십자가의 군병이여, 부수며 나아가라. 주님께서 멀지 않아 "사탄을 당신의 발아래 밟히게 하실 것이다!"(롬 16:20).

12월의 묵상

12월 1일 아침

671. "주는 여름과 겨울을 이루셨나이다"(시 74:17)

나의 영혼이여, 이 겨울이 시작하는 달을 너의 하나님과 함께 시작하라. 차가운 눈과 살을 에는 바람은 모두 하나님께서 밤낮으로 그분의 언약을 지키시는 분이라는 것을 생각나게 하며, 또 하나님께서 그리스도 예수님의 인격 안에서 맺은 은혜의 언약을 지키시는 분이라는 것을 확신케 한다. 이 가련한 죄에 더러워진 세상에서도 봄, 여름, 가을, 겨울 사계절의 운행을 지키시는 말씀에 충실한 하나님은 자신의 사랑하시는 아들에게 있어서 언약의 불성실이란 있을 수 없다. 영혼의 겨울은 결코 기분 좋은 계절이 아니다. 당신이 지금 그것을 경험하고 있다면 매우 괴로울 것이다. 그러나 바로 여기에 위로가 있다. 즉, 그것을 만드신 이가 주님이시라는 것이다. 그분은 날카로운 역경의 바람을 보내어 기대의 꽃봉오리를 따며, 한때 우리의 기쁨의 푸른 초장이었던 그 위에 하얀 서리를 재와 같이 뿌리신다. 그분께서는 얼음을 음식물의 한 조각과 같이 던져 우리의 기쁨의 흐름을 동결한다. 이 모든 것을 하시는 이는 주님이시다. 그분은 위대한 겨울의 왕이시기도 하다. 그러므로 당신은 불평할 수 없다. 손실, 고난, 무거운 짐, 질병, 빈곤, 그리고 다른 수많은 아픔도 주님께서 보내신다. 그것은 모두 그분의 현명한 계획에 따라서 우리에게 온 것이다. 서리는 해충을 죽이고 병의 독을 제한시키며 흙덩이를 깨부수고 땅을 부드럽게 한다. 아, 이와 같은 좋은 결과가 우리의 고난의 겨울 후에 항상 따라오기를 기대한다! 이제는 얼마나 따뜻한 불이 그리운 때인가! 타오르는 빛남은 기분을 좋게 하지 않는가? 그와 같이 우리의 모든 고난의 때에도 끊임없이 따뜻함과 위로의 근원이 되시는 주님을 사모해야 하지 않을까? 주님을 믿고 그 안에서 기쁨과 평안을 발견하자. 그분의 약속의 따뜻한 옷으로 우리의 몸을 감싸서 이 계절에 알맞은 노동을 하도록 나아가자. 추위 때문에 땅을 경작하지 않는 게으른 자는 그에 따른 심각한 결과를 초래하게 될 것이다. 이런 사람은 여름이 오면 거지가 되어 사람들에게 구걸해야 하기 때문이다.

12월 1일 저녁

672. "여호와의 인자하심과 인생에게 행하신 기이한 일을 인하여 그를 찬송할지로다"(시 107:8)

만약 우리가 불평을 적게 하고 찬양을 많이 한다면, 우리는 좀 더 행복하게 되며 좀 더 하나님의 영광을 찬양하게 될 것이다. 우리는 날마다 하나님의 일반 은총을 찬양해야 하지 않을까? 하나님의 일반 은총은 언제나 우리에게 지극히 귀중한 것이며 그것이 빼앗길 때, 우리는 곧 멸망할 위기에 처할 것이다. 우리가 태양을 보는 눈을 위하여, 밖을 걸을 수 있는 건강과 힘을 위하여, 우리가 먹는 빵과 입는 의복, 이 모든 것을 위하여 하나님께 찬양을 드리자. 우리가 소망 없는 자 가운데 던져 있지 않고 죄 가운데 갇혀 있지 않다는 것을 기억하고 하나님께 찬양을 드리자. 우리에게 주신 자유, 친구, 가족, 그리고 위로로 인하여 하나님께 감사를 드리자. 하나님의 풍성한 손으로부터 받는 모든 것으로 인하여 하나님께 찬양을 드리자. 왜냐하면, 우리는 이 모든 것을 받기에 합당하지 않은 자인데, 하나님께서는 언제나 우리에게 넘치도록 풍성하게 주시기 때문이다. 그러나 사랑하는 자여, 우리의 찬양의 노래 중에 가장 즐겁고 큰소리로 부르는 것은 구속의 사랑의 노래인 것이다. 하나님의 선택한 자에 대한 구속의 사역은 영원히 저들에게 가장 좋아하는 찬양의 제목이다. 만약 우리가 구속이 의미하는 것을 바로 알고 있다면, 우리는 감사의 노래를 끊임없이 불러야 하지 않겠는가? 우리는 자신의 부패의 힘으로부터 구속되었으며, 우리가 나면서부터 던져진 죄의 밑바닥으로부터 끌어 올려진 것이다. 우리는 그리스도의 십자가로 인도되었다. 우리의 죄의 사슬은 파괴되었고, 우리는 이제 죄의 노예가 아니라 살아계신 하나님의 자녀이다. "흠과 티가 조금도 없는"(엡 5:27) 상태로 보좌 앞에 세움을 받을 때를 가슴 벅찬 기대감으로 기다릴 수가 있다. 지금도 믿음으로 말미암아 우리는 종려가지를 흔들면서 우리의 영원한 장식인 아름다운 세마포를 두른다. 우리는 우리의 주, 구속주에 대하여 끊임없는 감사를 올려드려야 하지 않겠는가? 하나님의 자녀여, 당신은 잠잠할 수 있는가? 영광의 후사들이여, 깨어나라! 깨어라! 그리고 "사로잡은 자를 이끌고"(시 68:18) 다윗과 같이 소리 질러 "내 영혼아 여호와를 송축할, 내 속에 있는 것들아 다 그의 거룩한 이름을 송축하라"(시 103:1). 이 새달을 우리는 새 노래로서 시작하도록 하자.

12월 2일 아침

673. "나의 사랑 너는 어여쁘고"(아 4:7)

주님께서 자신의 교회를 칭찬하심은 아름답고, 주님께서 묘사하시는 교회의 아름다움은 실로 빛나는 일이다. 교회는 단지 아름다울 뿐만 아니라 모든 것이 아름답다. 그것은 주님께서 속죄의 피로서 씻어 자신의 공로의 의를 입히신 교회를 자기 안에서 보시기 때문이다. 주님은 교회를 완전한 아름다움과 훌륭함으로 가득한 것으로 생각하신다. 그러므로 놀랄 것은 없다. 그런 경우에 주님께서 칭찬하시는 것은 자신의 완전한 탁월성 때문이다. 교회의 성결, 영광, 그리고 완전은 주님께서 그의 사랑하는 신부에게 입히시는 자신의 빛나는 옷이다. 교회는 오직 순결하고 얼굴이 단정할 뿐만 아니라 완전히 사랑스럽고 아름다움을 가진다! 교회는 실제적으로 공로를 가진다! 교회에서 죄로 인한 모든 추한 것들은 제거된다. 게다가 주님을 통하여 그의 공로에 의한 의를 입기 때문에 더욱 그 아름다움이 부여되어 진다. 믿는 자는 "사랑하는 아들로 말미암아 받아들여졌을 때"(엡 1:6) 절대적인 의를 갖는다. 교회는 단지 사랑스러울 뿐만 아니라, 그것은 비할 데 없는 아름다움을 가진다. 주님께서는 교회를 "여인 중에 가장 아름다운 자여"(아 1:8)라고 부르신다. 교회는 이 세상의 모든 귀족과 왕후와 비할 수 없는 진정한 가치와 우수함을 가지고 있다. 비록 예수님께서는 자신이 선택한 신부를 이 땅의 모든 여왕과 황후, 또는 하늘에 있는 천사와 교환할 수 있다 할지라도 그분은 결코 그렇게 하지 않으신다. 그것은 주님께서 교회를 제일의 그리고 최상의 지위, 즉 "여자들 중 가장 아름다운 자"로 두시기 때문이다. 교회는 달과 같이 다른 별들보다 뛰어나게 빛난다. 주님께서는 자신의 교회에 대하여 이렇게 생각하는 것을 부끄럽게 여기지 않으실 뿐 아니라, 모든 사람들을 초대하여 그것을 듣는 것을 원하신다. 주님은 "보라"라는 말을 이 구절 앞에 두었다. 이것은 특별한 감탄사로써 사람의 주목을 받으려는 표시이다. "보라, 나의 사랑하는 자여! 너는 어여쁘고도 아름답다"(아 4:1). 그분은 자기의 의견을 지금도 공표하시며 언젠가는 영광의 보좌로부터 그 진리를 온 우주 앞에서 선언하실 것이다. "오라! 아버지의 축복을 받은 자여"(마 25:34)라는 말씀은 그분께서 선택하신 자들의 사랑스러움을 엄숙히 확신하는 말씀이 될 것이다.

12월 2일 저녁

674. "다 헛되어…"(전 1:14)

그 어떠한 것도 주님의 사랑과 그분 자신 이외에는 사람의 마음을 만족시킬 수 없다. 성도들은 다른 항구에 닻을 내리려고 시도하였지만 그런 위험한 피난처로부터 쫓겨 나왔다. 저 지혜의 솔로몬은 우리 모두를 위하여 시험하고, 그리고 우리가 해서는 안 될 일을 우리를 위하여 하는 것이 허락되었다. 여기에 그 자신의 말로 간증한 것이 있다. "이렇게 하여 나는 큰 자가 되고 나보다 먼저 예루살렘에 있던 모든 자 보다도 큰 자가 되었다. 나의 지혜도 또한 나를 떠나지 않았다. 무엇이나 나의 눈에 좋아하는 것은 다 원하였고 나의 마음의 기뻐하는 것은 거절하지 않았다. 나의 마음이 나의 모든 수고로 말미암아 쾌락을 얻었기 때문이다. 그리고 이것은 나의 모든 수고로 말미암아 얻은 보상이었다. 그리고 나는 내 손으로 한 모든 일을 보았고 그것을 함으로써 필요한 수고를 돌아보았다. 보라! 다 헛되고 헛된 바람을 잡은 것 같은 것이었다. 해 아래에는 아무 유익한 것이 없도다"(전 2:9-11). "헛되고 헛되니 모든 것이 헛되도다"(전 1:2). 그는 진정 모든 것이 헛되다고 말하는가? 오, 은총을 받은 왕이여, 당신의 모든 부요함도 헛되다고 하는가? 강에서 바다에 이르는 저 넓은 영토도 헛되다고 하는가? 화려한 궁전도, 레바논의 백향목으로 세운 궁전도 헛되다고 하는가? 모든 음악과 춤과 그리고 술과 사치스러움도 다 헛되다고 말하는가? 그는 대답한다. "헛되다. 오직 마음의 피곤이 있을 뿐이다." 이것은 그가 환락의 온 땅을 두루 다닌 후에 내린 판정이다. 우리의 주 예수님을 모시고 그분의 사랑 안에 살며 그와 연합하여 있는 확실함이 모든 것 중의 전부이다. 사랑하는 자여, 당신은 다른 생활양식이 그리스도인의 삶보다 좋은 것인지 시험해 볼 필요는 없다. 만약 당신이 세상을 순회한다 할지라도 주님의 얼굴 같은 것은 결코 볼 수 없을 것이다. 만약 당신이 인생의 모든 위로를 가질지라도 당신의 구주를 잃는다면 처참해진다. 그러나 당신이 그리스도를 당신의 것으로 한다면, 비록 당신이 감옥 안에서 썩을지라도 그것이 낙원이라는 것을 발견하게 된다. 당신이 이름없이 일생을 보내며 굶어 죽는 일이 있어도 당신은 여전히 주의 선함으로 가득차고 은혜로 만족할 것이다.

12월 3일 아침

675. "너는 아무 흠이 없구나"(아 4:7)

주님께서는 자신의 교회가 아름다움으로 가득함을 적극적으로 선언하시면서, "너는 아무 흠이 없구나"라고 소극적으로 자기의 교회를 칭찬하신다. 비판을 좋아하는 이 세상은 신랑이신 주님께서 오직 신부인 교회의 아름다운 점만을 이야기하고, 흠들과 더러운 점은 일부러 생략하고 있다고 생각하는지 모른다. 신랑이신 주님께서는 이와 같은 일을 예상이나 하듯이 신부가 순전하여 전부 어여쁘다고 말한 후에 아무 흠이 없다고 말씀하신다. 한 점의 허물과 아름다움을 망가뜨릴 극히 적은 부분도 곧 제거될 것이다. 그러나 현재에 있어서도 믿는 자는 우리 주님의 시야로 보실 때 이러한 적은 흠으로부터도 해방되어 있는 것이다. 만약 주님께서 너에게는 끔찍한 상처나 심한 흠점이나 무서운 부패성이 없다는 말씀을 하신다면 그것이야말로 놀라운 일이다. 그러나 그분께서 교회에는 아무런 허물도 없다고 하는 말씀을 우리가 들을 때 우리의 놀라는 정도는 더 커지게 된다. 만약 그분이 모든 허물을 하나씩 제거하실 것을 약속하신다면 그것만으로도 우리의 영원한 기쁨의 충분한 이유가 된다. 그러나 그분께서 이미 그것을 하였다고 말씀하실 때, 어느 누가 넘치는 만족과 환희의 감정을 누를 수 있겠는가? 나의 영혼아, 여기에 "골수와 기름이 있다"(시 63:5). 너는 배부를 수 있을 만큼 먹고 이 귀한 풍미의 맛으로 만족하여라. 예수님께서는 그의 신부와 다투지 않는다. 신부는 때때로 예수님의 발밑을 떠나 방황하며 성령을 근심케 한다. 그러나 예수님께서는 그것으로 말미암아 신부에 대한 사랑이 변하는 일은 없다. 그분께서 때때로 그의 신부를 훈계하는 일은 있다. 그러나 그때에도 그분께서는 항상 부드러운 방법으로 하신다. 그때에도 "나의 사랑하는 자여"(아 4:1)이라고 친절하게 부르신다. 그분께서는 우리의 어리석은 행위는 기억하시지 않는다. 그분은 우리에게 악한 감정을 품으시지 않고 죄를 범한 이후에도 우리를 용서하시며 여전히 예전같이 우리를 사랑하신다. 그분의 용서함은 우리에게 얼마나 유익한 일인가! 그분께서 만약 우리 인간과 같이 그 무례를 하나하나 마음에 기억하신다면 어떻게 우리가 그와 사귈 수 있겠는가? 많은 경우에 믿는 자는 작은 섭리의 변화에도 감정이 상한다. 그러나 우리의 보배로운 남편인 주님께서는 우리의 어리석은 마음을 너무 잘 아시기 때문에 그 나쁜 태도의 무례함도 한량없으신 은혜로 모두 받아주신다.

12월 3일 저녁

676. "강하고 능한 여호와시요"(시 24:8)

우리의 하나님께서 그의 백성을 위하여, 그의 백성 중에서, 그의 백성으로 인하여 놀라운 일을 하시는 것을 본다면 우리의 하나님이 영광스러운 분으로 백성의 눈에 비치는 것은 당연하다. 주 예수님께서 갈보리에서 모든 원수를 파하시고, 그의 온전한 순종으로 완성하신 역사로 모든 원수의 무기를 깨뜨리셨다. 그분의 승리의 부활과 승천으로 인하여 지옥의 소망을 완전히 뒤집고 "포로를 끌어올려"(시 68:18), 우리의 원수를 공공연하게 드러내고 십자가로 말미암아 우리의 원수를 이기신 것이다. 사탄이 우리에 대하여 "죄 있다"고 책망하는 모든 화살은 꺾이었다. 왜냐하면, 말씀에 기록된 것과 같이, "누가 하나님이 선택한 자를 참소하리요?"(롬 8:33). 지옥의 악한 날카로운 칼도, 뱀의 후손의 계속되는 습격도 무익하다. 왜냐하면, 교회 안에서는 절름 발이까지도 노획물을 얻으며, 가장 약한 전사도 영광의 관을 얻기 때문이다. 구원받은 자가 저들의 주님께서 정복자가 된 일에 대하여 찬양하는 것은 당연하다. 왜냐하면, 저들의 본래의 미움의 화살은 꺾이고 반항의 무기는 깨뜨려졌기 때문이다. 우리의 사악한 마음속에서 은혜가 어떠한 위대한 승리를 얻었는가! 예수님께서 우리의 의지를 정복하고 죄를 그 왕좌에서 끌어내렸을 때, 얼마나 그분의 영광은 빛났던가! 우리 안에 아직도 남아 있는 부패성도 그와 같이 반드시 패배를 당할 것이다. 모든 유혹, 의심, 그리고 두려움은 다 멸망할 것이다. 우리의 평화스러운 마음속에서 예수님의 성호는 비할 데 없이 위대하다. 그분은 우리의 사랑을 획득하고 그것을 몸에 지니신다. 그러므로 우리는 그의 사랑 안에서 확신하며 승리를 기대한다. "우리를 사랑하시는 이로 말미암아 이기고도 남음이 있다"(롬 8:37). 우리는 자신의 믿음, 열정, 그리고 성결로 말미암아 이 세상에 있는 어둠의 힘을 타도할 것이다. 우리는 죄인을 예수님에게 오게 하며 거짓의 조직을 뒤엎을 것이다. 그리고 열방을 회심케 할 것이다. 왜냐하면, 하나님께서 우리와 함께 계시며 아무것도 우리를 방해할 수 없을 것이기 때문이다. 그리스도인 전사여, 이 밤에 노래하며 내일의 싸움을 위하여 준비하자. "우리 안에 계시는 이는 세상에 있는 자보다 크신 분이시다"(요일 4:4).

12월 4일 아침

677. "이 성중에 내 백성이 많음이라"(행 18:10)

오늘의 말씀의 구절은 선한 일을 하는데 큰 격려를 주는 말씀이다. 왜냐하면, 하나님은 악한 자 중에 가장 악한 자, 가장 타락한 자, 가장 방탕한 자와 술 중독자 중에서 구원해야 할 백성들을 선택하셨기 때문이다. 하나님은 당신을 그들의 영혼을 가져올 사자로 정하셨기 때문에 당신은 저들에게 말씀을 전하여야만 한다. 그러므로 하나님께서 예정하신 것에 따라 저들은 말씀을 받아들이지 않으면 안 된다. 저들은 영원한 보좌 앞에 있는 성도와 같이 보혈로 구속되어 이미 그리스도의 소유로 인(印)쳐져 있다. 저들은 아마도 술집을 좋아하며 성결의 생활을 멀리하고 있다. 그러나 만약 예수님에 의해 구속되어 있다면 그분께서는 저들을 소유하실 것이다. 하나님은 아들이 지불한 값을 잊으시는 분이 아니시다. 하나님은 어떠한 일이 있을지라도 아들의 대속의 죽음이 헛되도록 허락지 않으신다. 이미 선택된 수많은 자들이 아직 중생을 경험하지 않았는지 모른다. 그러나 저들은 반드시 중생하도록 정해져 있다. 이 일은 하나님의 말씀을 가지고 저들에게 가는 우리에게 큰 위로가 된다. 그뿐 아니라 그리스도께서는 이 모든 불경건한 자를 위하여 보좌 앞에서 기도하신다. 위대한 중보자는 말하기를 "내가 기도하는 것은 이 사람들만 위함이 아니요 또 저희 말을 인하여 나를 믿는 사람들도 위함이다"(요 17:20)라고 하셨다. 불쌍한 무지한 영혼은 이 기도에 대하여 아무것도 모른다. 그러나 예수님께서는 저들을 위하여 기도하신다. 저들의 이름은 예수님의 흉패에 기록되어 있다. 머지않아 저들은 은혜의 보좌 앞에서 회개의 탄식으로 그 완고한 무릎을 꿇게 될 것이다. 지금은 "무화과의 계절은 아니다"(막 11:13). 아직 정한 때는 오지 않았다. 그러나 그때가 되면 저들은 복종할 것이다. 왜냐하면, 하나님께서는 그 자신의 것을 반드시 손 안에 넣으시기 때문에 저들은 복종하지 않을 수 없다. 왜냐하면, 성령께서 온전한 힘을 가지고 오실 때 아무도 그 능력의 힘에 저항할 수 없기 때문이다. 저들은 기쁨으로 살아계신 하나님의 종이 되지 않으면 안 되는 것이다. 내 백성은 "나의 능력의 날에 즐거이 헌신하리라"(시 110:3). "그는 자기 영혼의 수고한 것을 볼 것이며 많은 사람을 의롭게 하리라"(사 53:1). "나는 그로 존귀한 자와 함께 분깃을 얻게 하며 강한 자와 함께 탈취한 것을 나누게 하리라"(사 53:12).

12월 4일 저녁

678. "우리 자신도 속으로 탄식하여 양자될 것,
곧 우리 몸의 구속을 기다리느니라"(롬 8:23)

이 탄식은 성도에게 공통적인 것이다. 그것은 우리 모두가 작든지 크든지 간에 느끼고 있다. 그것은 불만과 불평의 탄식은 아니다. 그것은 고민의 소리가 아니고 소원의 표시이다. 보증금을 받은 우리는 우리의 분깃인 모든 것을 소원하는 것이다. 우리는 영과 혼과 육의 모든 인격이 오래된 타락의 마지막 흔적으로부터 해방되는 그날을 애타게 기다리고 있다. 우리는 부패와 연약함과 치욕을 벗어버리고 주 예수님께서 그의 백성에게 주시는 썩지 않는 것, 영생, 영광, 영적인 몸을 입기를 간절히 소망한다. 우리는 자기가 하나님의 자녀로서 나타날 것을 소망한다. 우리는 탄식한다. 그러나 우리의 탄식은 다른 사람들에게 선전하기에는 너무나 신성하고, 거룩한 것이며, 인격적인 것이다. 그리하여 우리는 자신의 소원을 오직 주님께만 호소한다. 그리고 사도 바울은 우리가 "대망하고 있다"라고 말하고 있다. 그것은 "나의 생명을 취하소서"라고 말한 요나나 엘리야와 같이 우리가 발끈하여서 하는 말이 아니다. 또 일에 피곤하여 인생을 끝내고 싶어서 구하는 탄식이나 흐느끼는 것이 아니다. 주님의 뜻이 성취되기를 기다리지 못하여 현재의 괴로움에서 피하려고 하는 것도 아니다. 우리는 영화로움을 사모하지만, 주님의 계획이 최선이라는 것을 알고 인내심 있게 그것을 기다릴 것이다. 기다림은 준비가 되어 있다는 것을 의미한다. 우리는 사랑하는 주님께서 문을 열고 우리를 자신에게로 데려갈 것을 기대하면서 문 앞에 서 있다. 이 "탄식"은 시험이다. 무엇을 탄식하여 구하는가? 이것으로 말미암아 우리는 그 사람을 분별할 수가 있다. 어떤 사람은 부요함에 대하여 탄식한다. 그는 돈을 숭배하기 때문이다. 어떤 사람은 인생의 고난 아래서 계속적으로 탄식한다. 저들은 단지 성급한 마음을 가지고 있기 때문이다. 그러나 하나님을 사모하는 사람은 그리스도와 닮아가기 위하여 탄식한다. 이런 사람이 참으로 복된 사람이다. 주님의 재림과 그때에 주님께서 우리에게 주실 우리의 부활을 위하여 하나님께서 우리에게 탄식하기를 원하시지 않겠는가?

12월 5일 아침

679. "구하라 그리하면 주실 것이요"(마 7:7)

영국에는 지나가는 사람이 원하여 구하면 그 누구에게나 빵을 주는 곳이 있다. 여행자는 누구든지 막론하고 성 십자가 병원의 문을 두드리기만 하면 거기에는 언제든지 한 덩어리의 빵이 준비되었다. 예수 그리스도께서는 죄인들을 한없이 사랑하사 그와 같은 성 십자가 병원을 세우셨다. 그래서 죄인들이 굶주릴 때마다 언제든지 오직 그 문을 두드리기만 하면 그의 필요가 채워진다. 아니, 예수님께서는 더욱 좋은 일을 하셨다. 그분은 이 십자가 병원에 욕실도 준비하셨다. 검게 더러워진 영혼은 언제든지 오직 그 욕실에 가서 목욕만 하면 된다. 그 샘물은 항상 가득 채워져 있고 항상 현저한 효력을 발생한다. 이제 목욕한 죄인 가운데 그 더러움을 씻어버리지 못한 자는 한 사람도 없다. 주홍같이 붉은 죄도 모두 씻겨져 죄인은 눈보다도 더 희게 된다. 아직 이것도 불충분하여 이 십자가 병원에는 옷장도 있다. 그리고 단순히 죄인이라고 고백한 자는 머리에서 발끝까지 덮는 흰 옷을 받는다. 그가 만일 군인이 되기를 소원한다면 보통 평범한 옷뿐만 아니라 그의 발끝에서부터 전신을 보호할 것과 머리의 투구도 받는다. 검을 구하면 거기에 갖추어 방패까지도 받게 된다. 그에게 있어서 좋은 것은 어떤 것이라도 거절되는 것이 없다. 그가 사는 동안에 필요한 돈도 공급되고 더욱 주님의 기쁨에 들어갈 때에는 영광스런 영원한 재산을 상속받게 된다. 만약 이 모든 것이 오직 은혜의 문을 단지 두드리기만 함으로써 얻게 된다면, 나의 영혼아 너는 오늘 아침 강하게 그 문을 두드려라. 그리고 은혜가 풍성하신 주님께 큰 것을 구하라. 너의 모든 필요를 주님 앞에 내어놓고 믿음으로 이 모든 것이 채워지리라는 확신이 생길 때까지 은혜의 보좌를 떠나지 말라. 예수님께서 초대할 때 부끄러움으로 머뭇거리는 일이 없도록 해야 한다. 예수님께서 약속하셨을 때 어떤 불신앙으로 말미암아 방해받지 않도록 하라. 이러한 축복이 내려지려고 하는데 아직 냉랭한 태도로서 그것을 제한시켜서는 안 된다.

12월 5일 저녁

680. "여호와께서 대장장이 네 명을 내게 보이시기로"(슥 1:20)

스가랴서 일장에 기록되어 있는 환상 중에서 선지자는 두려운 네 뿔을 보았다. 그 뿔은 사방으로 돌진하여 가장 강한 자와 가장 힘 있는 자를 넘어뜨리고 있었다. 거기에 선지자가 "이것들은 무엇입니까?"(슥 1:19)라고 묻자, "이것은 이스라엘, 유다 그리고 예루살렘을 해치는 네 뿔"(슥 1:19)이라고 대답하셨다. 그는 하나님의 교회를 압박하는 힘의 상징을 목전에서 보았다. 뿔은 넷이었다. 왜냐하면, 교회는 사방으로부터 공격을 받고 있기 때문이다. 선지자가 당황한 것도 그렇게 무리한 것은 아니었다. 그러나 갑자기 그 앞에 그

네 명의 대장들이 나타났다. 그는 "그들은 무엇을 하기 위하여 왔습니까?"(슥 1:21)라고 물었다. 하나님께서는 그 뿔들을 조각으로 부수기 위하여 이 사람들을 일으킨 것이다. 하나님은 항상 그의 사역에 필요한 사람들을 찾으신다. 그리고 그분은 꼭 필요한 때에 그들을 찾으실 것이다. 선지자는 아무것도 할 것이 없었는데, 그가 처음 본 것은 대장장이들이 아니었다. 그는 먼저 "뿔"을 보고, 그리고 그 다음에 "대장장이들"을 보았다. 더구나 주님께서는 충분한 사람의 숫자를 세우신다. 그는 세 사람의 대장장이도 아니고, 네 사람의 대장장이들을 일으킨 것이다. 뿔은 넷이었다. 그래서 대장장이도 네 사람이 필요했다. 하나님은 또 적당한 사람을 일으킨다. 글을 쓰기 위하여 펜을 가진 네 사람도 아니고 설계도를 그리는 네 사람의 건축가도 아니었다. 하나님은 거친 일을 하는 네 사람의 대장장이들을 일으킨 것이다. 안심하라, 하나님의 방주의 일을 근심하는 자여, "뿔"이 사납게 일어날 때에는 "대장장이" 역시 일어날 것이다. 어떠한 순간에도 당신은 하나님의 교회가 약하다고 낙심할 필요가 없다. 모든 국민을 요동시키는 용감한 개척자가 고요히 성장하고 있는지도 모른다. 런던의 빈민굴의 어두운 방안으로부터 또는 아주 비천한 학교로부터 크리소스톰(Chrysostoms)이나 어거스틴(Augustines)처럼 초대 교회의 교부들 같은 사람들이 나올 수 있다. 주님께서는 어디에서 그의 종을 찾으실지 그 장소들을 알고 계신다. 그분은 무수한 강한 사람들을 숨겨 놓고 있다. 주님의 한마디 말씀에 저들은 싸움에 나갈 것이다. "이 싸움은 여호와의 싸움이기 때문이다"(삼상 17:47). 그리고 주님께서는 자신에게 승리를 가져오신다. 우리는 충실하게 그리스도에게 남아 있도록 하자. 그리고 그분의 교회의 위기의 때에, 또는 우리의 개인적인 필요한 날에, 하나님께서는 가장 정확한 시간에 우리를 위하여 방어할 수 있도록 일으켜주실 것이다.

12월 6일 아침

681. "무릇 하늘에 속한 자는 저 하늘에 속한 자들과 같으니"
(고전 15:48)

머리되신 그리스도와 그의 몸의 각 부분들은 모두 같은 성질의 것으로서 느부갓네살 왕이 꿈에 본 큰 괴물 같은 형상이 아니다. 그가 본 형상의 머리는 순금이었지만, 배와 넓적다리는 놋이고, 다리는 철이고, 발의 일부는 철이요, 일부는 진흙이었다. 그리스도의 신비적인 몸은 이렇게 서로 반대가 되는 엉뚱한 결합이 아니다. 몸의 부분들은 죽을 것이었다. 그러므로 예수님께서 죽으셨다. 그러나 영광의 머리는 불멸이다. 따라서 몸도 불멸인 것이다. 왜냐하면, "내가 살아있으므로 너희들도 살 것이다"(요 14:19)라고 기록되어 있기 때문이다. 우리의 사랑하는 머리와 몸 그리고 지체의 각 부분은 특별하다. 머리가 선택되어 있다면 지체의 각 부분들도 선택되고, 머리가 받아들여진다면 지체의 부분도 받아들여지며, 머리가 살아 있다면 지체의 부분도 살아 있는 것이다. 만약 머리가 순금이면 몸의 모든 부분도 순금이다. 그러므로 이와 같이 이것은 동일한 성질들의 아주 밀접한 사귐을 기초로 하는 이중의 연합이다. 경건한 독자여, 잠깐 여기에 머물러서 생각해 보라. 비참한 당신을 그분의 아들의 영광과 복된 연합으로 당신을 높이신 그의 무한한 겸비함을 생각할 때 어떻게 기쁨과 놀람을 느끼지 않고 견딜 수 있겠는가! 당신은 너무나도 비천하여 당신의 죽음을 기억한다면 당신은 썩어질 자에게 "나는 너의 아버지다"라고 말하며, 버러지에게 향하여 "너는 나의 자매다"라고 말할 수 없을지도 모른다. 그러나 그리스도 안에 있을 때에 당신은 존귀해지고 전능하신 하나님을 향하여 "아바 아버지"라고 부를 수 있으며, 육신을 입고 오신 하나님을 향하여 "당신은 나의 형제이다. 그리고 나의 남편입니다"라고 말할 수 있다. 만약 유서 깊은 고귀한 가정의 족보와 관계있는 것이 자신에게 무슨 위대한 것처럼 생각하게 한다면, 우리는 그 모든 것들보다 더 나은 자랑으로 여길 많은 이유를 가지고 있다. 가장 비천하고 멸시받는 믿는 자라도 이 특권을 붙잡지 않겠는가? 게으름으로 말미암아 자기의 영광스러운 그 족보를 찾는 일에 소홀히 해서는 안 된다. 어리석게도 현재의 허영에 애착을 느껴서 그리스도와 연합하여 있는 그 영광스러운 하늘의 명예를 잊어서는 안 된다.

12월 6일 저녁

682. "가슴에 금띠를 띠고"(계 1:13)

밧모섬에서 "인자 같으신 이"(계 1:13)가 요한에게 나타나셨고, 사랑하는 제자는 주님께서 황금의 "띠"를 두르고 계신 것을 보았다. 이 띠는 예수님께서 이 땅에 있었을 때 결코 그것을 푸는 일이 없었다. 그분께서는 항상 봉사할 준비를 하셨다. 지금도 영원한 보좌 앞에서 그의 거룩한 봉사를 그치지 않고 제사장으로서 "에봇의 띠를"(출 28:8) 띠고 계신다. 그분께서 우리를 위하여 그 사랑의 직분을 그치지 않음은 우리에게 있어서 너무나 감사하고 좋은 일이다. 왜냐하면, 그분께서 "언제나 살아서 우리를 위하여 간구하심은"(히 7:25) 우리의 가장 마음 든든한 안전 보장의 하나이기 때문이다. 예수님께서는 임무가 끝난 것 같이 띠를 푸는 일이 결코 없으며, 언제나 근면하게 그의 백성을 위하여 일하신다. 이 "금띠"는 그의 봉사의 탁월성, 그의 인격의 고귀함, 지위의 존엄성, 그리고 그의 보상의 영광을 나타낸다. 그분은 더 이상 이 땅에서 부르짖는 것이 아니라, 왕으로서 또 제사장으로서의 권위를 갖고 간구하신다. 우리는 왕좌에 나아간 멜기세덱의 손 안에서 충분히 안전하다. 우리의 주님께서는 그의 모든 백성에게 모범을 보이셨다. 우리는 결코 자신의 띠를 풀어서는 안 된다. 지금은 우리가 편안히 누워서 뒹굴 때가 아니고 봉사하고 전투에 임할 때이다. 우리는 진리의 띠를 더욱더 조여서 허리에 묶어야 한다. 그것은 "금띠"이다. 그러므로 그것은 우리의 가장 훌륭한 장식이다. 그리고 우리는 그것이 아주 필요하다. 왜냐하면, 예수님과 같이 확실하게 진리를 붙잡고, 긴장되어 있지 않은 마음과 성령으로 말미암아 충실함을 갖지 않은 마음은 쉽게 이 세상의 것에 얽매여 유혹의 올무에 빠지기 쉽기 때문이다. 우리는 성경을 갖고 있지만, 그것을 띠와 같이 두르지 않고 자기의 모든 성품을 싸서 질서를 보존하지 않고 온 몸과 온 마음을 꽉 매지 않으면 무익하다. "하늘"에서 예수님께서 띠를 풀지 않으신다면, 하물며 여전히 이 땅에 있는 우리는 어떻게 해야 하겠는가? "그러므로 허리에 진리의 띠를 띠고 서라"(엡 6:4).

12월 7일 아침

683. "하나님께서 세상의 천한 것들을 택하사"(고전 1:28)

당신이 만약 시도하고 싶다면 달밤에 거리에 나가 걸어보라. 그러면 당신은 죄인을 발견할 것이다. 밤이 어둡고 바람이 소리를 내며 문빗장을 채우는 소리가 날 때에도 당신은 죄인을 볼 수가 있다. 교도소에 가서 감방을 돌다 보면 밤에는 결코 만나고 싶지 않을 것으로 생각되는 험악한 사람들을 본다. 거기에 죄인이 있다. 감화원에 가서 손을 댈 수 없을 정도로 타락한 젊은 사람들을 시찰하면 당신은 거기에서도 죄인들을 볼 것이다. 바다를 건너서 냄새나는 사람의 살 위에서 뼈를 깨물고 있는 사람들이 있는 장소인 그곳에도 죄인이 있다. 당신은 어디 가든지 거기서 죄인을 발견하려고 찾아다닐 필요는 없다. 왜냐하면, 죄인은 너무나 평범하게 널려 있기 때문이다. 죄인은 모든 도시나 마을의 거리에서 촌마을의 신작로에서 샛길에서 할 것 없이 어디에나 있다. 예수님은 이러한 자들을 위하여 죽으셨다. 만약 당신이 가장 비열한 인간의 표본을 선택하여 나에게 데려온다 하더라도, 그가 여인에게서 태어난 자라면 나는 소망을 잃지 않는다. 왜냐하면, 예수님께서는 "잃어버린 자를 찾아 구원하시려고 오셨기 때문이다"(눅 19:10). 선택하는 사랑은 최악의 사람을 최선의 사람으로 만든다. 하나님의 은혜는 개울의 조약돌로 왕관을 장식하는 보석으로 변하게 한다. 하나님은 가치 없는 불순물을 순금으로 변하게 한다. 구속의 사랑이 많은 인류 중에서 최악인 자들을 구별해내어 구주의 열정의 보상이 되도록 하신다. 효과가 있는 은혜가 가장 비천한 많은 자들을 불러내어 은혜의 식탁에 앉게 하시는 것이다. 그러므로 아무도 실망해서는 안 된다. 독자여, 예수님의 눈물 있는 눈에 머무른 사랑에 의하여, 피가 흐르는 그 상처에 흘러내리는 사랑에 의하여, 그 충실한 사랑에 의하여, 그 강하고 순수하고 사심이 없는 영속적인 사랑에 의하여, 구주의 긍휼의 마음에 의하여, 나는 당신에게 바라기는 이 사랑의 약속이 당신에게 아무 상관이 없다며 얼굴을 돌리지 않기를 소망한다. 그분을 믿어라, 그리하면 당신은 구원을 받는다. 당신의 영혼을 그분에게 의탁하라. 그리하면 당신은 그분에 의하여 영원한 영광중에 계시는 아버지 하나님의 오른편으로 인도되리라.

12월 7일 저녁

684. "여러 사람에게 여러 모양이 된 것은 아무쪼록 몇몇 사람들을 구원코자 함이니"(고전 9:22)

바울의 커다란 목적은 그냥 사람들을 교훈하고 향상시키려는 일이 아니고 사람을 구원하는 것이었다. 그 외 모든 일에 대하여 그는 그 어떤 일에도 만족하지 않았다. 사람의 마음이 새롭게 되고 사함을 받으며 깨끗하게 되는 일, 즉 사실상 구원되기를 원하였다. 우리 그리스도인의 사역이 이 구원이란 중요한 것 이외의 그 어떤 것을 목표로 하고 있는가? 만약 그렇다면 우리는 자신이 하고 있는 일을 수정해야 한다. 마지막 날에 만약 사람이 교훈을 받고 도덕을 지킬 뿐, 결국에는 구원받지 못하고 하나님 앞에 서게 된다면 도대체 무슨 유익이 있겠는가? 우리의 생애를 통하여 사람들의 구원 이하의 목적을 추구하며 사람들이 구원이 필요하다는 것을 잊는다면 우리의 옷깃은 붉게 될 것이다. 바울은 사람의 본래의 상태가 파멸적이라는 것을 잘 알고 있었기에, 그는 사람을 교육하려고 하지 않고 구원받을 수 있게 하려고 하였다. 그는 사람이 지옥에 빠지고 있는 것을 보았고 그들을 개선하는 일에 대하여 말하지 않고 그들을 "장차 올 진노"(마 3:7)에서 구원하는 일에 대하여 말하였다. 영혼을 구원하는 일, 이것만이 그가 지치지 않은 열심으로 전한 것이고 사람이 하나님과 화목하도록 경고하고 간청하였다. 그의 기도는 진지하고 그의 활동은 그치지 않았다. 영혼을 구하는 것만이 그의 불타는 열정이었고, 그의 야망이었으며, 그의 사명이었다. 바울은 모든 사람의 종이 되었고, 만약 복음을 전하지 않으면 슬픔에 잠기어서 그의 동포를 위하여 수고를 마다치 않았다. 그는 편견을 막기 위하여 그의 선호하는 것을 다 내려놓았다. 무관심한 것에서도 오직 주님의 뜻에 순복하였다. 그리고 만약 사람이 복음을 받아들이기만 한다면 그는 어떤 형식이나 모양에 관해 문제를 삼지 않았다. 만약 누군가를 구원할 수 있다면 그는 만족할 수 있었다. 그것이 그가 얻고자 노력한 면류관이었다. 그의 모든 수고와 자아 부정에 대한 유일하고 충분한 보상이었다. 사랑하는 자여, 당신과 그리고 나는 이러한 고결한 마음으로 영혼을 구하기 위하여 살았는가? 우리는 같은 소원에 사로잡혀 몰두하고 있는가? 만약 그렇지 않다면 그것은 왜 그럴까? 예수님께서는 죄인들을 위하여 죽으셨다. 우리는 그분만을 위하여 살 수 없을까? 어디에 우리의 부드러운 마음이 있는가? 만약 우리가 영혼을 구하려는 곳에서 그리스도를 높이려는 마음을 찾지 못한다면, 우리의 그리스도에 대한 사랑은 과연 어디에 있는가? 오, 영혼을 향한 끊임없는 열정으로 가득차 오르도록 우리를 채워주소서.

12월 8일 아침

685. "사데에 그 옷을 더럽히지 아니한 자 몇 명이 네게 있어 흰옷을 입고 나와 함께 다니리니 그들은 합당한 자인 연고라"(계 3:4)

이것은 칭의에 관한 구절이다. "그들은 흰옷을 입고 나와 함께 다니리니"라는 것은 그들이 믿음으로 말미암아 의롭게 된 것을 항상 의식하고 즐거워한다는 의미이다. 그들은 그리스도의 의가 그들에게 전가 되어서 제각기 씻겨져 새롭게 내린 흰 눈보다 더 희어져 있는 것을 이해하는 것이다. 더욱 이것은 기쁨과 즐거움과 관계가 있다. 흰옷은 유대인이 축제일에 입는 옷이기 때문이다. 옷을 더럽히지 않는 자는 항상 그들의 얼굴도 빛날 것이다. 그들은 솔로몬이 "너희는 가서 기쁨으로서 너희의 떡을 먹고 즐거운 마음으로서 늘 너희 포도주를 마셔라. 너희의 옷을 항상 희게 하라. 하나님은 벌써 너희의 일을 기뻐하셨기 때문이다"(전 9:7-8)라고 말한 의미를 이해할 것이다. 하나님께서 받으신 자는 환희와 기쁨의 옷을 입고 주 예수님과의 아름다운 사귐 안에서 걷는 것이다. 셀 수 없을 정도의 의심과 고통과 탄식은 어디에서 오는가? 그것은 많은 믿는 자의 옷이 죄와 허물로 말미암아 더러워져 있기 때문이다. 그래서 저들은 구원의 기쁨을 잃고 주 예수님과의 즐거운 사귐을 잃어버린다. 저들은 이 땅에서 흰옷을 입고 걷고 있지 않다. 이 약속은 또한 하나님의 보좌 앞에서 흰옷을 입고 다니는 것을 언급하고 있다. 이 땅에서 옷을 더럽히지 않은 자는 반드시 거기서도 흰옷을 입고 다닌다. 거기서는 흰옷을 입은 무리가 지극히 높으신 자를 향하여 끊임없이 할렐루야를 노래하고 있다. 저들은 꿈에도 생각할 수 없고 상상할 수 없는 기쁨과 행복과 상상을 초월하는 하늘의 행복과 하나님의 깊은 은혜를 받는다. "자기의 길을 온전케"(시 119:1) 하는 자는 이 모든 것을 가질 것이다. 이것은 사람의 공로나 행위로 말미암지 않고 오직 은혜로 인한 것이다. 그리스도가 그들을 "합당한 자"로 여기시기 때문에 그들은 그리스도와 함께 흰옷을 입고 다닐 것이다. 그들은 주님과의 아름다운 사귐 가운데 생명수의 샘을 마시게 될 것이다.

12월 8일 저녁

686. "하나님이여, 가난한 자를 위하여 주의 은택을 준비하셨나이다" (시 68:10)

하나님의 모든 은사는 미리 예견되어 필요를 위하여 저축되고 준비된 것이다. 하나님께서는 우리의 필요를 예비하고 계신다. 그리고 그분께서는 그리스도 예수 안에 충만하게 저축되어 가난한 자를 위하여 그의 선을 베푸신다. 당신은 일어날 수 있는 모든 필요한 것에 대하여 오직 그분에게 신뢰하는 것이 좋다. 왜냐하면, 그것들의 하나하나를 그분께서는 미리 알고 계셔서 그릇됨이 없기 때문이다. 우리가 어떤 상태에 있든지 그분은 "나는 너희의 모든 것을 알고 있다"라고 말씀하신다. 사람이 사막을 횡단하는 여행을 한다면 하루가 지나갈 때 천막을 치면서 많은 위로를 주는 물건과 필요품을 갖고 오지 않은 것에 대해 생각하면서, "아! 내가 미리 생각하지 못하였구나. 만약 이 여행을 한 번 더 다시 오게 된다면 꼭 필요한 물건을 가지고 올 것이다"라고 말할 것이다. 그러나 하나님은 선견의 눈으로써 불쌍하고 방황하는 자녀들의 모든 필요를 보시고 그것들이 필요할 때 곧 공급할 수 있도록 준비를 하신다. 그분께서 마음이 가난한 자들을 위하여 준비하시는 것은 오직 그분의 은혜로 말미암은 것이다. 그것은 오직 그분의 은혜로 되는 것이다. "나의 은혜는 너희에게 충분하다"(고후 12:9). "네 사는 날을 따라서 능력이 있으리로다"(신 33:25). 친구여 이 저녁, 당신의 마음은 무거운가? 하나님은 그것을 아신다. 당신의 마음에 필요한 위로는 오늘 저녁의 구절의 위대한 보증 가운데 담겨 있다. 당신은 가난하고 생활은 괴롭다. 그러나 그분은 당신을 마음에 두고 당신에게 꼭 필요한 복을 당신을 위하여 저축해 두신다. 그러므로 그분의 약속을 따라 구하고, 그 약속을 믿어라. 그리고 그 약속의 성취를 얻어라. 당신은 지금 자기의 사악한 마음을 그렇게 의식한 적이 결코 없었다고 느끼는가? 보라, 당신의 죄를 씻기 위하여 지금도 보혈의 샘은 열려 있다. 그 효과는 옛날과 같이 조금도 변한 것이 없다. 당신은 결코 그리스도께서 돕지 못할 위치에 있게 될 일은 없다. 또한, 그 어떠한 어려움도 그리스도로부터 구조되지 못하는 영적인 위기에 도달하게 되는 일도 없다. 왜냐하면, 당신의 경력은 모두 예수님에게 미리 알려져 있고, 그 대책도 그리스도 안에서 온전히 준비되어 있기 때문이다.

12월 9일 아침

**687. "그러나 여호와께서 기다리시나니
이는 너희에게 은혜를 베풀려 하심이요"(사 30:18)**

하나님께서는 종종 우리의 기도에 대한 응답을 연기하신다. 성경에는 이것에 대한 실례가 여러 번 나타나 있다. 야곱은 동틀 때까지 씨름하던 천사로부터 축복을 얻을 수가 없었다. 그는 그것을 위하여 밤새도록 천사와 씨름하였다. 스로보니게의 가난한 여자는 처음에는 한마디의 대답도 받지 못하였다. 바울도 "육체의 가시"(고후 12:7)가 제거되기를 세 번이나 기도하였지만, 제거하여 주시겠다는 보증은 받지 못하고 그것 대신으로 하나님의 은혜가 그에게 충분하다는 약속이 주어졌다. 우리가 종종 은혜의 문을 두드려도 아무 대답도 얻지 못하는 일이 있다. 왜 능력의 하나님께서 문을 두드리는 당신을 안으로 들이지 않으실까? 아버지인 하나님은 이렇게 우리를 기다리게 하는 그분만의 특별하신 이유가 있다. 그 하나는 때때로 하나님의 힘과 그분의 주권을 보이기 위하여 여호와께서는 주시기도 하고 또한 취하시는 권리가 있다는 것을 사람들에게 알리기 위함이다. 많은 경우에 그러한 응답의 지연은 우리에게 유익이 된다. 아마도 당신은 계속 기다려서 당신의 소원이 더 불타오르게 된다. 하나님은 그러한 지연이 당신의 소원을 더욱 활기차게 하고 강하게 한다는 것을 잘 아신다. 우리는 이로 말미암아 자신의 필요를 더 명료하게 볼 것이다. 그리고 더욱 열심히 구하게 되어 은혜의 귀함을 한층 더 깊이 깨닫게 되는 것이다. 또 다른 이유로는 당신에게 무엇인가 잘못하는 것이 있어서 주님의 기쁨이 주어지기 전에 그 잘못된 것을 제거할 필요가 있는지도 모른다. 어쩌면, 하나님의 복음의 계획에 대해서 당신의 생각이 혼란 중에 있는지도 모르며, 혹은 당신이 어떤 면으로 주 예수님에게 단순하게 그리고 전적으로 의지하는 대신에 어느 정도 자기 자신을 의뢰하고 있기 때문인지도 모른다. 또는 하나님께서 최후에 그의 은혜의 부요함을 더욱 당신에게 보이기 위하여 그 해답을 잠시 지연하시는지도 모른다. 그러나 당신의 기도는 하늘에 전부 기록되어 있어서 즉시 응답되지 않는다고 해도 절대로 잊혀지는 일은 없다. 잠시 후에는 응답되어 당신에게 더욱 큰 기쁨과 만족을 가져다 줄 것이다. 그러므로 실망하여 침묵하지 말고, 열심있는 간구로 당신의 신실함이 끊기지 않도록 하라.

12월 9일 저녁

688. "백성이 조용히 쉬는 곳에 있으려니와"(사 32:18)

거듭나지 않은 사람에게는 평화와 안식이 없다. 그것은 주님의 백성들에게 있어 아주 특별한 소유이고 저들에게만 속한 것이기 때문이다. 평화의 하나님은 그에게만 마음을 고정시키는 자에게 온전한 평화를 주신다. 사람이 아직 타락하기 전에 하나님께서는 사람에게 조용히 쉬는 곳으로 에덴동산의 꽃이 만발한 곳을 주셨다. 슬프게도, 죄는 빠르게 순진한 자들의 아름다운 거처를 손상시켰다. 홍수가 죄 있는 인류를 다 휩쓸어 버린 큰 진노의 날에, 선택된 가족은 방주 안에 고요히 보호되었다. 방주는 옛 죄의 세계에서 무지개와 언약의 새로운 땅으로 옮기어 졌다. 이것은 우리의 구원의 방주인 예수님에 대한 모형이다. 사람을 해치는 천사가 장자를 칠 때, 이스라엘인은 어린 양의 피를 바른 애굽의 거처 밑에서 평안히 쉬고 있었다. 또 광야에서는 구름 기둥의 그림자와 물이 솟아나는 반석이 피곤한 순례자들에게 유쾌한 안식을 주었다. 이 시기에도 우리는 하나님의 말씀이 진리와 힘에 가득한 것을 알면서 충실한 하나님의 약속 안에서 쉬는 것이다. 그것은 위로 그 자체이다. 우리는 그분의 은혜의 언약 안에서 쉰다. 그것은 기쁨의 항구이다. 우리는 아둘람 굴속에 있는 다윗(cf. 삼상 22:1)이나, 박넝쿨 아래 있는 요나보다도 더욱 좋은 은혜를 받고 있다. 왜냐하면, 아무도 우리의 피난처에 침입하거나 파괴할 수 없기 때문이다. 예수님의 인격은 그의 백성이 조용히 안식할 수 있는 곳이다. 그리고 우리가 떡을 떼는 일로, 말씀을 듣는 일로, 성경을 읽음으로, 기도로, 또는 찬양으로 말미암아 그에게 접근할 때, 그 접근의 형식이 어떠하든지 간에 그 결과로서 우리의 영에 평안이 주어지는 것을 발견한다.

"나는 사랑의 말씀을 듣고, 나는 보혈의 피를 바라보네.
나는 힘 있는 희생을 보고, 나는 하나님과 화목하게 되네.
그것은 영원한 평화, 여호와의 이름처럼 확실하고
영원히 지속되는 그의 견고한 보좌같이 안정된 것이라네.
구름은 흘러가고 올 수도 있지만,
또한 폭풍우는 나의 하늘을 휩쓸어 가지만,
이 보혈로 인친 우정은 결코 변하지 않으며,
그 십자가는 언제나 더욱 가깝게 있도다."

12월 10일 아침

689. "그리하여 우리가 항상 주와 함께 있으리라"(살전 4:17)

그리스도로부터 아주 행복한 방문을 우리가 받는 일이 있다 할지라도 그것은 아주 짧고 무상하다. 어느 한 순간에 그분을 보고 우리는 "말로 표현할 수 없는 기쁨과 영광에 가득 차서 즐거워한다"(벧전 1:8). 그러나 잠시 후엔 그분의 모습을 상실한다. 왜냐하면, 우리의 사랑하는 분은 그 자신을 우리로부터 멀리하시기 때문이다. 그분은 노루나 사슴같이 산을 넘어 저쪽으로 가신다. 그분께서는 백합화 가운데서 그 무리를 먹이시는 일을 중단하고 향료의 나라로 가신다.

"만약 오늘 그분께서 우리를 축복하시고 죄를 용서하셨다는
느낌이 있을지라도, 내일 우리는 그분을 슬프게 하여,
우리의 심령 안에서 깊은 고민을 느끼게 된다네."

아, 우리가 그를 멀리서 보는 것이 아니고 얼굴과 얼굴을 마주쳐 보는 날을 생각한다면 얼마나 기쁘지 않겠는가! 그때 그분께서는 우리를 하룻밤 유숙하는 나그네와 같이 여기지 않고 영원히 그의 영광의 가슴에 우리를 안을 것이다! 우리는 잠시 동안 보지 못할 것이다.

"우리의 놀라움으로 가득찬 눈은
영원히 구주의 아름다움에 주목하여
끊임없이 그의 놀라운 사랑을 경이로움으로
우리는 영원히 찬양하리라."

"하늘"에서는 근심과 죄로 고통당하는 일이 없고, 눈물 때문에 눈이 흐려지는 일도 없으며, 땅 위의 번잡한 일로 우리의 행복한 생각을 어지럽히지 못한다. 우리는 아무것에도 방해되지 않고 피곤하지 않은 눈으로 영원히 의의 태양을 볼 것이다. 아, 만약 지금도 주님을 바라보는 것이 그렇게 감미로운 일이라면, 구름으로 인하여 방해되는 것도 없이 영원히 그 얼굴을 바라보며 다시는 지치고 비통함의 세상에 눈을 결코 돌릴 필요 없는 상태에 놓여 진다면 얼마나 큰 기쁨이 되겠는가! 복된 날이여, 너는 언제 동트려는가? 꺼지는 일이 없는 태양이여, 빨리 떠오르라. 그때에는 이 영광스러운 역사가 온전히 이루어지기에, 이 실체가 없는 세상의 기쁨은 우리를 떠난다. 만약 죽음이 우리를 예수님과의 끊임없는 사귐으로 들어가게 한다면, 그것은 우리에게 있어서 유익인 것이다. 그리고 그때 검은 물결은 승리의 바다에 삼키어 질 것이다.

12월 10일 저녁

690. "주님께서 그 마음을 열어"(행 16:14)

루디아의 회심에는 흥미로운 점이 많이 있다. 그것은 섭리로 인한 상황이었다. 그녀는 두아디라성의 "자주 장사"(행 16:14)였다. 그런데 때마침 빌립보에서 바울의 복음 전하는 말을 들을 수가 있었다. 은혜의 사자인 섭리가 그녀를 마침 좋은 장소로 인도하였다. 그리고 은혜가 그녀의 심령을 축복받기에 합당한 상태로 준비하였다. 은혜가 은혜를 위하여 준비하는 것이다. 그녀는 구주를 알지 못하였다. 그러나 유대인이었으므로 예수님을 알기 위한 디딤돌인 많은 진리를 알고 있었다. 그녀의 회심에는 은혜의 수단이 사용되었다. 그녀는 안식일에는 언제나 기도하는 시간에 나아갔다. 그리고 거기서 기도가 응답되었다. 결코 은혜의 수단을 무시해서는 안 된다. 우리가 하나님의 집에 없을 때에도 하나님께서 우리를 축복하시는 일이 있다. 그러나 하나님은 우리가 그의 성도와 사귀고 있을 때 하나님에게 축복받는 일에 소망하는 이유를 더 많이 가진다. "주님께서 그 마음을 열어"라는 말에 특별히 주목하라. 그녀는 자신의 마음을 열지 않았다. 또 그녀의 기도가 그것을 한 것도 아니고, 바울이 한 것도 아니다. 우리에게 평안을 주는 것을 받아들이기 위해서는 주님께서 친히 우리의 마음을 열지 않으면 안 된다. 오직 주님만이 자물통에 열쇠를 넣어 문을 열고 안으로 들어갈 수가 있다. 그분께서는 마음의 창조주이시기 때문에, 따라서 마음의 주인이시다. 열려진 마음의 최초의 외부적인 증거는 복종이었다. 루디아는 예수님을 믿자마자 곧 세례를 받았다. 하나님의 자녀가 구원에 필수적인 것이 아닐지라도 명령에 기쁨으로 순종하려고 하는 것은 겸손하고 상한 마음의 아름다운 표시이다. 그것은 심판을 두려워함으로써 억지로 나오는 이기적인 동기가 아니다. 주님께 대한 순종과 사귐의 단순한 행위인 것이다. 또 다음의 증거는 사랑이었다. 그것은 사도들에 대한 감사의 행위로서 나타났다. 성도에 대한 사랑은 항상 진실한 회심자의 표시였다. 그리스도를 위하여 또는 그의 교회를 위하여 아무것도 하지 않는 자는 "열려진 마음"이 아니라는 것을 보이는데 지나지 않는다. 주여, 항상 나

에게 열린 마음을 주소서

12월 11일 아침

691. "너희를 부르시는 이는 미쁘시니 그가 또한 이루시리라"
(살전 5:24)

"하늘"은 우리가 결코 죄를 짓지 않는 곳이다. 그곳에서 우리는 집념이 강한 원수에 대한 끊임없는 경계로부터 해방된다. 왜냐하면, 그곳에는 우리의 발을 올무에 거는 유혹자가 하나도 없기 때문이다. 그곳에는 악한 것이 그치고 지친 자는 안식을 누린다. "하늘"은 "더럽혀 있지 않은 재산이다"(벧전 1:4). 그곳은 완전한 성결의 나라이며, 따라서 말할 수 없이 안전한 곳이다. 그런데 성도들은 이 땅에서도 때때로 은혜로운 안전한 기쁨을 맛보지 않는가? 하나님의 말씀인 성경은 이렇게 말한다. "어린양에 연합한 자는 모두 안전하고 모든 의인은 그 길을 굳게 보존하고 또 자기의 영혼을 그리스도의 보호에 맡기는 자는 주님께서 충실하고 변함없는 보호자이라는 것을 발견한다." 이러한 교훈에 붙들리어 우리는 이 땅에서도 안전하다는 것을 즐길 수 있는 것이다. 그것은 우리의 모든 허물과 유혹에 미끄러짐으로부터 해방시켜 주는 높고 영광스러운 안전은 아니다. 그러나 예수님을 믿는 자는 한 사람도 멸망하지 않고 그분께서 계시는 곳에 함께 한다는 확실한 약속에서 오는 거룩한 안전이다. 믿는 자여, 때때로 성도의 인내에 대한 가르침을 기쁨으로 숙고하자. 그리고 하나님에게 거룩한 확신으로 우리의 하나님의 신실하심을 높여 드리자. 우리의 하나님이 그리스도 예수 안에 있는 당신에게 안전한 느낌으로 집으로 데려오기를 바란다! 주님께서 당신의 이름을 그의 손바닥에 새겨 있다는 것을 당신이 분명하게 확신하여 "두려워 말라 나는 너와 함께 한다"(사 43:5)라는 약속이 당신에게 속삭여지기를 바란다! 언약의 위대한 보증인이신 분을 앙망하라. 그분은 충실하시며 진실하시다. 그분께서는 하나님의 가족 중에 가장 약한 당신을 다른 선택된 자들과 함께 하나님의 보좌 앞에서 드리는 의무를 지시고 또 그것을 약속하고 있다. 이 위대한 묵상에 잠길 때, 당신은 주님의 석류로 만든 향이 좋은 술을 마시며 낙원의 감미로운 과실을 맛볼 수 있을 것이다. 만약 당신이 확고한 믿음으로 "너희를 부르시는 이는 미쁘시니 그가 또한 이루시리라"는 말씀을 믿을 수 있다면, 당신은 "하늘"에서 완전한 성도가 맛보는 희열을 맛볼 수 있을 것이다.

12월 11일 저녁

692. "너희는 주 그리스도를 섬기고 있다"(골 3:22)

이 말씀은 과연 어떤 고위직에 있는 사람들에게 말하고 있는가? 또는 왕권신수설을 자신 있게 주장하는 어떤 왕에 대한 말인가? 아니다. 저들은 너무나도 자주 자신을 섬기거나, 또는 사탄을 섬기는 일을 하며 저들의 위세가 당당한 것을 잠시 조용히 허락하고 있는 하나님을 잊고 있다. 그러면 사도는 "하나님 안에서 존경을 받는 교부", "감독들", 혹은 "존귀한 대집사들"에 대하여 말하고 있는가? 아니다. 바울은 이러한 인간이 만들어 낸 계급에 대해서는 아무것도 알지 못했다. 이 말은 목사, 교사, 믿는 자들 가운데 부유한 자, 그리고 존경받는 자에 대하여 말한 것이 아니다. 이 말은 종에게 말한 것이다. 그렇다. 노예에게 말한 것이다. 노동하는 많은 사람들인 직업인, 일일 노동자, 집안의 하인, 식모들 중에 주님의 선택을 받은 자들을 사도는 발견하고 이렇게 말한다. "무엇을 하든지 사람에게 대한 것같이 하지 말고 주께 대하여 하는 것처럼 마음으로 일하라. 너희들이 알고 있는 것 같이, 너희는 하나님의 나라를 상속받을 것을 앎이니 너희는 주 그리스도를 섬기고 있는 것이다"(골 3:23-24). 이 말씀은 이 땅의 직업을 귀히 여기며 가장 비천한 일에도 빛을 던져준다. 아마도 남의 발을 씻겨주는 일은 천한 일일지 모른다. 그러나 주님의 발을 씻는 일은 고귀한 일이다. 신발 끈을 풀어 주는 일은 가련한 직업이다. 그러나 위대한 주님의 신발 끈을 풀어 준다면 값있는 특권이다. 상점 일도 창고 일도 그리고 부엌에서 하는 일도 사람들이 모두 하나님의 영광을 위하여 하는 것이라면, 그것이 곧 하나님의 성전이 되는 것이 아닌가! 그때 "하나님에게 하는 봉사"는 몇 시간이나 몇 곳의 장소에서 하는 것이 아니고 모든 생활이 주님께 드리는 성결의 생활이 되는 것이다. 모든 장소와 물건이 성막과 그 안의 금촛대 같이 거룩하게 된다.

"나의 하나님, 나의 주여,
당신님께서 보시는 모든 일에 있어서 나에게 가르쳐 주소서.
그리고 모든 것을 당신님을 위하여 일할 때,
그 어떠한 일도 천한 것이 되지 않으며,
당신님을 위하여 일할 때 단조로운 일도 거룩한 것이 되며,
당신님을 위하여 방을 청소하는 일이더라도
이 세상에서 가장 훌륭한 일이 된다는 것을 알게 하소서."

12월 12일 아침

693. "그 행하심이 예로부터 그러하시도다"(합 3:6)

하나님께서 일찍이 행하신 일을 그분께서는 언제나 다시 그것을 행하실 것이다. 사람이 행하는 방법은 항상 변한다. 그러나 하나님의 길은 옛날과 전혀 변함이 없다는 것은 가장 위로에 가득 찬 진리이다. 주님의 행사는 그분의 무한하신 지혜에 따른 깊은 생각의 결과이다. 그분께서는 "그의 거룩하신 자신의 뜻대로"(엡 1:1) 만물을 통치하신다. 사람의 행함은 때때로 열정과 공포의 조급한 결과이다. 그래서 여기에는 언제나 많은 후회와 변경이 따라온다. 그러나 그 어떠한 것이라도 하나님을 놀라시게 할 수는 없고, 그분이 미리 보는 이외의 방법으로는 아무것도 일어나지 않는다. 그분의 행하심은 불변하신 그의 본성의 결과이다. 그리고 그중에는 움직이지 않고 불변하는 하나님의 속성이 분명하게 표현되어 있다. 영원하신 하나님 자신이 변하지 않는 이상, 그 자신이 활동하시는 그분의 방법은 영원히 동일하게 남아 있는 것이다. 그분은 영원히 의로우시며 은혜로우시며 신실하시고 지혜롭고 자비롭지 않은가? 그러므로 그분의 행하시는 것은 항상 동일하게 탁월한 점을 갖추고 있다. 인간은 그의 성질에 따라 행동한다. 이것들의 성질이 변할 때 그들의 행함도 역시 변화한다. 그러나 하나님은 "회전하는 그림자"(약 1:17)도 없으신 분이시므로 그분의 행하시는 것도 영원히 불변하시다. 더욱이 하나님의 행하시는 것에 대하여 외부에서 거스릴 그 어떤 이유도 없다. 왜냐하면, 그것은 불가항력적인 힘이 구체화된 것이기 때문이다. 예언자 하박국은 말하기를, 여호와께서 그의 백성을 구원하기 위하여 나아가실 때 땅은 강으로 말미암아 갈라지며 산들은 진동하며 못은 그 손을 위로 들며 해와 달은 머물러 선다고 하였다(cf. 합 3:9-12). 누가 그분의 손을 붙들며, 그분을 향하여 "당신은 무엇을 하시는가?"라고 말할 수 있겠는가? 그러나 이 불변성은 오직 힘으로만 오는 것이 아니라 안정성을 준다. 하나님의 방법은 정의의 영원한 원칙이 나타나는 것이다. 그러므로 그것은 결코 그냥 지나가지 않는다. 악은 부패를 가져와 모든 것에 파멸을 가지고 온다. 그러나 진리와 선함은 세월로 말미암아 전혀 감소되지 않는 활력을 가진다. 오늘 아침, 우리는 예수 그리스도께서 "어제나 오늘이나 영원히 변하지 않으시는 분이다"(히 13:8)라는 것을 기억하면서 아버지 하나님께 확신을 가지고 하나님은 항상 그의 백성에게 긍휼을 부으신다는 것을 생각하고 앞으로 나아가도록 하자.

12월 12일 저녁

694. "저희가 여호와께 정조를 지키지 아니하고"(호 5:7)

믿는 자여, 여기에 슬픈 진리가 있다. 당신은 주님의 사랑을 받아 피로 구속되어 은혜로 부르심을 받고, 주안에서 은혜로 부르심을 받고 그분 안에 보호되어 "주님에게 받아들여져"(엡 1:6) "하늘"에 들어가는 도중이다. 그런데 당신의 가장 가까운 친구인 하나님께 대하여 "정조를 지키지 않는다." 당신은 예수님의 것인데 그분에 대하여 정조를 지키지 않고, 또 성령에 의하여 영원한 생명으로 새롭게 되었는데 그분에 대하여 정조를 지키지 않고 있다! 당신은 당신 자신의 서약과 약속을 그 얼마나 파기해 왔는가! 당신은 신부 때의 첫사랑과 그 행복했던 시간들과 당신의 영적인 생활의 봄이었던 그때의 사랑을 기억하고 있는가? 오, 당신은 그때에 얼마나 친밀하게 주님께 의지하고 있었는가! 당신은 말하기를 "주님은 결코 나에게 냉담하다고 책임을 지우지 않으실 것이다. 나의 발은 주의 일을 하는데 절대 게으르지 않을 것이다. 나의 마음은 결코 다른 것을 사랑하여 방황하지 않으리라. 그 안에는 말로 표현할 수 없는 좋은 것이 저장되어 있다. 나는 주님을 위하여 모든 것을 다 바치리라"라고 하지 않았던가? 그러나 지금까지 당신은 과연 그렇게 해 왔는가? 슬프게도, 만약 당신의 양심에게 말하게 한다면 이렇게 말하리라. "나는 약속만은 훌륭하게 하였지만, 실행은 제대로 이루어지지 않았다. 기도는 종종 등한시되고, 짧고 맛이 없는 냉담한 기도였다. 그리스도와의 사귐은 잊어버려졌다. 하늘의 일을 생각하는 대신에 세속적인 염려와 이 세상의 허영과 사악한 생각이 있었다. 봉사대신에 불순종이 불타는 열정 대신에 뜨뜻미지근한 것이, 인내 대신에 불만이, 믿음 대신에 '육의 팔'(역하 32:8)에 대한 신뢰가 있었다. 십자가의 군병으로서, 매우 부끄러운 비겁과 불순종과 그리고 황폐가 있었다." 당신은 예수님에 대하여 전혀 "정조를 지키지 않았다!" 이 비난하는 말에 대하여 할 말이 없는가? 이에 대한 말은 거의 필요치 않다. 우리는 자신 속에 뿌리를 내린 죄를 미워하면서 죄를 뉘우치자. 주님의 상처에 대해 정조를 지키지 못하였다. 오, 예수여! 우리를 용서하시고 다시는 죄를 범하지 않도록 지키소서. 우리를 결코 잊지 않으시는 그분에게 정조를 지키지 못함은 그 얼마나 부끄러운 일인가! 오늘도 그분께서는 영원한 보좌 앞에서 그의 흉패에 우리의 이름을 새기시고 서 계신다.

12월 13일 아침

695. "소금은 정수 없이 하라"(스 7:22)

주님께 드리는 모든 번제에는 소금이 사용되었다. 소금은 부패를 막고 물건을 깨끗하게 하는 성질을 가졌기에 영혼에 대한 하나님의 은혜의 감사의 상징이었다. 아닥사스다 왕이 소금을 제사장 에스라에게 줄 때, 그는 "양의 제한을 두지 않았다"(스 6:9). 이것은 우리가 깊은 주의를 기울일만하다. 그리고 우리의 왕의 왕이신 분이 그의 제사장들에게 은혜를 나눠주실 때에도 그 양을 제한하지 않는다는 것을 확신해도 좋은 것이다. 우리는 때때로 자신에게 제한을 시키지만 주님께서는 결코 제한하지 않는다. 많은 만나를 모으려고 하는 자는 원하는 만큼의 만나를 모을 수 있다는 것을 알 것이다. 예루살렘에는 시민이 빵의 무게를 재어서 먹는다든지 물의 양을 측량하여 마시는 것 같은 기근은 없다. 어떤 종류의 양은 섭리로 말미암아 결정되어 있다. 예를 들면, 식초나 쓴 것은 정확하게 양을 달아서 주며 그 한 방울이라도 더 많이 가질 수 없다. 그러나 은혜의 소금에 이르러서는 조금도 아끼지 않는다. "구하라 주실 것이요"(요 11:22). 부모들은 과일이 들어 있는 상자나 사탕에 들어 있는 단지에는 자물쇠를 잠가서 밀폐해 둘 필요가 있지만, 소금 그릇에는 그렇게 할 필요가 없다. 소금을 탐하여 먹으려고 하는 아이는 거의 없기 때문이다. 사람은 돈과 명예를 지나치게 많이 가지는 일이 있다. 그러나 은혜를 지나치게 가지는 일은 없다. 여수룬은 "살쪘을 때 발로 차며"(신 32:15) 하나님을 업신여겼다. 그러나 은혜에 넘치는 것을 두려워할 것은 아니다. 은혜가 지나치게 많은 일은 없기 때문이다. 부(富)는 증가함에 따라 걱정도 더해진다. 그러나 은혜는 더하여짐에 따라 그 기쁨만이 증가한다. 지혜는 더하여짐에 따라 슬픔이 더하여지지만, 성령이 넘치면 기쁨도 충만하다. 믿는 자여, 하늘의 많은 소금을 받기 위하여 보좌 앞으로 나아가라. 당신의 환난에는 소금이 없으면 가치가 없다. 하늘로부터 오는 소금은 그 환난에 맛을 낼 것이다. 또 하늘로부터 오는 소금은 만약 그것이 없으면 부패하는 당신의 마음을 지키며 소금이 나쁜 벌레들을 죽이듯이 당신의 죄를 죽일 것이다. 당신은 많은 하늘의 소금을 필요로 한다. 많이 구하라. 그러면 많이 얻을 것이다.

12월 13일 저녁

696. "석류석으로 네 성문을 만들고"(사 54:12)

교회는 하나님의 지혜에 의하여 설계되고 하늘의 힘으로 세워진 건물로 상징되는 것이 가장 의미가 깊다. 그러한 영적인 건물이 어두워서는 안 된다. 왜냐하면, 이스라엘인이 사는 곳은 밝았다. 그러므로 그 안에 사는 사람이 밖을 바라볼 수 있는 것 같이 빛이 들어오는 창문이 없어서는 안 된다. 이런 창문은 석류석같이 보배롭다. 교회가 주님과 하늘을 보며, 그리고 일반 영적인 진리를 보는 방법은 가장 중요하게 다뤄진다. 석류석은 아주 투명한 보석은 아니고 반투명하다. "하늘에 대한 생활의 지식은 적고 우리의 믿음의 눈은 흐려져 있다." 믿음은 이것들의 보배로운 석류석의 창문의 하나이다. 그러나 그것은 때때로 흐려져 있기 때문에 우리는 단지 몽롱하게 볼 수 있을 뿐이어서 때로는 우리가 많은 부분을 잘못 본다. 그러나 우리가 다이아몬드의 창을 통하여 볼 수 없고 또 우리가 알려진 대로 알 수 없다면(cf. 고전 13:12), 석류석같이 흐려진 유리를 통해서 "모든 것이 아름다운"(아 5:16) 그분을 붙잡을 수 있다는 것은 영광스러운 일이다. "경험"도 또한 이와 같이 흐려진 창의 하나이지만 귀한 것이다. 우리에게 몽롱한 빛을 주어 그 빛 안에서 우리는 스스로의 괴로움을 통하여 슬픔의 사람인 주님의 고난을 본다. 시력이 약한 우리의 눈은 투명한 유리창을 통하여 들어오는 주님의 영광을 보는 것에 감당이 되지 않는다. 그러나 우리의 눈이 눈물에 젖어 있을 때에는 의의 태양의 광선이 조절된다. 그래서 그것들은 석류석의 창을 통하여 부드러운 빛을 비추어 시련 당한 영혼에게 말로 표현할 수 없는 위로를 준다. 우리를 주님의 형상으로 비슷하게 하려는 성결도 또한 다른 하나의 석류석 창문이 오직 하늘에 합당한 자가 되려고 할 때 우리는 하늘의 것을 이해할 수 있다. 마음이 청결한 자가 거룩하신 하나님을 본다. 예수님을 닮은 자가 그분을 볼 수 있다. 우리는 아직 그분과 비슷하지는 않지만 얼마만큼은 그분과 조금 비슷하므로 석류석 창문을 갖고 있다. 우리는 자신이 가지고 있는 것에 하나님께 감사하며 더욱 많이 갈망한다. 우리는 하나님과 예수 그리스도, 그리고 "하늘"과 진리를 얼굴과 얼굴로 언제 맞대어 볼 수 있을까? 곧 그날이 오리라!

12월 14일 아침

697. "저희는 힘을 얻고 더 얻어"(시 84:7)

"저희는 힘을 얻고 더 얻는다." 힘으로부터 힘으로 나아간다. 이 말에는 진보 또는 전진의 의미가 있다. 즉 저희는 점차적으로 강하게 된다는 것이다. 보통 우리가 걸을 때 힘이 있게 걷다가 점차 약하여진다. 우리는 처음에는 원기 있게 출발하지만, 그러나 길이 험하고 해는 뜨겁게 내리쪼이면 우리는 곧 길가에 앉아 쉬다가 또다시 일어나서는 힘없이 힘들어하면서 길을 간다. 그러나 항상 새로운 은혜의 공급을 받는 순례자인 그리스도인의 여행은 몇 년의 괴로운 여행 뒤에도 그가 처음 출발할 때와 같이 활기가 넘친다. 그는 처음과 같이 원기나 쾌활함이 없을지도 모르고, 또는 그의 열심에 있어서 그렇게 뜨겁거나 성급하지 않을 수도 있으나, 그는 모든 일에 있어서 훨씬 강하게 되어 여유 있고 힘 있게 걷는다. 그는 비록 더 천천히 걷는다 할지라도 더 확실하게 여행한다. 백발의 노련한 믿는 자 중에는 진리를 파악하는 데에 더욱더 확실하여 그것을 전하려는 열정에 있어서도 저들의 청년 시절과 같다. 그러나 슬픈 일은 우리가 그 반대의 경우도 있는 것을 종종 인정하게 되는 일이다. 즉, "사랑은 식어지고 불법이 성행함을 보게 되는 것"(마 24:12)이다. 그러나 이것은 저희 자신의 죄이며 결코 하나님의 약속에 결함이 있어서가 아니다. 다음의 약속은 지금도 유효하다. "청년이라도 약하고 피곤하여 넘어질지라도 주님을 앙망하는 자는 새 힘을 얻어 독수리같이 날개 치며 올라갈 수 있다. 걸어가도 약하지 않고 달음박질하여도 고단한 일이 없다"(사 40:30-31). 성급한 사람들은 앉아서 앞길에 대해 미리 염려한다. 저희는 말하기를, "아! 우리는 환난에서 환난으로 나아간다!" 그렇다. 그러나 믿음이 적은 자여, 그것만이 아니다. 동시에 당신은 "힘에서 힘으로 나아간다." 환난의 묶음 가운데는 반드시 충분한 은혜가 들어 있다. 하나님은 강한 자의 어깨에 그에게 합당한 짐을 주고 동시에 충분한 힘도 주신다.

12월 14일 저녁

698. "내가 그리스도와 함께 십자가에 못 박혔나니"(갈 2:20)

　　주 예수 그리스도의 행위는 모든 자의 대표자로서 하신 일이다. 그리고 그분의 십자가상의 죽으심은 실제로 그의 모든 백성이 죽은 것을 의미한다. 그때 그분을 통하여 그의 모든 성도는 정의에 대하여 빚지고 있는 것을 지불 하였으며, 그의 모든 백성의 죄에 대하여 하나님의 보복에 대해 구속을 하였다. 이방인의 사도였던 바울은 그리스도의 택한 백성의 한 사람으로서 자기가 그리스도 안에서 십자가상에서 죽은 것이라고 생각하는 것을 기뻐하였다. 그는 이것을 다만 교리로 믿을 뿐만 아니라 확신을 가지고 그것을 받아들여 그의 소망을 그 위에 두었다. 바울은 그리스도의 죽음으로 말미암아 그가 하나님의 의에 만족하고 하나님과 화해하였다고 믿었다. 사랑하는 자여, 영혼이 그리스도의 십자가 위에 자신을 매달고, "나는 죽었다. 율법이 나를 죽였으므로 나는 그 힘에서 자유롭게 되었다. 나의 보증인이신 분 안에서 나는 저주를 지고 나의 대리자이신 분 안에서 율법이 할 수 있는 모든 일은 형벌로써 나에게 집행되었다. 왜냐하면 나는 그리스도와 함께 십자가에 못 박혔기 때문이다!"라고 느낀다면, 이것은 얼마나 큰 축복인가! 그러나 바울이 의미하는 것은 이것에서 더 나아가 오직 그리스도의 죽음을 믿고 거기에 신뢰할 뿐만 아니라 자신의 옛 부패한 본성을 십자가에 못 박음으로 말미암아 그리스도의 죽음의 능력을 실제로 자기 속에 느낀 것이다. 죄의 즐거움을 볼 때, 그는 "나는 죄를 즐길 수 없다. 나는 그것에 대하여 죽었다"라고 말하였다. 이것은 참 그리스도인이 모두 경험하는 것이다. 그리스도를 받아들임으로써 그리스도인은 이 세상에 대하여 완전히 죽은 자이다. 그러나 동시에 그는 사도와 함께 "그럼에도 불구하고 나는 살았다"라고 부르짖을 수 있다. 그는 하나님께 대하여 온전히 살고 있다. 또한 그리스도인의 생활은 수수께끼이다. 세상 사람들은 이것을 이해할 수가 없고, 심지어는 믿는 자 자신조차도 이해할 수가 없다. 죽었다. 그러나 살았다! 그리스도와 함께 십자가에 못 박혔지만 동시에 그리스도와 함께 새 생명 안에서 부활하였다! 피 흘리신 구주와 함께 고난에 연합하여 이 세상과 죄에 대하여 죽는 일은 영혼을 위로하며 또한 격려한다. 오, 이 일에 더욱더 깊이 체험하여 즐거워할 수 있게 되기를 바란다!

12월 15일 아침

699. "오르바는 그 시모에게 입맞추되 룻은 그를 붙좇았더라"(룻 1:14)

오르바와 룻은 둘 다 나오미를 사랑하였다. 그러므로 그녀가 유다 땅으로 돌아갈 때 모두 함께 출발했었다. 그러나 시련의 때가 왔다. 나오미는 자기의 이익을 떠나서 두 사람을 기다리고 있는 시련을 말하며 만약 평안과 위로를 원하면 모압의 친구들에게 돌아가도록 격려하였다. 처음에 두 사람은 주님의 백성과 운명을 함께 하겠다고 말하였다. 그러나 많이 생각한 결과로 오르바는 탄식하며 슬퍼하면서도 입맞춤으로 시어머니와 작별하고 그녀의 하나님과 백성을 버리고 우상을 예배하는 친정으로 돌아갔다. 그러나 룻은 시어머니의 하나님에게 마음을 바쳤다. 모든 일이 순탄할 때에 주의 길을 사랑하는 것과 여러 가지 실의와 어려움 가운데서 오히려 주의 길을 가는 일은 전혀 다른 것이다. 입술로만 믿음을 고백하고 입맞추는 것은 매우 쉽다. 그러나 실제적으로 주님과 붙어 있는 것은 진리와 성결함을 위한 거룩한 결단을 보이는 것이고 결코 쉬운 일이 아니다. 우리의 상태는 어떠한가? 우리의 마음은 예수님에게 고정되어 있는가? 희생제물은 제단의 뿔에 줄로서 얽매여 있는가? 우리는 지불해야 할 값을 계산하고, 그리하여 주님을 위하여 모든 세상적인 손실을 감수할 엄숙한 결단을 하고 있는가? 우리가 장차 받을 이익은 우리의 손실을 보상하고도 충분히 남음이 있다. 왜냐하면, 어떠한 애굽의 보물도 장차 나타날 영광에 비할 수 없기 때문이다. 오르바의 이름은 벌써 잊혀져 버렸다. 안일함과 우상숭배의 쾌락을 선택한 오르바의 생애는 죽음의 어두움 속으로 사라지고 말았다. 그러나 룻은 역사 중에 살아 있고, "하늘"에 살아있다. 왜냐하면, 룻은 하나님의 은혜로 인하여 후에 왕의 왕이신 분이 탄생할 보배로운 혈통 위에 놓이게 되었기 때문이다. 그리스도를 위하여 모든 것을 버릴 수 있는 여인은 복되다. 그러나 유혹의 때에 양심을 버리고 이 세상으로 되돌아가는 자는 잊혀진다. 아니 잊혀 버려지는 것보다 더욱 악하다. 아, 이 아침에 우리는 오르바의 입맞춤 같이 형식적인 예배에 만족하지 않고 성령이 우리 속에 역사하여 우리의 온 마음을 주 예수님에게 굳게 붙들려지기를 기도하도록 하자.

12월 15일 저녁

700. "청옥으로 네 기초를 쌓으며"(사 54:11)

하나님의 교회에서는 보이는 것뿐만 아니라 보이지 않는 것도 아름답고 보배롭다. 기초는 눈에 보이지 않기 때문에 튼튼하기만 하면 좋은 것이고 그것의 귀함은 과소평가 된다. 그러나 하나님의 행사에는 모든 것이 그분으로부터 왔기 때문에 가치가 없거나 흠 있는 것이 조금도 없다. 은혜의 행사의 깊은 기초는 그 보배로움이 청옥과 같고 사람의 마음은 그 영광을 측량할 수 없다. 은혜 언약의 기초 위에 우리는 쌓는 일을 한다. 그 터는 다이아몬드보다 견고하고 세월이 흘러가도 보석과 같이 변함이 없고 손상되는 일이 없다. 청옥의 기초는 영원하고, 언약은 전능자가 존재하는 한 지속한다. 다른 하나의 기초는 예수님이시다. 그것은 더러움도 없고 점도 없고 청옥과 같이 영원히 아름답다. 청옥 안에는 끊임없이 부르짖는 바다의 깊은 푸른빛과 모든 것을 포함하는 창공의 푸른빛이 섞여 있다. 주님께서는 일찍이 그의 보혈에 덮여져 있을 때 빨간빛의 루비에 비교되었다. 그러나 이제 우리는 그분께서 풍성하고 깊은 영원의 사랑과 부드러운 사랑의 푸른빛으로 빛나고 있는 것을 본다. 우리의 영원한 소망은 하나님의 의와 성실의 터 위에 쌓여졌다. 그 기초는 청옥과 같이 투명하여 흐린 것이 없다. 우리는 타협으로 말미암아 구원된 것이 아니다. 긍휼이 정의를 이기거나 율법의 활동이 정지함으로 인하여 구원된 것도 아니다. 비록 독수리의 눈을 가지고도 우리의 확신의 토대에서 허물을 발견할 수 없다. 우리의 기초는 청옥이고 그것은 불에도 견딜 수 있기 때문이다. 주님께서 친히 그 백성의 소망의 터를 놓으셨다. 우리의 소망이 그러한 기초 위에 세워졌는지는 신중히 고려해야 할 문제이다. 선한 행실과 의식은 청옥의 기초가 아니고 "나무나 풀짚 같은"(고전 3:12) 것이다. 그것은 하나님으로 인하여 온 것이 아니라 우리의 교만한 마음으로 놓여진 것이다. 기초가 모두 시험될 날은 멀지 않았다. 그 높은 탑이 모래위에 쌓여 있기 때문에 큰 소리를 내면서 무너지는 자는 화가 있을 것이다. 청옥의 기초위에 세운 자는 태풍이나 불에도 고요히 기다릴 수 있다. 그는 시험에 견딜 수 있기 때문이다.

12월 16일 아침

701. "내게로 오라"(마 11:28)

　　기독교의 부르짖음은 "오라"는 자비한 음성의 말이다. 유대교의 율법은 엄하게 말한다. "가라, 네가 가는 그 걸음에 주의하라. 율법을 어기면 너는 멸망할 것이며, 지키면 살 것이다." 이와 같이 율법은 공포스럽게 채찍과 같이 사람들을 내쫓는다. 그러나 복음은 사랑의 띠를 가지고 사람들을 이끈다. 예수님께서는 좋으신 목자이기에 그의 양에게 "오라"고 명하시며 앞서신다. 그분은 항상 "오라"는 부드러운 음성으로 양을 인도한다. 율법은 내쫓지만, 복음은 사람을 이끈다. 율법은 하나님과 사람 사이에 거리를 두지만, 복음은 그 무서운 틈에 다리를 놓으시고 죄인을 부르신다. 당신의 영적 생활의 첫 순간부터 당신이 영광으로 인도되어 들어갈 때까지 당신에 대한 그리스도의 말씀은 "오라, 내게로 오라"일 것이다. 마치 어머니가 손을 펴서 어린아이에게 "이리 오라"고 말하며 걷게 하는 것과 같이 그리스도께서도 또한 그렇게 하신다. 그분은 항상 당신 앞서 가시며 병사가 대장의 뒤를 따르는 것 같이 당신에게도 그 뒤를 따르라고 명하신다. 그분께서는 항상 당신 앞서서 당신의 길을 정리하시며 방해물을 제거하신다. 그리고 당신은 생애를 통하여 그분을 따르라는 그의 힘 있는 음성을 들을 것이다. 죽음의 엄숙한 순간에도 당신을 "하늘"로 안내하는 그분의 감미로운 말씀은 "오라 내 아버지께 축복을 받을 자여"(마 25:34)이다. 게다가 그뿐만 아니다. 이것은 그리스도께서 당신에게 부르시는 음성만은 아니다. 만약 당신이 그리스도인이라면 "오소서! 오소서!"하는 당신의 그리스도에게 대한 부르짖음도 된다. 당신은 그리스도의 재림을 갈망하고 있다. 당신은 "어서 오소서, 주 예수여 오시옵소서"(계 22:20)라고 말할 것이다. 당신은 그분과 더욱 가깝고 친밀한 사귐을 간구하며 그가 "오라"고 말씀하실 때, 당신도 "오시옵소서 주 예수여, 오셔서 우리와 함께 하사 나의 마음의 왕좌에 앉으소서. 오직 주님만이 나의 마음을 다스리시며 나로 하여금 온전히 당신님의 봉사에 바치게 하소서"라고 대답할 것이다.

12월 16일 저녁

702. "네가 과연 듣지도 못하였고 알지도 못하였으며 네 귀가 옛적부터 열리지 못하였나니"(사 48:8)

이 비난이 어느 정도까지 믿는 자에게 놓여 있다고 생각하는 것은 고통이다. 그들은 때때로 영적으로 다소 무감각하다. 우리가 하나님의 음성을 들어야 할 때 그것을 듣지 못한다는 것은 실로 탄식할 만한 일이다. 여기서 말씀은 "너는 이를 듣지도 못하였고"라고 했다. 우리가 주목하지 않은 우리의 영혼 안에는 성령의 자비로운 역사하심이 있다. 우리는 우둔한 지성 때문에 하나님의 명령과 하늘로 오는 사랑의 속삭임을 깨닫지 못하는 때가 있다. "너는 이것을 알지도 못하였으며"라는 말씀처럼 우리는 무지하고 부주의하였다. 우리가 당연히 주목했어야 하는 일이 있다. 그것은 우리가 알지 못하는 중에 진행하는 부패성과 우리가 힘쓰지 않아서 생기는 찬 서리속의 꽃처럼 말라버리는 아름다운 애정과 더불어, 또한 만약 자신의 영혼의 창문을 닫지 않았다면 인식할 수 있는 하나님의 얼굴의 비침이다. 그러나 우리는 "알지도 못하였다"(사 44:18). 이 일을 생각할 때 우리는 깊은 부끄러움에 가득 차 고개를 숙이게 된다. 이 구절의 내용으로부터 우리는 하나님께서 우리의 모든 어리석은 행동과 무지함을 미리 아셨는데도 오히려 기쁨과 긍휼로서 우리를 대하여 주신 것을 생각하며 얼마나 하나님의 은혜에 대하여 영광을 돌려야 하겠는가! 오직 하나님을 찬양하라! 이 모든 것을 아시면서도 우리를 선택하신 놀라운 주권의 은혜를 찬양하라! 우리가 어떻게 될 것을 알면서도 우리를 위하여 그리스도가 지불하신 값에 놀라지 않는가! 십자가에 달리신 그분께서는 우리의 불신앙, 신앙의 후퇴, 냉담, 무관심, 부주의, 그리고 미지근한 기도에 대해 미리 아시고 계셨다. 그럼에도 불구하고 그분은 말씀하신다. "나는 주 너의 하나님이요, 이스라엘의 거룩한 이요, 너의 구원자이다. 네가 내 눈에 보배롭고 존귀하며, 내가 너를 사랑하였으므로 내가 네 대신에 사람들을 내어주며 백성들이 너를 대신하리라!"(사 43: 3-4). 오, 구속주여, 우리가 자신을 정말 검다고 생각할 때 주님께서는 얼마나 찬란하게 빛나실 것인가! 오 성령이여, 이제부터는 우리에게 들을 수 있는 귀와 깨달을 수 있는 마음을 주소서!

12월 17일 아침

703. "내가 너를 위하여 기억하노라"(렘 2:2)

우리는 그리스도께서 그의 교회에 대하여 생각하시며, 그 아름다움을 보고 기뻐하시는 일에 주목하도록 하자. 새가 종종 그 둥지로 돌아오고 나그네가 자기 집을 향하여 걸음을 빨리하는 것같이 사람의 마음은 계속적으로 자신이 선택한 것을 추구한다. 우리는 사랑하는 자의 얼굴을 몇 번이고 바라보아도 오히려 부족하다. 우리는 우리의 귀중품을 자기가 볼 수 있는 곳에 두려고 한다. 주님도 그러하시다. 영원히 오래 전부터 그분께서는 "자기 백성을 기뻐하셨다"(잠 3:81). 주님은 자기의 택한 백성이 세상에 태어나는 때까지 생각하시며 저들을 그의 예지의 거울에 비추어 보신다. "내 형질이 이루기 전에 주의 눈이 보셨으며 나를 위하여 정한 날이 하나도 되기 전에 주의 책에다 기록이 되었나이다"(시 139:16)라고 다윗은 기록했다. 세상이 최초에 그 기둥을 정하였을 때, 그분은 거기에 계셨고 이스라엘 아들들의 숫자에 따라서 사람들의 경계를 정하셨다. 그분께서는 육신을 입으시기 전에 종종 사람의 모양으로 이 땅에 내려 오셨다. 마들레의 들에서(cf. 창 18:1), 얍복 강가에서(cf. 창 32:24-30), 여리고 성에서(cf. 수 5:13), 바벨론의 풀무불 속에서(cf. 단 3:19, 25) 인자께서는 그의 백성을 방문하셨다. 그분의 마음은 백성을 사랑하고 그의 심령은 그들을 기뻐하시기 때문에 그들을 떠나서는 가만히 있을 수가 없었다. 그들이 주님의 마음에서 잊혀지는 일은 결코 없다. 왜냐하면, 그분께서는 저들의 이름을 손바닥에 새겼고 저들을 그의 옆구리에 새겼기 때문이다. 이스라엘의 열두지파의 이름을 기록한 흉패가 제사장의 가장 빛나는 장식인 것처럼 그리스도에게 선택된 자의 이름은 그의 가장 귀중한 보석으로서 그분의 마음에 빛나고 있다. 우리는 때때로 주님의 완전성에 대해 묵상하는 일을 잊어버리곤 한다. 그러나 주님께서는 결코 우리를 기억에서 잊어버리는 일이 없다. 우리는 과거를 돌아보고 자신의 건망증을 책망하고 끊임없이 그분을 사랑하며 마음에 모실 수 있는 은혜를 구해야 한다. 주여! 나의 심령의 눈에 주님의 형상을 비추소서 .

12월 17일 저녁

704. "내가 문이니 누구든지 나로 말미암아 들어가면 구원을 얻고 또는 들어가며 나오며 꼴을 얻으리라"(요 10:9)

"나는 스스로 존재한다"고 선언하시는 위대한 분이신 예수님께서는 참으로 교회의 문이며 하나님께 나아가는 길이다. 그분께서는 그로 말미암아 하나님께로 오는 자에게 다음과 같은 네 가지의 위대한 특권을 주신다.

(1) 그는 구원을 받을 것이다. 사람을 죽이고 도망하는 자는 도피성 문을 통과하면 안전하였다. 노아는 방주에 들어감으로 안전하였다. 예수님을 자기 영혼에 있어서 믿음의 통로라고 믿는 자는 아무도 버림을 당하지 않는다. 예수님을 통하여 평안에 들어가는 일은 그와 같은 문을 통하여 "하늘"에 들어가는 보장이 된다. 예수님은 유일한 문이며, 열린 문이고, 넓은 문이며, 또한 안전한 문이다. 영광에 들어가는 모든 소망을 십자가에 못 박히신 속죄의 주님 위에 두는 자는 복되다.

(2) 그는 들어가게 될 것이다. 그는 하나님의 가족 안으로 들어가 자녀로서 떡의 분배를 받아 그들의 명예와 즐거움에 참여하는 특권을 받는다. 그는 사귐의 방에 들어가서 사랑의 잔치에 나아가며 언약의 보물로 약속의 창고 안으로 들어간다. 그는 왕의 왕이신 분에게 성령의 힘으로 말미암아 들어가며 주님의 비밀은 그와 함께 있다.

(3) 그는 나오게 될 것이다. 이 축복은 잊어버리기 쉽다. 우리는 수고와 고통으로 세상 안에서 밖으로 나온다. 그러나 예수님의 이름과 그분의 힘 안에서 나아가는 것은 얼마나 자비로운가! 우리는 진리를 증거하며 슬퍼하는 자를 격려하며 부주의한 자에게 경고하며 영혼을 구하고 하나님의 영광을 나타내기 위하여 부르심을 받았다. 기드온에게 하나님께서 "너는 이 네 힘을 의지하고 가라"(삿 6:14)고 말씀하신 것 같이, 주님께서도 또한 우리를 그의 사자로서 그의 이름과 힘으로 인하여 전진하기 원하신다.

(4) 그는 목장을 발견하게 될 것이다. 예수님을 아는 사람은 결코 부족함이 없게 된다. 들어가고 나오는 모든 것이 그에게는 도움이 된다. 하나님과 사귀며 성장하고 다른 사람에게 물을 부음으로 인하여 자신도 물을 공급받게 된다. 그는 예수님을 자기의 모든 것으로 받았기 때문에 그는 그분 안에서 모든 것을 발견하게 된다. 그의 영혼은 "물댄 동산과 같고 다함이 없는 샘 같이 된다"(사 58:11).

12월 18일 아침

705. "너희는 옷을 찢지 말고 마음을 찢고"(욜 2:13)

옷을 찢는다든지 그 외 다른 여러 가지 외적인 행위로서 종교적인 감정을 표현하는 일은 쉽게 할 수 있는 일이다. 또한, 그러한 것들은 종종 위선적으로 되는 경우도 있다. 그러나 참된 회개는 매우 어렵고 따라서 매우 드물다. 사람은 가장 번잡하고 상세한 의식에 마음이 끌린다. 왜냐하면, 그것은 육을 기쁘게 하기 때문이다. 그러나 참된 종교는 육의 사람에게는 너무나도 겸비하고, 또 너무나도 마음의 깊은 곳을 찾는 일이고 철저하다. 저들은 그것보다는 훨씬 야하고 천박하고 세상적인 것을 좋아한다. 외면적인 의식들은 일시적으로 마음에 좋아 보인다. 눈과 귀를 기쁘게 하고 과시적으로 자기 의를 드러낸다. 그러나 그것은 결국에는 눈속임에 불과하다. 왜냐하면, 죽음의 순간이나 심판 날에는 영혼은 의식이나, 제사에 의존하는 것보다 훨씬 탁월한 무언가 실질적인 것이 필요하다. 살아있는 신앙이 없으면 모든 종교는 결국에 무익하다. 진지한 마음 없이 드리는 예배의 모든 것은 조작이고 하늘의 왕의 위엄을 손상하는 것이다. 마음을 찢는 것은 하나님의 역사이고 엄숙하게 실감되는 것이다. 그것은 개인적으로 경험되는 비밀스런 슬픔이다. 헛된 형식 안에서 이뤄지는 것이 아니라 개개인의 믿는 자의 영혼의 깊은 곳을 흔드는 성령의 사역으로서 경험된다. 그것은 단지 말한다든지 믿는다든지 하는 일이 아니라, 오직 살아계신 하나님의 한 사람 한 사람의 모든 자녀가 날카롭고 예민하게 느끼는 것이다. 또한 그것은 강력하게 겸손하도록 하며 완전히 죄를 깨끗하게 하는 것이다. 그러나 그것은 교만하고 겸손할 줄 모르는 영혼은 받을 수 없는 은혜에 가득한 위로의 아름다운 준비이다. 또 이것은 분명히 차별적이다. 오직 하나님에게 선택된 자들만이 참여할 수 있기 때문이다. 오늘 아침의 구절은 우리에게 스스로의 마음을 찢도록 명하고 있다. 그러나 우리의 마음은 본래 대리석같이 굳은데 어떻게 그것을 찢을 수 있을까? 우리는 그것을 갈보리 언덕으로 가지고 가지 않으면 안 된다. 죽음을 앞에 두신 구주의 음성은 일찍이 바위를 찢었다. 그리고 그 힘은 지금도 변함이 없다. 오 성령이여, 우리에게 구주의 죽음의 부르짖음을 들려주소서. 그리하여 사람들이 큰 슬픔의 날에 옷을 찢는 것처럼 우리의 마음을 찢게 하소서.

12월 18일 저녁

706. "네 양떼의 형편을 부지런히 살피며 네 소떼에 마음을 두라" (잠 27:23)

모든 현명한 상인은 주기적으로 그의 창고에서 물건을 꺼낸다. 그때 계산을 하며 재고품을 조사하여 사업이 잘되고 있는지 철저하게 평가한다. 하나님 나라에 있어서도 현명한 사람은 "하나님이여, 원하오니, 나를 살피사 나를 시험해 주소서"(시 139:23)라고 부르짖는다. 그는 자주 특별한 기간을 설정하고 자기 검토를 하며 하나님과 자기 영혼과의 관계가 올바른지를 발견하려고 한다. 우리가 경배하는 하나님은 위대하신 마음의 탐색자이시다. 그분께서는 사람의 심장을 살피시는 주(cf. 렘 17:10)이시며, 그의 자녀들의 마음을 시험하시는 것을 옛날 그의 종 선지자들은 알고 있었다. 나는 당신을 그분의 이름 안에서 당신이 약속한 안식에 들어가는데 부족하지 않도록 당신이 자기 영적 상태에 대하여 엄숙하게 조사하고 부지런히 살펴보기를 격려한다. 모든 현명한 자들은 그렇게 하며, 하나님께서도 우리에게 그렇게 하시므로 나는 당신이 오늘 저녁 당신 스스로를 다시 한 번 깊이 살피며 검사하기를 권면한다. 나이가 든 성도들도 그 믿음의 근본을 잘 조사해 보기를 바란다. 왜냐하면, 백발의 머리가 검은 마음을 숨기고 있을지도 모르기 때문이다. 그리고 젊은 믿음의 고백자가 경고의 말을 가볍게 여기는 일이 없기를 바란다. 왜냐하면, 경험이 있는 젊은 자가 위선의 부패와 결합하는 일도 있기 때문이다. 때때로 영적 거인들도 넘어진다. 원수는 여전히 곡식 가운데 가라지를 계속 뿌리고 있다. 더욱이 당신의 마음속에 의심과 공포를 끌어들이는 것은 나의 의도하는 것이 아니다. 오히려 자기 점검의 강한 바람이 그것을 쫓아내는 데 도움이 되기를 나는 바라고 있다. 우리가 죽이려고 하는 것은 안전이 아니고 육의 안전이다. 뒤집으려고 하는 것은 자신감이 아니라 육의 자신감이다. 우리가 멸하려고 하는 것은 평안이 아니고 거짓 평안이다. 보배로운 그리스도의 보혈에 의하여 당신을 위선자로 만들려는 것이 아니라 진실한 영혼이 그분을 찬양하게 하기 위하여 흘리셨다. 나는 지금 당신에게 당신 자신을 찾아 스스로를 점검해 보기를 간절히 소원한다. 왜냐하면 마지막 때가 이르러서 당신이 "메네 메네 데겔 우바르신 – 너를 저울로 측량하여 그 무게가 부족하다는 것이 드러났다"(단 5:25, 27)라고 선언되는 일이 없게 하기 위함이다.

12월 19일 아침

707. "사람이 제비는 뽑으나 일을 작정하기는 여호와께 있느니라"
(잠 16:33)

만약 제비를 정하는 자가 주님이시라면 우리의 전 생애를 주장하는 이는 누구일까? 만약 제비를 뽑는 간단한 일까지도 주님에 의하여 인도된다면 우리의 일생에 있어서 되어지는 모든 일은 더욱 그렇지 않을까? 주님은 이 일에 대하여 특히 다음과 같이 말씀하셨다. "너희의 머리털의 숫자까지도 세신다"(마 10:30). "너희 아버지의 허락 없이는 참새 한 마리도 땅에 떨어지는 일이 없다"(마 10:29). 친애하는 친구여, 만약 당신이 항상 이 일을 생각하고 있다면 당신의 마음은 거룩한 고요함을 가질 것이다. 그것은 당신의 마음의 불안을 해소하고 당신이 그리스도인답게 인내와 평안과 기쁨을 가지고 걷게 할 것이다. 사람이 번뇌할 때에는 믿음을 가지고 기도할 수가 없다. 이 세상 일로 인하여 번민하고 있는 사람은 주님을 제대로 섬길 수 없다. 그의 생각은 자기를 섬기고 있기 때문이다. 만약 당신이 "먼저 그의 나라와 그의 의를 구하라"(마 6:33)는 말씀을 진정으로 행하고고 있다면, 모든 것이 당신에게 더하여 질 것이다. 당신이 스스로의 운명과 환경에 마음을 빼앗겨 번민하고 있다면, 지금 당신은 그리스도의 일에 마음을 주지 않고 당신 자신의 일을 게을리 하고 있는 것이다. 당신은 "예비된" 일을 스스로 시험하고 당신의 할 일은 순종이라는 것을 잊고 있다. 지혜로운 자가 되어 순종하는 일에 마음을 두며 예비하는 일은 그리스도에게 맡겨라. 와서 아버지의 창고를 보고 거기에 풍부하게 저축이 있는데 아버지가 당신을 굶주리게 하실 것인지 물어보라. 그분의 자비로우신 마음을 보고 그가 당신에게 불친절한 것인지를 생각해 보라! 그분의 측량할 수 없는 지혜를 보고 그러한 지혜에 과연 실패가 있을지 생각해 보라. 특히 당신의 중보자 예수 그리스도를 바라보고 그가 탄원하시는데 아버지께서 당신을 차갑게 대하실지를 스스로에게 물어봐야 하지 않을까? 그분께서 한 마리의 참새도 돌보신다면, 하물며 하나님의 자녀의 가장 작은 한 사람인들 잊으시는 일이 있겠는가? "너희의 짐을 주께 맡겨라. 주님께서 너희를 지키리라. 주는 의로운 자의 요동함을 결코 허락하지 않으신다"(시 55:22).

12월 19일 저녁

708. "바다도 다시 있지 않더라"(계 21:1)

빛나는 큰 바다를 잃는다고 생각하면 우리는 기쁘지 않을 것이다. 우리의 상상으로 비록 반짝거리는 빛나는 물결과 조개껍데기가 널려 있는 해변가를 가진 거대하고 위대한 바다가 없어진다 하더라도 새 하늘과 새 땅이 조금이라도 더 아름답게 될 것이라고 생각되지는 않는다. 이 가정은 옛날 동양 사람들이 바다에 대하여 품고 있던 보편적인 생각을 띠게 하는 비유로 읽어야 하지 않을까? 바다가 없는 이 세상은 상상만 해도 적막한 것이리라. 그것은 쇠로 만든 반지에 보배롭게 하는 청옥의 보석이 없는 것과 같다. 여기에는 우리가 알아야 할 어떤 영적인 의미가 있음에 틀림없다. 새 시대에는 분리가 없을 것이다. 바다는 모든 국민과 백성을 서로 구분한다. 밧모섬의 요한에게 깊은 바다는 마치 감옥의 벽과 같이 주님 안에 있는 형제로부터 그의 사역과 그를 차단하였다. 그러나 장차 올 세상에는 그러한 장벽은 전혀 없다. 끝없이 계속되는 큰 물결과 작은 물결이 이 밤에 우리가 기도하면서 기억하는 많은 친척들과 우리 사이를 갈라놓고 있다. 그러나 우리가 가는 빛나는 세상에서는 모든 구속된 가족 사이에 중단되지 않는 친교가 있다. 이러한 의미에서의 바다는 이미 없을 것이다. 바다는 변화의 상징이다. 밀물과 썰물이 있고 거울과 같은 고요함과 산 같은 큰 파도, 찰싹거리는 물결, 그리고 노도 같은 울림이 있다. 바다는 결코 같은 상태로 머물러 있지 않는다. 바다는 변덕스러운 광풍과 변하기 쉬운 달의 노예이고, 그렇게 요동치는 바다는 세상이 다 아는 것이다. 이 사멸하는 상태에 있어서 우리는 이러한 변화에 대해 잘 알고 있다. 이 땅에서 변화는 당연한 일이지만 "하늘"의 상태에서 모든 탄식할만한 변화는 알려져 있지 않고 우리의 소망을 파괴하거나 기쁨을 빼앗는 태풍이 불어 닥치는 두려움은 전혀 없다. 거울과 같은 바다는 물결에 의하여 어지럽혀지지 않는 영광에 빛난다. 낙원의 평화로운 언덕에는 폭풍이 휘몰아치는 일은 없다. 이별도 변화도 태풍도 없는 행복한 땅에 우리는 곧 도달할 것이다! 예수님께서 우리를 거기에 데려가신다. 우리는 진정 예수님 안에 있는가 아니면 그렇지 않은가? 이것이야 말로 우리가 진정 죽느냐 아니면 사느냐 하는 아주 중요한 문제이다.

12월 20일 아침

709. "내가 무궁한 사랑으로 너를 사랑하는 고로"(렘 31:3)

주 예수님은 때때로 그의 교회에 대하여 그의 사랑을 말씀하신다. "그분께서는 교회의 뒤에서 그의 애정을 말하는 것에 충분치 않다고 생각하신다. 그분은 교회를 앞에 두고 '나의 사랑하는 자야, 너는 모두 아름답구나!'(아 4:7)라고 말씀하신다. 이것은 그분께서 언제나 사용하시는 방법은 아니다. 그분은 아주 지혜로운 구애자이며 사랑을 언제 드러내야 하는지 적당한 때를 아신다. 그러나 그분께서 애정을 아무런 숨김없이 적나라하게 표현할 때가 있다. 즉 아무런 논쟁의 여지없이 하나님의 백성의 심령 안에 애정을 부어 넣을 때가 있다"(R. Erskine의 설교 중에서). 성령께서는 아주 은혜로운 방법으로 우리의 심령과 함께 예수님의 사랑에 대해 증거하시는 것을 종종 기뻐하신다. 그분은 그리스도에 관해 여러 가지를 가지고 우리에게 계시하신다(cf. 요 16:13-15). 우리는 구름 속에서 나는 소리를 들을 수도 없고 밤의 환상을 보는 일도 없지만, 그것들보다도 더 확실한 확증을 가지고 있다. 만약 "하늘"에서 천사가 와서 성도에 대한 구주의 사랑에 대하여 직접 말하였다 해도 그것은 성령께서 우리의 마음에 주시는 증거에 비하여 조금도 더 강한 것이 아니다. "하늘" 문에 가장 가까이 사는 주의 백성에게 물어보라. 그들은 그리스도의 사랑이 그들에게 아주 명료하고 확실해서 그들 자신의 존재를 의심할 수 없는 것 같이 예수님의 사랑을 의심할 수 없었다고 대답할 것이다. 그렇다. 사랑하는 주 안에 있는 자여, 당신과 나는 종종 주님의 임재로부터 새롭게 힘을 받은 적이 있다. 그러면 우리의 믿음은 확신의 절정에까지 올라간다. 그리고 우리는 우리 주님의 가슴에 우리의 머리를 기대고 있는 확신을 갖게 된다. 옛날 요한과 같이 똑같은 복된 자세로 그가 주님의 사랑을 의심할 수 없었던 것처럼, 우리도 역시 주님의 사랑을 더는 의심할 수가 없게 된다. 아니, 우리는 우리의 입에서 "주여, 배반하는 자가 나이니이까?"라고 말하는 어두운 질문을 하는 일은 없게 된다. 주님께서는 자신의 입을 우리의 입에 대시며 우리를 친히 껴안으시고 우리의 의심을 제거하였다. 그분의 사랑은 우리에게 포도주보다 달다.

12월 20일 저녁

710. "품꾼들을 불러 삯을 주라"(마 20:8)

하나님은 아주 선한 고용주이시다. 그분께서는 종들이 일을 마쳤을 때 지불하실 뿐만 아니라 일을 하는 중간에도 지불하신다. 그분께서 지불하시는 하나는 편안한 양심이다. 만약 당신이 어떤 사람에게 예수님에 대하여 충실히 말했다면 당신은 방에 침대에 들어갈 때 "오늘은 그 사람의 피에 대하여 나의 양심은 책임을 다하였다"고 생각하면서 행복을 느낄 것이다. 예수님을 위하여 무엇인가를 할 때 거기에는 큰 위로가 있다. 오, 예수님의 면류관에 보석을 놓으며 그분에게 그의 구원의 역사의 결과를 보여드리는 일은 그 얼마나 행복한 일이겠는가! 또 영혼 속에서 죄의식의 최초의 봉오리를 보는 것은 역시 큰 보상이다. 예를 들어, 당신의 학급에서 어떤 소녀에 대해 "그녀는 온유한 마음을 갖고 있다. 그녀의 예민함이 속에서 주님의 역사하심이 반영되기를 나는 소망한다"라고 말하는 것이 그것이다. 또는 집에 가면서 당신이 생각하기에 어떤 소년이 하나님의 진리를 더 많이 알아야겠다고 생각하면서 그를 위하여 중보 기도를 하는 경우이다. 오, 소망의 기쁨이여! 그러나 성공의 기쁨에 관해서는 언어로 표현할 수 없는 것이 있다. 이 기쁨은 그 자체가 압도적이고 갈망하는 기쁨이라서 더욱 많은 것을 당신은 얻으려고 한다. 영혼을 구원하는 일은 이 세상에서 가장 행복한 일이다. 당신은 하나의 영혼을 예수님께 인도할 때마다 이 땅에서 새로운 "하늘"을 얻는다. 그러나 "하늘"에서 우리를 기다리는 축복을 그 누가 상상이나 할 수 있겠는가? 오, "너의 주인의 기쁨에 너도 참예하라!"(마 25:21). 이 얼마나 위대한 말씀인가! 구원받은 죄인을 위하여 그리스도께서 얼마나 기뻐하시는지를 당신은 알고 있는가? 이 기쁨이야말로 우리가 하늘에서 얻는 기쁨이다. 주님께서 왕의 보좌에 오르실 때 당신도 그와 함께 오를 것이다. "잘 하였도다. 잘 하였도다"라는 소리가 울릴 때 당신은 보상을 받게 될 것이다. 당신은 그분과 함께 일하고, 그분과 함께 고난을 견디어 왔다. 이제 당신은 그분과 함께 다스릴 것이다. 당신은 그분과 함께 씨를 뿌렸고, 그분과 함께 거둘 것이다. 당신의 얼굴은 그분의 얼굴과 같이 땀으로 덮여 있었고, 당신의 영혼은 주님께서 사람의 죄로 인하여 고뇌하였듯이 당신도 슬픔에 잠겼었다. 이제 당신의 얼굴은 그분의 얼굴과 같이 "하늘"의 광채로 빛날 것이며, 당신의 영혼은 그분의 영혼과 같이 축복의 기쁨으로 넘쳐나게 될 것이다.

12월 21일 아침

711. "하나님이 나로 더불어 영원한 언약을 세우사"(삼하 23:5)

이 언약은 하나님 편에서 제시하신 것이다. "하나님이 영원한 언약을 나로 더불어 맺으셨다." 아, '하나님'이라는 위대한 말이여! 나의 영혼아, 머물러 섰거라. 영원하신 아버지 하나님께서 친히 오셔서 너와 언약을 맺으셨다. 그렇다. 말씀 한마디로 세계를 창조하신 하나님께서 그렇게 하셨네! 그분께서는 그 영광의 몸을 굽히시고 너의 손을 잡으시며 너와 언약을 맺으신다. 만약 우리가 그 참뜻을 정말로 이해한다면, 이 엄청난 은혜에 우리의 마음은 영원히 황홀하기에 충분하지 않은가? 이 얼마나 놀라운 겸손의 언약인가! "하나님은 나와 영원한 언약을 맺으셨다." 왕은 나와 언약을 맺는 일이 없다. 만약 왕이 나와 언약을 맺는다면 그것은 나에게 큰 특혜일 것인데 만왕의 왕, 전능하신 하나님, 만유의 주, 영원하신 여호와, 무궁하신 하나님께서 "영원한 언약을 나와 더불어 맺으셨다." 그러나 그 적용이 특별한 것이라는 것을 주목하라. "하나님이 영원한 언약을 '나와' 맺으셨다." 여기에 각 개인의 믿는 자에 대한 감미로움이 있다. 하나님이 이 세상을 위하여 평화를 가져온다 할지라도 그것은 나에게 무의미하다. 나는 하나님께서 '나'를 위하여 평화를 가져왔는지 알고 싶다. 하나님께서 언약을 맺으셨다는 것은 나에게 있어서 거의 관계가 없는 일이다. 내가 알고 싶은 것은 하나님께서 참으로 '나'와 언약을 맺으신 일이다. 그분께서 나와 언약을 맺으셨다는 확신은 축복된 일이다. 만약 성령 하나님께서 나에게 이 확신을 주셨다면, 그분의 구원은 나의 것이고 그의 마음은 나의 것이며 그의 자신은 나의 것이고 그리하여 그분은 나의 하나님이시다. 이 언약은 그 기한이 영원하다. 영원한 언약이란 처음도 없고 결코 끝도 없는 언약임을 말한다. 변화무쌍한 이 세상에 "하나님의 흔들리지 않는 토대는 놓여져"(딤후 2:19)있다는 것을 알고 "나는 나의 언약을 깨뜨리는 일이 없고 나의 입술에서 나온 말은 변할 수 없다"(시 89:34)는 하나님의 약속을 가진다는 것은 얼마나 위대한 일인가! 임종 때의 다윗같이, 비록 나의 가족이 나의 바라는 대로 하나님과 함께 있지 않을지라도 나는 이것을 노래할 것이다.

12월 21일 저녁

712. "수놓은 옷을 입히고 물돼지 가죽신을 신기고 가는 베로 띠우고 명주로 덧입히고"(겔 16:10)

보라! 얼마나 비할 데 없는 큰 관대함으로 주님께서 그의 백성을 위하여 준비하시는지를 말이다. 저들은 숙련된 하나님의 기술로 비교할 수 없을 정도의 수놓은 옷이 입혀지고, 하나님의 모든 속성은 거기에 한 부분을 차지하고 있으며, 그리고 하나님의 모든 아름다움이 거기에 나타나 있다. 우리의 구원보다 더 나은 예술은 없고 성도들에게 주신 그분의 칭의와 같은 교묘한 작품은 없다. 칭의는 모든 세대의 교회에서 학자들의 글로 계속하여 다시 새겨지고 있으며, 그리고 그것은 영원히 경탄할 제목이다. 실제로 하나님께서는 "기이하게도 그것을 가져 오셨다." 이 모든 정교함에다가 거기에는 유용성과 내구성이 섞여 있다. 이것은 우리가 가죽신을 신게 하는 것에 비교할 수 있다. 여기에서 말하는 동물의 어떤 가죽인지는 알지 못한다. 그러나 이 가죽은 장막을 덮는 것이고 가장 아름다운 것의 하나이며, 알기로는 그것은 가장 튼튼한 가죽이었다. 믿음으로 말미암아 우리가 하나님으로부터 받은 이 은혜로운 의는 영원히 계속된다. 그리고 이 하나님의 작품을 신고 있는 자는 사막을 안전하게 여행할 수 있고 "사자와 독사"(시 91:12)를 밟을 수도 있다. 우리의 거룩한 의복의 깨끗함과 위엄은 좋은 베옷으로 나타나 있다. 주님께서 그의 백성을 깨끗하게 하실 때 그들은 제사장과 같이 순수한 흰색의 옷을 입는다. 그 하얀색은 우리의 눈에 차고 넘친다. 그것은 사람과 천사의 눈에 아름답고 주님의 눈에 조차 한 점의 흠도 없는 것이다. 그리고 왕께서 주신 옷은 비단과 같이 우아하고 섬세하다. 그것은 어떠한 비용도 아끼지 않은 것이며 아름다움과 섬세함이 있다. 그러므로 우리는 어떻게 하여야 하겠는가? 이것에 대하여 아무 감상이 없는가? 확실히 거기에는 감사가 느껴지고 기쁨이 표현된다. 나의 마음이여, 너의 저녁 찬양의 할렐루야를 그쳐서는 안 된다! 너의 피리의 박자를 정돈하라! 너의 음악의 화음을 울려라!

"나의 영혼아, 너는 기이한 옷을 입었도다.
이것은 참으로 위대한 거룩한 삼위일체 하나님의 옷이다.
나의 영혼아, 감미로운 찬양의 화음 안에서
너의 모든 힘을 더하여라."

12월 22일 아침

713. "나는 너를 강하게 하며"(사 41:10)

하나님에게는 이 약속을 실행할 만한 충분한 전능하신 힘이 있다. 왜냐하면, 그분께서는 모든 일을 하실 수 있기 때문이다. 믿는 자여, 하나님께서 큰 바다를 다 마르게 하며 하나님의 커다란 힘이 높은 산들을 가루가 되도록 다 부술지라도 당신은 조금도 두려워할 필요가 없다. 사람의 힘이 하나님의 힘을 정복할 수 있다고 생각해서는 안 된다. 땅에 거대한 기둥이 지탱하고 있는 한 당신은 확실하게 믿음 안에 머물러 있어야 할 충분한 이유가 있다. 지구를 그 궤도에 돌게 하고 태양의 타오르는 연료를 공급하고 하늘에 수많은 등을 점화하는 그러한 하나님께서 당신에게 날마다 힘을 주실 것을 약속하신다. 그분께서 이 우주를 지탱하는 한, 우리는 그분이 이 약속을 다 이행할 수 없을 거라고 생각해서는 안 된다. 그분께서 옛 세대에 무엇을 하셨는지를 기억해 보라. 그가 말씀하신즉 그대로 되었으며, 그가 명하신 것은 틀림없이 실현되었다. 이 세상을 지으신 그분께서 피곤해 하시겠는가? 그분은 이 우주를 붙들고 계신다. 이러한 경탄할 수밖에 없는 일을 하신 분이 하나님의 자녀들을 기를 수가 없겠는가? 그가 힘이 부족하여 그의 말에 불충실하시겠는가? 태풍을 진정케 하시는 이가 누구인가? 그분은 바람 날개를 타고 구름을 병거로 하여 커다란 대양을 그의 손바닥에 가지신 분이 아니던가? 어떻게 그가 당신을 실망케 하는 일이 있을까? 그분께서 이런 충실한 약속을 기록하셨는데 당신은 한순간이라도 그가 지키지 못할 커다란 약속을 하셨다고 생각하는가? 아니다! 결코 그러한 의심을 더 이상 하면 안 된다. 아, 당신님은 나의 하나님이시며 나의 강한 힘이시나이다. 나는 이 약속이 실행될 것을 믿습니다. 왜냐하면, 그것은 주의 은혜의 무한한 창고가 결코 소모되는 일이 없고 넘치는 주의 힘의 저장 창고는 결코 우리의 손으로 말미암아 비워지는 일이 없으며 원수로 말미암아 훔쳐지는 일이 없기 때문이다.

"이제 약한 것을 모두 강하게 하여
여호와의 팔로 그들의 노래로 삼아라."

12월 22일 저녁

714. "하나님의 자녀가 아니요"(신 32:5)

하나님의 자녀라는 것을 잘못되지 않게 표시하는 비밀스러운 "증거"는 무엇인가? 이것을 우리 자신의 판단에 의하여 단정하는 것은 헛된 추측이다.

그러나 하나님의 말씀이 우리에게 그것을 계시하고 있기 때문에 우리는 그 계시를 확실한 안내자로 할 수가 있는 것이다. 이제 우리는 주님에 대하여 "그를 받아 들인 자, 곧 그의 이름을 믿은 자에게는 하나님의 아들이 되는 권세를 주셨다"(요 1:12)라고 기록하고 있다. 그러므로 만약 내가 그리스도 예수님을 나의 마음에 받아들인다면 나는 하나님의 자녀이다. 같은 구절에 받아 들인다는 것은 "예수 그리스도의 이름을 믿는다"는 일이라고 기록하고 있다. 그러므로 만약 내가 그리스도 예수님의 이름을 나의 마음으로부터 단순히 믿어 십자가의 고난을 당하시고, 지금은 하나님 우편에 앉아계시는 구속주에게 자기 자신을 의뢰한다면, 나는 지극히 높으신 분의 가족의 한 사람이 되는 것이다. 만약 내가 이것까지 붙잡고 있다면 나는 하나님의 자녀가 되는 특권을 가지고 있다. 주 예수님께서는 이것을 다른 방법으로 말씀하신다. "내 양은 내 음성을 듣고 따른다. 나는 그들을 알고 그들은 나를 따라 온다"(요 10:27). 요약하여 이야기하자면, 이것은 우리에게 아주 중요한 문제이다. 그리스도께서 그의 양에 대하여 목자로서 나타내시지만 다른 자에 대해서는 그렇지 않다. 그가 모습을 나타내자마자 그 자신의 양은 그를 안다. 그들은 그분을 신뢰하고 따르려고 기다린다. 그는 그들을 알고 그들은 그를 안다. 그들은 서로 알고 서로 연결하고 있다. 그러므로 하나의 표시, 확실하여 전혀 잘못될 것이 없는 거듭남과 양자의 신분을 받는 표시는 이 구속주 안에 있다는 마음에서의 믿음이다. 친구여, 당신은 의심 가운데 있는가? 당신은 하나님의 자녀로서의 비밀스런 표시를 가진 확신이 없는가? 그렇다면 곧바로 "하나님이여, 원하오니 나를 살피사 나의 마음을 알게 하소서"(시 139:23)라고 말하라. 이 일을 가볍게 여기지 않도록 나는 당신에게 간청한다! 만약 당신이 어느 곳에서 사소한 일을 해야 한다면, 반드시 그것을 당신의 두 번째의 일로 하라. 예들 들자면, 당신의 건강이라든지 또 당신의 건물의 문서라든지 그와 같은 것들 말이다. 그러나 당신이 할 수 있다면, 결코 죽을 일이 없는 영혼에 관한 일이든지 그리고 그 영원한 운명에 관하여 나는 당신에게 더욱 "열심을 내라"고 탄원한다. 당신이 영원히 지낼 곳에 대하여 확실한 일을 하라!

12월 23일 아침

715. "벗이여 올라 앉으라"(눅 14:10)

하나님의 은혜로 말미암아 우리의 새 생명이 처음으로 우리의 영혼 안에 시작할 때, 우리는 실제로 하나님에게 접근하지만 그것은 큰 두려움과 떨림으로 시작한다. 자신의 죄를 의식하고 있는 겸비한 영혼은 자기의 입장이 얼마나 엄숙한지를 알고 압도된다. 여호와 앞에 서서 그분의 장엄함에 대한 인식으로 우리의 심령은 땅에 엎드린다. 거짓 없이 죄에 대한 수치심으로 그 심령은 가장 낮은 자리에 앉는다. 그러나 후에 그리스도인이 은혜 안에서 성장함에도 불구하고 그는 결코 자신의 입장의 엄숙성을 잊지 않는다. 또 은혜를 입은 사람이 죽고 살게 하는 커다란 권리를 가지신 하나님 앞에 설 때의 거룩한 두려움은 가지지만, 그분에 대한 공포는 제거된다. 그것은 거룩한 경외심이 되고 더는 공포로 어둡게 되는 일은 없다. 그는 그리스도 예수 안에 있어서 더욱 하나님에게 나아가기 위하여 더 높은 자리로 부르심을 받게 된다. 그때 하나님의 사람은 신성의 빛 가운데 걸으며 케루빔과 같이 예수 그리스도의 보혈과 의의 두 날개로 얼굴을 가리고 경건하고 겸손하게 보좌로 나아간다. 그래서 거기에서 그는 사랑과 선과 긍휼의 하나님을 보며 그는 절대적 신성을 가지는 것보다는 차라리 가지신 분이 아니라, 오히려 크신 은혜로 그와 언약을 맺으신 친밀하신 분으로서의 하나님을 인식하는 것이다. 그는 하나님 안에서 그분의 위대성보다는 오히려 선을 보며 위엄 보다는 사랑을 볼 것이다. 그러면 영혼은 이전의 겸손의 태도는 잃지 않지만, 더욱 거룩한 중보의 자유를 즐기게 된다. 무궁한 하나님의 영광 앞에서 엎드리는 반면에,

오히려 우리 영혼은 끝없는 긍휼과 무한의 사랑의 임재 안에 있다는 새롭게
된 의식을 갖고 "사랑하는 아들 안에서"(엡 1:6) 받아들여져 있다는 자각에 의
하여 보존하게 된다. 그러므로 믿는 자는 더욱 높은 자리로 나아가도록 초대
되어지며 하나님 안에서 기뻐할 특권을 가지며 거룩한 자신감으로 하나님께
가까이 나아가 "아바 아버지여"(롬 8:15)라고 말한다.

> *"그리하여 우리는 강하게 더 강하게 나아가*
> *날마다 은혜 안에서 자라나서*
> *마침내 주님의 형상으로 닮아가*
> *얼굴과 얼굴을 마주하여 하나님을 보게 되리라."*

12월 23일 저녁

716. "밤도 주의 것이라"(시 74:16)

주여, 주님께서는 태양이 넘어간 때에도 왕좌에서 물러서는 일이 없
고, 긴 겨울밤이 악의 미끼가 되어도 이 세상을 버리지 않으신다. 주님의 눈
은 별과 같이 우리를 지키며, 그분의 팔은 별자리가 하늘을 포위하듯이 우리
를 안는다. 맑은 이슬과 달로 인한 모든 영향력은 당신의 손안에 있고 밤의
놀람과 엄숙함도 주님과 함께 있다. 이 일은 밤중에 눈을 뜨고 있을 때에나
심한 고통에 고민하고 있을 때에도 나에게 있어서 아주 상쾌한 위로가 된다.
보배로운 과실은 태양에 의하여 익어 가지만, 달에 의해서도 익는다. 원하기
는 주님의 은혜로서 나를 거기에 참여하게 되기를 바란다. 괴로움의 밤은 축
복에 넘치는 빛나는 여름과 같이 사랑의 주님의 섭리와 그분의 통치 아래에
있다. 예수님은 풍랑 한 가운데서도 함께 하신다. 그분의 사랑은 밤을 외투와

같이 두르고 있지만 믿음의 눈에는 검은 외투도 거의 숨길 수 없다. 초저녁부터 새벽이 되기까지 영원한 파수꾼은 그의 성도들을 지키며 밤중의 어둠과 이슬은 그의 백성에게 최선이 되도록 주장하신다. 우리는 선과 악이 서로 지배권을 가지려고 싸우고 있다고 믿지 않는다. 우리는 "나는 빛을 만들고 또 어두움도 창조한다. 나는 주이다. 이 모든 것들을 행하는 자이다"라고 말씀하시는 여호와의 음성을 듣는다. 종교에 대한 무관심의 음울한 시기와 사회적 죄는 하나님의 목적에서 제외되어 있지 않다. 진리의 제단이 더럽혀져 있고 하나님의 방법이 버려져 있을 때 주의 종들은 심한 슬픔으로 운다. 그러나 그들은 절망할 필요는 없다. 왜냐하면, 가장 어두운 시기도 주님에 의해 주장되며 그분께서 명하시면 그 끝이 오기 때문이다. 우리에게는 패배라고 생각되는 일도 그분에게는 승리가 될 수 있다.

"사방이 어두운 밤에 덮일지라도,
아주 작은 빛조차도 보이지 않더라도,
주님께서 여기에 함께 계시다면,
우리는 두려워할 일이 전혀 없도다."

12월 24일 아침

717. "너희를 위하여 가난하게 되셨다"(고후 8:9)

주 예수 그리스도께서는 영원히 부요하고 영광스럽고 존귀하신 분이시다. 그러나 "주는 본래 부요하셨으나 너희를 위하여 가난하게 되셨다." 부요한 성도는 자기의 재산으로 가난한 형제들의 필요를 채우지 않으면 그들과 참된 사귐에 들어갈 수 없다. 그와 같이 우리의 주님 되신 하나님께서는 그의 넘치는 부요를 우리에게 나눠주시고 우리를 부요하게 만들기 위해 스스로 가난하게 되지 않으셨으면 우리와 친히 사귀는 일이 불가능했다. 만약 그분께서 영광의 보좌에 그대로 계시고 우리가 그의 구원을 받는 일이 없이 타락의 파멸 속에 있었다면, 서로의 사귐은 어느 편에도 불가능한 일이었다. 벨리알과 그리스도가 함께 할 수 없는 것 같이 우리는 타락의 결과로 은혜의 언약 없이 하나님과의 사귐은 불가능한 일이었다. 그러므로 사귐을 위하여 부요한 친척이 그의 가난한 친족에게 재산을 나누는 일이 필요하듯이, 의로우신 구주께서 죄를 범하고 있는 형제에게 그의 완전함을 나눠주어 우리와 같은 불쌍한 죄인이 그의 충만한 "은혜 위에 은혜를"(요 1:16) 받아들이는 것이 필요하였다. 이와 같이 주고 또 받는 일에 있어서 하나는 높은 데서 내려오고 다른 하나는 낮은 데서 올라가서 서로 진실한 마음으로 사귐으로서 서로 안을 수가 있다. 가난한 자는 무한의 부요를 가지신 분과의 사귐에 들어가기 전에 그분으로 말미암아 부요해지지 않으면 안 된다. 영혼이 깨끗한 사귐을 갖기 전에 죄는 전가되어지고 나누어 주신 의안에서 죄 자체가 소실되지 않으면 안 된다. 예수님께서는 그의 백성을 그 자신의 옷으로 싸지 않으면 그들을 영광의 궁전 안으로 받아들일 수가 없는 것이다. 주님과의 사귐에 들어가기에는 그들은 너무나도 더럽기 때문에 주님께서는 자신의 보혈로 그들을 씻기지 않으면 안 되었다. 믿는 자여, 여기에 사랑이 있지 않은가! 너희를 위하여 주 예수님께서는 "가난하게" 되셨다. 그것은 온전히 너희가 그분과의 사귐에 들어가게 하기 위함이었다.

12월 24일 저녁

718. "여호와의 영광이 나타나고 모든 육체가 그것을 함께 보리라"
(사 40:5)

우리는 온 세상이 그리스도에게 돌아오는 행복한 날을 고대하고 있다. 그때 이교도의 신들은 "두더지와 박쥐"(사 2:20) 같이 던져지고 회교도의 상징인 초승달은 형체를 잃고 그 해로운 빛을 다시는 모든 백성 위에 던질 수 없을 것이다. 모든 왕은 평화의 임금 앞에 머리를 숙이고 모든 백성들이 그들을 구속하신 주님을 찬양할 것이다. 어떤 사람들은 이 말에 실망한다. 저들은 이 세상이 파괴되어 다시는 떠오르지 않는 배와 같은 것으로 보고 있다. 우리는 이 세상과 그 안에 있는 모든 것이 어느 날 불타고 그 후에는 새 하늘과 새 땅이 올 것이라는 것을 알고 있다. 그러나 우리는 "예수님께서 온 우주를 통치하신다"라는 확신이 없으면 성경을 읽을 수 없다. 우리는 그분께서 조금 늦게 오신다 할지라도 실망하지 않는다. 그분께서 교회에 할당한 긴 기간에 우리의 싸움이 거의 성공하지 못하고 대부분이 실패한다 할지라도 우리는 낙심하지 않는다. 우리는 하나님께서 일찍이 그리스도의 피가 흘려진 이 세상이 항상 마귀의 견고한 진으로 되어 있는 것을 결코 허락하지 않으실 것이라는 사실을 믿는다. 그리스도께서는 이 세상을 가증한 어둠의 권세에서 건지시기 위하여 오셨다. 사람과 천사들이 소리를 합하여 "할렐루야, 할렐루야 전능하신 하나님이 통치하신다"(계 19:6)라고 찬송한다면 이 얼마나 위대한 광경인가! 그날에 싸움에 참가하여 원수의 화살을 꺾기 위하여 도와야 하지 않겠는가? 우리의 주님이 승리를 얻는데 참가하는 자의 만족은 어떠하겠는가! 이 정복하시는 주님께 자신들을 의뢰하고 주님과 함께 싸우며 그분의 이름과 힘으로 말미암아 미약하게나마 싸움에 기여한 자는 복되도다. 그러나 악의 편이 된 사람의 불행은 어떠할까! 그들 모두는 오직 패자의 편이요 영원히 패배하여 잃게 되는 것이다. 당신은 어느 편에 속하였는가?

12월 25일 아침

719. "보라 처녀가 잉태하여 아들을 낳을 것이요 그 이름을 임마누엘이라 하리라"(사 7:14)

오늘 베들레헴으로 가서 놀라는 목자들과 예배하는 동방박사들과 함께 유대의 왕으로 탄생하신 분을 만나지 않으려는가? 그리하면 우리가 믿음으로 말미암아 그분에게 지극한 관심을 가지고, "한 아이가 우리에게 낳고 한 아들을 우리에게 주셨다"(사 9:6)고 노래할 수 있기 때문이다. 예수님께서는 육신을 입으신 여호와이시며, 우리의 주님이 되시며, 우리의 하나님이시다. 또한, 그분은 우리의 맏형이 되시고 우리의 친구이시다. 우리는 그분을 높이며 찬양할 것이다. 먼저 주목하고 싶은 것은 그분께서 기적으로 인하여 잉태된 일이다. 이것은 일찍이 우리의 귀로 듣지 못한 일이고 비교될 만한 것이 없다. 즉, 처녀가 잉태하여 아들을 낳았다는 것이다. "주가 새 일을 세상에 창조하였고, 여자가 남자를 안으리라"(렘 31:22). 최초의 약속은 "여인의 후손"이고, 남자의 후손이 아니다. 처음에 여자가 낙원을 잃어버리게 되는 죄를 가져왔기 때문에 이제는 낙원의 회복자를 여자 혼자서 받아들였다(=임신하였다). 우리의 구주는 인간의 형태로서 참으로 사람이지만 동시에 거룩한 하나님이시다. 성령의 능력으로 인하여 그분께서는 육으로 태어난 모든 자에게 속한 원죄의 흔적이 없이 동정녀의 몸에서 태어나셨다. 거룩한 아기 앞에 공손히 머리를 숙이자. 그분은 죄가 없음으로 인하여 인간이 상실한 옛 영광을 회복하셨다. 우리는 그분께서 우리 가운데 "영광의 소망"(골 1:27)이 되도록 기도하자. 또한 그분의 부모가 비천한 신분이었다는 것도 주목하자. 그분의 모친은 단순히 "처녀"라고 기록되어 있을 뿐 공주도 여선지자도 또 큰 부잣집의 부인이라고 기록되어 있지 않다. 그런데 그 여자의 계보는 멸시되어질 수 없는 것이 사실이다. 그녀의 핏줄에는 왕족의 피가 흐르고 있었다. 또 그녀의 생각은 약하지도 않았고 교육받지 않은 어리석은 여자도 아니었다. 왜냐하면, 그 여인은 실로 감미롭게 하나님을 찬송하는 노래를 부를 수 있었기 때문이다. 그러나 그 여인의 지위는 볼 것이 없었고 그 약혼자는 가난하였다. 그렇다면, 그 모든 것들이 새로 태어나는 왕을 위한 준비로는 실로 빈약한 것이 아닌가? 그러나 가난은 신성하게 되었고, 말의 구유간에서 태어난 분은 명예롭게 높임을 받게 되었다. "임마누엘 - 하나님께서 우리와 함께 하신다"(마 1:23). 하나님께서 우리의 본성 안에, 슬픔 가운데, 매일의 일과 중에, 받아야 할 징벌 중에, 죽음의 자리에도 함께 하시며, 현재도 우리와 함께 계신다. 그리고 우리는 그의 부활에, 승천에, 승리에, 그리고 빛나는 재림에 그분과 함께 한다. 베들레헴의 아기는 약함과 가난 속에서 명백하게 우리와 함께 나타나신다. 그분의 영광과 명예 안에서 그는 우리와 같다는 것을 잊어서는 안 된다. 믿음은 그 아기를 포옹하며, 그리고 사랑은 그 입술로 입 맞춘다. 오, 진정한 영적 교제가 오늘 하루 종일 임마누엘과 함께 있게 되기를 바란다!

12월 25일 저녁

720. "그 잔치 날이 지나면 혹시 내 아들들이 죄를 범하여 마음으로 하나님을 배반하였을까 함이라"(욥 1:5)

이 동방의 족장이었던 욥이 아침 일찍이 가족의 잔치 후에 한 일들은 우리 믿는 자들이 이 밤 잠자기 전에 자신을 위하여 하면 좋은 일이다. 가족들이 모인 즐거움 중에 경솔한 죄에 빠져서 우리가 공언하는 그리스도인의 성품을 잊어버리기가 쉽다. 우리의 잔칫날이 거룩한 기쁨의 날이 되기보다는 깊은 죄의 환락에 빠지는 일이 있어서는 안 되는데도 그런 일들이 종종 쉽게 일어난다. 그러나 마치 에덴의 강에서 목욕하듯이 순수하고 거룩한 기쁨의 길도 있다. 거룩한 감사는 슬픔과 마찬가지로 성화의 힘을 가져야 한다. 불행히도, 우리의 가난한 마음을 위해서는 "슬픔의 집은 잔칫집보다"(전 7:2) 더 좋은 것이다. 믿는 자여, 당신은 오늘 어떠한 죄를 범하였는가? 당신은 자신의 보배로운 부르심을 잊고 있었는가? 다른 사람들과 같이 무익한 말을 하여 방탕한 말을 하면서 보냈는가? 그렇다면 죄를 고백하고 제물을 드리려고 달음질하라. 제물은 당신을 깨끗하게 한다. 죽임을 당하신 어린 양의 보혈은 죄를 제거하며 우리의 무지와, 부주의의 더러운 죄를 깨끗하게 한다. 이것은 크리스마스의 축일의 가장 좋은 종결의 방법이다. 즉, 깨끗하게 하는 샘에 나와서 씻고 새롭게 하는 것이다. 믿는 자여 끊임없이 이 제물을 드리도록 하라. 이 밤에 그것이 좋은 일이라면 그것은 매일 밤 해도 좋은 일인 것이다. 제단에서 사는 일은 왕의 제사장의 특권이다. 비록 죄는 크지만, 그것이 결국에는 실망의 원인이 되는 일은 없다. 왜냐하면, 믿는 자는 죄를 구속하는 제물에 몇 번이고 접근하여 저들의 양심은 죽음의 역사에서 깨끗게 되기 때문이다.

"나는 기쁨을 가득 품고 이 축일을 닫는다.
제단의 거룩한 뿔에 의지하면서
나의 허물과 실수는 씻겨 버리니
어린양이 나의 모든 죄를 담당하시도다."

12월 26일 아침

721. "마지막 아담"(고전 15:45)

예수님께서는 택함을 받은 자의 머리이시다. 아담이 행위의 율법 아래서 인류의 대표자이고 언약의 체결자이기 때문에 모든 혈육의 자손은 그와 개인적 관계를 가졌다. 은혜의 율법 아래서 모든 구속 받은 영혼은 하늘에서 내려오신 주 예수님과 한 몸이다. 왜냐하면, 그분께서는 둘째 아담이며 새로운 사랑의 언약 안에서 선택을 입은 자들의 보증인이시며 또한 대리자이시기 때문이다. 사도 바울은 멜기세덱이 아브라함을 만났을 때 레위는 아브라함의 허리에 있었다고 선언하였다. 영원한 옛적에, 은혜의 언약이 정하여져 비준되고 영원히 확정되었을 때 믿는 자는 중보자이신 예수 그리스도의 허리에 있었던 것은 확실한 진리이다. 이와 같이 예수님께서 하신 모든 일은 그의 교회 전체를 위한 것이었다. 우리는 그분과 함께 십자가에 못 박혔고 "그와 함께 장사 되었다"(골 2:12). 또한 놀라운 것은 우리는 그분과 함께 살아나 올라가서 "그와 함께 하늘에 앉히게 되는 것이다"(엡 2:6). 이렇게 하여 교회는 율법을 성취하고 "사랑하는 아들로 말미암아 받아들이게 되는 것이다"(엡 1:6). 그리고 의로우신 여호와 하나님께서는 교회를 만족하게 보신다. 왜냐하면, 하나님은 교회를 예수님 안에서 보시며 언약의 머리이신 예수님과 따로 떨어뜨려 보시지 않기 때문이다. 이스라엘의 기름 부음을 받은 구속주이신 예수 그리스도는 그의 교회와 어떤 것도 관계없는 것은 하나도 없고 그의 소유한 모든 것은 모두 교회를 위한 것이다. 아담의 의는 그가 그것을 지속하는 한 우리의 것이었다. 그리고 아담이 죄를 범하는 순간에 그의 죄는 우리의 것이 되었다. 그와 같이, 둘째 아담은 우리의 대표자이시기 때문에 둘째 아담과 그의 행위는 모두 그의 것임과 동시에 우리의 것이다. 여기에 은혜언약의 기초가 있다. 순교자 저스틴(Justine Martyr)은 이 대표와 대리의 은혜에 감동하여 "오 거룩한 교환이여, 오 감미로운 전환이여!"라고 부르짖었다. 이것이야말로 구원의 복음의 토대이며 강한 믿음과 말할 수 없는 기쁨으로 받아들여야 할 것이다.

12월 26일 저녁

722. "내가 세상 끝 날까지 너희와 항상 함께 있으리라"(마 28:20)

주 예수님께서는 그의 교회 중에 계셔서 금 등대 사이를 걸으신다. 그분의 약속은 "보라, 내가 항상 너희와 함께 있으리라"고 하셨다. 일찍이 예수님께서 제자들과 함께 호숫가에 계셔서, 제자들이 숯불을 피우는 것을 보시고 그 위에 고기를 놓고 떡을 놓는 것을 바라보셨던 그때와 같이 현재도 확실히 예수님은 우리와 함께 계신다. 육체로서는 아니지만 그러나 참된 진리로 예수님께서는 우리와 함께 하신다. 이것은 행복한 진리이다. 왜냐하면, 예수님이 계신 곳에는 사랑이 불타오르기 때문이다. 이 세상의 모든 사람의 마음을 불타게 하는 것 중에 예수님의 임재하심 보다 더 나은 것이 없지 않은가! 그분을 힐끗 한번 보기만 해도 그것은 우리를 너무나도 압도하여 우리는 "당신의 눈을 나로부터 떨어지게 해주소서. 감당하기가 힘듭니다"라고 이야기할 준비가 되어 있다. 그분의 향기 짙은 옷에서 떨어지는 알로에와 몰약과 계피 향은 병든 자와 약한 자를 강하게 한다. 우리가 한순간 일지라도 주님의 긍휼 깊은 가슴에 머리를 기대고 그분의 사랑을 우리의 차가운 심령에 받아들인다면 우리는 더 이상 냉랭해질 수가 없다. 대신에, 우리는 스랍과 같이 불타서 모든 임무를 감당하며 어떠한 고생이라도 할 수 있는 힘이 생기게 된다. 만약 우리가 예수님께서 우리와 함께 한다는 것을 안다면 우리의 모든 힘은 발전하고 모든 은혜는 강화되어질 것이다. 온 마음과 온 영혼과 온 힘을 다하여 주님께서 쓰시고자 하는 일에 헌신할 것이다. 그러므로 그리스도의 임재야말로 모든 것보다 요구되는 것이다. 그리스도의 임재는 그와 가장 가까운 자들에게 가장 분명하게 인식되어진다. 만약 당신이 그리스도를 보기 원한다면 당신은 그리스도와 비슷한 자가 되어야 한다. 성령의 힘으로 인하여 당신 자신을 그리스도의 소망, 동기 그리고 행동 방침과 연합시켜라. 그러면 그분에게서 은총을 받게 될 것이다. 그분의 임재가 느껴지는 것을 기억하라. 그분의 약속은 예전이나 지금이나 변함없이 진실하다. 그분께서는 우리와 함께하시기를 기뻐하신다. 만약 그분께서 우리와 함께 하시지 않는다면 그것은 우리의 무관심으로 인하여 그분을 방해하고 있기 때문이다. 그분께서는 우리의 열심있는 기도에 답하시며 자신을 나타내신다. 우리의 탄식과 눈물에 의하여 그는 긍휼하심으로 우리에게 오셔서 함께 하신다. 왜냐하면, 이것은 예수님을 그의 백성과 결합시키는 황금의 줄이기 때문이다.

12월 27일 아침

723. "갈대가 물 없이 자라겠느냐"(욥 8:11)

갈대는 연약하고 가운데가 비어 있어서 위선자에 비길 수 있다. 그리고 알맹이도 없고 안정성도 없는 것이다. 갈대는 모든 바람에 이리저리 요동하여 마치 그것은 형식주의자가 모든 세력에 대하여 굴복하는 것과 같다. 따라서 갈대가 폭풍에도 꺾이지 않는 것처럼 위선자도 박해로 인하여 고민하지 않는다. 나는 사람을 속이기를 원하지 않으며, 또 다른 사람으로부터 속임 당하기를 원하지 않는다. 오늘 말씀의 구절은 자기 자신이 위선자인지 아닌지를 시험하는 데 사용할 수 있다. 갈대는 물속에서 자라는 식물로서 진흙과 습기 속에서 뿌리를 박고 자란다. 진흙이 마르면 갈대는 매우 빠르게 말라버린다. 지금 푸른 것은 완전히 환경 때문이고 풍성한 물 때문에 무성한 것이다. 그러나 가뭄이 오면 곧 말라 죽는다. 우리의 경우도 그렇지 않은가? 나는 좋은 친구가 있고 믿음의 생활이 이익이 되고 형편이 좋을 때에만 하나님을 섬기고 있지는 않은가? 나는 이 세상적인 위로가 주의 손에서 얻어질 때에만 주님을 사랑하고 있지는 않은가? 만약 그렇다면, 나는 비굴한 위선자로서 갈대가 마르는 것 같이 죽음이 나에게서 외적인 기쁨을 빼앗아 갈 때에는 곧 소멸하게 될 것이다. 또 나에게 육체적인 위로가 거의 없고 나의 환경이 나에게 도움을 주는 것보다 오히려 은혜에 거역하게 되는 일이 된다면 나는 여전히 믿음을 굳게 보존할 것이라고 정직하게 고백할 수 있는가? 그렇다면, 나의 속에는 참으로 살아 있는 믿음이 있는 것이다. 갈대는 습기가 없이는 성장할 수가 없다. 그러나 주님에게 속한 식물들은 가뭄의 때에도 무성할 수 있다. 믿음이 깊은 영혼은 때때로 그의 세상적인 환경이 쇠퇴해질 때에 가장 잘 자란다. 돈을 얻기 위하여 그리스도를 따르는 것은 가룟 유다이다. 빵과 물고기 때문에 따르는 자는 마귀의 자녀들이다. 그러나 주님을 사랑하기 때문에 그분을 따르는 자는 참으로 그의 제자이다. 주여, 나의 생명을 이 세상의 호의와 이익의 진흙 속에서 발견하지 않고 오직 주님 안에서만 발견하게 하소서.

12월 27일 저녁

724. "나 여호와가 너를 항상 인도하여"(사 58:11)

오늘 말씀은 "여호와가 너를 인도하며"라고 선언하고 있다. 천사도 아니고 여호와께서 너를 인도할 것이다. 그분은 그 자신이 백성 앞에 서서 광야를 통과하지 않고 한 천사를 보내어 그가 너희 앞에 서서 인도할 것이라고 말씀하셨다. 그러나 모세는 이렇게 말하였다. "만약 주님 당신의 임재가 나와 함께 가지 않으신다면 나를 여기서 올려 보내지 마소서"(출 33:15). 그리스도인이여, 하나님께서는 이 땅에서 당신의 나그네 길을 천사의 안내에 맡기지 않는다. 주님께서 친히 앞서서 가시며 우리를 인도하시다. 당신은 구름기둥과 불기둥을 보지 못할지도 모른다. 그러나 여호와는 결코 당신을 내버려두지 않으신다. "여호와가 너를 인도하시며"라고 말씀하시는데 주목하라. 이 말씀은 얼마나 이것을 확실하게 하는가! 하나님께서 우리를 버리지 않는다는 것이 얼마나 확실한 일인가! 그분의 보배로운 약속은 사람의 서약보다 나은 것이다. "나는 결코 너를 떠나지도 않으며 너를 버리지도 않는다"(히 13:5)라고 기록되어 있다. 그리고 여기서 "끊임없이"라는 말에 특별히 더 주목하라. 우리는 그냥 때때로 인도되는 것이 아니라 끊임없는 훈계자가 있는 것이다. 우리는 때때로, 우리 자신의 이해와 분별에 맡겨져 그 때문에 어떻게 할까 방황하는 것이 아니다. 우리는 끊임없이 위대한 목자의 인도하는 음성을 듣는다. 만약 우리가 확실하게 그분의 발꿈치를 가까이서 따라간다면 틀림없이 바른 길을 통하여 우리가 살 도성에 인도된다. 만약 당신이 자기의 사회적 지위를 바꾸어야 하든지, 멀리 해외로 이주해야 한다든지, 또는 빈궁에 빠지든지, 지금 현재보다도 더욱 책임 있는 지위로 갑자기 올라가든지, 혹은 알지 못하는 사람들 사이에 있다든지, 또는 원수 가운데로 던져지는 일이 있을지라도 두려워해서는 안 된다. 왜냐하면 "여호와가 항상 너를 인도하여"라고 기록되어 있기 때문이다. 만약 당신이 하나님께 가까이 살고 당신의 마음이 거룩한 사랑에 계속 불타고 있다면 당신은 피할 수 없는 난관에 빠질 일은 없다. 하나님과 동행하는 사람은 실패하는 일이 없다. 에녹과 같이 하나님과 동행하라. 그러면 방황할 일은 결코 없을 것이다. 당신은 결코 잘못되는 일이 없이 당신을 인도하는 지혜와 당신을 위로하는 불변의 사랑과 그리고 당신을 지키는 영원한 힘을 가진다. 이 밤에 "여호와는 너를 계속하여 인도하시다"라는 말에 주목하라.

12월 28일 아침

725. "그런즉 이제는 내가 산 것이 아니요 오직 내 안에 그리스도께서

사신 것이라. 이제 내가 육체 가운데 사는 것은… 하나님의 아들을 믿는
믿음 안에서 사는 것이라"(갈 2:20)

일찍이 긍휼이 풍성하신 주님께서 죽음에 처해 있는 우리를 보시고 무엇보다도 먼저 "살아라"고 말씀하셨다. 왜냐하면, 생명은 영의 세계에서 절대로 없어서는 안 되는 것의 하나로서 생명이 주어지지 않으면 사람은 하나님 나라의 모든 축복에 참여할 수 없기 때문이다. 성도들이 살아나는 순간에 은혜로 인하여 주어진 생명은 이제 그리스도의 생명에 접붙여져 있는 것이다. 나무의 줄기에서 나온 진액처럼 믿음은 그의 가지인 우리에게 흘러들어와 우리의 영혼과 예수님과의 사이에 생명의 연합을 만든다. 믿음은 이 결합을 실현하는 은혜로서 이것으로부터 첫 열매가 나오게 한다. 그것은 교회의 몸을 영광의 머리에 연결하는 목에 해당한다.

"믿음이 더욱 빛나고 깨끗할 때,

유혹은 그 맹위를 잃고,

위험 속에서도 두려움을 알지 못하며,

어둠 속에서도 의심을 느끼지 못하리라."

믿음은 확고하게 결단하는 마음으로 주 예수님을 붙잡는다. 믿음은 주님의 탁월성과 그 가치를 알고 어떠한 유혹이 닥쳐 오더라도 달리 마음을 변치 않는다. 그리스도 예수님께서는 하늘로부터 오는 덕을 기뻐하며 사랑의 포옹과 그의 영원한 팔을 가지고 우리를 항상 강하게 붙드는 것이다. 여기에 활기에 넘치고 감지할 수 있는 기쁨에 충만한 연합이 확립되어, 거기서 사랑과 신뢰와 동정과 만족과 기쁨의 흐름이 솟아나서 신랑과 신부는 기뻐하면서 이를 마시는 것이다. 영혼이 명확하게 자신과 그리스도가 하나로 되는 것을 인식할 때 양자의 맥박은 서로 함께 뛰며 같은 혈액이 각각의 혈관을 통하여 흐르는 것을 느끼게 된다. 그때 마음은 이 땅에 있으면서도 마치 "하늘"에 있는

것 같고 가장 숭고한 영적인 사귐에 들어가기 위하여 준비하는 것이다.

"주여, 부디 나에게 이와 같은 믿음을 주소서.
그러면 그 어떤 일이 일어나든지,
나는 영원한 집에서의 축복을
지금 맛볼 수 있으리이다."

12월 28일 저녁

726. "내가 세상에 화평을 주러 온 줄로 생각지 말라. 화평이 아니요 검을 주러 왔노라"(마 10:34)

　　그리스도인에게는 대적하는 원수가 확실히 있다. 한 사람도 원수를 만들지 않으려는 것이 그의 목적의 하나이지만, 만약 바른 일을 하고 진실을 믿으려고 한다면 이 땅의 친구를 모두 잃게 될 수도 있다. 그는 그것을 적은 손실로 간주한다. 왜냐하면, 하늘에 계신 그의 위대한 친구가 그에게는 보다 더 친한 분이며 지금까지 그 누구보다도 더욱 은혜스럽게 자신을 대하기 때문이다. 주님의 십자가를 지는 자여, 당신은 주님께서 말씀하신 것을 알지 못하는가? "내가 온 것은 사람이 그 아비와 딸이 어미와 며느리가 시어머니와 불화하게 하려 함이니라"(마 10:35-36)고 하신 말씀을 말이다. 그리스도께서는 참된 평화를 만들어 내시는 위대한 분이시다. 그러나 평화에 앞서서 그분께서는 먼저 싸움을 가져 오신다. 빛이 오는 곳에 어두움은 반드시 물러나야 하는 것이다. 진리가 있는 곳에 거짓은 도망하지 않을 수 없다. 그렇지 않으면 거짓이 남아 있게 되고 거기에는 반드시 심각한 싸움이 있을 수밖에 없다. 왜냐하면, 진리는 그 표준을 낮출 수가 없기 때문에 거짓을 발아래 밟지 않을 수 없다. 만약 당신이 그리스도에게 순종한다면 세상의 개들이 당신의 발꿈치 뒤에서 짖을 것이다. 당신이 최후의 심판의 법정에서의 시험을 견딜 수 있는 생활을 하려고 한다면, 이 세상은 반드시 당신의 일을 좋게 말하지 않을 것이다. 이 세상과 친교가 있는 자는 하나님에게는 적이다. 만약 당신이 지극히 높은 자에 대하여 진실하고 충실하다면, 이 세상 사람들이 당신의 단호한 성실에 대하여 노를 발할 것이다. 왜냐하면 그것은 저들의 악에 대항하는 간증이기 때문이다. 그러한 모든 결과를 조금도 두려워하지 않고 당신은 바른 일을 하지 않으면 안 된다. 당신은 당신의 가장 친한 친구가 당신의 사나운 적으로 변할 것을 추구하는데 주저함 없는 사자의 용기가 필요하게 될 것이다. 예수님을 향한 사랑 때문에 당신은 진정한 용기가 있어야만 한다. 진리를 위해서는 자기의 명성과 육친의 사랑조차도 끊어버려야 할 이러한 위기와 대결할 때에, 당신은 성령만이 당신 속에서 역사하는 절조를 항상 필요로 한다. 겁쟁이같이 뒤로 물러서지 말라. 그러나 기개 있는 사나이와 같이 행동하라. 담대하게 주님의 발자취를 따르라. 왜냐하면, 주님께서는 당신 앞서서 이 험한 길을 통과하셨기 때문이다. 잠시 동안의 짧은 싸움 후에 영원한 안식을 얻는 것이 거짓된 평화와 영원한 형벌보다 낫기 때문이다.

12월 29일 아침

727. "여호와께서 여기까지 우리를 도우셨다"(삼상 7:12)

"여기까지"라는 말은 과거를 가리키는 손과 같이 생각된다. 그것이 20년, 혹은 70년이 되든지 간에, "주님께서 여기까지 우리를 도우셨다." 빈곤이나 부유함을 통하여, 질병이나 건강을 통하여, 집이나 국외에서나, 땅이나 바다에서나, 명예나 불명예이거나, 어려울 때나 기쁠 때나, 시련의 때나 승리의 때나, 기도의 때나 유혹의 때에 있어서 "주님께서 여기까지 우리를 도우셨다!" 길가의 아름다운 경관을 이루는 긴 가로수를 끝에서 끝까지 바라보는 것은 즐겁다. 그 가지들의 기둥과 잎들의 둥근 모양이 만들어 내는 모습은 마치 푸른 궁전과 비슷하다. 같은 방법으로 당신도 과거의 긴 세월을 돌아보아 그 머리 위를 덮는 긍휼의 푸른 가지와 당신의 기쁨을 붙드는 자비와 성실의 강한 기둥을 보라. 가지에서 노래하고 있는 새들이 있는가? 확실히 거기에는 많은 새가 있어서 다 "여기까지" 받은 그 많은 긍휼에 대하여 노래하고 있음에 틀림없다. 그러나 이 말은 또한 앞으로의 방향에 대해서도 가리키고 있다. 왜냐하면, 사람이 어떤 목표까지 와서 "지금에 이르기까지 라고 쓸 때, 그는 아직 종점에 와 있는 것이 아니고 아직도 여행해야 할 길이 남아 있기 때문이다. 더 많은 시련과 기쁨, 유혹과 승리, 기도와 응답, 노고와 힘, 싸움과 승리를 경험하게 될 것이며, 아픔과 쇠약, 그리고 병과 죽음이 찾아온다. 그리고 나면 이제 끝인가? 아니다. 아직 더 남아 있다. 예수님과 닮은 자가 되어 깨어나 보좌에 나아가 거문고를 잡고 찬양하며 흰옷을 두르고 그분의 얼굴을 뵈오며 성도들과 사귀며 하나님의 영광을 받아 영원한 충만함으로 무한한 축복에 참여한다. 오 믿는 자여, 용기를 내어라. 그리고 감사에 가득하여 확신을 가지고 "에벤에셀 – 도움의 돌"을 노래 부르라. 왜냐하면 "지금까지" 당신을 도우신 분께서 당신이 당신의 여정을 마칠 때까지 언제나 함께 하시기 때문이다. "하늘"의 빛에 비추어 볼 때 당신의 "여기까지"는 얼마나 빛나며 또 얼마나 놀라울 정도의 전망으로 당신의 감사에 넘치는 눈앞에서 펼쳐질 것인가!

12월 29일 저녁

728. "너희는 그리스도에게 대하여 어떻게 생각하느냐"(마 22:42)

"너희는 그리스도를 어떻게 생각하느냐?" 이것은 당신의 영혼의 건강 상태를 보는 큰 시험의 질문이다. 그분은 과연 당신에게 있어서 "사람의 아들 들보다 나으며 아름다우며"(시 45:2), "만인보다 뛰어나며"(아 5:10), "모든 것이 다 아름다운"(아 5:16) 분이신가? 그리스도께서 이와 같이 귀중하게 여겨지는 곳에는 사람의 모든 영적 능력이 힘 있게 역사한다. 당신에게 있어서 그리스도의 지위는 높은 것인가? 그렇지 않으면 낮은 것인가? 이 측량기로 말미암아 나는 당신의 믿음의 정도를 판단할 것이다. 만약 당신이 그리스도에 대해 별로 소중하게 생각하지 않고 그리고 그의 임재 없이 사는 것에 만족하고 있다면, 만약 당신이 그분의 영광을 나타내는 것에 거의 마음을 두지 않고 그의 계명을 돌아보지 않는다면, 나는 당신의 영혼이 병들어 있다는 것을 알 수 있다. 부디 하나님께서 당신이 죽을 때까지 영적으로 병들어 있지 않도록 돌봐 주시기를 바란다! 그러나 만약 당신의 첫 번째의 생각이 "내가 어떻게 하면 더욱더 예수님의 영광을 나타낼 수 있을까?"라는 것이라면, 그리고 당신의 영혼의 매일의 생각이 "오, 내가 어디에서 그를 찾아 만날 수 있을까!"(욥 23:3)라는 것이라면, 나는 당신에게 "비록 당신에게 수많은 약점이 있고 심지어 당신이 하나님의 자녀라는 것을 잘 알지 못하더라도 당신은 안전하다. 왜냐하면, 당신은 예수님을 소중하게 생각하고 있기 때문이다." 나는 당신의 다 떨어진 옷에 마음을 두지 않는다. 당신은 왕이신 그분께서 입은 옷에 어떻게 생각하는가? 나는 비록 당신의 상처에서 피가 흘러나올지라도 당신의 상처에 마음을 두지 않는다. 그리스도의 상처에 대하여 당신은 어떻게 생각하고 있는가? 그것은 당신에게 있어서 빛나는 루비와 같이 보배롭지 않은가? 비록 당신이 거지 나사로와 같이 쓰레기 통속에 있고 개가 당신의 종기를 핥는다 하더라도 나는 당신의 가난으로 인해 당신을 낮게 평가하지 않는다. 당신은 아름다운 왕을 어떻게 생각하고 있는가? 그분께서 당신의 마음속에서 영광의 고귀한 왕좌를 가지고 있는가? 당신이 할 수만 있다면 그분을 더욱 높이고 섬겨야 하지 않을까? 그분을 찬양하는 음률에 이제 하나의 나팔을 더 할 수 있다면, 당신은 기쁨으로 죽기를 원하는가? 오, 그러면 좋다. 당신이 자기 자신에 대해 어떻게 생각할지라도 만약 그리스도께서 당신에게 있어서 위대하다면 멀지 않아 당신은 그분과 함께 영광의 자리에 있을 것이다.

"내가 선택한 이 세상의 모든 것이 비록 조롱거리가 될지라도
예수님께서는 내가 받을 영원한 기업이 되도다.
이것 외에는 나를 기쁘게 할 것이 없으니,
그분께서는 아름다운 것 중에서 가장 아름답기 때문이다."

12월 30일 아침

729. "일의 끝이 시작보다 낫고"(전 7:8)

다윗의 주 하나님을 앙망하라. 그리고 그 시작이 어떠하였는지를 보라. 그는 "멸시를 받아 사람에게 버린바 되어 슬픔의 사람으로 질고를 알고 있었다"(사 53:3). 그 끝은 어떠하였는가? 그는 "아버지 하나님의 우편에 앉으사 그 원수를 그의 발등상으로 하려고 하신다"(시 110:1) "우리들도 이 세상에서 그와 같이 살고 있다"(요일 4:17). 그렇다면 우리도 당연히 주님의 십자가를 함께 져야 한다. 그렇게 하지 않으면 결코 그분의 면류관을 얻을 수 없다. 당신이 진흙 속을 건지지 않고는 결코 황금으로 된 큰 길을 걸을 수가 없다. 그러므로 그리스도인이여, 담대하라. "일의 끝이 시작보다 낫다"라고 하였다. 저 꿈틀거리는 애벌레를 보라. 얼마나 보기 싫은 모양인가! 그것이 일의 시작이다. 그러나 얼마 후에는 눈부실 만한 날개를 갖고 햇빛을 받으며 꽃에서 꽃으로 꿀을

찾아서 날아다니는 행복과 생명에 가득한 나비를 보라. 그것이 그의 일의 끝이다. 당신은 죽음의 번데기로 싸여 있을 때까지는 송충이다. 그러나 그리스도께서 다시 오실 때에는 당신은 "그의 진짜 모습을 보게 되며 그와 같이 된다"(요일 3:2). 그와 같이 될 것을 생각하고 안심하라. "당신이 깨어나는 그때에는 그와 같이 되는 것을 발견하고 만족하리라"(시 17:15). 천연의 다이아몬드는 연마기에다가 모든 면을 깎아내어 비록 귀중하다고 생각되는 부분까지도 잃지 않으면 안 된다. 왕의 대관식에는 기쁨의 나팔소리와 함께 왕관이 왕의 머리에 올려진다. 그리고 그의 왕관은 눈부시게 빛난다. 그러나 그 빛은 연마기에서 아프게 깎아낸 바로 그 다이아몬드로부터 나오는 것이다. 이 다이아몬드에 당신 자신을 비춰 보아도 좋다. 왜냐하면, 당신은 하나님의 백성의 한 사람이며, 지금은 옥과 같은 당신을 연마하는 시기이다. 믿음과 "인내로써 기다리라"(약 1:4). 왜냐하면 왕관이 "만세의 왕 곧 썩지 아니하고 보이지 아니하는"(딤전 1:17) 왕의 머리 위에 놓여질 때, 한 줄기의 영광의 빛이 당신에게서 흘러나올 것이다. "저들은 내가 나의 정한 날에 그들로 나의 특별한 소유를 삼을 것이오"(말 3:17)라고 말씀하였다. 그러므로 "일의 끝이 그 시작보다 낫다."

12월 30일 저녁

730. "마침내 참혹한 일이 생길 줄을 알지 못하느냐"(삼하 2:26)

사랑하는 독자여, 만약 당신이 스스로 믿는 자라고 부르며 그리스도 예수 안에 있는 믿음을 찾고 있지 않다면 다음에 말하는 것이 결국에 당신에 대한 참 묘사이다. 당신은 예배에 충실하게 출석한다. 당신의 마음이 하나님과 함께 있기 때문에 출석하는 것이 아니라 다른 사람이 가기 때문에 당신도 가는 것이다. 이것이 당신의 시작이다. 20년, 30년이 지난 지금도 이와 같은 상태가 계속된다고 한다면, 당신은 겉으로는 집회에 출석하여 믿는 자 같이 보이지만 마음은 참 믿음을 가지고 있지 않다. 잠깐 동안 고요히 걷기를 원한다. 왜냐하면, 나는 지금 당신에게 당신과 같은 사람의 임종의 상황을 보여주어야 하기 때문이다. 천천히 그의 모습을 보자. 그의 이마는 땀에 흠뻑 젖어 있다. 그는 눈을 뜨고 부르짖는다. "오 하나님이여, 죽는 것이 괴롭습니다. 목사를 부르러 갔는가? 예, 곧 옵니다." 목사가 온다. "목사님, 저는 죽는 것이 무섭습니다." 목사가 묻는다. "당신은 소망이 없습니까?" "소망을 가졌다고 말하기 어렵습니다. 나는 하나님 앞에 서는 것이 두렵습니다. 아, 어떻게 하면 좋을까요? 목사님, 나를 위하여 기도해 주십시오!" 그를 위해 열심히 기도를 하고 구원의 길을 몇 번이나 그의 앞에 보여 주었다. 그러나 그가 그 구원의 줄을 잡기 전에 나는 그가 죽어 가는 것을 보았다. 그 싸늘한 눈, 나는 그의 눈에 손을 갖다 댄다. 그 눈은 이제 결코 이 땅의 것을 볼 수 없기 때문이다. 그러나 이제 그 남자는 과연 어디에 있으며, 그의 참 눈은 어디에 있는가? "음부에서 고생하면서 눈을 들어본즉"(눅 16:23)이라고 기록되어 있다. 아, 왜 좀 더 일찍이 눈을 들지 않았던가? 그것은 복음을 듣는데 너무도 익숙하여 영혼이 그 아래서 졸고 있었기 때문이다. 아, 만약 이 눈을 들게 된다면 당신의 탄식과 슬픔은 어떠할까! 그것을 구주의 말씀으로 표현하면, "아버지 아브라함이여, 나사로를 보내어 그 손가락에 물을 찍어 나의 혀를 서늘하게 하소서. 내가 이 불꽃 가운데서 고민하나이다"(눅 16:24). 이 말씀에는 두려운 뜻이 있다. 여호와의 진노의 붉은 빛으로부터 당신이 결코 이 말씀을 말하는 일이 없게 되기를 진정으로 바란다!

12월 31일 아침

731. "명절 끝날 곧 큰 날에 예수님께서 서서 외쳐 가라사대 누구든지 목마르거든 내게로 와서 마시라"(요 7:37)

주 예수님께서는 "온전한 인내"(약 1:4)를 가지고 절기의 마지막 날에 이르기까지 유대인들의 마음에 호소하였다. 그와 같이 이 일 년의 마지막 날에도 그분께서는 우리의 마음에 호소하시며 우리에게 은혜를 주시려고 기다리고 계신다. 주님께서 해가 지나면서까지 우리를 대하시는 인내는 실로 놀라운 것이다. 그분은 우리의 도전, 반역, 그리고 성령에 대한 반항조차 인내하신다. 우리가 여전히 자비의 날개 아래 있다는 것은 실로 놀랄만한 일 중의 가장 놀라운 일이다.

긍휼은 아주 명백하게 나타났다. 왜냐하면, 예수님께서 "소리치셨기" 때문이며, 또한 그것은 다만 소리를 크게 하였을 뿐 아니라 자비롭게 말씀하시는 것이다. 그분은 우리에게 화해를 호소하고 계신다. 바울은 "하나님이 우리로 하여금 권면하고 있으므로 우리는 너희에게 권한다"(고후 5:20)라고 말하고 있다. 이 얼마나 열렬하고 절박한 마음에서 우러나는 말인가! 주님께서는 죄인을 위하여 우시며, 마치 엄마가 그 자녀를 사랑하는 것 같이 우리를 그 가슴에 안으시지 않는가! 주님의 사랑은 너무나도 깊어서 이러한 외침에 우리의 마음은 확실히 움직일 것이다.

모든 준비가 충분히 되어 있다. 사람의 갈급한 심령을 고칠 수 있는 모든 것은 준비되어 있다. 구속은 그의 양심에 평안을 가져오며 복음은 그의 깨달음에 가장 풍성한 교훈을 가져온다. 또한 예수님의 인격은 그의 마음에 가장 고상한 사랑의 대상이고, 그분 안에 있는 진리는 사람의 전 인격에 가장 순수한 영양을 공급한다. 우리의 목마름은 심하다. 그러나 예수님께서는 그것을 제거할 수가 있다. 비록 우리의 영혼이 완전히 메말라 있어도 예수님께서는 그것을 회복시킬 수가 있다.

이 말씀의 선언은 가장 자유롭게 주어진 것이다. 그래서 목마른 사람은 누구나 환영한다. 거기에는 목마르다는 것 이외에는 아무 다른 차별이 없다. 그것이 탐욕, 야심, 쾌락, 지식, 휴식의 어떤 목마름이든지 간에 목마른 자는 모두 초대되었다. 목마름 그 자체는 나쁜 것일지도 모른다. 거기에는 은혜의 신호는 조금도 없다. 차라리 육욕을 더욱 만족시키려고 하는 무절제한 죄의 표시일 수도 있다. 그러나 주 예수님께서 초대하는 것은 사람에게 어떤 미덕이 있기 때문이 아니다. 주님께서는 자유로이 아무에게나 구별 없이 초대하는 것이다.

또 예수님 자신에게 나아올 것을 여기에서 명확히 선언하고 있다. 죄인들은 예수님에게 나아와야 한다. 선행과 의식과 교리에 의하여 오는 것이 아니라, 오직 십자가상에서 자기의 몸으로 우리의 죄를 담당하여 주신 속죄의 주님에게로 나아오지 않으면 안 된다. 피를 흘려 죽으시고, 또 죽음에서 부활하신 구주께서는 죄인들에게 있어 유일한 소망의 별이다. 아, 일 년의 이 마지막 날에 태양이 넘어가기 전에, 당신은 이제 예수님에게 나아와서 그분에게서 마실 은혜를 입기 원하는가!

여기에는 기다림이나 준비하는 일이 언급되어 있지 않다. 마시기 위해서는 아무 자격도 요구되어 있지 않다. 바보도, 도둑도, 매춘부도, 그 누구나 와서 마셔도 좋다. 그의 본성이 죄에 더럽혀 있는 것도 예수님을 믿는데 조금도 방해가 되지 않는다. 우리는 이 물을 마시고 목마른 것을 고치기 위하여 금잔도 보석이 박힌 잔도 필요하지 않다. 가난한 자도 오직 구부리고 입을 샘에 갖다 대기만 하면 충분하다. 고창병과 문둥병으로 더러워진 입술일지라도 하나님의 사랑의 흐름에 접촉할 수 있으며, 그 입술은 그 샘을 더럽게 하지 못한다. 도리어 그 물로 인하여 깨끗하게 되는 것이다. 예수님께서는 유일한 소망의 샘이다. 사랑하는 독자여, 자비하신 속죄의 주님께서 우리 각자에게 향하여 외치는 사랑의 소리를 들으라. "누구든지 목마른 자는 내게로 와서 마시라."

12월 31일 저녁

732. "추수할 때가 지나고 여름이 다하였으나
우리는 구원을 얻지 못한다 하는도다"(렘 8:20)

"나는 아직 구원받지 못하였다!" 사랑하는 독자여, 이것이 지금 당신이 처한 슬픈 상태인가? 앞으로 다가올 심판이 경고되어 있고, 생명을 걸고 도망하라고 명하는 이때에 당신은 아직도 구원받지 못하고 있는가? 당신은 구원의 길을 이미 잘 알고 있다. 당신은 그것을 성경에서 읽었다. 당신은 그것을 강단 위에서 설교하는 것을 들었다. 그리고 친구에 의하여 그것이 당신에게 설명되었다. 그럼에도 당신은 그것을 무시하였었고, 그리하여 당신은 아직도 구원받지 못하고 있다. 주님께서 "산 자와 죽은 자를 심판하신다"(딤후 4:1)고 해도 당신은 그 어떤 변명의 말도 할 수 없을 것이다. 성령께서 당신에게 일찍이 설교의 말씀을 들을 수 있도록 축복을 주셨다. 그리고 하나님의 임재로 당신이 격려되었던 때도 있었다. 그러나 당신은 아직 그리스도 없이 있는 것이다. 그러한 모든 소망이 가득했던 계절은 오고 또한 지나가 버렸다. 당신의 여름도 당신의 추수 때도 이미 지나가 버렸다. 그러나 당신은 아직 구원되어 있지 않다. 세월은 점점 오고 또 지나가서 영원에 이른다. 그리고 당신의 최후의 해도 곧 찾아오리라. 청년기도 지나가고 장년기도 지나가려고 한다. 그러나 당신은 아직 구원되어 있지 않다. 나는 이제 당신에게 질문하기를 원한다. 당신은 결국 구원될 것인가? 진정 그러한 소망이 있는가? 최고의 행운의 계절은 이미 지나갔지만, 당신은 아직 구원되지 않았다. 이제부터 앞으로 그 어떤 다른 경우가 당신의 상태를 변하게 할 수 있을 것인가? 당신을 위하여 제시되었던 수많은 방법들이 실패로 끝났다. 인내를 갖고 애정을 가지고 다한 최선의 수단들도 모두 실패로 끝난 것이다. 당신에 대하여 더 이상 어떻게 하면 좋겠는가? 환난도 번영도 당신에게 그 어떤 인상적인 것을 주지 못했다. 눈물도 기도도 설교도 당신의 강퍅한 마음에는 모두 헛된 것이었다. 당신이 구원되어질 가능성은 벌써 없어지지 않았는가? 당신은 죽음이 소망의 문을 영원히 닫기까지 이 상태를 그대로 지속할 것이 아닌가? 당신은 이러한 상상에서 뒷걸음질 하려고 하는가? 그러나 그것은 가장 합리적인 사고이다. 몇 번이나 몸을 깨끗하게 씻는 것을 거절한 자는 결국 마지막까지 더러운 그 상태로 있을 것이다. 좋은 기회가 이때까지 오지 않았는데 어떻게 앞으로 그 것이 올 것이라고 생각할 수 있겠는가? 그것이 결코 오지 않으리라고 두려워한다는 것이 오히려 논리적이다. 그리고 그 벨릭스(Felix)와 같이 당신은 지옥에 가기까지 좋은 기회를 발견하지 못할 것이다(cf. 행 24:24-25).

오, 그 지옥은 과연 어떠한 곳이며, 그리고 당신이 곧 거기에 던져질 두려운 가능성에 대하여 생각해 보라! 사랑하는 독자여, 부디 당신이 결국 구원받지 못하고 죽는다는 것을 한번 상상해 보라. 당신의 운명은 그 어떠한 말로서도 묘사할 수가 없을 것이다. 당신의 눈물과 피로서 당신이 직면하게 될 두려운 상태에 대하여 기록하고, 탄식과 이를 가는 아픔으로 그것을 말하라. 당신은 주님의 영광과 그의 힘의 심판으로부터 영원한 파멸로 벌을 받게 될 것이다. 주안에 있는 자로서 나의 소리가 당신을 놀라게 하며, 당신이 하나님의 필요를 깨닫게 되기를 간절히 원한다. 오, 더 늦기 전에 부디 당신이 더욱 지혜로워지기를 바란다! 그리고 또 다시 새해를 시작하기 전에 최대한 당신을 구원하실 수 있는 예수님을 믿어라. 이 해의 마지막 시간을 묵상을 위하여 성별하라. 그리고 만일 깊은 회개의 마음이 당신 안에 일어나면 더욱 좋을 것이다. 만약 그 결과 예수님 안에 있는 겸손한 믿음으로 인도된다면, 그것보다 더 위대한 일은 없으리라. 당신의 죄가 아직까지 용서받지 못하는 가운데 이 해의 마지막 날을 보내어서는 안 된다. 한밤중에 새해의 종소리가 기쁨이 없는 영혼 위에 들려지게 하지 말라! 지금 즉시 주 예수님을 믿어라, 그리하면 살리라!

"생명을 걸고 도망하라.
뒤를 돌아보지도 말라.
들에서 머물지도 말라.
단지 산으로 도망하라.
당신이 멸망 받지 않도록 그리하라!"

SCRIPTURE INDEX

(창세기)

1:4	1-5,	7-9
1:5	6-1,	7-10
1:26	5-8,	7-12
3:8	7-1	
4:2	1-20	
4:10	1-20	
4:26	1-2	
7:16	6-5	
8:9	3-13,	6-25
8:11	1-29	
9:14	8-12	
9:15	8-13	
21:6	6-15	
24:63	8-15	
25:11	2-17	
29:26	11-14	
32:12	4-18	
39:12	7-25	
41:4	7-3	
42:2	5-21	
42:8	1-4	
46:3-4	5-12	
49:24		2-22

(출애굽기)

3:7	8-14
7:12	6-28

(사무엘상)

1:27	9-19
2:1	6-15
7:12	12-29
13:20	3-2
15:22	10-18
17:47	12-5
18:17	4-20
27:1	10-17
30:13	3-12

(사무엘하)

1:26	2-1
2:26	12-30
5:23	2-9
5:24	1-30
7:25	1-15
9:8	5-27
9:13	5-27
11:2	1-17
15:23	5-31
18:23	1-31
21:10	3-31
23:1	8-20
23:5	12-21

(열왕기상)

17:16	2-28
18:40	7-17
18:43	9-28
19:4	5-19

(시편)

25:5	7-8	
25:18	4-11	
26:9	9-21	
27:1	6-16	
27:14	8-29	
28:1	7-2	
28:9	4-15	
29:2	8-16	
30:5	5-13	
30:6	3-10	
31:4	8-19	
31:5	8-27	
32:5	9-14	
33:13	9-28	
33:21	7-2	
35:3	3-5	
36:8	3-4	
36:9	10-16,	11-4
37:4	6-14	
38:21	5-25	
39:1	3-14	
39:12	3-16	
42:9	7-21	
45:2	6-21	
45:7	5-29	

(잠언)

1:33	7-6
11:25	8-21
15:33	4-5
16:20	5-5
16:33	12-19

SCRIPTURE INDEX ◆ 517

18:12	3-6		62:12	3-11		3:1	11-27
24:33-34	11-24		63:1	1-14		4:10	11-26
27:23	12-18		63:7	1-25		6:13	6-22
30:8	6-13		64:6	10-27		11:2	9-26
30:26	11-20		65:19	8-23		14:7	10-4
						14:8	7-1

(전도서)

		(예레미야)			(말라기)	
1:7	10-26					
1:14	12-2	2:2	12-17		3:2	10-15
7:8	12-30	2:18	7-1,	7-20	3:6	11-2
9:4	9-30	3:14	7-22			
9:10	11-26	8:20	12-31		(마태복음)	
10:7	5-19	15:21	10-10		1:21	2-8
10:9	11-17	16:20	5-4		3:7	2-25
11:6	9-20	17:14	8-30		3:16	3-3
		17:17	4-29		4:1	2-20
(아가서)		23:6	1-31		5:9	3-17
1:2	1-8, 4-1	31:3	2-29,	12-20	5:43	3-12
1:4	1-1, 1-23	31:33	1-9		6:9	10-29
1:7	8-7, 9-3				6:26	1-26
		(하박국)				
(이사야)		1:8	9-10		(누가복음)	
51:5	8-31	3:6	12-12		22:44	3-23
53:5	3-31				22:46	10-23
53:6	4-3	(스바냐)			22:48	3-25
53:10	4-2	1:4-5	11-14		23:26	4-5
53:12	3-30				23:27	4-9
54:1	8-28	(학개)			23:31	4-8
54:5	6-18	1:9	10-26		23:33	4-10
54:11	12-15	2:17	8-4		24:16	10-29
54:12	12-13				24:27	1-18
54:17	11-5	(스가랴)			24:33,	35 5-25
57:18	8-30	1:8	9-26		24:38	10-21
58:11	12-27	1:12-13	2-24		24:45	1-19
59:5	8-8	1:20	12-5			

(요한복음)
1:14	5-10
1:16	1-27
1:41	2-19
3:7	3-6
3:13	3-25
4:14	10-6
4:48	9-2
5:8	5-7
5:13	5-8
5:39	6-9, 6-10
6:37	7-29, 7-30
6:67	10-23
7:37	12-31
10:9	12-17
10:27	9-18
10:28	6-16

(고린도전서)
1:2	7-12
1:28	12-7
1:30	9-25
2:12	2-29
3:1	10-19
3:23	1-12
7:20	6-27
9:22	12-7
10:12	3-14
11:24	4-26
15:20	5-10
15:45	12-26
15:48	12-62

(고린도후서)
1:5	2-12
4:18	1-29
5:14	10-21
5:21	4-4
6:16	5-5
6:17	9-11
7:6	2-20
7:10	10-13
8:9	12-24
11:22	6-6
12:9	3-4, 11-4

(갈라디아서)
2:10	3-17
2:20	12-14, 12-28
3:26	3-18

(디도서)
3:4	6-4
3:9	11-19

(빌레몬서)
2	11-1

(히브리서)
1:14	10-3
2:14	4-20
2:18	10-3
4:9	1-18
5:7	3-24
5:8	3-29
9:20	11-6
9:22	2-2
11:13	5-2
12:2	6-28
12:11	5-18

12:23	5-15
12:24	4-17
12:27	6-22
13:5	2-21, 2-23
13:13	4-6

(야고보서)
5:16 2-6

(베드로전서)
1:2	7-12
1:7	11-12
1:19	4-16
1:23	5-4
2:3	5-21
8:28	6-27
14:13	7-24
16:21	7-16
17:12	4-16
20:25	7-14
22:6	8-24
25:6	8-28
28:38	1-8
34:20	10-15
35:8	11-29

(레위기)
1:4	4-13
6:13	7-15
13:13	2-26, 9-29
19:16-17	11-29
19:36	9-4

(민수기)

2:31	7-18		3:8	8-20		89:19	1-23
6:4	8-29		3:15	4-12		91:3	1-24
11:11	10-7		9:17	9-14		91:5	4-22
11:23	6-8		9:20	2-16		91:9	2-27
12:1	10-6		9:38	4-24		92:4	8-14
14:2	4-30						
14:11	8-27		(에스더)			1:13	4-13
21:17	6-17		10:3	11-28		1:16	5-22
32:6	8-5		45:8	2-15		2:1	5-1
19:8	10-5		46:1	5-3		2:3	8-25
22:48	1-13		47:4	11-11		2:8	3-20
			51:1	8-29		3:1	1-19
(열왕기하)			51:10	10-31		3:4	9-29
3:16-17	5-16		52:8	8-17		4:7	12-2, 12-3
6:6	1-13		55:22	5-26		4:12	1-7, 11-18
7:3	3-13		56:9	7-13		4:16	3-1
25:30	2-14		61:2	9-22		5:1	6-18
			62:5	2-28		5:2	9-24
(역대상)			62:8	9-1		5:4	9-27
4:22	2-2		65:11	8-1, 10-18		5:6	3-29
4:23	6-3		66:2	9-30		5:8	8-22
5:22	6-8		66:20	5-24		5:11	10-28
9:33	7-31		67:6	4-27		5:13	5-1
			68:10	12-8		5:16	3-9
(역대하)			68:28	11-15		7:11-12	5-9
25:9	11-30		72:19	8-6		7:13	10-1
30:27	11-3		73:22	7-28		8:6	10-13
31:21	3-15		73:23	7-29		8:13	10-30
32:31	6-29		73:24	9-1			
			74:16	12-23		32:17	6-30
(에스라)			74:17	12-1		32:41	9-21
7:22	12-13		76:3	6-11		33:3	9-9
8:22	9-24		84:6	9-13		49:23	9-7
			84:7	12-14		51:51	8-18
(느헤미야)			84:11	10-1			

(예레미야 애가)

3:21	5-28
3:24	11-16
3:40	3-30
3:41	10-11
3:58	11-20

(에스겔)

3:7	4-28
15:2	1-22
16:6	7-7
16:10	12-21
20:41	3-28
33:22	1-6
34:26	2-24
35:10	2-17
36:26	8-15
36:37	2-19

(다니엘)

3:16, 18	6-24	
5:27	6-12	
9:8	6-14	
9:26	1-16	
10:11	10-2	
11:32	8-4	
7:7	12-5	
9:6	8-10	
10:25	11-10	
10:34	12-28	
11:25	2-5	
11:28	12-16	
12:15	5-7	
12:20	7-19	

4:30	1-14	
15:23	10-9	
15:27	3-27	
19:16	6-2	
20:8	12-20	
22:42	12-29	
24:39	11-1	
26:39	3-22	
26:56	3-27	
27:14	4-2	
27:51	4-19	
28:1	7-14	
28:20	5-11,	12-26

(마가복음)

1:18	6-20	
1:30	9-2	
1:41	9-4	
2:4	9-7	
3:13	9-10	
4:36	9-14	
8:38	3-26	
9:15	8-26	
11:4	8-17	
12:2	11-21	
12:21	4-17	
13:5	10-24	
14:16	2-12	
14:21	5-12	
14:26	10-12	
15:4	3-9,	11-13
15:9	3-18	
15:19	10-28	
16:15	10-22	
16:32	3-21	

16:33	5-3	
17:15	5-2	
17:17	7-4	
17:22	6-30	
17:23	7-31	
17:24	3-22	
18:8	3-26	
19:5	7-22	
19:16-17	4-3	
21:12	10-16	

(사도행전)

1:8	11-7	
2:4	6-19	
4:13	2-11	
5:31	4-22	
8:30	2-21	
8:37	8-25	
9:11	11-3	
5:1	9-19	
5:17	6-2	
5:18	9-6	
5:25	9-18	

(에베소서)

1:3	5-9	
1:6	9-23	
1:7	11-27	
1:11	1-30,	8-2
1:14	7-20	
1:19-20	9-8	
2:19	7-10	
3:8	3-2,	8-22
3:17	8-23	

3:19	3-28
4:15	10-20
4:30	11-21
5:25	3-20
6:18	2-6

(빌립보서)

1:21	1-7
1:27	5-24
2:8	6-3
2:15	9-6
3:8	10-14
3:10	11-22
4:11	2-16
4:12	2-10
5:7	1-6
5:10	7-11

(베드로후서)

1:4	6-26,	7-27,
1:9-16	1:5-6	7-26
3:18	1-4,	2-15

(요한1서)

1:6	11-23	
1:7	7-23,	8-31
2:1	10-4	
2:6	5-17	
3:1-2	2-13	
4:8	6-5	
4:13	5-6	
4:14	2-5	
4:19	6-11	

(요한2서)

2	10-25

(요한3서)

3	11-28

(유다서)

1	7-12	
20	10-8	
24	10-9,	10-10

(신명기)

1:38	9-17	
5:24	7-19	
32:9	5-15,	11-15
33:27	11-10,	11-11
32:39	8-30,	9-27
33:29	9-27	

(여호수아)

1:7	5-11
2:21	4-18
5:12	1-1
6:26	5-29
20:3	2-4

(사사기)

6:14	12-17
7:20	9-20
15:18	1-21
15:19	9-19
16:6	7-8

(룻기)

1:14	12-15

2:2	8-1
2:3	10-25
2:14	3-19
2:17	8-2

(욥기)

1:5	12-25
1:9	1-22
7:12	9-16
8:11 1	2-27
10:2	2-18
13:23	7-6
14:1	3-10
14:14	5-6
19:25	4-21
19:26	1-10
22:21	5-8
23:3	11-19
29:2	8-11
35:10	10-19
36:2	1-12
38:16	9-5
38:31	3-21
40:4	6-6

(시편)

4:2	4-7
5:8	9-11
6:2	8-30
9:1	10-30
10:16	4-27
11:5	9-3
12:1	6-17
17:7	5-20
18:35	4-9

19:13	3-16		148:14	9-15	(호세아)		
22:1	4-15		149:2	9-22	3:1	2-4	
22:7	4-14		149:4	4-29	5:7	12-13	
22:14	4-11,	4-12			5:15	7-25	
23:4	4-8		(이사야)		7:8	6-23	
24:4	7-4		2:3	4-4	10:12	4-1	
24:8	12-3		3:10	4-14	11:4	5-20	
93:2	11-18		7:14	12-25	12:12	11-22	
97:1	8-12		14:10	6-26	13:5	10-31	
97:10	6-7,	7-13	21:11	8-6	14:4	10-22	
100:2	1-9		26:4	7-5	14:8	9-8	
100:4	11-5		30:18	12-9			
101:1	9-12		32:18	12-9	(요엘)		
102:6-7	7-16		33:16	11-9	1:3	7-11	
102:13-14	7-16		33:17	11-16	2:8	7-18	
103:2	7-9		33:21	11-24	2:11	7-24	
103:3	5-31		36:5	10-7	2:13	12-18	
104:16	8-13,	10-24	37:22	7-21			
107:7	5-22		40:5	12-24	(아모스)		
107:8	12-1		40:9	6-25,	11-23	9:9	6-20
109:4	1-15		40:11	5-14,	10-17		
111:9	8-26		41:1	1-2	(오바댜)		
112:7	9-15		41:9	5-17	1:1	7-23	
113:8	7-26		41:12-22				
118:8	3-7		41:14	1-16	(요나)		
118:12	4-6		43:6	10-20	1:3	2-25	
119:15	10-12		44:3	11-6	2:9	2-26	
119:37	1-20		44:22	2-10	4:9	7-13	
119:49	4-28		45:19	8-21			
119:53	11-2		48:8	12-16	(미가)		
119:57	5-13		48:10	3-3	2:10	2-7	
120:5	9-5		49:8	1-3	2:13	8-24	
126:3	6-9		49:16	11-7	5:2	2-27	
138:5	2-1		51:3	6-1	5:4	8-19	
138:8	5-22						
139:17	4-30						

(나훔)			22:32	1-11		2:6	11-8	
1:2	9-12		10:38	7-28		2:9-10	5-18	
1:3	2-22		13:39	5-15		3:4	8-10	
			14:22	3-8,	5-26	3:24	12-11	
9:19	9-17		16:14	12-10		4:2	1-2	1
9:23	8-8,	19-23	18:10	12-4				
11:22	3-7		27:23	4-10		(데살로니가전서)		
14:14	11-8					1:4	7-17	
14:72	7-30		(로마서)			2:18	8-7	
15:23	8-18		1:7	7-5		4:14	6-29	
16:9	7-15,	8-9	3:26	9-25		4:17	12-10	
16:16	10-5		3:31	1-25		5:6	3-5	
			4:20	3-19		5:24	12-11	
(누가복음)			6:6	5-30		5:25	7-7	
2:18	1-26		7:13	3-11				
2:19	1-27		8:1	2-13		(데살로니가후서)		
2:20	1-28		8:12	2-3		2:16	8-11	
3:4	1-3		8:17	5-14				
4:18	11-25		8:23	6-23,	8-16,	(디모데전서)		
5:4	10-8			12-4		3:16	6-4	
6:12	11-12		8:28	8-5		6:17	5-16	
8:13	1-11		8:30	5-28,	10-11			
8:42	8-3		8:33	7-27		(디모데후서)		
8:47	2-14		8:34	4-21		1:9	6-12	
10:21	3-24		8:37	4-23		2:1	3-15	
10:40	1-24		9:15	11-25		2:11	10-27	
11:4	2-9		11:26	1-21		2:12	7-3	
11:27-28	6-24		11:36	11-17		2:19	6-21	
14:10	12-23		12:2	10-14		4:8	1-10	
14:27	2-23		14:8	6-10		4:18	7-12	
15:2	9-13							
15:18	2-18					(요한계시록)		
18:1	11-13		(골로새서)			1:13	12-6	
			1:5	10-21		2:4	2-11	
9:40	3-23		1:28	1-28		3:4	12-8	

3:7	6–15	5:6	4–23	21:1	12–19	
3:14	4–19	11:12	2–7	21:23	8–3,	8–9
3:19	6–7	12:7	11–30	22:17	6–13	
3:20	4–25	14:1	1–17			
4:4	9–9	16:15	4–26			

*감수자 소개

- 서울대학교(B. A.)
- 고려신학대학원(M. Div.)
- 미국 칼빈신학대학원(Th. M.)
- 미국 트리니티 복음주의신학대학원(Ph. D.)
- 미국에서 한인교회를 섬기며 연구
- 귀국하여 그동안 여러 신학교에서 강의.
- 현 〈한국개혁신학연구소〉 소장.
- *Time, Eternity, and the Trinity* (Pickwick Publications, 2010).

『개혁주의 신앙의 기초』(개정판) (SFC, 2011).

『칼빈과 개혁신앙』(SFC, 2011).

『삼위일체 하나님과 신학』(새물결플러스, 2018).